当代大学生体育教程

第二版

执行主编　易　勤　郭　晶

主　　编　胡剑波　孔　军　朱卫雄　许　澜　李平斌

副 主 编　胡晓华　闵国宣　林　军　方　云　贾卫国　罗飞虹

编　　委　易　勤　郭　晶　胡剑波　孔　军　朱卫雄　胡晓华
　　　　　闵国宣　林　军　方　云　李平斌　贾卫国　罗飞虹

WUHAN UNIVERSITY PRESS

武汉大学出版社

图书在版编目(CIP)数据

当代大学生体育教程/易勤,郭晶主编.—2版.—武汉:武汉大学出版社,2015.8(2021.7重印)

ISBN 978-7-307-16455-0

Ⅰ.当…　Ⅱ.①易…　②郭…　Ⅲ.体育—高等学校—教材
Ⅳ.G807.4

中国版本图书馆CIP数据核字(2015)第178854号

责任编辑:詹　蜜　　责任校对:李孟潇　　版式设计:马　佳

出版发行:**武汉大学出版社**　(430072　武昌　珞珈山)
(电子邮箱:cbs22@whu.edu.cn　网址:www.wdp.com.cn)

印刷:湖北金海印务有限公司

开本:787×1092　1/16　印张:30　字数:730千字　插页:1

版次:2007年7月第1版　2015年8月第2版
2021年7月第2版第7次印刷

ISBN 978-7-307-16455-0　定价:46.00元

前 言

体育理论、体育精神、体育体制、体育规范、体育伦理、体育智慧、体育惯例和体育风尚等是人们通过长期的体育实践创造的物质财富和精神财富的总和，是体育文化。在当代合格人才的培养过程中，良好的文化起着极大的促进作用，其中学校的体育课程又为当代合格人才的全面成长提供了一条具体途径。通过体育课程的教学活动，探索成才的客观规律，了解体育的本质与功能，明确体育的目的和身心健康的系统知识，构建自身全面发展的合理机制；通过体育教学，学会科学锻炼身体的方法，养成自觉锻炼身体的良好习惯，树立终身体育的观念，与此同时，不断增强体质，增进健康，不断提高自身的综合素质，努力使体育与运动成为自己生活中不可分割的一部分。

为了加强体育课程建设，提高教学质量，我们组织有关专家教授，按照 2002 年教育部颁发的《全国普通高等学校体育课程指导纲要》的基本要求，结合教育部、国家体育总局实施《国家学生体质健康标准》的通知，根据中共中央 2007 年 7 号文件《中共中央、国务院关于加强青少年体育增强青少年体质的意见》的精神，面对高校的现实状况，遵循体育课程建设的客观规律，广泛参阅多本优秀教材，编写了这本集理论与实践于一体的《当代大学生体育教程》。

编写本书的指导思想是：切实贯彻中共中央、教育部、国家体育总局的一系列文件精神，按照文件精神规定的原则和要求，以全新的体育健康观，牢牢把握体育教育，建立以增强学生体质、发展学生基本活动能力、培养自愿参与体育锻炼的习惯为主线的教材体系。借鉴和汲取体育界最新的研究成果，最大范围地满足当代大学生的需要，集科学性、先进性、时效性、全面性于一体，遵循大学生的身心发展规律和兴趣爱好，力争做到精练规范、涵盖面宽、通俗易懂、指导性强。

本书共分十三章。第一章至第五章为理论篇：高校体育概述、体适能与健康、体育与心理健康、体育锻炼的营养卫生与保健和奥林匹克运动会与奥林匹克运动。第六章至第十三章为实践篇：田径运动、形体舞蹈健美、球类运动、游泳运动、跆拳道、户外活动和休闲球类。

全书从社会学、心理学、人文学、生物学、营养学、生理学、运动力学的不同角度，论述了人体健康的基本原理与指导性的锻炼方法。同时，在教材的阐述上，注意了理论与体育、生活实践的联系，突出了作为“方法学应用学”学科的特征，加强了具体操作和使用方法的介绍。在教材内容的选择上，为适应不同形式的教学和自学参考需要，除以常规内容作为基础外，还选择了一些目前开始广为使用的新内容。总之，本书具有知识性、科学性、针对性和实践性，通俗易懂。《当代大学生体育教程》一书既是普通高校的教科书，又是当代大学生的良师益友。

本书由易勤、郭晶为执行主编，胡剑波、孔军、朱卫雄、许澜、李平斌为主编，胡晓华、闵国宣、林军、方云、贾卫国、罗飞虹为副主编。全书由易勤、郭晶、孔军统稿、终审和定稿。

本书的编写工作得到了教育部体育卫生与艺术教育司和全国普通高等学校体育教学指导委员会的关心和支持，全国众多高校给予了无私的支援，武汉大学体育部杜耀权书记为本书命名，武汉大学出版社为本书的出版给予了很大的帮助，在此对所有关心、支持和帮助本书成稿、出版作出贡献的单位和个人致以诚挚的谢意。

在编写的过程中，我们参考了众多优秀的专业书籍，在此向有关的作者致以诚挚的谢意。

由于编写人员水平有限，不妥之处在所难免，恳请广大读者给予批评指正。

编　者

2007 年 5 月

目　录

理 论 篇

实 践 篇

理论篇

第一章 高校体育概述

第一节 高校体育的目标与实现途径

一、高等学校体育的地位和意义

体育在学校教育中的地位是在教育发展的长河中确立的。马克思把教育理解为三件事：智育、体育、技术教育。毛泽东同志在《体育之研究》一文中对德、智、体的关系也做了生动的描述："体育一道，配德育与智育，而德智皆寄于体，无体是无德智也。"并指出："体者，为知识之载而为道德之寓者也，其载知识也如车，其寓道德也如舍。"我国的教育方针是"使受教育者在德育、智育、体育几方面都得到发展，成为有社会主义觉悟、有文化的劳动者"。这些充分说明体育是培养、造就全面发展人才不可缺少的手段，也确定了体育在学校教育中的重要地位。高等学校应在中小学教育的基础上，正确认识并处理好德、智、体三者的关系，确立体育在高校教育中的地位，不断增强体育意识，把高校体育与培养合格的高级人才紧密联系起来。因此，高校体育是我国高等教育的重要组成部分，也是我国社会主义建设中的一项事业。

（一）高校体育是培养全面发展人才的需要

当代社会，科学技术突飞猛进，社会的进步对人们的健康与体质提出了新的、更高的要求。高等教育担负着培养有理想、有道德、有文化、守纪律、身体健康的合格人才的艰巨任务。作为高等教育重要组成部分的高校体育必须与德育、智育紧密配合，在培养跨世纪人才方面作出应有的贡献。

（二）高校体育是发展我国体育事业的需要

首先，我国大学生体质情况与世界发达国家相比仍存在一些差距，因此，高校体育对大学生身心自我完善，提高全民族身体素质有其深远的意义。其次，高校体育也能为国家培养高水平的体育人才，是提高竞技体育水平的需要，因为当代体育发展要求运动员必须具有良好的体力和智力，大学生在体能与智能上都有较大的适应性和优势，有条件、有可能为我国竞技体育发展作出贡献。最后，大学生形成良好的体育习惯，掌握体育的知识技能，提高运动能力，不仅是自身完善和推动高校群众性体育活动的需要，也是毕业后走向社会，坚持终身体育，成为社会体育骨干的需要，有利于推动我国体育事业的发展。

（三）高校体育是建设校园精神文明的需要

大学生在紧张的学习生活中，需要健康、文明、娱乐、和谐的课余文化生活，以适应身心健康发展的要求。体育活动能使大学校园充满活力与生机，并以其丰富多彩、形式多样的内容吸引广大学生参与和观赏。

体育也是建设社会主义精神文明的重要手段之一。大学生通过对体育活动的参与和观赏，可以发展体能，促进智能。体育锻炼可以培养大学生勇敢、顽强、坚毅的思想品质以及团结战斗的集体主义精神和进取精神；可以培养大学生的爱国主义精神，使其树立正确的审美观。因此，开展大学校园的体育活动是占领课余思想阵地，引导大学生健康、文明地生活，抵制精神污染以及防止和纠正不良行为的重要手段之一。

二、高等学校体育的目的任务

根据我国的教育方针和当代大学生身心发展的需要以及我国的国情，高校体育的目的是：以身体练习为基本手段，培养学生的体育意识，有效地增强学生体质，促进学生身心全面发展，使其成为体魄强健的社会主义现代化事业的建设者和接班人。

为了实现上述目的，高等学校体育必须完成以下任务：

(1) 进一步促进学生身体的正常发育和机能的发展，全面发展身体素质，增强对自然环境的适应能力。

(2) 掌握体育基本理论和卫生知识，学会正确的运动技术、技能和科学锻炼身体的方法，养成自觉锻炼的习惯，为终身受益奠定基础。

(3) 培养良好的思想品质和道德素养。

(4) 发掘大学生的体育才能，提高运动技术水平，适应国际大学生比赛和交往的需要。

三、实现高校体育目的任务的基本途径

(一) 体育教学

体育教学是我国高校教学计划中的基本课程之一，是高校体育工作的中心环节，是实现高校体育目的的基本组织形式。通过体育教学，使学生懂得健身的意义，能运用所学的体育理论知识和自我监督、检测的方法来评价自身的心理、生理变化，指导自己进行科学锻炼，激发参加体育的兴趣和自我锻炼意识；教育学生理解和认识体育的多种功能，全面发展身心，促进健康，增强体质；结合体育的特点，促进智力发展，并进行思想品德和美学方面的教育。教育部于 2002 年颁发的《全国普通高校体育课程教学指导纲要》规定：“普通高等学校的一、二年级必须开设体育课程（四个学期共计 144 学时）。修满规定学分、达到基本要求是学生毕业、获得学位的必要条件。”同时规定，“对三年级以上学生(包括研究生）开设体育选修课”。并且对体育课程的性质和目标，课程设置，时数分配，课程结构，课程内容与教学方法，课程建设与课程资源的开发，教材的选编原则与要求，课程的评价以及管理等方面的问题都作了明确要求和具体规定。

体育课分理论课和实践课。理论课是向学生系统地传授体育基础知识和科学锻炼身体的方法，激发学生对体育的兴趣，从而促使学生自觉地、经常地、科学地锻炼身体。而实践课则是实现体育教学的目的和任务，增强学生体质的基本途径。

(二) 课外体育活动

课外体育活动是高校体育课程的延续和补充，是实现高校体育目的的重要组成部分。课内外结合是学校体育工作的特点之一，只有广泛开展多种多样、生动活泼的课外体育活动，才能达到增强学生体质、提高健康水平、培养学生自我锻炼的习惯、丰富课余生活的

目的。主要有以下几种形式：

（1）早操。早操即清晨运动，是每天起床后坚持的室外活动，是大学生合理的作息制度中的重要组成部分。大学生坚持做早操，不仅是锻炼意志，养成良好的卫生习惯，促进身体健康的良好措施，也是每天从事脑力劳动的准备活动。它可以使神经兴奋，活跃生理机能，形成良好的生理状态。

早操活动时间一般以 15~20 分钟为宜。形式可以集体组织与个人活动相结合。内容多以健身跑、广播操、打拳、健美操以及各种身体素质锻炼为主。

（2）课间活动。课间活动（课间操）是文化课下课后在教室周围进行的几分钟轻微活动或两节课后休息期间进行的体育活动。目的是活动躯体，进行积极性的休息，为下一堂课的学习注入更充沛的精力。

课间活动时间一般为 3~10 分钟。形式以个人活动为主，以散步、广播操等为主要内容。

（3）课外体育锻炼。课外体育锻炼是大学生结束一天的课程学习后，利用每天下午第七、八节课的时间，进行有目的、有计划、有组织的体育活动。搞好课外体育锻炼，可以使大学生增强体质、增进健康、陶冶情操、丰富知识，达到身心完善、精神饱满的目的，它不仅是高校体育过程的重要方面，也是高校占领课余思想阵地，丰富校园文化生活，建设精神文明的重要手段之一。

课外体育锻炼时间一般在 1 小时左右。形式以班集体、单项体育协会组织活动为主，也可以结合个人锻炼，还可以结合小型多样的竞赛活动。各校还可以从实际出发，因人、因地、因时制宜地开展活动。

（三）课余体育训练与体育竞赛

课余体育训练与体育竞赛是高校利用课余时间对部分身体素质较好并有体育专长的大学生进行系统训练的一种专门教育过程，是实现高校体育目的的重要组织形式之一，它有助于提高我国大学生的运动技术水平。参加不同层次的竞赛，还能为学校培养一支体育骨干队伍，有利于推动学校群众性体育活动的开展。因此，《学校体育工作条例》规定：“学校应当在体育课教学和课外体育活动的基础上，开展多种形式的课余体育训练，提高学生的运动技术水平。”并强调：“普通高等学校经国家教育委员会批准，可以开展培养优秀体育后备人才的训练。”国家教委、国家体委于 1986 年 11 月发布《关于开展课余体育训练，提高运动技术水平的规划》文件以后，开始在大学试办高水平运动队。

第二节 大学生的健康生活方式

一、生活方式的概念

生活方式是指人们为了满足自身物质生活和精神生活需要而采取如何消费生活资料（物质资料和精神财富）的各种形式的总和，包括如何支配闲暇时间的方式。生活方式同时反映一定时期社会消费水平和消费质量，反映一定时期人们的精神风貌，它包括个人、家庭、民族与社会生活活动形式的典型和总体特征，是社会整体结构及其运行状况具体而生动的反映形式。也可以这样理解，生活方式是指个人或群体在某种价值观念指导下，进行生存实践的各种生活活动的形式，包括人们的物质生活、精神生活、社会生活、政治生活等方面。因此，人们长期受一定的社会、文化、经济、教育、民族、风俗、宗教、家庭等影响而形成的生活习惯、行为和生活制度、生活意识，决定了人们的生活方式。

二、不良的生活方式对健康的危害

（一）不良的饮食习惯

虽然获得营养无可争辩的是人类及其他动物生存的最主要的目的，但对现代人来说，饮食行为的意义远远不止于此。在现代社会中，追求美味而进食者有之，为猎奇而进食者有之，为显示自己的经济实力和社会地位而进食者有之，为解闷和消磨时间而进食者也有之。人类甚至发明了各种各样的进食比赛，参赛者在这类活动中一次进食大量食物，其主要目的在于为观众（包括电视观众）提供感官刺激。因此，尽管世界各地仍然有为数不少的人因缺乏足够的食物而营养不良，但越来越多的人却因进食过多而患上肥胖症、冠心病等各种各样的疾病。有些学者将这些疾病统称为“现代病”或“富贵病”。

不良的饮食行为主要有如下几个方面：进食过多，进食过少，偏食，进食没有规律以及食物加工方面的问题。在高校中，不良的饮食习惯通常表现在不吃早餐、吃无定时、周末大吃大喝。

（二）吸烟

吸烟是目前危害人类健康最严重的不良行为因素之一。每年全球死于与吸烟相关的疾病的人数达 300 万人。我国是世界烟草消费第一大国，现在的吸烟人数已经超过 3 亿人。有专家预测，如果中国人吸烟习惯不改，40 年后因吸烟造成的死亡人数每年将由目前的 10 万人增加到 200 万人。另据预测，到 2050 年，中国将有 500 万人死于吸烟引起的相关疾病，其中低龄和女性的比例将增加。

目前，人们越来越多地认识到吸烟的危害和健康对人们的重要，不吸烟、拒绝吸“二手烟”必然会成为主流趋势。大学生首先应当从自身做起，不吸烟，并且还要积极劝导他人不去吸烟。已经习惯吸烟的则要尽快戒掉这个不良习性。

（三）酗酒

现代社会中大多数人，特别是男性，在社交活动中喜欢饮用酒精制品，如白酒、啤酒和其他含酒精的饮料。除了个别时期外，全世界各地都不禁止成年人饮酒。问题是在正常饮酒和非正常饮酒之间并没有明显的界限。大多数人的饮酒行为都控制在健康、经济、社交和法律许可的范围内，这属于正常饮酒行为，或者被称为“社交性饮酒”。在经常饮酒者中，一部分人被称为所谓的“问题饮酒者”。主要包括两种情况：第一种情况是由于对自己的饮酒行为失去控制，一次性地摄入大量的酒精，可导致急性酒精中毒，而成为“酗酒”。酗酒者不一定因饮酒而出现严重的疾病，但通常会经历一些社交、法律和经济问题，如因为醉酒而使自己的行为失去控制，使个人尊严受到损伤，或者由于情绪释放而出现社交问题。第二种情况是由于经常饮酒，逐渐发展为对酒精的依赖，成为慢性酒精成瘾。慢性酒精成瘾这一术语描述的是一种对酒精依赖的状况，患者对自己的饮酒行为失去控制，导致对酒的不择手段、不分场合、不计后果的需要，并因此带来一系列的健康（包括躯体健康和精神健康）、社会、法律和经济问题。

酗酒和慢性酒精成瘾导致很多严重健康问题。有研究表明，在西方国家至少有 10%

左右的酒精成瘾者最终死于自杀；肝硬化死亡与饮酒有密切关系。同时，酗酒和慢性酒精成瘾是一个严重的社会问题，是导致家庭与社会不稳定以及很多社会问题发生的重要原因。

（四）吸食毒品

毒品通常是指能使人成瘾的药物，其种类很多。我国在 1990 年 12 月 28 日颁布的《关于禁毒的决定》中，将毒品定义为“鸦片、海洛因、吗啡、大麻、可卡因以及国务院规定管制的其他能够使人形成瘾癖的麻醉药品和精神药品”。“毒品”、“吸毒”是我国的习惯讲法，而国际上习惯只讲麻醉品、精神药品的滥用。

（五）不洁性行为

性传播疾病是指由性行为接触作为主要传播方式所引起的一类疾病的总称。如不洁性行为可以引发性病等。

从世界范围来看，性传染疾病的流行情况是：病原体与性病种类明显增多，感染率和发病率逐年上升，流行范围不断扩大，危害程度日益严重。淋病、梅毒等经典性病仍未得到有效控制，以病毒（如艾滋病等）为主的现代性病流行日益明显。在一些西方国家的疾病构成中，性传播疾病占有重要地位，尤其是淋病，在传染病报告中常居首位。

因此，我们一方面要看到性传播疾病对于个人、家庭和社会产生的危害；另一方面，也要认识到性传播疾病是可以预防的。大学生要加强自身修养，洁身自好，信守一夫一妻制，注意性生活卫生，使用安全套等措施，并且学习性生理知识和性卫生知识，培养健康的性心理。

（六）生活没有规律

生活没有规律是指生活节奏的混乱。有关研究表明，人体内有专门的机制调节机体活动和机能，它被形象地称为生物钟。研究表明，有规律的生活是长寿的一个重要原因。在现代社会中，随着闲暇时间的增多，交通、通信条件的日益改善，生活没有规律成为许多人特别是年轻人的一种常见的生活方式。在我们的校园中也会出现生活没有规律者。一方面，由于学习紧张，生活节奏明显加快，许多人对学习和生活常常产生一种“紧迫感，这种紧迫感是心理应激的主要表现。另一方面，生活没有规律表现为作息时间和休息时间没有规则，不少人为了学习或工作，睡眠不足或没有规律。有些同学平时上课紧张，到了周末就通宵达旦地喝酒、娱乐。

三、倡导大学生健康文明的生活方式

（一）合理安排学习和生活节奏

大学生的主要目标是掌握知识技能，为今后的人生打下基础。不少同学为了早日掌握能够参与现代社会激烈竞争的本领，考上大学后，非常勤奋好学，经常“闻鸡起舞”、“披星戴月”地学习，忽视锻炼身体；也有的同学因为基础一般，于是抱着“勤能补拙”、“笨鸟先飞”的思想，起早摸黑，拼命学习，从不锻炼。这种学习精神是可嘉的，但这种违反身体健康规律，以付出自己身体健康为代价去换取学习成绩乃至事业成功的做法，则是不可取的。在校园中的另一种做法也是不可取的，例如，大学的学习过程比较单调、枯燥，往往会出现平时松、考试紧的状况，因此，有些大学生平时不用功，到了考试前“临渴掘井”，不分昼夜地背书、记单词，考试结束时头昏脑胀，浑身没力。很多同学仗着年轻，认为考试后赶紧睡几天，补一补就能恢复。俗话说“十补九不足”，身体经常处于这种松弛无度的状态中，是很容易形成亚健康状况的。由于年轻，机体暂时能恢复正常的状态，但给以后的身体健康留下隐患。中共中央、国务院提出要把“健康第一”作为学校办学的指导思想，教育部向全国广大师生提出：“每天锻炼一小时，健康工作 50 年，幸福生活一辈子。”革命导师列宁说过：“不会休息的人，就不会工作。”所以，任何把身体健康作为代价换取暂时的成功、快乐、幸福的行为都是不可取的和不明智的，只有遵循“文武之道，有张有弛”的规律，才能使身体立于不败之地。

（二）积极的休息与睡眠

积极的休息是指通过变换工作和活动的方式，以协调机体各个部位的活动和大脑皮质的兴奋抑制的转换过程，从而使机体保持动态平衡的大脑得到休息。与之相反，消极的休息则是以静态为主，或坐或卧。休息的方式因人因时因地而异，不可强求一致。例如，从事了体力劳动之后，休息方式最好采用文娱活动的形式，如听音乐，看电影等；而在从事了脑力劳动之后，休息时可参加一些体育活动，如打篮球、游泳等。睡眠被视为最彻底的休息，研究表明，充分的睡眠能恢复机体的疲劳，增加机体对各种紧张刺激的耐受程度，增进食欲，加速排泄，提高抵御疾病的能力，从而使机体能有充分的精力去迎接挑战。

什么样的睡眠是好的？我国著名的睡眠障碍诊断医学专家黄席珍有个忠告：①养成自己的睡眠习惯；②假如睡眠出现问题，通过运动可以克服；③先睡心，后睡眠；④晚上要睡好，先把嘴管好；⑤让环境伴你入眠；⑥中午打盹，有益身心。

（三）注意营养和平衡膳食

营养与人类健康有着密切的关系。合理营养是维护健康的物质条件和前提。相反，营养失调会引起多种疾病。如由于各种原因使机体长期缺乏某种营养素，造成代谢紊乱而引起的营养缺乏症，或者摄入的某种营养素超过机体的需要，过多的营养素储存在体内，也可以造成代谢紊乱而形成营养过多症。心血管疾病、癌症与不合理的膳食结构有密切的关系。

合理营养的关键是平衡膳食。平衡膳食首先要从一日三餐开始，它对学习生活是很重要的。合理的三餐分配是：早餐与晚餐各占一天消耗食物的 30%，午餐占 40%，用餐量以七八分饱为度。

不少同学有不吃早餐的习惯，这是很不好的生活方式，因为上午能量的消耗占全天总能量的 35%~45%，如果不吃或少吃早餐，那么早上活动的能量就必须靠前一天的晚餐来提供。机体经过近 10 个小时的工作，消耗了大量的能量，这时大脑已经没有充分的血糖可利用，身体开始出现饥饿、头晕、胃痛、低血糖，导致注意力不集中，严重影响学习效率。再者，为了偿还早餐的欠债，我们在午餐或晚餐时可能不知不觉就吃多了。这样时间一长，肥胖就会向我们走来。理想的早餐应该由肉奶蛋类、谷类、蔬菜类三部分组成，有条件的最好在餐后加一份水果。

经过一上午的学习和活动，早餐吃的食物也已经消耗得差不多了。下午还要学习、活动。午餐既要补充上午的消耗，又要为下午消耗做准备，因此要吃饱，要摄入丰富的蛋白质和适量的脂肪。午餐食谱中应该有一样荤菜、两样蔬菜以及足够的谷类主食。

晚上人的活动大大减少，消耗的能量比白天少得多。晚餐吃得过于丰盛，过多的能量会转化成脂肪。长期这样，身体就有可能在美梦中悄悄地胖起来。但也不必为此就因噎废食，身体机能的恢复主要靠夜间激素的分泌来完成，需要一定的营养。晚餐最好以蔬菜和谷类食品为宜。

营养和体育运动两者都是维持身体健康的主要因素。但营养对于运动者有更重要的意义，其意义不仅在于生理上的满足，还包括通过营养的改善，使运动者的体质和体力得到增强，运动使体内代谢加剧，从而引起营养代谢和营养素需要量的改变。合理的营养有助于稳定体内环境，有利于保持良好的机能状态和运动能力，促进疲劳消除。大学生正处于生长高峰期，这时期的营养十分重要，对于经常参加体育锻炼的大学生来说，科学膳食营养就更为重要了。据调查，我国大学生每日能量消耗男生约为 10.45MJ（2 500kcal），女生约为 8.8MJ（2 100kcal）；积极参加体育锻炼的男生约为 13.8MJ（3 300kcal），女生约为 10.45MJ（2 500kcal）。营养→运动→健康，即营养是运动的基础，运动又是通向健康的必由之路。不同性质的运动项目对体内代谢的影响有所不同，对营养的要求也不同。

1. 速度性运动对营养的要求

速度性运动是典型的大强度运动，如短跑、中跑等。快速跑对神经过程的灵活性和协调性要求高，同时体内高度缺氧，故能量的来源主要是糖的无氧分解供应，短时间内将有大量代谢产物在体内堆积，使内环境向酸性偏移，容易产生疲劳。在锻炼后，膳食中应含有丰富的蛋白质、糖，还必须有足够的磷、铁、维生素 B_1、维生素 C，此外还应多吃蔬菜、水果等碱性食物，进一步调节体内酸碱平衡。

2. 耐力性运动对营养的要求

耐力性运动如长跑、超长跑、骑自行车等，虽然运动强度低，但持续时间长，运动所需总热能大，能量代谢以有氧供能为主。为了保证热能的来源充足，增强机体的摄氧能力，膳食中应含有较高的糖、维生素 B_1、维生素 C，以及铁、钾、钠、钙、镁等元素，并适量补充脂肪和蛋白质。

3. 力量性运动对营养的要求

力量性运动如举重、器械体操、投掷等，由于练习时消耗的能量较多，饮食的产热量也必须较高，故膳食应有足够的糖、蛋白质和脂肪。特别是力量练习有利于肌肉质量与力量的增长，对蛋白质的需要量大于其他项目，供给量可达到每千克体重 2g。另外，为了保证神经肌肉的正常功能，还要注意补充钠、钾、镁、钙等元素。

4. 灵巧性运动对营养的要求

灵巧性运动如体操、艺术体操、技巧等，这些运动动作复杂、多样化，需要良好的协调性及灵巧性，对神经系统的要求较高，故在食物中应含有丰富的磷及各种维生素。

5. 球类运动对营养的要求

球类运动对人体的要求较全面，对力量、速度、耐力、灵敏等素质均有较高的要求，所以对营养的要求也比较全面。膳食中糖、蛋白质、维生素 B_1、维生素 C、磷等一定要充足。

6. 游泳运动对营养的要求

游泳运动在水中进行，机体散热较多，膳食中除供给必需的糖和蛋白质外，还要求足够的脂肪、维生素 B_1、维生素 C 及磷等。

（四）科学调控情绪

人的情绪是反应，又是体验；是冲动，又是行为。心理学家把情绪分为积极的和消极的两大类。积极的情绪有高兴、愉快、自信、希望、热情、宽厚等；消极的情绪有悲痛、忧郁、厌烦、焦虑、抱怨、恼怒、沮丧等。一个人的情绪体验对其身心健康有着十分重要的意义。

不良情绪的产生和持续，首先是干扰了人的神经系统的功能。在不良情绪的作用下，人的大脑功能会失调，严重的还会导致精神疾病，进而影响内脏器官。其中，对内脏器官影响最为明显的是心血管系统和消化系统。例如，人在焦虑、愤怒、怨恨时，会使得胃黏膜充血、胃酸分泌增多，长期处于这些情绪状态，会导致胃溃疡。人在激动时，心跳加快，血压上升，这种情绪若持续下去，会造成心、脑血管疾病的加重，甚至死亡。

人处于快乐状态时，呼吸系统、血液循环系统和消化系统均有明显改变，表现为肺部扩张，呼吸量增大，血液循环加强，消化液分泌增多。快乐有助于缓和紧张的神经，消除疲劳，使大脑皮层得到休息。

现代医学研究表明，情绪上的良性感染与反馈，能够促使体内的免疫球蛋白 A、血清素以及多种酶的生物活性水平提高。良好的情绪可以直接作用于脑垂体，保持内分泌功能的适度平衡，改善机体的生化代谢和神经调节功能，从而促进全身各系统、各器官功能的协调与健全。人们经常会感觉到，在心情愉快时做事情效率较高，表现为思路开阔，思维敏捷，解决问题迅速，容易获得成功；在情绪低落或烦躁不安时则做事情效率明显降低，表现为思路阻塞，操作迟缓，本来能做好的事情也会显得困难重重，无法做好。因此，心理学家认为，在一般情况下，积极的情绪在调节人的行为和活动时起着积极的作用，而消极的情绪则常常对人的活动起着消极的作用。但也并非完全如此，如紧张被认为是一种消极情绪，高度紧张时往往影响一个人正常能力的发挥，使活动效率降低，但是适度的紧张却有利于一个人潜能的发挥。人们常可见到一些运动员在正式比赛中的成绩要优于平时训练的成绩，不少学生临考前的复习往往比平时复习的效率要高得多。

一般地说，情绪健康有三个基本标准：①情绪的目的明确，表达恰当；②情绪反应适时、适度；③积极情绪多于消极情绪。根据心理健康学的基本理论，以及青年所特有的心理特征、情绪特征和特定社会角色的要求，我们把青年情绪健康的标准概括为以下几个方面：

第一，能保持正确的自我意识，接纳自我。所谓自我意识，是指个体对自己以及自己周围世界关系的认识和体验。这是人格的核心。一个情绪健康的人，首先要有健康的人格，能体验到自身的存在，能够了解自己，有自知之明，对于自己的性格、能力、优缺点都能做出客观的评价，既不妄自尊大，也不妄自菲薄。总之，要保持一种积极的生活态度。

第二，能保持和谐的人际关系，乐于交往。人际关系状况最能体现和反映一个人的心理健康状况，而情绪健康状况又直接体现和反映一个人的心理健康状况。情绪健康的人，能够用尊重、信任、友爱、宽容（当然是有原则的）、理解的态度与他人相处；对于友谊和爱（广义的），既能接受和分享，也愿意付出；有合作精神，乐于助人，能为他人和集体所接受。

第三，能及时、准确、适当地表达自己的内心感受。

第四，敢于面对现实、承认现实和接受现实。实际上，就是能保持良好的环境适应能力，只有主动地适应现实环境，才有可能去驾驭它、改造它，才有可能去真正地解决问题。

第五，能协调和控制情绪，保持良好的心境。虽然在很大程度上，情绪和心境都要受制于时间和情境，但最终对其起决定性作用的还是在实践中形成的理想、信念以及人生价值观。

第六，情绪反应正常、稳定，能承受喜怒哀乐的生活考验。这意味着，拥有健康情绪的人，有清晰而深刻的认知方式，思维方式适中、合理，待人接物有分寸，不会有偏激的情绪反应及行为反应。

在现实生活中常会发生不如意的事，如果不能处之泰然，就很容易引发各种消极情绪，甚至导致生理、心理疾病的产生。每一个人都曾努力设法摆脱一些不愉快的心情，也曾常常觉得无能为力。为了保持自身的心身平衡，美国心理卫生学会曾提出 11 条要诀，不妨作为参考。

（1）不对自己过分苛求。不要求自己十全十美，把目标和要求定在自己的能力范围之内，懂得欣赏自己的成就。

（2）对他人期望不要过高。每个人都有自己的想法，都有他的长处和短处，不必要求别人迎合自己的意愿。

（3）疏导自己的愤怒情绪。学会在怒气刚开始上升时就能意识到“我正在发怒”，就拥有了较大的转变空间，可以选择发泄，也可以选择“笑骂由人去”或“退一步海阔天空”。

（4）偶尔亦要屈服。凡事从大处看，小处有时无须过分坚持，以减少和他人的冲突，便可减少自己的烦恼。

（5）暂时逃避。遇到挫折情绪时，不必每次都正面迎接，亦可选择暂时回避，去做喜欢做的事，等待心情的平复，然后再重新面对难题。

（6）向人倾诉烦恼。把烦恼埋在心底会使人郁郁寡欢，可把烦恼告诉给知己好友，甚至可以向陌生人倾诉。

（7）为别人做点事。助人为快乐之本，帮助别人不仅使人忘却自己的烦恼，更可以确定自己存在的价值，还可以获得珍贵的友谊。

（8）在一段时间内只做一件事。长期面对很多必须处理的事情会感到压力太大而引起心理上的疾患，甚至导致精神崩溃。要学会避免同时进行一件以上的事情，以免弄得自己心力交瘁。

（9）不要处处与别人竞争。处处与人竞争会使自己经常处于紧张状态。只要不把别人看成对手，他人也不一定会与你为敌。

（10）对人表示善意。经常被人排斥常常是因为对他人关心和善意表示过少，而使他人有戒心，让别人了解你对他的善意，他也会给你相应的回报。

（11）娱乐。娱乐的方式不太重要，重要的是能令自己心情舒畅，消除心理压力。

大量研究表明，体育锻炼是一种低经济支出、低风险和低副作用的有效改善身心健康的手段。体育锻炼能直接给人带来愉快和喜悦，并能降低紧张和不安，从而调控人的情绪，改善心理健康状况。体育锻炼的情绪效应有短期效应和长期效应两种，温伯格（Berger）研究认为，长期有规律的中等强度的体育锻炼有助于不良情绪的改善，并使心理承受能力增强。

（五）积极参加体育锻炼

运动是生命活动的一种表现形式，反过来又能促进生命活动。公元前300年，古希腊思想家亚里士多德就说过一句名言："生命需要运动。"我国三国时期的名医华佗也说过："动则谷气得消，血脉流通，病不得生。"人们经过长期实践，总结了正、反两个方面的经验教训，终于肯定了这条颠扑不破的真理：生命在于运动。

体育锻炼以增强体质、防病治病、延年益寿为目的。在学生时代培养自己的运动行为和养成锻炼身体的习惯，可以预防非传染性疾病，增强身体素质，提高一生的健康水平和生活质量。

保持运动行为，终身积极参加体育活动并不是一件容易的事。如果你想放弃体育锻炼，中断你的锻炼计划或感到某种压力和困难，不妨试答下列问题，也许可以获得一些启示和帮助：

（1）你在什么情况下感到坚持体育运动是困难的？是作业太多，身体感到不舒服？还是锻炼条件不完善，身体疲劳了？

（2）你知道，锻炼中或锻炼后不是什么时候的感觉都是好的，这种现象是正常的。在运动中有时可能会损伤肌纤维或是内部器官疲劳，这种感觉与运动后非常难受或严重损伤有不同区别吗？

（3）根据你的年龄和身体健康状况，你选择的运动强度合适吗？一次锻炼时间太长或运动量过大都会使你感到身体不舒服，循序渐进是重要的，你做到了吗？

（4）请你回忆一次运动后的愉快体验和一次运动后身体感到不舒服的体验，你分析过为什么运动后会产生不同的身体和情感的体验吗？

（5）你去医院做身体检查了吗？医生对你是否应继续锻炼或暂停运动，提出意见或给予忠告了吗？

第三节　体育运动的观赏

一、体育观赏的本质和特性

当你坐在电视机前，全神贯注观看体育比赛的时候，你会被运动员那高超的技艺所吸引，这个过程的本质正在进行着一种精神上的享受活动，就是这种本质和特性使得人们主动积极地去观赏体育的运动美、健康美、人体美、形态美和精神美，充分体现了体育运动观赏的价值和意义。由于体育项目和结构的不断创新，体育运动中的美也在不断地涌现。认识体育观赏的本质和特性还包括在观赏体育活动过程中所具有的精神性、动态性、自由性和愉悦感。我们观赏体育，是欣赏体育运动中所蕴含着的人类生命的光华，更重要的是这光华给予人们以启迪、向往与鼓舞。我们在观赏体育运动美的现象中，看到人类身体功能发展的美好前景，感受到人类创造体育运动美的巨大潜力。同时，人们渴望看到通过运动员的奋斗拼搏，人类能够在任何情况下都能战胜困难的毅力和精神，都能将生命锻造得无比辉煌！

二、体育观赏的健康价值

有关专家通过调研得出健康长寿的几大因素，其最重要的是“情绪乐观”这一重要状态指标，而经常进行体育欣赏或观赏，通常能使人心情舒畅，保持着情绪乐观的状态，对紧张和疲劳的大脑神经有着很好的调节放松功能。健康是人类生存的最重要条件，也是创造社会物质和精神文明的基础。随着现代社会经济的发展和科技文化的提高，我们可以通过观赏体育比赛来充实高质量的文化生活，主动接受体育运动中的道德情操、意志品质、审美情趣和视觉美感，以及体育运动中的体态美、造型美、速度感和动作美等的熏陶，直接感受体育运动的表现力、意志力、想象力、创造力等艺术感染力。体育观赏在我们现实生活中的健康价值可以从以下几个方面来介绍：

（一）满足精神快乐与享受生活乐趣

随着现代文明和社会经济的发展，人们的工作生活节奏越来越快，伴随并承受着工作、生活、学习上的巨大压力。观赏体育无疑是缓解这种压力的有效途径之一，它能达到放松调整、宽心娱情之目的。在体育观赏活动中，人们可以暂时忘记工作、生活、学习上的烦恼，尽情享受体育带来的欢乐，满足精神快乐与享受。我们可以通过鼓掌、呐喊、唱歌等形式来尽情发泄自己，释放压力，从而忘记繁忙的工作，把自己带进欢乐的观赏之中。经常观赏体育竞赛、表演，除了可以享受各种运动美感外，还可以使自己的心理状态与运动场上发生的一切同步律动，达到精神需求的满足。同时也会被那绚丽缤纷的文化氛围和环境所感染，无论你看到运动中的腾飞、旋转、加速、冲撞、造型等，还是凭自己的经验、情感去预测比赛胜负的结果，都将使你的情绪处于兴奋之中，甚至会永远留在你的脑海里。

（二）陶冶道德情操与领悟人生真谛

通过观赏体育竞赛表演，不但可以满足精神需求，同时可以培养和陶冶道德情操，从中去领悟人生真谛。良好的道德情操的形成，受内部和外部两个方面因素的影响，体育所创造的文化环境有着独特的价值观念和功能，道德意识、意志信念、高尚情操在体育竞赛的表演中有着实质的反映。例如，在激烈的竞赛中所表现出来的坚定不移的信念，顽强拼搏，胜不骄、败不馁的精神，运动员在比赛中遵守诺言、尊重对方、尊重裁判、尊重观众的友好表现，公平竞争、为国争光等的优秀品质等，无不激励着每一位观看者和参与者，从而使他们领悟到要成为生活的强者、社会上优秀的一员的意义。激烈竞争的知识经济社会如同体育场上的竞赛，有着重要的借鉴作用，不论身处顺境或逆境，只有知己知彼，勇往直前，不骄不躁，敢于面对困难，勇于战胜困难，战胜自我，超越对手，公平竞争，才能实现自身价值和领悟人生真谛。

（三）品尝体育文化与振奋民族精神

不同的民族、国家对体育文化都有着不同的看法和要求，所提倡的体育文化观念和文化理念以及运动员的价值都不尽相同，例如东方与西方的体育文化在表现形态上都有着不同的历史背景和文化内涵。

奥林匹克运动的创始人提出了体育运动与文化艺术相结合，以达到身心均衡发展的重要思想一直影响着体育文化的发展。而我们经常感受到围绕着重大体育竞赛的一切宣传、推广活动，包括开幕式、闭幕式的大型文艺演出，纪念章、纪念币、邮票、画展、火炬接力、电视直播和转播、新闻报道等，各种各样的体育文化形式渗透在人们的生活里，相互交融，完美结合，丰富了人们的物质生活和精神生活。与此同时，所有重大体育竞赛，无论是以个人名义或是国家名义参加比赛，为表达对优胜者的崇敬，均进行升国旗、奏国歌、颁奖杯或奖牌等隆重仪式，这使得体育运动竞赛的胜负起到了一个振奋民族精神和为国争光的作用。尽管世界各国的政治观点和生活方式不尽相同，但体育竞赛的结果直接关系到国家的尊严与荣誉，同时将在民族情感方面产生巨大的影响。

三、体育观赏的内容

（一）基本内容

1. 健康美

健康是人生存的必要条件，健康美是对人的健康的美学描述。在观赏体育竞赛中健康美的同时，建立对健康的追求和健康美的概念，我们可以从身体的外部特征、体质和精神状态三个方面加以评价。

健康美的外部特征表现为身体各组成部分协调一致，肌肉、骨骼等形体结构理想组合，其中肌肉发达且富有弹性，肤色红润而有光泽。

在体质方面，健康美主要表现为人的骨骼、肌肉、心血管机能的运动能力强，身体对外界环境的适应能力和抵抗疾病的能力强，具有较高的身体质量。

人的精神状态（包括心理发展水平）也是衡量健康美的一个重要标志，如乐观向上，克服困难，积极进取，对生活和事业充满信心等。

2. 形体美

形体美往往是最先给人良好印象的外观形象，包括了人体的高矮体形、身体形态、坐立姿态、行走风度等，加上运动姿态、艺术造型和表演风格所构成的运动中的形体美。特别是那些艺术造型强的竞赛项目，运动员的匀称肌肉、矫健身姿、优美体形与内在的情感相统一，再结合优美的旋律，显得雍容华贵，活力四射，美不胜收！所以，评价形体美的时候，通常把体态美中的比例、匀称、和谐、线条和风度美结合在一起，作为评价形体美的重要指标。

3. 动态美

动态美是指人在体育运动中，通过身体的运动所呈现的一种动态的美。动态美是体育运动观赏的核心内容，也是体育美的基本表现形式。

人体各部分的协调、力量、速度、耐力、柔韧等有规律的依次运动，构成动态美的立体画面。在体育运动中，尤其是那些激烈的对抗比赛，很大程度取决于运动员对技、战术的运用是否得当，是否有很好的发挥，等等，运动员本身不仅要受严格的技术规范的限定，同时还要受高度的运动技巧的制约。体育运动项目的技、战术水平和动作结构的不断创新，体育运动中的美也就不断地涌现。因此，人类的体育运动是一种自我创造、不断完善、不断升华的活动，人体通过这种活动中所表现出来的美，就是具有体育意义的动态美。

4. 意志美

意志美是指在体育运动中自觉地确定目的，并在目的支配下调节自己的行动，从而实现预期目的时所呈现的美。意志美通常是运动员良好意志品质的具体表现，那就是充满坚忍不拔的进取精神，它对培养人的毅力、磨炼人的意志，具有重要的作用，往往表现在运动员面临着各种各样的困难与压力的时候，包括生理和心理上的、客观条件上的、处于被动和落后情况下的，甚至已知取胜没希望但依然努力拼搏到最后的，这是一种坚持美、忍耐美、意志美，感动与鼓舞着现场，其体育精神激励着人们。随着现代体育运动竞技水平的发展，竞赛最显著的特点是运动员之间的身体能力、运动水平越来越接近，竞争和对抗越来越激烈，夺取比赛的胜利常常就在坚持一下之中。在这个过程中，运动员所表现出来的主动、自制、勇敢、顽强等，都属于意志美范畴。运动员没有克服各种困难的能力，没有顽强拼搏的精神、不屈不挠的斗志，想要取得胜利，攀登世界高峰，站在领奖台上是不可能的！

（二）体育观赏项目内容的分类

体育比赛种类多，项目就更多了，有不同季节的，有对抗激烈的，有节奏优美的，有单打独斗的，有集体合作的，有场面热烈的，有宁静优雅的，想将所有体育项目都纳入你的观赏视线恐怕不现实，因此，我们有必要有选择地欣赏体育项目。这里主要从项目分类方面向同学们介绍喜闻乐见的运动项目：

1. 测速类项目

测速类项目主要是以到达终点的时间快慢来评定名次，时间越短，成绩就越好。这些项目包括田径比赛的所有距离项目及游泳、滑雪、速度滑冰、赛艇、自行车、方程式赛车等。在观赏这类比赛时有强烈的速度感，特别是同时起跑的百米赛跑，犹如百舸争流，一泻千里。在长距离赛跑时，我们既可以欣赏那一马当先的雄风，同时也可以欣赏那不屈不挠、超越对手、超越自我的耐力意志品质，特别是后来居上的那种拼搏精神。

2. 计比分类项目

以比赛得分多少或以达到规定分数来决定胜负的项目，包括篮球、足球、排球、乒乓球、羽毛球、网球、手球、垒球、棒球、台球、保龄球、橄榄球等，在欣赏这类项目比赛时，往往看全队技、战术的表现、个人精湛技术的发挥以及与他人的配合，它给人一种团队精神的启迪与欣赏。在比分相互交替上升时，顽强拼搏，胜不骄、败不馁的斗志和作风常常激励着在场的每一个人，不时地衬托着观众的支持和鼓励等热烈的场面效果，使欣赏的效果升华，将观众的情感融入比赛里，这种场面往往出现在“棋逢敌手、将遇良才”的高水平比赛中，越是不能预计结果，效果就越理想，悬念成了计分项目最有观赏价值的指标。

3. 测距类项目

测距类的项目是以高度和远度评定成绩名次的，距离越远（高），成绩越好。如田径中的跳高、跳远、铅球、铁饼、标枪、三级跳远等项目，呈现出的美也是丰富多彩的。跳高、跳远、跨栏、铅球、铁饼、标枪等项目的运动员都有一种爆发力、速度美。蕴藏的力量突然爆发，犹如暴风雨来临的气势，震撼人们的心灵。我们可以欣赏运动员那突起骤落的快节奏动作，使人感受到干净利落、勇猛非凡的速度美，同时还可以欣赏到那种“一跃而起”和“一掷定江山”的力量与速度结合的力量美以及“展翅飞翔”的风采。

4. 计量类项目

计量类的项目是以重量（包括身体的重量）与比赛成绩的关系来决定胜负的项目。举重就是典型的例子，举重是按照运动员的体重级别（男子分 10 个级别，女子分 9 个级别）为参赛前提，以每个运动员在本级别中所举起的重量大小来评定名次，如果两个运动员所举的重量一样，那就看谁的体重轻，体重轻者名次列前。观赏这类比赛主要是欣赏爆发力与协调的结合，它给人一种大力士“一擎千钧”的感受。

5. 评分类项目

评分类的项目包括艺术体操、竞技体操、技巧运动、花样滑冰、花样游泳、跳水、健美操、武术等，是以参赛运动员的技术难度、编排新颖程度、创新动作和音乐节奏等多方面内容进行评分来决定名次的项目，一般是由几位裁判员同时打分，现场公示。为了使评分更公正、准确，规则规定将去掉一个最高分和一个最低分，取中间的几个分数的平均值来决定该运动员的最后得分。观赏这类项目通常是一种美的享受，现场的音乐节奏、色彩和运动员身体展示、动作的优美感及节奏感，热情、奔放、流畅的表演，平衡、协调、稳健，潇洒、大方的体态和造型，再加上动作的跳跃、翻动、旋转的难度，惊险和器械配合的表现力与奇异多姿，将美、力、难、险与色彩、节奏、表情、体态融合在一起，使人目不暇接，充满美的想象力。紧张的工作、学习之余，欣赏这类项目，对舒缓紧张的心情和神经大有帮助，能给人的生活带来欢乐和享受。

6. 挑战极限类项目

挑战极限类项目包括现代五项、铁人三项、定向越野、攀岩、登山、滑翔、航海、冲浪、高空蹦极等，极具惊险性与刺激性，这类项目通常是欣赏运动员与大自然作斗争的勇气、意志、毅力和胆量，常常被运动员的勇气与毅力所征服，是非一般的人所能做到的。

7. 益智娱乐类项目

益智娱乐类项目包括保龄球、飞镖、围棋、中国象棋、桥牌、垂钓、风筝和一些综合性的体育运动游戏等。如何选择和观赏，就需根据个人的志趣和追求了。

四、体育观赏的兴趣与培养

（一）体育观赏的兴趣能力与自我意识的培养

对体育竞赛有观赏兴趣和欣赏力的人不仅仅是运动员本身和那些经常参加体育运动锻炼的人群，还包括更多在各行各业工作以及生活在我们身边的人群。由于体育运动本身具有独特的美感、情感寄托和千变万化的不可预测性，以及色彩缤纷、惟妙惟肖的独特表现方式，因此吸引着数以亿计的人们参与其中。随着现代科技的发展，哪怕是在一个很小的国家、很偏远的地方举办国际赛事，全球都可以在最短的时间里通过卫星传送现场观看和欣赏到体育竞赛，使体育更贴近人们的生活，成为生活中的一个重要组成部分。由于体育运动项目种类很多，表现形式各有不同，其观赏效果的价值取向在人们的观赏过程中也不尽相同，特别是一些在我国较少开展的体育项目，比如美式、英式橄榄球比赛，现代五项比赛，挑战人类极限的攀岩比赛等，因此，若要使自己达到有较高的观赏能力，就需要了解和关注项目的有关知识、规则以及其发展过程、最新发展动态，通过培养兴趣，提高观赏能力，以达到专门研究，专长发展。若想做到这一点，平时除了多关注相关的比赛之外，还需多注意收集一定的资料。可借用高新科技的数码摄像、录像、计算机软件、光盘等手段记录和收藏有价值的人和赛事。每当与别人谈到同一话题的时候，你将显得很专业，颇有见解，从而使自己感到快乐和欣慰。

观赏体育竞赛和表演，不但给人一种悦目、愉快的享受，同时也对体育意识产生良好的潜移默化的影响作用，体育运动高、难、险、奇的直观感受，对于从事体育运动或热爱该项运动的人来讲有着强大的吸引力，在观赏的同时得到了启发、模仿和学习的动力。众所周知，每一个从事或者参与某一项体育活动的人，都经过有兴趣、被吸引到学习了解、掌握提高的过程，有些人是环境所致，有些人是直接受影响所致，有些人是为追求提高所致，其中，体育观赏是一种很好的途径。随着现代摄像技术和计算机技术的提高，对体育运动每一个复杂的技术都可以通过慢镜头、分解组合、三维动感、数码图像等方式淋漓尽致地展示出来，这对于通过体育观赏来提高体育意识，学习体育知识和技能将大有帮助。我们不应该错过每一次自己有浓厚兴趣的体育项目的观赏机会，最好能感受到现场的效果和气氛，积极参加体育活动和体育锻炼，体验体育活动带给自己身心健康的影响。如果想将自己所喜爱的体育项目进一步提高，除了在大学体育课学习过程中获取外，还可争取参加学校代表队，通过专门的训练和比赛来提高技、战术能力，丰富比赛经历。这个过程同样可以通过观赏，结合自己的能力特点，吸取著名运动员的技术，模仿高水平运动员的技能，提高比赛意识，来追求完善自我、超越自我的境界，这无疑是体育观赏的价值所在。

（二）观看比赛与观赏比赛的区别

观看比赛往往是带有立场、情感的主观因素，对比赛的结果甚为注重，尤其是面对那些关系民族荣誉的重大比赛，你明知“胜负乃兵家常事”这一常理，但却无法抑制那份揪心的牵挂，那份为本队胜利而狂喜或为本队失败而悲哀的情感。而观赏比赛通常以欣赏的心境为主要动机，由于没有直接的功利目的，完全是按照个人的喜好和兴趣来选择，因而特别注意美的享受，目的在于精神和感观上快乐。备受我国人民关注的中国足球，就是一个例子，你虽然不是一个逢场必到的“铁杆球迷”，但也可以是一个逢场必看的热心球迷，通过观看比赛，可激发我们更加热爱国家、民族的情感，同时也可以目睹我国足球为冲出亚洲的几经风雨，见证中国足球冲出亚洲、走向世界的历史时刻，从中也欣赏到足球技术、战术以及运动员在比赛中的风采。

第二章 体适能与健康

第一节 现代健康观

世界卫生组织（WHO）集中了一批优秀的医学专家，不断地对原有健康的概念、标准与措施，提出新理念和新举措，作为指导人类健康的依据。

一、健康的概念及其形成

长期以来，人们一般都认为无疾病即为健康，或躯体健康即为健康。这种生物医学健康理念，至今仍影响着人们的健康观。我国《现代汉语词典》（1996 年版）中对健康的定义为："健康是人体生理机能正常，没有缺陷和疾病。"《辞海》（1979 年版）注释为："健康是人体各器官系统发育良好、功能正常、体质健壮、精力充沛，并具有良好劳动效能的状态。通常用人体测量、体格检查和各种生理指标来衡量。"对健康的这种解释距离 WHO 制定的健康的含义相差甚远。

1948 年，世界卫生组织将健康定义为："健康不仅是免于疾病和虚弱，而且是保持身体上、精神上和社会适应方面的完美状态。"从而明确地将人类的健康与生理的、心理的以及社会的因素联系在一起，形成了全新的生物、心理、社会的医学健康模式。

1989 年世界卫生组织又进一步深化了健康的概念，认为健康应该包括躯体健康、心理健康、智力健康、社会适应良好与道德健康。WHO 曾经对人的健康从 10 个方面进行概括，表 2-1-1 中前 4 项属于心理和社会适应能力，第 5～10 项均属于躯体健康的内容（表 2-1-1）。

时代在飞速发展，人们对世界的认识不断深化，对健康的认识也在不断地发展和提高。21 世纪是大健康的时代，人类追求的健康将是躯体、心理、社会、环境、道德的全面和谐发展，以及人人享有更高的卫生健康水平，将预防疾病放在首位的大众健康。

表 2-1-1 **人体健康的 10 条标准**

类型	序号	健康的主要表现
心理健康与社会适应	1	有足够充沛的精力，能从容不迫地应付日常生活和工作的压力而不感到过分紧张
	2	处世乐观，态度积极，乐于承担责任，事无巨细，不挑剔
	3	善于休息，睡眠良好
	4	应变能力强，能适应环境的各种变化

续表

类型	序号	健康的主要表现
躯体健康	5	能够抵抗一般性感冒和传染病
	6	体重适中，身材匀称，站立时头、肩、臀位置协调
	7	眼睛明亮，反应敏锐，眼睑不易发炎
	8	牙齿清洁，无龋齿，无痛感，齿龈颜色正常，无出血现象
	9	头发有光泽，无头屑
	10	肌肉、皮肤富有弹性，走路感觉轻松

二、健康的标准

综观国内外对健康的定义，表明现代健康观不仅在内容上包括多个层面的含义，而且现代健康观已由原有单纯的“生物医学模式”发展为“生物—心理—社会的医学模式”。现代健康理念揭示了人体的整体性以及人体与自然环境、社会环境的统一，强调人的机体必须适应社会环境和自然环境，且在适应过程中应处于主动地位，由被动的治疗疾病转变为积极地促进健康；促进健康从单纯的生物学标准扩展到心理学、社会学标准；从个体健康评价延伸到群体乃至整个社会的健康评价。也就是说，既考虑到人的自然属性，又侧重于人的社会属性；既重视健康对人的价值，又强调人对健康的作用。

从人体生理学、病理学、现代心理学与社会学的角度分析，生理、心理、社会适应与道德健康四者之间既可以相互促进又可以相互制约。例如，心理影响生理，也影响社会适应与道德健康，健康的心理可以促进生理的健康，提高人体的社会适应能力，促进良好道德的形成；不良的心理会导致生理机能下降，甚至生病、死亡，造成社会适应不良，并影响高尚人格与品质的形成。

（一）躯体健康

生理健康是人体健康的基础，指人在生物学方面的健康，即机体的完整和各器官系统功能的正常，力量、速度、耐力、柔韧性、灵敏性、平衡能力等身体素质良好。

从医学角度分析，生理健康是人体健康的基础。没有生理健康，就不可能有心理健康、适应能力和道德健康了。毛泽东同志在《体育之研究》一文中说过：“体育一道，配德育与智育，而德智皆寄于体，无体是无德智也。”

（二）心理健康

世界卫生组织提出的心理健康标准是：①具有健康心理的人，人格完整，自我感觉良好，情绪稳定，且积极情绪多于消极情绪；有较好的自我控制能力，能保持心理平衡；自尊、自爱、自信，有自知之明。②能够独处，有充分的安全感，能保持正常的人际关系，能受到别人的欢迎和信任。③对未来有明确的生活目标，有理想，有事业追求，能踏实工作，不断进取。

世界精神卫生学会提出的心理健康标准是：①身体、智力、情绪十分协调。②适应环境，在人际关系上能谦让、容忍。③有幸福感。④工作中能充分发挥自己的能力，生活效率正常。

心理学专家提出的心理健康标准是：①认知功能正常，能正确评价自己，正视自己的现实，不妄想妄为。②人生态度积极，热爱生活，热爱自然，能适度控制情绪和表达，保持心神宁静和适度愉悦的乐观情绪。③生活目标和理想切合实际，对工作、对社会有一定责任心。在不违背集体利益的前提下，适度发展个性和满足个人需要，但不为物欲所累。④保持个性完整和谐，意志品质健全，不断完善自我。⑤人际关系积极稳妥，社会适应良好，能自立，重友谊，讲民主，尊重他人，能倾听不同意见，但不盲从，具有独立性和自主性。⑥从事社会工作时有一定的创造性。

专家们认为，心理健康是人体健康的关键。“心理平衡的作用超过一切保健措施的总和。别的都可以不要注意，你只要注意心理平衡，就掌握了健康的金钥匙”。世界各国都在调查长寿老人长寿的秘诀，通过调查，发现他们共同的特点是心胸开阔、性格随和、心地善良、情绪乐观。所以说，心理健康是人体健康的统帅，生理是心理的基础；但是，心理反过来又影响着生理，在一定条件下起决定性作用。这就是在同等生理条件、营养条件、生活作息、体育锻炼、医疗保健和社会自然环境下，有的人健康长寿，有的人病多命短的原因。1991 年世界卫生组织宣布：“个人的健康和寿命的 60%取决于自己，15%取决于遗传，10%取决于社会因素，8%取决于医疗条件，7%取决于气候的影响。”

俄罗斯学者兹马诺夫斯基曾提出一个长寿公式：

健康长寿=（情绪稳定+经常运动+合理饮食）/（懒惰+嗜酒+嗜烟）

（三）适应社会与适应自然

“适应社会和自然环境的能力良好”是 WHO 对健康定义强调指出的一项内容。社会的健全状态和社会的完美良好状态是人们生活的大环境，直接影响着生存的人们。社会的安定，人们适应社会与适应自然环境变化的能力强，实现人类的健康才能有保障。

作为一个健康的人，从心理学和医学角度分析，应该处理好家庭和社会的各种角色，处理好事业和社会活动中出现的问题，解决好自身的矛盾和难事等几个方面的问题。

（四）智力健康

所谓智力健康是指一个人的学习能力和利用信息、提高日常生活质量的能力。一个智力健康的人，应该是有知识的、见识广博的，而不是愚昧无知的。

（五）道德健康

20 世纪 90 年代，WHO 在健康标准中增加了一条“道德健康”的内容，这是人类对健康观念认识的一大进步。《现代汉语词典》和《辞海》对道德的诠释是：道德是社会意识形态之一，是人们共同生活及其行为的准则和规范。它用善与恶、正义与非正义、公正与偏私、诚实与虚伪等道德概念来评价人们的行为和调整人们的关系。

从宏观上分析道德与健康的关系，良好的道德是每一位公民要自觉地遵守社会秩序，使国家和社会长治久安，良好的道德为人们的健康创造了安定的社会环境。从微观上分析道德与健康的关系，道德良好是健康的内因。研究表明，世界各地百岁以上的老人，他们虽然居住地点、气候、饮食起居习惯不同，但他们的共同之处是都能善待他人，善待自己，人际关系良好。这正如两千多年前孔子说过的，“仁者寿”，“大德必得其寿”。

美国哈佛大学曾做过有趣的实验，让学生们看一部反映妇女帮助病人、穷人的电影，看后立即收集学生们的唾液进行分析。实验结果表明，这些学生的唾液中的 A 种免疫球蛋白有所增加。A 种免疫球蛋白增加有利于抗呼吸道感染，提高免疫力。另一现代生理学研究证实，当人在充满信心、乐观进取时，大脑会产生一种类似吗啡的天然镇痛剂，使人感到舒服、放松，促进血液循环，增进食欲，降低疲劳；同时还能促使免疫系统兴奋，分泌有益健康的酶、激素和神经递质乙酰胆碱等，使人达到最佳状态，可以起到促进健康、延缓衰老的目的。心理学家研究表明，人的道德品质低劣，有损健康。道德品质低劣的人往往利欲熏心，遇事斤斤计较，总想算计别人，怕别人报复，终日不得安宁，常处在一种紧张、愤怒和沮丧的情绪之中。这种不良情绪，使机体内各系统功能失调，免疫能力下降，容易患各种疾病。可见，良好的道德是增进社会安定、有益于人体健康的重要因素。

三、影响人类健康的主要因素

随着人类社会的发展和科学技术的日新月异，人们的物质生活水平日益提高，工作强度大幅度降低，身体力行的活动越来越少。新的生活方式在给人们的生活带来更多便捷的同时，也使人类的健康面临着各种挑战，时尚病、生态失衡、营养过剩、缺乏运动、功能退化、生活危险与身心压力等时时威胁着人们。了解我们面临的问题，才能主动积极地去面对与解决。

（一）生活方式

生活方式由行为习惯、生活时间、生活节奏、生活空间与生活消费等要素构成。生活方式是社会健康的基石，与人们的健康息息相关。生活方式的变化，包括生活内容、生活领域、生活节奏的改变，都会引起个人乃至社会的健康问题。

运动兴趣爱好、习惯和行为也是生活方式的重要构成因素。良好的行为习惯能增进健康，有利于人们对运动的参与。

人们一般用时间来度量生存活动的过程。余暇时间的长短和支配余暇时间的质量，直接影响到人们的生活方式。闲暇时间与社会成员的消遣方式有关，是人们直接参加运动或接受体育文化的基本前提条件。

随着人类对自然界开发的广度和深度的发展，由此产生的“速度”、“效率”、“节奏”的压力，使人们的生活方式发生了革命性的变化，生活节奏越来越快。生活节奏的加快，给不适者带来许多有关健康方面的麻烦与困扰。

生活空间是生活方式不可忽视的一个要素，也是生活质量提高的重要前提，对人类健康有着重要的影响。

生活消费指使用物质资料以满足人们的物质和文化生活需要。消费水平、消费结构与体育的关系极为密切，成为影响人们投入健康、促进运动的另一重要因素。调查结果表明，收入水平越高的家庭，体育用品消费所占的比重越大；文化程度越高的家庭，体育用品消费支出越高。

人的生活方式不可能一成不变。随着生活方式的改变，在内容上丰富或贫乏，在领域里开阔或狭窄，在质量上提高或降低，在节奏上加快或减慢，都可能给健康带来正面或负面的影响。

（二）时尚病

在这个瞬息万变的时代，观念的时尚、身体的时尚等各种时尚，无时无刻不充斥着我们的眼球。时下，最流行的时尚当属瘦身，塑身美体的明星们成为众多女孩子效法的偶像。为了瘦身，有的人一个星期就减掉 5kg；有的人身高 170cm，体重却只有 48kg。如果真能“练”成魔鬼身材，倒也无可非议，起码“练”能让人变得健康，可令人担忧的是如今许多人却借助药物来达到迅速瘦身的目的。有报道说，一些女大学生偷偷地服用减肥药，引起了腹泻、头昏、四肢乏力等不良反应。这种盲目追求瘦身是一种心理病态的表现。现代人实在不应该再落入这种时尚的陷阱，感染“时尚病”。

美国著名的杂志 *New York* 曾对时尚下过这样的定义：“时尚是一种无意改变却有意跟随的东西。”可见，时尚有着极大的吸引力和号召力。但是，盲目地追求时尚，做时尚的奴隶，就免不了要患上“时尚病”。

（三）生态失衡

物理和化学的技术手段虽然将我们的生活提高到了百年前想象不到的水平，但也提供了最终足以灭绝人类的方式。人类为了自身利益以史无前例的规模征服着地球，在“适者生存”的欲望驱使下，人类虽然成为最大的赢家，但同时也在不断地毁灭地球及其生物。生物学家胡贝尔特·马克尔曾指出，迄今生活于地球上的总数为 1 000 万~1 500 万种的生物中，只有 30 万~40 万种生物被人类利用，其他物种则被视为应该与之搏斗的害虫、寄生虫或杂草，因为它们有损于人类的利益，或充其量与我们无关。到了 2000 年，物种便会以每天 24 种，即每小时 1 种的速度灭亡。预言家所许诺的没有饥饿、疾病和贫苦的人间天堂，经过几代人的“奋斗”，将会变成充满恐惧和灾难的场所。

大自然是人类赖以生存的空间，但是随着工业化进程的加速，环境破坏问题成为一个突出的社会问题。人类对大自然的过度开发和利用，也遭到了大自然无情的报复：沙漠化、水土流失、温室效应、洪涝灾害。现代化最大的陷阱不仅在于对自然资源的耗损，更在于对生态环境的破坏。因此，维护人类赖以生存的生态环境是人类增进健康的一项巨大工程。

（四）营养过剩

食物结构的变化是造成现代人营养过剩的主要原因。美国世界观察研究所指出，超重和肥胖人口在发展中国家日益增多。巴西和哥伦比亚分别有 36%和 41%的超重人口，由此引发的慢性病，使这些国家的医疗负担日益加重。研究报告认为，科学饮食和积极运动等良好的生活方式，能有效地控制体重。美国医学会杂志在 2004 年 10 月称，肥胖已经成为美国的一种流行病，平均每年约有 30 万人死于与肥胖有关的疾病。1995 年美国人在控制体重上的开支为 240 亿美元，2000 年达到 300 亿美元。营养过剩、体重超标成为又一威胁人类健康的问题。

（五）缺乏运动

美国疾病防治中心的数据表明，18~44 岁的美国人中有 55%的人，35~44 岁的人中有 59%的人都是整天坐着不动的，仅有少部分人为保持健康和身材适中，全身心地投入跑步、游泳、徒步旅行等运动中。

（六）生活危险

工业化、都市化与信息化是现代化社会的三个重要标志，它们在给我们带来高质量生活的同时，却也在时时威胁着人们的健康。

现代社会生活中，人们必须面对与防范的危险有：①工业化大生产使人依附于机器，身体活动越来越少；机器的高速运转危及人身安全；工业生产形成“三废”等。②都市生活使人们住进了人口密度很大的高楼大厦，楼房倒塌、电梯失控、高层失火、煤气爆炸、高压水管断裂，给人们平添危机感和恐惧感等。③在知识经济时代，信息爆炸使人们陷入高度的精神紧张状态。④洪水、地震、森林大火等天灾由于人类的活动而变得更加肆虐。

面对各种可能造成的伤害危险，人们的压力增大，精神紧张，需要具备更为强健的体魄。运动能提高承担风险的心理素质，对增强抗拒危险的自救能力更有实际的意义。

（七）身心压力

世界著名的精神科学家、美国康乃狄格医科大学的 F. 查尔斯博士，对面临身心压力而深受困扰的现代人进行了大量的研究，归纳了人们所面临的各种压力，如工作上的竞争(失业的威胁)、家庭成员的精神负担、升学择业的压力、日常生活快节奏的紧张感、情感上的错综复杂心理以及各种各样的患得患失心理等。

城市是现代生活的摇篮，但城市的现代化生活宠溺、娇惯坏了人们。一方面，各种线路、管道、网络把个人与家庭所需要的资源、能源、信息源源不断地送到每个人面前，人们那么依赖城市和它的各种设施；另一方面，停水、停电、停煤气、停电话、停交通、停暖气、停闭路电视等都会给人们生活造成巨大的不便，从而心里焦躁不安，甚至极度愤怒。

名利地位、物质文化、失业、意外灾害等各种激烈的矛盾与竞争形成的压力，都会造成人们的紧张情绪，导致“现代流行病”，成为诱发各种身心疾病不可忽视的原因。临床医学研究表明，因身心压力引起的紧张可导致偏头痛、便秘、腹泻、溃疡性结肠炎、妇女月经失调、男性阳痿、糖尿病、癌症、高血压、心脏病以及神经过敏、神经衰弱、精神分裂、狂躁忧郁等精神性疾病。日益紧张的生活环境，以及愈演愈烈的竞争环境，迫使人们付出很大的健康代价，以适应生存的需要。

第二节 体适能概述

随着时代的进步和发展，人类对健康的内涵有了更广泛、更深刻的认识，对健康的追求与维护表现了更强烈的意识和更积极的做法，即越来越重视健康教育与健康促进。许多大学生都认同“健康掌握在自己手中”，主动学习有关健康的知识与技能，积极寻求和实行有助于维护及增进健康的生活方式。

体适能（physical fitness）是指：“在应付日常工作之余，身体又不会感到过度疲劳，还有余力去享受休闲及应付突发事件的能力。”体适能的概念最早源于美国，由英文“fitness”（身体适应能力）演变而来。1950 年的一份研究报告显示，当时美国儿童的肌力明显低于欧洲各国；此外，在对死于朝鲜战争的年轻军人的病理解剖中，发现了冠状动脉疾病的问题。这些结果使美国政府震惊，艾森豪威尔总统成立了“青少年适能总统会议”（the president's council on youth fitness），并进行了全国性青少年适能测验。20 世纪 60 年代，美国经济的高速发展，使人们的生活与工作条件得到了极大的改善。然而在人民生活水平提高的同时，各种疾病如糖尿病、癌症与高血压等的患病率也不断上升，心血管疾病成了 20 世纪 60 年代美国人民的头号杀手。当时的美国总统肯尼迪将会议名称改为“总统体适能委员会”（president's council on physical fitness），第一次正式使用“体适能”名称，以表示政府对国民体质的关注。到了尼克松执政的时代，又将委员会改为“总统体适能与运动委员会”（president’s council on physical fitness and sport），并且认为健康问题不应该拘泥于校园的学生，而应扩展到社会，面对全体国民。美国政府号召全国的每一位公民都要积极参与“体适能与全人健康计划”，通过改变不良的生活行为（如不吸烟、控制饮酒、减少摄入油腻的食物及过量的甜食等），加强身体运动，以促进健康，提高生活质量。因此，在20世纪六七十年代，身体运动成为美国人民生活中的一部分，掀起了体适能热潮。由于注意了生活行为的控制，因心血管疾病导致的死亡率明显下降。2000年美国一份研究报告显示，心血管疾病的发生率在1960—2000年下降了26%。

体适能在我国称为体能，可以分为健康体适能（health-related physical fitness）和竞技体适能（sport-related physical fitness）。健康体适能主要包括心肺耐力、肌肉力量、肌肉耐力、柔韧性和身体成分五个方面。这是一般人为了提高学习和工作效率、预防疾病、增进健康所需要的体适能。竞技体适能主要包括速度、爆发力、协调性和灵敏性等素质。运动员为了获得竞技运动的优胜，除了应具备健康体适能外，还必须获得竞技体适能。两者的特性比较见表2-2-1。

表2-2-1　**健康体适能与竞技体适能的比较**

	健康体适能	竞技（运动）体适能
目标	健康	胜利
对象	全民	运动量
属性	一般	特殊
要求	适度	高度
时间	终身	阶段性
结果	与努力成正比	不一定会成功

通过对体适能内涵的研究，使我们能够认识到健康与竞技运动对体能有不同的要求，可以帮助我们科学地解决运动实践中的各种问题。对于普通大学生或一般人来说，更多的是关注健康体适能。体育运动可以提高健康体适能，但是运动必须适量，为什么要适量？因为不同体能水平的人对运动量的承受能力不同。例如，体能好的同学在运动时，能承受较大的运动负荷，应付自如；而体能基础差的同学，就会感到很辛苦，运动进行不下去，甚至会发生损伤。因此，运动时要考虑每个人的体能基础，采用适宜的运动量。每一个人在不同的年龄阶段、不同的环境、不同的条件下都会有不同的健康需求，这时的运动应该适合其健康的需要。例如，一个人在儿童少年时期，特别需要体育锻炼来促进身体各器官系统的全面生长发育；在青年时期，需要体育锻炼促进肌肉形态和力量的增长，并保持体形；在中年时期，需要运动来保持旺盛的精力，预防疾患，以更好地承担工作与生活的责任；在老年时期，则需要通过体育锻炼减缓衰老，保持健康，做到延年益寿。另外，随着环境或条件的改变，运动的方法、方式也应随之做出调节或改变。例如，在有规律的学习和工作环境下，可以安排定时、定点的体育锻炼；但如果是出差、外出实习、外出旅游，或是学习、工作繁忙等，就要根据实际情况做出调整，既能做到体育锻炼不间断，持之以恒，又不影响其他方面的工作。这种因人而异，因时、因地而异的获取健康的体能概念让我们进一步认识到，每一个人在各种不同情况下，都应选择适合自己需要的运动方式、运

动量，坚持体育锻炼，以增强体能，才能获得和保持最佳的健康状态。

2002 年 8 月，国家教育部发布了《学生体质健康标准》，从身体形态、身体机能、身体素质等方面综合评定学生的体质健康状况，其主要内容与健康体适能相符合，这反映了我国体育教育正在与世界接轨。作为大学生，应该很好地学习和理解体适能的内涵，了解和掌握自己的体能状况，针对弱项及早进行锻炼，这对成人时期某些疾病的早期预防有重要意义。让我们积极投入体适能锻炼，做到“每天锻炼一小时，健康工作 50 年，幸福生活一辈子”。

第三节　健康体适能的要素

健康体适能可视为身体适应工作、生活、运动与环境（例如温度、气候变化或病毒、细菌等因素）的综合能力。这种能力是我们完成学业、工作的基础，也是提高生活质量的基础。现代人工作压力大，每天要面对各种各样的问题，或因为工作需要常常加班。当代大学生面对激烈的就业竞争，都在努力积累知识，提高综合素质。不少同学选修各类课程，参加各种社会活动，把课余时间排得满满的。一方面，如果没有一个健康的身体，或没有较好的体适能就可能出现体力透支，感觉疲劳。长期下去，还可能发生慢性疾患。因此，拥有一个良好的身体，是应付繁重工作或完成学习任务的保障和前提。另一方面，社会的发展让人们有了更多的余暇时间，如果我们想生活更加丰富多彩，有更多的精神享受，希望外出旅游或参加各种户外活动、拓展活动等，也同样需要身体具备能够适应外界环境各种变化的能力，否则可能坚持不了多久就感觉到精神疲劳、体力不足，甚至可能使身体受伤。所以，拥有良好、健康的体能是提高生活质量最基本的条件。健康体适能较佳者，感觉精力充沛，较有能力完成每天的学习、工作，有余力享受休闲娱乐的生活，亦可轻松应付偶然发生的情况。

健康体适能由心肺耐力、肌肉力量、肌肉耐力、柔韧性和身体成分五种不同性质的身体能力组成。

一、心肺耐力

心肺耐力（aerobic capacity）又称心肺适能、有氧适能，是指一个人持续活动的能力，它与心脏、血液、肺和细胞代谢等的功能有关。生命活动离不开氧气，在学习、工作或运动的过程中，氧气的需要量增多。如果一个人的呼吸系统从空气中获得较多的氧，并很快地通过血液循环将其运送到身体的各组织细胞，而细胞又有很强的利用氧的能力，这时机体的工作效率就高，而且能坚持较长的时间。可见心肺耐力涉及心脏、血液、肺和细胞代谢等方面的功能。研究发现，儿童时期心肺耐力随年龄增长逐步提高，到 16 岁开始逐渐衰退，25 岁以后呈现每年平均约 1% 的衰退现象，但通过运动可以减慢其衰退的速度。心肺耐力与我们的健康密切相关，从日常的学习和生活来说，有好的心肺耐力，就不会因为要追赶一辆公共汽车而气喘吁吁；从健康的角度来看，拥有良好的心肺耐力，就可以减少各种心血管病患的发生。因此，心肺耐力是健康体适能组成中一个重要的因素，在体适能评价中是最重要的评价指标。

二、肌肉力量

肌肉力量（muscle strength）又称肌肉适能。肌肉力量是指一块肌肉或肌肉群竭尽全力收缩产生的最大力量。研究发现，肌肉力量在20～30岁时达到一生中的最高峰，30岁以后逐渐降低，65岁时的平均肌力为20～30岁时的80%。从运动的角度出发，具备适当的肌肉力量是绝对需要的。因为日常生活中的大小动作，如坐姿、走路、跑步、举或提重物、做家务以及享受休闲活动，都必须靠肌力来完成。如果没有一定的肌力，有些活动就会感到吃力，进而使肌肉产生疲劳；这时工作效率就会降低，在运动中易出现损伤，长此下去，会导致肌肉劳损等慢性疾患。因此，肌力是维持健康的基本要素。肌肉力量是人体各项身体素质的基础，适当的肌力使肌肉变得比较结实而有弹性，能维持比较匀称、健美的身材；适当的肌力可以提高动作效率，在应付同样负荷时或感到比较省力，对关节、韧带有较好的保护作用，能减少损伤的发生。同时，在享受运动休闲时，较大的肌力能使你具备更好的身体运动能力，可以拥有更多的运动空间，获得更多乐趣。

三、肌肉耐力

肌肉耐力(muscle endurance)是指一块肌肉或肌肉群在一段时间内重复进行肌肉收缩或维持某一固定用力状态的持久能力。日常生活活动或运动有一个共同的特点,就是肌肉必须在一定程度用力的情况下,持续一段时间。例如,一个上午四节课,要求维持坐姿约4h,这对躯干伸肌有一定的耐力要求,否则就会感到腰酸背痛。又如,实验课往往连续进行几个小时,如果维持站姿的躯干与下肢伸肌没有较好的耐力,那么实验就不容易顺利完成。

肌肉力量与肌肉耐力虽然是两种不同的能力，但它们有密切关系。随着年龄的增长，肌肉组织功能退化，肌肉力量和肌肉耐力都会逐渐消退。为此，要不断地加强体育锻炼，以保持肌肉力量和肌肉耐力，减缓其随年龄增长而自然消退的速度。

四、柔韧性

柔韧性（flexibility）是指身体各个关节的活动幅度及肌肉、肌腱、韧带、皮肤和其他组织的弹性及伸展能力。柔韧性与关节的解剖结构特点、关节周围组织的体积以及肌肉、韧带、肌腱和皮肤的伸展性等有关。年龄越小，柔韧性越好；随着年龄的增长，柔韧性消退的速度也自然加快。

具有良好的柔韧性，表示肢体的运动、弯腰、伸展、扭转等都较轻松自如，身体更灵活，可以使我们日常的活动和运动更有效率。例如，长时间坐着学习或进行工作的人很容易感到颈部、背部、腰部酸痛，甚至很容易患上腰背慢性疾病。如果有良好的柔韧性，就可以减少这些现象的发生。而在运动中，柔韧性越好，关节运动幅度增加，动作就越舒展、协调和优美，动作质量也就越高；同时有助于预防和减少运动损伤。因此，培养良好的柔韧性，是健康体适能中十分重要的一项内容。由于柔韧性自然消退的速度较快，因此在少年和青年时期加强柔韧性锻炼，对老年阶段能够保持较好的柔韧性有重要作用。

五、身体成分

身体成分（body composition）是指组成人体的骨骼、关节、肌肉、韧带、脂肪及内脏器官等。身体内脂肪含量的多少，对健康有重要影响。身体内脂肪可以分为两类：一类称为必要性脂肪（essential fat），它存在于骨髓、肝、脾、肠、肌肉以及中枢神经系统等组织内，约占成年男性总体重的3%、成年女性总体重的12%。这部分脂肪过少，身体的正常生理功能活动就会受到影响，降低健康水平。另一类脂肪称为储存性脂肪（storage fat），这些脂肪大多堆积在皮下和主要脏器周围，其主要作用是保温、缓和机械撞击及能源储存。体内脂肪过多，造成肥胖，会给生活、工作带来诸多不便，而且严重影响健康，因为肥胖者在活动时心肺功能负担比其他人更重，需要消耗更多的能量。流行病学的大量研究表明：成年人肥胖，尤其是腹部脂肪积累过多的肥胖与心血管疾病、高血压、脑血管意外、糖尿病、脂肪肝及某些肿瘤有重要的发病关系。另外，肥胖也会带来心理健康的问题，从而影响寿命。不同性别、不同年龄的人体脂百分比有一定的差异，理想的体脂成分如表2-3-1所示。

表2-3-1　**根据体脂百分比划分的身体成分等级**

年龄/岁	性别	体脂过少	非常好	很好	正常	体脂多	体脂过多
≤19	男	<3	12.0	12.1~17.0	17.1~22.0	22.1~27.0	≥27.1
20~29	男	<3	13.0	13.1~18.0	18.1~23.0	23.1~28.0	≥28.1
30~39	男	<3	14.0	14.1~19.0	19.1~24.0	24.1~29.0	≥29.1
40~49	男	<3	15.0	15.1~20.0	20.1~25.0	25.1~30.0	≥30.1
≥50	男	<3	16.0	16.1~21.0	21.1~26.0	26.1~31.0	≥31.1
≤19	女	<3	17.0	17.1~22.0	22.1~28.0	28.1~32.0	≥32.1
20~29	女	<3	18.0	18.1~23.0	23.1~29.0	29.1~33.0	≥33.1
30~39	女	<3	19.0	19.1~24.0	24.1~30.0	30.1~34.0	≥34.1
40~49	女	<3	20.0	20.1~25.0	25.1~31.0	31.1~35.0	≥35.1
≥50	女	<3	21.0	21.1~26.0	26.1~31.0	31.1~36.0	≥36.1

上述组成健康体适能的五个要素中，每一个要素相对独立，分别从不同的侧面反映身体各器官的机能。例如，有的大学生有较强的肌肉力量，但肌肉的耐力或心肺功能却可能不足；有的人柔韧性很好，却可能因为肌肉力量较差而制约了身体的活动能力。因此，某一项或某两项要素水平较高，并不能反映健康体适能整体水平高，必须注意整体而均衡的体能的发展。

第四节　健康体适能的检测与锻炼

一、健康体适能的检测

（一）心肺耐力的检测

科学的、简单而方便的心肺耐力检测，可以采用台阶测试法。

1. 测试方法

男生用高 40cm（女生 35cm）的台阶（或凳子）。测验前让受试者做轻度的准备活动，主要是活动下肢关节。上、下台阶的频率是 30 次/分钟，因而节拍器的节律为 120 次/分钟（每上、下一次是四动）。受试者按节拍器的节律完成试验。

被测试者从预备姿势开始：(1) 被测试者一只脚踏在台阶上；(2) 踏台腿伸直为台上站立；(3) 先踏台的脚先下地；(4) 还原成预备姿势。用两秒上、下一次的速度（按节拍器的节律来做），连续做 3min。做完后，立刻坐在椅子上测量运动结束后的 1~1.5min、2~2.5min、3~3.5min 的三次脉搏数；并用下列公式求得评分指数，计算结果包含有小数的，对小数点后的一位进行四舍五入取整进行评分（表 2-4-1）。

表 2-4-1　台阶试验评定等级与分值

等级	女				男			
	成绩/次	分值	成绩/次	分值	成绩/次	分值	成绩/次	分值
优秀	56 以上	20	55~52	17	59 以上	20	58~54	17
良好	51~48	16	47~44	15	53~50	16	49~46	15
及格	43~42	13	41~25	12	45~43	13	42~40	12
不及格	24 以下	10			39 以下	10		

注：本表引自：教育部，国家体育总局．学生体质健康标准试行方案——大学生体质健康标准．2002.

评定指数=踏台上、下运动的持续时间（s）×100/2×（3 次测定脉搏的和）

2. 注意事项

(1) 心脏有病的人不能测试。

(2) 按两秒上、下一次的节奏进行。当受试者跟不上节奏时，应及时提醒，如果三次跟不上节奏，应停止测试，以免发生伤害事故。

(3) 上、下台阶时，膝、髋关节都应伸直。

(4) 被测试者不能自己测量脉搏。

(5) 如果受试者不能完成 3min 的负荷运动，以实际上、下台阶的持续时间进行计算，计算公式和方法同上。

(二) 肌肉力量的检测

身体不同部位的肌肉力量，可用不同的测试方法。

1. 握力

握力是反映前臂和手部的肌肉力量，可用握力计进行测定。

(1) 握力测试方法。

被测试者两脚自然分开成直立姿势，两臂自然下垂。一手持握力计全力紧握（此时握力计不能接触衣服和身体），握力器显示数字。用力手握三次握力计，取最大值，以千克为单位，测试时保留一位小数。

（2）注意事项。

保持手臂自然下垂姿势，不能触及衣服和身体。计算握力体重指数，公式为：握力体重指数=握力/体重÷100，计算时，握力的单位为kg，保留一位小数，体重的单位为千克，保留一位小数。计算出指数后，查表评分（表2-4-2）。

表2-4-2 **握力体重指数评定等级及分值**

等级	女				男			
	成绩/kg	分值	成绩/kg	分值	成绩/kg	分值	成绩/kg	分值
优秀	57以上	20	56~52	17	75以上	20	74~70	17
良好	51~46	16	45~40	15	69~63	16	62~56	15
及格	39~36	13	35~29	12	55~51	13	50~41	12
不及格	28以下	10			40以下	10		

注：本表引自：教育部，国家体育总局．学生体质健康标准试行方案——大学生体质健康标准．2002.

2. 立定跳远

立定跳远主要用于检测腿部的爆发力。

（1）测试方法。

受试者两脚自然分开站立，站在起跳线后，脚尖不得踩线（最好用线绳做起跳线）。两脚原地同时起跳，不得有垫步或连跳动作。丈量起跳线后缘至最近着地点后缘的垂直距离。每人试跳三次，记录其中成绩最好的一次。以cm为单位，不计小数，查表评分（表2-4-3）。

（2）注意事项。

①发现犯规时，此次成绩无效。三次试跳均无成绩者，再跳，直至取得成绩为止。

②可以赤足，但不得穿钉鞋、皮鞋、塑料凉鞋测试。

表2-4-3 **立定跳远评定等级及分值**

等级	女				男			
	成绩/cm	分值	成绩/cm	分值	成绩/cm	分值	成绩/cm	分值
优秀	196以上	30	195~187	26	255以上	30	254~250	26
良好	186~178	25	177~166	23	249~239	25	238~227	23
及格	165~161	20	160~139	18	226~220	20	219~195	18
不及格	138以下	15			194以下	15		

注：本表引自：教育部，国家体育总局．学生体质健康标准试行方案——大学生体质健康标准．2002.

此外，可以用俯卧撑、引体向上等练习来测评上肢和背部的肌肉力量，完成的数量越多，表明肌力越大。

（三）肌肉耐力的检测

1. 测试方法

受测者全身仰卧于垫上，两腿稍分开，屈膝呈 90°角左右，两手指交叉贴于脑后。另一同伴压住其踝关节，以便固定下肢。受试者起坐时，两肘触及或超过双膝为完成一次。仰卧时两肩胛必须触垫。测试人员发出“开始”口令的同时开表计时，记录 1min 内完成的次数。1min 后，受测者虽已坐起，但未达到双膝者不计次数，精确到个位，查表评分（表 2-4-4）。

2. 注意事项

（1）如发现受测者借用肘部撑垫或臀部起落的力量起坐时，该次不计数。

（2）在测试过程中，观测人员应向受测者报数。

（3）受测者双脚必须放于垫上。

表 2-4-4 **女大学生仰卧起坐评分等级及分值**

等级	成绩/次	分值	成绩/次	分值
优秀	44 以上	20	43~41	17
良好	40~35	16	34~28	15
及格	28~24	13	23~20	12
不及格	19 以下	10		

注：本表引自：教育部，国家体育总局．学生体质健康标准试行方案——大学生体质健康标准．2002.

（四）柔韧性的检测

坐位体前屈，主要检测身体的柔韧性。

1. 测试方法

受试者两腿伸直，两脚平蹬测试纵板坐在平地上，两脚分开 10~15cm，上体前屈，两臂伸直向前，用两手中指尖逐渐向前推动游标，直到不能前推为止。测试计的脚蹬纵板内沿平面为 0 点，向内为负值，向前为正值。记录以 cm 为单位，保留一位小数。测试两次，取最好成绩，查表评分（表 2-4-5）。

表 2-4-5 **坐位体前屈评价等级及评分**

等级	女				男			
	成绩/cm	分值	成绩/cm	分值	成绩/cm	分值	成绩/cm	分值
优秀	18 以上	20	18.0~16.0	17	18.1 以上	20	18.0~16.0	17
良好	16.1~13.0	16	12.9~9.0	15	15.9~12.3	16	12.2~8.9	15
及格	8.9~7.8	13	7.7~3.0	12	8.8~6.7	13	6.6~0.1	12
不及格	2.9 以下	10			0.0 以下	10		

注：本表引自：教育部，国家体育总局．学生体质健康标准试行方案——大学生体质健康标准．2002.

2. 注意事项

身体前屈两臂向前推游标时两腿不能弯曲。

（五）身体成分的检测

目前检测身体成分的方法有很多，如皮褶厚度法、核磁共振法、水下称重法、生物电阻抗法等。这些方法都需要一定的仪器。下面介绍的身体质量指数和腰臀比两项指标，比较容易测试和计算，便于同学们随时检测。

1. 身体质量指数（Body Mass Index，BMI）

身体质量指数是国际上通用的筛查肥胖的指标。其计算公式为：

身体质量指数（BMI）= 体重（kg）/身高 2（m）

评价标准见表 2-4-6。

表 2-4-6　**18～25 岁身体质量指数（BMI）评价表**

性别	肥胖	超重	正常	体重偏轻	消瘦
男	23 以上	22.1～23.0	19.1～22.0	18.0～19.0	18 以下
女	22 以上	21.1～22.0	18.1～21.0	17.0～18.0	17 以下

注：本表引自：中国国民体质监测系统的研究．北京：北京体育大学出版社，2000.

用此方法计算体脂百分比的公式为：

男性体脂百分比 = 1.215×BMI−10.13

女性体脂百分比 = 1.48×BMI−7

2. 腰臀比值（waist-to-hip ratio，WHR）

腰臀比值即腰围和臀围的比值，是描述脂肪在体内分布类型的一个指标。腰围大小，表明脂肪存在腹部的多少。比值越大，说明脂肪存在腹部多，称上半身肥胖；比值越小，说明脂肪主要堆积在下腹部和大腿上，称下半身肥胖。男子与女子腰臀围比值的评价见表 2-4-7 和表 2-4-8。研究表明，腰腹部脂肪堆积的肥胖者患冠心病、高血压、Ⅱ型糖尿病和中风的危险性更高。目前国际上认为，女性小于 0.85、男性小于 0.95 均属于健康范围（表 2-4-9）。

表 2-4-7　**男子腰臀围比值评价表**

年龄/岁	大	偏大	中等	偏小	小
18～30	88 以上	84.1～88.0	78.1～84.0	75.0～78.0	75 以下
31～40	93 以上	89.1～93.0	80.1～89.0	77.0～80.0	77 以下
41～50	95 以上	91.1～95.0	82.1～91.0	78.0～82.0	78 以下
51～60	96 以上	92.1～96.0	83.1～92.0	79.0～83.0	79 以下

注：本表引自：季成叶著．体质自我评价和健康运动处方．北京：北京体育大学出版社，2002.

表 2-4-8　　女子腰臀围比值评价表

年龄/岁	大	偏大	中等	偏小	小
18~30	81 以上	78.1~81.0	72.1~78.0	69.1~72.0	69 以下
31~40	84 以上	81.1~84.0	74.1~81.0	71.1~74.0	71 以下
41~50	86 以上	82.1~86.0	75.1~82.0	72.1~75.0	72 以下
51~60	90 以上	86.1~90.0	78.1~86.0	75.1~78.0	75 以下

注：本表引自：季成叶著．体质自我评价和健康运动处方．北京：北京体育大学出版社，2002.

表 2-4-9　　根据腰臀围比值评估患病率

腰臀围比值		
男性	女性	患病率
≤0.95	≤0.80	很低
0.96~0.99	0.81~0.84	低
≥1.00	≥0.85	高

二、体适能锻炼

健康体适能水平存在着个体差异，这与每个人的遗传因素、生活环境、成长背景、生活行为习惯以及受教育程度等有密切关系。通过科学的体育锻炼可以明显提高体适能水平。因此，每一位大学生应清楚了解自己的体能状态，有针对性、有目的地改善和发展自己的体能。参与体适能锻炼应该注意并做好以下事项：

（1）充分认识体育锻炼与健康的关系。

（2）检测自己的健康体适能水平，依据性别、年龄与体能优劣，确定运动强度、运动时间与运动频率。

（3）选择适合自己的运动。

（4）制订合适的健身运动处方。

（5）强调循序渐进，包括运动的强度、运动量、运动技术的复杂程度等都要逐步增加，这有利于防止和减少损伤的发生。

（6）要注意做准备活动、伸展活动和整理活动。准备活动至少 5 分钟，作用是让身体由安静状态逐步进入一定强度的运动状态，让身体有一个适应的过程；伸展活动使各关节及肌肉的伸展性得到增强，可放在准备活动中进行，这对预防伤害事故至关重要；运动结束后，应进行 5 分钟左右的整理活动，如慢走、慢跑和伸展活动，这可加快身体的恢复过程，同时可防止运动后低血压的发生。

（7）体育锻炼时应注意的事项，包括合适的运动服装和运动鞋以及安全的器材与设备，做好身体和思想两方面的充分准备。

（8）确定执行计划。

(一) 心肺耐力的锻炼

提高心肺耐力的锻炼以有氧运动为主。有氧运动是指有大肌肉群参与、有一定节奏、持续时间较长、易于坚持的运动，如走路、慢跑、游泳、骑自行车、健身操、有氧舞蹈、跳绳、越野滑雪等。在整个运动过程中，人体吸入的氧气与需要的氧气大致相等。要获得理想的锻炼效果，进行心肺耐力锻炼，应首先考虑锻炼者的体能起始水平，在这个基础上，再考虑以下四个方面的因素：运动的种类，运动的强度，运动的持续时间，运动的频率。表 2-4-10 为美国运动医学会（ACSM）对心肺适能运动处方的建议。

表 2-4-10 **心肺耐力运动处方的指导原则**

因素	要求
运动种类	有氧性运动（例如走路、慢跑、骑脚踏车、游泳、有氧运动、足球、爬楼梯等）
运动强度	50%～85%的储备心跳数
持续时间	20～60min 的连续性有氧运动
运动频率	每周 3～5 天

注：本表引自：Based American College of Sports Medicine. Position Stand：The Recommended Quantity and Quality of Exercise for Developing and Maintaining Cardiorespiratory and Muscult Fitness，and Flexibility in Healthy Adults. Medical Science-Sports Exercise，1998（30）：975-991.

(二) 肌肉力量和肌肉耐力的锻炼

进行力量训练要根据锻炼的目的（发展肌力或肌耐力）制定训练的计划，要合理安排力量练习的负荷重量（即心脏耐力锻炼所指的运动强度）、一次练习的组数、每组练习的间隔时间、一组练习的重复次数以及完成一次重复练习的时间。如果锻炼以增加肌力为主要目的，训练的负荷量可大些，重复次数可少些；如果以提高肌耐力为主，那么训练的负荷量宜小些，而重复次数则宜多些。表 2-4-11 标明的是为了健康体适能目标而进行肌力训练的指导原则；表 2-4-12 标明的是各种肌力训练的指导原则。

表 2-4-11 **肌力训练的指导原则**

因素	要求
运动形式	8～10 个动力性练习，包括全身的主要肌群
阻力	以做 8～12 次的重复次数就快接近疲劳的重量来进行训练 （老年人或体能较差者以 10～15 次的重复次数为原则）
组数	最少 1 组（1 set）
运动频率	每周至少 2 次

注：本表引自：Based American College of Sports Medicine. Position Stand：The Recommended Quantity and Quality of Exercise for Developing and Maintaining Cardiorespiratory and Muscult Fitness，and Flexibility in Healthy Adults. Medical Science-Sports Exercise，1998：975-991.

在进行力量训练时，还应注意以下几点：

(1) 所选择的运动应能涵盖全身主要肌群，包括胸部、肩膀、背部、大腿、手臂、髋部和躯干。

(2) 选择自己能控制的运动，刚开始训练应采用低、中强度的负荷。

(3) 在进行器械力量练习时，应有同伴一起进行练习。

(4) 力量练习应先练大肌群，后练小肌群。

(5) 每一个运动练习，应尽量达到最大幅度。

(6) 力量训练前，应该进行 5~7min 准备活动，其中包括伸展练习。

(7) 练习中如感到不适，或有不正常的疼痛，应马上停止练习，必要时马上到医院进行检查。

(8) 每次练习结束后，必须进行整理运动。

表 2-4-12 各种肌力训练的指导原则

训练的目标	阻力（以最大重复次数确定）	组数	组间休息时间/min	频率（次/周）
健康体适能	8~12	3	2	2~3
最大肌力	1~6	3~6	3	2~3
肌耐力	10~30	3~6	2	3~6
健美	8~20	3~8	0~1	4~12

注：如果不同的肌群部位轮流训练，组间的休息时间可以缩短；如果采用身体部位分开的训练，每周训练次数可以增加。

（三）柔韧性的锻炼

常用的发展柔韧性的练习方法主要是拉长肌肉和韧带、肌腱等结缔组织的练习，一般可分为快速爆发式牵拉练习和缓慢牵拉练习。爆发式牵拉练习应在准备活动之后进行，否则较易拉伤肌肉；同时，练习时会产生疼痛感。缓慢牵拉练习是使练习部位的肌肉、韧带慢慢拉长至一定程度（有轻微的疼痛感），再反复 3~5 次，最后一次持续伸展状态 10~30s。刚开始进行柔韧性锻炼时，最好每周进行 5~6 次练习，持续 6~8 周之后，每周练习 2~3 次。表 2-4-13 是增进柔韧性练习的指导原则。

表 2-4-13 增进柔韧性练习的指导原则

因 素	要 求
练习形式	静态或动态的伸展——全身主要关节
练习强度	伸展感到有轻微的疼痛感觉
重复次数	每一个练习至少重复 4 次，最后 1min 在伸展位置停留 10~30s
练习频率	每周 2~3 天

注：本表引自：Based American College of Sports Medicine. Position Stand：The Recommended Quantity and Quality of Exercise for Developing and Maintaining Cardiorespiratory and Muscult Fitness，and Flexibility in Healthy Adults. Medical Science-Sports Exercise，1998（30）：975-991.

（四）体重的控制

随着物质生活条件的改变，肥胖问题成为威胁人类健康的一个新问题。现代流行肥胖的主要原因第一是饮食过量，第二则是缺乏身体运动。因此，理想的减肥或控制体重的方法应该包括运动、饮食和行为改变法。美国运动医学会提出了理想的体重控制的指导原则：

（1）摄取的能量要低于所消耗的能量，即达到能量负平衡。但为了补充人体足够的营养素，成年人每日摄取的能量不得少于约 5.04MJ（1200kcal），以免引起健康并发症。

（2）提供的食物要让减肥者能接受，要考虑文化背景、一般习惯、味道、价钱、食物来源等因素。

（3）配合行为改变法，辨认和去掉那些导致肥胖的不良饮食习惯。

（4）从事有规律的有氧运动，如快走、游泳、慢跑、登山、骑车或骑脚踏车等。每周至少运动 3 次（最好每天运动），每次持续时间 30min 以上，每次运动要消耗约 1.26MJ（300kcal）以上的热量。

（5）每周减少的体重最多不能超过 1kg，要逐渐地减轻体重。

（6）提供的饮食和运动计划，要使从事减肥者一辈子都能够持续不断地实施，使他们的身材能维持在理想的体重当中。

运动是减肥或控制体重最有效的方法之一。减肥的运动方式应以有氧运动为主，应该选择全身性的运动，如长距离步行或慢跑、自行车、有氧舞蹈、健身操、游泳、登山、跳绳等。以中、低运动强度为宜，运动的时间 30~60min，每次运动都要做准备活动和整理运动。实施运动减肥前，首先应做医学检查，判定身体现状，如有无心血管疾病、高血压等。在此基础上，制定切实可行的减肥或控制体重目标和计划，之后制定运动处方，并实施之。

在实施运动减肥计划的过程中，务必做好饮食控制，在满足机体营养需要的基础上，尽量减少热量的过多摄入，同时注意养成良好的生活习惯，多吃蔬菜，不可吃太饱，不吃零食和太甜或太油腻的食物，睡前不吃东西等。只要坚持运动、饮食与行为改变三方面结合，并持之以恒，就容易做到良好的减肥或控制体重的效果。

体适能的提高有赖于科学的、持之以恒的体育锻炼，大量的研究结果表明，身体活动量与过早死亡的发生率成反比关系。美国一项经过 5 年追踪探讨体适能水平与死亡率的研究结果显示：一旦抛弃久坐的生活方式，并拥有“普通”体适能水平的人，可以明显降低 44%的死亡率。其中死亡率最低的是一开始就拥有良好的体能，并持续维持良好体适能的人；而死亡率最高的为一开始就没有良好的体能，而且也一直没有改善体适能的人。图 2-4-1 是美国科学家总结的身体活动金字塔图，它对体适能增强会有很好的帮助。

新世纪的大学生应该珍惜美好的学习时光，积极锻炼身体，勤奋学习知识，注重能力培养，争取做一名德、智、体、美全面发展的新型人才。

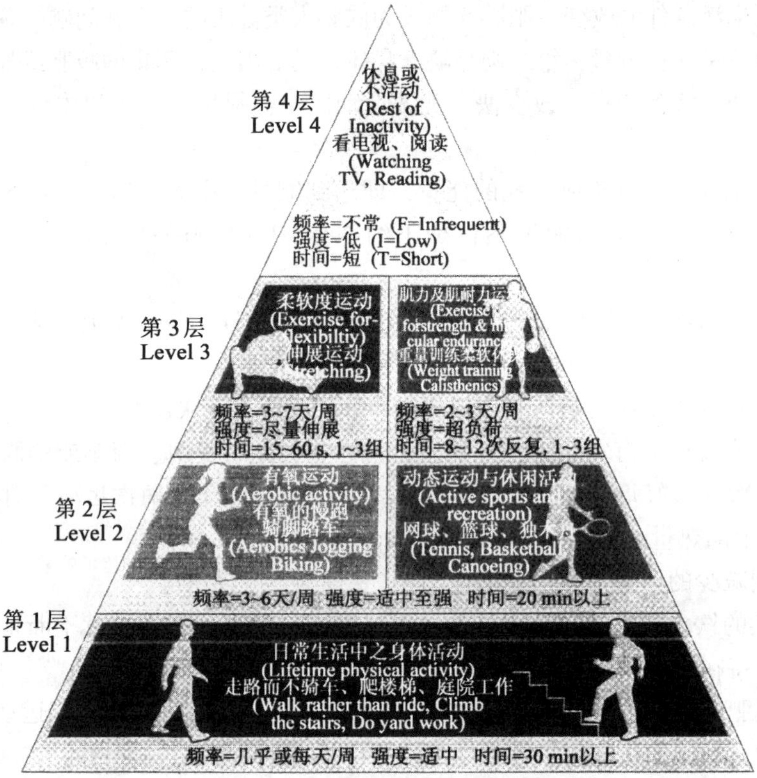

图 2-4-1　身体活动的金字塔图

第三章　体育与心理健康

21 世纪的竞争是人才的竞争，而最具竞争力的人应当具备较高的心理素质，即完善的个性、顽强的毅力、稳定的情绪、机敏的应变能力、良好的适应能力。随着社会的发展，心理素质在人才成功中的权重指数越来越大。心理健康是大学生全面发展、早日成才的重要基础。目前，我国社会主义市场经济正在建立，教育体制、培训机制、招生就业改革不断深化，竞争日益激烈，大学生在心理方面面临着众多的冲突和矛盾。驾驭“自我”，顺利度过这个“黄金时代”，对于大学生们来说，就显得尤为重要。

随着科学知识的普及和日常生活经验的积累，人们逐渐意识到运动有利于增强体质和体能。然而，当一个人在生活、学习或工作中面对压力、遭受挫折而出现心理障碍时，很少想到通过运动来改善情绪、消除心理障碍；人们更不知道坚持有规律的体育锻炼是预防一些心理疾病、保证心理健康的最佳方法。实际上，体育运动既是身体活动，又是心理活动和社会活动，因此人们要达到身体、心理和社会适应的完美状态，追求高品质的生活，那么，有规律的体育运动是必不可少的一种健康的生活方式。

第一节　心理健康概述

一、身心健康的关系

健康是人类追求的目标，也是社会发展的要求。健康的定义由不同的历史阶段所决定。随着人类文明程度的不断提高，“躯体疾病即健康”的生物学健康观已不再适合社会和个体的发展需要，1948 年世界卫生组织对健康提出一个全面而理想化的定义：“健康是一种身体上、心理上和社会上的完美状态，而不只是没有躯体疾病和虚弱状态。”

健康诸要素之间的关系实际上是身心之间的关系，它们关系密切，相互作用，相互依存。身体健康有助于心理健康。近 30 年来的生理学及生物学研究证实了生理机能对心理健康的影响，如甲状腺的主要功能是控制人体的新陈代谢，甲状腺素分泌过多，使人体的新陈代谢速度加快，个体便会产生紧张反应，表现为肢体颤动、情绪激动、注意力难以集中、焦虑不安和失眠等。心理健康也同样影响着身体健康，古人云：“怒伤肝，喜伤心，忧伤肺，恐伤肾，思伤脾。”如抑郁会增加肾上腺素和肾上腺皮质激素的分泌量，还会降低免疫系统的功能，从而使个体更容易患病。对大学生来说，只有保持身体和心理的和谐统一、协调发展，才能使其具备缓解压力、适应环境的能力。

二、大学生心理健康的主要表现

（1）具有一定的学习能力。现代社会知识更新很快，必须不断学习，使生活和工作能得心应手，少走弯路，以取得更大的成功。

(2) 保持良好的人际关系。在人际关系中，有正向积极和负向消极的关系，要协调好人际关系，否则对心理健康不利。

(3) 能适度地表达和控制自己的情绪。人有喜怒哀乐。要释放不愉快情绪，保持心理平衡。但又不能发泄过分，否则会加剧人际矛盾，无益健康。

(4) 有限度地发挥自己的才能与兴趣爱好。应展示自己的才能和兴趣爱好，但不可妨碍他人；否则会引起人际纠纷，徒增烦恼，无益身心健康。

(5) 要在社会道德规范下，在法律许可范围内，满足个人的基本需要。否则，良心的谴责、舆论的压力乃至法律的制裁，会损害心理健康。

三、社会精英、成功人士的心理品质

国内外的一些研究认为，在社会高速发展、竞争十分激烈的现代社会，各个领域获得成功的社会精英，必须具备良好的社会品质和心理条件，他们往往具有：①积极进取的人生态度和强健的体魄；②有敢于冒险不怕失败的大无畏精神；③对未来的理想与目标充满信心；④有坚强的心理承受能力；⑤乐观开朗，人际关系良好，具有与人沟通、交往的能力，善于合作共事；⑥热情积极，有良好的自律性和自控性，头脑机敏，办事果断。

美国有的企业对大学毕业生的心理品质提出了十项要求，即：①忠诚；②积极主动，有首创精神；③公关技能；④自信心；⑤灵活性；⑥处理人际关系的技能；⑦高度的职业道德；⑧团结协作的技能；⑨领导才能；⑩热情。

总之，21 世纪科技和社会的发展对大学生的心理提出了全面的要求与挑战，正如国际教育基金会总裁石浚淇先生所说：人类问题的核心在于人的心理，如果要从根本上改变这个世界，就必须从改变人心入手。因此，新一代的大学生只有具备良好的心理素质和健康的心态，才能更好地适应新世纪的要求，有一个健康、愉快的人生。

四、大学生心理健康问题分析

(一) 大学生心理健康问题的主要特征

1. 自豪感与自卑感的矛盾

大学生经过高考的竞争，在众人的赞美声中跨入大学的校门。但是，在群英荟萃、强手如林的新的挑战面前，优越感、自豪感受到挑战，以往的优势不复存在，加上学习、生活中遇到的种种冲突与挫折，就容易走到另一个极端，产生自卑心理。

2. 新鲜感与恋旧感的矛盾

繁华的城市、美丽的校园、新老师、新同学、教室、宿舍、食堂，周围的一切都有说不出的新鲜。然而，随着时间的推移，新鲜感慢慢退去，紧张的学习、激烈的竞争、单调的生活，会使一些人产生强烈的恋旧情绪，思乡心切，怀念过去的生活与朋友，想念亲人和师长、同学，甚至沉溺于回忆的情感中而不能自拔，荒废学业。

3. 独立感与依赖感的矛盾

告别中学时代，摆脱父母的监督和老师的约束，进入更为宽松、开放的环境，大学生的独立意识大大增强。但是，由于缺乏社会经验，加之长期形成的依赖感难以摆脱，面对复杂的环境、自主的空间与时间，常常心中一片茫然，不知所措。

4. 轻松感与被动感的矛盾

从多年高考的压力下苦读出来，进入高校是一种解放，有一种发自内心的喜悦与轻松，歇口气、轻松一下的思想油然而生。思想上的放松导致学习上的懒惰与被动，加上大学的学习从内容到方法以及管理都大大不同于以往的教育，常使一些大学生遇到许多困难，很不适应。

5. 人际交往需求与孤独感的矛盾

在陌生的环境中寻找良师益友以及被人理解和接纳是大学生强烈的内心需求，但由于缺乏主动性，加上心理上的闭锁等特点，往往难以如愿以偿，同学之间又不容易吐露真实思想，容易产生一种难以排遣的孤独感。

6. 理想自我与现实自我的矛盾

理想自我，是将来要实现的我，是现实中我的努力方向；现实自我，是生活中实实在在的我，两者是有区别的。当两者混淆起来时，就可能产生矛盾。大学生的理想自我与现实自我之间，往往反差比较大，由于社会的期望值很高，加上自身的优越感，大学生的理想自我相对其他同龄人较为高大、完美，容易自我认识理想化或非客观化，当周围的人对自己的评价不像想象的那么高时，就容易产生矛盾，使之对自我认识摇摆，把握不住，特别是当实现理想自我的过程遇到困难、挫折时，往往会产生苦闷、抑郁等消极的心理体验。

（二）大学生主要心理问题及其成因

1. 由于入学不适应引发的心理问题

从中学步入大学，是当代大学生人生之旅的一大转折。当大批新生怀着兴奋的心情进入大学殿堂时，往往踌躇满志地憧憬着美好的未来，仿佛觉得理想与现实已连成一体。然而，入学后却很快面临着许多心理矛盾和冲突，感到理想与现实的距离。如生活时空的变化，师友、同学的更新，学习方式的改变，角色应激的反应等，使他们在内心或多或少地感到焦虑和不安。这种因为不适应大学新的生活、学习环境而产生的各种心理问题，往往在那些性格内向、不善于交往、应变能力较差的学生中表现得更加明显。

2. 学习过程中的心理问题

学习是大学生的主体活动，完成学习任务、实现学习目标是大学生活的核心内容。学习活动极为强烈地影响着大学生的心理过程和心理特征的发展。大学学习任务的紧张，学习内容的广博精深，学习形式的复杂多样以及学习方法的自主性，对大学生的思想素质、智力素质、心理素质、体育素质等都是一种考验，综合能力要求很高。有一部分学生在这一过程中可能会出现某些问题，比如学习缺乏动力、学习过度疲劳、学习焦虑等，有些人自学能力差，学习上死记硬背，缺乏独立性和灵活运用能力，因而在学习上遇到许多不适与挫折，使得他们从自傲变成自卑，甚至自暴自弃。

3. 人际交往中的心理问题

人际交往是大学生必不可少的行为之一。大学生的交往效果和他们之间的人际关系直接影响着他们的学习和生活，影响着他们的成长与发展。然而，并不是每个大学生都能处理好人际关系的。在人际交往过程中，有相当一部分大学生会产生困惑、矛盾和障碍等各种问题。如有的大学生在人际交往中由于认识偏差，对别人产生错觉、成见，甚至偏见，给人际交往带来负面影响；有的大学生在人际交往中存在自卑心理、嫉妒心理、猜疑心理，因此在人际交往中屡屡遭到挫折和失败。许多调查表明，80%以上的大学生最想得到的是“真挚的友谊”，70%以上的学生最怕失去的是朋友。可见，人际关系在大学生心目中的位置与重要性。

4. 由于情感问题引发的心理问题

情感问题主要是恋爱与性心理问题。恋爱是大学生遇到的最主要的情感问题。爱情是人生的一大课题，由于大学生处于青春发展的中期，随着性机能的成熟，已进入了恋爱年龄阶段，恋爱和性心理活动是必须面对、回避不了的重要问题。但现实生活中不少大学生的心理尚未成熟到能深刻理解恋爱的意义、正确处理恋爱中的矛盾与冲突，不能在一些问题上做出正确、有效的选择，存在着许多心理误区以及由此引发的心理问题。对性的好奇与渴望，对性知识、性行为的不恰当认识与理解，形成心理压力与困惑，进而导致心理问题。具体表现为以下心态：

（1）从众心理：“众人皆醉，吾焉能不饮”的心理，心动不如行动。

（2）好奇心理：体验一番，畅游爱河。

（3）游戏心理：朝三暮四，排遣寂寞，玩弄感情。

（4）放纵心理：今朝有酒今朝醉，随心所欲，轻浮轻率，不负责任。

（5）殉情心理：爱情至上，不顾其他，一旦失恋，自暴自弃，心灰意冷，甚至轻生。

5. 由于就业问题引发的心理问题

就业是大学生学有所成、走向社会的一个抉择点，也是人生道路上的一个转折点。就业环境和竞争等因素，以及来自于社会、家庭、朋友、恋人、老师、同学的各种压力，使大学生在择业问题上表现出复杂的心理状态和内心冲突。特别是高校扩大招生以来，大学生的就业形势非常严峻，这也是对心理品质的重大考验，是对人格的挑战。经济来源、感情纠葛、专业发展、婚姻事业、生活质量等一切问题都会集中地表现出来，焦虑、自卑、孤傲、冷漠、怯懦无助、失落、压抑等心理问题会不同程度地反映在大学生身上，有的导致行为失常，甚至一蹶不振，迁怒于人，或对抗、报复，造成严重的后果等，这已经成为学校、家庭和全社会特别关注的重大问题。

五、大学生心理健康的影响因素

大学生的心理活动是一个极为复杂的动态过程，包括许多相对独立的特质，因而影响其心理健康、造成其心理疾病的原因也是复杂多样的。从生物遗传因素到心理的应激、应对，从早期教育、家庭环境到正规的学校教育，都存在影响大学生心理健康的因素。总而言之，生物学、心理学、社会文化三方面因素的综合作用是影响大学生心理健康的主要原因。

（一）生理因素

人的生理变化是影响大学生心理健康的内在因素之一。大学生处于青年时期，个体发育接近成人。有的大学生因自己体态上的优势，过高地评价自己；而有的大学生则因自己体态上的不足而悲观烦恼，产生自卑心理，严重影响着其心理健康。各种躯体性疾病，尤其是慢性疾病，常可使人变得烦躁不安，敏感多疑，情绪稳定性降低，行为控制力减弱，兴趣缺乏，人际关系比较紧张，严重的还可能导致心理障碍。

生理因素中尤其是遗传因素对于人们的心理影响非常大。国内一些学者的研究表明，在精神疾病中，尤其是在精神分裂症、狂躁抑郁症等的发病因素中，遗传因素占有十分重要的地位。专家认为，大脑皮质和皮质下神经组织之间的相互协调作用有某种障碍，大脑皮质的兴奋和抑制过程的协调作用有某种障碍等，都会导致病态人格等心理异常，神经类型属弱型的人更容易受到不良因素的影响而引起不健康的心理行为。

（二）生活习惯

近几年来，校园学生吸烟和酗酒的比例逐年上升。据国家统计局 1992 年的调查，我国 15 岁以上的人口中吸烟者占总人口的 34.9%。另外，毫无规律的作息习惯和饮食习惯在大学生中也十分普遍。由于课程负担重、精力不足，大学生很少参加体育运动。由于生理健康直接关系到心理健康，不良的生活习惯及缺乏体育运动等严重影响了大学生的心理健康。

（三）心理发展的矛盾

大学生处于心理不断完善的阶段。这一阶段大学生的心理特点错综复杂，构成了影响大学生心理发展的各种矛盾。

一是独立性和依赖性的矛盾。大学生在心理上的成人感出现后，使其产生了摆脱家庭和教师束缚的冲动，喜欢以成人角色进入社会，待人接物摆出一副成人的架势，干自己愿意干的事，独立解决日常生活中遇到的各种问题，独立的意向十分强烈。大学生在心理上想独立，但事实上又不得不依赖父母和学校，特别是经济上无法独立。

二是闭锁与强烈的交往欲望的矛盾。大学生自尊心强，思想感情丰富，但他们又不愿意随便向他人吐露心曲，因而造成心理上的闭锁。另外一些大学生有交往的强烈愿望，却又缺乏社交的经验和能力，从而使他们和家长、老师、同学产生了距离，陷入“孤独”。这种心理上的闭锁性与外露性的矛盾经常使学生备受情感折磨。

三是求知欲强与识别能力低的矛盾。为了增长见识、提高能力、适应社会需求，大学生一般有一种强烈的求知欲。但是由于识别能力低，又感到自身某些不足，能力不强，各方面不够成熟而退缩，怕受到教师和家长的训斥、责骂，反而对心理造成不良的影响。

四是理想与现实的矛盾。大学生富于幻想，胸怀远大，对未来充满美好向往，往往给自己勾画了一幅宏伟的蓝图，构筑了一条人生的辉煌之路，制定好了一个达到人生顶点的目标。但有时由于期望值过高，或随着他们日益接近社会，发现现实给他们带来许多阻力，受到客观社会历史条件的限制，因而往往感到无助，产生失落感、自卑感，甚至悲观失望而一蹶不振。

大学生正处于情绪最丰富、最强烈、最复杂、最动荡的时期，他们的情绪富有冲动性，缺乏冷静的思考，常因做错事而懊恼悔恨，他们的情绪常摇摆不定，跌宕起伏。青年期是人的一生中苦闷、烦恼最多、体验最深刻的时期，青年大学牛内心既敏感，又脆弱，很容易受到伤害，当不良的社会环境因素与不良的生理、心理因素交互作用时，就会导致其心理平衡的失调，损害健康。

（四）家庭环境的因素

人的个性萌芽期大多是在家庭中度过的，因而家庭环境对于大学生的心理健康影响很大。有关研究表明，根据对患者父母教养方式的调查，发现神经症病人的父母对他们的教养方式可以分为 3 种主要的类型：冷漠型、严厉型和过度保护型。在这样的教养方式下成长起来的孩子，其人格特征和人际关系方面都存在着较多的问题，当其面对复杂的社会环境时，容易出现各种各样的适应障碍甚至神经症性的反应。事实证明，一个和谐、民主的家庭中成长的大学生在学校中很容易适应新的环境，并且能和身边的每一个人相处得非常愉快；相反，在一个充满矛盾、争吵的家庭中成长的大学生则很容易封闭自我，造成性格孤僻，心理出现异常。

（五）学校环境的影响

学校环境是大学生日日夜夜生活的场所，学校文化作为亚文化对大学生心理健康的影响是直接而深刻的。迈进大学的校园，对大学生来说是人生的一个重大转折。但进入大学后，新的环境、陌生的老师和同学，加上角色的转换、学习和生活方式的变化，很多大学生对此没有做好心理上的准备，在适应环境过程中产生了心理问题，又缺乏亲人的疏导，使之不断恶化。另外，不少大学生的业余生活比较单调，缺乏足够的活动器具以及娱乐形式等，常使他们感到大学生活“三点一线”的单调与沉闷，使人感到压抑、烦躁，缺乏生活乐趣。

（六）社会因素的影响

在现代社会生活中，社会在加速度地发展，生活在日新月异地变化，这对于人们来说是一种心理的考验，比起以往人的生理疲劳来说，现在的人需要承受更多的心理疲劳。

大学生是社会上最活跃、最敏感和最有知识的群体，他们常最先敏锐地感觉到社会生活的变化和冲击，又由于他们正处在人格和观念的形成期，生理和心理在迅速变化，处于成熟和不成熟之间，因而这些变化和冲击在他们的心灵中引起的波澜也最为明显、强烈和动荡。现代社会中，大学生面临的挑战很多，心理上存在着多方面的压力源：一是来自于社会责任的压力；二是来自于生活本身的压力；三是来自于竞争的压力；四是来自于整个社会不断加快的节奏所带来的压力，这些都迫使大学生要改变原有的生活方式，加快生活节奏。越是敏感、进取心强的大学生，这种压力感就越明显。当这种压力感过于沉重时，大学生往往就会出现心理障碍。

第二节　体育运动对大学生心理健康的影响

现代奥运会创始人顾拜旦于 1929 年创作的令人振奋的《体育颂》以及毛泽东的《水调歌头·游泳》等作品都尽情抒发了运动的乐趣和运动带给人们舒畅、愉快的心情。在他们笔下，体育运动是欢娱、美丽、正义、勇气、荣誉、健康、进步与和平的化身；体育运动展示了人的智慧、人的完美和人的崇高。

经常参加体育运动，是增强体质、促进健康的最有效手段，可锻炼人的意志，增强自信心，并具有减轻应激反应以及缓解紧张情绪的作用。通过体育运动，可以增加人与人之间的接触，使人身心愉快，并能从中获得社会需要感的满足。大量研究表明，体育运动是一种低经济支出、低风险和低副作用的有效改善心理健康的手段。体育运动对心理健康的积极影响主要表现在以下几个方面：

一、调控情绪与情感

人体是一个整体，人的健康与情绪有密切关系。《内经·素问》中提到，“……百病之恐则气下”，“怒伤肝”、“喜伤心”、“思伤脾”、“忧伤肺”、“恐伤肾”，可见情绪能够影响人体整个脏器的活动。情绪消极、低落或过于紧张的人，往往容易患各种疾病。不良情绪是导致生理和心理不健康的重要因素之一，而体育运动能直接给人带来愉快和喜悦，并能降低紧张和不安，从而调控人的情绪，改善心理健康状况。

体育运动使人们能够分散对自己的忧虑和挫折的注意力，诸如慢跑、游泳等运动能使人进入自由联想状态，在单调、重复性的技术动作中，通过冥想、思考等思维活动，能促进思维反省和脑力的恢复，这种对注意力的有效集中或转移，可以达到调节情绪的目的。体育运动的情绪效应有短期效应和长期效应两种。Weinberg（1988）等人研究报道，一次30min的跑步可以显著地改善紧张、困惑、焦虑、愤怒和抑郁等不良情绪状态。临床研究表明，慢跑、散步和太极拳等中等强度的有氧体育活动，治疗抑郁症和抗抑郁效能十分明显，能减轻症状，增强自尊心和自信心，对调节情绪、保持良好心境有积极作用。Borg（1993）研究认为，长期有规律地从事中等强度（最大心率的60%～75%）的体育运动（20～60min/次），有利于情绪改善。

大学生常因学习压力、同学间的竞争、人际关系的复杂以及对未来前程的担忧而持续产生紧张、焦虑和不安。大学生通过参加体育运动，特别是自己所喜爱的项目，在完成的过程中，在与同伴的配合中，在与对手的斗智拼搏中，在征服自然胜利后，可以得到美妙的快感和心理上的满足感，产生愉快情绪，从而乐在其中。另外，我国传统武术项目所倡导的是通过身体锻炼以外达内，由表及里，由有形身体的活动来促进无形精神的升华，实现理想人格的塑造。它强调的“澄心如镜”、“守志如一”、“形随神游”，具有调节心理情绪的作用。大学生参加武术运动，既能锻炼身体，又能体会到中国传统文化中仁爱思想的宽厚、容忍、人道、谦虚、忠诚等文化内涵。可见，体育运动的养生性是直接与控制情绪、修身养性紧密结合在一起的。

二、提高智力功能

智力功能是指个人在认识过程中表现出来的认知能力，它包括观察力、记忆力、想象力和思维能力。长时间地进行脑力劳动后，通过体育运动有益于呼吸、血液循环和神经细胞兴奋与抑制的交替，更有助于学生的注意力、记忆力、想象力、思维分析等心智能力的健康发展，并可使人情绪稳定、性格开朗、疲劳感下降，这些非智力成分对人的智能发展具有促进作用。

在体育运动环境中，有助于学生对事物做出迅速正确的判断、提高认知能力。因此，经常参加体育运动，能改善人体中枢神经系统功能，提高大脑皮质的兴奋和抑制的协调作用。同时，神经系统的兴奋和抑制的交替、转移过程也得到加强，从而有效改善大脑皮质神经系统的均衡性和准确性，促进人体感知能力和观察能力的发展，并使思维的灵活性、协调性和反应速度等得到改善和提高。

三、加快自我意识的发展

自我意识是关于人对自己与他人及社会的关系的认识，包括自我概念、自我评价、自我知觉。自我概念的形成或改变依赖于积极的自我评价的形成或改变，而自我评价的形成与改变则有赖于自我知觉的形成与改变。运动的内容、难度、运动目的以及在运动过程中与其他个体的接触，不可避免地会使个体对自己的行为、形象、能力等进行自我评价；而个体主动参加运动一般都会促进积极的自我知觉。

自我概念是个体主观上对自己的身体、思想和情感等的评价，它由许多的自我认识所组成，包括“我是什么人”、“我主张什么”、“我喜欢什么”、“我不喜欢什么”，等等。而自尊是在自我概念的基础上，对自己各方面的自我评价和情感反应，如“我对自己优异的学业成绩感到自豪”，“我对自己富有吸引力的身体感到非常满意”，等等。由于自我概念和自尊都是由许多方面的自我认识所组成的，通常我们认为自我概念和自尊是同义词，它们在适应社会和人格形成方面都起着很大的作用（图 3-2-1）。

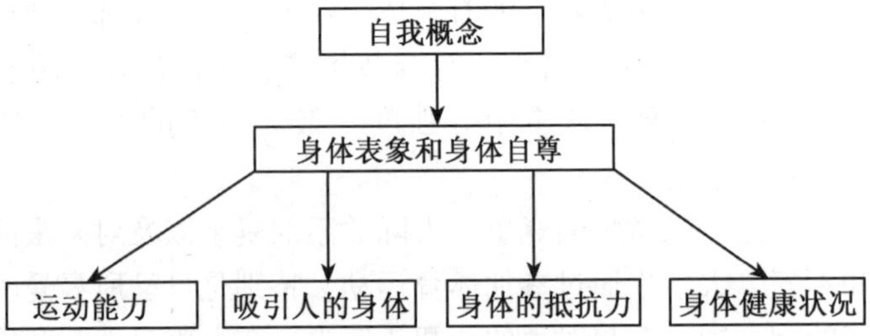

图 3-2-1　身体表象和身体自尊与整体自我概念的关系图

研究表明，青年人对自我身体方面的关注达到了最高点。同时，据有关报告显示，54%的大学生对他们的体重不甚满意。与男性相比，女性倾向于高估她们的身高和低估她们的体重。而且，身体肥胖的个体更可能有身体自尊方面的障碍。身体自尊主要包括一个人对自己运动能力的评价，对自己身体外貌（吸引力）的评价，以及对自己身体抵抗力和健康状况的评价。身体表象和身体自尊与整体自我概念有关。当个体对身体形象不满意时，会使其整体自尊降低，并产生不安全感和抑郁症状。通过运动可以对参加者有关身体方面的自尊产生巨大的影响，从而最终影响自尊。例如，当一名大学生在他的首次游泳比赛中获胜，这将对他的游泳能力是一次肯定，相应地就会提高他对自己这一能力的知觉。如果他能够继续成功，则有可能提高其身体自尊，到最后可能会使其整体自尊提高。

四、培养坚强的意志品质

意志品质是指一个人的果断性、坚忍性、自制力以及勇敢顽强和主动独立等精神。意志品质既是在克服困难的过程中表现出来的，又是在克服困难的过程中培养起来的。从某种程度上说，体育运动作为一种生活的袖珍模式，是人成长过程中的重要组成部分之一。在体育运动中要不断克服客观因素（如气候环境条件的变化、身体素质与能力的限制或者意外等）和主观困难（如紧张、畏惧、失意、疲劳等），这当中包含了来自生理、心理、体内、体外等各个方面的因素。经过较长时间的锻炼和磨炼后，不仅能增强体质，更重要的是能够培养勇敢顽强、勇于战胜一切的良好意志品质。从运动中培养起来的坚强意志品质往往可以迁移到日常的学习、生活和工作中去。

五、协调人际关系

我国著名医学心理学教授丁瓒指出，人类的心理适应最主要的就是对于人际关系的适应，人际关系是影响一个人的心理是否健康的重要因素之一。在生活中，我们常可以发现，那些人际关系好的人总是心情愉快、精神饱满，对什么事情都充满乐趣，这些人生活得很愉快、很舒畅；而那些人际关系不好的人常无精打采、郁郁寡欢，缺乏生活的乐趣。

然而体育运动可以改变这一现象。体育运动是来源于生活而高于生活的一种特殊活动，它是人的自身、人与自然、人与人之间的沟通与交流。大学生在参加体育运动中，特别是在体育竞赛中，按照项目竞赛规则共同参与，在充分发挥个人技术特长的同时，又相互配合、相互协助，共同享受获胜的喜悦，忍受失败的心酸，共同体会体育活动的无限乐趣和体育文化的内涵，使大学生学会处理人际关系，促进人的社会化过程，使其个性日趋完善。

六、帮助大学生适应环境、勇于竞争

美国教育决策委员会主办的刊物《学校体育运动——问题和政策》在阐明体育的功能时说："体育运动中强调勇敢、顽强、拼搏和向上的精神，参加体育运动能帮助人们懂得合作及竞争的意义和精神，从比赛中可以培养性格，磨炼意志。"在体育比赛中，没有身份、地位的差别，只有公平竞争、优胜劣汰的原则。人们利用公平、合理的竞争来表现自己，比赛的竞争性不仅能使大学生锻炼身体，强壮体魄，还能通过竞争使他们真正了解自己的能力，增强自信心和上进心，培养不怕困难、不怕挫折和失败，以及敢于比赛、敢于竞争、敢于拼搏的精神；同时大学生会为在竞争中开发了自己的潜力而感到喜悦，这些良好的心理感受，会提高大学生的生存能力和适应环境的能力。

七、治疗心理疾病

大量研究表明，体育运动能预防和治疗心理疾病。美国的一项调查显示，1 750 名心理医生中有 80%的人认为体育运动是治疗抑郁症的有效手段之一，60%的人认为应将体育运动作为一种消除焦虑症的治疗方法。美国的一位心理学家对大学生做跑步试验，发现跑步能成功地减轻大学生在考试期间的焦虑情绪，且发现适当的步行（达到最大吸氧量的35%~65%）亦能降低焦虑状态的血压。

第三节　大学生心理健康的测量与评定

随着科技信息的高速发展，人们的生活节奏日益加快，竞争越来越激烈，这种紧张而又多变的社会生活，对大学生提出了更高的要求。在新、旧价值观念的冲突之中，既有对新的价值观念的适应问题，也有对价值体系的整合问题。在这一过程中，大学生这一群体与其他社会群体相比，要敏感而迅速得多。但同时，由于大学生的自我意识尚未完全成熟，价值选择和判断仍缺乏稳定而统一的标准，他们面对多重价值并存的社会文化环境，较其他社会群体承受着更多的精神挫折和心理矛盾，他们还必须面对群体存在的许多特殊问题，如学习环境和学习任务的适应、择业、恋爱，等等，这些都可能对大学生心理健康造成不良后果。许多调查研究表明，大学生是心理状态最脆弱的群体，同时也是存在心理冲突和情绪行为问题的高发群体。心理健康是大学生顺利完成学业、适应社会需要必须具备的基本素质。心理测评作为一种科学、客观地评价大学生心理健康的量化工具，已被心

理卫生工作者认可并广泛应用。

一、大学生心理健康的标准

与身体健康的标准不同，心理健康的标准难以量化。心理健康主要是定性的观察，是从优秀的心理品质中总结出来的有代表性的特征。

（一）智力正常

智力是指一个人的认识能力与活动能力所达到的水平，是人的观察力、注意力、记忆力、思维力、想象力、创造力和实践活动能力等的综合，它包括在经验中学习或理解的能力，获得和保持知识的能力，迅速而又成功地对新情境做出反应的能力，运用推理有效地解决问题的能力等。智力正常是大学生学习、工作和生活最基本的心理条件，是衡量大学生心理健康的首要标准。一般来说，大学生的智力是正常的，甚至相对于同龄人，其智力总体水平较高，因而衡量大学生的智力，关键在于看大学生的智力是否正常且充分地发挥了效能。大学生智力正常且充分发挥效能标准是：有强烈的求知欲和浓厚的探索兴趣；智力结构中各要素在其认识活动和实践活动中都能积极协调地参与，并能正常地发挥作用；乐于学习且能有效地学习。

（二）适当的情绪控制能力

人们的情绪是所有心理活动的背景条件和伴随其他心理过程的体验。正如体温可作为生理上健康与否的标志之一，情绪也是反映人的心理健康与否的晴雨表。心理健康的大学生能经常保持愉快、开朗、乐观、满足的心境，对生活和未来充满希望，无论成功、失败，都能及时进行自我调整，合理支配自己的感情和行动。激情时能够理智而恰当地宣泄，防止情绪大起大落；失败时也不灰心丧气，能发掘生活中的光明面、增强自信心，控制情绪，调整心态，摆脱消极情绪的困扰，很快渡过难关。当然，健康的情绪也有喜、怒、哀、乐的变化，但它是符合情理的，其情绪反应的时间不会太长久，它随着引起情绪变化的因素消失而平息，并能进行自我调节控制，保持情绪的稳定。

（三）对自己能做出恰当的评价

正确认识和客观评价自己，是大学生心理健康的重要条件。正确认识和客观评价自己首先表现为有自知之明，即对自己的个性、能力、功过是非、优缺点都有客观的正确评价，以此判定自己的生活、学习和事业追求的目标，进行自我设计；其次是要自爱、自尊、自制、自强、自立、自信。如果一个人没有发展目标，整天浑浑噩噩，或妄自尊大、好高骛远，或自轻自贱、悲观厌世，自然是不能算心理健康的。

（四）能保持良好的人际关系

人际交往从一个侧面反映了一个人的心理健康状况，同时人际关系又是心理健康的重要条件。心理健康的大学生乐于与他人交往，能用尊重、信任、友爱、宽容、理解的态度与人相处；能保持独立而完整的人格，不卑不亢，不依赖别人；能接受并给予爱和友谊，与集体保持协调的关系；能与他人同心协力，合作共享，乐于助人。

（五）心理特点与实际年龄相符

人的一生，从出生到死亡，其心理行为随着年龄的增长而发展变化。如果一个人的认识、情感、言行举止基本符合他的年龄特征，就属于心理健康。大学生是处于特定年龄阶段的特殊群体，他们应具有与年龄和角色相应的心理行为特征，这可从三个方面加以判断：一是心理活动与外界环境之间是否统一，其言行有没有过于离奇和出格的地方；二是心理活动过程之间是否完整和协调，认识过程、情感体验、意志行为是否协调一致；三是心理活动本身是否统一，个性心理特征是否具有相对稳定性。例如，大学生的年龄一般在20岁左右，其心理行为应当是精力充沛、活泼好动、勤学好问、反应敏捷、追求新知、喜欢探索、勇于创新。但如果暮气沉沉、老气横秋，或者像个儿童那样过于幼稚、喜怒无常，或者处处依赖家庭，凡事毫无主见等，都是心理不健康的表现。

（六）适应能力强

较强的适应能力是心理健康的重要特征。不能有效处理与周围现实环境的关系，是导致心理障碍的重要原因。心理健康的大学生，应能与社会保持良好的接触，对社会现状有较清晰、正确的认识，思想和行为都能跟得上时代的发展步伐，与社会的要求相符合。当发现自己的需要和愿望与社会需要及大多数人的利益发生矛盾时，能迅速进行自我调节，以求与社会协调一致，而不是逃避现实，更不是妄自尊大，与社会和大多数人格格不入，或者为了私利而不顾社会公德，目无法纪，一意孤行，与社会需要背道而驰。

上面所说的大学生心理健康的标准只是一种相对的衡量尺度，在理解和运用时应注意以下四个方面：

第一，一个人心理是否健康与一个人是否有不健康的心理和行为并不完全是一回事。判断一个人的心理健康状况，不能简单地根据一时一事下结论。心理健康是较长一段时间内持续的心理状态，一个人偶尔出现一些不健康的心理和行为，并不意味着他就一定是心理不健康。但不健康的心理和行为要持续多久才是心理不健康（或心理变态），只能视具体情况而定。

第二，人的心理健康水平可分为不同的等级，是一个从健康到不健康的连续体，并且心理正常与异常并无确定的界线，更可能是程度的差异。

第三，心理健康状态并不是固定不变的，而是不断变化着的，既可以从不健康转变为健康，也可以反之。因此，心理健康与否只能反映某个人在某一段时间内的特定状态。所以，大学生的心理健康状况应用发展变化的眼光来判断。

第四，上述心理健康标准仅仅反映了大学生个体较好地适应社会生活所应有的心理状态的一般要求，而不是最高的境界。每一个大学生都应追求心理健康和心理发展的更高层次，充分地发挥自身潜能，促进自己的全面发展。

二、心理健康的测评

对心理健康全面测评应包括行为表现或症状、人格特征及社会因素三个方面。

行为是心理活动的物质外壳，心理活动的正常或异常往往从外部行为表现出来。人与外界相互作用同样也会留下痕迹，这个痕迹就是人的心理活动及其行为表现。心理学界常常难以判断“标准的正常健康人”，但是可以肯定有“心理异常人”，通过对异常症状的内容、性质及程度进行分析评价，来推断心理健康水平，由此形成众多的心理健康测量工具。

人格特征是心理健康的渊源，人格是对人总的、本质的描述，它既能代表个人，又能解释说明这个人的行为。

各种社会因素对心理健康有重大的影响和制约作用，以往大量的研究表明，在这个过程中，社会支持对应激状态下的个体提供保护，即对应激起缓冲作用。人的应对方式与精神症状之间存在选择性相关，总体的评价是寻求社会支持有利于心理健康。社会支持在影响心理健康的社会因素中尤为重要。因此，从人所获得的社会支持程度可以间接反映心理健康状况。

由于人的心理健康状况是复杂多变的，因而无论是对个体，还是对群体的心理健康状况界定时，既要坚持标准，又要灵活掌握。对人的心理健康状况的界定，应以其较长时间内持续存在的心态为依据，某个心理健康的人，偶尔或暂时出现情绪波动或心理异常应视为正常。人的心理从健康到不健康是连续不断的心理变化过程，往往在相邻的断面上没有明显的差异，只是各种心理因素的失调由轻到重、由强到弱、由量变到质变的过程。健康和疾病是它的两极状态。因此，对心理健康的界定，与其说是健康与疾病之分，不如说是程度上的差异。另外，心理健康的标准应与社会文化氛围相符合，随着社会的发展而发展，在同一时期，不同地区、不同国家、不同民族的同一心理测评的常模存在着明显差异，其心理健康的划定，就应以所属地区的常模为依据。

三、心理测验

心理测验是经过测验编制程序完成标准化用以测量心理特性的工具，是心理学工作者依据一定的心理学理论，按照一定的系统程序，给人的心理特性以量化的过程。为了有的放矢地帮助和指导大学生正确应对遇到的心理问题，高校心理卫生工作者普遍使用心理测验对大学生心理健康状况进行测查，以期在客观地评价大学生心理健康问题的基础上，增强大学生心理健康教育和心理辅导的科学性和针对性。我国目前常用的心理测验有以下三类：

（一）智力测验

智力可分实际智力和潜在智力。实际智力是指个人已具有的智力、经验和技能，即当前所具有的智力。潜在智力是指个人将来可能做到的，是在给予一定的学习机会时，可能达到的水平。我们这里所谈的智力测验，都是实际智力测验。

1. 比奈—西蒙量表

法国心理学家比奈和西蒙合作，于 1905 年首先编制了一套智力量表，用来衡量儿童的智力水平，叫做比奈—西蒙量表。这个量表以年龄作为测量智力的标准（尺度），因此也称为年龄量表。

2. 韦克斯勒智力量表

韦克斯勒智力量表即韦氏量表，它是由 3 个量表组成的系列智力量表，包括韦氏成人智力量表（WAZS，16~74 岁）、韦氏儿童智力量表（WISC，6~16 岁）、韦氏学龄和初期儿童智力量表（WPPSL，4~6.5 岁）。韦氏智力量表除用做一般的智力评定和咨询外，还常用于精神疾病的临床辅助法诊断和司法鉴定。为便于全面了解人的智力，韦氏量表依据其对智力结构内涵的认识，分言语测验和操作测验两部分，共有 11 个量表，以此来测定人的各种智能，并依据所测定的结果，按智商高低，把人的智力分为几个不同的等级（表 3-3-1）：

表 3-3-1 **智力等级表**

智商	等级	智力评价	占人口百分数/%
>130	超常	异常优秀	2.1
120~129	优秀	优秀	6.7
110~119	高于正常	聪明	16.1
90~109	正常	中等	50.5
80~89	低于正常	迟钝	16.1
70~79	临界	低能	6.7
<69	智力发育迟钝	智力缺陷	2.2

（二）人格测验

在西方心理学界，人格测验已发展到数百种。从方法上可将人格测验分为两大类，即投射测验法和问卷测验法。

1. 投射测验法

投射测验是一个结构不明确的测验。该测验所用的刺激是意义不明确的图形或墨迹。测验时，让受测者在不受限制的情况下，自由地作出反应，从分析反应结果来推断他的个性。这类测验有文字联想测验、画人测验、罗夏克墨迹测验、主题统觉测验等。

2. 问卷测验法

所用的工具为各种量表，这些量表是经过统计处理标准化的测验表。在心理咨询和心理治疗中，常采用的人格测验都属于问卷测验。例如，明尼苏达多项个性测验表（MMPI）、艾森克人格问卷（EPQ）、卡特尔 16 种个性因素测定表（16PF）（表 3-3-2）、中国人个性测量表（CPAI）等。美国个性心理学家 G. Wallpor 认为，个性是决定人独特的行为和思想的个人内部的身心系统的动力组。个性作为人的身心活动的动力调节系统，不仅是个体身心倾向特征和反应协调的稳定统一，同时随着社会文化的影响不断地发展和变化。由此可见。人的个性的形成和发展既受先天遗传因素的影响，又受后天因素（自然因素、社会因素）的影响。

（三）心理健康测验

测量心理健康的量表很多，如康奈尔医学指数量表（CMI）、精神症状自评量表（SCL—90）、生活事件量表（LES）等。最常用的是精神症状自评量表（SCL—90），它由上海铁道医学院吴文源引进并修订，由 90 个反映常见心理症状的项目组成，从中分出 10 个症状因子，用于反映有无各种心理症状及其严重程度。每个项目后按“没有、很轻、中等、偏重、严重”等级，以 1~5 分选择评分，由受测者根据自己最近的情况和体会对各项目选择恰当的评分。

概括运用 SCL—90 对大学生的测试结果表明，大学生的心理问题主要表现在焦虑、抑郁、人际关系敏感、强迫、偏执和精神病性等方面。不同专业的学生心理问题的表现各有其特点，军校医学生的强迫症状、人际关系敏感、敌对和偏执问题相对突出，这可能与军校封闭式的军事化学校管理氛围有关；地方大学医学生表现为多疑、自卑、敌意和偏执等心理问题；工科院校大学生表现为强迫、抑郁、焦虑、敌对性等；师范院校大学生则表现为强迫、人际关系敏感、抑郁等。

表 3-3-2 **卡特尔 16 种个性因素测定表**

个性因素	高分特征	低分特征
A——乐群性	善与他人相处，通力合作的适应能力强	缄默，孤独、寡言
B——聪慧性	聪明，富有才识	迟钝，学识浅薄
C——稳定性	情绪稳定，能以沉着的态度处理现实生活中存在的各种问题	情绪容易激动
E——恃强性	好强固执，自视甚高	谦虚，顺从，通融
F——兴奋性	轻松兴奋，随遇而安，有时有过分冲动的行为	严肃，审慎，冷静，行为拘谨
G——有恒性	做事尽职尽责，有始有终	缺乏责任心和负责的态度
H——敢为性	冒险敢为，少有顾虑	畏惧退缩，缺乏信心
I——敏感性	敏感，易感情用事	理智性强，具有独立处理问题的能力
L——怀疑性	怀疑，不信任别人	与别人顺应合作，信赖随和
M——幻想性	喜好幻想，狂放不羁，有时过分不务实际	行为现实，合乎成规
N——世故性	精明能干，行为得体，能冷静分析一切	坦白，直率，天真
O——忧虑性	忧虑，烦恼，自扰	安详，沉着，不轻易动摇
Q1——实验性	喜欢评价判断，不拘泥于现实	比较保守，缺乏探索求新的精神
Q2——独立性	自立自强，当机立断	依赖他人，随群附和
Q3——自律性	知己知彼，能控制自己的情感与行为	矛盾冲突，经常不能克制自己
Q4——紧张性	紧张困扰，心神不定，过度兴奋	心平气和，能保持心理平衡

注：卡特尔 16 种个性测定的目的是确定和测量正常人的基本人格特征，并进一步评估某些次级人格因素。

附录：心理健康状况的自我评价

一、心理健康自测问卷

对下列各题做出“是”或“否”的回答：

1. 每当考试或提问时，会紧张得出汗。 是 否
2. 看见不熟悉的人会手足无措。 是 否
3. 心里紧张时，头脑会不清醒。 是 否
4. 常因处境艰难而沮丧气馁。 是 否
5. 身体经常会发抖。 是 否
6. 会因突然的声响而跳起来，全身发抖。 是 否

7. 别人做错了事，自己也会感到不安。　是　否
8. 经常做噩梦。　是　否
9. 经常有恐怖的景象浮现在眼前。　是　否
10. 经常会发生胆怯和害怕。　是　否
11. 常常会突然间出冷汗。　是　否
12. 常常稍不如意就会怒气冲冲。　是　否
13. 当被别人批评时就会暴跳如雷。　是　否
14. 在别人请求帮助时，会感到不耐烦。　是　否
15. 做任何事情都松松垮垮，没有条理。　是　否
16. 脾气暴躁焦急。　是　否
17. 一点也不能宽容他人，甚至对自己的朋友也是这样。　是　否
18. 被别人认为是个好挑剔的人。　是　否
19. 总是会被别人误解。　是　否
20. 常常犹豫不决，下不了决心。　是　否
21. 经常把别人交办的事情搞错。　是　否
22. 会因不愉快的事缠身，一直忧忧郁郁，解脱不开。　是　否
23. 有些奇怪的念头老是浮现在脑海，自己虽知其无聊，却又无法摆脱。　是　否
24. 尽管四周的人都在快乐地取闹，自己却觉得孤独。　是　否
25. 常常自言自语或独自发笑。　是　否
26. 总觉得父母或朋友对自己缺少爱。　是　否
27. 情绪极其不稳定，很善变。　是　否
28. 常有生不如死的想法或感觉。　是　否
29. 半夜里经常听到声响难以入睡。　是　否
30. 感情很容易冲动。　是　否

评分规则：

每题回答“是”记1分，回答“否”记0分。各题得分相加，统计总分。总分得0~5分，你属于正常的人。得6~15分，说明你的精神有些疲倦了，最好能合理地安排学习，劳逸结合，让神经得到松弛。得16~30分，你的心理极其不健康，有必要请心理咨询专家给予指导，相信你会很快从烦恼不安中走出来。

二、自信程度自测问卷

（1=很符合　2=比较符合　3=不知道　4=不太符合　5=很不符合）

1. 我不喜欢参加挑战性的工作。　1 2 3 4 5
2. 如果被人当面指责，我会感到十分窘迫。　1 2 3 4 5
3. 我是一个不善交际的人。　1 2 3 4 5
4. 我常担心自己会成为别人愚弄的对象。　1 2 3 4 5
5. 在会上，即使不同意别人的观点，我也不立即反驳。　1 2 3 4 5
6. 如果我提出的要求被人拒绝，我会感到十分难堪。　1 2 3 4 5
7. 我从不主动在讨论会上发言。　1 2 3 4 5

8. 当被分派到一项较难的任务时，我的第一反应是“我不行”。 1 2 3 4 5
9. 我担心别人是否会喜欢我做出的决定。 1 2 3 4 5
10. 我的朋友常说我自信心不足。 1 2 3 4 5
11. 我觉得自己比不上周围的同学。 1 2 3 4 5
12. 我不太愿意独自承担一项任务的决策工作。 1 2 3 4 5
13. 我对未来忧心忡忡。 1 2 3 4 5
14. 如果有人对我的观点提出质疑，我很少能坚持自己的观点。 1 2 3 4 5
15. 与人交谈时，我不习惯正视别人。 1 2 3 4 5
16. 开会或聚会时，我总是挑选最不起眼的位置坐。 1 2 3 4 5
17. 面对别人的不合理要求，我从来不敢拒绝。 1 2 3 4 5
18. 我从来不敢当面批评一位朋友的过失。 1 2 3 4 5
19. 如果我感觉愤怒，我也无法把这种感觉表露出来。 1 2 3 4 5
20. 我常为自己的身体形象而苦恼。 1 2 3 4 5

计分方法：每道题所选的数字即为该题的得分，最后统计一下总得分。

20~40 分者：严重缺乏自信，不能很好地正视自己，压制了原有天分的发挥，极需改变，恢复自信。

41~70 分者：不管是否意识到，自己的潜意识都隐藏着自卑，这使自己在稍重要的场合就退缩，不敢积极主动地面对生活。

71~100 分者：属于有自信的人，虽然自己有可能在某些方面也感觉不如别人，但这并不影响对自己的正确认识。

对比一下自己的行为表现，自己是否是一个缺乏自信的人？是否已感觉到缺乏自信心是自己发展道路上的一块拦路石？如果是这样的话，别再迟疑，和我们一起把自己心上的这道阴影除掉，为自己的发展扫清障碍，让自己的心中充满自信的阳光！

三、人际交往能力的测试

人际交往能力自测表共包括 30 道题，你可按照自己的符合程度打分，凡符合者打 2 分，基本符合者打 1 分，难以判断者打 0 分，基本不符合者打 -1 分，完全不符合者打 -2 分，最后统计总得分。

1. 我看见陌生人常常觉得无话可说。
2. 我上朋友家做客首先要问有没有不熟悉的人出席，如有，我的热情就明显下降。
3. 在陌生的异性面前，我常感到手足无措。
4. 我不喜欢在大庭广众面前讲话。
5. 我的文字表达能力远比口头表达能力强。
6. 在公共场合讲话，我不敢看听众的眼睛。
7. 我不喜欢广交朋友。
8. 我的要好朋友很少。
9. 我只喜欢与谈得拢的人接近。
10. 到一个新环境，我可以接连好几天不讲话。
11. 如果没有熟人在场，我感到很难找到彼此交谈的话题。

12. 如果要在“主持会议”与“做记录”这两项工作中选一样，我肯定是选后者。

13. 参加一次新的集会，我不会结识多少人。

14. 别人请求我帮助而我无法满足对方的要求时，常感到很难对人开口。

15. 不到万不得已，我绝不求助于人，这倒不是我个性很强，而是感到很难对人开口。

16. 我很少主动到同学、朋友家串门。

17. 我不习惯和别人聊天。

18. 领导、老师在场时，我讲话特别紧张。

19. 我不善于说服人，尽管有时我觉得我很有说服别人的理由。

20. 有人对我不友好时，我常常找不到恰当的对策。

21. 我不知道怎样与嫉妒我的人相处。

22. 我同别人的友谊发展，多数是别人采取主动态度。

23. 我最怕在社交场合中碰到令人尴尬的事。

24. 我不善于赞美别人，因为很难把话说得自然、亲切。

25. 别人话中带刺揶揄我时，除了生气外，我别无他法。

26. 我最怕做接待工作，害怕同陌生人打交道。

27. 参加集会，我总是坐在熟人旁边。

28. 我的朋友都是同我年龄相仿的。

29. 我几乎没有异性朋友。

30. 我不喜欢与地位比我高的人交往，我感到这种交往很拘束、很不自由。

评价：总分在30分以上：应该承认，你的社交能力是相当差的；得分在0~20分之间：说明你的社交能力较差；得分在20~0分之间：意味着你的社交能力还可以；得分低于20分：应当祝贺你，你是比较善于社会交往的人。得分越低，说明交往能力越强。

四、承受与应付压力的能力测试问卷

1. 你有一个支持你的家庭吗？如果有加10分。

2. 你是否以积极的态度执著地追求一种爱好？如果有加10分。

3. 你是否参加每个月有一次聚会的社会活动团体？如果有加10分。

4. 根据你的健康、年龄、骨骼结构情况，如果你体重保持在“理想”体重以内加15分。

5. 你经常做一些所谓的深度放松吗？至少一周要做3次，其中包括安神、静思、想象、做瑜珈等。如果是加10分。

6. 如果你每天至少吃一顿营养丰富且全面的饭菜，加5分。

7. 如果你每周坚持体育锻炼，每次在半小时以上，那么每锻炼一次加5分。

8. 如果你每周都做一些你真正喜欢做的事情，加5分。

9. 你在家中备有专门供你独处和放松的房间吗？如果有，加10分。

10. 如果你平均每天抽一包香烟，减10分。

11. 你是否依赖于饮酒或吃安眠药来帮助入睡？如果你每周有一个晚上是这样，减5分。

12. 如果你在日常生活中很会巧妙地支配时间，加 10 分。

13. 白天，你是否靠饮酒或镇静药来稳定急躁的情绪？如果你每周有一次如此，减 10 分。

14. 你是否经常把办公室的工作带到家里开夜车？如果是，减 10 分。

评价：理想的得分应该是 115 分。得分越高，你对付压力的能力就越强。如果你的得分在 50 分以上，证明你已具备了对付一般性压力的能力。

五、自评抑郁量表（self-rating depression scale，简称 SDS）

在下列题目中，每题有 4 个备选答案，根据你的实际情况，选择一个最适合你的答案：1 表示从无或偶尔，2 表示有时，3 表示经常，4 表示总是如此。

选　择	无或偶	有时	经常	总是
（1）我感到情绪沮丧、郁闷。	1	2	3	4
★（2）我感到早晨心情最好。	4	3	2	1
（3）我哭或想哭。	1	2	3	4
（4）我夜间睡眠不好。	1	2	3	4
★（5）我吃饭像平时一样多。	4	3	2	1
★（6）我的性功能正常。	4	3	2	1
（7）我感到体重减轻。	1	2	3	4
（8）我为便秘烦恼。	1	2	3	4
（9）我的心跳比平时快。	1	2	3	4
（10）我无故感到疲劳。	1	2	3	4
★（11）我的头脑像往常一样清楚。	4	3	2	1
★（12）我做事情像平时一样不感到困难。	4	3	2	1
（13）我坐卧不安，难以保持平静。	1	2	3	4
★（14）我对未来感到有希望。	4	3	2	1
（15）我比平时更容易激怒。	1	2	3	4
★（16）我觉得决定什么事很容易。	4	3	2	1
★（17）我感到自己是有用的和不可缺少的人。	4	3	2	1
★（18）我的生活很有意义。	4	3	2	1
（19）假若我死了别人会过得更好。	1	2	3	4
★（20）我仍旧喜爱自己平时喜爱的东西。	4	3	2	1

注：★表示反向计分

评分规则：

每一个条目均按1、2、3、4四级评分。20个条目中有10项（第2、5、6、11、12、14、16、17、18和20）是用正性词陈述，为反序计分，即按4~1顺序计分；其余10项是用负性词陈述，即按1~4顺序计分。SDS评定的抑郁严重度指数按下列公式计算：抑郁严重度指数=各条目得分相加/80。指数范围为0.25~1.00，指数越高，抑郁程度越重。

指数在0.5以下者无抑郁。

指数在0.5~0.59者表示有轻微或轻度抑郁。

指数在0.6~0.69者表示有中度至重度抑郁。

指数在0.7分以上者为重度抑郁。

第四章　体育锻炼的营养、卫生与保健

第一节　体育锻炼的营养保证

“民以食为天，健以食为先”，食物是维持人体生命和保证健康的物质基础。获得与利用食物的综合过程称为营养。

合理的营养能促进身体发育、增进健康、增强免疫功能、预防疾病、提高学习或工作效率和运动能力。大学生营养不良或营养不当，将影响人体生长发育，使机体免疫力下降，易患各种疾病等。因此，大学生应讲究合理营养，培养良好、健康的饮食习惯。

一、主要营养素介绍

营养素是指能在体内消化吸收，具有供给热能、构成机体组织和调节生理功能，为机体进行正常物质代谢所必需的物质。人体必需的营养素有40多种，按其化学组成和生理功能可分为蛋白质、脂肪、糖类、无机盐、维生素和水。不同营养素在人体内各有不同的功能，各类营养素的基本功能和在人体中的比例如表4-1-1所示。

表4-1-1　**各类营养素在体内的比例及其主要和次要生理功能**

营养素	在体内所占百分比	功　能		
		供给热能	构成组织	调节生理功能
糖	1%~2%	++	+	
脂肪	0%~15%	++	++	
蛋白质	15%~18%	+	++	++
无机盐	4%~5%		++	++
维生素	微量		+	++
水	55%~67%		++	++

注：++主要功能，+次要功能。

（一）糖

糖由碳、氢、氧3种元素组成，其中氢和氧原子数之比正好是2∶1，与水（H∶O）相同，故习惯上把糖称为碳水化合物。

糖按其分子结构的繁简可分为单糖（如葡萄糖、果糖）、双糖（如蔗糖、麦芽糖）和多糖（如淀粉、纤维素与果胶）。除纤维素和果胶外，其他糖类都可被人体吸收利用，其功用也基本相同，主要区别只是在人体内被消化吸收的速度快慢不同而已。所有糖类都在消化道内被分解成单糖后被机体吸收。

◆生物学功能：供给热能，糖是热能的最重要和最经济的来源；构成机体的重要物质，参与许多生命过程；保护肝脏；维持中枢神经系统的功能，是大脑的主要能源；促进蛋白质的吸收与利用；抗生酮作用，脂肪在体内的正常代谢，必须有糖的参与才能完成；维持心肌和骨骼肌的正常功能。另外，纤维素和果胶一般虽不能被机体消化、吸收和利用，但能刺激胃肠道蠕动，促进消化液分泌，有助于机体的正常消化与排便。

◆供给量与来源：糖的供给量与消耗量应根据工作形式和劳动强度而定，劳动强度越大、时间越长，糖的需要量就越多。一般情况下，糖占每日总热量供给量的60%~70%。体内糖储备很少，因此，必须从每日膳食中摄取。但摄入蔗糖过多时，对身体有很多危害，如肥胖病、糖尿病、心血管病、龋齿、近视等疾病的发生都与摄入过多的糖有关。

糖的主要来源是粮食（米、面、玉米等）、豆类和根茎类食物（甘薯、马铃薯等）中所含的淀粉，此外，水果、瓜类也含糖。我国人民的膳食习惯是多糖膳食，糖在膳食中的比例较高，一般情况下没有必要在膳食之外再补充糖。

（二）蛋白质

蛋白质是一切生命的基础。它是由碳、氢、氧、氮、硫及磷等元素组成的。

◆生物学功能：蛋白质是构成机体组织与细胞的主要成分，肌肉、血液、骨、皮肤等都由蛋白质参与组成；蛋白质参与调节生理功能，是体内缓冲体系的组成部分，有维持酸碱平衡的作用；1g蛋白质在体内氧化分解可放出16.74kJ热量，人体每天所需要的热量有10%~14%来自蛋白质。

◆供应量与来源：蛋白质在体内的储存量甚微，营养充分时可储存约1%。蛋白质的需要量与机体的活动强度、肌肉数量的多少、年龄及不同的生理状况等条件有关。蛋白质的供给量一般成人应占热能供给总量的10%~12%，儿童少年为12%~14%。正常成年人蛋白质供应量为每公斤体重1~1.5g。

含蛋白质较多的食物有肉类、鱼类，其蛋白质含量一般为10%~30%；奶类为1.3%~3.8%；蛋类为11%~14%；豆类为20%~49.8%；谷类一般含蛋白质为6%~10%。

（三）脂类

脂类是人体的重要组成成分，主要由碳、氢、氧三种元素组成。

◆生物学功能：供给热能，脂肪是高热能物质，1g脂肪在体内氧化燃烧可产生37.655kJ的热量；组成机体的重要成分，脂肪组织分布在皮下、内脏和关节周围，有储存热能、调节体温和支持、保护脏器的作用；促进脂溶性维生素的吸收和利用；增加食物的美味和饱腹感。

◆供给量与来源：每日膳食中有50g脂肪就能基本满足人体的需要。一般认为脂肪应占每日热能供应量的17%~20%，不宜超过30%。

脂肪来自动物性食物，如猪油、牛油、羊油、奶油及蛋黄等；也来自植物性食物，如芝麻、大豆、花生等。

（四）维生素

维生素是一类具有生物活性的、维持机体健康所必需的营养素，目前已知的主要有

14 种，它可分为两大类，一类称脂溶性维生素，如维生素 A、维生素 D、维生素 E、维生素 K；另一类称水溶性维生素。各种维生素功能各异，不能相互代替。维生素的主要功能、来源、缺乏症见表 4-1-2。

表 4-1-2　**维生素的主要生理功能、来源和缺乏症**

名称	主要生理功能	来源	缺乏症
维生素 A	维持正常视力所必需；防癌；促进骨骼、牙齿正常发育	动物肝脏、胡萝卜、菠菜等	夜盲症、眼干燥症
维生素 D	促进肠道钙、磷吸收；促进生长和骨骼钙化	肝、乳、蛋黄等；皮肤经日光照射合成	儿童：佝偻病；成人：骨软化病
维生素 E（生育酚）	与生殖功能有关；抗氧化作用	食物油、奶、蛋等	不育症
维生素 B_1（硫胺素）	参与糖代谢；维持神经系统正常功能	谷类、杂粮、瘦肉、蛋类	食欲差、疲劳、脚气病
维生素 B_2（核黄素）	参与氨基酸、脂肪酸和糖类的代谢；与肾上腺功能有关	动物肝、肾脏、青菜	口角炎、舌炎、唇炎等
维生素 PP	细胞呼吸有关	动物肝、蛋奶类、谷类	糙皮病
维生素 C（抗坏血酸）	形成和维持骨胶原；促进伤口愈合；参与解毒；增强机体的免疫功能，促进造血	水果、叶菜类、谷类等	齿龈肿胀、疲劳、体重下降、抵抗力下降

（五）无机盐

无机盐也称矿物质，它包括除碳、氢、氧、氮以外的存在于体内的其他各种元素，含量较多的无机盐有钙、镁、钾、钠、磷、硫和氯等 7 种元素。其他元素如铁、铜、锌、氟等存在数量很少，有的只有微量存在，故称之为微量元素。各种无机盐总量约占体重的 5%。无机元素与其他有机的营养物质不同，它不能在人体内合成，除了排出体外，也不会在代谢过程中消失。

无机盐的生理作用十分广泛，概括起来有以下几个方面：作为人体组织的组成部分，如硫、磷参与蛋白质的组成，钙、镁参与骨骼、牙齿的组成；是体液的重要成分，通过渗透压调节水分的储存和流动；维护机体酸碱平衡；参与酶和激素等活性物质组成；是生物产生电生理的物质基础；维持神经、肌肉兴奋性；完成某些特殊功能，如铁参与血红蛋白的构成，对输送氧起重要作用。

（六）水

水是人体内含量最多的组成成分，它占成人体重的 57%~60%。体内缺水不仅影响人的正常生理功能，严重时甚至危及生命。

◆生物学功能：水是细胞和体液的重要成分，水参与体内许多代谢过程；参与维持体温的恒定，通过皮肤排汗、蒸发，使体温下降；水是润滑剂；维持脏器的形态和机能等。

◆供给量与来源：水的供给量随年龄、体重、气候及劳动（或运动）强度而异，正常成人每日需水2 000~2 500ml，不同年龄每日需水量不同。一般情况下，水的出入量是平衡的，体内不能储存多余的水分，也不能缺水。若摄入水分不足，或因出汗、腹泻等排出水分过多，会使机体失水，影响人体的生理功能（表4-1-3）。体内水的来源主要是来自饮料水、食物水和代谢水。

表4-1-3　**失水的表现**

失水程度（占体重百分比）	表　现
2%	强烈口渴、不适感、食欲下降、尿少
4%	不适感加重、运动能力下降20%~30%
6%	全身乏力、无尿
8%以上	烦躁、体温上升、心率加快、血压下降、循环衰竭甚至死亡

二、大学生的营养特征

大学生的饮食特点比其他年龄阶段的人较为复杂。其对营养的需求表现为：既要以热量充足、质量齐全、进餐规律来满足身体需求；又要以择食合理、摄食有度、个体有别等来满足学习、交往和社会活动的需要。我国的大学分布广，不仅校园的环境、专业特点、基础设施、管理模式和生活方式等地域差异较大，而且大学生的生活习惯、生活能力、经济条件等个体差异也较突出。所以，大学生的饮食行为偏差较大。这些因素虽然都不同程度地影响着大学生的身心发展，但据资料统计，大学生不良的饮食行为是造成营养不良、危害身体健康的主要因素。

在校大学生脑力劳动紧张，体力活动较多，能量消耗大，这些都需要由食物营养来补充。若此阶段营养摄取不均衡，机体会出现疲劳、精力不足、学习不能持久、学习效率低，甚至会出现神经衰弱、视力减退、注意力不集中和容易患病等现象。因此，从营养学角度分析，大学生的膳食除保证足够的糖以外，还要特别注意蛋白质、磷脂和维生素B_1、维生素B_2、烟酸的充分供给，以营养脑细胞，保持记忆力，提高注意力和理解能力，促进大脑机能的活跃、思维敏捷，提高学习效果。

三、运动锻炼与营养补充

（一）运动与营养的关系

经常参加体育运动，会引起能量消耗的增加，人体对营养物质的需求量也相应增加，运动中与运动后如何合理有效地补充营养，对于保持良好的身体机能、运动能力和维护身体健康都是十分重要的。在体育锻炼中，短时间、小强度的体育活动一般不会引起营养需要的明显改变，只有在长时间的剧烈运动时，热能才能被大量消耗，此时才需要有针对性地增加特殊营养。

（二）运动与营养的补充

1. 运动与补糖

糖是运动肌肉的最佳能源。人的运动能力与糖的储备有密切关系，中枢神经的能量99%以上来自糖，低水平的血糖将首先影响中枢神经系统的功能。

（1）比赛前的最大肌糖元储存。

体内糖的储备包括肌糖元、肝糖元和血糖三部分。肌糖元是体内糖储备的最大部分。比赛前及比赛中适量补充糖可维持血糖水平，并可提高竞赛能力，延缓疲劳的发生。赛前补糖的目的是使体内有充足的肝糖元和肌糖元的储备量。

在长时间的高强度比赛之前，应该调节膳食训练计划，以便使肌体内的肌糖元储存达到最大值，即“糖元超代偿”。具体做法是：在赛前的最后3天，摄入高糖膳食，使肌糖元提高20%～40%。比赛前6h内使用高糖餐，使肝脏帮助维持血糖的水平。

（2）运动中的糖摄入。

在70%最大吸氧量的强度运动时，50%～60%的能量来源于糖。运动2～3h后，血糖的浓度通常会下降到相对低的水平，运动能力将明显下降，出现疲劳。因此，从事长时间高强度运动的人，运动中每小时应该补偿30～60g葡萄糖、蔗糖或其他高血糖指数的含糖食品。通过补糖可使疲劳推迟30～60min发生，使运动的后期保证足够的糖供给。

（3）运动后补糖。

运动者在运动后应该尽早摄入50g高或中血糖指数的糖，而且随后每2h摄入50g糖，直到正式用正餐。运动后4～24h，食物的血糖指数在肌糖元合成率中起主要的作用。

（4）低血糖的症状与预防。

在体育活动中，有时学生发生低血糖症，轻者出现头晕、心跳、饥饿感、乏力、面色苍白、出冷汗；较重者神志模糊、语言不清、四肢发抖、精神错乱，甚至还会出现更为严重的现象。低血糖症发生的原因，主要是由于长时间剧烈运动时血糖供应不足或消耗过多，导致血糖过低，皮质调节糖代谢的机制紊乱所造成的。

预防低血糖的发生，主要在于教育学生在参加体育活动时，应避免空腹，在参加体力消耗大而运动时间长的体育比赛时，要注意补充含糖丰富的食物或饮料；对有低血糖病史的学生应去医院检查，查明原因，对症治疗。

2. 运动与蛋白质的补充

一般来说，运动员蛋白质的需要量比普通人要高，不同运动项目的运动员所需蛋白质含量也不尽相同。

蛋白质对运动能力的发挥与提高起着十分重要的作用。具体体现在以下几个方面：

第一，能够增加肌肉蛋白质合成，增加肌肉力量；可以预防运动性贫血。

第二，对体内胰岛素的分泌有良好且稳定的刺激效果，从而保持稳定的精神和体力状态。

第三，提高中枢神经系统的兴奋性。

第四，在长时间运动时可以作为细胞的部分能源，提供运动中5%～15%的能量。

但蛋白质摄取要适量，如果摄入过多的蛋白质，不仅对肌肉增长和提高肌肉的运动能力没有好处，反而会对正常代谢和健康产生不良影响，导致肥胖，肝、肾负担加重，易疲劳和运动能力降低。

3. 运动中的合理补水

水营养是合理营养的基础。对于运动员来说，只有保持良好的水营养，才能保证身体的健康，维持较好的竞技状态和发挥最大的运动潜能。

参加体育运动时肌肉运动产生大量热量，使皮肤血流量增加，分泌大量汗液，运动出汗的特点是出汗率高，出汗量大，失水量多。如在天热的环境下踢足球，运动员 1 小时汗液的丢失量高达 2~7l。运动中若不注意科学合理地补充水分，会造成机体内的水失衡。脱水会严重影响人的运动能力。

水平衡是指水的摄入和排出平衡。当身体水分排出量超过摄入量而发生机体缺水时称为脱水状态。当饮用大量的水，体内水过量时，机体会出现水中毒现象。

脱水对运动员的影响不仅在于体温升高和心血管负担加重，还可导致肾脏损害。因此，运动中的合理补充水分是十分重要的。脱水的分类及表现症状如表 4-1-4 所示：

表 4-1-4 **脱水的分类及表现症状**

脱水类型	脱水程度	表现症状
轻度脱水	脱水量达体重的 2%	表现为口渴
脱水综合征	脱水量达体重的 4%	表现为严重口渴，心率加快，体温升高，血压下降，感觉疲劳
重度脱水状态	脱水量达体重的 6%~10%	出现呼吸加快、恶心、情绪不稳、易激怒、肌肉抽搐等现象

怎样补水才能保证运动员的合理水营养呢？最关键的原则是积极主动地补水。

（1）运动训练前的补水。

运动前 15~20min 补充水 400~700ml（2~3 杯），可分次饮用。因为口渴的发生落后于机体的实际需要情况，不能在感到口渴时才喝水。专家建议运动员在参加比赛前几天多喝水，虽然多余的水分不能在体内储存，但有利于在比赛开始时，体内具有最大的水合状态。

（2）运动中补水。

运动中每 15~30min 补充 100~300ml（1~2 杯）运动饮料或水。运动中最好采用含糖和无机盐的运动饮料来补充水分和电解质。因为在热环境下，运动饮料可以迅速地被组织吸收。在剧烈运动中，水分的最大吸收量是每小时 800ml。

（3）运动后补水。

运动后应及时补水，以保持体内的水分平衡。水分补充量应与汗液丢失量大体一致。补水不应过度集中，若短时间内大量暴饮，虽然可解一时的口渴感，但尿量和汗量的增加，加重体内电解质的进一步丢失，还会增加人体心肾的负担。所以，合理补水应以少量多次为原则。

4. 运动与维生素补充

体育运动促进了人的能量代谢，在能量消耗增加的情况下，某些维生素的需要量就会增加。参加体育运动（中等强度以上），应重视多种维生素的补充，促进运动恢复，延缓疲劳发生，增进体力和体能，从而保证身体健康，提高竞技能力。

通常，在获得良好平衡膳食的情况下，不会发生维生素缺乏情况，但是在长时间进行高强度大运动量的训练，控制体重或减轻体重或进食紊乱等特殊情况下，应注意适量补充维生素，但在补充维生素时，应注意供给量建议，避免过量补充的副作用。

（1）运动后造成机体维生素需要量增加的原因。

①运动训练使胃肠对维生素的吸收功能下降；

②运动引起汗液、尿液及粪便中维生素排出量增加；

③运动使维生素在体内的周转率加速，能量代谢增加等。

（2）对运动影响较多的几种维生素。

①维生素 B_1。维生素 B_1 在能量代谢和糖代谢生成 ATP 的过程中起着重要作用。当维生素 B_1 缺乏时，其代谢物丙酮转化成乳酸，乳酸堆积会导致疲劳，损害有氧运动能力，影响正常的神经冲动和传导，并使消化功能和食欲受影响。维生素 B_1 的主要食物来源为粗糙的粮食（如米、面、花生、核桃、芝麻和豆类）。

②维生素 B_2。维生素 B_2 与人体细胞呼吸有关，因此在有氧耐力运动中起着重要作用。此外，维生素 B_2 还可能是糖酵解酶的有效功能物质，所以对无氧运动也有作用。维生素 B2 主要集中在少数食物中，其中以肝、肾含量最丰富，牛奶、黄豆和绿叶菜中也较多。

③维生素 B_6。运动训练加强维生素 B_6 的代谢途径，因此经常锻炼的人对其需要量增加。硬果类、豆类和动植物食品以及蔬菜、水果中均含有维生素 B_6，此外，米糖、麦芽中维生素 B_6 含量最为丰富。

④维生素 C。维生素 C 是一种强有力的抗氧化剂。大运动量训练可能会使人体维生素 C 的代谢加强。运动后补充维生素 C 有利于减轻疲劳和肌肉的酸痛，增强体能及保护细胞免于自由基损伤，但不宜过量补充。维生素 C 的主要来源是蔬菜和水果。

⑤维生素 E。维生素 E 是一种重要的抗氧化营养素，在特殊条件下进行训练后补充维生素 E 有提高最大吸氧量、减少氧债和血乳酸的作用。维生素 E 最丰富的来源是植物油、麦胚、硬果类及其他谷类食物。

5. 运动与微量元素的补充

体育运动中人体所需的微量元素主要有铁、锌、铜、锰、铬、硒、氟等，其中比较容易发生营养问题的是铁和锌。

（1）运动与铁的补充。

铁在机体内最突出的功能是运输氧，如果铁的运氧能力被阻断，或铁的数量不足，机体可出现缺铁性或营养性贫血。因此，铁对运动能力的发挥具有重要意义。对于运动员来讲，缺铁可能直接损伤机体的氧运输能力。

运动中有大量的铁经汗液丢失，使运动员的铁丢失高于普通人。由于运动中的血液循环加快，红细胞的寿命因此又较常人短，加之大运动量训练还会降低铁的吸收率，使食物所供应的铁得不到充分的利用。综合种种原因，运动员对铁的需要量高于普通人。

铁最主要的食物来源包括肉类、蛋类、蔬菜、谷类、水果、海带等。动物性铁易溶解，且其中的一种结合铁——血红素铁可以直接吸收入小肠黏膜，因此血红素铁是铁的最好来源。

(2) 运动与锌的补充。

锌是许多重要代谢酶的成分之一。运动对锌代谢的影响取决于运动量的大小或机体的适应能力。当运动量过大时，血液中的锌水平将会下降，尿锌的排量也大大增加。此外，运动还可以影响食物中锌的吸收与利用，引起体内锌的重新分布，这些都是影响人体锌量平衡的重要原因。因此，运动后应注意锌的补充。

大多数膳食锌的摄入来源于动物性食物，尤其是肉类。来源于植物食物的锌主要包含在谷类中。饮用水中也含有一定量的锌。

(三) 运动项目与营养补充的特点

参加不同的运动项目，所需的营养补充各有特点，下面从四个方面加以阐述。

1. 耐力项目运动员的膳食营养特点

耐力项目如马拉松、长跑、长距离自行车、长距离游泳和滑雪等项目，在训练方面具有运动时间长，运动员能量消耗大、运动中无间歇、动力型、运动强度小及以有氧代谢供能为主要特点。经常从事耐力运动的人，营养补充注意以下几点：

(1) 能量的补充。

膳食应首先满足能量的消耗，否则运动能力会下降。膳食的蛋白质供给量应丰富，如供给牛奶、奶酪、牛羊肉等富含蛋白氨酸的食物。耐力项目运动员对脂肪的利用和转换率高，耐力项目运动员膳食的脂肪可略高于其他项目运动员，达到总能量的30%~35%，膳食的碳水化合物应为总能量的60%以上。

(2) 液体的补充。

在耐力运动中出汗量大，容易发生脱水，运动前、中、后适量补液有利于维持体内环境稳定。

(3) 铁和钙营养的补充。

耐力项目运动员容易发生缺铁性贫血，应提供含铁丰富的食物。

2. 力量项目运动员的膳食营养特点

该运动项目要求力量和速度，如短跑、有阻力的骑车、短距离游泳、足球、举重和投掷等项目。运动员的体重一般都较重，运动中要求大力量、神经肌肉协调性，并在短时间内爆发力量。运动具有强度大、缺氧、氧债大、运动有间歇以及无氧供能等特点。

经常从事力量项目的人，在其营养摄入时，应注意补充优质、充足的蛋白质，蛋白质的热量应占总热量的15%，并增加蔬菜、水果的摄入量，以提高体内的碱储备。

3. 灵敏、技巧项目运动员的膳食营养特点

击剑、体操、跳水和跳高等项目运动员在训练中神经活动紧张，动作为非周期性和多变，并在协调、速率和技巧性方面要求较高。为完成复杂的高难度动作，运动员常采取控制饮食措施来控制体重，因此，这一类型运动员的膳食能量摄入量较低。为保证紧张神经活动过程的需要，食物应提供充足的蛋白质，食物的脂肪供给量不宜过高。营养摄入时应注意减少脂肪，并增加维生素B族、维生素A、维生素C、维生素E、泛酸、钙、磷等营养和微量元素的摄入，以提高应激水平。此外，乒乓球、击剑等项目运动员训练过程中视力活动紧张，应保证充足的维生素A供给。

4. 球类项目运动员的膳食营养特点

球类项目如篮球、排球、足球和冰球等要求运动员具备力量、耐力、灵敏、速度、技巧等多方面的素质，运动强度大，多变，他们的能量消耗量较高，其膳食供给应根据运动量的大小，保证充足的能量。膳食的营养也应当是全面和平衡的。

团队项目运动员的营养措施是在剧烈运动前的3~4h采用高碳水化合物的饮食。在长时间的训练或比赛前，应每隔20min补充配方科学的运动饮料150ml。为了加速糖元储备的恢复，应注意补充维生素B_1、维生素C、维生素A和钙、钾盐和磷等微量元素。

四、营养摄入的均衡合理

营养科学是一门揭示身体状况和饮食关系的科学。营养科学证明，饮食对机体的长期影响，超过了其他任何所能控制的因素。“先天遗传，后天营养”。人的生命首先在于营养，营养是健康之本。合理营养的目的在于满足人体的正常生理需要，有助于人体的吸收与利用，同时有助于减少机体的负担。从人们的精力、体力、头发的光泽和面颊的神色中，能够反映出饮食是否良好。吃得好有助于我们生活得好，运动发挥得更好。

1. 营养摄入的均衡

平衡是指人所摄取的各种营养成分应与身体的生理需要之间形成相对平衡，反之则称为营养失衡。营养失衡的一个方面是营养摄入量过少，不能满足身体需要。主要表现为头晕、怕冷、易倦、体重减轻等，严重的有可能发生营养不良的疾病；营养失衡的另一个方面是营养过剩，主要表现为人的体重过量增加，并引起肥胖等疾病。因此，营养的摄入既不要欠缺，又不要过量。

2. 营养摄入的合理

合理是指人所摄取的各种营养成分之间的配比要适当，只有合理的营养搭配，尤其是热量中的蛋白质、脂肪和碳水化合物三者的比例要合理适当，才能有利于人体更好地吸收与利用营养成分，保证机体的各种需要，并造就健康的体魄。

3. 营养摄入的全面

全面是指人所摄取的各种营养成分要全面，不能偏食。没有任何一种天然食物能够包括人体所需要的各种营养素，能够具备全部的营养功能，完全满足人体健康的需要。

4. 注意营养摄入的个体差异

每个人的遗传因素、身体状况、所处的年龄阶段、生活环境、营养状况等各方面的条件均不相同，因此，在营养摄入和补充方面应区别对待。当生活和工作环境、生理条件改变时，营养素的供给应予以适当调整。

5. 营养摄入的因时调整

人应随四季变化，合理安排膳食。春季是冬寒转暖的季节，饮食应温和平淡。夏季气温高，人们食欲降低，消化能力减弱，应少吃油腻食物，多吃清淡食物。秋季天高气爽，人们食欲大增，要适当节制饮食量。冬季寒冷，基础代谢高，人体维持体温所用的热量增加，可多吃脂肪类食品。冬季蔬菜少，应注意补充维生素。

五、肥胖与体重控制

（一）肥胖的危害与原因

肥胖是指由于体内脂肪储存过多所引起的体重增加。一般认为体重超出正常标准10%~19%为超重，超出20%以上为肥胖。

正常体重的计算方法很多，常用的简易公式是：本人的身高（单位为 cm）减去 105，所得的差数就是正常体重（单位为 kg）。比如一个人身高是 170cm，其正常体重则是 170－105＝65（kg）。

随着人们生活水平的日益提高，脂肪摄入量也随着加大，肥胖的发生率增加，从而引起人们的重视。因为肥胖不仅使体态臃肿、行动缓慢，而且是高血压、冠心病、高脂血症、糖尿病、痛风症等病的诱因。肥胖被看做是健康的一项重要威胁。

（二）如何控制体重

影响体重变化的两个基本要素是热能摄入量与消耗量，对于成年人来说，当热能摄入量等于消耗量时，体重基本保持不变；当热能摄入量小于消耗量时，则体重减轻；反之，则体重增加。可见，体重的变动必须通过变动热能平衡的措施，以达到减轻或增加体重的目的。

体重减轻有两种途径：一种是缓慢减体重，即是通过热量摄入与热量消耗量较长时间负平衡而实现体重减少，其丢失的主要成分为脂肪。另一种叫快速减体重，即是以脱水及快速的能量平衡为主，并伴有无机盐和糖元丢失，体蛋白消耗，心血管系统负担加重，并对体力产生较大的影响。

科学合理的减肥方法是通过合理减少热能摄入量，消耗体内储存的脂肪，以达到减轻体重的目的。科学减肥的方法很多，归纳起来有如下五种。

1. 积极参加体育锻炼

节食是减少热能摄入量，增加体力活动是增加热能消耗量。青年学生正值生长发育时期，需要丰富的营养素。因此，青年学生应尽量通过体育锻炼的方式进行减肥，不可过度节食。单纯节食不易做到保持肌肉组织、减少脂肪组织的要求。因此体育运动是减少体内脂肪储存、减轻体重的最好办法。

减肥的运动方法以采用有氧运动效果为好，如长跑、骑自行车、游泳等。为达到减肥目的，运动强度应达到最大吸氧量的 50%～85%，或相当于最大心率的 60%左右，每次持续 30～60min，每周最少进行 3～5 次。运动量不宜过大，心率每分钟 130～140 次左右为宜。

2. 减少热能摄入量

热能摄入量应逐渐减少，不要减得过猛，减至使体重接近正常值时即可。青少年时期活动量最大，能量消耗也最大，不应过度控制热能的摄入，要保证合理的热能摄入，保证身体健康。

3. 营养摄入平衡

应注意营养的安排合理。蛋白质一定要充足，碳水化合物的进食量可适当减少，脂肪的进食量必须降低，避免进食过多的动物脂肪和高胆固醇的食物。此外，无机物、维生素、膳食纤维要供给充足，以满足生理需要。

4. 养成良好的饮食习惯

（1）少吃肉。把肉作为饮食中的风味，而不是把肉作为一餐中的主食。

（2）尽量少用煎炒的方法。用蒸、煮、烤或微波加工蔬菜或肉。

（3）尽量不食用或少食用快餐油炸等脂肪含量高的食品。

（4）晚餐肉的量减少，可以用新鲜水果和蔬菜及谷物、豆类替代。

(5) 少吃零食。

(6) 细嚼慢咽，不要狼吞虎咽。将热量摄入平均分布于全天的饮食中，不要某一餐吃得过饱。

5. 减肥贵在长期坚持

减肥的目的不在于一时的体重减轻，而是在于长期维持正常体重。如若一经达到标准就不参加体育运动，放松饮食控制，恢复旧的饮食习惯，体重就会立即反弹，若再想降低，则往往更加困难。因此应长期坚持锻炼，长期坚持健康的饮食方式，才可能长期控制体重。

第二节　体育锻炼的卫生保障

一、体育锻炼与生活卫生

体育锻炼是促进健康最有效、最积极的手段，在实施体育锻炼的过程中必须遵循人体生理机能活动能力的变化规律，还要讲究卫生，才能收到良好的效果。这里将介绍体育锻炼中的生活制度、饮食卫生等方面的知识。

(一) 生活制度卫生

生活制度是指对一天内的睡眠、饮食、学习、休息和体育锻炼等各项运动作出基本固定的时间安排。它有利于机体内的各种生理活动，有利于身体健康。每天养成有规律的生活习惯，有助于学生完成学习任务，提高学习效率，也有助于学生身心健康。

人的一切活动都是在大脑皮层支配下来完成的。每天在相对固定的时间起床、吃饭、休息、工作、睡眠和进行体育锻炼，养成有规律的学习、生活习惯，大脑皮层有关区域的兴奋和抑制的转换也建立起相应的顺序，形成了大脑皮层活动的“动力定型”。神经系统和组织器官的活动有了一定的规律，就可以使机体在一定时间内对某种活动有所准备。如果生活制度不合理，经常打乱作息制度，会使大脑皮层中建立起来的“动力定型”遭到破坏。神经系统的机能减弱时，各器官系统的机能也相应受到影响，这样就会降低机体的机能，影响学习和工作效率，有损身体健康。

但是，大脑皮层中的“动力定型”的建立不是一成不变的，由于大脑皮层功能的可塑性，对于新的环境，只要逐步适应，还是可以改变的。

(二) 饮食卫生

1. 合理营养

在校大学生脑力劳动紧张，体育锻炼、文化娱乐、社交活动形式较多，能量消耗较大，这些都需要食物营养来补充，同时为了有助于被人体消化吸收和利用，还要注意保持各种营养之间数量的平衡。

上章已详细介绍，此不赘述。

2. 合理的饮食制度

饮食制度应包括每日进餐时间和食物量的分配等内容。一般认为早餐热量占全日热量的30%左右，午餐占40%，晚餐占30%左右较为适宜。每日三餐的时间应基本稳定，并力求做到与体育锻炼有一定的时间间隔。

（1）饮食习惯。

运动后不宜立即进餐。人在剧烈运动之后，往往会产生饥饿感。为了补充失去的能量，很多人会大吃一顿，或者进食的量比平时多，他们以为这样就会将运动时消耗的东西全部补回来。据研究，人们在运动中消耗的主要是矿物质、水和脂肪。运动后产生的饥饿感，不一定是真正的饥饿，而常常是口渴，这时正确的做法应该是先补充液体，喝些水或果汁。这样补充了失去的矿物质和水。半小时以后再进食，可以吃些平时爱吃的低热量食品，以不感到饱胀为原则。这样，既能补充运动中消耗的东西，又不会使失去的多余脂肪很快回到体内，从而保持健美的身材。

饭后不宜立即进行剧烈运动。运动前 1 小时进食，这样是为了避免因为体力活动而导致消化功能紊乱；同样，要避免食用难以消化的食物，如油炸食品等，这些食品可引起腹痛、恶心等症状，也可酿成胃下垂。

合理安排一日三餐。“一日三餐”是人类古已有之的饮食制度，然而从目前的实际情况来看，大学生不吃早餐的现象有增无减。他们宁可把吃早餐的时间用来睡觉，也不重视早餐，起床后即匆忙赶去教室上课，致使上课时血糖浓度降低，疲劳很快出现，使得学习效率降低，身体也受到损害。不吃早餐的学生自以为可以利用第二节课后去补充食品，殊不知这样正好打乱了自己生物钟的节奏，其结果是午餐没了食欲，不能好好地进食，导致下午不是饥饿就是腹胀，肠胃功能出现紊乱。有的同学在夜间临睡前还饱餐一顿，这些都是十分不好的饮食习惯。医学研究表明，无规则地进食很容易引起胃病，其中以胃溃疡最为普遍，这就是许多大学生肠胃功能不好、胃病发病率高的重要原因。因此，注重正常的饮食制度，吃好三餐，对保持身体健康有良好的功效。

（2）饮食量。

饮食量不单指饮食的数量，更重要的是指饮食中所含身体必需的能量。大学生一天的学习、锻炼和日常生活需消耗较多的能量，一般而言，平均一天约需从食物中摄取 11 715~12 552 千焦热量来补充身体的需要。由于个体差异较大，每个人的饮食量可能不同，所以饮食量以主观感受为前提，以主食为基础，副食不宜过饱。常言说得好：一日三餐七分饱，身体健康精神好。

（3）饮食成分。

饮食成分（表 4-2-1）是指饮食中所含的营养成分。现代医学、营养学研究表明，蛋白质、糖类、脂类、维生素、各种矿物盐及微量元素是人类保持健康必需的营养成分。

表 4-2-1　**每天食物构成**

营养素	大学女生	大学男生
谷类	300g（6 两）	500g（10 两）
蔬菜	400g（8 两）	500g（10 两）
水果	100g（2 两）	200g（4 两）
肉、禽	50g（1 两）	100g（2 两）
蛋类	25g（0.5 两）	50g（1 两）

续表

营养素	大学女生	大学男生
鱼虾	50g（1 两）	50g（1 两）
豆类及豆制品	50g（1 两）	50g（1 两）
奶类及奶制品	100g（2 两）	100g（2 两）
油脂类	25g（0.5 两）	25g（0.5 两）

早餐应吃含有丰富蛋白质和维生素的食物；午餐一定要吃饱；晚餐吃的不宜过多，也不宜吃脂肪和蛋白质过多以及有刺激性的食物，以免影响睡眠。

（三）睡眠卫生

每天的睡眠时间应占一天的 1/3 左右。一般来说，学龄前儿童应睡 10 小时以上，青少年应睡 8~9 小时，成人每天一般应保持约 8 小时的睡眠。因为睡眠时，中枢神经系统，特别是大脑皮质的抑制过程占优势，能量物质的合成过程也占优势，体内的一些代谢产物被利用或排除，疲劳得到消除。因此，必须有足够的睡眠时间来解除一天的疲劳。又由于人的 24 小时节奏是比较固定的，因此，要注意每天尽可能按时睡觉。保持充足的睡眠时间，不仅有利于工作与学习，而且还能使身体健康成长。

为了保证良好的睡眠，睡前 1 小时不宜进行剧烈运动，以免引起神经细胞的过度兴奋，影响睡眠。但是睡前做些适度运动，能对人体起到良好的调节作用，降低大脑的兴奋性，有助于睡眠。

睡前不宜吃得过饱，以免增加肠胃负担，刺激消化液的增加，这样就会打乱消化液的正常分泌。胃不停地蠕动，管胃肠的神经也会受到刺激，人就会感到胃不舒服，“撑”得难受，而睡不踏实。临睡前也不宜过多喝水，这除导致胃液稀释、夜间多尿外，还会诱发眼睑水肿和眼袋。睡前用温水洗脚，漱口刷牙，以及保持室内通风和卧具的清洁卫生，都对睡眠有益。

（四）戒除不良嗜好

世界卫生组织决定每年 5 月 31 日为“世界无烟日”，促使全世界人民行动起来，减少烟草对健康的危害。吸烟可诱发和形成某些严重疾病，导致许多不良后果。长期大量吸烟引发的常见病有肺癌、呼吸道疾病、心血管疾病、中枢神经系统病症、消化系统病症及其他疾病；吸烟同时也污染环境，也会使被动吸烟者生病。

长期大量饮酒，也会损害人体健康。长期大量吸烟引发的常见病有神经系统并发症、消化系统并发症、心血管系统并发症和其他并发症。

吸烟、酗酒等不良嗜好，对人体健康有很大危害，也会影响体育锻炼的正常进行。如果已经染上了这些不良嗜好，一定要坚决戒除。

二、体育锻炼与环境卫生

体育锻炼过程中，环境卫生对锻炼者的运动情绪和锻炼效率有相当的影响，环境好可激发锻炼者的情绪；反之，可抑制其情绪。

（一）体育锻炼与空气卫生

空气是人类赖以生存的重要外界环境因素之一，氧是人体生命活动中的重要物质，人们通过呼吸机能与外界环境随时进行气体交换，这是机体获取足够氧气以供代谢所需的惟一天然途径。新鲜空气中有大量的负离子，它能调节大脑中枢神经系统的功能，增强心肺功能，促进血液循环，提高机体的免疫力，精力充沛，消除疲劳，提高学习和工作效率；改善睡眠和呼吸机能，提高基础代谢；增强人体抵抗力。在体育锻炼时，由于气体交换充分，特别要摄取更多的氧分，以供给运动中的能量消耗，因此，要注意在空气新鲜的环境下进行锻炼。

（二）体育锻炼与气温

在天气极热或极冷时，运动不宜进行到精疲力竭的程度，锻炼的理想天气是：气温介于1~30°C，湿度在60%以下，风速不超过6.7m/s。气候条件不在这个范围时，应缩短锻炼的时间或减少运动强度。

（三）体育锻炼与噪声

噪声是指在一定环境中不应有而有的声音，一般指嘈杂刺耳的声音。它是一种环境污染的因素，主要来自于交通运输工具、工业机器、公共场所的高音喇叭和人群喧闹等声音。噪声对人体健康十分有害，它会严重干扰中枢神经系统的正常功能，使人头痛、失眠、恶心、呕吐、脾气暴躁、心跳加快、肌肉紧张等，因此，为了使运动技术和锻炼效果不受影响，应保持在相对安静的环境中锻炼，理想的声强级不超过35dB。

（四）运动场地卫生

1. 室外运动场地卫生

在室外运动场周围应种一些花草树木，这不仅能美化运动环境，而且能改善空气和温度。田径赛场的跑道必须平坦、结实而富有弹性，并保持一定的干湿度；田赛场的助跑道应与径赛跑道一样，跳远的踏跳板应与地面平齐，沙坑要掘松耙平没有杂物，沙坑与地面平齐。足球场地最好铺有草皮，场地要平坦，没有坑洼。室外篮球、排球、网球场地要平坦坚实，没有浮土，球场周围应留有余地。

2. 室内运动场馆卫生

室内运动场馆地面最好铺木制地板，要求平整、结实、不滑、没有裂缝，场馆力求光线充足，并应有完整的通风设备，保持整洁卫生。

3. 游泳池卫生

游泳池水源要清洁，水中游离性余氯为0.3~0.4mg/L，尿素≤3.5mg，细菌总数≤1 000个/ml，大肠菌群≤18个/L，浑浊度≤5，pH值为6.5~8.5，水透明度的要求为水在静止时，在任何地方均能看到水底。必须经常换水，做好水池的清洗和池水的净化消毒工作。为了保证池水清洁，游泳前必须全身淋浴，并通过消毒脚池后方能入池。

三、体育锻炼与运动卫生

（一）运动前卫生

1. 准备活动

准备活动是指体育锻炼前进行的有目的和指向性的身体练习，它包括一般性准备活动和专项性准备活动。运动前做好充分的准备活动，其目的是通过各种练习提高中枢神经系统的兴奋性，使兴奋达到适宜的水平；预先加强各器官系统的活动，克服各器官机能活动的惰性；加强心血管和呼吸器官的活动能力，使人体从相对静止的状态过渡到紧张活动的状态，预防心血管意外的发生，减少肌肉、关节和韧带的损伤。

准备活动的内容和时间的长短，应根据锻炼的项目、内容、季节变化和身体条件来安排，一般使身体稍微发热，心率上升到 130~160 次/min 为宜，使内脏器官、肢体的活动幅度和肌肉力量等方面达到适宜的工作状态。

2. 运动前饮水

在运动前应适当补充水，但不宜一次性大量饮水。饮水过多，会使胃膨胀，影响膈肌运动和呼吸从而影响运动能力。

（二）运动中卫生

1. 选择好运动着装

运动时衣着以轻松为好，大小适宜，有一定的通气性和吸水性，并经常保持清洁卫生。鞋子大小要合适，应尽可能穿运动鞋。夏季应以浅色薄运动衣裤为好，冬季应注意保暖，但不能妨碍运动。锻炼时身上不能佩戴尖锐物件。

2. 选择良好的运动环境

选择在空气清新、流通性较好、温度比较适宜、场地整洁的运动场所进行锻炼，这样有利于体育活动的开展，也有利于锻炼者的身体健康。

3. 合理安排运动量

合理安排运动量是指在进行体育锻炼时应根据其年龄、性别、体质、健康水平和技术的熟练程度合理安排练习的强度、密度、时间和数量。一般学生在一堂课上平均心率达 130~170 次/min 为宜。运动量适宜时睡眠良好、食欲增加、精力充沛。如果超过了锻炼者的生理负荷量，反而会伤害身体健康，影响正常的学习生活。

4. 运动中饮水

在运动中应少量、多次的饮水。水占了人体的 65%，而在血液中高达 90%，在运动时，机体需要保持充分的血容量，一是为了加强肌肉组织的血液供应，以保证肌肉中物质代谢过程的进行；二是运动中体内产生大量的热量，需要血液将其带到体表，以维持正常体温。而在进行体育锻炼时，身体会大量出汗，导致机体出现脱水症状，使机体机能下降，因此及时补充水分十分重要。

（三）运动后卫生

1. 整理活动

整理活动是指在正式运动后，做一些加速机体机能恢复的较轻松的身体练习，目的在于使人体由紧张激烈的肌肉运动阶段逐渐过渡到相对安静的阶段，是消除疲劳，促进体力恢复的良好措施。整理活动应着重于全身性放松，尽量采用轻松、活泼、柔和的练习，活动量减少，节奏逐步减慢，使呼吸频率和心率下降。

2. 注意保暖

运动后应注意身体的保暖。有些人运动后马上洗冷水澡，吹电扇，冬天运动后到室外吹风凉快等，这些都会对关节造成伤害。因为运动后全身的毛细血管都是张开的，热量大量散发，如用冷水刺激，容易引起感冒。经常受冷刺激，会导致关节炎的发生。

3. 不宜立即洗热水澡

运动后也不宜立即洗热水澡。因为运动时流向肌肉的血液增加，心跳也增加以适应运动所需；运动结束后，加快了的心跳和血液流动仍会持续一段时间，才会冷却下来。如果在没有冷却以前立刻洗热水澡，会使血液往肌肉和皮肤的流量继续大量增加，结果可能使剩余的血液不足以供应身体其他器官的需要，尤其是心脏和脑部，导致心脏病突发或脑部缺氧。

4. 运动服装

运动后汗湿的衣物要及时换洗，鞋要放在通风的地方去味，保持干净。

5. 运动后饮水

运动后应适当补充水分，但不宜一次性大量饮水，否则会使尿量和汗水增加，加重体内电解质的进一步丢失，还会增加人体心肾的负担；大量饮水还会造成胃液稀释，影响食欲和消化，易导致胃病。

第三节 运动性病症和运动性损伤

常见运动性病症及其处理

运动性病症一般系指因机体对运动应激因子不适应或训练安排不当而造成体内紊乱所出现的一类疾病、综合征或机能异常，包括人体生理活动过程的有序性由于运动而受到暂时性破坏所导致的某种生理反应。运动性病症在体育运动中较为常见，在学校体育中也是较为常见的。

一、延迟性肌肉酸痛（DOMS）

延迟性肌肉酸痛是指机体进行大运动量训练后，特别是大强度的离心训练或进行新的不习惯的练习之后的一段时间，参与运动的肌肉所出现的酸痛现象。到目前为止，其病因和发病机理还未完全清晰，也没有真正有效清除或减轻 DOMS 的方法。

（一）临床表现

一般在运动后 24 小时之内出现肌肉僵硬、酸痛和自觉酸痛部位肿胀，有压痛，多发生于双下肢主要伸、屈肌群，而肌肉远端和肌肉—肌腱移行处常常症状较重，严重者则肌肉全长发生疼痛，且以肌腹为主。24~48 小时内，酸痛达到高峰，之后可自行缓解，5~7 天消失。其过程较少受外界因素（如各种治疗措施）的影响。

大强度、大运动量锻炼或训练，较长时间未锻炼后刚开始锻炼，长时间登山及大强度离心运动（如长距离下坡跑、肌肉牵拉）等均可能引起 DOMS。它既可发生于高水平运动员，亦可发生于未经训练者；既可发生于极限强度下，亦可发生于次极限强度下。

（二）处理

（1）热敷。（2）伸展状态下的静力牵张。即患部关节伸直，慢慢拉长受伤肌肉，牵拉 2 分钟后休息 1 分钟，重复进行几次。（3）按摩。主要采用揉捏法，即将掌心及各指紧紧贴于酸痛部位皮肤，拇指与其余四指相对用力，开始时动作要轻，适应后逐渐加重，结束前放松。（4）口服维生素 C。（5）理疗。

（三）预防

（1）循序渐进，把握运动强度及运动量的递进性原则。（2）降低训练环境的温度，尤其要避免在炎热的气温条件下进行大强度的肌肉离心性运动练习。（3）大强度力量练习后，对主要工作肌肉进行推拿按摩。

二、极点和第二次呼吸

（一）极点

剧烈运动时，由于运动开始阶段内脏器官的活动满足不了运动器官的需要，氧债不断积累，大量乳酸性代谢产物堆积在血液中，而引起呼吸循环系统暂时失调、机能下降。出现呼吸困难、肌肉酸痛、动作迟缓、胸闷难忍、下肢沉重和不愿再运动下去等现象，这在运动生理学上被称为“极点”。

（二）第二次呼吸

“极点”出现后，若适当降低运动速度并有意识地加深呼吸，上述生理反应将逐渐缓解与消失，随后人体植物性机能的惰性被克服，氧供应增加，各器官系统的机能活动开始进入一种稳定状态，此时呼吸变得均匀而加深，动作感到轻快，一切不舒适的感觉都消失。这种现象在运动生理学上被称为“第二次呼吸”。

“极点”和“第二次呼吸”是长跑运动中常见的生理现象，只要坚持经常锻炼，“极点”现象是可以延缓和减轻的，并且，只有在锻炼中不断克服“极点”，人体机能才能逐步得到提高。

三、肌肉痉挛

肌肉痉挛（俗称抽筋），是肌肉不自主的强直性收缩。它是运动中较为常见的一种症状，尤其是在田径、游泳、足球等一些时间长、强度大的运动项目中，发生率高。

（一）临床表现

运动中最易发生痉挛的肌肉是小腿腓肠肌，其次为足底的屈跖肌和屈趾肌。痉挛的肌肉僵硬或隆起，疼痛难忍，痉挛肌肉所涉及关节的伸屈功能有一定障碍；痉挛缓解后，局部仍有酸痛不适感。

（二）处理

（1）牵引痉挛肌肉。如腓肠肌痉挛，可伸直膝关节，同时用力将踝关节背伸；如屈跖肌和屈趾肌痉挛，可用力背伸踝关节和足趾。牵引时用力宜均匀、缓慢，切忌暴力。

（2）配合局部按摩。一般几分钟后即可缓解。

（3）游泳时如发生肌肉痉挛，首先不要惊慌，应立即呼救，在无人或呼救无果时，可自行解脱痉挛。其具体方法是：第一，小腿腓肠肌或脚趾痉挛时，先吸一口气，仰卧水上，用痉挛肢体对侧的手握住痉挛的脚趾，并用力向身体方向拉，另一手掌压住痉挛肢体的膝关节，以帮助膝关节伸直。第二，大腿肌肉痉挛时，深吸一口气，仰卧水面，弯曲痉挛大腿的膝关节，然后用双手抱着小腿用力使它贴在大腿上，并用力向前伸直。第三，胃部肌肉痉挛时，先吸一口气，仰卧水上，迅速屈髋、屈膝（大腿、小腿折叠），并使大腿靠近腹部，用双手稍抱膝，随即下肢向前伸直，注意用力不要过大。第四，手指肌肉痉挛时，用力握拳，然后用力迅速把手张开，重复几次。第五，手掌肌肉痉挛时，两手掌相对用力压，并作震颤动作。

（三）预防

（1）经常参加体育运动，提高身体素质。（2）运动前做好充分的准备活动。（3）根据自身的实际情况，合理安排运动量。（4）冬季锻炼注意保暖，夏季运动注意加强电解质的补充。（5）机体饥饿或疲劳时不宜参加体育活动。

四、运动性晕厥

由于脑部一时性血液供给不足或血液中化学物质变化而突然发生的一时性知觉和行动能力丧失的现象，称为运动性晕厥。其多发生于大强度训练或激烈比赛中或比赛后。

（一）临床表现

在运动中或运动后突然出现一般性知觉丧失及昏倒；发生前可感到全身无力，头昏耳鸣，眼前发黑，面色苍白，恶心，出虚汗等；昏倒后，皮肤苍白，四肢发凉，脉搏细弱，一般经短时间休息后神志迅速恢复。其病因和发病机理，主要由脑部供血、供氧不足所引起。

（二）处理

（1）立即平卧，头略低于足部，安静，保暖。

（2）进行由小腿至大腿的重手法推摩或揉捏，同时用手指掐按人中、合谷、百会、涌泉等穴位。

（3）如有呕吐，应将头偏向一侧，以免因舌头后坠及呕吐物堵塞气道而妨碍呼吸。

（4）如呼吸停止，应立即做人工呼吸。如伴有心跳停止，应同时进行胸外心脏按压。

（5）如神志不能迅速恢复，应立即送医院处理。

（三）预防

（1）坚持体育锻炼，提高心血管功能。（2）发生过晕厥者应作全面的检查，并避免剧烈运动。（3）久蹲后要慢慢地站立；疾跑后应继续慢跑，并作深呼吸。（4）剧烈运动后，应休息约半小时后再洗澡或淋浴（因立即淋浴有可能造成心肌缺血，心排血量减少）。（5）若有晕厥先兆时，应立即平卧。

五、运动中腹痛

运动中腹痛是指由于体育运动而引起或诱发的腹部疼痛，它是运动中常见的一种症状，尤其在长跑中发生率较高。运动中腹痛多发生在运动过程中或运动结束时，以右上腹疼痛为常见，男运动员多于女运动员。引起运动中腹痛的原因，大致可分为腹腔内疾患、腹腔外疾患和原因不明但与运动有关的运动性腹痛三大类。

（一）处理

（1）一般只要减慢运动速度，加深呼吸，按压疼痛部位或弯腰跑一段距离，疼痛即可减轻，以致消失。

（2）若疼痛仍不减轻，甚至反而加重，就应停止运动，口服解痉止痛药，针刺或用手指点揉穴位内关、足三里、大肠俞等。

（3）若以上措施均不见效，则应请医生诊治。

（二）预防

（1）循序渐进，把握运动训练和体育健身活动的运动强度及运动量的递进性原则。

（2）加强全面身体训练，提高生理机能水平。

（3）膳食安排要合理，饭后须经过一定时间（1.5 小时左右）以后才可进行剧烈运动；运动前不宜过饱或过饥。

（4）要充分做好准备活动，运动中注意呼吸节律，中长跑时要合理分配速度。

六、中暑

中暑是因高热环境或受到烈日暴晒而引起的一种物理病因性急性病。它多发生在长跑、负重行军、越野跑、马拉松、自行车及足球等运动项目。

（一）分类和临床表现

根据其发病机制，它可分为以下几类：

（1）热痉挛：在高温环境中因出汗过多，体内丢失大量的氯化钠，引起肌肉兴奋性增高，导致肌肉疼痛和痉挛。

（2）热衰竭：高温时大量出汗可引起失水，使血容量减少，同时由于皮肤散热需要，皮肤的血液循环大量增加，如心脏功能和血管舒张调节功能不能适应，可导致周围循环衰竭。其起病急，头晕，头痛，呕吐，面色苍白，皮肤湿凉，脉搏细弱，神志恍惚，有时可出现意识丧失。患者体温正常或稍低。

（3）日射病：由于头部长时间受到烈日直接照射，红外线和紫外线穿透颅骨引起脑组织充血和水肿，而导致呼吸和周围循环衰竭。表现为剧烈头痛，头晕，眼花，耳鸣，剧烈呕吐，烦躁不安，严重时出现昏迷、惊厥。患者体温正常或稍升，但头部温度很高。

（4）热射病：由于长时间处于高温、高热或不通风的环境中，机体体温调节功能失常，散热机制发生障碍，热能逐步累积导致中枢神经等损伤及凝血机制紊乱。其典型表现为高热，颜面灼热潮红，皮肤干燥无汗，呼吸快而弱，脉搏细速，神志逐渐模糊，有时出现昏迷和惊厥。

（二）处理

（1）迅速脱离热环境，到阴凉通风处平卧，解开衣服，喝清凉饮料等。

（2）对热痉挛和热衰竭患者，重点是大量口服含盐饮料。

（3）对日射病患者，重点是进行头部有效降温，可用冷水泼头颈部或采取额部冷敷，或用 50%酒精（白酒亦可）擦浴。

（4）对热射病患者，重点是迅速有效地全身降温，如冷水淋浴、冷敷、50%酒精擦浴等。

（5）若症状较重或昏迷时，应一方面进行急救，另一方面迅速送医院做进一步处理。

（三）预防

（1）平时要坚持在较热的环境中锻炼，逐步提高身体的耐热能力。（2）高温季节应调整作息时间，耐力性运动应安排在上午 10 点前或傍晚。（3）在烈日下运动应戴白帽，穿浅色、宽松、透气性能好的运动服。（4）室内运动场应有良好的通风、降温设备。（5）夏季运动时应备有清凉消暑或低糖含盐的饮料。

运动损伤及其急救处理

体育运动过程中所发生的损伤，称为运动损伤。它的发生与锻炼者的运动基础、体质水平、运动项目的特点、技术难度及运动环境等因素有关。其特点为：小创伤多，慢性伤多，严重及急性者少。

一、出血的初步急救处理

（1）冷敷：用于急性闭合性软组织损伤有内出血者，如踝关节扭伤。用冷水冲淋或用冷毛巾敷于患处。

（2）加压包扎法：用于小静脉和毛细血管出血。先用消毒纱布覆盖伤口，然后用绷带适当加压包扎。

（3）止血带法：用于四肢部位大动脉外出血。在靠近出血部位的近心端缚扎止血带，稍紧即可，上肢每隔半小时、下肢每隔一小时放松止血带一次，以免肢体缺血坏死。止血带可用橡皮管、宽布条、皮带、毛巾等，切忌用绳索代替。

（4）充填法：用于鼻出血或躯干部位出血。用消毒药棉、凡士林油纱条或消毒的卫生纸巾充填于伤口内，以压迫止血。

（5）直接指压法：在大量出血，情况紧急，来不及采用其他止血法时，可用手指直接压迫出血的血管或出血部位，暂时止血，以便进一步采取措施。

（6）间接指压法：用于动脉出血，是一种临时性止血的好方法。用手指压迫身体表浅部位的动脉，最好压在骨面上，使该动脉供血部位的出血暂时停止。常用的有以下几种：

①头顶及额部出血：以拇指压迫耳屏前方的血管搏动处（即颞动脉）（图 4-3-1）。

②面部出血：以拇指压迫下颌角前 1.5 厘米切迹处的血管搏动部位（即面动脉）（图 4-3-2）。

③肩部和上臂出血：以拇指用力压迫锁骨上方、胸锁乳突肌外缘的动脉搏动处（即锁骨下动脉），将该动脉向内后下压在第一肋骨上（图 4-3-3）。

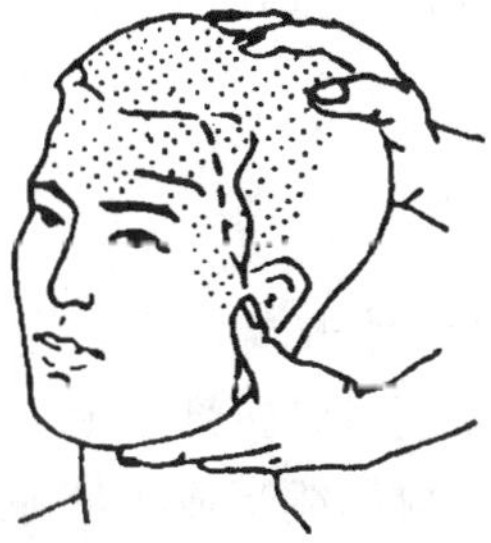

颞动脉压迫部位

图 4-3-1

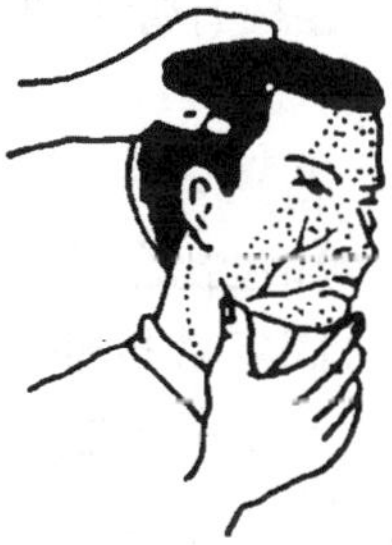

面动脉压迫部位

图 4-3-2

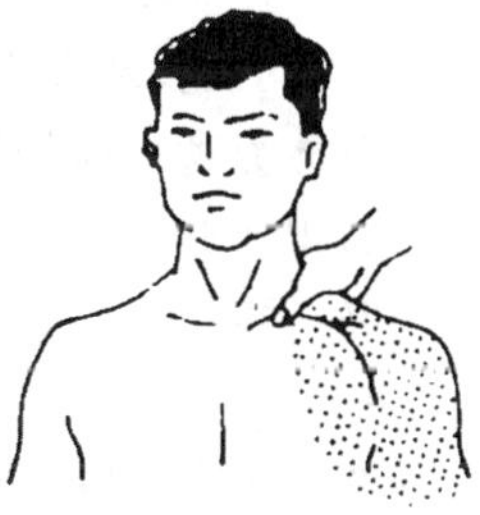

锁骨下动脉压迫部位

图 4-3-3

④肘部和前臂出血：以拇指压迫上臂中段、肱二头肌内缘的动脉搏动处（即肱动脉），将该动脉压迫在肱骨上（图 4-3-4）。

⑤手指出血：以拇指和食指相对夹压出血手指的第一指节根部两侧（即指动脉）。

⑥大腿及小腿部出血：以双手拇指重叠压迫腹股沟中点稍下方的动脉搏动处（即股动脉），将该动脉压迫在耻骨上（图 4-3-5）。

⑦足部出血：以双手拇指分别按压踝关节背侧、足背皱纹中点的动脉搏动处（即胫前动脉）和内踝与跟骨之间的动脉搏动处（即胫后动脉）（图 4-3-6）。

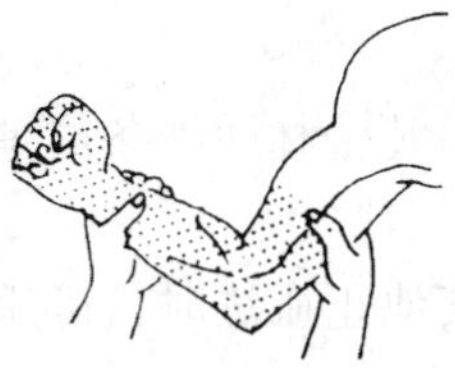

肱动脉压迫部位

图 4-3-4

股动脉压迫部位

图 4-3-5

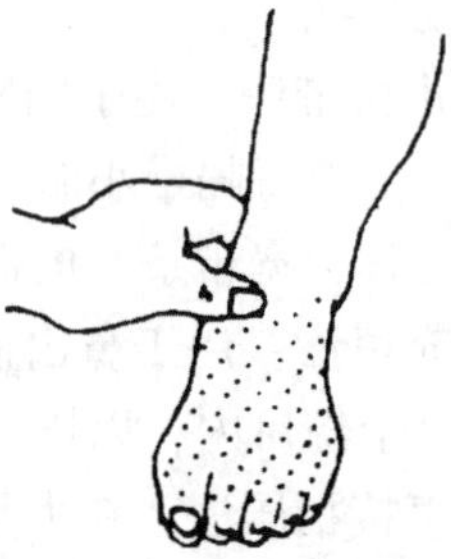

胫前、后动脉压迫部位

图 4-3-6

二、骨折及其初步急救处理

（一）骨折的概念

在外力作用下，骨的完整性和连续性遭到破坏的损伤，称为骨折。运动中，身体某部位受到直接或间接的暴力作用时，可造成骨折。凡受伤后局部有疼痛、压痛、纵向叩击（或挤压）痛、畸形、功能障碍、假关节活动及移动肢体时有骨摩擦音者，即可作出骨折的诊断。脊柱骨折者这些征象多不明显，疑有骨折即应按脊柱骨折急救处理。

（二）骨折的初步急救处理

（1）伴有休克者，应先抗休克。

（2）伴有出血和伤口者，应先止血和包扎伤口。

（3）四肢骨折：①急救原则：及时固定骨折部位，避免加重骨折端附近的组织、神经、血管等损伤，减轻疼痛，便于搬运。②固定的办法：将长度超过骨折部位上、下两个关节的夹板或树枝、木板、纸板置于患肢骨折部位一侧或两侧，再用绷带或布带等进行包扎；先固定骨折部位的两个断端，再固定其上、下两个关节。如寻找不到合适的器材，可将受伤的上肢用布类吊在胸前，或将受伤的下肢与健肢捆在一起。

（4）脊柱骨折：①急救原则：始终保持脊柱在伸直状态，以免加重或造成脊髓损伤。其关键是搬运方法要得当。②搬运方法：须由 3~4 人将患者同时托住头、背部和下肢，把患者身体平托起来，移至硬板上（图 4-3-7）。切忌一人抬头、一人抬脚的软抬。③疑有颈椎骨折时，应由一人专管头部的牵拉固定，使头部与身体成直线位置不摇动（图 4-3-8）；将患者抬上硬板后，应在颈下放一小垫，不用枕头，并在头颈两侧用沙袋或衣物垫好，防止头部左右摇动。④在转运过程中，要尽可能减少震动，并且，务必使躯干保持伸直位。

（5）经初步急救处理后，须立即送医院作进一步处理。

图 4-3-7

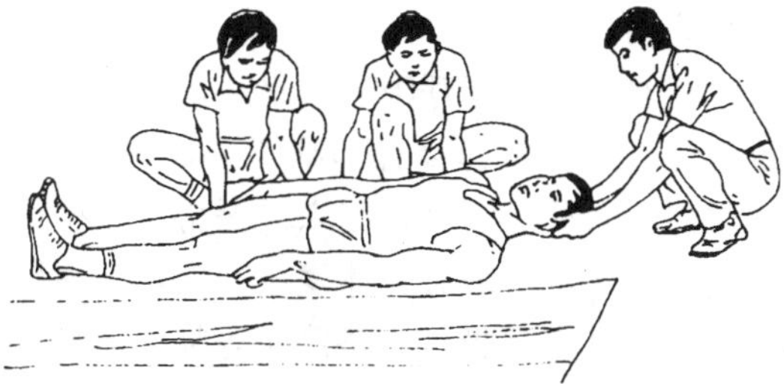

图 4-3-8

（三）骨折的愈合

正确复位与固定是骨折愈合的重要条件，但在治疗过程中，既要保持局部的相对固定，又要重视全身和患肢肌肉、关节的适当活动，以促进骨折的良好愈合和结构及功能的完全恢复。骨折愈合的整个过程是持续渐进的，一般分为血肿机化期、原始骨痂期和骨痂塑形期。

骨折的临床愈合标准：（1）局部压痛、纵向叩击痛消失。（2）局部异常活动消失。（3）X 线片显示骨折线模糊，有连续性致密梭形骨痂通过骨折线。（4）解除外固定的情况下，上肢能平举 1 公斤重物达 1 分钟，下肢能连续徒步行走 3 分钟，并不少于 30 步。

三、关节脱位及其初步急救处理

（一）关节脱位的概念

由于暴力的作用，构成关节的各骨关节面失去正常的互相连接关系，造成关节基本结构及辅助装置破坏，引起关节功能失常，称为外伤性关节脱位。运动中发生的关节脱位，多由间接外力所致，常见有肘关节脱位、肩关节脱位或指关节脱位。凡伤后局部有关节畸形（关节轮廓变形，骨突标志改变，肢体保持在特殊畸形位置等）、关节弹性固定（被动活动伤肢时可感到弹性阻力，被动活动停止后，患肢立即弹回原有的特殊畸形位置）、关节功能障碍、肿胀、剧烈疼痛及压痛者，即可作出关节脱位的诊断。大关节脱位或合并其他损伤时，可并发休克。

（二）关节脱位的初步急救处理

（1）抗休克。

（2）立即用三角巾、夹板、绷带等在脱位所形成的特殊畸形姿势下固定患肢。若没有合适的器材，可将患肢固定在自己的躯干或健肢上。

（3）肩关节脱位的固定：将患肢肘关节屈曲 90°，一条三角巾在颈后打结，将前臂悬挂于胸前，另一条三角巾绕过患侧上臂，在健侧腋下打结，将上臂固定于躯干上。

(4) 肘关节脱位的固定：将铁丝夹板弯成约135°的托板，置于肘后，用绷带扎好，再用三角巾将前臂悬挂于胸前。若无铁丝夹板，可直接用三角巾将前臂悬挂于胸前。

(5) 指间关节脱位：用绷带或布带将患指直接固定于健指上。

(6) 经初步急救处理后，应立即送医院作进一步处理，争取早期复位。

四、溺水及其初步抢救措施

(一) 溺水的概念

人淹没于水中，由于呼吸道被水、污泥、杂草等堵塞，或因吸水的刺激导致喉头、气管发生反射性痉挛，引起窒息和缺氧，称为溺水。因溺水引起的窒息和缺氧，可导致呼吸、心搏骤停而致死。溺水常因未掌握游泳技术而误入深水、游泳时肌肉痉挛或思想麻痹大意等引起。溺水者一般有身体发绀，面色苍白肿胀，口鼻充满泡沫，四肢冰冷，神志昏迷，腹部胀大，甚至呼吸、心跳停止等临床表现。

(二) 溺水的初步抢救处理

溺水者被救上岸后，应立即按以下步骤迅速就地抢救：

(1) 清除口腔和鼻腔内的分泌物及其他异物。

(2) 控水：对上腹鼓胀、腹内有水者，可将溺水者腹部置于抢救者屈膝大腿上，使溺水者头部下垂，然后按压背部，使口腔、咽喉及气管内的水倒出。控水时间不宜过长，切不可因控水而失去心肺复苏的良机。

(3) 检查呼吸、心跳情况，如呼吸、心跳停止，立即就地进行人工呼吸和胸外心脏按压（详见下述的“呼吸、心搏骤停及其初步抢救措施”）。

(4) 迅速转送医院，应当尽量在运送途中仍然继续进行人工呼吸和心脏按压术。切忌不作任何抢救就将溺水者送往医院，这样会使溺水者因脑缺氧时间过长而无法挽救生命。

五、呼吸、心搏骤停及其初步抢救措施

(一) 呼吸、心搏骤停的概念

呼吸停止和心跳停止，可单独发生或同时发生。呼吸停止后因全身缺氧，随即可引起心跳停止。心跳停止后，因延髓血流即停止，可迅速引起延髓缺氧及中枢性呼吸衰竭而导致呼吸停止。电击伤、一氧化碳中毒或药物中毒、溺水和窒息等均可引起呼吸、心搏骤停；在运动损伤中，严重创伤所导致的大量失血，亦可导致呼吸、心搏骤停。

(二) 呼吸、心搏骤停的初步抢救措施

呼吸、心搏骤停的诊断一经确立，应立即用最简便的方法重新建立有效的循环和呼吸，而人工呼吸和胸外心脏按压是现场复苏急救的重要手段。复苏成功的关键是：必须急救迅速，争分夺秒，不可延误时机。

(1) 人工呼吸：是借助人工方法来维持机体的气体交换，改善缺氧状态，并排出二氧化碳，为恢复自主呼吸创造条件。对呼吸停止但心跳尚未停止的患者，应立即进行人工呼吸。

①操作方法（仅介绍口对口人工呼吸法，此方法简便有效，并可同时进行胸外心脏

按压)：使患者仰卧，解开衣领、裤带和胸腹部衣服，抢救者一手托起患者下颌，掌根轻压环状软骨（喉结的下方)，以避免将空气经食管吹入胃内；另一手捏住鼻孔，掌根压住患者前额，深吸一口气后对准患者口吹入（有条件时可在患者口部盖上一块纱布)，吹完气后松开捏住鼻孔的手。如此反复进行。

②注意事项：人工呼吸前应清除患者口腔异物，并将其头部置于极度后仰位，以保持呼吸道的通畅。每次吹气量应为800~1200毫升，吹气按每分钟16~18次的频率进行。

(2) 胸外心脏按压：是通过按压胸骨下端而间接地压迫左、右心室腔，使血液流入主动脉和肺动脉，建立有效的大、小循环，为恢复心脏自主节律创造条件。对心跳停止但呼吸尚未停止的患者，应立即进行胸外心脏按压。

①操作方法：使患者仰卧于木板或地上，抢救者以一手的掌根部置于患者胸骨中、下1/3交界处，另一手置于前手之上，肘关节伸直，充分利用上半身之重量和肩、臂部肌肉的力量，带有一定冲击力并有节奏地垂直按压胸骨，使之下陷3~4厘米（儿童相应要轻些)，随即迅速抬手，使胸廓复位，以利于心脏舒张。如此反复进行。

②注意事项：接触胸骨只限于掌根部。用力不可太猛，以免引起肋骨骨折。按压以每分钟60~80次的频率进行，儿童应以单手掌根按压，每分钟100次左右。

(3) 对呼吸与心跳都停止的患者，应同时由两人进行口对口人工呼吸与胸外心脏按压。一人口对口人工呼吸，一人做胸外心脏按压，每按压5次，吹气1次，交替进行。若只有一人时，则应每按压心脏15次，进行口对口人工呼吸2次，反复交替进行。

(4) 抢救时应沉着、冷静、迅速，抢救一经开始，就要连续进行，不能间断，一直做到患者恢复自主呼吸及心跳或确定死亡为止。

(5) 在就地进行抢救的同时，要迅速请医生来处理或迅速转送医院，在运送途中仍然要不间断地进行人工呼吸和心脏按压术。

六、休克及其初步急救处理

(一) 休克的概念

休克为shock的译音，是人体遭受体内外各种强烈刺激后发生的一种因毛细血管的血流灌注量急剧减少所引起的组织代谢障碍和细胞受损的综合征，若不及时抢救，可导致患者的死亡。其临床上以急性周围循环衰竭为特征，有效循环血量的锐减是休克的主要原因。

(1) 病理机制：由于有效循环血量的绝对或相对减少，导致组织器官的缺氧和代谢率紊乱，同时，神经系统和内分泌系统也发生不同程度的功能紊乱，并互为因果而造成恶性循环。

(2) 病因：凡能引起有效循环血量不足或心排出量减少的各种因素都能引起休克。运动损伤中并发的休克多为外伤性休克，主要是损伤引起的剧烈疼痛所致，多见于脑脊髓损伤、骨折、睾丸挫伤等，由于神经作用使周围血管扩张，有效循环血量相对减少；其次为出血性休克，由于损伤引起大血管破裂出血、腹部挫伤合并肝脾破裂等，因出血引起血容量突然降低，有效循环血量绝对减少。此外，还有心源性休克、中毒性休克、过敏性休克等。

(3) 主要临床表现：①兴奋期：紧跟损伤而出现，是抑制期的前导，可能只持续几分钟乃至数秒钟。此期患者多有烦躁不安、呻吟，表情紧张，面色苍白，脉搏快而有力，呼吸急促，血压正常或反而稍高。②抑制期：此期患者出现显著病容，虚弱，表情淡漠，反应迟钝，口渴，头晕，出冷汗，四肢发凉，气促，脉搏快而无力，血压下降。严重者出现发绀、酸中毒、昏迷。

（二）休克的初步急救处理

（1）应立即让患者平卧休息，一般应采取头和躯干部抬高20°~30°，下肢抬高15°~20°的体位。

（2）神志清醒又无消化道损伤的患者，可饮适量的盐水或姜糖水、热茶等。

（3）保暖，但不宜过热，以免皮肤血管扩张，影响生命器官的血液灌注量和增加氧气的消耗。在炎热的夏天，要注意防暑降温，防止中暑。

（4）保持呼吸道畅通，对昏迷病人要及时清除口腔分泌物及血块，松解衣领，必要时可将舌头牵出口外。

（5）剧烈疼痛时，可口服或注射止痛、镇静剂。

（6）可针刺或指压人中、百会、涌泉、内关、合谷等穴位，宜用强刺激手法。

（7）对有骨折或脱位者应进行必要的急救固定，对有出血者应及时采用适当的方法止血，对疑有内脏出血者应迅速送医院抢救。

（8）在进行以上现场急救的同时，应迅速请医生处理，或尽快将患者送医院治疗。

常见运动损伤及其处理

一、闭合性软组织损伤及其治疗原则

软组织损伤主要是指因外力撞击、跌仆闪挫、扭转牵拉、钝器挤压、强力负重、过度活动和姿势不正等原因引起的软组织急性损伤和慢性损伤，是运动损伤中最常见的一种。常见的闭合性软组织损伤包括：挫伤，肌肉拉伤，关节囊和韧带扭伤，劳损、肌腱腱鞘和滑囊损伤等。

闭合性软组织损伤可根据损伤的病理变化过程分为急性损伤和慢性损伤两大类，其治疗的基本原则是按不同的病理过程进行处理。

（1）急性损伤：即受到直接或间接外力作用、有急性伤史的软组织损伤。其治疗可按早、中、后三个时期进行。

早期：即伤后24小时或48小时以内。其临床表现主要为：红、肿、热、痛、功能障碍。其处理原则主要是：适当制动，止血，防肿，镇痛和减轻炎症。其治疗方法主要为：伤后即刻冷敷、加压包扎、抬高患肢，24小时后外敷新伤药、内服索米痛片等。

中期：即伤后24小时或48小时后。其临床表现主要是：红、肿、热、痛逐渐消退，但仍有淤血和肿胀。其处理原则主要是：改善伤部血液循环和淋巴循环，促进组织新陈代谢，加速淤血和渗出液的吸收及坏死组织的清除，防止粘连形成，促进再生修复。其治疗方法主要为：热疗，理疗，按摩，针灸，药物痛点注射及外敷活血生新的中草药等。

后期：其临床表现主要是：肿胀和压痛消失，功能尚未完全恢复，锻炼时仍感局部微痛、酸胀、无力或僵硬。其处理原则主要是：增强和恢复肌肉、关节的功能。如有瘢痕硬

结和粘连，应设法软化和松解，以促进功能的恢复。其治疗方法主要为：按摩，理疗，功能锻炼，中草药熏洗等。

（2）慢性损伤：由急性损伤后处理不当转化而来。劳损亦属此类。其病理变化主要是变性和增生。其临床表现主要是：自觉局部酸胀，疼痛，发凉，活动不便。其处理原则主要是：改善局部血液循环，促进组织新陈代谢，合理安排局部的负担量。其治疗方法与急性损伤的后期大致相同。

二、挫伤

挫伤是身体某一部位受钝性暴力作用而引起该处及其深部组织的闭合性损伤。

其临床表现主要有：（1）单纯性挫伤：是皮肤和皮下组织（包括皮下脂肪、肌肉、关节囊和韧带）的挫伤。轻者局部仅有疼痛、压痛、肿胀、功能障碍。重者可因皮下出血形成血肿或淤斑，如有血肿可查得波动感，疼痛和功能障碍都较明显。（2）混合性挫伤：在皮肤和皮下组织受到挫伤的同时，还合并其他组织器官的损伤。如头部挫伤可合并脑震荡或脑出血，胸部和背部的挫伤可合并肋骨骨折或肺脏损伤而发生气胸或血胸，腰、腹部挫伤可合并肾挫伤和肝、脾破裂而发生内出血和休克，股四头肌、腓肠肌的严重挫伤可引起肌肉或肌腱断裂。

其治疗主要为：单纯性挫伤在局部冷敷后外敷新伤药，加压包扎，抬高患肢。头部、躯干部挫伤有休克症状出现者应首先进行抗休克处理，并立即送医院治疗。有肌肉、肌腱断裂者，将肢体包扎固定后速送医院治疗。

三、肌肉拉伤

肌肉拉伤是肌肉主动强烈收缩或被动过度的拉长，超过了肌肉本身的负担能力或伸展性所造成的损伤。拉伤可发生在肌腹、肌腹与肌腱交界处或肌腱的附着处。

其主要临床表现有局部疼痛、肿胀、压痛、肌肉紧张或痉挛，功能受限，受伤肌肉做主动收缩或被动拉长的动作时，疼痛加重。肌肉严重拉伤者，在受伤当时可感到或听到断裂声，疼痛和肿胀明显，皮下淤血显著，运动功能严重障碍。肌纤维部分断裂或完全断裂时可在断裂处摸到凹陷或一端异常隆起。

其治疗主要为：轻者立即冷敷，加压包扎，止痛，24 小时后可外敷新伤药，痛点药物注射、针灸、理疗或按摩等。重者经加压包扎等急救处理后立即送医院，如有肌肉完全断裂应及早做手术缝合。

四、关节囊和韧带扭伤

多为关节部位的复合性损伤。它是由于间接外力的作用，迫使关节异常扭转，而导致关节囊、韧带和关节附近其他软组织结构损伤。

其临床表现主要有：局部疼痛、肿胀、压痛、皮肤青紫，关节功能障碍及关节不稳。关节侧扳试验是检查韧带损伤的重要方法，关节侧扳时若出现疼痛，即为韧带扭伤或少量韧带纤维断裂，如果出现“关节松动”或超常范围的活动，则为韧带完全断裂。关节韧带扭伤时，常可合并其他损伤，如膝关节内侧副韧带扭伤可合并膝内侧半月板及十字韧带损伤，踝关节外侧韧带扭伤可合并副舟骨损伤或第五跖骨基底部骨折等。

其治疗主要为：轻者立即冷敷，加压包扎，止痛，24~48 小时后可外敷新伤药，痛点药物注射，3 天后进行理疗或按摩等。重者经加压包扎等急救处理后立即送医院，及早做手术缝合。

五、劳损

劳损是局部的肌肉、肌腱、筋膜等组织因长期负荷过度或体位不正等因素引起的慢性积累性损伤。它由微细的小损伤逐渐积累而成，其实质为一种慢性无菌性炎症的病理改变。较为常见的劳损有腰肌劳损、疲劳性骨膜炎等。

其临床表现主要有：局部酸胀、疼痛，准备活动后症状减轻或消失，运动结束后症状又出现或加重，经休息后又减轻。其症状常与天气变化有关。

其治疗主要为：按摩（效果较好），理疗，痛点注射可的松类药物等。

六、踝关节扭伤

踝关节扭伤是闭合性软组织损伤中最常见的一种，它多由于跑步、跳跃、行走时突然踏在不平的地面上，或踩在他人的脚上，或踩在球上，或下楼梯时因足部受力不稳，突然发生过度内翻或外翻，致踝外侧或内侧副韧带受到强大的扭转牵拉张力作用而损伤。

其临床表现主要有：（1）有明显扭伤史。（2）踝关节外侧（踝关节内翻、内旋位损伤）或内侧（踝关节外翻、外旋位损伤）剧烈疼痛，活动受限，行走时疼痛明显。（3）轻者仅局部肿胀，重者整个踝关节肿胀，跛行或不能行走。（4）伤处有明显压痛。（5）如有踝外侧韧带完全断裂，则伤处剧痛，肿胀严重且范围大，踝关节不稳和距骨异常活动，踝关节前抽屉试验（患足稍跖屈，检查者一手握住小腿，一手握住足跟向前推拉，使距骨向前错动）活动范围加大。

其治疗主要为：（1）伤后立即冷敷或用冷水冲淋 10 余分钟。（2）可顺足尖方向轻轻牵拉足前部，以理顺踝关节诸骨及韧带的关系。（3）用绷带或布带加压包扎。包扎时，绷带或布带的缠绕方向应与受伤暴力作用方向相反，如内翻、内旋位损伤，绷带或布带应由内向外绕过足底进行包扎，并应将踝关节包扎于轻度外翻、背屈位；如外翻、外旋位损伤，绷带或布带则应由外向内绕过足底进行包扎，并将踝关节包扎于轻度内翻、背屈位。（4）在包扎固定的同时，外敷新伤药，一般应包扎固定 5~7 天。（5）3 天之内不要作热敷、理疗、按摩等。（6）对较严重的扭伤，应在现场初步处理后，送医院作进一步诊治。必要时可 X 光片，以判断是否有骨折。

七、大腿后群肌肉拉伤

大腿后群肌肉拉伤亦是闭合性软组织损伤中最常见的一种，其损伤原因主要分为主动拉伤（该群肌肉强烈收缩引起，如短跑运动员猛烈蹬离起跑器、跳远运动员最后一步强力蹬地腾起等）和被动拉伤（该群肌肉超生理范围运动引起，如强行踢腿、压腿、劈叉等）两种。其好发部位多为肌腹和坐骨结节肌腱附着点。

其临床表现主要有：（1）常有急性损伤史，受伤当时可能听到断裂的声音。（2）轻伤疼痛局限于伤部，休息位不痛，重复受伤运作时才痛。（3）重伤者伤肢多处于屈曲位，疼痛剧烈，步履困难。（4）大腿后侧肿胀，伤处压痛明显，肌肉发紧，有时能触及硬结；

肌肉完全断裂者，可摸到膨大的两断端与中间的凹陷。（5）受伤肌肉主动收缩或被动拉长时疼痛加重。

其治疗主要为：（1）伤后立即加压包扎。（2）冷敷 4~6 小时，并抬高患肢休息。（3）24 小时后可外敷新伤药，痛点药物注射、针灸、理疗或按摩等。（4）重者经加压包扎等急救处理后立即送医院，如有肌肉完全断裂应及早做手术缝合。

八、网球肘

又称肱骨外上髁炎（肱骨外上髁为前臂伸肌群附着点），是一种慢性劳损所致的肘外侧疼痛综合征，在运动损伤中较为多见，尤以网球运动员好发，故名网球肘。此外，乒乓球、羽毛球运动员等亦可发生。

其临床表现主要有：（1）无明显受伤史，其症状逐渐出现。（2）早期在做某一动作时，有肘关节外侧疼痛；病情发展，肱骨外上髁部位发生持续性疼痛，并可向前臂或上臂放射。（3）重者握物无力，手提不重的物品时，可突然发生不可抑制的无力感而丢掉物品。（4）扫地、拧毛巾、反手击球时，疼痛尤为显著。（5）肘关节外侧有明显压痛。（6）前臂桡侧上段软组织有轻度肿胀、压痛及僵硬。（7）伤肘微屈，前臂旋前，腕关节屈曲，在有外力加于腕关节背侧时用力背伸腕关节，肱骨外上髁产生疼痛。

其治疗主要为：（1）用手法按摩、药物痛点注射（泼尼松龙等）、针灸（阿是穴［即痛点］、曲池穴、网球肘穴［曲池穴与肩峰的连线，曲池穴上 3 寸，用拇指按压此处有明显的酸胀痛感］）等综合性治疗，绝大多数可获得满意效果。（2）手腕和前臂用力活动时，于前臂肌腹处缠绕弹性绷带或戴护肘，可减轻疼痛发生。（3）对少数久治不愈的患者，可考虑手术治疗。

九、胫腓骨疲劳性骨膜炎和疲劳性骨折

又称应力性损伤或行军骨折或应力骨折，为长期、反复、快速、轻微的外伤应力累积于骨骼的某一部位，逐渐发生的慢性损伤。好发于跑跳运动员、长途行军的新兵等。

其临床表现主要有：（1）无明显受伤史，逐渐出现胫骨前或小腿后外侧疼痛。（2）训练或较大运动量后，或上下楼梯时、或走路多时疼痛加重；做后蹬腿动作感觉乏力且疼痛加重。（3）胫骨内侧或外踝上有轻度凹陷性水肿，皮肤发红、灼热。（4）胫骨内侧的中、下段有明显压痛，部分患者在腓骨的外踝上方亦有压痛。（5）病程较长的患者，其患部可触摸到高突不平或硬结。

其治疗主要为：（1）减少下肢运动量，调整训练内容，避免在过硬的场地上跑步或跳跃。（2）患侧小腿用弹力绷带包扎。（3）对患部进行按摩，理疗，外敷药等。（4）对经上述治疗后，局部症状无改善甚至加剧者，应拍 X 光片确诊是否疲劳性骨折，如有骨折，则应按骨折处理。

第五章　奥林匹克运动

第一节　奥林匹克运动会与奥林匹克运动

一、古代奥林匹克运动会

从公元前776年有文字记载的第1届算起，到公元393年，历时1169年，共举办了293届古代奥运会。它的活动形式、传统与精神体系，对世界体育的发展产生了深刻的影响。

（一）古代奥林匹克运动会的起源

古代奥运会的起源，实际上与古希腊的社会情况有着密切的关系。

（1）古代希腊商品生产极为繁荣，这在以农业经济为主的人类古代社会是绝无仅有的。商品经济的繁荣，使生产力得到迅速发展，征服自然、改造自然的信念易于形成，社会生活内容也就丰富多彩，奥林匹克竞技活动就是其中的一部分。

（2）商品经济的发展和开放的海洋地理环境使希腊人产生了外向、好动的性格。他们有独立不羁的人格、开拓的精神。这种充满自由、竞争精神的文化个性，鼓励人们参与各种竞争活动，激发了人们的竞争能力。

（3）古希腊的城邦统治注重军事，更注重军事力量的主体——人的体力的发展。

（4）古代奥运会是一种泛希腊的宗教庆典，它与宗教习俗活动关系密切。这些机制的综合运行，产生了古代奥林匹克运动会，并持续了1 000余年，成为人类文明史上的一朵奇葩。

（二）古代奥林匹克运动会的规定

（1）古代奥林匹克运动会的举办时间。

古代奥林匹克运动会基本上是每四年举行一次，这一周期被称为“奥林匹亚德”。按此周期算，则从公元前776年到公元393年间共应举办293届，但实际上召开的次数要少得多。不过，古代奥运会有规定，一个奥林匹亚德为一届，不管举行与否次数照算。

古代奥运会初期，竞赛项目不多，会期只有一天。后来随着比赛项目的增加，会期不断延长。从公元前472年的第77届奥运会起，会期延长到5天。

（2）古代奥林匹克运动会的比赛项目。

古代奥林匹克运动会的竞技比赛项目主要是田径。场地跑是古代奥运会最早设立的竞赛项目，也是从第1届到第13届运动会上的唯一竞赛项目，距离是一个“斯泰德”（stade），约为192.27m，这个距离是传说中的竞技之父——赫拉克勒斯神的脚的600倍。后来逐渐增加了中长距离跑、摔跤、五项全能、拳击、赛马、角斗，以及战车赛、武装赛跑，等等，最多时达 23 项。大多数比赛项目为现代运动项目的原始雏形，比赛规则简单，任意性很大，一些项目如最富有古希腊运动特色的角斗在现代运动中已经绝迹。

此外，还举行文艺比赛，参加者为诗人、作家、艺术家和演说家等。文艺比赛是从公元前 444 年的第 84 届古奥运会开始的，当时被誉为希腊“历史之父”的格罗多特宣读了他的名作《历史》中的某些章节，歌颂了公元前 490 年在马拉松河谷战役中打败波斯军队的希腊战士，最终赢得首次文艺比赛的桂冠。

（3）古代奥林匹克运动会的奖励。

比赛结束时，在宙斯神坛前为各项目的优胜者举行庄严而隆重的发奖仪式。首先由裁判庄严宣布优胜者姓名和他们父亲的姓名、所属城邦，以及他们在奥运会获胜的项目，同时授予优胜者一枚棕榈，再由神的代表——奥运会的祭司授予神赐给人类的象征和平、幸福的橄榄枝花冠。每位奥林匹克冠军都是城邦的英雄，这一地位和荣誉是人间无与伦比的，即便是身在高位的将军也对此羡慕不已，宁愿以将军的头衔去换得那用橄榄枝编织的奥运会桂冠，尽管那只是一顶花环，而不是财富和权势。可见，在古奥林匹克繁荣时期，奥林匹克在人们心目中的地位是多么圣洁和高尚。最初的奖赏偏重于荣誉，以后逐渐发展成为优厚的物质奖赏，并授予某种特权。

（4）古代奥林匹克运动会的规定。

古代的奥运会，对运动员、裁判和观看者有着种种规定、特权与禁令。

古代奥运会对运动员资格审查是极为严格的，当时的规定是：只有希腊血统的自由民才能作为参赛者，而奴隶、外国人、犯过罪的人，对神不虔诚的人和有亵渎行为的人都不能参加。妇女不但无参赛资格，而且也不允许观看。

古代奥运会的裁判官由伊利斯城邦在有名望的贵族中推举产生，大多由王公贵族担任，权力很大。最初只有 1~2 名裁判，到公元前 348 年的第 100 届奥运会上才确定为 10 名。裁判官负责向各城邦宣告“神圣休战令”开始，审查运动员资格，执行赛场纪律。裁判员不仅是赛场的执法者，也是整个大会的组织者。

古代奥运会的比赛规则十分严格，古希腊人认为奥运会是神圣的，光明正大的取胜是光荣的；反之，则是对神圣事业的亵渎。这表现了古希腊人的荣辱意识。据说在第 98 届古奥运会上，一拳击运动员因买通另外 3 名敌手取胜，结果 4 人皆被罚重金，并用这 4 人的罚金雕刻了 4 尊宙斯像，其中一尊还刻上警语：奥林匹克的胜利不是可以用金钱买来的，而需依靠飞快的两腿和健壮的体魄。

（5）古代奥林匹克运动会的特点。

赤身运动是古希腊体育竞技的一大特色，表现出其独特的民族风尚和艺术风格，同时也显示出古希腊人对神的崇敬以及对美和力量的崇尚。因此，在比赛场上的运动员全身赤裸，涂擦上橄榄油，使皮肤富有光泽，肌肉更富有弹性，既有利于比赛，又显示出力量与美。

（6）妇女与古代奥林匹克运动会。

古代奥运会的禁令主要是针对妇女而言，当时规定：女子不能参加或观看体育比赛，违者要受法律制裁，甚至处以死刑。不过，也有例外的情况。公元前 396 年第 96 届奥运会上，一位拳击世家的妇女——卡莉帕捷里娅女扮男装混入赛场，在教练员席上观看儿子的比赛。当儿子获得冠军后，她欣喜若狂跑入赛场热烈拥抱亲吻儿子，暴露了自己真实的身份。由于其父是第79届奥运会的拳击冠军，再加上长老的说情，她才免于一死，成为有历史记载的古代奥运会史上妇女违禁得以生还的罕见事例。

（三）古代奥林匹克运动会的盛衰

古代奥运会按其起源、盛衰，大致分为三个时期：

（1）公元前776年至公元前388年，这一时期各城邦之间虽有纷争，但希腊是一个独立国家，政治、经济、文化都较发达，是古代奥运会的黄金时期。

（2）公元前388年至公元前146年，古代奥林匹克运动会开始衰落。公元前431年，在古希腊爆发了使古希腊民间丧失元气的伯罗奔尼撒战争，这场战争持续了近30年，战争不仅耗损了几乎所有希腊城邦的国力，而且嘲弄了希腊人借奥林匹克竞技实现民族团结、精神统一的梦想，到了后来，马其顿人毫不留情地把这种梦想撕个粉碎。

（3）公元前146年至公元393年，古代奥运会由衰落走向毁灭。公元393年罗马皇帝狄奥多西一世宣布基督教为国教，认为古代奥运会有违基督教教旨，是异教徒活动，翌年宣布废止古奥运会。

（四）古代奥林匹克运动会的文化遗产

古代奥运会虽然衰亡了，但它给人类社会留下了宝贵的文化财富，在世界体育史上有深远的影响，具体表现在：

（1）创造了一种竞技运动的组织模式。

从单一项目的竞赛到大型综合性竞赛，从运动会的组织、活动内容到竞赛方法，都形成了独特的体系。

（2）积累了丰富的体育教育经验。

延续了一千多年的古代奥运会，促进了古希腊人身体训练制度的形成，使古希腊“对青年的教育原则中贯穿着竞技运动、神性与人性的精神。在希腊文化的全盛期，运动锻炼一直是城邦生活的重要部分和教育的基本原则”，为人类积累了体育教育经验。

（3）在体育的理论和实践上留下了宝贵财富。

一千多年的古奥运会的实践，在体育的功能、德智体美关系、运动生理、运动营养、训练周期、运动道德等方面都积累了丰富的经验。

（4）形成了一种价值体系——“奥林匹克精神”。

古代“奥林匹克精神”主要内容为：①和平与友谊的精神。古代奥运会反映了人民渴望和平的意愿。在“神圣休战”期间，各城邦人民可以自由交往、经商旅行，反映了人民对友谊的崇尚。②尊崇公正、平等、竞争的精神。运动员赛前宣誓：“不以不正当的手段取胜！”这既是一种社会对人的理想化的规范，也反映了人们对公正、平等、竞争的渴望与崇敬。③追求人体健美的精神。古代奥运会不仅是体能的比赛，也是健美的比赛，它体现了古希腊人对人体健美的追求。④追求奋进精神。古代奥运会是古希腊人展示自我、表现自身价值的一种形式。运动员来到赛场，就是要胜过别人，成为冠军。这是一种鼓舞人奋进向上、不断探索和推动社会进步的可贵动力。

二、近现代奥林匹克运动会

19世纪80年代，由于古代奥运会遗址的多次发掘，各国人民对恢复奥运会的呼声日益高涨，法国教育家皮埃尔·德·顾拜旦男爵于1888年首先向全世界提出恢复奥运会的倡议。1894 年 6 月 16 日至 24 日，有 34 个国家参加的国际体育大会在法国召开。会上决定，第 1 届现代奥运会将于 1896 年在希腊雅典举行，只允许业余运动员参加；成立国际奥林匹克委员会，选举希腊的维凯拉斯为第一任国际奥委会主席，顾拜旦任秘书长。这样，现代奥林匹克运动会从此正式诞生了。

（一）夏季奥林匹克运动会

夏季奥运会，简称奥运会，为有别于冬季奥运会，又称为夏季奥运会。每 4 年举办一届。夏季奥运会沿袭古奥运会旧制，不管运动会举行与否，届次照算。自 1896 年在雅典举行第 1 届奥运会起，到 2004 年雅典奥运会止，共 28 届。因两次世界大战，实际只举行了 25 届。

第 1 届（艰难的起步）：第 1 届现代奥运会于 1896 年 4 月 6 日至 15 日在雅典举行。这届奥运会因经费问题遇到重重困难。大会沿袭了古希腊奥林匹亚竞技会体制。虽然参加奥运会的只有 13 个国家和地区的 311 名运动员，但这次运动会面向的却是全世界的各国人民。这届奥运会不允许女运动员参加比赛。

由希腊人塞玛拉斯作曲的奥运颂歌第一次奏响。1957 年，这首歌曲成为奥运会的正式会歌。

第 2 届（女子走向世界舞台）：1900 年 5 月到 10 月，第 2 届奥运会在法国巴黎举行。比赛持续了 5 个月，被称为是一次“马拉松”式的奥运会。参加本届奥运会的共有 22 个国家和地区的 1 330 名运动员。有 11 名女运动员突破传统的禁戒，参加了高尔夫球和网球比赛。英国的夏洛特·库珀在女子网球单打比赛中获得冠军。

第 3 届：1904 年 7 月 1 日至 11 月 23 日在美国圣路易斯举行的第 3 届奥运会并没有弥补巴黎奥运会的不足，总共只有 12 个国家参加。参赛运动员有 625 名（其中女运动员 8 名）中美国人占了 533 人。有人甚至称之为“美国运动会”。

第 4 届：1908 年 4 月 27 日至 10 月 31 日，第 4 届奥运会在英国伦敦召开。这是第一次五大洲运动员齐聚的奥运会。22 个国家和地区的 2 600 名运动员（其中 36 名女运动员）参加，人数几乎是 1896 年雅典奥运会的 10 倍。

第 5 届（《体育颂》流传于世）：1912 年在瑞典的斯德哥尔摩举行。共有 28 个国家和地区的 2 547 名运动员（其中女运动员 57 名）参赛。在这届奥运会上，为了答谢作家、音乐家、建筑师及诗人，奥运会设立了艺术竞赛项目。国际奥委会主席顾拜旦写出《体育颂》获首次举行的奥运会文学艺术比赛金牌。1924 年，法国作家蒙泰朗和画家富白塔表达了因没能获奖而深感失望的心情，后来，艺术比赛就被取消了。

第 6 届：原定 1916 年在德国的柏林举行，因第一次世界大战而中断。

第 7 届（五环旗首次在奥运赛场上空飘扬）：1920 年 8 月 14 日至 29 日，第 7 届奥运会在比利时的安特卫普举办。参赛国家 29 个，运动员共 2 607 人（其中女运动员 64 人）。由于战争的原因，第 6 届奥运会未能如期举行。奥运会在安特卫普，这座被战争摧毁、被经济问题所困扰的城市重新举办。在这届奥运会上，象征着博爱的奥林匹克运动会会旗，第一次在体育场升起，运动员第一次进行宣誓，第一次出现周长 400m 的标准跑道。

第 8 届：1924 年 5 月 4 日至 7 月 27 日在法国巴黎举行了第 8 届奥运会，这是巴黎举办的第二次奥运会。参加本届奥运会的有 44 个国家和地区的 3 092 名运动员（其中女运动员 136 名）。国际奥委会第一次正式允许女子参赛。

第 9 届（奥运殿堂终为女子正式敞开）：1928 年 5 月 17 日至 8 月 12 日在荷兰的阿姆斯特丹举行了第 9 届奥运会。共有 46 个国家和地区的 3 014 名运动员（其中 290 名女运动员）参赛。奥林匹克火炬从奥林匹亚引取火种，并远距离向奥运会场传递，其中各国代表团入场由希腊率先，东道国殿后，其他代表团按东道国语字母顺序进入会场的传统，都是从这一届奥运会开始的。

应该特别指出的是，妇女终于获准参加奥运会田径赛中 5 个项目的比赛了。在这届奥运会上，美国运动员贝蒂・鲁宾逊成为第一位奥运会女子 100m 冠军。

中国首次派宋如海以观察员身份出席了这届奥运会。

第 10 届：1932 年 7 月 30 日至 8 月 14 日在美国西海岸的洛杉矶举行。共有 37 个国家和地区的 1 048 名运动员（其中女运动员 127 名）参赛。

中国代表团 6 人首次参加奥运会，但仅有刘长春参加了 100m 和 200m 的短跑比赛，未获名次。

第 11 届：1936 年 8 月 1 日至 16 日在德国柏林举行。本届奥运会参赛国家和地区有 49 个，运动员共 4 066 名，其中女运动员 328 名。中国运动员 69 名。从本届起国际奥委会正式规定，每届奥运会开幕式都必须举行点燃奥林匹克火焰的仪式。希特勒原想借奥运会来炫耀纳粹德国的“兴盛”，掩盖他加紧备战的阴谋；另一方面，他也想借奥运会来宣扬“亚利安人种优越论”。但美国黑人田径运动员杰西・欧文斯却成为这届奥运会的焦点，他夺得了 4 枚金牌（100m、200m、跳远和 4×100m 接力赛）。直到 48 年后，才有另一名跑步运动员夺得了这 4 个项目的全部金牌，这就是 1984 年洛杉矶奥运会上的卡尔・刘易斯。

第 11 届奥运会只是纳粹主义实力的演示，它预示着战争。希特勒已下令他的军队进攻全世界。在闭幕式期间，当奥林匹克旗帜被带到体育场外时，每个人都十分清楚：和平被埋葬了。

第 12 届：原定 1940 年在日本的东京和芬兰的赫尔辛基举行，因第二次世界大战中断。

第 13 届：原定 1944 年在英国的伦敦举行，因第二次世界大战中断。

第 14 届：第二次世界大战之后，1948 年 7 月 29 日至 8 月 14 日在具有抵抗运动历史的英国伦敦举行奥运会可以说是奥运复兴的最好象征。有 59 个国家和地区的 4 099 名运动员（其中女运动员 385 人）参赛。中国有 33 名运动员参赛，均未获名次。

第 15 届（五星红旗飘扬在奥运赛场）：在这个沉浸在第二次世界大战后东西方“冷战”中的世界里，波罗的海沿岸的宁静城市赫尔辛基于 1952 年 7 月 19 日至 8 月 3 日提供了一块和平的“净土”。苏联人自从 1912 年以来第一次重新参加奥运会。日本与德国也重返奥运赛场。共有 69 个国家和地区的 4 925 名运动员（其中女运动员 518 人）参赛。中华人民共和国体育代表团派出 40 名运动员第一次参加奥运会，但在运动会已接近尾声时才到达，只有吴传玉参加了游泳比赛。

第 16 届：1956 年 11 月 22 日至 12 月 8 日第 16 届奥运会在澳大利亚的墨尔本举行。因牲口入境检疫问题，马术比赛改在瑞典斯德哥尔摩举行，成为奥运会史上唯一分在两个洲举办的奥运会。共有 67 个国家和地区的 3 184 名运动员（其中女运动员 371 人）参赛。

第 17 届：1960 年 8 月 25 日至 9 月 11 日在意大利的罗马举行。共有 84 个国家和地区的 5 348 名运动员（其中女运动员 610 名）参赛。本届奥运会首次对某些项目实施兴奋剂检查。

中国台湾的杨传广号称田径十项全能“三杰”之一，他战胜苏联库兹涅佐夫，但以微弱的劣势输给美国的约翰逊，获得银牌，成为中国第一个获奥运会奖牌的人。

第 18 届：1964 年 10 月 10 日至 24 日，奥运会第一次在亚洲举办，地点是日本的东京。共有 94 个国家和地区的 5 140 名运动员（其中女运动员 683 名）参赛。在开幕式上，1945 年 8 月 6 日出生于广岛的 19 岁的阪井吉手持奥林匹克火炬进入体育场。8 月 6 日是第一颗原子弹爆炸的日子，10 多万人丧生。因此，阪井吉象征着新生命的诞生，也表明了日本人民渴望和平的强烈愿望。

第 19 届：1968 年 10 月 12 日至 27 日在海拔 2 250 米的墨西哥城举行。这一届共有 112 个国家和地区的5 531名运动员（其中女运动员 781 人）参赛。本届奥运会增加了裁判员宣誓仪式，并首次正式实施性别和兴奋剂检查。

第 20 届（慕尼黑惨案震惊世界）：1972 年 8 月 26 日至 9 月 10 日第 20 届奥运会在德国的慕尼黑拉开序幕。有 122 个国家和地区的 7 147 名运动员（其中女运动员 1 070 名）参赛。9 月 5 日，巴勒斯坦“黑九月”（“黑九月”是巴勒斯坦解放运动的一个强硬派）组织成员袭击奥运村，杀害了 11 名以色列运动员……奥运会在恐怖紧张的气氛下继续进行。

第 21 届：在慕尼黑悲剧发生后 4 年，第 21 届奥运会于 1976 年 7 月 17 日至 8 月 1 日在加拿大蒙特利尔开幕。共有 88 个国家和地区的 6 189 名运动员（其中女运动员 1 274 名）参赛。

第 22 届：1980 年 7 月 19 日至 8 月 3 日第 22 届奥运会在莫斯科举行。这次奥运会由于苏联出兵阿富汗而受到美国、西德、中国、日本等 62 个国家和地区的抵制，参赛的仅有 81 个国家和地区的 5 872 名运动员（其中女运动员 1 247 名）。

第 23 届（商业化的开端）：在美国洛杉矶举办第 10 届奥运会的 52 年后，1984 年 7 月 28 日至 8 月 12 日，第 23 届奥运会回到了洛杉矶的纪念体育场。共有 140 个国家和地区的 7 616 名运动员（其中女运动员 1 719 名）参赛。中国体育健儿开始走向世界，共有 225 名运动员参赛。在自由企业与美国资本主义的共同合作之下，奥运会首次全部交由一个私人委员会组织承办，若干个跨国大公司出资，而不再是由举办城市和举办国出资。洛杉矶奥运会首次实现了扭亏为盈。此后，主办国在历届奥运会中均能赚到丰厚的利润。

中国射击运动员许海峰获得第一枚洛杉矶奥运会金牌。这是一个庆祝中国重返奥林匹克大家庭的象征。

第 24 届：1988 年 9 月 17 日至 10 月 2 日，在韩国汉城举办的第 24 届奥运会最大的问题已不是政治问题，而是体育方面的——关于加拿大短跑运动员本 · 约翰逊使用兴奋剂的丑闻。

汉城奥运会标志着自 1952 年以来有损于奥运精神的意识形态领域中的冲突结束了。共有 160 个国家和地区的 9 581 名运动员（其中女运动员 2 476 名）参赛。

第 25 届：1992 年 7 月 25 日至 8 月 9 日第 25 届奥运会在西班牙的巴塞罗那举行。共有 170 个国家和地区的 9 364 名运动员（其中女运动员 2 705 名）参加了本届比赛。

第 26 届（百年奥运）：1996 年是现代奥运的百年诞辰，7 月 19 日至 8 月 4 日在美国亚特兰大举行的第26届奥运会实现了奥运家庭的大团圆。

本届比赛中设26个大项，271个小项，共有来自世界197个国家和地区的10 788名运动员参加了各项比赛的角逐，各国选手经过17天的激烈争夺共打破25项世界纪录。

第27届：2000年9月15日至10月1日，第27届奥运会在澳大利亚的悉尼举行。共有199个国家和地区的11116名运动员（其中女运动员4 254名）参加了比赛。本届奥运会加大了兴奋剂检测力度，血检第一次成为奥运会兴奋剂检测的方法之一。

第28届：2004年8月13日至29日在希腊雅典举行。共有201个国家和地区的11 099名运动员（其中女运动员4 524名）参加了301个比赛项目的角逐。中国此次派出了由600多人组成的历史上规模最大的代表团，取得了32金17银14铜的历史最好成绩，列金牌榜的第二位。

（二）冬季奥林匹克运动会

冬季奥运会比赛项目都和冰雪有关，所以有人称为“白色奥运会”。自1924年在法国夏蒙尼举行第1届冬季奥运会起，至2006年在意大利都灵举办冬季奥运会止，共举办了20届。运动规模越来越大。1924年第1届冬季奥运会只有16个国家和地区的293名运动员参加，比赛项目仅有4个，分14个单项。而参加1992年第16届冬季奥运会的国家和地区已达到64个，运动员1 801名，比赛项目大项为6个，单项57个。冬季奥运会每四年举办一届，按实际举行次数计算届次。为了使冬、夏两季奥运会不在同一年举行，第17届冬季奥运会改在1994年举行。会期原为12天，从第15届起改为16天。

（三）伤残人奥运会

伤残人奥运会是根据奥林匹克宗旨所创设的由伤残者运动员参加的奥运会。伤残人奥运会的英文名称paralympics，是由paraplegia（截瘫）与olympic（奥林匹克）两词合成的。奥林匹克运动的宗旨在于向所有的人开放，吸收一切人参加。根据这一宗旨，1960年在第17届奥运会之后，在罗马举办了第1届伤残人奥运会，并成立了国际伤残人奥委会（IPC），获得了国际奥委会的承认。每4年一届，与奥运会同年举行，一般是在夏季奥运会闭幕后举行。伤残人奥运会由国际伤残人奥委会主办。1988年汉城奥运会之后，伤残人奥运会更趋正规化，决定每届伤残人奥运会在夏季奥运会的同一奥运城，并使用夏季奥运会的体育设施举行。伤残人奥运会的正式比赛项目有田径运动、游泳、举重、射击、自行车、射箭、篮球、排球、足球、网球、乒乓球、门球、击剑、柔道等。

三、奥林匹克运动

在人类社会浩瀚的历史长河中，全球性的活动丰富多彩。然而，从古至今在持续的时间、规模以及所象征的崇高思想方面，几乎没有一种活动可以同奥林匹克运动相媲美。

奥林匹克运动，是在奥林匹克主义的指导下，以体育运动和四年一度的奥林匹克庆典为主要活动内容，促进人的生理、心理和社会道德全面发展，增进各国人民之间的相互了解，在全世界普及奥林匹克主义、维护世界和平的国际社会运动。奥林匹克运动包括以奥林匹克主义为核心的思想体系，以国际奥委会、国际单项体育联合会和各国或地区奥委会三大支柱为骨干的组织结构体系和以奥运会为周期性高潮的活动内容体系。

（一）现代奥林匹克运动的诞生

现代奥林匹克运动在19世纪兴起，是多种因素作用的结果。从14世纪起，欧洲各国相继发生文艺复兴、宗教改革和启蒙运动三大思想文化运动，18 世纪到 19 世纪，欧洲完成了资产阶级革命和工业革命，它们为现代奥林匹克运动的诞生扫清了思想障碍，奠定了物质基础。而奥林匹克运动产生的直接动因则是古希腊体育传统影响、资产阶级教育改革、现代体育的兴起和国际化。

在经历了古希腊和罗马帝国的文艺繁荣之后，欧洲进入了被称为“黑暗时代”的中世纪。教会和贵族领主的封建统治禁锢了人们的思想，中世纪宗教哲学提倡“灵肉对立论”和“禁欲主义”，扼杀了体育的发展。14 世纪文艺复兴运动在西欧各国兴起，第一次冲击了封建领主和教会的专横统治。在“重新振兴文艺”的口号下，西欧各国的文化艺术、科学有了重大发展。文艺复兴运动是欧洲从中世纪封建社会向近代资本主义社会转变时期的反封建、反教会神权的一场思想解放运动，也是近代人类的第一次思想解放运动。18 世纪的启蒙运动被称为近代人类第二次思想解放运动。启蒙运动推崇以近代思想文化取代教会和贵族的专制、迷信和欺骗，倡导自由、平等、民主和法制。三大思想文化运动的一个共同点是宣扬古希腊身心和谐发展的教育思想，赞美古奥运会的理想和精神。这一思想文化运动，引起了人们对古希腊体育和古奥运会的关注。

18 世纪 60 年代，以机器大工业代替手工业的工业革命从英国开始，到 19 世纪末，欧洲基本上完成了工业革命。工业革命使生产力大为提高，它不仅引起生产技术发生了根本性的变革，也使社会思想和人们的生活方式发生了重大变化，并推动了教育改革。资产阶级教育的目的是培养具有强健的身体、丰富的知识和能力以及具有开拓、进取、务实精神的社会活动家和经济实业家。个性和人格的发展，成为教育的主要目标。古希腊教育制度和古奥运会的基本精神符合文艺复兴以来的教育家们主张个性解放的思想，对教育改革起了重要作用。

在教育改革初期，欧洲大陆各国盛行与军事训练相结合的体操活动，而英国盛行户外活动和竞技运动。到 19 世纪后期，随着大工业生产的迅速发展，都市化生活的节奏加快，人们需要寻求具有较好娱乐功能、能有效地消除紧张状态的活动方式，竞技运动最适合这一需要，由此获得了迅速发展，并通过涌向各地的殖民者向世界传播，在世界不同类型体育的交流和融合中产生了现代体育。

从 18 世纪开始，英、法、德等国的一些专家学者，相继赴奥林匹亚实地考察和发掘。进入 19 世纪后，欧洲和美国、加拿大的一些地区为复兴奥运会进行了各种尝试。1830 年，希腊从土耳其获得独立，出现了复兴古希腊文明的热潮。1881 年，古奥运会遗址的主要设施终于重见天日。奥林匹亚的考古成果，激发了人们对奥林匹克运动的憧憬。

在创立现代奥林匹克运动的众多先驱者中，法国教育家皮埃尔·德·顾拜旦最为突出。1888 年，他通过对各国体育状况的调查，强烈地感到需要尽快复兴古奥运会精神，以团结、友好、和平精神指导体育竞赛。顾拜旦希望通过体育消除偏见，增进了解，促进人们友好共处，达到世界和平。1889 年 7 月，在巴黎召开的国际田径代表大会上，顾拜旦首次公开提出用现代形式复兴奥运会的设想。1892 年他又发表了著名的“复兴奥林匹克”演说，正式提出了复兴奥运会的具体构想。从此奥林匹克运动进入了具体筹备阶段。1893 年，根据顾拜旦的建议，在巴黎举行了讨论复兴奥运会问题的国际性体育会议。1894 年 6 月 16 日，“国际体育运动代表大会”在巴黎索邦神学院开幕，大会通过了《复兴奥林匹克运动》的决议。6 月 23 日成立了国际奥林匹克委员会，标志着现代奥林匹克运动的诞生。1986 年国际奥委会决定，把每年的 6 月 23 日定为“奥林匹克日”。各国都在这一天举行各种纪念活动，以纪念 1894 年 6 月 23 日国际奥林匹克委员会的成立。

（二）奥林匹克运动的发展

从 1894 年国际奥委会成立，奥林匹克运动已经度过了一个多世纪的岁月，这期间无论是奥林匹克运动本身，还是它存在的社会环境都发生了巨大而深刻的变化。奥林匹克运动的发展过程按其特征可以大体上分为以下四个阶段。

1. 奥林匹克运动的初创时期（1894 年至第一次世界大战）

当时正值世界性的政治经济关系发生急剧变化时期，各种民族主义和排外心理妨碍了正常的国际交往。现代运动项目仅在少数欧洲国家有所开展，世界范围的体育竞赛活动很少进行。奥林匹克运动尚处于一种摸索阶段。1908 年奥运会实施了标准化和规范化管理，为未来奥运会的举办构建了基本框架。1912 年奥运会是这一时期最成功的奥运会，从参赛国家、运动员人数、场地设施到组织工作都有较大提高，第一次实现了顾拜旦所期望的没有事故、没有抗议、没有民族沙文主义仇恨的奥运会。

这一时期存在的主要问题是国际奥委会、国际单项体育组织和国家奥委会还都只是一个松散的机构。国际奥委会尚未认识到奥运会是国际奥委会委托给某个城市承办的，放弃了领导和监督权，以致奥运会一切事宜均由东道主随意安排。由于不允许妇女正式参加奥运会，不但使奥运会的广泛性存在重大的缺陷，而且也使女子体育发展受到阻碍。

2. 奥林匹克运动的形成时期（1914 年至第二次世界大战）

因第一次世界大战而中断的奥林匹克运动会于 1920 年重新进行。国际奥委会从实践中意识到奥运会规范化的重要性，整个奥运会的基本框架、运行机制和基本特征在这一时期基本形成，比赛项目的设置逐渐趋向合理，比赛设施进一步完善，会期基本固定，申办、举办程序基本确立，并基本解决了有关运动员的参赛资格问题。先进的技术开始应用到比赛中去，如电子计时器、终点摄影仪、自动打印机、闭路电视转播等。自 1928 年起，女子田径项目纳入正式比赛，这一重要变化对奥林匹克运动的普及性和号召力起到了推动作用。另一重要发展是有了冬季奥运会，它使奥林匹克运动的覆盖面大大增加。

这一时期，奥林匹克运动的组织机构也得到发展，国家奥委会由第一次世界大战前的 29 个增加到 60 个，为奥林匹克思想在世界各地的传播做出了重要贡献。与此同时，各国际单项体育组织也相继成立，通过国际奥委会与各国际单项体育组织和各国家奥委会的协调，使国际奥委会摆脱了每届奥运会都存在的具体技术事务，而更多地在领导、协调、决策等更高的层次上发挥作用。

这一时期政治对奥林匹克运动的影响日益加重，如 1936 年柏林奥运会，被希特勒用以向世界炫耀自己的实力，违背了奥林匹克和平、友谊、进步的宗旨。

3. 奥林匹克运动的发展时期（1946—1980 年）

第二次世界大战结束后，世界政治格局形成了东西方两大政治集团对峙的局面，这对奥林匹克运动的发展产生了重大影响。另一方面，战后各国经济振兴和科技发展，促进了奥林匹克运动的发展。

由于苏联及新兴独立国家的参加，这一时期奥运会每届参赛国家和人数以及竞赛项目都在增加；与此同时，顾拜旦关于在各大洲轮流举办奥运会的设想得以实现；各洲范围的运动会、伤残人奥运会也相继产生。随着奥林匹克运动的普及，竞技运动水平也迅速提高，非洲体育开始崛起。在奥运会上形成美国和苏联争强的局面。奥运会比赛场地及各种配套设施较前有很大的发展，奥运会向大型化、艺术化方向发展。先进的电子设备，以及性别和违禁药物检查，使比赛的公正性得到加强。

这一时期政治对奥运会的影响也更趋明显、复杂，各种势力集团都想通过这个舞台来达到自己的目的。此外，兴奋剂问题、奥运会承办国财政负担过重等问题都提到重要议程。三大支柱之间出现了裂痕，经济上也危机四起。

4. 奥林匹克运动的改革时期（1980 年至今）

进入 20 世纪 80 年代，在萨马兰奇的领导下，针对奥林匹克运动所面临的各种问题进行了大规模的变革。过去的那种“独立性”原则，即在经济上不谋利，政治上不同政府联系的做法已不适应新时期的需要。人们对奥林匹克运动的要求不只限于四年一度的奥运会，奥林匹克运动已参与了更加广阔的领域。国际奥委会在文化教育、科学技术方面注重了奥林匹克思想的传播。

自 20 世纪 80 年代以来，国际奥委会建立了包括主席、各类专业人员在内的长驻机构——洛桑总部，保证了总部机构对各方面的领导。自 1981 年起，国际奥委会第一次有了正式的法律地位，从而得以法人的身份参与处理各种重大事务，经济上大胆进行商业性开发，利用各种活动创造财富，为奥林匹克运动的发展提供了一个良好的经济基础。从第 23 届奥运会开始，连续几届的奥运会主办国均未出现赤字。经济上的盈利，极大地调动了主办国家搞好奥运会的积极性。

这一时期发生的重要变化是在肯定政治对体育作用的同时，强调体育不应听命于任何个国家的指挥；在肯定商业化的同时，对商业化采取一定的限制措施，并废除了参赛者业余身份的原则，使奥运会向所有优秀的运动员开放。这种务实的态度，促进了奥林匹克运动向健康的方向发展。

（三）奥林匹克运动体系

现代奥林匹克运动在其发展过程中，形成了一个完整的体系。这个体系由思想体系、组织体系、活动体系三大部分组成。

1. 奥林匹克运动的思想体系

奥林匹克运动的思想体系包括奥林匹克主义、奥林匹克精神、奥林匹克思想及其宗旨和格言等，它们都属于一个统一的范畴，包含在《奥林匹克宪章》中。

2. 奥林匹克运动的组织体系

奥林匹克运动的组织体系包括国际奥委会、国际单项体育联合会和国家奥委会。三个组织构成了奥林匹克运动组织的三大支柱。此外，为了使国家奥委会在区域性的范围内更好地合作，促进各大洲奥林匹克运动的发展，在五大洲还设有国家奥委会的洲级协会。

3. 奥林匹克运动的活动体系

奥林匹克运动的活动内容是实现奥林匹克理想的具体手段和途径，它包括奥林匹克运动会、大众体育以及与体育有关的教育、科学和文化等活动。以奥林匹克主义贯穿一系列活动，形成一个具有鲜明特色的奥林匹克活动体系。在奥林匹克运动众多的活动内容中，四年一度的冬、夏季奥运会是最重要的活动，是奥林匹克运动的主旋律。

奥林匹克运动的其他重要竞赛活动，包括各大洲际运动会、伤残人奥运会等国际奥委会承认的竞赛活动；大众体育活动主要是每年都举办的“奥林匹克日”，旨在促进群众体育活动的开展，扩大奥林匹克影响；奥林匹克科学、文化教育活动主要包括开办国际奥林匹克学院，建立奥林匹克博物馆，召开奥林匹克科学大会等。另外还有为表彰一些为发展奥林匹克运动作出贡献的团体或个人而进行的颁奖活动。

第二节　奥林匹克思想体系

一、奥林匹克主义

奥林匹克运动之所以长盛不衰，其重要原因之一就是它在发展过程中逐渐形成了以奥林匹克主义为核心的思想体系。这一体系，主要由奥林匹克主义、奥林匹克宗旨、奥林匹克精神、奥林匹克格言、奥林匹克名言所组成，该体系使奥林匹克运动有了坚实的思想基础和明确的指导方针。

（一）奥林匹克主义的概念

“奥林匹克主义”是将身、心和精神方面的种种品质均衡地结合起来，并使之得到提高的一种人生哲学。它将体育运动与文化和教育融为一体。奥林匹克主义的中心思想是人的和谐发展，旨在创造一种在努力中求欢乐、发挥良好榜样的教育作用，并尊重基本公德原则的“生活方式”。

（二）奥林匹克主义的特点

（1）奥林匹克主义的核心内容是教育。教育的内容有：奥林匹克知识教育、奥林匹克宗旨教育、奥林匹克理想教育、奥林匹克精神教育。

（2）吸收并发展和借用了古代奥运会的传统思想和仪式。现代奥运会继承了古代奥运会的宝贵历史遗产，如公平竞争、拼搏进取和身心和谐发展的思想以及4年一个奥林匹克周期，在奥运会的火炬接力，奥运会期间的点燃圣火及开、闭幕式等古代的传统仪式。

（3）充满浓厚的理想主义色彩。奥林匹克主义有着浓厚的理想主义色彩，希望通过竞技运动来改造社会，造就人类的未来，向往和追求人类的真、善、美。正如顾拜旦在1896年所说的“和平只能产生于一个好的世界，一个好的世界只能由好的个人组成，好的个人只能从激烈的比赛中造就”。

（4）发扬公平竞争的精神。古代奥运会的一个突出的传统就是崇尚精英、崇拜英雄，而这些精英和英雄必须在竞赛中遵守规则，通过公平竞争而获得，不能投机取巧。现代奥运会正是继承了古代奥运会的这种传统，这也构成了奥林匹克精神的核心内容。

（三）奥林匹克主义的现实意义

（1）在奥林匹克主义的指导下的奥林匹克运动，既不局限于体育也不局限于奥运会的竞技比赛，而是一种超越体育竞技运动的关于人的身心和谐发展和社会发展的思想、理论和运动。

（2）奥林匹克主义谋求人的全面发展。奥林匹克主义主张人的身心和谐、全面发展。在古希腊，人们崇拜的竞技者不仅技艺高超，而且道德高尚、知识丰富、内心充实、体魄健美、举止优雅，现代奥运会继承和发展了这种和谐发展的思想，把体育与文化、教育结合起来，以促进人的全面发展，宣传人的全面发展，宣传体育在建设社会文明中的重要作用。

（3）奥林匹克主义对人类社会产生的深刻影响。由于奥林匹克主义提倡体育与文化及教育相结合、人的身心和谐发展以及在竞技中公平竞争，所以激励人类挖掘自身的潜力，以创造自己的人生价值及社会价值。

二、奥林匹克运动的人文思想

（一）奥林匹克运动的宗旨

《奥林匹克宪章》指出，奥林匹克运动的宗旨是：通过没有任何歧视、具有奥林匹克精神——以友谊、团结和公平精神互相了解的体育活动来教育青年，从而为建立一个和平的、更美好的世界作出贡献。

奥林匹克运动力图通过体育运动增进世界各国人民之间的了解，达到减少战争，促进和平的目的。其宗旨在一定程度上满足了当代国际社会的需要，促进不同国家、不同文化之间的相互了解，从而促进和维护世界和平。

（二）奥林匹克精神

《奥林匹克宪章》指出“奥林匹克精神”就是“互相了解、友谊、团结和公平竞争的精神”。“奥林匹克精神”是奥林匹克思想体系的重要组成部分，没有互相了解、友谊、团结和公平竞争的奥林匹克精神，奥林匹克主义就不可能得到贯彻，奥林匹克运动也无法实现。

（三）奥林匹克格言

“更快、更高、更强”是奥林匹克运动的格言。

这一格言是顾拜旦的好友，巴黎阿奎埃尔修道院院长迪东，在一次户外运动会上鼓励他的学生时说的“在这里，你们的口号是：更快、更高、更强”。顾拜旦借用过来，将这句话用于奥林匹克运动。1920 年，国际奥委会将其正式确认为奥林匹克格言，在比利时的安特普奥运会上首次使用。此后，奥林匹克格言的拉丁文 Callus，Altus，Orgies 出现在国际奥委会的各种出版物上。“更快、更高、更强”的内涵是非常丰富的，它充分表达了奥林匹克运动不断进取、永不满足的奋斗精神和不畏艰险、勇攀高峰的拼搏精神。在比赛场上，面对强手，发扬勇往直前的大无畏精神，敢于斗争，敢于胜利；对自己则是永不满足，不断战胜自己，不断超越自己，实现新的目标，达到新的境界。

（四）奥林匹克名言

“参与比取胜更重要”是奥林匹克运动广为流传的名言。这是顾拜旦 1908 年 7 月 24 日伦敦第 4 届奥运会期间，在英国政府所举行的招待宴会上发表的讲话。这句话出自圣·保罗大教堂一次宗教仪式上宾夕法尼亚主教的一段话：“对奥林匹克运动会来说，参与比赛比取胜更重要。”顾拜旦引用了这句话后还做出精辟的解释：“生活中重要的不是凯旋，而是奋斗，其精髓不是为了获胜，而是使人类变得更勇敢、更健壮、更谨慎和更落落大方。这是我们国际奥委会的指导思想。”

第三节　奥林匹克运动与科技

一、科学技术的进步与应用推动了奥林匹克运动的发展和繁荣

奥林匹克运动与科学技术之间的关系，集中表现在两个方面，即首先是科学技术的进

步与应用推动了奥林匹克运动的发展和繁荣。再者就是奥林匹克运动的发展对现代科学技术的进步具有积极的促进作用。

（一）现代科学技术的进步与应用对奥林匹克运动发展的影响

现代社会的科学技术得到了飞速的发展，高科技不断渗入人们生活的方方面面。作为现代国际社会最大型的体育文化活动——奥林匹克运动的发展，越来越离不开现代科学技术的支持；无论是科学训练、运动器材与装备的改进，还是运动会的各项保障系统，无不依靠现代科学技术的庇护。可以说是现代科学技术的进步和应用推动了奥林匹克运动的发展。

（二）体育科学的不断发展与完善为奥林匹克运动的发展提供了动力

19世纪末，现代奥林匹克运动诞生之时，现代体育科学的主干学科已经基本形成，并有了许多研究的成果。现代科学技术对体育领域的渗透日益广泛，已成为奥林匹克运动发展的推动力量。

（三）科学训练保证了运动技术的不断完善和运动成绩的不断提高

随着现代科学技术的进步和应用，奥林匹克的运动训练已经形成一个完善的科学体系。现代奥运会运动成绩的大幅提高，使许多运动项目的成绩已经接近和达到人体的生理极限，那种仅仅依靠教练员的经验和运动员“辛勤与汗水”换来运动成绩的时代已经结束，依靠科学知识和先进技术来提高运动成绩的“知识体育时代”已经来临。现在，以系统论、控制论、信息论为指导，以计算机等高科技器材为手段的现代运动训练方法，越来越广泛地运用于运动训练的实践。

1. 科学训练的方法论

现代运动训练已脱离了原始的、无序的、盲目的、大运动量的训练方法，而是在根据运动生物力学、运动生理学、仿生学、运动生物化学等原理的指导下进行有目的、有针对性的、科学的训练过程。先进的科学检测仪器可以有效地记录运动员的训练过程，经过科学的分析，可以发现技术缺陷，使运动技术的合理性得以体现。

2. 科学训练与恢复

有效的恢复手段可以消除大负荷训练所产生的疲劳，使运动员得以超量恢复，减少运动损伤和疾病的发生。

3. 科学训练与营养

在现代科学技术发展的今天，运动员的营养的科学化使运动成绩稳步提高得以保证。

（四）运动器材和装备的科学化促进了运动成绩的提高

有助于运动成绩提高的变量主要有两个，即“内在变量”——指运动员自身体能和技能的提高和“外在变量”——指运动器材与装备的改进和革新。目前，在运动成绩接近人体体能极限的情况下，依靠内在变量来提高运动成绩的难度越来越大，为了求得运动成绩的不断提高，人们越来越热衷于利用高科技来改变外在的变量，即注重运动器材和装备的革新。如20世纪60年代联邦德国的塑胶跑道、电动计时器和终点摄像设备、短跑用的起跑器、新式跑鞋、新的仿生学游泳衣等。

（五）科学的检测手段限制和杜绝了违禁药物的泛滥

科学技术也像一把双刃剑，既可以为提高运动成绩服务，又可以为恶，做出违背体育道德的事来。这就是困扰和危害奥林匹克运动的毒瘤——兴奋剂。但是科学技术的发展又有力地限制了兴奋剂的使用和蔓延。

（六）现代科学技术的应用为奥运会的举办提供了保障

（1）气象预报的科学化，使天气预报的准确性有了明显的提高。

（2）交通运输的科学化，使一个城市的交通现代化程度要求越来越高。

（3）安全保障的科学化，切实地保护奥运会参与者，特别是运动员的安全，使奥运会能够在热烈、祥和、融洽的环境和氛围中进行，一直是历届奥运会组办者面临的头等大事，特别是当前国际恐怖与反恐怖斗争日趋深化，也加大了奥运会安保工作的难度。

（4）奥运会信息服务的科学化，在计算机技术和网络技术的推动下，奥运会信息服务科技系统进入了一个崭新的发展阶段。

二、奥林匹克运动的发展促进了现代科学技术的进步

（一）奥林匹克精神为体育科技工作确定了目标

在奥林匹克精神的倡导下，世界体育运动发生了翻天覆地的变化。在奥林匹克运动"更高、更快、更强"这一格言的鼓舞下，体育竞技领域成为人类不断超越自我、挑战人体极限的前沿阵地。体育运动作为人类的一项重要的实践活动，有着自身的特殊规律和科学内涵。仅仅竞技运动的训练过程，就包括科学选材、系统训练、技术诊断、机能评定、医务监督、伤病防治、体能恢复等众多环节。现在，奥林匹克运动已经进入更加理性化、更加科学化的时代。随着奥林匹克运动在全球范围的普及，随着竞技运动水平的普遍提高，奥运会的竞争日趋激烈，提高运动成绩、夺取奥运金牌的难度越来越大。提高运动员的运动能力，成为体育科技工作的确定目标。

（二）奥林匹克运动为科学技术的发展提供了特殊的条件

奥林匹克运动为科技成果的应用提供了最佳的"科技实验场"。奥林匹克运动为科技成果的交流提供了特殊的场合。奥林匹克运动使科技知识的传递速度大大加快。

（三）奥林匹克运动赋予科学技术在体育领域的应用

顾拜旦所提出的奥林匹克主义，决定着体育科学技术必须以人为本来促进公平竞争和文明进步的前进方向。一切利用高科技手段进行违背奥林匹克精神的不正当行径，都将遭到国际奥林匹克大家庭成员的唾弃和谴责。

第四节　奥林匹克运动与中国

一、中国早期的奥林匹克运动

现代奥林匹克运动传入中国，并取得发展，经历了一个漫长的过程。早在 1894 年奥委会刚刚成立的时候，国际奥委会便致函邀请中国清政府派人参加 1896 年在雅典举办的近代第 1 届奥林匹克运动会，清政府没有回信。1913 年开始举办的远东运动会（最初名为"远东奥林匹克运动会"），是奥林匹克运动在亚洲的先驱，中国是发起者之一。在远东运动会上中国运动员取得了较好的成绩，表现了良好的体育道德。1922 年，中国大学校长王正廷被选为国际奥委会委员。1924 年中华全国体育协进会（简称全国体协）成立后，中国陆续加入了田径、游泳、体操、网球、举重、拳击、足球、篮球 8 个国际单项体

育联合会。1931 年全国体协被国际奥委会正式承认为其团体会员。从此，中国与国际奥委会有了更紧密的联系，并积极参与了国际奥委会组织的一些重大比赛活动。

1928 年，中国派了一个观察员去参观在荷兰阿姆斯特丹举行的第 9 届奥运会。从 1932 年起，中国开始正式派运动员参加奥运会，至 1948 年共参加了 3 届。

第 10 届奥运会 1932 年在美国洛杉矶举行。事前国民党政府宣称不派运动员出席，可是日本帝国主义却积极筹派两名东北运动员以“满洲国”名义参加奥运会。消息传出，国内外舆论大哗。全国体协乃出面筹资派人参加。临时勉强拼凑了一个代表团，仅有刘长春参加了 1130m 和 200m 的短跑比赛。因旅途疲倦，体力不支，刘长春在预赛即被淘汰。这是中国运动员第一次正式进入奥运会赛场，虽然成绩不佳，但向世界宣告了中国奥林匹克运动的存在。

第 11 届奥林匹克运动会于 1936 年 8 月在德国柏林举行。国民党政府于 1935 年便令全国体协进行运动员的训练和选拔。1936 年组成了一个空前庞大的代表团参加。69 名运动员参加田径、足球、篮球、游泳、举重、拳击、竞走、自行车比赛和武术表演，同时还有一个由 34 人组成的赴欧体育考察团，随同前往。竞赛结果，除符保卢撑杆跳高进入复赛外，其余均在初赛中被淘汰。但武术表演却引起了各国体育界人士的极大兴趣。

第 14 届奥林匹克运动会于 1948 年 7 月在英国伦敦举行。在全国体协的努力下，中国仍派出一个代表团参加：总领队王正廷，总干事董守义，总教练马约翰（后来未去），运动员 33 人，参赛项目有足球、篮球、游泳、田径、自行车等。竞赛结果各项均未能进入决赛。运动会结束后，代表团在当地华侨总会的帮助下，解决了路费问题，运动员才得以返回祖国。

二、中国近期的奥林匹克运动

1949 年中华人民共和国成立以来，中国社会的政治、经济、文化等各个方面发生了一系列中国历史上最为深刻的变化。社会的变化给体育的发展创造了良好的条件，也给奥林匹克运动在中国的发展提供了前所未有的机遇。奥林匹克运动在中国开始了新的历程。

1. 中国奥林匹克运动组织的更新与发展

1949 年 10 月 1 日，中华人民共和国宣告成立。同年 10 月 26 日，将原中华全国体育协进会改组为中华全国体育总会，全国体总对外代表中国奥委会。全国体总成立后，陆续改组和成立了一批全国性的单项体育协会。为了广泛动员社会各界发展体育运动的积极性，又先后成立了一批行业性的体育运动协会。

2. 中国在奥委会中的合法地位

1952 年，中华全国体育总会就曾致函国际奥林匹克委员会，声明中华全国体育总会是代表中华人民共和国的唯一体育组织，任何其他团体不能作为中国的任何合法代表参加国际奥委会及其活动。并排除一切困难参加了第 15 届赫尔辛基奥运会，以表示我们对国际奥委会的尊重与诚意。1954 年 5 月，在雅典举行的国际奥委会第 49 次会议上，以 25 票赞成、21 票反对通过决议，承认中华全国体育总会为中国国家奥委会，是国际奥委会的成员。但是，当时的国际奥委会主席——美国的布伦戴奇却同时将中国台湾的体育组织以“中华民国”的名义列入被国际奥委会承认的国家奥委会名单中，搞起了“两个中国”的把戏。1956 年以后，一些国际单项体育组织也陆续用“中华民国”的名义接纳了台湾的体育组织，允许他们占据我国的合法席位。为了坚决抵制“两个中国”的阴谋，维护国家主权，1958 年 8 月 19 日，中国奥林匹克委员会（中华全国体育总会）发表关于同国际奥林匹克委员会中断关系的声明。从此，中国和国际奥委会的正常联系被迫中断了 21 年，这不仅给中国体育的发展造成了巨大损失，也给国际奥委会带来了无法弥补的缺陷。

20 世纪下半叶，国际国内形势发生了许多变化，中国重回奥运会国际大家庭的时机成熟了。1975 年 4 月 9 日，中华全国体育总会向国际奥委会提交了要求恢复我国合法席位的申请。1979 年，根据邓小平“一国两制”的设想，中国奥委会向国际奥委会提出解决中国合法席位的建议。10 月 25 日，国际奥委会执委会在日本名古屋市举行，会上一致通过了恢复中国在国际奥委会合法席位的决议。11 月 26 日，国际奥委会领导人在瑞士洛桑国际奥委会总部正式宣布，经过国际奥委会全体委员通信表决，以 62 票赞成、17 票反对、2 票弃权批准了国际奥委会执委会在日本名古屋会议上通过的关于中国代表权问题的决议。根据“一个中国”的原则，确认代表全中国奥林匹克运动的是中华人民共和国的奥委会，正式名称为“中国奥林匹克委员会”，会址北京，使用中华人民共和国的国旗和国歌；台湾地区的奥委会，正式名称为“中国台北奥林匹克委员会”。这就是闻名于世的“奥运模式”。之后，中国奥委会主席钟师统宣布：中国奥委会接受国际奥委会决议。

三、中国积极参与奥林匹克运动

1. 中国参加奥林匹克运动的情况

（1）参加奥运会。

1952 年，中华人民共和国派出以中华全国体育总会副主席荣高棠为团长的，包括足球、篮球和游泳选手在内的 40 人的中国体育代表团，首次参加了在芬兰赫尔辛基召开的第 15 届奥林匹克运动会。7 月 29 日中国代表团抵达芬兰时，奥运会比赛已进行了 10 天，足球、篮球等项目的预赛均已结束，只有游泳选手吴传玉参加了一项男子仰泳比赛，中国的篮球队与芬兰国家队等进行了几场友谊赛。

新中国首次参加奥运会历尽艰难，但飘扬在奥运会会场上空的五星红旗，向全世界表明中华人民共和国有参加奥运会的合法权利。同时，中国体育代表团在参与第 15 届奥运会的过程中，表达了中国人民热爱和平、同世界人民加强友谊的良好愿望。

1980 年 2 月，我国派出了 28 名运动员前往美国的普莱西德湖参加第 13 届冬季奥运会，这是我国在被迫中断与国际奥委会的联系 20 多年后，第一次出现在奥运盛会上，也是中国有史以来第一次参加冬季奥运会，它拉开了中国当代体育向世界体育高峰进军的序幕。1980—2006 年，中国参加了第 23 ~ 28 届夏季奥运会及第 13 ~ 20 届冬季奥运会。中国运动员在奥运会上的出色表现证明了中国已成为奥林匹克运动中一支不可忽视的劲旅，它大大提高了我国在奥林匹克运动中的地位。

1984 年在美国洛杉矶举行的第 23 届奥运会上，射击运动员许海峰实现了中国奥运会金牌“零”的突破，我国运动员总共获得了金牌 15 枚、银牌 8 枚、铜牌 9 枚，迎来了中国奥林匹克运动史上新的时代；在 1992 年第 16 届冬季奥运会上，我国滑冰运动员叶乔波获得女子速滑 500m 和 1000m 两枚银牌，李琰获女子短道速滑 500m 银牌，实现了我国在冬季奥运会上奖牌“零”的突破。如表 5-4-1 所示，是中国参加奥运会的成绩情况。

表 5-4-1　　中国参加奥运会的成绩（1952—2006 年）

届次	时间	地点	金牌	银牌	铜牌
第 15 届夏季奥运会	1952 年	赫尔辛基			
第 23 届夏季奥运会	1984 年	洛杉矶	15	8	9
第 24 届夏季奥运会	1988 年	汉城	5	11	12
第 25 届夏季奥运会	1992 年	巴塞罗那	16	22	16
第 26 届夏季奥运会	1996 年	亚特兰大	16	22	12
第 27 届夏季奥运会	2000 年	悉尼	28	16	15
第 28 届夏季奥运会	2004 年	雅典	32	17	14
第 13 届冬季奥运会	1980 年	普莱西德湖			
第 14 届冬季奥运会	1984 年	萨拉热窝			
第 15 届冬季奥运会	1988 年	卡尔加里			
第 16 届冬季奥运会	1992 年	阿尔贝维尔		3	
第 17 届冬季奥运会	1994 年	利勒哈默尔			
第 18 届冬季奥运会	1998 年	长野		6	2
第 19 届冬季奥运会	2002 年	盐湖城	2	2	4
第 20 届冬季奥运会	2006 年	都灵	2	4	5

（2）参加奥林匹克运动的其他活动。

在体育技术方面，到 1992 年我国先后向 105 个国家和地区派出过乒乓球、羽毛球、体操、排球、跳水、武术等 25 个项目的教练员。据不完全统计，从 1978 年到 1992 年，我国共派出援外教练员 1 077 人次。近年来，我国有大批乒乓球、羽毛球、体操和排球运动员退役后到欧美各国留学或当教练员、运动员，对所在国家这些项目的发展做出了贡献。国际奥委会和国际乒联、国际羽联有关人士，对中国在这些项目发展中做出的贡献都给予了极高的评价。

此外，到 1992 年中国还为亚非拉和南太平洋地区的 36 个国家设计、施工、援建了 74 项大型体育设施（场、馆、池、运动员宿舍及配套设施）。从 1980 年到 1992 年，先后派出工程技术人员 3 000 余人。为了表彰我国在第三世界国家体育设施建设中做出的特殊贡献，国际奥委会主席萨马兰奇于 1986 年 4 月专程来华，将国际奥委会的最高荣誉奖——奥林匹克杯授予中国奥委会。

2. 举办第 11 届亚运会和申办 2000 年奥运会

（1）举办第 11 届亚运会。

1990 年 9 月 20 日至 10 月 6 日，第 11 届亚运会在北京举行。这是中国第一次主办的大型综合性国际运动会。运动会开得极为成功。这届运动会在历届亚运会中是参加代表团最多、参加运动员人数最多、比赛项目数最多（27 个大项、308 个小项、2 个表演项目）的一届。

（2）申办 2000 年奥运会。

改革开放以来，我国经济的持续发展、政治和社会的稳定、人民生活水平的不断提高、体育事业的巨大成就，以及北京亚运会的成功举办，大大提高了我国在国际上的地位和在国际奥林匹克运动中的影响，中国已具备了承办重大国际比赛和 2000 年奥运会的能力。

1991 年 2 月 26 日，中国奥委会和北京市决定向国际奥委会提出在北京举办 2000 年第 27 届奥林匹克运动会的申请，并成立了北京 2000 年奥运会申办委员会。同年 12 月 4 日，北京申奥委代表在瑞士洛桑向国际奥委会主席萨马兰奇递交了承办申请书；1993 年 1 月 11 日又递交了正式的申请报告。虽然，北京最终以两票之差输给了悉尼，未能成为最后的幸运者，但却向世界表示了中国人民要为人类的发展做出更大贡献的决心，申办活动对中国奥林匹克运动的发展起到了极大的促进作用。

3. 2008 年在北京举办奥林匹克运动会

1998 年 11 月 25 日，隆重而庄严的“北京市向中国奥委会递交申办 2008 年奥运会申请书仪式”在人民大会堂举行，北京市正式宣布申办 2008 年第 29 届奥运会。1999 年 1 月 6 日，中国奥委会召开全体会议，按照国际奥委会规定的程序对北京市的申请进行了审议和批准，一致通过了北京的申办奥运会的申请。1999 年 4 月 6 日，中国奥委会主席伍绍祖和北京市市长刘淇等一行赴瑞士洛桑国际奥委会总部，向国际奥委会递交了北京市承办 2008 年奥运会的申请书。中国北京再次站在了申办奥运会的起跑线上。

2000 年 8 月 28 日，北京入选为第 29 届奥运会 5 个申办城市之一。北京、巴黎、多伦多、大阪和伊斯坦布尔 5 个城市站在同一条起跑线上，开始向 2008 年奥运会的主办权进行最后的冲刺。

自此，从 2 000 多份应征作品中脱颖而出的北京申奥会徽——由五星、五环和太极拳动作幻化而成的图案，出现在大街小巷、车站、机场、机关、学校、商场……北京的申奥口号——新北京、新奥运（new beijing，great olympics），在全北京、全中国、全世界叫响。

2000 年 10 月 16 日上午 10 时 40 分，尼日利亚籍的国际乒联副主席乔治·塞贡和国际乒联市场部主任、加拿大人特斯特罗姆抵达中国，就北京申办 2008 年奥运会有关乒乓球比赛的场馆建设等问题进行了实地考察。从这一天到 12 月底，28 个国际体育单项组织陆续来京考察。

2001 年 1 月 16 日，以秘书长王伟为团长的北京奥申委代表团，带着这凝聚了 200 多人经过 100 多个日日夜夜奋战的心血结晶的《申办报告》，飞赴洛桑，交给国际奥委会。《申办报告》共分 18 个部分，前 17 个部分包括国家和城市特点、法律、海关入境、财政、环保、市场开发、体育竞赛、奥运村、交通、安全、技术、新闻、医疗卫生、残奥会等方方面面，可谓是一部内容丰富的“百科全书”，它全面反映了北京与中国的现状和前景。

2001 年 2 月 20 日至 25 日，由各方面专家、各国际单项体育联合会主席、运动员代表等组成的国际奥委会评估团一行 17 人第一个考察了北京，中国首都给他们留下了深刻而美好的印象。

2001 年 7 月 13 日上午 9 点 30 分起，5 个申办城市分别进行 45 分钟的陈述，这是申办城市第一次和唯一一次直接面对国际奥委会全体委员，它对随后的投票表决具有重要意义。

从莫斯科时间下午 5 点 30 分（北京时间晚 9 点 30 分）起，紧张的投票工作开始了。北京时间 7 月 13 日晚 22 点 08 分，当萨马兰奇打开那个信封后，一个坚定而雄浑的声音传遍全世界："下面我宣布：主办城市是——北京！"

奥运会选择北京，世界看好中国。正如国际奥委会在评估报告中评价：2008 年北京奥运会，"将给中国和世界体育留下独一无二的宝贵遗产"。在占世界人口 1/5 的中国举办奥运会，是有史以来的第一次，奥林匹克运动将更大规模地普及，奥林匹克精神会更广泛地弘扬。中国是有着五千年悠久历史的文明古国，北京是有着三千多年历史的文化古都，举办奥运会将促进东西方文化的交流，增进中国人民和世界人民的交往，促进奥林匹克运动的进一步发展。

举办 2008 年奥运会是我国在新世纪的一次重要机遇。

第一，奥运会能增强一个民族的凝聚力。一个国家能否举行一次盛大的奥运会，是一个国家实力的显示。奥运会申办成功，是一个国家政治、外交、体育事业上的胜利，它能充分激发一个民族和一国人民的自豪感和荣誉感。为了把奥运会办好，我国人民会同心同德，万众一心，把国家和申办城市建设得更加美好。

第二，奥运会能带动经济的高速发展。尽管金钱无法凌驾于奥林匹克精神之上，但谁也无法忽视奥林匹克运动蕴藏的对经济发展的巨大推动力。国家统计局公布：北京申办成功后，从 2002 年起到 2008 年，中国经济增长速度每年将增长 0. 3 个百分点。

奥运会还创造了大量的就业机会，在一定程度上缓解了举办国，特别是举办城市失业人口的压力。如洛杉矶奥运会创造就业机会共 2. 5 万个，汉城奥运会给 3. 4 万人提供了工作。若按照汉城奥运会的六倍计算，北京总体增加的就业人数可达 150 万人。

第三，促进我国体育事业的发展。申奥的成功最大的受益者应属体育产业。奥运会需要各种体育器材、设备用品等物资。体育产业和其他产业有较强的产业关联度，因而除了直接的产品消耗外，体育产业与其他产业在边沿交叉上将形成体育广告业、体育旅游业、体育博彩业等行业的发展机遇。此外，可以推动我国的体育体制改革的进程。我国体育体制改革的主要问题就是如何与国际现代体育接轨。举办奥运会，在与各个国际和国家体育组织的广泛交往过程中，学习别人先进的体育管理理念，会促使我国的体育组织得到发展与完善。

第四，举办奥运会还为一个国家树立良好的国际形象提供难得的机会。韩国由于成功地举办了奥运会，其国际形象得到极大改善。随之而来的是进出口贸易扩大，经济、技术交流加速发展，国际信用评价部门对韩国的信用评价指数也相应提高。2008 年，中国人以自己独特的方式让世界了解美丽而古老的东方文明古国，了解中国文化的精华，了解经历了百年沧桑的东方文化的神韵，了解中国人民渴望和平安宁和寻求世界文化多样性的意愿。

第五，举办城市的环境、设施将得到极大的改观。北京为迎接奥运会，将建设体育场馆、修建道路、增加通信设施、治理环境污染等。那时，北京的天空会更蓝，水会更清，空气会更新鲜，生态环境会得到根本的改善；北京的交通更发达，形成市中心向周围辐射的交通网；新建的体育场馆将成为北京又一道亮丽的风景。群众性的体育活动随着人们生活质量的提高更加活跃，更加普及。

实践篇

第六章 田径运动

第一节 田径运动概述

一、田径运动的定义与功能

1. 田径运动的定义

田径运动是人类从走、跑、跳跃和投掷自然运动的基础上发展起来的，是用于健身和竞技的身体运动和竞技项目。也就是说田径运动包括田径健身运动和田径竞技运动。

田径运动是以发展人类的基本运动能力、提高身体的健康水平为目的的，是人类以自身的走、跑、跳跃和投掷这些劳动生产的基本技能和身体活动发展起来的健身手段、方法或运动方式。田径运动又是以“更快、更高、更远”为目标，以当代科学技术和专业基础理论为基础，不断挑战人类运动能力的极限，是人类体育运动文化的重要组成部分，是人的走、跑、跳跃和投掷等基础运动能力的升华和典型表现。

田径在国际上和在人们的头脑中出现最多和影响最深的是竞技运动项目。世界竞技运动的权威机构国际田径竞技组织机构——国际业余田径联合会将田径竞技的范围解释为“田赛和径赛、公路赛跑、竞走和越野赛跑”。由此可见，国际上的“田径”，实际上指的是“田径竞技”。很多国家的“田径”都是指从人们走、跑、跳、投等生活技能中发展起来的一种竞技运动项目。因此，我国有的田径教材将田径运动解释为“田径运动的内容包括男女竞走、跑、跳跃和投掷等40多个单项以及由跑、跳、投部分项目组成的全能运动。以时间计算成绩的竞走和跑的项目叫“径赛”；以高度和远度计量成绩的跳跃和投掷项目叫“田赛”。“径赛”和“田赛”总称为“田径运动”。

在我国，“田径运动”这个词是从英文Track and Field Sport翻译和演变而来的。英国人把在运动场跑道上进行的赛跑和在运动场中间进行的跳跃、投掷比赛称为Track and Field Sport。Track的中文意思为“小路”（径），Field的中文意思为“田地”。19世纪末，欧美体育传入中国时，我们将Track and Field Sport翻译为“田径赛”，以后演变为“田径运动”。

虽然我国的“田径运动”是由外国的“田径竞技”翻译和演变而来的，但是，目前我国的“田径运动”与外国的“田径竞技”在含义上已有所不同。按照中国人对田径运动约定俗成的概念，不仅竞技的走、跑、跳跃和投掷是田径运动，而非竞技用于健身的走、跑、跳跃和投掷也是田径运动。

田径运动具有两种属性，即竞技属性和健身属性。两种属性的田径运动，有很多相同之处。例如，都是人体走、跑、跳跃和投掷的运动形式；对人的身心发展都有一定的影响等。但是，它们却有着本质的区别（表 6-1-1）。只有认识和区别两种不同属性的田径运动，并按照各自的原理、原则依法去运行，才能促使田径运动健康发展，才能使我们更好地发挥田径运动的功能和作用。

表 6-1-1　　两种属性田径运动的区别

健身属性	竞技属性
① 面向广大群众，以锻炼身体、增进健康、增强体质为目的； ② 掌握基本技术，追求锻炼身体的最佳效果； ③ 有专门的健身原理、原则和方法； ④ 根据年龄、性别、健康状况，确定不同内容、形式和方法； ⑤ 要服从增进健康、增强体质和教育的要求； ⑥ 对运动场地、器材的规格没有严格的要求。	① 面向运动员，以提高运动成绩，比赛获取优胜为目的； ② 追求最佳化的技术和优异的运动成绩； ③ 有专门的训练原理、原则和方法； ④ 有专门的比赛项目、形式和方法； ⑤ 有严格的竞赛规则要求； ⑥ 要保证安全和讲究卫生。

2. 田径运动的功能

（1）健身功能。

田径运动是一项易于在群众中开展且健身价值较高的运动项目。经常系统地参加田径运动锻炼，能提高人体走、跑、跳跃和投掷等基本活动技能的水平；能促进人体正常生长发育和各器官、系统机能的发展；能全面发展速度、力量、耐力、灵敏和柔韧等身体素质。由于田径运动多在户外进行，使人体更多地受到日光、空气等自然条件的影响，能提高人体对外界环境变化的适应能力。由此可见，田径运动是一项健身功能很强的运动项目，是人们增进健康、增强体质、推迟衰老和延年益寿的重要手段。因此，田径运动不仅是我国《国家体育锻炼标准》中的主要内容，也是我国各级各类学校体育课教材的主要内容。

（2）竞技功能。

竞技体育是社会文化不可缺少的组成部分，每年在国内和国际上举行的田径运动竞赛很多。在大型综合性运动会上，田径项目奖牌数最多，影响最大，故有“得田径者得天下”之说。田径竞技运动的功能在于推动田径运动的普及，加强国内和国际交往，提高国家威望，振奋民族精神。对观众来说，则起到消遣、娱乐和教育的作用等。另外，著名田径运动员所产生的明星效应，对提高田径运动的商业价值，激活田径竞赛表演市场，促进田径竞技运动按产业化方式运作，起着积极的推动作用。

（3）基础功能。

田径运动的基础功能表现在 3 个方面。首先，当进入发达社会以后，生产力高度发展，人类已从原始社会时依靠走、跑、跳跃和投掷获取生活资料和延续生命中解脱出来，但是人类永远不会摆脱依靠走、跑、跳跃和投掷等基本活动技能去提高人类的生活、生存和生命的质量。其次，很多运动项目都离不开走、跑、跳跃和投掷等动作，田径运动成为很多运动项目的基础。再次，由于田径运动能有效和全面地发展人的各种身体素质，而身体素质全面发展的水平越高，对于各项运动的技术发展和运动成绩的提高也越能起积极和决定性作用。因此，很多竞技项目都把田径运动作为体能训练的重要手段，使田径运动成为提高各种竞技项目运动水平的基础。

（4）教育功能。

由于参加田径运动练习要承受一定的生理负荷和心理负荷，还要遵循一定的练习方法、要求和规则，接力跑项目还需集体协同作战，因此能培养良好的思想、心理品质。另外，在从事田径运动教学、锻炼、训练和竞赛过程中还有很多进行思想品德教育和培养心理品质的因素。因此，田径运动就成为进行精神文明教育的一种有力手段。通过田径运动教学、锻炼、训练和竞赛，能对学生和运动员进行爱国主义、集体主义等方面的教育，同时能培养竞争意识和勇敢顽强、吃苦耐劳的优良品质。

二、田径运动的特点

1. 田径运动包括人体基本运动的主要技能

走、跑、跳和投掷是人类生活和劳动的重要技能，是田径运动项目中最基本的活动形式。通过田径运动锻炼可以提高人们适应社会的能力，提高工作效率。而这些自然动作和技能的培养对学习和掌握田径运动各项技术也是十分有利的。

2. 田径运动是奥运会金牌最多的项目

田径运动项目广泛、众多，共有50多个单项，在奥运会比赛中被称为金牌大户。近些年女子田径项目还在增加，有赶上男子田径运动项目数量的趋势。

3. 田径运动是各项竞技运动的基础

首先，从历史上看，田径运动的历史最长，田径运动的发展为其他运动项目的发展奠定了基础。其次，很多运动项目都离不开跑、跳和投掷等动作的基本训练，都需要速度、力量、耐力、柔韧和灵敏等身体素质，而田径运动能有效和全面地发展人的各种身体素质，因此，很多竞技项目都把田径运动作为身体训练的重要手段，使田径运动成为提高各项目运动水平的基础。

4. 田径运动属于室外运动

各种体育运动项目中，有的属于室内运动项目，有的属于室外运动项目，尽管田径运动也有室内田径比赛，但是田径运动多是户外活动，因此可以使人体更多地受到日光、空气等自然条件的影响，从而提高人体对外界环境的适应能力。

5. 项目要求个体形态、素质差异较大

田径运动为了出好成绩，所要求的形态、主要素质和技术，在各专项之间区别较大。例如，中长跑运动员要求体重轻、吸氧及缺氧耐受能力强；跨栏运动员要求个子高、腿部力量强、动作灵敏协调，等等。这在其他运动项目中是少见的，所以一定要精心做好选材工作。

6. 需要精神高度集中，发挥顽强的斗志

短跑和田赛各项目，在转瞬之间完成动作，所以在平时训练中，需要在心理上、精神上高度集中的条件下练习技术。径赛项目的中长跑及马拉松运动员，在训练和比赛中要培养坚忍不拔、顽强拼搏的意志力，才能成为优秀的运动员。

第二节　田径运动的分类

田径运动包括男、女竞走、跑、跳跃、投掷 40 多个单项，以及由跑、跳跃、投掷部分项目组成的全能运动。

以时间计算成绩的竞走和跑的项目叫“径赛”。以高度和远度计算成绩的跳跃、投掷项目叫“田赛”。田径运动是径赛、田赛和全能比赛的合称。

田径运动的分类和项目如表 6-2-1、表 6-2-2、表 6-2-3、表 6-2-4 所示。

表 6-2-1　　**走、跑**

项　目	距　离					
	成　年		少　年			
	男子组	女子组	男子甲组	男子乙组	女子甲组	女子乙组
竞走	20 公里 50 公里	5 公里 10 公里				
短距离跑	100 米 200 米 400 米	100 米 200 米 400 米	100 米 200 米 400 米	60 米 100 米 200 米	100 米 200 米 400 米	60 米 100 米 200 米
中距离跑	800 米 1 500 米 3 000 米	800 米 1 500 米	800 米 1 500 米 3 000 米	400 米 800 米	800 米 1 500 米	400 米 800 米
长距离跑	5 000 米 10 000 米	3 000 米 5 000 米 10 000 米			3 000 米	
跨栏跑	110 米栏 （1.067 米） 400 米栏 （0.914 米）	100 米栏 （0.84 米） 400 米栏 （0.762 米）	110 米栏 （0.914 米）	110 米栏 （0.914 米）	100 米栏 （0.84 米）	100 米栏 （0.762 米）
障碍跑	3 000 米					
马拉松	42.195 千米	42.195 千米				
接力跑	4×100 米 4×400 米	4×100 米 4×400 米	4×100 米 4×400 米	4×100 米	4×100 米	4×100 米

表 6-2-2 跳 跃

项 目	男子组	女子组	备 注
高度	跳高	跳高	少年男、女甲组与成年男、女组项目相同
	撑竿跳	撑竿跳	
远度	跳远	跳远	
	三级跳远	三级跳远	

表 6-2-3 投掷

	成 年		少 年			
项 目	男子组	女子组	男子甲组	男子乙组	女子甲组	女子乙组
铅球	7.26 千克	4 千克	6 千克	5 千克	4 千克	3 千克
标枪	800 克	600 克	700 克	600 克	600 克	500 克
铁饼	2 千克	1 千克	1.75 千克	1.50 千克	1 千克	1 千克
链球	7.26 千克	4.0 千克	6.0 千克	5.0 千克	4.0 千克	3.0 千克

表 6-2-4 全 能 运 动

组别	项 目	内容和比赛顺序
成年男子	十项全能	第一天 100 米、跳远、铅球、跳高、400 米 第二天 110 米栏、铁饼、撑竿跳高、标枪、1500 米
成年女子	七项全能	第一天 100 米栏、铅球、跳高、200 米 第二天跳远、标枪、1500 米
少年男甲	五项全能	跳远、标枪、200 米、铁饼、1 500 米
少年女甲	五项全能	第一天 100 米栏、铅球、跳高 第二天跳远、标枪、800 米
少年男乙 少年女乙	三项全能	100 米、铅球、跳高

第三节 短 跑

一、技术要领

短跑属极限强度运动，短跑比赛项目包括 60 米、100 米、200 米、400 米，是发展速度素质最有效的手段，短跑全程按技术动作变化可分为起跑、起跑后加速跑、途中跑和终点跑四个部分。

(一) 100 米跑的技术

1. 起跑

起跑的任务是使身体迅速摆脱静止状态，为起跑后加速跑创造条件。田径规则规定，在短跑比赛中运动员必须采用蹲踞式起跑，必须使用起跑器。运动员要按发令员的口令完成起跑动作。

安装起跑器的目的是使脚有牢固的支撑，形成良好的用力姿势，有利于获得较快的起跑速度。

起跑器的安装方法常有普通式、接近式和拉长式 3 种。

前起跑器抵足板与地面的夹角为 45°左右，后起跑器为 60~80 厘米，两个起跑器之间宽约为 15 厘米。

运动员采用哪种起跑器和安装方法应根据个人的身高、体形、身体素质和技术水平等情况来选择，其目的是使运动员能充分发挥肌肉的最大力量，以获得最大初速度，有助于加速跑的完成。起跑过程包括“各就位”、“预备”和鸣枪三个阶段。

听到“各就位”口令后，运动员稳定一下自己的情绪，走到起跑器前，俯身，两手撑地，两脚依次踏在前后起跑器的抵足板上，将有力脚放在前面，后腿跪地。然后两手收回到起跑线后，两臂伸直，两手间距离与肩同宽或比肩稍宽，四指并拢或稍分开和拇指成“人”字形，身体重心稍前移，肩约与起跑线齐平，头与躯干保持在一条直线上，颈部自然放松，身体重量均匀地落在两手、前腿和后腿之间，注意听“预备”口令。

听到“预备”口令后，逐渐抬起臀部，臀部要稍高于肩部 10~20 厘米，同时使身体重心向前上方移动。此时，身体重心落在两臂和前腿上，身体重心投影点在距起跑线 15~20 厘米处，两小腿趋于平行，前腿膝角为 90°~100°，后腿膝角为 110°~130°。两脚贴紧在前后起跑器抵足板上，集中注意力听枪声。

听到枪声后，两手迅速推离地面，屈肘做有力地前后摆，同时两腿快速用力蹬起跑器。后腿快速蹬离起跑器后，便迅速屈膝向前上方摆出。摆出时腿不应离地面过高，这有利于摆动腿迅速着地并过渡到下一步。前腿有力地蹬伸，后蹬角为 42°~45°(图 6-3-1)。

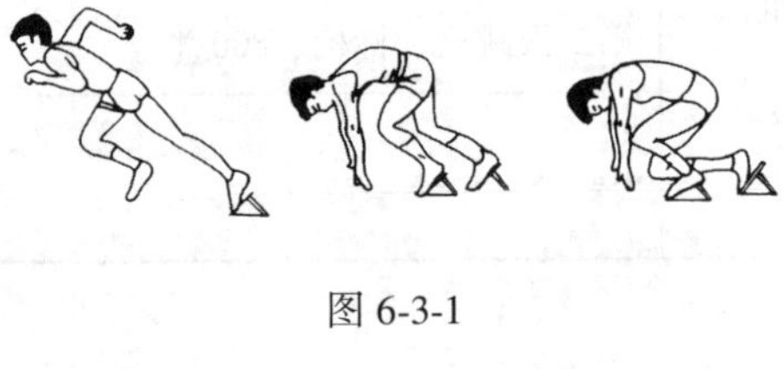

图 6-3-1

2. 起跑后的加速跑

起跑后的加速跑是从蹬离起跑器到途中跑开始的一个跑段，一般为 30 米左右，其任务是尽快加速达到自己的最高速度。

起跑后第一步约为三脚半长，第二步约为四脚至四脚半长，以后逐渐增大，直至途中跑的步长。脚蹬离起跑器后，身体处于较大的前倾姿势，为了不使身体向前摔倒，继续加速，要积极加快腿与臂的摆动和蹬地动作，保持身体平衡。

加速跑的最初几步，由于运动员的身体由静止状态开始起动，跑的速度还较低，所以两脚的着地点并非在一条直线上，随着速度的加快，两脚着地点逐渐趋于一条直线。

3. 途中跑

途中跑的任务是继续发挥和保持最高跑速。加速跑结束后即进入途中跑，一个单步由后蹬、腾空、着地和缓冲几个部分组成。

（1）后蹬和前摆。

后蹬是推动人体向前的重要动作。当身体重心移至支撑垂直面时，支撑腿开始积极有力地后蹬。后蹬的用力从伸展髋关节开始，依次蹬伸膝、踝关节，直到脚掌蹬离地面。随着支撑腿的蹬地，摆动腿迅速有力地向前上方摆出，并带动同侧髋前移。

支撑腿与摆动腿的协调配合是途中跑的技术关键。正确完成蹬摆技术，特别是加快摆动腿前摆的幅度和速度，对于增大支撑反作用力、减小支撑腿的后蹬角度、增大水平速度和减小身体重心上下波动具有十分重要的作用。

（2）腾空。

腾空是支撑腿结束后蹬离地面，进入无支撑状态。即当左腿离地折叠前摆时，右腿的摆动已接近最高位置，当右腿摆至最高点后，大腿积极下压，小腿随大腿快速摆落，成“鞭打”着地，与此同时，左腿大小腿夹角逐渐缩小，在右腿着地前左膝角接近最小。在大腿摆落过程中，应强调前后两大腿做快速“剪绞”动作，以便加快步频。途中跑中，头部正直，上体前倾，摆臂动作是以肩为轴前后摆动，颈肩应放松，手成半握或伸直，臂弯曲，上臂与前臂约成90°。前摆时，肘关节角度小于90°，后摆时，肘关节角度大于90°，前后摆动应自然、有力。

（3）着地和缓冲。

腾空结束时，摆动腿积极下压，用前脚掌富有弹性地着地，着地瞬间小腿与地面接近垂直。摆动腿积极着地有利于缩短前脚掌支撑的时间，并能减小着地时的阻力，身体重心迅速前移转入后蹬阶段。然后迅速屈膝、屈踝缓冲，随着跑动惯性，摆动腿大小腿折叠，迅速向前摆动并与支撑腿靠拢。

在支撑腿缓冲过程中，摆动腿的大小腿折叠角处于最小状态，折叠越好，越能缩短摆动半径，减小摆动阻力，加快摆动速度，从而增加后蹬效果。

（4）终点跑。

终点跑是全程跑的最后一段，要求运动员在离终点线15~20米处时，尽力加快两臂摆动速度和力量，保持身体前倾角度。当运动员离终点线前一步距离时，上体急速前倾，双手后摆，用胸部或肩部撞终点线。跑过终点后逐渐减速。

（二）200米和400米跑的技术

200米和400米跑，有一半以上的距离是在弯道上进行。为了适应弯道，技术上应有相应的变化。

（1）弯道起跑和起跑后能有一段直线距离进行加速跑，应将起跑器安装在弯道的跑道右侧，起跑器对着弯道的切线。

弯道起跑后前几步应沿着内侧分道线跑。加速跑的距离适当缩短，上体抬得较早。

（2）弯道跑技术。运动员从直道进入弯道时，应尽可能沿着跑道内侧跑，身体应有意识地向内倾斜，加大右侧腿和臂的摆动力量和幅度。后蹬时，右腿用前脚掌的内侧，左脚用前脚掌外侧蹬地。两臂摆动时，右臂前摆稍向左前方，后摆时肘关节稍偏向后方，左臂稍离躯干做前后摆动。弯道跑的蹬地与摆动方向都应与身体倾斜方向趋于一致。

从弯道跑入直道时，应在弯道最后几步，身体逐渐减小内倾程度，自然跑几步，然后全力向前跑。

二、练习方法

（一）途中跑技术练习

练习 1：原地脚分前后站立个人摆臂练习。

练习 2：原地脚分前后站立，在教师统一口令或其他信号下摆臂练习。

练习 3：原地两脚提踵站立开始，原地小步跑练习。上体保持正直、髋、膝、踝三关节伸展，脚、膝正对前方，上下肢动作配合协调。

练习 4：两脚提踵站立开始,原地高抬腿跑练习。练习时,注意大腿要高抬,两腿蹬直。

练习 5：两脚提踵站立开始，听到教师第一次信号后先原地做小步跑；听到第二次信号后再向前做行进间小步跑 10~15 米。脚落地要积极，方向正，并有“扒地”动作。

练习 6：两脚提踵站立开始，听到教师第一次信号后先原地做高抬腿跑；听到第二次信号后再向前做行进间高抬腿跑 10~15 米。练习时，大腿要高抬，腿蹬直，身体重心高。

练习 7：行进间开始，先后蹬跑 15~20 米，然后过渡到中速跑 50~60 米。

（二）起跑和起跑后疾跑技术练习

练习 1：站立式起跑。

（1）原地脚分前后（有力脚在前）成小弓步站立，身体重心在前腿，上体稍前倾，两臂自然下垂。做手、脚配合站立式起跑练习。

（2）走动中突然俯身做站立式起跑。

（3）由站立式起跑姿势开始，听击掌或枪声起跑。

练习 2：蹲踞式起跑。

（1）一手支撑地面半蹲式起跑。练习时，用前脚异侧臂支撑地面，起跑后要快速摆臂，并保持疾跑时身体的前倾角度。

（2）两手反握肋木起跑和疾跑 10~20 米。

（三）终点跑技术练习

练习 1：快速跑 20~30 米直接过终点。

练习 2：中速跑 20~30 米结合胸部或肩部压线动作跑过终点。

练习 3：快速跑 40~60 米完成终点跑技术。

（四）弯道途中跑技术练习

练习 1：原地脚分前后站立，前腿稍屈膝，后脚前掌内侧着地做摆臂练习。练习时，内侧臂前后摆，外侧臂稍加大左右摆动的幅度。

练习 2：由直道开始逐渐进入弯道练习（直道跑 15~20 米，弯道跑 30~40 米）。内侧脚用脚前掌外侧着地，外侧脚用脚前掌内侧着地。

三、易犯错误及纠正方法

（一）“坐”着跑

纠正方法：

(1) 跑时上体应基本保持正直，腰部稍上提，背脊肌保持适度紧张。

(2) 加强后蹬跑和发展髋关节灵活性练习。

(二) 动作幅度小

纠正方法：

(1) 明确步幅与步频的合理关系。

(2) 加强高抬腿跑、后蹬跑等跑的专门性练习。

(三) "甩小腿" 跑

纠正方法：

(1) 注意摆动腿前摆动作和幅度。

(2) 加强小步跑、高抬腿跑等专门性练习。

(四) 摆臂紧张或方向不正

纠正方法：

(1) 多做原地摆臂练习，强调技术的正确性。

(2) 通过慢跑和中速跑等练习，改进摆臂技术。

(五) 跑的直线性差

纠正方法：

(1) 加强髋关节灵活性练习。

(2) 跑时注意蹬摆结合和送髋动作。

(六) 抢跑

纠正方法：

采用延长或缩短"预备"到鸣枪的时间进行起跑练习。

(七) 两腿蹬起跑器无力

纠正方法：

加强臂与腿的配合练习。

(八) 起跑后疾跑时上体抬起过早

纠正方法：

(1) 起跑时两臂要积极配合。

(2) 采用推肩起跑、拉拖车或拉胶皮带起跑等辅助性手段。

(九) 跳起撞线

纠正方法：

(1) 快速跑 20~30 米（不做撞线动作），自然跑过终点。

(2) 快速跑 20~30 米，结合撞线动作跑过终点。

第四节　接　力　跑

接力跑是田径运动中以集体形式出现的竞赛项目，是田径场上最具吸引力的项目之一。接力跑设置的项目一般为男、女 4×100 米接力跑和男、女 4×400 米接力跑。规则要求必须在 20 米长的接力区内完成传接棒动作。

一、技术要领

（一）4×100 米接力跑技术

1. 第一棒运动员采用蹲踞式起跑

一般用中指、无名指和小指握住棒的末端，用拇指和食指分开撑地，但接力棒不得触及起跑线及起跑线前面的地面。第二、三、四棒运动员多采用半蹲式或站立式起跑。接棒运动员起跑姿势的选择，主要取决于能否快速起跑，并能清晰地看到传棒选手以及设定的起动标志（图 6-4-1）。

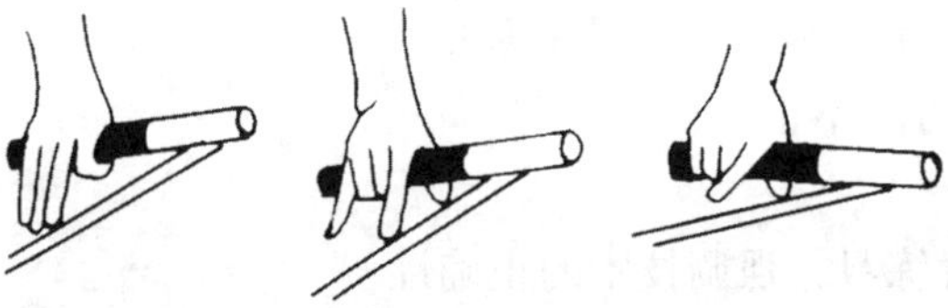

图 6-4-1

2. 传、接棒方法

传棒方法一般分上挑式、下压式和混合式三种。

（1）上挑式：接棒人手臂自然后伸，手臂与躯干成 40°~45°角，掌心向后，虎口张开朝下，传棒人将棒由下向前上方“挑”送到接棒人手中。此种方法的优点是接棒人手臂后伸的动作比较自然放松，易掌握。缺点是第二棒接棒后，手已握在棒的中部，这样不便于持棒快跑。另外，第三、四棒传接棒时，棒的前端已剩下不多，所以相对容易掉棒。

（2）下压式：接棒人手臂后伸，与躯干成 50°~60°角，掌心向上，虎口向后，拇指向内，传棒人将棒的前端由上向下“压”送到接棒人手中。这种方法的优点是每一次传接棒都能握住棒的一端，便于持棒快跑。缺点是接棒人在手臂后伸时相对紧张。

（二）4×400 米接力跑技术

4×400 米接力跑的传棒技术相对简单。由于接棒人最后跑速已不快，所以接棒人应顺其跑速接棒，然后再快速跑出。

二、练习方法

练习 1：原地手持接力棒摆臂，集体按教师口令做上跳式或下压式传棒动作。练习时，学生成前后两排左右错开站立，前排保持上挑式或下压式接棒的固定手势，后排按口令将棒用上挑式或下压式传至前排手中。

练习 2：学生成两列横队散开队形（前后两排错开）站立，在原地小步跑中做上挑式或下压式传接棒技术练习。

练习 3：学生成两列横队散开队形或成若干组，前后相距 2~2. 5 米（左右错开），在慢跑中做传接棒技术练习。

练习 4：学生分成若干组，在接力区内用快速跑进行传接棒练习。

练习 5：学生分成若干接力队进行 4×100 米接力跑比赛。

三、易犯错误与纠正方法

（一）传、接棒信号发出的过早或过晚

纠正方法：

（1）明确传、接棒时机，进行反复练习。

（2）传、接棒时要克服紧张情绪。

（二）标志线确定不准确，使接棒人起动过早或过晚

纠正方法：

根据传、接棒人的速度调整标志线位置，并反复进行练习。

第五节　跨　栏　跑

一、技术要点

起跨攻栏时，起跨腿要快速落地，并迅速蹬直髋、膝、踝三关节；摆动腿折叠后小腿前摆，上体前倾，异侧臂前伸；摆动腿过栏后大腿积极下压，同时起跨腿屈膝外展，经体侧迅速向前提拉，上体保持前倾，摆动腿的异侧臂向后划摆；下栏不制动，重心前移要快，栏间步节奏明显，步长稳定，重心高，速度快。

跨栏跑的距离和全力跑的生理负荷与短跑基本相同，它的技术结构属于非对称周期性运动。全程包括起跑至第一栏、跨栏、栏间跑和终点冲刺四个主要环节。项目包括：男子110米栏和400米栏，女子100米栏和400米栏。重点是栏上动作和栏间节奏。

二、练习方法

练习1：摆动腿动作练习。原地练习摆动腿屈膝高抬、前摆小腿再积极下压做扒地动作，使摆动腿的前脚掌在身体重心投影点前落地。由原地做过渡到行进间做，在栏边做摆动腿过栏练习。

练习2：起跨腿动作练习。扶肋木或墙，体侧处纵放一栏架，练习者位于栏立柱一脚左右，摆动腿脚跟与栏板平齐，上体前倾，起跨腿屈膝经腋下向前提拉，膝部提拉至身体正前方，身体不要扭转偏斜。练习动作速度由慢到快。栏侧做起跨腿过栏3~4个栏，栏距7~8米。先做走动过栏练习，再过渡到慢跑中完成过栏动作。

练习3：过栏时两腿的剪绞动作和上下肢配合练习。走或小步跑经栏上完成过栏动作，同时注意两手臂动作与过栏腿动作的配合；高抬腿跑完成过栏动作。

练习4：按栏间跑三步的合理比例和节奏连过多个栏练习。栏距和栏高先可降低标准，后逐步把栏距和栏高过渡到标准要求。

练习5：起跑过第一栏的练习，先用站立式起跑完成，再采用蹲踞式起跑完成这个练习，逐步建立栏前跑固定步数和步长的空间定位感。

练习6：逐步增加栏的个数，由三个栏——五个栏——八个栏——完成全程，提高连续跨栏的速度能力，形成良好的全程跑栏节奏。

三、易犯错误与纠正方法

(一) 直腿摆动攻栏

纠正方法:

(1) 讲清先屈后直的攻摆动作要领。

(2) 面对肋木、鞍马或墙等, 反复做攻摆练习。

(二) 摆动腿摆动方向不正或小腿绕过栏板

纠正方法:

(1) 摆动腿攻栏时要高抬腿, 加快速度。

(2) 在栏板上正确位置处放一标志物, 摆动腿过栏时, 足跟向着标志物完成动作。

(3) 用布带或皮筋代替栏板进行练习。

(三) 起跨腿后提, 下栏停顿

纠正方法:

(1) 反复做摆动腿攻栏、下压练习。

(2) 加强从栏架中间的过栏练习。

(四) 跳栏

纠正方法:

(1) 克服怕栏情绪。

(2) 调节起跨点距栏架的距离。

(3) 降低栏架高度或用皮筋、木棍等代用品练习过栏。

(五) 起跑至第一栏没踏上起跨点

纠正方法:

(1) 通过反复练习确定步长和步数。

(2) 降低栏架高度, 起跑后加大每步步长。

(六) 过栏时前倾不够或后仰

纠正方法:

(1) 改进攻摆技术, 强调身体前倾。

(2) 用语言信号提醒注意上体姿势。

第六节　中　长　跑

中长跑包括中距离和长距离跑。中距离跑对速度和耐力都要求较高, 而长跑以耐力为主。现代中长跑技术的特征为: 身体重心位移平稳, 动作实效、经济、轻松、自然, 并保持良好的节奏、高步频, 积极有效地伸髋和快速有力地摆动动作。

中长跑时, 应注意呼吸的节奏。呼吸的节奏取决于个人特点和跑的速度。一般是跑两步或三步一呼气, 跑两步或三步一吸气, 随着跑速的提高, 呼吸频率也相应加快。在强度大、竞争激烈的情况下, 应采用半张口与鼻同时呼吸来最大限度地满足机体对氧气的需要。中长跑时, 由于内脏器官机能的惰性, 氧气的供应暂时落后于肌肉活动的需要, 跑一段距离后会不同程度地出现胸部发闷、呼吸困难、动作无力等现象, 迫使跑速降低, 甚至有难以坚持下去的感觉。这种生理现象叫“极点”，它与准备活动、训练水平有关，训练水平高，内脏器官的适应能力强，“极点”出现就缓和、短暂。当“极点”出现时，可适当降低跑速，注意加深呼吸，同时要以顽强的意志坚持下去。

第七节　跳　远

一、技术要领

助跑要提高重心、高抬腿、富有弹性、节奏明显。最后几步要有积极向踏板进攻的意识。快速、准确是助跑技术的要点，节奏是完成这一要点的关键。技术动作由助跑、起跳、腾空、落地组成，重点为助跑和腾空步。动作姿势分为蹲踞式、挺身式、走步式（图 6-7-1）。

图 6-7-1

二、练习方法

练习 1：原地摆臂动作的模仿练习。两腿前后站立，起跳脚在前，起跳腿同侧臂以大臂带动小臂由后下方向前上方摆动；摆动腿同侧臂由前下方向后上方摆动。摆动时要做到耸肩带上体，头部正直，眼看前上方。

练习 2：原地摆动腿模仿练习。两腿前后站立，起跳腿在前。摆动腿前摆时，大小腿要充分折叠，大腿带髋向上高摆。踝关节自然放松，脚尖不得超过膝关节。两臂配合摆动。

练习 3：原地蹬摆结合练习。摆动腿在前，起跳腿前摆做着地动作。重心前移缓冲，当放脚缓冲后，重心和脚跟的连线垂直地面时，开始做蹬摆动作。摆动腿在蹬的基础上向前上方摆，起跳腿在摆的同时快速蹬伸髋、膝、踝关节。摆动腿可落在适当的台阶上。

练习 4：两步助跑起跳练习。两腿前后站立。起跳腿在前，摆动腿向前跑出第一步落地后，积极后蹬推动髋部迅速前移，起跳腿积极放脚起跳。同时，摆动腿积极前上摆，落地时摆动腿先着地。

练习 5：短、中距离的助跑起跳成腾空步练习。丈量步点，采用走步丈量法。先确定助跑步数，然后根据助跑步数确定走的步数。走的步数一般为跑的步数乘 2 减 2。例如：8 步助跑的步数确定：$8\times2-2=14$（走步）。助跑要做到“三高”：高重心、高频率、高速度。起跳要强调一个“快”字。

练习 6：利用俯角跳板或斜坡跑道的短、中程助跑起跳腾空步练习。

练习 7：中程助跑起跳和腾空落地的结合练习。

练习 8：全程助跑完整技术练习。在高速助跑的情况下，掌握好快速起跳。助跑步点要准确，空中动作要协调用力，落地要充分。每次练习时发现有错误动作应及时纠正。

三、易犯错误与纠正方法

（一）助跑步点不准

纠正方法：

（1）固定助跑的开始姿势，正确使用助跑标志。

（2）反复跑步点，在快跑中固定助跑的动作幅度、步频和节奏。

（3）在不同的气候和场地练习助跑，培养适应各种环境的能力。

（二）“制动式”起跳

纠正方法：

（1）强调起跳前保持跑的动作结构和起跳腿着地时的“扒地”动作。

（2）强调在快速跑过跳板的情况下起跳。

（3）在俯角斜板上进行跳远练习，做低平腾空轨迹的跳远练习。

第八节　三 级 跳 远

一、技术要领

第一跳要尽可能做到平稳和放松，保持良好的向前冲力，控制好身体平衡，落地放脚有积极的“扒地”动作。起跳腿蹬离地面时，做好双臂的制动动作。第二跳起跳离地后，完成“跨步”飞行自然腾空，一直延续到腾空的 2/3 处，后 1/3 为下次起跳作准备。第三跳用蹲踞式或挺身式跳远腾空和落地技术。

二、练习方法

练习 1：连续跨步跳练习。在整个跨步跳过程中，应做到动作幅度大而自然，持续时间较长。在腾空中段的 1/3 处可稍团身，以便在最后 1/3 处接着前摆和强有力地“扒地”和起跳。

练习 2：短距离助跑单足跳练习。4~6 步助跑起跳后，腾空中两腿换步，以起跳腿落入沙坑后继续跑进。重点体会空中换步时机和幅度。

练习 3：连续单足 3~5 级跳练习。控制好蹬地方向、跳跃的节奏和“扒地”落地，同时两臂要协调配合。

练习 4：连续做三步助跑起跳—单脚跳—腾空步动作。

练习 5：六步助跑三级跳远练习。助跑六步，在起跳板上起跳做单脚跳——跨步跳——跳跃动作。第一跳“平”，第二跳“远”，第三跳“高”。初学者应掌握好三跳的比例：一般为第一跳 35%，第二跳 30%，第三跳 35%。

练习 6：全程助跑完整三级跳练习，助跑采用 16~18 步助跑距离。助跑要快速、有节奏、准确。

助跑起跳快速、有力，摆动协调、快速、有力。三跳的起跳要牢固树立摆腿起跳的概念，手臂和摆腿动作积极有力。

三、易犯错误及纠正方法

（一）跨步跳时后坐

纠正方法：

加强力量练习，用跨步姿势越过某种高物或路上高物做起跳练习。

（二）第一跳腾空时过早地交换腿

纠正方法：

起跳保持适宜的腾空步后做交换动作。

（三）第二跳距离过短

纠正方法：

加强腿部力量练习，控制第一跳的距离，衔接好第二跳。

第九节 跳　　高

一、技术要领

助跑要积极加速、步点准、有弹性、节奏好。后段弧线助跑保持身体向内倾斜。过杆时形成较大背弓，充分利用身体重心腾起的高度和身体各环节之间的补偿作用。技术动作由助跑、起跳、过杆、落地组成。动作姿势分为跨越式、俯卧式、背越式。重点是助跑、起跳的结合，过杆动作（图 6-9-1、图 6-9-2）。

图 6-9-1

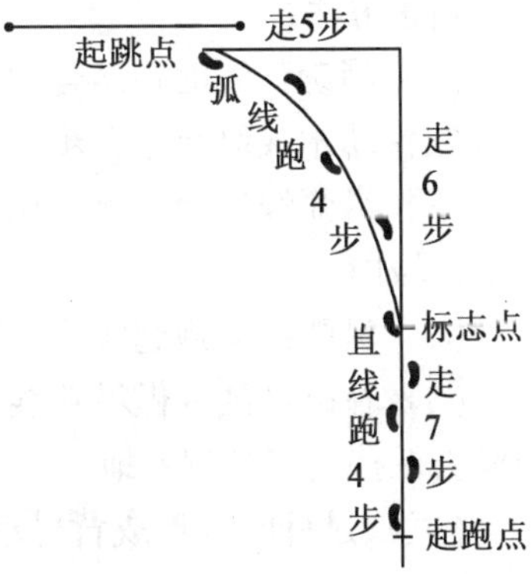

图 6-9-2

二、练习方法

练习1：利用跳箱仰卧做背弓成“桥”练习。

练习2：在垫子上原地站立，后倒背弓练习。

练习3：利用木马做背弓练习。背靠木马站立，然后腹部放松，肩后倒挺髋，成背弓仰卧在木马上，小腿自然下垂。

练习4：原地双腿跳起做后倒背弓练习。背对海绵包站立，然后双脚跳起，肩后倒挺髋，成背弓仰卧落在垫子上，先不要抬大腿，保持小腿自然下垂姿势。

练习5：原地双脚跳起做背弓过杆练习。背对海绵包站立，背后放一低横杆，屈膝半蹲，两臂在体侧后下方，两臂上摆，提肩提腰，两腿蹬伸跳起，肩后倒挺髋成背弓，小腿自然下垂。下落时，提大腿，甩直小腿。过杆后，以肩背落在海绵包上。

练习6：确定助跑步点，全程助跑起跳练习。

练习7：4步弧线助跑起跳成背弓练习。助跑起跳后，成背弓姿势，落在高于臀部的海绵垫上，小腿放松自然下垂。强调倒肩、放摆动腿的时机。

练习8：弧线助跑2~4步起跳背越式跳高练习。要求倒数第二步上体保持内倾。起跳脚着地，身体快速跟上，摆动腿迅速超过起跳腿，起跳积极有力。腾起后，肩部积极向上一向后一向下运动。髋上挺，在杆上形成较大的背弓。臀部过杆后，举腿上甩小腿，以肩背部落在垫子上。

练习9：4~6步助跑起跳过杆练习。

练习10：逐渐升高横杆高度的全程助跑背越式跳高完整技术练习。

三、易犯错误与纠正方法

（一）助跑最后两步减速

纠正方法：

（1）适当降低前段助跑速度，强调后4步助跑节奏。

（2）沿不同半径弧线进行加速跑练习。

（3）弧线助跑结合起跳练习。

（二）起跳时身体过早倒向横杆

纠正方法：

（1）明确弧线助跑结合起跳技术要领。

（2）肋木或墙前做上步起跳模仿练习，体会起跳时的肌肉用力感觉。

（3）沿弧线助跑起跳，用手、头、摆动腿、膝触高吊物练习，要求充分跳起后落在一定区域内。

（4）沿弧线助跑起跳后，落在较高的海绵垫上。

（5）在跳高区内做沿弧线助跑起跳练习。要求两脚踏在画好的助跑弧线上，身体向内倾斜保持到起跳脚着地。

（三）过杆时未形成背弓动作

纠正方法：

（1）原地后倒成背弓仰卧在垫子上，保持背弓动作。体会身体各部位的相对位置关系和肌肉用力的感觉。

（2）2~4 步助跑起跳后，下放摆动腿。

（3）2~4 步助跑起跳手触高吊物练习。

（4）助跑起跳后成背弓姿势，落在较高的海绵垫上。

（四）身体斜交叉过杆，不能形成背对横杆

纠正方法：

（1）摆腿练习。屈膝内扣，向异侧肩摆动，体会髋、腰、肩与摆腿协调配合。

（2）做放脚着地、重心和摆动腿迅速跟上、蹬伸起跳与摆动腿屈膝扣摆相配合的分解模仿练习。

（3）助跑起跳练习。最后两步落在弧线上，起跳离地时身体垂直于地面，提肩、拔腰、顶头，充分伸展，离地后自然转向背对横杆。

第十节 推 铅 球

一、技术要领

滑步时身体要平稳，腿部动作以摆带蹬，以压促收，低滑快落，与最后用力紧密衔接。推铅球是在直径为 2.135 米的投掷圈内，将铅球推在 40°角的扇形区之内。推铅球技术有侧向推铅球、背向推铅球、旋转推铅球。推铅球技术由五个方面组成：持球、预备姿势、滑步、最后用力、维持身体平衡。重点是滑步和最后用力技术（图 6-10-1、图 6-10-2、图 6-10-3）。

二、练习方法

练习 1：向下方推球。两脚左、右开立稍宽于肩，上体微前倾，左手托球，右手抵球，持球于胸前，而后挺胸、伸臂推球，上体随之下压，掌心向外。

练习 2：向前下方推球。两脚前后自然开立，上体直立，右手握持好球（也可用左手托扶住球），然后上体右转，挺胸、转肩、伸臂拨球，将球向前下方推出。

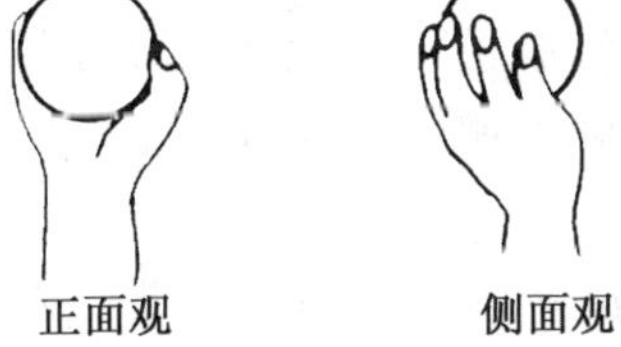

图 6-10-1

图 6-10-2

图 6-10-3

练习 3：徒手模仿出手动作。两腿前后开立，右臂模仿持球动作，两膝微屈，重心移至后腿，在后腿用力蹬伸并将重心移向前腿的同时，做转髋、转体、送肩、伸臂、拨腕的最后用力动作。完成动作后应稍停顿，以体会出手瞬间的肌肉感觉。

练习 4：原地正面推轻铅球。两脚前后开立，面对投掷方向握持好球。左脚在前，脚尖内扣约 30°，右脚在后，膝微屈。左臂前伸内旋，肩稍有转，含胸，做向前上方挺胸、送肩、伸臂、拨球动作，以体会下肢蹬伸发力和左侧支撑与右侧转体顶肩动作的用力配合。

练习 5：原地侧向推球。侧向推预备姿势站立，身体预摆 1~2 次后，接着做蹬伸起体、转体送肩、伸臂拨球动作，将球推出。

练习 6：原地背向推球。背向推铅球预备姿势站立，完成推球动作。技术要点同练习 5。

练习 7：蹬摆配合练习。

练习 8：预摆团身练习。练习时，左脚放松，以大腿带动小腿向后上方摆动 1~2 次后，左腿回摆并靠近右腿，此时，右腿屈膝下蹲成弓背团身姿势。

练习 9：背对投掷方向站立滑步练习。

练习 10：滑步对墙推实心球。滑步与最后用力动作要连贯，左腿支撑要积极、稳固。

练习 11：背向滑步推轻铅球。

练习 12：圈内背向滑步推铅球。动作幅度要大、协调、连贯、快速，用力充分。

三、易犯错误及纠正方法

（一）推铅球时臂用力过早，下肢和腰背肌群的力量发挥不充分

纠正方法：

（1）明确最后用力时髋部发力和自下而上的用力顺序。

（2）由教师或同伴顶住练习者右手掌，做原地最后用力的双人对抗模仿练习，体会用力顺序。

（3）原地对墙推实心球，强调积极蹬伸、抬体、转体、挺胸以及左侧支撑。

（二）最后用力时左肩侧倒或后转

纠正方法：

（1）做出手结束动作模仿练习。

（2）原地侧向或背向对墙推实心球。要求重心移向左腿，左侧积极有力支撑。

（3）由同伴顶住持球人异侧肩，帮助制动，做推球或推球模仿练习。

（三）滑步中未做出超越器械动作

纠正方法：

（1）两脚前后大开立，上体前倾稍右转，下体不动，只做收右腿内扣膝、脚尖收至臀下落地动作。

（2）左手握肋木或同伴的手，做滑步练习。要求右腿积极蹬伸并内收，两脚快速落地。

（四）滑步后停顿，与最后用力动作脱节

纠正方法：

（1）侧向或背向徒手滑步结合蹬伸抬体练习。强调低滑快落。

（2）采用较高姿势、较小幅度，持轻器械进行滑步推铅球练习。要求动作连贯，并逐步过渡到低重心、大幅度和标准场地、器材的完整技术练习。

第十一节　掷　标　枪

标枪原为古代的一种捕猎工具和武器，作为比赛项目最早出现在古希腊奥运会上，但当时的标枪，其形状、重量与投掷方法都不同于现在。1908 年第 4 届奥运会时，对标枪的规格与投掷技术做了统一的规定，逐渐形成了现代的掷标枪技术。男子标枪的第一个世界纪录是 62.32 米，由瑞典人创造，至 2005 年提高到 98.48 米。女子标枪于 1932 年被列入奥运会项目，现已从第一个世界纪录 43.68 米，提高到了 80 米。掷标枪技术是由握枪和持枪、持枪助跑、最后用力与缓冲三个部分组成的。

一、技术要领

助跑逐渐加速。投掷步第一、二步完成引枪；第三步下肢积极向前，形成大幅度地超越器械动作；第四步积极落地支撑，控制好标枪的角度与指向，沿标枪纵轴快速有力地“鞭打式”投枪；第五步缓冲维持身体平衡，避免犯规。

二、练习方法

练习 1：原地正面持枪，两脚前后开立，举枪于肩后，枪尖略低于枪尾，重心在右腿，做蹬伸右腿、挺胸挥臂“鞭打”出枪动作。要求枪出手后，落在正前方地面上。

练习2：原地侧向持枪，侧对投掷方向成原地引枪姿势，然后做提踵、顶膝送髋、抬臂翻肘成“满弓”、挺胸、挥臂“鞭打”投枪动作。主要体会用力顺序和强调主动地左侧蹬撑用力与挺胸、转肩沿标枪纵轴用力。

练习3：徒手或持枪连续交叉步练习。

练习4：预备姿势同练习3，然后做交叉步成最后用力前的预备姿势，注意三、四步的节奏性，交叉步要转肩不转髋，身体和持枪臂平稳并控制好枪的位置与指向。下肢积极向前完成超越器械动作。

练习5：交叉步掷枪，侧对投掷方向成原地引枪姿势，向前做交叉步结合最后用力掷枪练习。强调左脚主动快落和右脚落地后积极地屈蹬送髋，使交叉步与最后用力动作紧密衔接。

练习6：慢跑投掷步掷枪，持枪助跑4~6步后接做投掷步轻投枪动作。强调投掷步节奏清楚，身体平稳加速，动作协调连贯，左侧支撑积极有力，沿标枪纵轴用力。

练习7：投掷标枪完整技术练习，注意完整技术动作的紧密衔接。强调最后用力幅度大、速度快，沿标枪纵轴用力。

三、易犯错误与纠正方法

（一）投掷步阶段减速，助跑与最后用力衔接不连贯

纠正方法：

（1）适当调整预跑阶段的跑速。

（2）采用短助跑引枪结合交叉步练习，教师用语言或击掌信号，帮助学生形成正确的四步节奏。

（3）交叉步掷枪练习，强调交叉步后积极发力意识。

（二）最后用力掷枪时，力量不能通过标枪纵轴

纠正方法：

（1）反复做引枪交叉步练习，提高控制标枪的能力。

（2）利用橡皮带或持枪做交叉步成“满弓”的动作练习。

第十二节　掷　铁　饼

一、技术要领

开始旋转要低重心、大幅度。旋转过程中重心要平稳，不断加速，边旋转边向前。当右脚摆向圆心着地、右腿单腿支撑时，要不停顿地继续旋转。左膝外展靠近右膝沿小弧度迅速摆向中心线左侧落地支撑，形成大幅度地超越器械动作。在旋转至侧对投掷方向时，右脚应转变为以蹬伸为主，并边蹬伸边转向前。当重心移向左腿的同时，要抬头挺胸，左侧用力蹬撑，肩轴迅速超越髋轴，快速挥臂“鞭打”出饼。掷铁饼比赛在直径2.5米的投掷圈内进行。掷铁饼技术可分为握饼、预备姿势和预摆、旋转、最后用力和维持平衡四部分。掷铁饼时，在投掷圈内，通过上述一系列动作将铁饼掷出并落于40°角的扇形投掷区内。

二、练习方法

练习 1：直臂前后自然摆饼，左上右后摆饼，8 字摆饼，身前身后摆饼。

练习 2：竖直向上抛饼，竖直地滚饼。

练习 3：正面转肩挥臂练习。面对投掷方向，两脚左右开立稍宽于肩站立，两臂抬起，肩稍右转，两膝微屈，然后，两腿蹬伸，向前转肩挥臂。

练习 4：右手拉住约与肩同高的肋木或木桩等物，做两腿转蹬用力练习。

练习 5：正面原地掷饼。面对投掷方向，两脚左右开立稍宽于肩，右手持饼做左上右后预摆动作，当铁饼摆至右后方时，上体右转扭紧，两膝微屈，然后两腿蹬转、转髋、转肩、挥臂"鞭打"。

练习 6：原地侧向（背向）投掷铁饼。侧向站立，预摆至预备姿势，在左侧制动支撑配合下，右腿积极蹬转送髋，使重心移向左腿，同时挺胸、转肩、挥臂、将饼掷出。

练习 7：迈步转体，正面站立，右腿直线前迈，以脚前掌落地屈膝向内扣旋转，左腿屈膝靠近右腿以最短途径摆向直线左侧着地，头要正，身体垂直或稍前倾，右手远远留在右后方。

练习 8：跨步转体。正面站立，左脚在前，先左蹬右摆前跨，使右脚落地时屈膝内转，然后左脚沿最短途径前摆落成原地投掷预备姿势。连续做。

练习 9：正面旋转投掷。正对投掷方向，两脚前后开立（左脚在前），右手持饼或辅助器材，臂稍抬起约与肩高，先前移重心，然后左蹬右摆做跨步转体接原地侧向投掷动作。要求跨步转体与最后用力紧密衔接。

练习 10：侧向旋转投掷，侧对投掷方向，两脚左右开立稍宽于肩，预摆后身体重心由右腿移向弯曲的左腿，此时左膝、左脚外旋，以左侧为轴旋转 90°，两腿蹬摆前跨转体接原地侧向投掷最后用力动作。

练习 11：背向旋转投掷模仿练习。

练习 12：投掷圈内背向旋转投掷铁饼完整技术练习。要求整个投掷过程重心平稳、节奏清楚、动作连贯、不断加速、动作幅度大、速度快。

三、易犯错误与纠正方法

（一）预摆时不能将饼摆至水平或掉饼

纠正方法：

（1）放松肩臂，多做熟悉铁饼性能的练习。

（2）持饼做蹬转腿、扭转躯干移动身体重心、带动投掷臂摆动的练习。

（二）最后用力时，左肩后转或侧倒

纠正方法：

（1）明确左侧支撑动作要领，多做重心由右腿移到左腿时左侧制动蹬撑模仿练习。

（2）多做抬头挺胸转肩与左侧制动支撑配合练习。

（三）旋转结束时，不能形成大幅度超越器械动作

纠正方法：

（1）明确超越器械技术要领。

（2）多做上步转体练习，明确并体会左腿前摆路线，强化快摆落地意识。

（3）身体右侧靠近肋木，做上步转体练习。要求结束动作髋向前转送，肩轴与肋木平行。

（四）旋转与最后用力衔接不好

纠正方法：

（1）左腿单腿支撑旋转“换步式”过渡到右腿支撑旋转练习，要求右腿前摆不要离地过高。

（2）侧向、背向徒手或持辅助器械，当旋转至面对投掷方向时，做上步转体接最后用力动作模仿练习。

第十三节　田径运动基本竞赛规则

一、径赛项目的有关规则

（1）参加径赛项目的比赛，运动员必须按时到赛前控制中心检录。凡服装、号码、钉鞋及随身携带的旅行包等物品不符合要求者，不允许其入场比赛。凡点名不到者，取消其比赛资格。

（2）400米及400米以下的项目（包括4×400米接力的第一、二棒，4×100米接力的第一、二、三棒）和800米跑，均为分道跑和部分分道跑，道次由大会抽签决定。比赛中运动员应自始至终在各自的分道内跑。跑出自己的跑道，而从中获得实际利益或阻挡、撞别人则应取消其比赛成绩。

（3）400米及400米以下的项目（包括4×400米、4×100米接力的第一棒）运动员必须采用蹲踞式起跑，并使用起跑器。起跑时，运动员必须完全在自己的分道内和起跑线后做好准备姿势，双手和一个膝盖必须触地，双脚必须接触起跑器。起跑的口令为“各就位”、“预备”，后鸣枪。

（4）400米以上的项目，运动员不得使用起跑器，应采用站立式起跑。起跑的口令为“各就位”，后鸣枪。站立式起跑时，双脚必须与地面接触。由分道跑转入不分道跑时，必须跑过抢道标志后，方可切入里道。

（5）接力跑比赛，运动员必须手持接力棒跑完全程，如发生掉棒，必须由掉棒运动员拾起。在所有接力赛跑中，必须在接力区内传送接力棒。传棒后离开跑道时，不得影响他人跑进，不得通过推动或接受其他方式的助力，否则，均应取消其比赛资格。

（6）4×400米接力比赛时，第三、四棒运动员接棒顺序的排列（由里向外），是以前棒运动员到达200米起点处的先后顺序为准。顺序排定后，不得变更。

（7）跨栏跑比赛，运动员在过栏时，脚或腿不得低于栏顶的水平面，不准跨越他人的栏架，也不准有意地用手推倒或用脚踢倒栏架。

（8）障碍跑比赛，运动员必须越过或涉过水面。不得踏上水池两边中的任一边，或在过栏时其脚或腿低于栏架顶端水平面，违者，均应取消其录取资格。

（9）400米以上的项目比赛时，凡有任何形式的伴跑、听取非大会指定人员的报时、借故缩短比赛距离者，均应给予警告或取消比赛资格和录取资格的处罚。

(10) 任何径赛项目，如参加人数较多，可先举行分组预、次赛或复赛。分道跑的径赛项目，最后选 8 人进行决赛。在弯道上起跑的（即 1 000 米以上的项目），运动员超过 12 人时，则同时在两条起跑线上起跑，65%的运动员在常规起跑线上起跑，起跑后切入第 1 道；35%的运动员在外侧一半跑道起跑线处起跑，跑过抢道标志线后，方可切入第一道。

(11) 径赛项目均按决赛成绩的优劣判定比赛名次，计取径赛成绩的方法是，从看到发令枪烟或闪光时开动秒表，到运动员躯干（包括头、颈、手、臂、腿、脚）到达终点线后沿的垂直面时停表。

二、田赛项目的有关规则

(一) 田赛项目的比赛通则

(1) 检录。田赛项目的比赛，检录工作由田赛裁判员负责。运动员的服装、号码、钉鞋等不符合规定者，不允许其入场比赛。检录不到者，取消其比赛资格。

(2) 及格赛。如参加比赛的人数过多，可先举行及格赛。及格赛的成绩不作为正式比赛的成绩，但打破纪录，符合规则要求的，予以承认。及格赛的标准由大会决定，并事先公布。高度项目的及格赛，每一个高度允许试跳 3 次；远度项目，每人只许试跳或试掷 3 次。一旦达到及格标准，即不用继续参加及格赛。

(3) 田赛项目的正式比赛，运动员试跳、试掷的顺序，由大会抽签排定。参加的人数超过 8 人，每人可先试掷或试跳 3 次，成绩较好的前八名与第八名成绩相等的运动员再试跳或试掷 3 次。试跳、试掷顺序以 8 名中成绩从差到好的顺序进行。若参加比赛的人数只有 8 名或不足 8 名，则每人均可试跳或试掷 6 次。

(4) 无故延误比赛时间。比赛时，运动员若无故延误比赛时间超过时限的即按该轮次试跳失败论，如再次无故延误，即取消其比赛资格，但以前的成绩仍然有效。其时限为撑竿跳高 1 分 30 秒，其他项目为 1 分钟。

(5) 兼项请假。田赛项目轮次：高度项目，以一个高度为一轮次；远度项目以所有运动员按顺序试跳或试掷一次为一轮次。遇兼项请假，运动员可以不按顺序试跳或试掷一次，但不得将应试跳或试掷的次数连续试跳或试掷完。回来后也不得补试已错过的比赛轮次。如未错过轮次，则可将本轮次中剩余的次数试跳或试掷完。

(6) 判定名次与成绩相等。远度项目是以六次试跳或试掷最好的一次成绩，高度项目是以最后跳过的高度，全能项目是以各个单项得分总和判定名次，成绩好的名次列前。若出现成绩相等时，远度项目应以次优成绩为准判定名次，若再相等，则以第三较优成绩判定名次，依次类推。高度项目则以在出现成绩相等的高度上试跳次数较少的名次列前，若仍相等，则以全赛中试跳失败次数（包括最后跳过的高度在内的全赛中失败次数）最少运动员列前。全能项目则以单项得分最多的项目较多者名次列前，如仍相等，则以任何一个单项得分最多者名次列前。团体总分以破世界纪录、亚洲纪录、全国纪录项次多者名次列前，若再相等，则以第一名多者列前，若再相等，则以第二名多者列前，依次类推。

田赛项目比赛的第一名不能并列。按上述办法不能判定名次时，则进行决定名次赛，远度项目，成绩相等的运动员，按原比赛顺序进行新的一轮试跳或试掷，直到决出名次为止。高度项目，涉及第一名的运动员在成绩相等的共同失败高度中的最低高度上（在免跳情况下），每人再试跳一次，如仍然不能判定，则降低或升高一个高度（跳高 2 厘米，撑竿跳高 5 厘米）试跳，每个高度试跳一次，直到决出名次为止。每次决定名次的试跳，有关运动员必须参加，不能免跳，其他名次可以并列。

（二）田赛各单项比赛规则

（1）跳高。必须单脚起跳。试跳中碰落横杆或在越过横杆之前，身体任何部位触及立柱之间，横杆延长线垂直面以外的地面或落地区，则判为试跳失败。在只剩下一名运动员或出现第一名成绩相等之前，每轮横杆升高不得少于 2 厘米。运动员可在规定的任何一个高度上开始起跳，也可在以后任何一个高度上免跳，在任何高度上连续三次试跳失败，即失去继续比赛的资格。在某一高度上已请求免跳，则不准再在该高度上恢复试跳。每次升高横杆之后，在运动员试跳之前，均应丈量高度。丈量时，须使木尺与地面垂直，从地面至横杆上沿的最低处计算高度，以 1 厘米为最小丈量单位，不足 1 厘米不计。凡涉及纪录情况，当横杆放置纪录的高度时，裁判员必须审核丈量。自从上次丈量后，如横杆曾被触及，裁判员在每次试跳结束后继续试跳之前，必须再次审核丈量。即使其他运动员均已失败，一名运动员仍有资格继续试跳，直到其放弃继续比赛的权利。助跑道的长度不得短于 15 米，助跑道和起跳区朝横杆中心的倾斜度不得超过 1∶250。起跳区必须平坦。

（2）跳远。必须在起跳板及其后面起跳。出现下列情况之一者，均被判为试跳失败，即：在未做起跳的助跳中或在跳跃动作中，运动员以身体任何部位触及起跳线以外地面者；从起跳板两端之外，不论是起跳线延伸线的前面还是后面起跳者；在落地过程中触及落地区外地面，而区外触点较区内最近触点离起跳线近者；完成试跳后，向后走出落地区者；采用任何空翻姿势者。试跳成绩应从运动员身体任何部位着地的最近点至起跳线或起跳线的延长线直角丈量。每名运动员应以最好的一次试跳成绩作为其最后的决定成绩。助跑道长不得长于 40 米，宽度最小为 1.22 米，最大为 1.25 米；助跑道的左右倾斜度不超过 1∶100，跑进方向总的倾斜度不超过 1∶1 000。

（3）铅球。运动员试掷顺序由大会抽签决定。运动员超过 8 人，应允许每人试掷 3 次，前 8 名运动员可再掷 3 次，倘若第八名成绩相等，则成绩相等的运动员（或当运动员少于 8 名时），每人均可试掷 6 次。在比赛前，每名运动员在裁判员监督下最多能练习试掷两次。练习试掷的顺序应按抽签的顺序进行。比赛一旦开始，运动员无论持器械与否，均不得使用投掷圈落地区内地面练习试掷，也不能持器械练习。铅球应从圈内推出，运动员必须从静止姿势开始进行试掷。允许运动员触及铁圈和抵趾板的内侧。铅球应从肩部用单手推出。当运动员进入圈内开始试掷时，铅球应抵住或靠近下颌，在推球过程中持球手不得降到此部位以下。铅球不得置于肩轴线后方。不允许使用任何装置对运动员在投掷时进行任何帮助，例如使用带子将两个或更多的手指捆在一起。除了开放性损伤需要包扎外，不得在手上使用绷带或胶布；不允许使用手套。为了防止脊柱受伤，运动员可系一条皮带或其他合适材料制成的带子。运动员不得在圈内或鞋底喷洒任何物质。运动员进圈并开始投掷后，如果身体的任何部位触及圈外地面，或触及铁圈和抵趾板上面，或不符合规定方式将铅球推出，均为一次试掷失败，不计成绩。器械落地点，必须完全落在落地区角度线内沿以内试掷方为有效。每次试掷后应立即进行丈量，从铅球着地点的最近点与圆心之间的直线量至投掷圈内沿。每一名运动员应以其最好的一次试掷成绩为其最后的决定成绩。

（4）标枪。试掷时，手应握在标枪的把手处，从肩部或投掷臂上方掷出，不得在体侧用抛或甩的方法投出，不得采用非传统姿势。投掷时，在标枪出手前，身体不得完全转向背对投掷弧。在比赛中不得使用任何有助于投掷的装置。在开始试掷后，身体任何部位触及投掷弧、助跑道边界线和助跑道以外的地区，均应判为一次试掷失败。如果违反上述规定，可中止已开始的试掷，放下器械，离开助跑道。标枪的金属尖先于其他部位触地，并留下可见痕迹，枪尖必须完全落在落地区角度线内沿以内，试掷方为有效。标枪掷出后，方可离开助跑道，离开时，首先接触的助跑道两侧平行线或线外地面，必须完全在投掷弧及两端延长线后面。如标枪在投掷时或在空中折断，或因此失去平衡而犯规，均不应判为一次试掷失败。丈量成绩时，应从标枪枪尖所留下痕迹的最近点至投掷弧的圆心的直线上，量至投掷弧内沿。

第七章　形体舞蹈健美

第一节　形　　体

身体的方位、脚位和手位

一、身体的方位

在进行基础练习前，首先要有明确的方向概念，即身体的方位。一般以学生为基点，以面对教师的方向为正前方，称第一方位，简称∠1，向右转45°为第二方位，即∠2，依次类推，共8个方位（图7-1-1）。

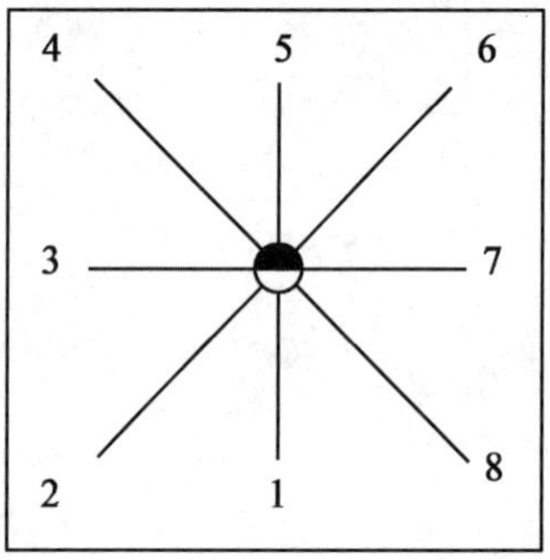

图7-1-1

二、脚位

脚位的正确与否，直接影响到身体姿态和技术的准确性。

（一）芭蕾舞脚位

一位，两脚完全向外打开，脚跟并拢，两脚成一直线，重心在两脚（图7-1-2）。

二位，仍保持一位，但两脚间距约一脚，重心在两脚中间（图7-1-3）。

三位，两脚平行，两脚跟前后相叠，脚尖向侧（图7-1-4）。

四位，两脚前后平行，之间相距一脚，重心在两脚之间（图7-1-5）。

图 7-1-2

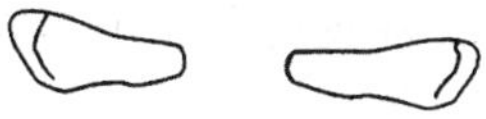
图 7-1-3

图 7-1-4

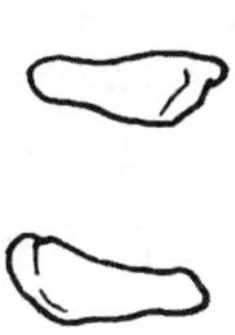
图 7-1-5

五位，类似四位，但两脚全部重叠，两腿伸直夹紧（图 7-1-6）。

（二）古典舞脚位

正前位，两脚并拢，不要外开，重心在两脚（图 7-1-7）。

八字位，两脚跟靠拢，脚尖各向斜前方，两脚尖相距约一脚（图 7-1-8）。

丁字位，一脚跟靠于另一脚内侧中部，成丁字形，重心在两脚（图 7-1-9）。

脚好比“地基”，因此，在做各种脚位练习时，要求身体直，沉肩，提胸立腰，全脚掌着地，重心落在两脚上。

图 7-1-6

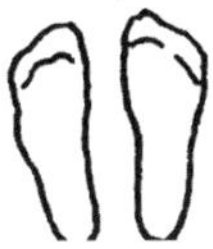
图 7-1-7

图 7-1-8

图 7-1-9

三、手臂基本位置

手位练习时，要求手指自然伸直，关节柔软，拇指与中指稍向里，手腕保持弧形。男生手形与女生基本相似，只是拇指略张开一些。

一位，两臂弧形下垂于体前，掌心向上，两手指相距 7 厘米左右，手臂稍稍离开身体，手臂保持从肩开始的柔和的圆形线条，头竖直（图 7-1-10）。

二位，从一位开始，两臂抬至臂的高度，肘部架起，掌心向内，头偏向左侧（图 7-1-11）。

三位，两臂上举，掌心向内，头竖直，平稳（图 7-1-12）。

四位，一臂上举，另一臂落至二位，头竖直，眼平视（图 7-1-13）。

图 7-1-10

图 7-1-11

图 7-1-12

图 7-1-13

五位，一臂上举，另一臂向前伸长的同时向旁打开，头侧转（图 7-1-14）。

六位，上举臂落至二位，另一臂侧举，视线由上至下，看手心（图 7-1-15）。

七位，两臂侧举稍低于肩，掌心向前，视线随手（图 7-1-16）。

图 7-1-14

图 7-1-15

图 7-1-16

基本舞姿

姿态是人体各部分、各环节构图的完整概念，只有上肢、下肢、躯干、头部这四大部分协调配合，才能产生完美的艺术造型。形体训练中常用芭蕾舞的基本舞姿，通过手臂位置的变化，配合上体弯曲的扭转表现不同的神态。

一、单腿后举站立——迎风展翅（阿拉贝斯）

1. 动作做法

右脚站立，左腿伸直后举，另一臂侧举（图 7-1-17），配合手臂位置和头部姿态的变化，形成不同的姿态。在单腿后举的舞姿上，支撑腿可起踵或半蹲，两臂也可变化成上举或侧举。

图 7-1-17

2. 技术要点

后腿旋外，绷直，向正后方抬起，脚尖向远处伸。挺胸立腰，两肩下沉，使上体挺拔，手臂柔软而松弛地举在预定的位置上。

二、单腿屈膝前（后）举站立——鹤立式（阿提丢）

1. 动作做法

第一种，单腿屈膝前举站立：一腿站立或起踵立，另一腿屈膝前举至 90°以上，膝关节向外，脚跟向里，屈膝大于 90°，小腿抬平。两臂成三位或五位，头部可随意转动。

第二种，单腿屈膝后举站立：一腿站立，另一腿屈膝后举到 90°以上，膝关节向外。两臂成三位或五位，头部动作随意变化。

2. 技术要点

举起的腿屈膝、旋外，脚面绷直，脚跟向里。前举时用力向上平端小腿；后举时用力向上抬大腿，髋、膝开成弧线。挺胸立腰。

动作规格：两腿保持充分外开，两大腿夹角小于 90°，屈膝大于 100°，上体正直，重心稳。

柔韧性动作

在形体练习中，有很多动作是以身体各环节的屈、伸或扭转来完成的。由躯干的弯曲和扭转构成多曲线的身体造型，显示了人体的自然美，大幅度的分腿动作增加了自由肢体的动态美。

一、躯干同向弯曲

1. 动作做法

（1）上体前屈：双脚站立或蹲立，含胸弓背屈髋，上体前屈成圆背姿势，低头。由站立（点地立、跪立）开始，上体向前，屈髋、挺胸贴腿稍抬头。

（2）上体侧屈：由站立（点地立、跪立）开始，上体向侧面弯曲，稍抬头。

（3）上体后屈：由站立（点地立、跪立或弓步）开始，上体向后弯曲，抬头。

2. 技术要点

（1）上体弯曲时，下肢肌肉收紧作为牢固的支撑。

（2）上体先放松拉长，再按髋、腰、胸、颈的顺序做弯曲动作。由屈到伸时动作顺序相同。

（3）上体后屈时背部肌肉收紧，臀肌和两肩胛相对收缩，髋向上顶，抬头，使躯干与腿结成环形。

（4）上体侧屈和挺胸前屈的动作要尽量向远伸，充分拉长，以增加弯曲的幅度。

二、躯干反向弯曲和扭转（图 7-1-18）

1. 动作做法

（1）头部和髋部向同一方向移动，胸部向相反方向移动，构成“S”形的多曲线姿态。

（2）以腰为轴，肩、胸和髋向相反的方向转动，形成扭转姿态。

2. 技术要点

（1）躯干 S 形反向弯曲时，髋部的弯曲方向与颈胸部相反，腰部放松，尽量增大反向弯曲的幅度，保持身体平衡。

（2）扭转动作要固定下肢，放松腰部，肩胸做平行转动。

图 7-1-18

三、劈腿动作（劈叉）（图 7-1-19）

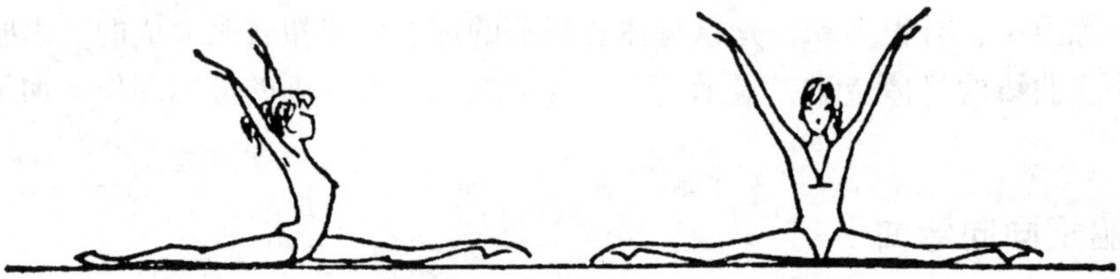

图 7-1-19

1. 动作做法

（1）前后劈腿：由四位站立开始，直腿向前滑动分腿至前腿后部、后腿前部全部贴地，上体正直。

（2）横劈腿：由二位站立开始，两腿旋外，脚尖向侧面，直腿向两侧滑动分腿至两腿贴地，两脚跟与臀部在一条横线上。

2. 技术要点

两腿充分绷直，保持外开，髋关节放松。

波浪动作

波浪动作以柔软、活泼、圆润的内在弹性感以及外部的多曲线形成了优美的形态及丰富的表现力。

一、手臂波浪（图 7-1-20）

1. 动作做法

肩、肘、腕、手指各关节依次弯曲，并随之依次伸展，形成波浪形动作，手臂波浪幅度可大可小。

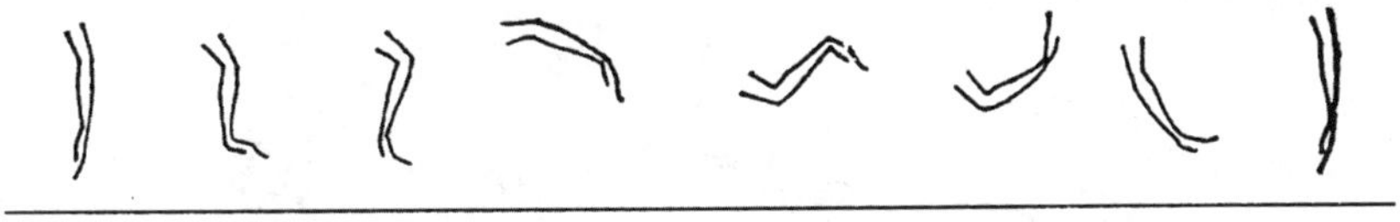

图 7-1-20

2. 技术要点

（1）由靠近躯干的部位开始起动。整个手臂必须放松地将动力传递到手指尖。波峰随弯曲的关节而移动。在同一时间，某一关节弯曲，而另一关节正在伸展。

（2）在手臂波浪中，肘关节除屈伸动作之外，要随波峰的移动而上下（或左右）移动。

二、躯干波浪

躯干波浪开掘了人体中间部位的表现力，是对躯干弯曲伸展动作的美化，充分体现了身体曲线的自然美。

（一）躯干向前波浪（图 7-1-21）

图 7-1-21

跪立，由上体依次后屈开始，用力向前上方挺髋、挺胸，向后抬头，经上体后屈依次还原成正直，波峰在体前向上移动。

（二）躯干向后波浪（图 7-1-22）

图 7-1-22

跪立，由上体依次后屈开始，髋、腰、胸、颈依次向前弯曲，波峰在体后向上移动。

（三）躯干向侧波浪（图 7-1-23）

图 7-1-23

1. 动作做法

跪立，髋、腰、胸、颈各关节依次向侧弯曲，并随之依次向侧上方挺出，波峰在体侧推移。

2. 技术要点

（1）躯干各关节的屈伸是依次、连贯的周期性推移动作，各环节依次向波浪方向画圆。

（2）在波浪行进中，头、胸、髋形成反向弯曲和位移。反向运动的幅度大，波浪幅度也大。

三、全身波浪

整个身体参与波浪的动作为全身波浪。

（一）向前波浪（图 7-1-24）

图 7-1-24

由身体前屈开始起动，踝、膝、髋、腹、胸、下颏依次向前上方转动，经上体后屈姿势，随之依次伸直还原成直立，波峰在体前由下向上推移。

（二）向后波浪（图 7-1-25）

由身体后屈开始起动，接着，依次屈髋、收腹、含胸、低头至上体前屈，波峰在体后由下向上推移。

（三）向侧波浪（图 7-1-26）

由上体左侧屈开始起动，右腿屈膝，经两腿屈膝向左顶髋，两腿依次蹬直，向左挺胸、抬头至上体右侧屈，波峰在左侧向上推移。

图 7-1-25

图 7-1-26

转体动作

在形体练习动作中，有各种单脚转体、双脚旋转和以身体其他部位为支撑的旋转。

一、双脚旋转

以两脚的前脚掌为支点，向右（左）转动 180°、270°或 360°。转体时高起踵，两脚夹紧，上体正直，挺胸夹背，紧腹收臀，使肩、髋保持在一个平面上绕身体的纵轴旋转。

二、移动中转体

（一）平转

平转是两脚在一条直线上移动的连续转体动作，每步旋转 180°，连续转体 360°为一次平转。

（二）侧吸腿平转

这是两脚在移动中连续做单脚转体的动作（图 7-1-27）。

1. 动作做法

左脚站立，右脚前点地，目视右侧，左臂侧举，右臂前举；右腿向右画弧，向右侧上步起踵立，右臂摆至侧举，左腿屈膝侧举，脚尖触右膝内侧，膝关节向外。以右脚为支点向右转体 270°，同时左臂向内靠近右臂成二位姿态；右脚继续向右转体 90°，左脚在右脚后落地并稍屈膝，右腿前下举，左臂侧举，右臂前举。

图 7-1-27

2. 技术要点

（1）双脚平转时身体平直像一扇门，两脚夹紧，两脚以小步在一条直线上移动，每步转体 180°。

（2）侧吸腿平转时重心在单脚上，转体结束时换另一脚支撑，转体时保持开胯姿态。

（3）平转时前半周目视转体正前方一固定目标，后半周快速转头（平甩），超前转向目标。

（4）练习连续 2~3 次平转的动作。

三、单脚转体

（一）侧吸腿转体（图 7-1-28）

由右脚前点地两臂左侧举开始，经屈膝向右腿移重心，蹬直起踵立，以右脚支撑向右转体 360°或 720°，左腿屈膝侧下举，同时右臂向右摆经侧举至两臂下举。

（二）单腿屈膝前（后）举转体

1. 单腿屈膝前举转体

由左腿在前点地立，两臂右侧举开始，经屈膝向左腿移重心的同时左臂侧摆至侧举，右腿由后屈膝向前摆动，左腿蹬地起踵立的同时两臂上举至三位，保持屈膝前举姿态向左转体 360°或更多。

2. 单腿屈膝后举转体

由左腿在前点地立，两臂右侧举开始，经屈膝向左腿移重心的同时，两臂向左水平摆至左臂侧举，右臂上举，左腿蹬地踵立，右腿屈膝后举，保持姿态，以左脚支撑向左转体 360°或更多。

四、翻身

翻身是身体绕复合轴转动的动作，其动作形式很多。这里主要介绍踏步翻身（图 7-1-29）。

1. 动作做法

预备：右脚在后的踏步立，稍屈膝，上体前倾，两臂预先向左摆动。

目视前下方一固定标记，上体固定在向前斜的垂面上，两臂在垂面上依次向右快速摆臂（抡臂）。同时，以前脚掌为轴蹬腿转髋，挺腹，挺胸，身体各部分依次转动。上体随手臂摆的力量保持弯曲状态，经左侧屈、后屈、右侧屈、前屈翻转一周。

图 7-1-28

图 7-1-29

2. 技术要点

（1）转动时，胸以上部位保持在接近水平（与地面平行）的位置上翻转。

（2）两臂在垂面上依次抡动成一直线，带动上体翻转。

（3）翻身前半部两腿由屈到伸，后半部分由伸到屈。

跳跃动作

跳跃动作多种多样，快速灵巧的小跳能够有效地训练跳的基本技术，大幅度的跳跃转体、跳跃结环则成了跳跃的难度动作。

一、原地小跳

（一）直体跳

自然站立（或一位、二位、五位、并步立），两手叉腰成预备姿势，经屈膝后两腿蹬地跳起，空中身体绷直，落地屈膝缓冲。

（二）交换跳

（1）五位交换跳：预备时五位站立，两手叉腰，经屈膝后两腿蹬地跳起，空中两腿快速向前后交换位置 1~2 次，落地成五位，屈膝缓冲。

（2）二、五位交换跳：预备时五位站立，两手叉腰，经屈膝后两脚蹬地跳起，空中保持五位收紧，落地时两腿分开成二位半蹲。由二位跳起，空中保持二位，落地时并腿成五位半蹲。

二、交换腿跳

（一）向前交换腿跳

左腿向前一步蹬地跳的同时，右腿向前摆腿，左脚离地后快速向前摆腿，空中两腿上下交换。两臂向外大绕环，右脚落地，左腿前举。

（二）向后交换腿跳（图 7-1-30）

右腿向前一步，经屈膝后蹬地跳起。同时，上体稍前倾，左腿向后摆起。接着右腿向后摆起，空中两腿上下交换，两臂摆至侧后举。左脚落地并稍屈膝，右腿后举。

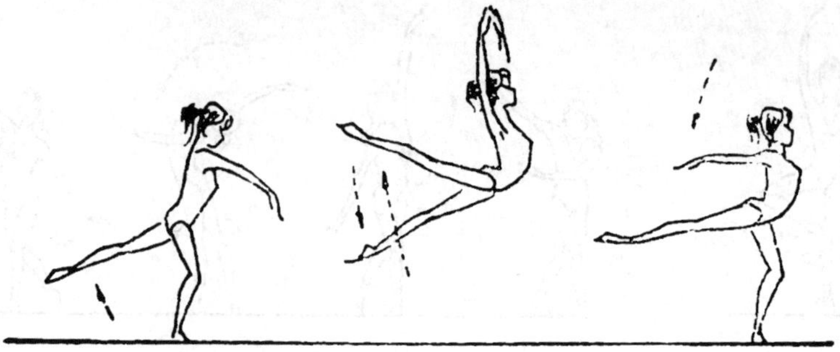

图 7-1-30

(三)屈膝交换跳转体 360°(图 7-1-31)

图 7-1-31

1. 动作做法

左脚向前一步，经屈膝后蹬地跳起。同时，右腿屈膝向左水平摆腿，两臂向左上方摆动，接着左腿向左侧上方屈膝摆动，身体在空中向左转体 360°，右脚落地稍屈膝，左腿屈膝前举，两臂侧举。

2. 技术要点

(1) 单脚蹬地时配合快速有力地向上摆腿。

(2) 蹬地腿离地后积极上摆，在最高点完成交换腿动作。

(3) 屈膝交换腿跳转体，通过蹬地和两腿在水平面上的摆动形成空中转体的动作。

三、单脚跳

指单脚起跳，在空中形成一定姿态，起跳腿落地的动作。

(一)摆腿跳

1. 曲直腿跳

左脚上步跳起，同时，右腿向前(侧、后)摆起，空中左腿屈膝上摆靠近右腿，接着左脚快速下伸落地。

2. 摆腿跳转体

(1) 向内摆腿跳转体：左脚上步跳起，同时，右腿由右侧向左前上方摆动，两臂向左上方摆动至三位，空中保持姿态向左转 180°或 360°，左脚落地。

（2）向外摆腿跳转体：左脚向后一步，蹬地跳起，同时，右腿由前经右侧向后做水平面上的摆腿，两臂经前向上摆动向两侧分开，向右转体180°或360°，左脚落地。

（二）击足跳

1. 向侧击足跳

左脚向前一步，蹬地跳起，同时，右脚向右侧摆，上体向左侧倒，左臂侧上举，右臂侧下举。空中右腿固定不动，左脚主动击右脚，然后左脚落地稍屈膝，右腿侧下举。

2. 向前（后）击足跳

动作做法与向侧击足跳相同，仅改变方向。

四、跨跳

指单脚起跳，摆动腿向前跨出，经过高而远的腾空，单脚落地的动作。

（一）向前跨跳（图7-1-32）

1. 动作做法

左脚向前一步蹬地跳起。同时，右腿向前上方摆起，空中腰部收紧，两腿快速向前后大分腿，右脚向前下方伸腿落地稍屈膝，左腿后下举。

2. 技术要点

（1）蹬地时摆动腿用力前摆至90°以上，向前顶髋。

（2）空中后背夹紧，两腿分开。

（3）落地技术同小跳。

3. 动作规格

重心有明显腾起，前后分腿180°。

（二）向侧跨跳

左脚向前一步，并向左转90°，稍屈膝蹬地跳起，同时右腿向右侧上方摆起，空中左腿快速侧摆，两腿向左、右大分腿，两臂侧上举，然后右脚落地稍屈膝，左腿侧下举。

（三）鹿跳

鹿跳，即半劈腿跨跳，左腿向前一步蹬地跳起，右腿屈膝前摆，左腿伸直或屈膝后摆，然后右脚向前下方伸腿，落地稍屈膝，左腿后下举。

（四）交换腿跨跳（图7-1-33）

图7-1-32

图7-1-33

1. 动作做法

左脚起跳的同时，右腿前摆，空中右腿快速后摆，左腿快速前摆，在最高点完成交换动作。接着，左腿向前下方伸腿，落地稍屈膝，右腿后下举。在交换摆腿时，两臂协调配合，快速向前后摆动。

2. 技术要点

（1）摆腿动作要早、快、连贯。

（2）蹬地起跳的力量比一般跨跳要大。

（3）空中交换腿时腰部收紧，两腿快速用力。

（4）两臂在整个跳跃中做一次前后方向的往返摆动。

把杆练习

手扶把杆进行身体姿态练习，不仅能够培养规范化的身体姿态，而且能有效地发展腿部和躯干部位的韧性、力量和平衡能力。借助把杆进行慢动作和分解动作练习，能够发展细腻的肌肉感觉，有利于掌握技术细节，建立正确的动作概念。把杆练习是身体动作训练中不可缺少的形体基本功练习内容。

一、基本动作

（一）扶把杆站立

站立是各种动作的基础，没有稳定的站立就不可能完成优美的舞姿造型和稳定的转体。

站立的基本姿势是立正，在此基础上可变换各种姿势。具体包括双手扶把和单手扶把。

1. 动作做法

（1）脚成各种位置做直腿站立、起踵立或屈膝站立。

（2）单腿站立，另一腿脚尖在前、侧、后点地。

（3）单腿站立（或踵立、屈膝站立），另一腿向前、侧、后伸直或屈膝举起至45°、90°、135°以上。

（4）一腿屈膝，另一腿伸直，两腿迈开（弓步）。

2. 技术要点

（1）保持脚位准确，从大腿开始整个腿旋外，重心稳，下体正直。

（2）基本站立时，全脚掌锥地而立，直膝开髋向上提，使脚尖、膝关节与髋关节在一条直线上，立腰，紧腹收臀，挺胸夹背，两肩下沉，脖子挺直，使上体姿态挺拔。

（3）起踵立时脚跟尽量抬高，以前脚掌大脚趾一侧支撑，脚跟向前顶，内踝顶直，使小腿与脚面在一垂线上。

（4）屈膝半蹲时臀部对准脚跟，两膝对准脚尖，立腰。

（5）点地立时支撑腿脚尖向外，动力腿绷直旋外。前点地时脚面向外，脚跟向上顶，脚尖在正前方点地。后点地时脚面向外，脚跟向里，脚尖在正后方点地，侧点地时脚面向上，脚跟向前顶，脚尖在正侧方点地。

（6）单腿站立时，重心在支撑腿上，保持腿的外开，自由腿通过腰腿肌力的控制在空中保持一定姿态，上肢协调配合，维持平衡。

（二）蹲

蹲属于支撑腿屈伸的动作，有半蹲和全蹲。蹲也是跳的起动动作。蹲的练习能有效增强腿部力量和控制平衡的能力。

1. 动作做法

（1）半蹲：预备时脚站立成一位（二位、三位、四位、五位或正步），1~4 拍，屈膝下蹲至膝关节角度大于 90°，5~8 拍，腿伸直至直立。

（2）全蹲：1~4 拍，屈膝下蹲于半蹲姿势，5~8 拍，继续屈膝下蹲，同时脚跟抬起，下蹲至膝关节弯曲小于 90°。

（3）单腿蹲：预备时由一位或五位站立开始，一腿屈膝向侧上提至踝关节贴支撑腿小腿下部，脚跟向前。1~4 拍，支撑腿屈膝下蹲至半蹲；5~8 拍，支撑腿伸直至直立。

2. 技术要点

（1）保持准确的脚位，两膝对准脚尖的方向，臀部对准脚跟的方向，上体正直。

（2）动作柔和连贯，向下时被动屈腿，向上时主动伸腿，全蹲至最大幅度时不松髋、不掉臀、不停顿。

（3）双腿蹲重心在两腿间，单腿蹲重心在支撑腿上，保持平衡。

（三）擦地

擦地是摆动腿起动，脚向前、侧、后经过地面擦出和收回的过程。

1. 一位侧擦

预备时双手（或单手）扶把，一位站立；1~2 拍，右脚全脚掌贴地直腿向侧滑动擦出，随之脚面绷直，脚跟离地向上顶，滑至右脚尖在正侧方点地；3~4 拍，脚放松，脚掌贴地直腿擦地收回至一位。

2. 五位擦地

预备时左手（或双手）扶把杆，五位站立；1~2 拍，右脚直腿向前（侧、后）滑动擦出，随之抬脚跟、脚尖滑至右脚尖在前（侧、后）方点地；3~4 拍，右脚放松，脚掌贴地，直腿擦地收回至五位。

3. 技术要点

（1）擦地时支撑腿保持外开，伸直向上立髋，重心在支撑腿上，上体正直，摆动腿一侧髋关节放松，保持整个腿伸直和旋外，灵活地自由运动。

（2）向前擦出时脚跟主动向前顶，向后擦出时脚尖主动向后伸，向侧擦出时脚面向上，脚跟主动向前顶，保持外开，至点地位置时踝关节和脚面充分绷直，小腿与脚面脚尖成一直线，由前点收回时脚尖经四位平行擦地收回；由后点收回时脚跟经四位平行擦地收回；由侧点收回时经二位直腿擦地收回。

（四）踢腿

踢腿运行的幅度有大有小，小踢腿以训练腿快速绷直的感觉和摆腿的速度为目的；大踢腿以发展腿部的柔韧、灵活、力量和速度，加大下肢运动幅度为目的。

1. 小踢腿

预备时单（双）手扶把，五位站立；1~4 拍，前（后）腿快速擦地，并有力地绷直，向前、侧（后）踢出，急停在 25°位置上；2~8 拍，摆动腿向下经点地位置擦地收回。

2. 大踢腿（图 7-1-34）

预备时左侧对把杆，左手扶把，五位站立或起踵立；1~4 拍，右腿直膝擦地，用力向前、侧（后）上方踢起 135°以上；2~8 拍，右脚轻轻落下至点地位置，右脚擦地收回至五位。

3. 技术要点

（1）小踢腿擦地绷脚踢出地面之后，摆动腿伸肌收紧，使腿急停在 25°位置上。

（2）腿踢出后，摆动腿髋关节放松，利用惯性继续上摆，过水平部位之后快速收腹（后腿背肌收紧），使腿上摆到极点。前踢对鼻尖、侧踢对耳朵、后踢对后脑，保持正确的方向。

（3）踢腿时，支撑腿用力蹬直，固定髋部，做牢固的支撑，使重心稳定。

（五）屈伸

通过腿的屈伸练习增加腿部力量、韧性、关节灵活性和控制平衡的能力，增加腿的柔美感觉、灵活性和表现力。

1. 摆动腿屈伸

预备时单（双）手扶把一位站立，右腿侧摆；1~2 拍，右腿屈膝收小腿至右脚外踝贴左小腿前部，右脚跟向前；3~4 拍，右腿保持膝向外，向前（侧、后）45°或 25°方向柔和而充分地伸直。

2. 两腿同时屈伸

预备时左手扶把五位站立，右腿向侧擦地举起至 25°或 45°（侧下举）；1~2 拍，左腿屈膝半蹲的同时，右腿屈膝，右脚贴左小腿前部；3~4 拍，左腿伸直的同时，右腿向侧（前、后）下方伸直。

（六）压腿

1. 向前压腿（图 7-1-35）

图 7-1-34

图 7-1-35

预备时面对（或斜对）把杆，右腿绷直旋外放在把杆上，手臂上举（或左手扶把，右臂上举），立腰向前屈髋，以腹、胸、下颏依次贴右腿，手臂同脚尖方向，接着还原成预备姿势。

2. 向侧压腿（图 7-1-36）

预备时左侧对（或斜对）把杆，左腿伸直放在把杆上，脚面向上，两臂侧举（或右臂侧举，左手扶把）。右臂向上使上体拉长，并向左侧屈髋，左肩后部贴左腿。接着，立腰还原成预备姿势。

3. 向后压腿（图 7-1-37）

图 7-1-36

图 7-1-37

预备时背对把杆或右侧对把杆，左腿后举，将脚背放在把杆上，两腿伸直，上体正直；臂上举，挺胸立腰后振；臂上举，挺胸抬头，上体后屈，同时，支撑腿屈膝下蹲，使两腿开度加大。

二、练习注意事项

（1）扶把杆做动作时要精确细致，在每个动作中，身体各部分的姿势、神态、用力感觉都必须清楚，表达准确无误，做到标准、规范、熟练。

（2）扶把杆做动作时身体重心应放在支撑脚上（压腿除外），轻轻扶把，身体其他部位不可靠在把杆上。

（3）把杆练习要注意动静交替、紧张与放松交替、两腿交替、变换方向交替、不同类型的动作交替。静力性动作之间要以动力性动作调节，大强度练习中间要安排放松动作。

（4）把杆练习的音乐伴奏要完全符合动作的节奏和力度变化，通过优美合拍的音乐使枯燥的基本动作变得富有韵味和情趣。

（5）在练习中要根据不同的水平选择不同的练习内容，在基本掌握了各类动作之后，可按照由简到繁、由远及近、动静交替、两侧交替、紧张与放松相交替、活动量由小到大再到小的原则，将各类动作编成组合动作进行练习。

第二节　健　美　操

健美操运动概述

健美操是一项新兴的体育运动项目，最早是美国太空总署为太空人所设计的体能训练内容。医学博士库伯尔（Coper）设计了一些动作并逐渐加上音乐伴奏和服装，形成了具有独特体系的运动，并很快风靡世界。当时涌现出一批健美操的代表人物，如：杰希·索伦森（Jcsy Sorense）和著名的好莱坞影星简·方达（Jane Fanda）等。

健美操作为一项独立的体育运动项目兴起的时间是 20 世纪 70 年代末，其明显的标志就是“简·方达健美操”的出现。作为现代健美操运动的发起人之一，简·方达根据自己的体会和实践编写了《简·方达健美操》一书及录像带，自1981年首次在美国出版以来，一直畅销不衰，并被译成20多种文字，在世界30多个国家出售，对健美操运动在世界内的流行与发展起了巨大的推动作用，也使简·方达成为20世纪80年代风靡世界的健美操代表人物。

在20世纪80年代初，健身健美操运动风靡世界，同时也传入了中国，北京、上海、广州等地相继举办各种健身健美操活动。结合我国的实际情况创编了各种各样的徒手健美操和持轻器械健美操，推动了我国健美操运动的发展。

一、健美操运动的分类

根据健美操练习的目的和任务，健美操运动分为健身健美操和竞技健美操两大类（表7-2-1）。

表7-2-1 **健美操运动的分类**

健身健美操			竞技健美操
徒手健美操	轻器械健美操	特殊场地健美操	
一般健美操	哑铃操	水中健美操	男子单人
搏击操	踏板操	固定器械等	女子单人
瑜伽健身术	橡皮筋操	功率自行车	混合双人
拉丁健美操	健身球操		三人
街舞			混合六人

二、健身健美操运动的特点

健身健美操是在音乐伴奏下，以身体练习为基本手段，以有氧运动为基础，达到增进健康、塑造形体和娱乐目的的一项体育运动。它通常具有以下特点：

（一）高度的艺术性

健身健美操是一项追求人体健与美的运动项目，因此健身健美操属健美体育的范畴，具有高度的艺术性。

健身健美操的艺术性主要体现在其“健、力、美”的项目特征上。“健康、力量、美丽”是人类所追求的身体状况的最高境界，而健身健美操运动无不处处表现出“健、力、美”的特征，包含着高度的艺术性因素，使健身健美操不同于其他运动项目，这也正是人们热爱健身健美操运动的原因之一。

健身健美操动作协调、流畅、有弹性，使练习者不仅锻炼了身体、增强了体质，而且从中得到了“美”的享受，提高了审美意识和艺术修养。健身健美操运动员在比赛中所表现出的健美的体魄、高超的技术、流畅的编排和充沛的体力等，也无不给观众留下深刻的印象，充分体现出健身健美操运动的“健、力、美”特征和高度的艺术性。

（二）强烈的节奏性

健身健美操动作具有强烈的节奏性特点，并通过音乐充分地表现出来，因此音乐是健身健美操运动不可缺少的组成部分。健身健美操音乐的特点是节奏强劲有力、旋律优美，具有烘托气氛、激发人们热情的效应。

（三）广泛的适应性

健身健美操练习形式多样，运动量可大可小，容易控制，对场地器材的要求也不高，因此对各个年龄层次、不同性别、不同身体素质、不同技术水平的人都适宜，各类人群都能从健身健美操练习中找到适合自己的方式，都能从健身健美操练习中得到乐趣。例如，中老年人可选择低强度的有氧练习，达到锻炼身体、娱乐身心、保持健康的目的；而对具有较好身体素质并有意进一步提高的年轻人来说，可选择难度较高、运动量较大的竞技健身健美操作为练习的手段，通过竞技健身健美操练习，不仅锻炼了身体，而且可提高技术水平，满足其进取心的要求。因此，健身健美操运动具有广泛适应性的特点。

（四）健身的安全性

健身健美操所设计的运动负荷及运动节奏，充分考虑了运动而产生一系列刺激结果的可行性，使之适合一般人的体质，甚至连弱体质的人都能承受。人们在平坦的地面上，在欢快的音乐声中，跟随快慢有序的节奏进行运动，十分安全，而且有效。

健美操的基本动作

一、健美操基本动作的特点

（1）基本动作是健美操的核心，各种动作都是在此基础上产生和发展的。

（2）基本动作的内容丰富，运作相对比较简单，练习者易于练习和掌握。

二、健美操基本动作的作用

（1）通过基本动作练习，可以掌握正确的动作规范，使练习者建立正确的动作技术概念。

（2）基本动作练习是培养良好基本姿态的有效方法。

（3）基本动作练习是进行动作韵律“开法”较好的手段。

在开始练习此内容时，一般多以单个动作反复练习，教会练习者如何用力，体会动作内在感觉，掌握动作韵律。健美操的韵律在健美操教学和训练过程中是最重要的方面，同时也是最难练的方面。

三、健美操基本动作的主要内容

（一）健美操基本步伐

健美操基本步伐是体现健美操练习者下肢动作基本姿态的主要练习手段，根据动作的特点及动作强度的差异，健美操的基本步伐分为 12 大类：

基本步伐的基础动作为弹动。

种类：有膝弹动、分腿弹动、膝踝弹动（踝弹动）。

形式：有并腿的弹动，分腿的弹动。

方向：有向前的弹动，向左、向右前 45°方向的弹动，左、右绕的弹动。

技术要点：两膝与踝关节自然屈伸。

1. 踏步类

踏步类动作运动强度较低，在运动过程中至少有一只脚与地面保持接触。常见的步伐如下：

（1）踏步。

种类：有脚尖不离地的踏步，脚离地的踏步，高抬腿的大幅度踏步。

形式：有原位踏步、移动踏步及转体踏步。

方向：有向前、向后、向左、向右走的踏步。

技术要点：落地时，由脚尖过渡到脚跟着地，屈膝时，胯微收，两臂自然前后摆动。

（2）走步。

种类：一种。

形式：一种。

方向：有前走，后走，斜向走，弧线走。

技术要点：基本上同踏步。

（3）V 字步。

种类：有正“V”字步，倒“V”字步。

形式：有平移的、转体的和小幅度跳的正“V”字步和倒“V”字步。

技术要点：一脚迈出，另一脚随之迈出成一条直线，两脚距离略比肩宽。两膝自然弯曲，然后依次收回。

（4）恰恰步（水兵步）。

种类：一种。

形式：有平移的和转体的恰恰步。

方向：有向前、向后、向侧的恰恰步。

技术要点：在 2 拍节奏中，快速踏步 3 次。

2. 并步类

（1）点地。

种类：有脚尖点地，脚跟点地。

形式：有原位点地、移动点地及转体的点地。

方向：有脚尖向前、向侧、向后、向斜方向的点地，脚跟向前、向侧、向斜方向的点地。

技术要点：点地时，弹性点地，腿自然伸直。

（2）移重心。

种类：有双腿、单腿的移重心。

形式：有原位的移重心，移动的移重心，转体的移重心，跳的移重心。

方向：有向前、向后、向左、向右的移重心。

技术要点：身体重心从一端移向另一端时，必须经两腿之间。

（3）并步。

种类：有两腿同时屈的并步，一直一屈的并步。

形式：有原位的并步，移动的并步（“之”字步），转体的并步。

方向：有向前、向后、向左、向右的并步。

技术要点：一脚并于另一脚，重心要随之移动，两膝自然屈伸。

(4) 交叉步。

种类：一种。

形式：有平移的交叉步，转方向的交叉步，小幅度跳的交叉步。

方向：有向前、向后、向侧的交叉步。

技术要点：一脚迈出，另一脚在前或在后交叉，重心随之移动。

3. 弓步类

种类：有静力性的弓步，动力性的弓步。

形式：有左、右弓步，移重心的弓步，移动的弓步，转体的弓步，跳的弓步。

技术要点：一腿屈膝，脚尖与膝垂直，另一腿伸直，重心落于两腿之间。由于弓步的形式很多，因此在做法上有所不同。

4. 半蹲类

种类：小分腿半蹲，大分腿半蹲。

形式：有向侧一次、向侧两次、转体的半蹲。

方向：有向侧（左或右）的半蹲。

技术要点：半蹲时，立腰。

5. 吸腿类

种类：一种。

形式：有原位的吸腿及跳、移动的吸腿及跳和转体的吸腿及跳。

方向：有向侧、向前的吸腿及跳。

技术要点：大腿用力上提，小腿自然下垂。

6. 弹踢类

种类：一种。

形式：有原位的弹踢腿及跳、移动的弹踢腿及跳和转体的弹踢腿及跳。

方向：有向前的弹踢腿及跳，向侧的弹踢腿及跳，向后的弹踢腿及跳。

技术要点：大腿抬起至一定角度后，小腿自然伸直。

7. 开合跳

种类：双起双落的开合跳（两次开开合合、连续开合），有音单起双落的开合跳。

形式：有原位的开合跳，移动的开合跳和转体的开合跳。

方向：向前的开合跳。

技术要点：分腿时，两腿自然分开，膝关节沿脚尖方向弯曲。跳起落地时，注意屈膝缓冲。

8. 踢腿类

种类：有弹动踢腿及跳、移动的（弹）踢腿及跳和转体的（弹）踢腿及跳。

方向：有向前的、向侧的、向斜前的（弹）踢腿及跳。

技术要点：腿上踢时，必须加速用力，立腰，上体尽量保持不动。

9. 后踢腿跳

种类：一种。

方向：向后的后踢腿跳。

技术要点：髋和膝在一条线上，小腿尽量叠于大腿。

10. 点跳

种类：一种。

形式：有原位的点跳，移动的点跳，转体的点跳。

方向：有向侧、向前、向后的点跳。

技术要点：点地时身体重心在一条腿上。

11. 摆腿跳

种类：一种。

形式：有原位的摆腿跳、移动的摆腿跳和转体的摆腿跳。

方向：有向侧、向前、向后的摆腿跳。

技术要点：摆腿时上体顺势前倾、后倒或侧倾。

12. 并跳

种类：一种。

形式：移动的并跳、转体的并跳。

技术要点：一腿迈出蹬地，另一腿并上，身体重心随着跟上。

说明：种类是根据动作的特点划分的；形式是根据做动作时身体位置发生变化来划分的；方向是根据身体轴面来划分的。

（二）健美操基本徒手动作

健美操基本徒手动作是根据人体结构的活动特点而确定的。常见的基本动作如下：

1. 头颈动作

形式：有头颈的屈，头颈的转，头颈的平移绕与绕环。

方向：有向前的、向后的、向左的、向右的屈和平移，向左的、向右的转和绕、绕环。

要求：做各种形式的头颈动作时，节奏一定要慢，上体保持正直。

2. 肩部动作

形式：有单肩的、双肩的提肩和沉肩，收肩和展肩，单肩的、双肩的绕和绕环，振肩。

要求：提肩、沉肩时两肩在同一额状面尽量上下运动；收肩、展肩幅度要大，肩部要平；振肩动作要有速度、力度和弹度。

3. 上肢动作

（1）手形：健美操中有多种手形，它是从爵士舞、西班牙舞、迪斯科、武术中吸收和发展来的。手形恰到好处地运用，可以使手臂动作更加生动活泼。常见的手形如下：五指并拢式：五指伸直并拢；五指分开式：五指用力伸直张开；西班牙舞手势：五指用力，小指、无名指、中指自掌指关节处依次屈，拇指在外；屈指掌式：手掌用力上翘，五指用力弯曲；一指式：握拳，食指伸直或拇指伸直；响指：拇指与中指摩擦与食指擦响，无名指、小指屈。

（2）臂动作：

形式：有臂的举（直臂、屈臂，单臂和双臂），臂的屈伸（同时、依次），臂的摆动（同时、依次、交叉），臂的绕及绕环（同时，单臂和双臂，小绕、中绕、大绕），臂的振等。

方向：有向前、向后、向左、向右、向上、向下等。

要求：做臂的屈伸时，肩下沉；做臂的摆动、绕及绕环，肩拉开用力。

4. 胸部动作

形式：有含胸、展胸、振胸。

要求：练习时，收腹、立腰。

5. 腰部动作

形式：有腰的屈，腰的转，腰的绕和绕环。

方向：有向前、向后、向左、向右。

要求：腰前屈、转时，上体立直；腰绕和绕环时，速度放慢。

6. 髋部动作

形式：有顶髋、提髋、摆髋，绕和环绕髋，行进间正髋和反下运髋走。

方向：有向前、向后、向左、向右。

要求：髋部练习时，上体放松。

7. 躯干波浪动作

方向：有向前、向后、向左、向右。

要求：波浪时，动作协调、连贯。

8. 地上基本姿态

形式：有坐（直角坐、分腿坐、跪坐、盘腿坐）、卧（仰卧、俯卧、侧卧）、撑（仰撑、俯撑、跪撑）等。

要求：做各种坐姿时，收腹、立腰、挺胸；撑时，腰背紧张。

全国健美操大众锻炼标准介绍

《全国健美操大众锻炼标准》是以健身娱乐为目的的，以个体条件为基础，注重参与意识和锻炼的自我检测，淡化竞争意识，因此标准的测定成绩只设定为“达标”与“未达标”，同时又制定了较严格的标准供参加者自我提高。

一、《全国健美操大众锻炼标准》的特点

（一）有氧原则

注意在运动过程中运动负荷始终保持在有氧的范围内。通过多种组合练习，以提高心肺功能、影响人的整体为基础，达到锻炼身体、增强体质、健美形体的目的。

（二）无损伤原则

在选择动作时，注意避免使用高难度动作、超负荷动作以及运动范围过大的动作，以确保无损伤，并有益于健康。

（三）简单易学原则

《全国健美操大众锻炼标准》的实施对象是一般群众，其目的是使更多的人参与到健美操运动中来。因此，在动作的选择上注重简单、易学和实效性，使之便于开展和普及。

（四）循序渐进原则

各等级之间保持有机的联系，在保证合理的运动负荷的基础上，运动量和难度逐渐加大。动作由简至繁，幅度由小至大，速度由慢至快，练习步骤由分解至完整。

（五）提高人体基本素质原则

根据不同等级的任务和技术要求，通过基本动作、组合动作和力量素质的教学，提高人体的力量、柔韧、协调、灵敏等基本素质和基本能力。

二、《全国健美操大众锻炼标准》的级别、层次与对象

健美操的大众锻炼标准共分为六个等级，四个层次。

等级水平由低到高分别为一、二、三、四、五、六级。

层次：一级为入门，二、三级为初级，四、五级为中级。

对象：一级面向大众，二、三级面向有意参加健美操锻炼者，四、五级面向健美操爱好者，六级面向有意于健美操深造及准备进入竞技健美操训练者。

三、对各级别的要求

（一）一级

（1）学习以步伐为主的最基本动作，步伐以单一、原地动作为主。（2）进行低强度的有氧训练。（3）素质以辅助支撑的俯卧撑、低强度的仰卧起坐和低负重的力量练习为主。（4）学习和了解健美操的常识。

（二）二、三级

（1）掌握基本动作。（2）学习健美操典型动作。（3）以下肢单动作配合上肢简单动作为主。（4）保持中低强度有氧训练。

（三）四、五级

（1）掌握健美操典型动作。（2）学习健美操复合动作及简单的步伐变换技术及跳跃技术。（3）提高身体的协调性。（4）提高运动负荷，保持中等强度的有氧训练。（5）素质训练以塑造形体为主，增加柔韧的练习方法。

（四）六级

（1）掌握复合动作的变化规律，巩固已掌握的步伐变换技术及跳跃技术。（2）提高动作的表现力。（3）加大运动负荷，以中等强度有氧训练为主，达到减脂的目的。（4）提高肌肉力量，并进一步塑造其形态，加大动作的空间位移，展现良好的协调性。

四、评定因素

（1）动作的正确性。身体姿态要舒展。动作技术要正确。动作范围要适当。

（2）身体的协调性。全身协调运动。动作轻松、有弹性。动作清晰，无多余动作。动作避免过分松弛或过分紧张。

（3）连接动作的流畅性。动作之间的连接要自然、流畅。动作的转换及方向的变化要干净利落，无多余动作。

（4）节奏感。动作要充分表现音乐情绪。动作和音乐节奏要配合协调。一连串动作节奏要准确。

（5）表现力。动作要展示内心的激情，体现一种健康、向上的情绪。提倡个人风格的表现力。

全国健美操大众锻炼标准（四、五、六级）

一、四级测试动作

四级是大众健美操的中级课程。专为热衷于健美操的爱好者而设计。在初级基础上，增加了健美操的典型动作和复合动作，其内容更丰富，动作变化较多，节奏加快，运动量逐渐增大，对心肺功能及各项身体素质的要求提高。

1. 前奏 4×8

1~8 拍，站立。2~8 拍，踏步。

2. A 段 8×8

①1~4 拍，左脚开始依此成开立、还原。5~8 拍，踏步。还原成并立时稍屈膝，稍含胸。

②1~4 拍，左脚开始前前、后后，两臂依此在胸前前屈，3~4 拍时两臂同时向下振动两次。5~8 拍，左右侧并步，两臂经肩侧屈上举。注意膝关节的弹性，并腿时稍屈膝。

③1~4 拍，向左两次侧并步。5~8 拍，向右两次侧并步。

④1~4 拍，左脚开始 V 字步。5~8 拍，再作一次 V 字步，同时左右击掌。V 字步每次要还原到原位。

⑤~⑧同①~④。

3. B 段 8×8

①1~4 拍，走四步，两臂经侧向上向前做体前大绕环一周半，头上击掌经侧举还原。前后移动应体现步伐的流动性。5~8 拍，左脚开始脚跟点地，两臂经胸前小臂上屈、胸前平屈、侧平举，还原至体侧。注意主力腿的弹性。

②1~4 拍，后退四步。5~8 拍，左腿开始吸腿跳，两臂动作同上。

③~⑧同①~②，重复三遍。

4. C 段 8×8

①1~2 拍，右转 90°左脚上步成分腿半蹲，两臂由右经上举绕至侧举和胸前平屈。分腿半蹲时，重心应在两脚之间。3~4 拍，左转 90°，左脚落于右脚后，重心后移，右脚原地踮一步，臂后摆。5~8 拍，不加转体，动作同 1~4 拍。

②1~4 拍，向左侧交叉步两臂前后摆动。5~8 拍，右脚原地小跳四次，同时左腿摆至左侧下举、右前下举、左侧下举、还原。

③~④同①~②，方向相反。

⑤~⑧同①~④。

5. D 段 12×8

①经左腿小跳、右腿侧摆，右左腿依次向左跨三步，右手撑地，左转 90°成体前屈，两手触脚。向侧跨步时，重心逐渐下降，手臂水平摆动。

②1~4 拍，上体后倾成仰卧，两臂胸前平屈依次上下摆动。5~8 拍，分腿、屈膝，两臂经体侧至头后屈。

③~⑥四次仰卧起坐。上体抬起和下落要匀速，四拍上四拍下，除腹肌外其他部位均

不参与运动。

⑦仰卧向右翻转 180°成跪俯撑。收腹，臀部稍翘，头颈自然前伸，起落要匀速。

⑧~⑩四次跪俯卧撑。

⑪1~4 拍，上体后移成跪势。5~8 拍，左脚向右前方上步，右脚并于左脚站起。手臂在头两侧垂直上下交换。

6. E 段 4×8

①1~4 拍，左脚开始侧弓步，臂经屈肘至侧上举，拳心向下。弓步时脚跟应有弹性地着地、还原。5~8 拍，左脚开始向后弓步，两臂屈肘上摆。

②同①。

③1~4 拍，左脚开始向前走四步，两小臂依次向前绕环。5~8 拍，开合跳两次，左右臂在体侧依次向上屈伸。

④同③，但 1~4 拍向后退。两臂向后绕环。

7. F 段 4×8

①左脚开始向前跑四步，经半蹲小分腿跳，落地缓冲。小分腿跳时要求收腹拔背，四肢在同一垂直面内。

②1~2 拍，左脚向右前方上步，右脚在后原踮一步。3~4 拍，左脚向侧并步跳。5~8 拍,右脚向后弧形跑。

③~④同①~②，方向相反。

8. G 段 8×8

①1~4 拍，左脚开始踏步。5~8 拍，左脚开始侧点地，两臂经前交叉摆至侧下举。点地时注意膝关节的弹动。最后一拍动作为下一拍的准备动作。

②左脚开始向侧弹踢两次。

③左脚开始向左前方、右前方做上步并步，两臂随之前摆击掌。要求上步并步动作应经弓步向前并步。

④左脚开始向左后方、右后方做侧滑步，两臂自然向侧、向内摆动。

⑤~⑧与①~④相反。

9. H 段 12×8

①1~2 拍，左转 90°右脚上步，左脚提膝。3~8 拍，重心后倾成直角坐，再左转 90°成侧卧。重心后倾时左脚先着地，再双手撑地。

②1~4 拍，右腿侧摆一次。侧摆腿不超过 45°。5~8 拍，右腿后摆一次，右臂前举。后摆腿时禁止脊柱和头后屈。

③同②。

④右腿屈膝、侧摆、屈膝、还原。

⑤同④，但最后两拍右转 180°成右侧卧。

⑥~⑨同②~⑤，换左腿做。

⑩左转 180°，右脚上步站起。

⑪1~2 拍，左腿侧步，右腿后屈，同时转体 180°。在做侧步屈膝时大腿屈伸要有力，富有弹性。3~4 拍，右腿侧步，左腿后屈。5~8 拍，同 1~4 拍。

⑫1~4 拍，左脚开始做侧步后屈半蹲。5~6 拍，双手在左侧击掌三次。7~8 拍，两

腿伸直，上体稍右转，左臂前举，右臂头后屈。

四级测试动作见图 7-2-1。

A 段

B 段

C 段

D段

E段

F段

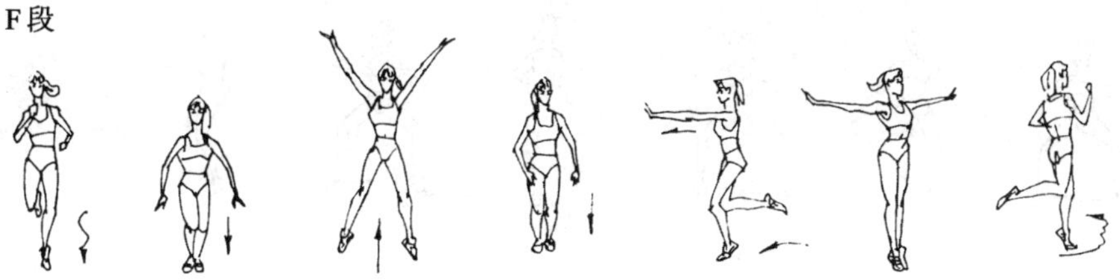

G段

H段

图 7-2-1　四级测试动作

二、五级测试动作

五级测试动作是大众健美操的中级课程，与四级相比，组合更加突出健美操的特点，变化更多，节奏更快，并出现了俯卧撑、大踢腿、分腿跳转 180°等低难度的动作。从编排上注意增加了方向的变化，要求身体的灵活性、协调性更高了。全套共 54×8 个八拍，每段操的动作均为 4×8 拍，并且左右对称。

1. 前奏 2×8

1～12 拍，站立。13～16 拍，身体右转 45°，左脚前点地，右臂上举，掌心向内，左臂侧平举，掌心向上。

2. A 段 4×8

①1～2 拍，左前 45°，并跳。3～4 拍，右前 45°，并跳。5～8 拍，两次开合跳。

②1～4 拍，侧交叉步，第三拍左转 90°，右臂上举，第四拍，双腿屈膝半蹲，右脚点地。

③～④同①～②，方向相反。

3. B 段 4×8

①1 拍，左腿向左侧跨一步。2 拍，收右腿，双臂肩侧屈，双手握拳。3 拍，身体右转 90°，双臂前伸。4 拍，左腿屈膝前举，双手交叉拍肩。5 拍，分腿半蹲，双臂肩侧屈，双手握拳。

②1～4 拍，左侧交叉步。5～6 拍，左脚上步，右腿抬膝。7～8 拍，后退一步，并腿还原。

③～④同①～②，方向相反。

4. C 段 4×8

①1～2 拍，左腿单足小跳 2 次，右腿侧下举，双臂平举，振小臂 2 次。3～4 拍，左、右侧摆跳。5～8 拍，前点、后点步跳起。

②1～4 拍，前点、后点步转身，第 2 拍左右转 180°。5～8 拍，弹踢腿。

③～④同①～②，方向相反。

5. D 段 12×8

①1～4 拍，左后转身 180°跑四步。5～6 拍，双脚并拢半蹲。7～8 拍，小分腿跳转

180°。要求双腿起跳，两腿伸直，开度为 90°，同时转体 180°。

②1~2 拍，左脚向左侧跨一步。3~4 拍，重心右移，左膝内扣。5~8 拍，左后转身成分腿俯撑。俯撑要求双手同肩宽，两脚分开成肩宽，头颈为背的延长线。

③~⑥俯卧撑 4 次。

⑦7~8 拍，收腿成跪撑。

⑧~⑨四个后踢腿。要求后踢腿保持与身体水平，腰背直，头颈为背的延长线。

⑩1~2 拍，身体重心后移，臀部坐在腿上。3~4 拍，双手拍腿。5~6 拍，左臂上举，右臂前举，头左转。7~8 拍，右转 270°成左半劈腿坐。

⑪1~4 拍，双脚不离地，臀部离地。5~6 拍，落下。7~8 拍，屈膝并腿。

⑫1~2 拍，右半劈腿坐。3~6 拍，支撑。7~8 拍，还原。

⑬1~2 拍，左手撑地，右臂体前绕一周。5~8 拍，左转 270°，成站立姿势。

6. E 段 4×8

①1~8 拍，正、反 V 字步。

②1~4 拍，左侧并步，左臂上举，右臂上举。5~8 拍，同 1~4 拍，方向相反。

③~④同①~②，方向相反，第 8 拍右转 90°。

7. F 段 4×8

①1~8 拍，左右腿依次收腿、踢腿。

②1~4 拍，向右后 45°方向并步跳，双臂体前绕环。7~8 拍，右转 135°。

③1~8 拍，连续 4 次大踢腿，双臂前冲拳。踢腿高度 90°。

④1~8 拍，右转 90°，左右腿依次侧踢。

8. G 段 4×8

①1 拍，左腿左跨一步。2 拍，左腿为轴，左转 180°，右腿后踢。4 拍，右腿为轴，左转 180°，左腿后踢。7 拍，右腿前弓步跳，双臂前平举。

②1 拍，收左腿跳转 90°。3~4 拍，开合跳。5~8 拍，同 1~4 拍，方向相反。

③~④同①~②，方向相反。

9. H 段 7×8

①1~4 拍，左移小交叉步。5~6 拍，左右腿依次向左跨步，双臂体前直臂交叉向外绕环至双臂上举。7~8 拍，成左弓步，双臂经体前至双手撑地。

②1~4 拍，右腿扫腿半周，左转 90°成坐姿。5~8 拍，屈膝仰卧，双臂侧上举。

③~⑥4 次仰卧起坐。

⑦1~4 拍，右左腿交换踢摆。5~8 拍，起身右转 90°成站立。

10. I 段 4×8

①1~2 拍，左前方并步跳。3~4 拍，右左腿依次踏 2 步。5~8 拍，右左腿依次侧点地。

②1~2 拍，右腿前跨步，左脚并步点地。3 拍，左脚后退一步。4 拍，吸右腿。5~8 拍，后弹踢跳 2 次，双臂前推。

③~④同①~②，方向相反。

11. J 段 5×8

①1~4 拍，向前走 4 步。5~8 拍，左右侧并步。

②1 拍，右转 90°，左腿向正前方弹踢。2 拍，右转 180°。3 拍，面向 7 点，右腿向 1 点方向弹踢。5~8 拍，侧弹踢 2 次。

③~④同①~②，方向相反。

⑤1~4 拍，向左侧交叉步，第三拍转 180°。5~6 拍，右转 180°。7~8 拍，左脚侧点地成右弓步，左臂前伸，右臂扶头后。

五级测试动作见图 7-2-2。

前奏

A 段

C段

D段

E段

F段

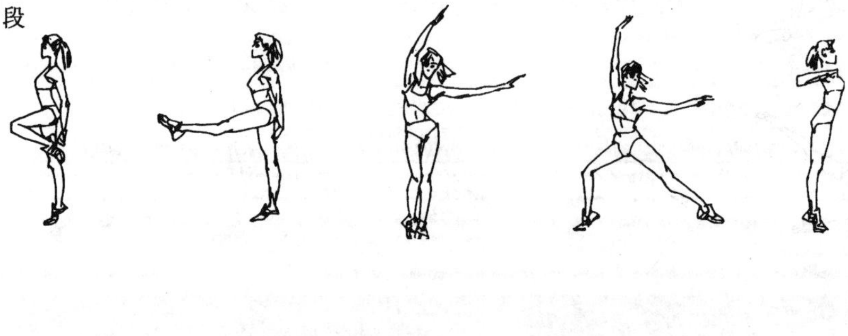

G段

H段

I段

J段

图 7-2-2　五级测试动作

三、六级测试动作

六级动作为《大众锻炼标准》的高级阶段。此成套的特点为：充满活力；在动作的连接方面有一定创新，过渡流畅；音乐欢快，节奏清晰；路线变化丰富。在42×8拍中，不对称动作组合约占46%，下肢对称上肢有变化动作组合约占7%，同时穿插了一些空中地面相互转换的动作；难度动作的选择以上肢为主，兼顾腰腹与下肢；其路线也更为复杂，包含了向前、后、侧、对角、弧线等方向的移动。

1. A段10×8

①1~3拍，背向，正立，两手握拳叉腰。4拍，屈膝半蹲，两臂自然摆动，准备跳转。5~8拍，跳转180°，落成分腿半蹲，两手扶膝，右、左脚依次向左侧迈步成分腿半蹲。

②1~8拍，右脚开始向前做后踢腿跑。

③1~2拍，右脚向右做侧并步跳。3~4拍，左脚向右前迈步，随之右脚并左脚成直立，两臂自上向后绕至腰间。5拍，左脚向左后撤一步。6拍，以右脚为轴向右转体135°，提左膝，两手腰间握拳。7拍，左脚向前迈步，两臂上举。8拍，右脚并左脚成直立。

④同③。

⑤左、右脚依次收腿、侧踢腿跳。

⑥1~4拍，左脚开始，依次向前弹踢腿跳，同时两臂自下向内绕环一周前上举后还原。5~8拍，依次向侧弹踢腿跳，同时两臂自上向内绕环一周至侧举后还原。

⑦1~4拍，右脚开始向右侧交叉步。5~8拍，同⑥1~4拍。

⑧1~4拍，同⑥5~8拍。5~8拍，左脚开始向左侧交叉步。

⑨1~2拍，左脚向右前迈步随之抬起，两臂自然摆动。3~4拍，左脚向左做侧并步跳。5~6拍，右脚向左前迈步随之抬起，两臂经胸前屈至侧上举。7~8拍，右脚向右做侧并步跳，同时两臂于胸前上下交错振动两次。

⑩1~4拍，左脚开始向前V字步。5~6拍，左脚开始向后V字步。7~8拍，左脚向前并步。

2. B段10×8

①1~4拍，右脚开始向右移动小交叉步。5~6拍，右脚向右侧撤步成左前弓步，右臂经胸前屈至侧上举，随之还原成直立。7~8拍，左脚向后撤步成右前弓步，随之还原成直立。

②1~3拍，提膝跳两次。4~5拍，后踢腿跑向右转体360°。6拍，跳成右后弓步。7~8拍,重心前移成向左前方提踵立，两臂向内振动两次。

③1~2拍，保持前一拍姿势。3~5拍，右脚开始向后沿弧线后踢跑一圈，击掌3次。6拍，屈膝半蹲，两臂后摆。7~8拍，小分腿跳一次。

④1~2拍，左脚开始向左前方并步跳，右臂经前绕至侧上举。3~4拍，右脚向前一步接左腿提膝跳。5~8拍，左脚开始依次向前弓步跳。

⑤1~2拍，右脚开始向右后方并步跳。3~4拍，左脚向后一步接右腿提膝跳。5~8拍，右脚开始依次向侧弓步跳。

⑥1~8 拍，开合跳 4 次，但 1~2 拍、5~6 拍两手前后交错三次。

⑦~⑧同④~⑤，但方向相反。

⑨1~2 拍，左腿提膝跳落右前方。3~6 拍，右、左腿依次向后弹踢。7~8 拍，剪式跳。

⑩向后滑叉接坐转 360°成俯撑。

3. C 段 9×8

①~④4 次俯卧撑。要求身体自然平直，匀速运动，屈肘时与肩同高。

⑤1~2 拍，向前提臀收腿成跪。3~4 拍，右脚上步成跪立。5~6 拍，站起同时向左转体 360°。7~8 拍，向右一步成直立。

⑥~⑧吸踢腿组合。

⑨1~2 拍，向右移。3~8 拍，右腿后撤一大步，随之两手撑地向右转体 360°成半劈腿坐。

4. C 段 7×8

①半劈腿支撑。要求双手支撑，屈髋，两腿开度大于 90°且与地面平行。

②1~4 拍，半劈腿支撑。5~8 拍，成仰卧起坐预备姿势，两臂上举。

③1~4 拍，仰卧起坐；两臂由上举至胸前屈，前臂向上。起坐时，两腿固定，腹肌收缩，腰部着地；仰卧时，双肩胛骨触地。5~6 拍，两前臂于胸前交错 2 次。7~8 拍，两臂还原至上举。

④~⑥同③。

⑦1 拍，提左膝，两臂胸前交叠。2 拍，左腿向下伸，右腿上踢，两臂侧举。3~4 拍，右腿下压带动上体成跪蹲。5~8 拍，站起同时向左转体 270°。

5. E 段 6×8

①1~4 拍，右、左脚依次提膝跳。5~6 拍，右腿向侧摆动跳接向左前摆动跳。7 拍，向左跳转 180°，同时右腿向侧摆动，左臂经下、右臂经上成侧举。8 拍，左腿屈膝跳，两臂胸前屈。

②1~3 拍，向左侧左腿弹踢跳两次。4 拍，向左跳转 135°成直立。5~8 拍，同①1~4 拍。

③1~4 拍，左、右脚依次向左前、右前做并步跳。5~8 拍，左、右脚依次向左后、右后做并步跳。

④1~2 拍，向左侧并步。3~4 拍，向右侧并步。5~6 拍，左臂领先，两臂依次经右绕至臂垂，同时向左转体 90°。7 拍，鹿跳。要求前腿大腿抬平，两腿夹角大于 135°，上体直立。8 拍，向右转体 90°成直立。

⑤同④，但方向相反。

⑥1 拍，左膝屈伸右脚点地，同时两臂屈肘向内振动一次。2 拍，同 1 拍。3~4 拍，同 1~2 拍，但方向相反。5~6 拍，屈膝半蹲向右转体 180°成右后弓步，同时两臂经胸前依次水平摆至左手背后。7~8 拍，右手扶左肩，左腿开始两膝依次屈伸三次成左前弓步，同时两臂自然摆动成左臂肩侧屈，右臂自然下垂。

健身健美操的基本竞赛规则

一、总则介绍

（1）运动员年龄：青年组 18~35 岁。

（2）竞赛内容：符合规则及规程要求的自编成套动作。

（3）成套动作的时间：成套动作的时间为 2 分 30 秒~3 分（计时由动作开始到动作结束）。

（4）比赛音乐：音乐速度为 10 秒钟 22~26 拍；成套动作允许有 2×8 拍的音乐前奏；在成套动作结束时音乐应同时停止；参赛队须自备比赛音乐，并将音乐录在高质量空白磁带的 A 面起始部分。

（5）参赛人数与更换运动员：每队 4~6 人，性别不限。如有特殊情况需更换运动员时，应持有效证明，经组委会批准方可。

（6）比赛场地：比赛场地为 10×10 米的地板或地毯，标记带为 5 厘米的红色或黑色带，标记带是场地的一部分。

（7）服装：运动员须穿适合运动的健美操服和运动鞋，着装整洁、美观、大方，不允许使用悬挂饰物，如皮带、飘带和花边等；女运动员的头发须梳系于头后，头发不得遮住脸部；允许化淡妆，禁止佩戴首饰。

（8）比赛程序与计分方法：比赛分为预赛和决赛，凡参赛队均须参加预赛，预赛前八名者进入决赛，不足八名时，递减一名录取；比赛中得分高者名次列前，如遇得分相等，则艺术分高者名次列前，再相等，则名次并列，无下一名次。

（9）裁判组的组成：裁判组由裁判长 1 人、艺术裁判 3~5 人、完成裁判 3~5 人、视线裁判 2 人、辅助裁判若干人组成。

（10）评分方法：

①比赛采取公开示分方法，裁判员评分精确到 0.1 分，运动员得分精确到 0.01 分。

②成套动作的评分因素包括艺术分 10 分和完成分 10 分，总分为 20 分。各组裁判员评分去掉最高分与最低分，所剩分数或所剩分数的平均分数为运动员的艺术分及完成分，两个分数相加为总分，从总分中减去裁判长的减分为最后得分。

（11）奖励：比赛录取前八名，不足时递减一名录取，或根据规程评出一、二、三等奖。可授予奖杯、奖旗、奖状、证书等。

二、成套动作的评分

成套动作的评分包括：艺术分、完成分、裁判长减分。

（一）艺术裁判的评分

艺术裁判的评分从 10 分起评，对每个错误给予减分，艺术裁判的评分因素为：动作设计、音乐、队形与空间、表演。

动作设计 5 分，其中基本步伐、手臂动作及动作组合 2 分，过渡与连接 2 分，强度 1 分。

健身健美操的动作设计应符合这样四个原则：健身、娱乐原则；安全无损伤原则；全面发展身体的原则；符合年龄特点的原则。

（1）手臂动作要体现多样性及动作的不对称性。

（2）动作组合要使身体和各部位（头、手、上臂、前臂、躯干、腿和脚）协调配合，共同参与的部位越多，评分越高。

（3）同一动作组合允许出现一次对称动作。

（4）成套动作的设计以操化动作为主，在融合现代舞蹈和武术等传统项目的动作时，必须符合健美操运动的特点。成套动作中不允许出现任何清楚地显示其他项目特征的造型或禁止动作（如芭蕾、健美、搏击等）。

（5）成套动作中不鼓励出现难度动作，如出现类似动作，不予加分，对出现的错误仍予以减分。开始和结束允许出现托举动作，但不允许出现违例动作。

（6）成套动作中至少应出现两次运动员之间有接触的交流配合动作。

（7）成套动作中托举的数量不得多于三次。

在成套动作中应合理、流畅地连接健美操基本步伐、动作组合，在空中、地面灵活和流畅地相互转换。运动员可以依次或分批做动作，但任何一名运动员不允许停顿 1×8 拍。

强度的评价取决于这样几个因素：动作的频率；动作的速度及幅度；完成动作的耐力；移动。

（1）音乐 1 分，音乐的选择应完整并与成套动作的风格协调；音响效果应是高质量的，并有足够音量，必须与运动员成套动作相配合。

（2）队形与空间 2 分，成套动作的队形变化应是自然、迅速、流畅、清晰、美观，全套动作的队形变化不少于五次；成套动作必须充分、合理、均衡地使用场地；运动员在比赛场地中必须移动使用至少四个方向（向前、向后、向侧及对角）；成套动作中至少出现两次空间的变化（地上和腾空均可）。

（3）表演 2 分，运动员在完成动作时要充分显示出热情、活力、有魅力，并传达给观众；运动员的动作必须与音乐的节拍相符，并配合乐句。

（二）完成裁判的评分

从 10 分起评，对每个动作的错误给予减分，完成裁判的评分因素为：技术技巧和一致性。

（1）技术技巧：在成套动作中准确完成动作，完美展示身体各部位的正确位置、身体的正确姿态；动作技术规范，部位准确，方向清楚，控制完美；动作熟练、轻松、流畅；动作的爆发力、力度及耐久力较好。

（2）一致性：整体完成动作的能力，运动范围的一致性；所有运动员应体现出一致与均衡的运动强度；所有运动员应具有一致的表演技巧。

第三节　健　　美

健美运动概述

健美运动，国际上叫做健身运动（body building），是通过各种力量练习达到发展肌肉的目的，使体型匀称发展的运动项目。

之所以称为健美运动，是由于人们把健美比赛说成健、力、美的比赛。古今中外，力量惊人的大力士很多，而力量和肌肉是分不开的，但其体型不同于健美运动员。举重运动员要举得重，躯干力量很重要，所以肩、背部的斜方肌和腰部肌肉特别发达。健美运动员从肌肉发达程度来看，是超过举重运动员的。一个健美冠军的臂围能达60cm，远远超过一般人的大腿围，但却要求细腰扎背的体型，与举重运动员虎背熊腰的体型有明显的差别，因为健美运动员的腰部较细，才能衬托出其背阔肌发达，上身呈明显的倒三角形，这种体型是健美比赛的要求。健美运动的作用，在于人们通过各种力量练习，以发展全身各部位的肌肉，使瘦弱者得以强壮，肥胖者的皮下脂肪层练薄，使肌肉线条明显，从而达到健美的目的。健美运动的比赛始于20世纪30年代，但广泛地开展是在第二次世界大战以后，即20世纪40年代末至50年代初。最早的健美比赛参加者只限于男性，那时认为女子的皮下脂肪不可能练薄，后来在训练的实践过程中，发现女子通过力量练习，同样可以消耗皮下脂肪，练出肌肉线条。当前的女子健美比赛，不仅要求身体匀称，而且要求在用力时肌肉线条明显，只是在粗壮的程度上不同于男运动员。

健美运动在中国是一项比较热门的运动项目。国内外的实践证明，健美运动是采用行之有效的锻炼方法，促进人体体型健美的一门体育科学，由于它所使用的器械可以自由增减，因此适合不同性别、年龄、体质、锻炼水平和锻炼目的的人。对不同的锻炼安排，只要符合科学要求，都能达到预期的锻炼效果。

随着人们健康意识的不断增强，追求健康的生活方式和掌握科学的健身方法已成为时代的要求。当今健美运动风靡全球，正是人们追求自身完美的表现。人们有目的地进行健美训练，自我塑造，以求发达肌肉，强健体魄，改善身体形态，使体型和身体姿态更臻完美、协调、风度高雅。

健美运动的健身作用

经常性、科学性的健美锻炼可使肌肉的形态、结构和功能发生良好的变化。

一、使肌肉体积增大

健美锻炼能促进肌肉体积增大，肌肉比重增加。肌肉体积增大表明肌肉内肌纤维增粗。肌肉体积与肌肉力量成正相关，肌肉体积越大，其生理横断面也越大；肌肉的生理横断面越大，肌肉力量也越大，且不受性别与年龄制约。

二、使肌肉内能量供应充沛

健美训练的肌肉力量性锻炼，促使肌肉的肌纤维中线粒体增大、增多。线粒体是肌细胞（肌纤维）的“供能站”，能形成ATP（三磷腺苷），ATP是肌肉收缩时能量的唯一直接来源。所以肌细胞内线粒体数量增多，形态增大，能增强ATP在酶的作用下进行分解，释放出能量（每分子ATP的分解，可释放出5.024×10^{4}J热能），供肌细胞（肌纤维）功能活动的需要。

持之以恒的肌肉力量性锻炼，使肌肉中肌糖元、肌球蛋白、肌红蛋白和水分等含量增加。上述这些物质的增加，能提高肌肉的收缩能力，提高酶的活性，促进 ATP 的分解，释放出能量。肌肉内肌糖元含量增加，表明肌肉内贮氧能力增加，为肌肉收缩用力提供充分的氧气。

三、使肌肉内脂肪减少

骨骼肌表面和肌纤维之间有脂肪存在，脂肪在肌肉收缩时会产生摩擦阻力，也就降低了肌肉的收缩效率。健美锻炼需要消耗大量热能，而肌肉收缩能量来源的最终物质是脂肪和糖（1g 脂肪氧化时可释放 3.9×10^4J 热能，1g 糖氧化时可释放 1.717×10^4J 热能）。在大运动量健美锻炼的后阶段，随着糖供能的逐步减少，可更多地利用脂肪供能。经常进行较大强度的健美锻炼，会使肌肉内脂肪和皮下脂肪减少（脂肪常积集于皮下和腹腔，肌肉内的脂肪积集仅占体重的 1%），从而提高肌肉的收缩效率。

四、使肌肉中和肌肉之间结缔组织增厚

力量性锻炼易使结缔组织增厚，这是因肌肉收缩形成的反复牵拉，使肌内膜（包裹肌纤维的膜）、肌束膜（包裹大、小肌束的膜）和肌外膜（包裹肌肉块的膜）的结缔组织增厚；力量性锻炼亦使肌腱、韧带中的胶原纤维增殖而变得结实、粗大。肌肉结缔组织增厚，肌腱、韧带增强，极大地提高了肌肉的收缩效率，提高了肌肉、肌腱、韧带的牢固性和抗张强度，为肌肉的爆发式收缩奠定了坚实基础。

五、使肌肉中毛细血管数量增多

骨骼肌中血管分布极为丰富，物质代谢旺盛。在肌纤维之间的肌内膜上，分布有大量的毛细血管网。研究发现，人的骨骼肌在每平方毫米内约有 3000 条毛细血管，安静时仅有 100 条左右的毛细血管开放（即充满血液）。随着肌肉活动的加强，毛细血管开放增多，剧烈运动时可全部开放，血管管径增粗，血流量增大，以适应肌肉工作时能量消耗的需要。健美运动的力量性训练,能促进骨骼肌中毛细血管增生、毛细血管网变密。毛细血管数量增多,能改善骨骼肌中的氧供应,有利于肌肉收缩的能量供应,有助于增强肌肉力量。

健美运动的理论

一、健美训练原则

健美训练原则是在总结概括实践经验的基础上，归纳和升华的科学理论，是进行健美练习必须遵循的法则。健美训练原则主要有以下几种：

（一）渐增负荷训练原则

为了增加肌肉体积，必须逐渐增加运动负荷，包括重量、组数、次数、间歇时间。不仅要采用越来越重的重量，还要增加训练组数和每星期的训练次数以及缩短间歇时间。

（二）多组数训练原则

每一个动作都只有在练习 3~4 组时，才能使肌肉群得到应有的锻炼。

（三）主动肌用力原则

锻炼发展某一部位的肌肉，就要最大限度集中主动肌用力，而尽可能避免其他协同肌用力，使主动肌在整个动作过程中承受最大的运动负荷。

（四）变换训练计划原则

如果长时间使用一成不变的训练课程，肌肉就会产生厌倦的感觉，影响继续增长，因此应该适时修订或改变自己的训练课程（一般3个月左右）。

（五）持续紧张训练原则

完成动作时，如果动作做得很快或依靠摇摆的惯性把重量举起来，就会减少肌肉收缩的效果。所以在整个动作过程中，要使肌肉始终保持紧张的状态。

（六）优先训练原则

训练时，在你精力最充沛的时候练你最想发展的部位。

（七）锥形训练原则

为了取得良好的效果，避免受伤。开始训练时，用最大重量的60%举15次，然后再增加重量，把试举次数减少到8~10次。最后，把重量加到80%，最多举5~6次。

（八）强迫训练原则

每组最后一两次试举，单凭主动肌已不能完成动作，此时可借助同伴的帮助完成技术动作。

（九）三组合训练原则

对同一部位采用三个不同的动作连续做，动作之间没有休息，即三组合训练。

二、健美训练三要素

科学的训练、合理的营养、最佳的恢复休息手段，是健美锻炼取得成效的三大要素。

（一）科学的训练

任何水平的健美运动员都必须根据自己的身体实际情况和训练水平，选择制定一个切合实际的训练计划，逐步调整和循序渐进地加大运动负荷。这包括根据不同的训练目的、训练周期选择不同的训练动作，并要求准确无误地完成动作规范。初学者易犯的错误是急于求成，无节制地增加训练动作，训练组数，延长训练时间，盲目加大训练强度，致使训练过度，阻碍了体型的发展。

（二）合理的营养

对健美运动员来说，合理地摄取营养和严格的饮食制度，是增长肌肉体积、保持健美体型不可忽视的条件。

人体需要的主要营养素是蛋白质、碳水化合物、脂肪、维生素和矿物质。对于健美练习者而言，问题在于如何补充这些营养素。

对于健美运动员，一般蛋白质的需要量约占总摄入的1/3，碳水化合物约占2/3，脂肪的需要量很少。

健美训练时还需要摄取大量碳水化合物，以提供热能。除正常饮食外，还应根据需要适当补充一些营养品。训练中水的摄入也很重要。水不仅可以加快体内废物的排出，而且对维持正常生理功能十分重要。

(三) 最佳的恢复休息手段

恢复是健美运动三要素中最容易被忽视的。经过大强度、大运动量锻炼后，提高恢复质量至关重要。只有充分地恢复，才能消除疲劳。可以说，没有合理的恢复休息手段作保证，就不可能有好的训练效果。恢复过程的长短取决于训练水平、运动负荷以及身体机能状态等因素。一般来讲，一次训练之后要有 48 个小时的休息，要使肌肉完全恢复，则需要 72~100 个小时。

恢复主要有两种形式，即消极性恢复和积极性恢复。

消极性恢复，指一般的静止休息、睡眠等；

积极性恢复，指用转换活动内容的方法进行恢复，如运动后的整理活动、物理和机械的放松与按摩、适当补充维生素、心理放松等。

三、健美训练计划的制订

任何体育运动项目要想取得成功，首先要制定一个切合实际的计划。当你准备开始健美训练时，就应该依据训练原则，制定一个科学、系统、合理的计划。

一个完整的健美计划应包括以下几点：

(1) 每周安排几次训练。

(2) 每次课内要锻炼哪几个部位的肌肉。

(3) 每个部位做几个动作。

(4) 每个动作练多少组。

(5) 每组练多少次，组间间歇时间是多少秒。

(6) 每次课的各部位肌肉练习的总组数。

(7) 每堂课的综合总组数。

例如，初级阶段计划制定（开始~6 个月）：

(1) 每周 3 次。

(2) 每次课包括全身各部位的肌肉群练习，尤其是大肌肉群。

(3) 每个部位肌肉群选择 1 个动作。

(4) 每个动作做 1~2 组。

(5) 每组练 8~12 次，组间间歇 90~120 秒。

(6) 每部位肌肉总组数：2~4 组。

(7) 每堂课的综合总组数：20~30 组。

四、健美训练的动作速率

在我们日常进行的力量练习中，决定训练质量的另一个关键在于完成练习动作的速度。

在大多数的体育运动中，为了达到目的，要求我们尽可能地动员全身的肌肉，在最短的时间内试举起最大的重量，这也就是我们所说的“爆发力”。

在现在健身锻炼中，为了达到减缩皮下脂肪、增加肌肉弹性的目的，时常采用高次数、轻重量的方法，并且肌肉收缩与伸展的速度几乎相等，这种发力方法称为“等速发力”。

健美训练，特别是以增大肌肉体积为目的时，应采取“变速发力”，即“快收缩、慢伸展”的发力方法。具体要求为：收缩 2~3 秒，伸展 3~4 秒，顶峰收缩（也称最佳收缩）停留 1~2 秒。在顶峰收缩时停留 1~2 秒，是充分利用了动力和静力相结合的肌肉工作原理。慢伸展使主动肌在伸展过程中退让做功，从而保证在整个运动过程中，主动肌始终保持持续紧张的状态。

健美训练在准备活动、热身活动或减缩局部皮下脂肪（例如腹部）练习时，多采用等速发力——收缩与伸展速度相等。而在练习小肌肉群时，虽然每组次数达 15~20 次，但发力方法仍然是变速发力。

五、健美训练的运动负荷

在运动训练中,决定训练效果的最重要因素是适宜的运动负荷。负荷量过大,会产生过度疲劳;而负荷量太小,则训练效果不明显。运动负荷包括两个方面:运动量与运动强度。

（一）运动量

在健美训练中，运动量是指练习的组数，即每个部位肌肉群练习的组数与一次训练课的总组数。

训练组数的多少，还要取决于不同的体质、体力和训练水平，必须根据实际情况，不能无限制地增加组数，否则就会导致训练过度。下面介绍不同训练阶段，练习每个部位按大、小肌肉群所采用的总组数。

依训练水平（原则上以系统训练时间为依据）可分为：

（1）初级阶段（开始~6 个月）。

（2）中级阶段（6 个月~1 年）。

（3）高级阶段（1 年以上）。

在训练中，我们通常将全身各部位分为大肌肉群和小肌肉群，两者之间的训练组数是不同的。胸、背、大腿和肩为大肌肉群，肱二头、肱三头、前臂、小腿为小肌肉群，腹部为特殊肌群。原则上小肌肉群的练习组数是大肌肉群的 2/3（表 7-3-1）。

表 7-3-1

阶段	大肌肉群	小肌肉群	总组数
初级阶段	2~4 组	1~2 组	20~25 组
中级阶段	8~10 组	5~6 组	不超过 40 组
高级阶段	12~14 组	8~10 组	依具体情况而定

（二）运动强度

1. 练习次数

决定运动强度大小的依据，首先是每组训练的次数，即每组竭尽全力完成的次数，也称为“次”。在健美训练中常见到的有以下几种：

（1）低次数（1~4 次）：大强度，主要目的是增长力量和体积。

（2）中次数（6~12 次）：中等强度，主要目的是增长肌肉块。初、中级阶段一般为 8~12 次，高级阶段为 6~8 次。

(3) 高次数(15~20 次)：中小强度，主要是练习小肌肉群和增加肌肉的线条、弹性。

(4) 超次数（30 次以上）：小强度，主要有助于减缩局部皮下脂肪和增强肌肉弹性。

随着水平的提高，大多数练习者为了加深对肌肉的刺激，往往采用 4~6 次/组的大运动量训练方法。但需要指出的是，加大运动量以后，应时刻告诫自己：要更加注意动作的规范，避免受伤，否则会“得不偿失”。

2. 间歇

决定运动强度的大小的另一个因素是组间间歇。在两组练习之间，应有一个最合适的休息时间。如初级阶段：间歇 90~120 秒；中级阶段：间歇 60~70 秒；高级阶段：间歇 45~60 秒。

赛前训练周期的目的是保持肌肉体积，增进肌肉线条，减缩皮下脂肪，一般间歇短至 30~45 秒，但不能少于 10~15 秒。

六、健美训练中的有氧练习

健美运动实践中把力量训练与有氧训练有机地结合起来，可以有效地提高心肺功能，减缩皮下脂肪，保持肌肉体积，增加肌肉线条。

有氧运动的形式很多，如快走、慢跑、健身操、游泳、骑自行车和各种跑步机、功率自行车、台阶机练习等。采用有氧运动健身，可因地制宜，量力而行。强度则因人而异，简单有效的强度计算方法是监测运动时心率，即在运动结束后测得 10 秒钟的脉搏数乘 6 再乘以 110%，以此来推算出运动时心率。20~30 岁的人运动时心率每分钟 140 次左右，40~50 岁的人心率每分钟 120~135 次，60 岁以上的人心率每分钟 100~120 次，为有氧运动的范围。

在平时的训练周期中，有氧练习可安排在每次训练后期，进行 30~45 分钟的有氧练习。有氧运动虽然是一种有效的脂肪消耗办法，但长时间的有氧运动锻炼消耗的不仅是脂肪，而且还包括肌肉。职业健美运动员乔·卡持勒认为：“当我在一天当中有氧运动超过 1 小时，我的力量就会下降，肌肉萎缩，即使摄入许多热量和蛋白质也无济于事。我感觉 40~45 分钟就是我的警戒线，超出这个时间，我的肌肉便会流失。”在赛前训练周期（一般是比赛前 4~8 周），为了使肌肉线条和清晰度更明显，需要把皮下脂肪从平时的 16%~18%降为 8%~10%，此时如果自我感觉皮下脂肪过多，可每天上、下午各安排一次有氧练习，时间可适当延长。

七、健身房中的减肥减脂训练

减肥减脂的唯一积极有效手段就是进行有氧练习，即利用运动消耗掉摄入的多余热量和体内的脂肪。健身房中的减肥减脂训练方法一般运用循环训练法，即首先选择 6~8 个动作，原则上是以全身各大肌肉群为主，并且尽量选择一些既可锻炼局部肌肉，又能提高全身器官机能水平的动作（如卧推、深蹲、硬拉等动作），将这些动作结合在一起，每个动作做一组，每组 12~15 次，两个动作之间间歇 5 秒钟，做完一个循环后，休息 2 分钟。在此期间应穿插一些跑跳、健美操、跳绳等练习。练习者应根据自身体力和训练水平循序渐进，最后达到每周训练 4 次，每次 4~5 个循环的适宜运动量。

如果目的是以局部减脂为主，可在正常训练后，安排 3~4 组局部循环训练，例如针对腰腹部减脂，可挑选6个左右锻炼腰腹部的动作，依照循环练习方法进行训练。

发达身体各部位主要肌肉群的锻炼方法

人体主要肌肉有肱二头肌、肱三头肌、三角肌、胸大肌、背阔肌、腹肌、股四头肌、小腿肌等（图7-3-1）。

一、基本技术

（一）肱二头肌练习

1. 双臂杠铃屈举

两脚自然开立与肩同宽，身体正直、收腹、挺胸，两臂垂于体侧拳心向前握杠，两臂发力同时吸气屈肘上举，肘关节尽量保持原位，杠铃举至胸前位置，停2~3秒钟，慢慢还原，重复进行（图7-3-2）。

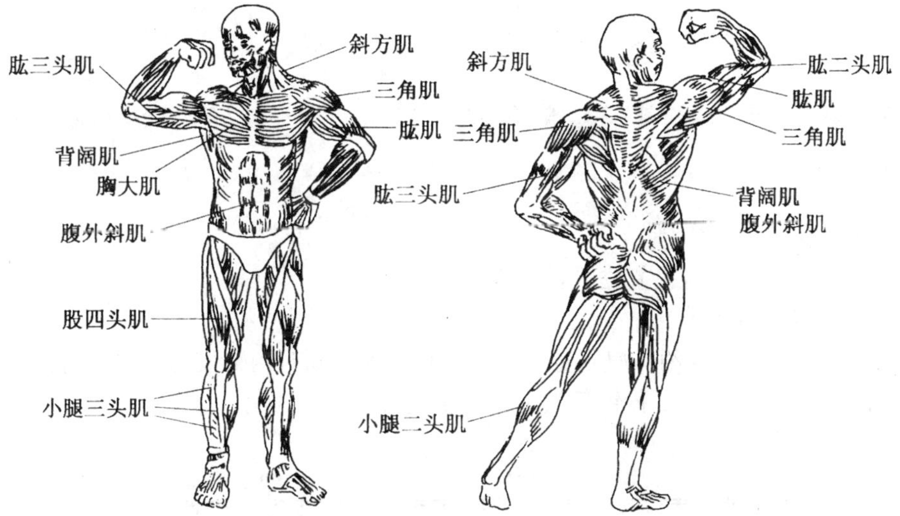

图7-3-1 人体主要肌肉图

图7-3-2 双臂杠铃屈举

要点：

(1) 身体保持正直、稳定。

(2) 动作时肘关节尽量保持原位置不变。

2. 哑铃屈举

基本动作同双臂杠铃屈举（图 7-3-3），但可变化以下几种练习方法和身体姿势：

(1) 单臂进行以上练习（图 7-3-4）。

(2) 坐姿哑铃屈举：分腿坐在练习凳上，上体正直、挺胸、立腰稍前倾，练习臂伸直垂于大腿内侧，拳心向前握哑铃；吸气后练习臂用力屈肘上举哑铃，尽量举之靠近肩部，停 1~2 秒钟，呼气还原，重复进行（图 7-3-5）。

图 7-3-3　基本动作

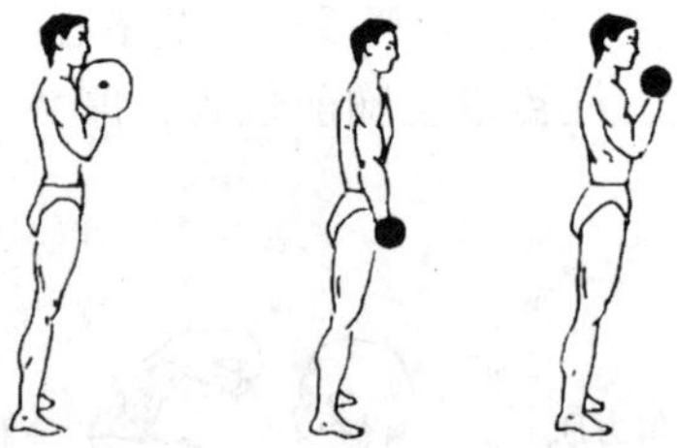

图 7-3-4　单臂练习

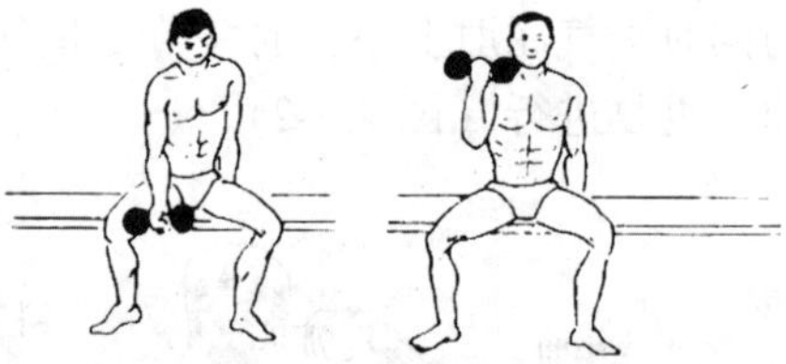

图 7-3-5　坐姿屈举

要点：

(1) 上体保持预备姿势。

(2) 上臂要固定，肘关节位置要保持不变。

3. 双杠反握引体向上

高单杠跳上双手反握约与肩同宽，自然悬垂，吸气同时两臂发力屈肘，身体上引至下额高于杠面，也可稍停 1~2 秒钟后放下，重复进行（图 7-3-6）。

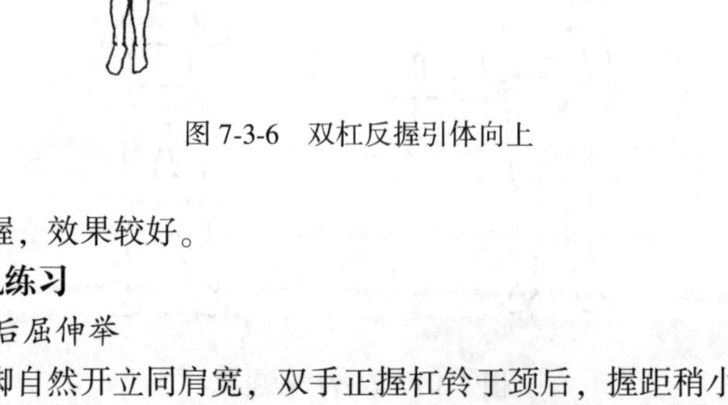

图 7-3-6　双杠反握引体向上

要点：双手后握，效果较好。

(二) 肱三头肌练习

1. 双臂杠铃颈后屈伸举

身体正直，两脚自然开立同肩宽，双手正握杠铃于颈后，握距稍小于肩宽，上臂靠近耳部，肘关节始终朝上保持此部位不变，吸气同时双手用力将杠铃举起至手臂伸直，然后复原，重复进行（图 7-3-7）。

此练习可用哑铃、杠铃等单、双手进行。

要点：

（1）身体正直，挺胸，立腰。

（2）手臂上举时，肘关节位置保持不变。

2. 单臂哑铃屈伸

两脚前后开立成上半蹲弓步，上体前倾，背部似与地面平行，前腿异侧练习臂拳心向上屈肘持哑铃于腹侧，吸气同时用力练习臂向后上方伸直，肘关节保持位置不变，并尽量使哑铃高于背部，稍停 1~2 秒钟吸气还原，重复进行（图 7-3-8）。

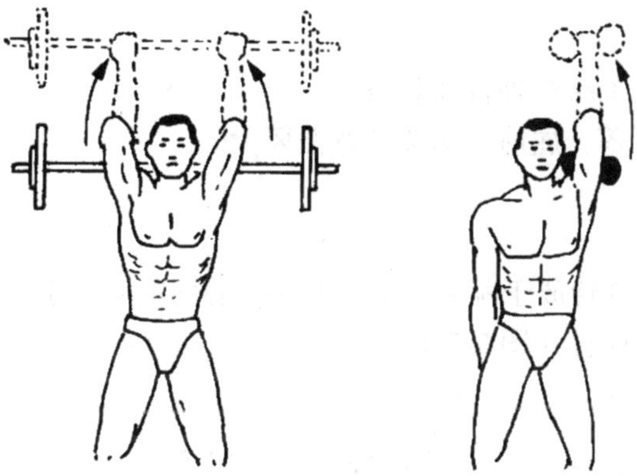

图 7-3-7 双臂杠铃颈后屈伸举

图 7-3-8 单臂哑铃屈伸

此练习也可用小杠铃按上述方法进行练习。

要点：

（1）上体前倾，保持不动。

（2）练习臂靠近体侧，肘关节位置不动并以肘关节为轴做屈伸。

3. 双杠双臂屈伸

双臂支撑于同肩宽的杠面上，手臂慢慢弯曲，身体自然下落，手臂肘关节尽量弯曲，胸部接近杠面处，直到不能再下垂时稍停，呼气同时用力伸直手臂至完全伸直，重复进行（图 7-3-9）。

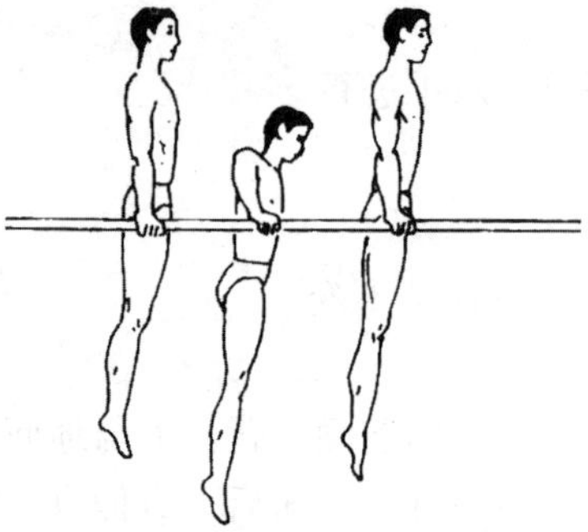

图 7-3-9　双杠双臂屈伸

要点：

（1）身体下落时，除手撑外都要悬空。

（2）身体要尽量下落，屈肘时肘关节弯曲要大。

（三）三角肌练习

1. 坐姿杠铃上推

坐于练习凳上，将杠铃放于颈后肩上，两手拳心向前，大于肩宽握杠于肩上，用伸臂之力将杠铃上举，两臂伸直（图 7-3-10）。

图 7-3-10　坐姿杠铃上推

此练习也可用哑铃两臂肩上轮流做上推练习。

要点：

（1）上举时不耸肩。

（2）还原要缓慢，以防突然性还原而受伤。

2. 哑铃前举，侧举练习

哑铃前举、侧举（图 7-3-11）。

要点：

（1）身体要保持正立、收腹、紧腰、挺胸。

（2）作用力点应在肩部。

图 7-3-11 前举、侧举

(四) 胸大肌练习

1. 宽握卧推

仰卧于练习凳上（一般都采用卧推组合器材），两手正握杠铃，宽于肩 10~20cm，由手臂伸直开始，屈肘，杠铃应慢慢下落至胸前，稍停 2~3 秒，吸气同时用力上推，稍停，重复进行（图 7-3-12）。

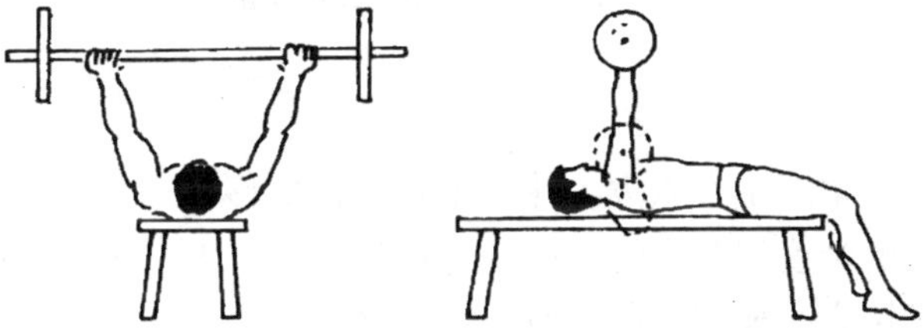

图 7-3-12 宽握卧推

要点：

(1) 下落动作要放慢些。

(2) 上推时要垂直上推，先胸部发力。

练习提示：此练习一定要加强安全，注意器械及人员的保护。

2. 仰姿哑铃飞鸟

屈膝分腿仰卧于练习凳上，握铃时拳心相对，两臂伸直，向上垂直于身体；呼气向后外侧下分开平举，然后吸气时胸大肌用力收缩，两臂向上内收至胸上伸直，稍停 1~2 秒，重复进行（图 7-3-13）。

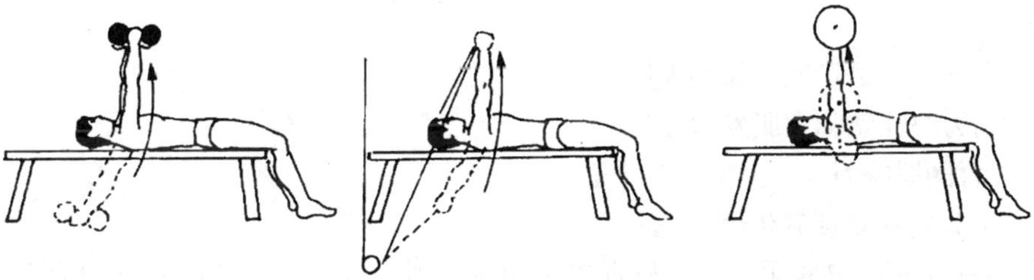

图 7-3-13 仰姿哑铃飞鸟

要点：

（1）两臂分开下落时，肘关节伸直。两臂尽量张开，下落时肘部要低于体侧。

（2）飞鸟两臂收缩时，要以胸部发力为主，两臂伸直。

3. 双杠支撑摆动双臂屈伸

两手分别伸直撑于杠面上握紧，先收腹腿前摆，以肩为轴，两脚自然下落，过垂直面后再用力向后摆动，在接近于肩水平面时屈肘，重心随之下降，脚由后向下，摆过垂直面向上摆动时，两臂用力伸直，如此重复进行（图 7-3-14）。也可前、后下落肘进行臂屈伸，但难度较大，尤其是协调性要求更高。如果摆动且在宽双杠上做双臂屈伸，效果也很好。

图 7-3-14 双杠支撑摆动双臂屈伸

要点：

（1）前后摆动时，幅度不宜太大，并尽量减小臂部移动。

（2）重心下落时的幅度视各人情况而定，但尽量低一点，对胸大肌锻炼更有效。

（3）不是光手臂用力，要拉长胸大肌，并使之先发力。

4. 俯卧撑

俯卧撑练习有很多种，图 7-3-15 列举了部分练习方法。

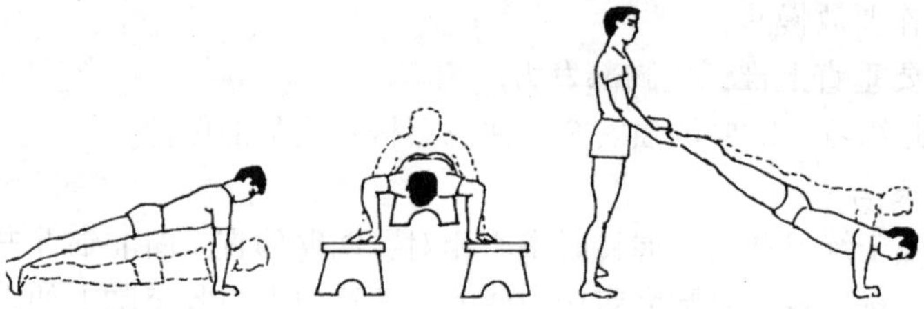

图 7-3-15 部分俯卧撑练习示例

要点：

（1）下落时，尽量能拉长胸大肌。

（2）用力时注意胸大肌发力。

（五）背阔肌练习

1. 高单杠宽握颈后引体向上

高杠双手宽握，悬垂手宽大于肩宽 20~30cm，量力而行，吸气时两臂用力引体向上，使头部至杠前，颈后接近杠面稍停，然后慢慢下落，重复进行（图 7-3-16）。

要点：

（1）引体向上时身体保持稳定。

（2）还原时动作要缓慢。

2. 俯身飞鸟

两脚自然开立约同肩宽，上体前屈与地面平行，抬头，两臂伸直或微屈，拳心相对握哑铃，吸气后两臂同时用力向两侧举起直到与肩齐平，稍停 1~2 秒，慢慢下落还原，重复进行（图 7-3-17a），也可俯卧于练习凳上侧平举（图 7-3-17b）。

图 7-3-16 高单杠宽握颈后引体向上

(a) (b)

图 7-3-17 俯身飞鸟

要点：

（1）上体俯身前屈要抬头。

（2）两臂上举时伸直或稍有弯曲，作用于三角肌的部位不同。

（六）腹肌练习

1. 仰卧起坐

仰卧起坐练习是我们平时常用的一种练习方法（图 7-3-18）。

要点：

（1）腿部两脚保持相对固定。

（2）起坐的方式及辅助器材因人或需要而定。

2. 仰卧举腿

仰卧举腿练习（图 7-3-19）。

要点：

（1）两手、上体保持不动。

（2）举腿时增加负重，以小重量为好。

图 7-3-18　仰卧起坐

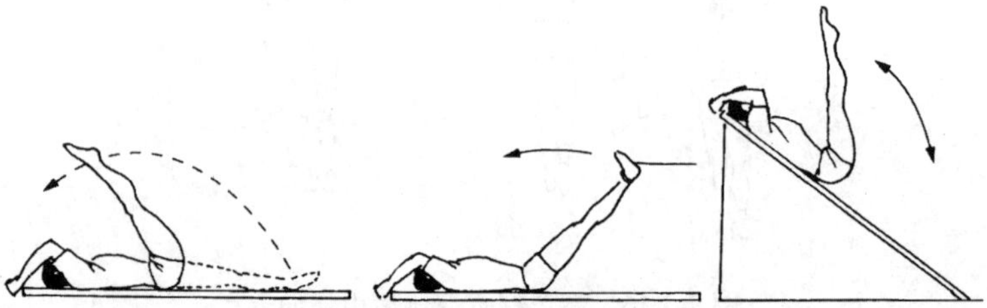

图 7-3-19　仰卧举腿

（七）股四头肌练习

1. 负重下蹲

以负杠铃为例。将杠铃放在颈后肩上做下蹲起立动作叫后蹲（图 7-3-20a）；将杠铃放在胸前做下蹲起立动作叫前蹲（图 7-3-20b）；屈膝下蹲大小腿夹角小于 90°叫深蹲，大于 90°叫半蹲（图 7-3-20c）；保持某一角度叫静蹲。站姿为两手屈肘正握，身体正直、收腹，立腰下蹲，均能完成前蹲、后蹲、半蹲和深蹲，用力时吸气，下蹲时呼气。也可杠人下蹲进行上、下蹲练习（图 7-3-20d）。

(a)　(b)　(c)　(d)

图 7-3-20　负重下蹲

要点：

（1）两脚要站稳，抬头挺胸，腰收紧。

（2）思想集中，下蹲要慢，起来要快。

2. 肩负杠铃跳弓步

两手屈时正握杠铃于颈后肩上，两脚前后开立成弓步；吸气后，两腿用力向上跳起的同时，两腿前后交换，可稍停 1~2 秒，也可连续做 4~5 个，换蹲弓步，重复进行（图 7-3-21）。

图 7-3-21 肩负杠铃跳弓步

要点：

（1）上体正直，紧腰，两眼前视。

（2）保持杠铃平稳，双手要握紧。

3. 坐姿腿屈伸

坐于练习凳上，两手扶凳固定上体，两腿膝关节在凳端外，脚上可持一定的重物，沙袋、杠铃片等做腿的屈伸动作，为使股四头肌充分地收缩，随着膝关节伸直、小腿的伸屈，上体可稍向后倾，待腿伸直后坚持停 3~5 秒后慢慢还原，重复进行（图 7 3 22）。

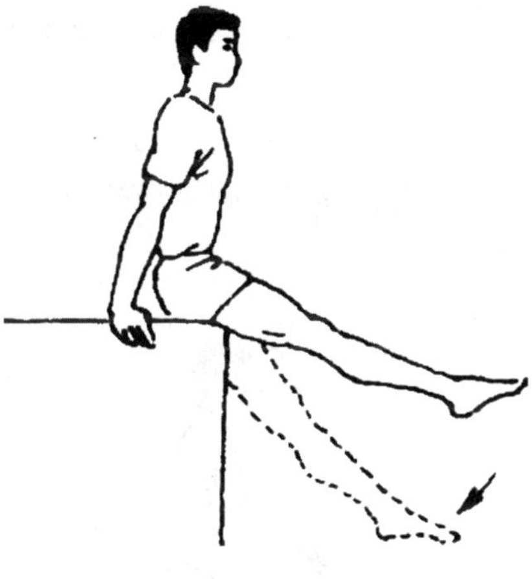

图 7-3-22 坐姿腿屈伸

要点：

（1）脚持重物从小重量开始，要量力而行。

（2）练习动作时，脚面要伸直。

（八）小腿肌练习

1. 负重提踵

身体正直，两手正握杠铃于颈后肩上，两腿伸直，足趾正中垫 2~3cm 厚的木板，然后做直腿提踵动作，可连续进行（图 7-3-23）。也可在肋木旁等做骑人提踵练习。

要点：

（1）保持身体平衡，要以足部屈伸动作为主，提踵要充分。

（2）可连续做 4~5 次，也可屈足到最高点时稍停 5~6s，效果更好。

2. 站姿直腿跳

身体直立，挺胸塌腰，可徒手，也可手持重物、哑铃等，膝关节伸直，小腿发力，用脚掌蹬地向上纵跳（图 7-3-24）。还可持一哑铃做直跳和蹲跳，对大小腿肌群的锻炼效果也很好。

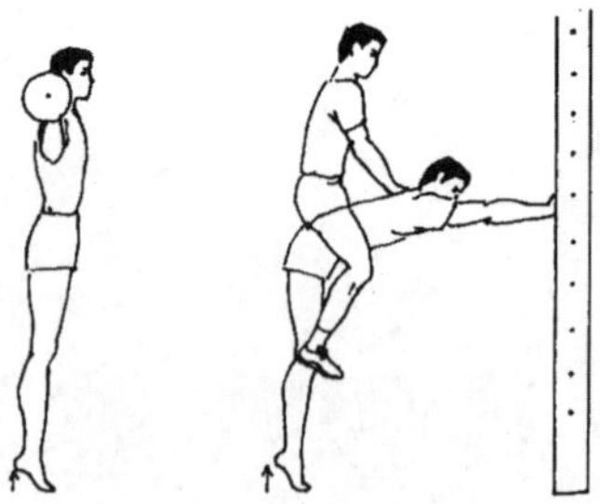

图 7-3-23　负重提踵

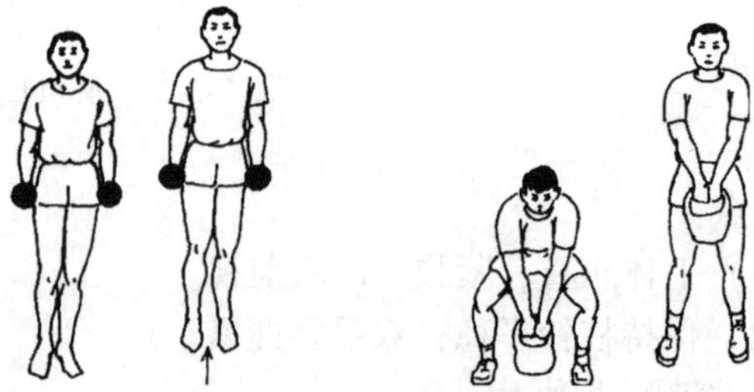

图 7-3-24　站姿直腿跳

要点：

（1）不要屈膝。

（2）跳起要做到三伸：髋、膝、踝充分伸展，重点是踝关节一定要用力蹬伸。

3. 坐姿提踵

练习者坐于练习凳上，屈膝一般以 90°为好，两腿稍分开，两手将杠铃片或沙袋固定在膝关节上；可两腿同时做提踵动作，也可单腿做提踵动作，提起要充分，稍停 1~2 秒后还原，重复进行（图 7-3-25）。

图 7-3-25　坐姿提踵

要点：

（1）提踵时脚跟尽量提起。

（2）杠铃片可由轻到重，并注意安全。

人体健美鉴赏

一、男性健美的标准

肌肉是人体力量的源泉，同时也是力的象征，因此，健美的体型，健壮的体魄和发达的肌肉是密切相关的。在艺术家、人类学家和体育家的眼里，发达的肌肉和健壮的体魄是男性人体美的重要因素。

（一）肌肉发达，体魄健壮

男性的健美，首先要有一个丰厚的胸背和宽阔的肩膀，这能给人以体格强壮、孔武有力的感觉。具有发达胸部的男性，胸部的胸大肌，胸小肌和前锯肌均十分发达。胸大肌成为两块结实有力的隆起，使人看不到锁骨和锁骨内的凹陷部，胸部明显高于腹部，胸部的肌肉和上肢的肌肉（如三角肌和肱二头肌）在收缩时界限明显。强健的臀部和腿部的肌肉，是一个人力量的象征。发达的肱二头肌、肱三头肌及前臂肌群，可使手臂线条鲜明，粗壮有力。手臂与躯干连接处的肩覆盖着三角肌，发达的三角肌可使肩部增宽，加上发达的背阔肌、胸大肌，就会使躯干呈现出“V”字形，腿部肌肉包括圆满、臀部肌肉，有力的股四头肌、股二头肌，缝匠肌和小腿腓肠肌，这些肌肉能固定下肢，支撑全身重量，给人一种坚定有力的感觉。

腰部是人体连接上、下两部分的枢纽，也是人做前屈、后屈、体侧屈等各方向运动的一架万能轴承。从整体看，腰部的骶棘肌能固定脊柱，使人体挺拔；腹肌能增加腹压，保护内脏，有利于缩小腰围，形成健美的体型。

总之，发达而富有弹性的肌肉是力量的源泉，也是健美的体现。

（二）体型匀称，线条清晰

体型匀称主要是指以骨骼为支架所构成的人体各部分的比例要匀称、合度。站立时，头颈、躯干和脚的纵轴在一垂线上；上、下身比例符合黄金分割定律，即以肚脐为界，上、下身比为5∶8。

人体由600多块肌肉组成，它包裹在人体的外部，是构成人体外形的重要因素。

总之，男性应该有发达的肌肉，健壮的体魄，匀称的体型，魁梧的身材，端正的姿态，潇洒的风度，以及发自内心深处的勇敢无畏、刚毅果断等精神气质，由此体现出阳刚之美。

二、女性健美的标准

由于女性身体结构和生理机能等方面均与男性有着明显的区别，从而表现出了自身的特点，因此，女性也有其健美标准。

（一）适度的肌肉，健美的体魄

发达的肌肉是男性健美的首要因素，然而对于女性来说，就不应该要求练就像男性一样发达的肌肉，因为两者的生理特点不同。女性全身肌肉占体重的32%~35%，脂肪占28%，而男性全身肌肉占体重的40%~45%，脂肪占18%。

（二）匀称丰满并具有女性曲线美的体型

女性的体型应该丰满而不肥胖，这样的体型有一种健康之美；或者是苗条而不瘦弱，这种体型则另有一种精干之美。但是，不管是丰满还是苗条，都应该具有女性特有的曲线美，这才能真正显现出女性的形体美。

丰满而挺拔的胸部是构成女性曲线美的主要标志之一。乳房应丰满而富有弹性，并应有适度发达的胸肌作为依托，从而构成胸部优美的曲线。过分肥大、松弛或过分小的乳房都将影响女性的健美。

坚实平坦的腹部和稍微纤细的腰部，是女性健美的又一标志，因为这样才能显现出腰部的优美曲线。腰腹周围如果过多地堆积着皮下脂肪，不仅臃肿难看，而且还会限制身体向各方向的运动。

丰满而适中的臀部能构成女性体型的优美曲线。臀部过分肥大会显得臃肿，有损于形体健美；如果过于瘦小，则表现不出女性体型的优美曲线。

修长而有力的四肢也是女性健美不可或缺的一部分。腿部应略长于躯干，这样才显得苗条而修长，腿部既不能粗胖，也不能瘦长，而应有结实的肌肉，这样才能显出腿部优美的曲线。另外，还要有红润而光洁的皮肤、端庄而优美的姿态。

第八章 球类运动

第一节 篮 球

篮球运动概述

篮球运动于 1891 年由美国马萨诸塞州斯普林菲尔德市基督教青年会训练学校体育教师詹姆斯·奈·史密斯博士借鉴其他球类运动项目设计发明的。起初，他将两只竹篮钉在健身房内看台的栏杆上，竹篮上沿离地面稍高于 10 英尺，约 3.05 米，用足球作比赛工具，任何一方在获球后，利用传递、运拍将球向篮内投掷，投球入篮得一分，按得分多少决定比赛胜负。1892 年，奈·史密斯制定了《青年会篮球规则》13 条，比赛时间规定为上、下半时各 15 分钟；对场地大小也做了规定；上场人数由每队 9 人、7 人，到 1893 年决定为 5 人。随着篮球运动在美国国内的推广和开展，场地、器材也不断改进，逐渐形成近似现代的篮板、篮圈和篮网。

由于篮球运动是一项室内、富有吸引力的新颖的运动项目，不仅在美国国内得到很快的发展，而且也相继传播到欧、亚、南美洲等一些国家。1904 年，美国青年会男子篮球队在第三届奥运会上进行了表演赛。此后，篮球运动逐步在各大洲开展起来。1932 年在瑞士日内瓦成立了国际业余篮球联合会，并正式出版了第一本国际篮球规则。1936 年第十一届奥运会将男子篮球列入正式比赛项目，篮球运动登上了国际竞技运动舞台，成为一项世界性的运动项目。

20 世纪 30 年代国际业余篮球联合会的建立、比赛规则的初步统一，以及男子篮球列入奥运会竞赛项目，篮球运动进入现代新起点。

20 世纪 40 年代末 50 年代初，世界男、女篮球锦标赛赛制先后建立，美国 NBA 职业篮球联赛开始。70 年代中期，女子篮球运动列入 1976 年第 21 届奥运会竞赛项目，篮球运动开始世界性的大普及、大发展。竞技水平通过自身的演进实践（规则完善）和现代科学技术的渗透影响，得到了很大的提高。

20 世纪 80 年代，随着篮球运动发展进程中高度与速度的增加，技术、战术的进一步创新发展，个人攻防能力的增强和对抗性加剧，促使比赛场地扩大（长 28 米、宽 15 米）和远投 3 分球的确立，现代篮球运动迅速向科学化、国际化、大众化、社会化、整体化、综合化、个性化、技艺化、产业化道路迈进，显示出现代篮球竞技运动发展的新趋势。

20 世纪 90 年代初美国 NBA 职业篮球运动员组成的“梦之队”进入在西班牙举行的第 25 届奥运会，进一步增强了现代篮球运动文化艺术、科技含量的氛围和职业化带来的商业化、产业化气息，从某种意义上促进了 21 世纪新时代篮球运动发展的新观念、新理论、新技术、新战术的形成。

篮球基本技术与练习方法

一、移动

移动是队员在比赛中改变位置、速度、方向和争取高度时所采用的各种脚步动作的统称。

(一) 基本技术

1. 起动

起动是队员在场上由静止状态变为跑动状态的一种脚步动作。突然快速起动在比赛中运用最多，是摆脱对方最简单、最有效的方法。起动时，前脚掌要短促而迅速地用力蹬地，使动作具有突然性。起动的前几步要小而快速，同时上体迅速前倾或侧转，向跑动方向转移重心，手臂协调摆动，能在最短的距离内充分发挥速度或以起动超越对方。

2. 变向跑

变向跑是队员在跑动中突然改变方向并加快速度来摆脱防守的一种方法。变向时，上体稍向前倾，同时右（左）脚前脚掌内侧用力蹬地，随之腰部扭转，上体向左（右）前倾，移动重心，左（右）脚向左（右）前方跨出一小步后，右（左）脚迅速同左（右）腿的侧前方跨出一大步，继续跑动。

3. 侧身跑

比赛时，队员在跑动中为了更好地摆脱或超越对手，同时观察场上变化接应队员，经常采用侧身跑。侧身跑时，头部和上体放松地向球的方向扭转，同时侧肩，脚尖朝着跑的方向，既要注意观察场上情况，又要保持奔跑速度。

4. 急停

跨步急停：队员快速跑动到最后两步时，先向前迈出一步，用脚后跟着地并过渡到全脚掌抵住地面，迅速屈膝，同时身体稍向后仰，转移重心，减缓向前的冲力。第二步着地时，身体侧转，脚尖稍向内转，用前脚掌内侧蹬地，两膝弯曲，重心落在两脚之间。

跳步急停：队员在近距离慢跑中，用单脚或双脚起跳（离地不高），上体稍后仰，两脚同时落地。落地时用前脚掌内侧着地，两膝弯曲，下降重心，保持身体平衡。

5. 转身

前转身：一脚从中枢脚脚尖前绕过移动为前转身。如向左做前转身时，左脚为中枢脚，右脚前脚掌用力蹬地，同时上体向左转动。

后转身：一脚从中枢脚跟后面绕过移动为后转身。如向右做后转身时，左脚为中枢脚，身体重心移到左脚，右脚前脚掌用力蹬地，同时上体向右转动。

6. 滑步

前滑步：由前后站立姿势开始，向前滑步时，前脚向前跨一小步，与此同时后脚用力蹬地向前滑一步，保持开立姿势。注意屈膝降低重心。

侧滑步：由两脚平行站立姿势开始，向左侧滑步时，左脚向左跨出，落地的同时，右脚蹬地滑动，跟随左脚移动，保持屈膝低重心的姿势。身体不要上下起伏，两脚不要交叉，重心要落在两脚之间。向右侧滑步时动作相反。

7. 后撤步

前脚掌内侧用力蹬地，重心后移，然后将前脚移至后脚的斜后方，紧接前滑步，保持防守位置。

（二）练习方法

（1）基本站立姿势（面向、背向、侧向），听或看信号起动跑的练习。

（2）自抛或别人抛球后，迅速起动快跑，把球接住。

（3）成一路纵队，采用全场“之”字形急停急起。练习时，一队员急停变向后，第二名接上再做，依次进行。

（4）看手势做前、后、侧滑步，后撤步练习，全场“之”字形滑步练习。

（5）两人一组，一攻一守练习。

（6）两人一组，一人运球做各种变向、变速运球，另一人根据对方运球做相应的防守动作。

（三）易犯错误与纠正方法

（1）移动时低头，不注意观察。纠正方法：可采用看教练手势进行移动练习或组织竞赛性练习，以提高观察判断能力。

（2）起动时，上体不能快速前倾，两臂摆动与脚蹬地无力。纠正方法：讲解示范，强调起动蹬地、摆臂的用力方法，采用由原地慢跑变快速碎步跑、追逐跑练习或自抛自接球起动练习等，以提高起动时蹬地的协调配合。

（3）侧身跑时，头和上体未转向有球方向或边跑边回头，脚尖没朝向跑的方向，而形成交叉步跑、滑跳步跑。纠正方法：强调动作要领，正误对比示范，在练习中教练及时提醒“侧身看球”、“脚尖向前”等，还可围绕中圈、罚球圈做侧身跑练习。

（4）急停不稳，重心前移，甚至走步违例。纠正方法：强调动作要领，通过示范建立正确的技术动作概念，可做走动中急停练习，体会急停时脚用力制动的方法，也可做跑动中急停练习，掌握前脚掌用力蹬地，屈膝降低重心，保持身体平衡和全身的协调配合。

（5）转身时，中枢脚用前脚掌做轴旋转，身体上下起伏、重心不稳。纠正方法：练习中强调转身前保持正确的基本站立姿势，可规定中枢脚，要求降低和转移重心保持身体平衡，队员听教练员的口令由慢到快做转身练习。

二、运球

运球是篮球比赛中个人进攻的重要技术，是组织全队进攻战术配合的重要桥梁。运球练习可以提高控制球、支配球的能力。经常做各种运球练习，不仅可以提高运球技术，而且对传接球、投篮等技术都有很大的促进作用。

（一）基本技术

1. 急停急起运球

在防守较紧的情况下，运球向前推进时，可利用急停急起的变化来摆脱对手。

动作方法：在快速运球中，突然急停时，手拍按在球的前上方。运球急起时，要迅速起动拍球的后上方，要注意用身体和腿保护球。

技术要点：运球急停急起时，要停得稳、起得快。

2. 前变向运球

当对手堵截运球路线时，突然向左或向右改变运球方向，摆脱防守的运球方法。

动作方法：以右手为例，运球向右侧前进，遇到对手堵截前进路线时，右手拍球的右上方使球从体前弹向左侧。同时右脚向前跨，上体向左用肩挡住对手，然后换左手拍球的后上方，左脚跨出，从对手的右侧继续运球前进。

技术要点：手、脚、肩、身体协调配合。

3. 虚晃运球

在对手堵截运球路线时，不换手的横运球，改变球路线，摆脱防守的运球方法。

动作方法：运球假动作突破是运球队员利用腿部、上体和头部虚晃，佯作运球动作迷惑对手，使其产生错误判断而做出抢球动作。当其一侧露出空隙时，立即运球突破，左晃右过，右晃左过。

技术要点：手按拍球的部位和拉拍球的动作要连贯。

4. 背后运球

这是在运球前进中，当遇到对手堵截一侧时，而且距离较近而无法采用体前变向运球时，所采用的一种运球方式。

动作方法：以右手运球，向左侧变向为例。变向时，右脚在前，右手将球拉到右侧身后。迅速转腕拍接球的右后方，将球从身后拍按至身体的左侧前方，然后用左手运球，左脚向前，加速前进。

技术要点：手拉拍球的右外侧，手、脚、腿及身体协调配合。

5. 转身运球

当对手逼近，不能用直线运球且体前变向运球突破时所采用的一种运球方法。

动作方法：变向时，左脚在前为轴，做后转身。同时，右手将球拉至身体的左侧前方，然后换手运球，加速前进。

技术要点：蹬地、转身，拉引球、拍按球动作协调。

6. 胯下运球

当防守队员迎面堵截时，用这种运球摆脱防守方法。

动作方法：当防守队员迎面堵截，贴得很近时，以右手运球为例。变向时，左脚在前，右手拍按球的右侧上方。将球从两腿之间运至身体左侧然后上右脚，换手运球，加速。

技术要点：拍按球的右侧上方，球从两腿之间穿过，上步、换手要协调。

（二）练习方法

（1）原地运球：听哨音或看手势，做各种运球练习，体会运球动作，增强手感，逐步提高控球能力。

（2）直线运球：分两组或多组，成横队站于端线处。第一组持球行进间高运球至另一端线，返回时换左手运球，然后将球交给下一组，轮流进行。

（3）变向换手运球：身后运球转身，都采用每人一球，从端线的一边行进间“之”字形依次运到另一边。

（4）对抗练习两人一组一球，全场一攻一防，进攻者采用各种运球方法，从一端攻到另一端攻防交换。

（三）运球易犯的错误与纠正方法

（1）运球时低头，不能观察场上情况，易失去进攻机会。纠正方法：可采用看固定目标或教练手势进行运球练习。然后可采用甲、乙两人一组，每人一球，甲做各种运球练习，乙观察并跟着甲做各种运球练习。

（2）运球时，用手打球，而不是用手腕、手指的动作按拍球。纠正方法：教练员讲解并示范运球时是以肩关节为轴，用前臂、手腕、手指力量柔和地随球上、下按拍的动作要领，然后在教练员指导下，队员做原地运球练习，逐步过渡到做行进间运球练习。

（3）运球时，不能合理地用身体保护球，易被对方打掉。纠正方法：教练员讲解并示范运球时的身体姿势，手臂协调配合方法与防守的位置、距离，使队员看清保护球的重要性。可组织队员做边运球、边打对方球的练习，以提高运球中保护球的能力。

（4）在变向、变速运球或运球转身时，形成明显翻腕动作，造成两次运球违例现象。纠正方法：教练员向队员示范并分析产生错误的原因主要在于手触球的部位是在球的下方或侧方。可组织队员在慢速练习中体会手触球的部位正确与否所产生的结果，然后逐渐在快速练习中进行。

三、传、接球

传、接球是实现战术组织配合的纽带，它能把5名队员连成一个整体，充分发挥集体力量，体现篮球运动特点。巧妙准确的传球，能打乱对方防御部署，创造更多、更好的投篮机会；若接到传球后直接投篮得分，则这个传球被称为“助攻”。稳定牢靠合理的接球，能弥补传球的不足，从而很好地完成传球、突破、投篮等动作。

（一）基本技术

1. 持球手法与传出后的手形

手法：根据手的大小，两拇指八字或一字相对，手指展开拿球。手心不应触球。

2. 持球姿势与方法

持球基本姿势是可投、突、传的三威胁姿势。它的动作要领：脚尖正对篮圈，前后开立，屈膝，背要直。躯干要对篮，球放在胸前，抬头看防守及观察场上情况。

3. 传球技术与方法

传球由“动作方法、球的运行路线和球的落点”三者构成，这是评价传球质量的重要指标。

（1）双手胸前传球。

双手胸前传球是一种最基本而又最常用的传球方法。这种传球快速有力，可在不同方向、不同距离中使用，而且便于和突破、投篮等动作相结合。

动作方法：以基本姿势站立，双手持球，向传球方向迅速伸臂、抖腕，同时身体向传球方向移动。初次练习传球时，应向前跨一步以帮助传球。

技术要点：手臂前伸与手腕后屈的协调，伸臂与拨腕指的衔接。

（2）双手头上传球。

双手头上传球出手点高，便于与头上投篮相结合，与突破、运球等技术相结合使用时，增加动作的幅度，所以它适于高大队员使用。

动作方法：传球时应将球举过头顶。使用双手持球，球高过前额，目光集中在传的点上，双手朝向传球的方向，应意识到对手可能会封盖传球。通过抖动指腕将球传出，球就呈直线传到同伴手中。

技术要点：摆臂与拨腕指的衔接。

(3) 单手肩上传球。

单手肩上传球是最基本的传球方法，而且是经常运用的一种远距离传球方法。

动作方法：由持球基本姿势开始，右手腕向右肩处翻转，到达合适传球位置后，以肘关节为轴，借助下肢蹬转或腰腹转动的力量，顺势带动前臂的挥动。手腕、手指前屈，球通过指端旋转传出。

技术要点：展体挥臂和蹬腿与身体重心前移的协调连贯。

(4) 单手体侧传球。

这是一种近距离隐蔽传球的方法，外围队员传球给内线同伴时常用这种方法。

动作方法：持球经身体侧后方弧线向外伸展手臂，以肩为轴向前摆臂，当手臂侧伸较充分时，及时扣、拨腕指将球传出。

技术要点：体侧弧线引球，摆臂制动与拨腕指的衔接。

(5) 反弹传球。

这是最常用的一种近距离隐蔽传球方式，是小个队员对付高大防守者或中锋传给往球篮方向切入的同伴的有效手段。

动作方法：双手掌心向下，置球于胸腹之间。用手指、手腕弹拨球传出。反弹点落于离接球队员三分之一处。反弹高度于腰膝之间。

技术要点：球速快，掌握好击地点。

(6) 单手体前侧传球。

这是最常用的一种非常隐蔽的传球方式，适用于各个位置。

动作方法：以"三威胁"姿势开始，余光观察自己同伴的位置，把握时机。传球时，摆动小臂，当球基本过了前胸时及时压腕、拨指将球传出。

技术要点：摆动小臂与压腕、拨指的连贯。

(7) 单手背后传球。

当持球者贴近防守者时运用之，一般情况在快攻结束和突破分球时运用。

动作方法：向背后引球时肘稍上抬，上臂带动前臂摆动，当半球位于体后时及时拨腕指将球传出。

技术要点：摆臂与拨腕的时机。

4. 接球

接球就是获得传球的动作。良好的接球技巧能够弥补传球的不足。

无论何种接球，都是由伸臂迎球和缓冲握球等动作组成。接球时，要伸臂迎球，当指端触球的瞬间，手臂要顺势后引，屈肘缓冲来球的惯性后持球。有对手防守时，要先卡位再要球。接球后要随时做"三威胁"攻击姿势，并尽快衔接下一个动作。

(1) 接球的手法。

①双手接球。两臂先伸出迎球，双手十指自然分开成半球状，手指指端触球瞬间，双臂随球缓冲来球的力量后，自然持球于胸腹之间，保持好"三威胁"的姿势。

②单手接球。五指自然分开成弧形并伸出手臂迎球，手指指端触球的瞬间顺势缓冲控

球。同时，借助另一手的辅助成双手持球的“三威胁”姿势。

（2）接球方法。

①原地接球方法。迎、引、成基本姿势：迎：是向来球方向伸臂或上步迎接球。引：即在缓冲过程中将球带到所需部位。成基本姿势：是指下一个进攻动作的开始姿势。由接球点到腹前走一条向后向下的弧线。

②移动接球方法。跨停步接球：靠近来球方向的内侧脚跨步缓冲接球，后腿膝部内扣，斜撑制动。

跳停步接球：收身稍跳起接球，双脚同时落地。

（二）练习方法

（1）原地对墙做各种传、接球。

（2）两人一组做各种传、接球。

（3）迎面传、接球。

（4）行进间两人传、接球：把人数分成相等的两组站在端线后，两人一组传、接球上篮交给对面的另一组做同样的练习，然后排到队尾，交替进行。

（5）行进间三人传、接球：练习方法同上，要求三人传球时，中间队员稍后与左右两名同伴成三角形队形，每次传球必须通过中间队员。

（6）三人“8”字围绕传、接球：传球人始终从接球者身后绕切至前面接球。

（三）主要传、接球技术动作易犯错误和纠正方法

（1）持球手形不正确，掌心触球，传球无力。纠正方法：队员观察教练员正确持球手形，看图片或录像。可采用两人持一球互相推传的练习，使队员体会正确的持球和出手用力方法。

（2）双手持球，两肘外张，传球时形成挤球动作。纠正方法：教练员讲明正确持球手形，分析肘外张多是手指朝上握球，两臂与肩、手腕、手指紧张造成的。练习时，要求队员握球手形正确，上肢各部位肌肉放松。

（3）双手传球时用力不一致，传出的球侧旋。纠正方法：保持正确的基本站立姿势和持球手法。然后两人一组做持球与不持球的传球模仿练习，体会传球动作的连贯性和上下肢的协调配合。再做由慢到快、由近到远的两人传接球练习，体会两手翻腕、拨指动作。

（4）单手肩上传球时，手指指向衣领部形成推铅球式的传球。纠正方法：先采用徒手模仿练习，体会蹬地、转体、甩臂、扣腕协调动作。然后由近到远练习单手传球，体会和提高传球技术。

（5）接球时手形不正确，手臂未伸向来球方向，无缓冲动作。纠正方法：要求以正确的手形迎球，臂、肘放松，手臂伸向来球方向，接球时顺势后引。二人练习传、接球，掌握接球时机和接球后的缓冲动作。移动中练习接球，提高判断来球方向及速度的能力，加强接球手法与步法的协调配合。

（6）行进间双手胸前传、接球时，手与脚步动作配合不协调，腾空较高，出现交叉步、跳步等。纠正方法：在走动、慢跑中做行进间模仿练习，练习时要求自然跑动。可采用在慢跑中先接、传固定球的练习，再进行跑动中传、接球，体会正确动作，逐渐增加练习。

四、投篮

投篮得分是篮球运动所有技术、战术、技能的最终目的，是篮球比赛中唯一的得分手段。篮球所有的技、战术配合都是为了创造最佳投篮时机，提高命中率，因此投篮是篮球比赛的关键，是攻防对抗的焦点。

（一）基本技术

1. 投篮的身体姿势和持球方法

（1）投篮的身体姿势。

两脚开立，与肩同宽或略宽。重心在两脚之间，保持好重心平衡。两个膝关节要保持弯曲，上身要含胸直背，身体不能前后、左右摇动，目视投篮目标。

肘关节的姿势是当投篮手举起时，手应放松地贴住自己的身体。手和球举起后，肘关节适度外展，躯干与上臂，上臂与前臂，前臂与手腕都要形成90°。

（2）持球方法。

对于单手投篮，用投篮手的食指尖端接触球的平面中心部位。投篮手的拇指应该展开，与食指成60°夹角，手指应有“握球”的感觉，手心自然空出。扶球手扶球的一侧，手指全面展开到最大程度。

2. 投篮技术与方法

（1）原地投篮。

它是比赛中应用比较广泛的投篮方法，是行进间单手高手投篮、跳起单手肩上投篮等技术动作的基础。

①单手肩上投篮。动作方法：以投篮姿势，用力蹬地，伸展腰腹，抬肘，手臂上伸、手腕、手指前屈，指端拨球，用中指食指将球投出，手臂向前自然伸直。

技术要点：全身动作协调，用力一致。

②双手胸前投篮。动作方法：双手持球于胸前，肘关节自然下垂（不要外展），上体稍前倾，两膝微屈，身体重心放在两脚之间，目视投篮目标。投篮时，两脚蹬地，腰腹伸展，两臂上伸，两手腕同时外翻，指端拨球，用拇指、食指、中指投出，手自然伸直。

技术要点：掌握好屈膝蹬地、腰腹伸展。手臂上伸与手腕、手指用力动作的连贯、协调。

③勾手投篮。动作方法：以右手为例，降低重心，上体向左倾斜，左脚用力蹬。技术要点：掌握身体重心，手腕和手指力量的控制。

（2）行进间投篮。

行进间投篮是一种被广泛应用的投篮方法。一般在快攻中或切入篮下时运用，也可以在中、近距离运用。

①行进间篮下单手肩上投篮。这是快攻和突破到篮下时常运用的一种投篮方法。比赛中命中率较高。动作方法：以右手为例，在跑动中右脚向前跨出一大步，双手迎前接球，左脚接着上一步，脚跟先着地迅速过渡到前脚掌起跳，同时双手举球，右脚屈膝向上抬配合左脚起跳。当身体到达最高点时，扣腕和手指拨球，柔和地将球投出。技术要点：接球、起跳、引球、扣腕、拨指配合协调。

②行进间单手低手投篮。这是快速中超越对手后所采用的一种投篮方法。它具有速度

快、伸展的距离远和便于保护球的优点。动作方法：以右手为例，在跑动中右脚向前跨出一大步，双手迎前接球，左脚接着上一步，脚跟先着地迅速过渡到前脚掌起跳，同时双手举球，右脚屈膝向上抬配合左脚起跳。当身体到达最高点时，左手离球，右手托住球的下部，手臂继续向球篮上方伸展，并以手腕为轴，手指向上挑球从食指尖投出。

技术要点：助跑、接球、起跳举球、挑球动作连贯协调。

（3）跳起投篮。

跳起投篮，它具有突破性强，出手点高，不易防守，便于与传球、突破和其他假动作相结合的优点。经常与移动、传接球、运球突破等技术动作结合运用。

①原地跳投。动作方法：以投篮姿势，在两脚用力蹬地向上起跳的同时，上体向上伸展，双手举球，当身体接近最高时，右臂抬肘向上伸直，最后用手腕、手指的力量将球投出。落地时，双腿屈膝缓冲，准备下一个动作。

技术要点：利用身体在空中最高点刹那间的稳定迅速出手。全身用力协调一致。

②接球急停跳投。动作方法：在快速移动中接球，用跨步或跳步急停。突然向上起跳，迅速举球，当身体接近最高点时前臂向前上方伸直，手腕前屈，手指拨球，通过指端将球投出。

技术要点：急停时，步子要稳，连接起跳技术，身体腾空和投篮出手协调一致。

③运球急停跳投。动作方法：在快速运球中，用跨步或跳步急停，突然向上起跳，迅速举球。当身体接近最高点时前臂向前上方伸直，手腕前屈，手指拨球，从指端将球投出。

技术要点：急停时，步了要稳，连接起跳技术，身体腾空和投篮出手协调一致。

（二）练习方法

（1）持球模仿投篮练习：成广播体操队形，体会原地或跳起投篮的手法和用力过程。

（2）接球急停跳投练习：两人一组一球，相距 5 米左右。一人跳起做投篮练习，另一人接球急停后跳起模仿投篮练习。体会动作的衔接过程。

（3）五点定位投篮练习：三人一个球篮，用一个或两个球，篮下有人捡球，按五点顺序投篮或跳投，每个点投中三个球才能换下一个点，设计中或未中次数。离篮 3~4 米逐渐放远到 5~6 米，并逐渐加快速度，依次练习。

（4）罚球投篮练习：持球站在罚球线后，原地或跳起投篮。进一步体会投篮手法，协调用力和投篮出手角度。

（5）在三分线区域内做一分钟投篮练习：一人一球自投自抢，先 3 米远左右投篮，再把距离拉远投篮练习。

（6）行进间运球投篮练习：把队员分成两组，从中场开始做运球上篮。

（7）行进间全场传接球投篮：三人直线传接球投篮，三人围绕跑动中传接球投篮练习。

（三）易犯错误与纠正方法

（1）持球时，掌心触球，手指没有自然分开，影响手腕、手指用力。纠正方法：教练员反复讲解示范，使队员看清手持球的部位，组织队员对墙或两人相对，做投篮模仿练习和投篮练习，相互纠正动作，体会正确持球方法和用力动作。

（2）持球时，肘关节外展，投篮出手时，球不是向后旋转而是侧转。纠正方法：教练员进行正确示范，并说明投篮时球向侧旋转是持球的手臂肘关节外展，以及持球手形、握球部位不对和球出手的用力顺序不正确造成的。可先做徒手模仿练习，一人一球自投自接练习，两人一球相互投篮，练习时自己与同伴注意观察持球的姿势，手腕、手指用力方法与全身协调配合，然后过渡到投篮练习。

(3) 投篮出手角度小，球飞行的弧线低。造成此问题的原因在于，投篮时手臂向前推而没有向上提肘伸臂动作。纠正方法：在投篮练习时，队员面前站一人，并向上举起双臂，迫使投篮队员改变投篮角度和提高投篮的弧线，同时还可以帮助队员克服投篮时向前冲的毛病。

(4) 行进间投篮时步法乱，手脚配合不协调。纠正方法：教练员站在篮下适当的位置托球，让队员先走动后跑动，以正确的步法去拿教练员的球投篮。跑动中自抛自接球做行进间投篮练习，以掌握跑动的节奏、步幅和手脚的协调配合。在此基础上，在跑动中接前、侧、侧后方的传球进行投篮练习。

(5) 起跳投篮时身体重心不稳，失去平衡，跳起投篮出手晚，在身体下落时球才出手。纠正方法：教练员讲解示范跳投的3个环节，即起跳（垂直向上）、引球上举（空中短暂停顿）、投篮出手。可做原地持球上一步跳投练习，拍一次球上步拿球跳投练习。练习时，可运用语言刺激，如“跳”、“举”、“投”，以建立正确概念和掌握跳投的动作顺序。

五、持球突破

随着篮球技术的发展，各个位置的队员都能熟练地运用持球突破技术。持球突破技术发展主要表现为突然性强、速度快，与其他技术的结合非常紧密。持球突破后的各种运球和投篮更加具有攻击性。与假动作结合，使突破防不胜防。主要有以下几种方法：

（一）基本技术

1. 交叉步持球突破

动作方法：以右脚做中枢脚为例。以“三威胁”姿势，突破时左脚先向左跨出一小步（假动作），而后，左脚前脚掌内侧用力蹬地，同时上体向左侧转，左肩下压，使身体向右前方跨出，将球引向右侧并运球，中枢脚蹬地上步继续运球超越对手。

技术要点：蹬跨积极，转体探肩保护球。

2. 同侧步持球突破

动作方法：准备姿势和突破前的动作要求与交叉步相同。突破时，右脚向右前方跨出一步，向右转体探肩，重心前移，右手运球，左脚前脚掌迅速蹬地，向右前方跨出，突破防守。

技术要点：蹬跨积极，转体探肩保护球，第二次加速蹬地积极。

3. 前转身突破

动作方法：以左脚做中枢脚为例。突破前的准备动作背向球篮站立，两脚平行开立，屈膝，重心降低，两手持球于胸前。突破时重心移至左脚上，以左脚为轴前转身，右脚向球篮方向跨出，向左压肩，右手运球后左脚蹬地突破对手。

技术要点：移重心，蹬地运球动作连贯。

4. 后转身突破

动作方法：准备动作与前转身相同，突破时以左脚为轴转身，右脚向右侧后方跨步，压肩，脚尖指向侧后方，右手向右脚前方放球，左脚前脚掌内侧迅速蹬地向球篮方向跨出，运球突破防守。

技术要点：重心平稳。右脚向右侧后方跨出，左脚掌内侧蹬地发力。

（二）练习方法

（1）原地模仿练习。

（2）运用假动作：做不同的突破技术练习，提高运用动作的变化能力和动作的变换速度。

（3）半场或全场一对一对抗比赛：两人一组一球，先由一方持球开始进攻，进攻时可以运用交叉步或突破上篮。如突破成功或投篮命中，进攻者继续进攻，反之则交换。

六、个人防守

个人防守技术更具有攻击性。防守者降低重心，增大防守面积，充分利用自己的身体体重与灵活多变的脚步。对有球队员采用平步或斜步的紧逼攻击性防守，对无球队员采用错位防守。做到以球为主，球、人、区三位一体的防守。

（一）防守的基本动作

1. 基本姿势

动作方法：两脚左右分开，一脚稍前，屈膝下蹲，重心在两脚之间。上体挺胸塌腰。一脚稍前比两脚平行站立前后更稳定，在突然后撤或向前时易于发力而不需调整。

2. 脚步移动

滑步：移动时先向移动方向蹬跨，跨步脚紧贴地面，再蹬地脚紧贴地面并步。

后撤步：第一步蹬跨后撤要跨步完成，紧接滑步动作。

交叉步：是后撤步接追踪步的第一步（交叉）再接滑步的组合。

追踪步：是保持给对手一定压力的、重心稍低的侧身跑动作。

（二）防有球队员的基本动作

迅速调整防守脚步贴近对方，用手干扰对方，破坏对方进攻动作。同进攻者保持一臂距离，重心降低，始终要把进攻者置于自己的两腿之间。若运球停止后，要迅速贴近，积极挥动手臂进行封堵。

1. 平步防守

动作方法：两脚平行站立，重心置于两脚之间。重心降低膝角约 100°，两手臂侧伸，五指张开，两脚处于起动状态。膝关节内扣。

2. 斜步防守

动作方法：两脚前后斜步站立，一臂上举，一臂侧伸。重心置于两脚之间，屈膝收腹。重心低于对方，两脚处于起动状态。

（三）防无球队员的基本动作

人、球、区兼顾，做到近球上，远球放，控制对手接球。防守强侧的无球队员时，采取面向对手侧向球的站位法。用眼睛的余光注意球。防守弱侧无球队员时，采取侧向对手面向球的站位法。防止对手接球。

（1）在球、对手、球篮三点的夹角中间防守。

动作方法：两腿稍屈，两臂自然，保持放松机动姿势，侧对防守对象和球。根据对手离球和球篮的远近不断调整与防守对象的距离。

（2）绕前防守。

这是一种在防守的人、球、球篮成直线或从篮下溜过时要采用的防守方法。它可分为挤绕和后转身绕。

①挤绕。动作方法：后臂从上前伸下压同时后脚前跨。

②后转身绕。动作方法：前臂屈肘以前脚为轴后转身。绕前防守紧贴的对手，一手后伸掌握防守对手的移动。技术要点：快速移动中身体姿势和重心的稳定；人和球兼顾。

（3）贴身防守。

这是一种在对手接近球篮时要采用的防守方法。

动作方法：两脚斜步防守，一手屈肘顶住对方腰部，一手前伸干扰传接球。

七、抢篮板球

篮球比赛中，抢篮板球是获得控制球权的重要手段之一。

（一）基本技术

1. 抢进攻篮板球

根据自己场上所处的位置，及时判断出球反弹方向，快速起动，摆脱防守，抢占有利的位置。采用单脚或双脚起跳，腾空后身体和手臂充分伸展，及时调整重心，进行投篮或将球传出。

2. 抢防守篮板球

攻方投篮时，防守队员应根据自己与进攻队员之间的不同距离，采用不同的挡人方法。然后根据球反弹的方向，及时转身，抢占有利位置，跳起用单手或双手迅速将球抢下来。落地后持球远离对手，便于及时传球或运球。

（二）练习方法

（1）原地起跳抢球练习，向上自己抛球，然后用双脚起跳，在最高点处将球抢下来。落地屈膝缓冲。体会起跳、空中抢球和落地动作。

（2）两人一组一球，一人站在罚球线处，传球给篮下的队员。篮下队员接球后把球向篮板上抛出碰板。罚球线处的队员上步用双脚或单脚起跳抢从篮板上反弹起来的球，抢下后把球投进篮圈；数次后交换。

（3）抢罚球篮板，双方按照比赛中罚球方法进行站位。确定甲方其中一人执行罚球，甲方的另外四人和乙方分别站在分位线后。当投球碰板或碰圈弹起瞬间，双方即冲抢篮板球。如投篮命中，则换由甲方的另一名队员执行罚球；如投篮不中，由抢得篮板球的队罚球。

篮球基本战术

一、战术基本配合

（一）进攻战术基础配合

1. 传切配合

它是指利用传球和切入技术组成的简单配合（图 8-1-1）。

2. 突分配合

它是指进攻队员持球突破防守队员向篮下切入，遇到防守方另一队员补防时，将球传给因对方补防而漏防的同伴，或传给转移到指定的配合位置上的接应同伴的简单配合方法（图 8-1-2）。

3. 掩护配合

它指进攻队员以自己的身体采取合理的动作挡住同伴防守者的移动路线，使同伴借以摆脱防守的一种方法。根据被掩护者的不同方位而分为侧掩护、前掩护和后掩护（图 8-1-3）。

4. 策应配合

一般是指处于内线的队员背对或侧对球篮接球，由他作枢纽与外线队员的突切相配合而形成的一种里应外合的方法（图 8-1-4）。

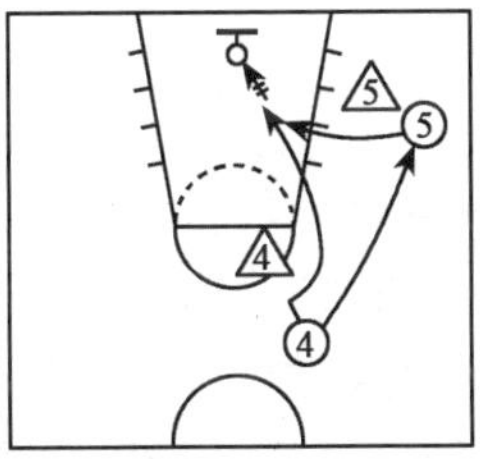

图 8-1-1 传切

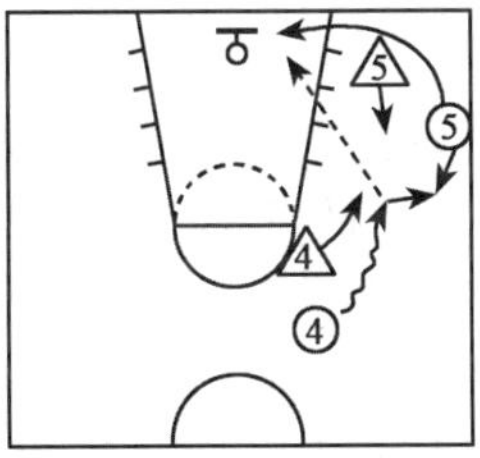

图 8-1-2 突分

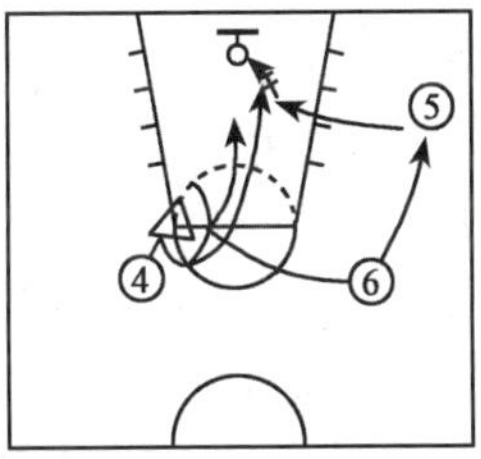

图 8-1-3 侧掩护

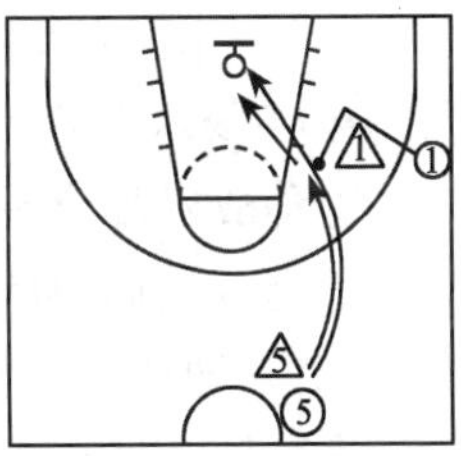

图 8-1-4 策应

（二）防守战术基础配合

1. 挤过配合

是在对方进行掩护配合时，防守者为了破坏对方的掩护，在掩护者临近一刹那，主动靠近自己的对手，并从两个进攻队员之间侧身挤过去，继续防住自己的对手（图 8-1-5）。

2. 穿过配合

对方进行掩护配合时，防守掩护的队员主动后撤一步，让同伴从自己和掩护队员之间穿过去，以便继续防守自己的对手（图 8-1-6）。

3. 交换防守配合

是为了破坏进攻队员掩护配合，防守队员及时交换所防对手的一种配合方法（图 8-1-7）。

4. “关门”配合

“关门”配合是临近的两个防守队员协同防守突破的配合方法（图 8-1-8）。

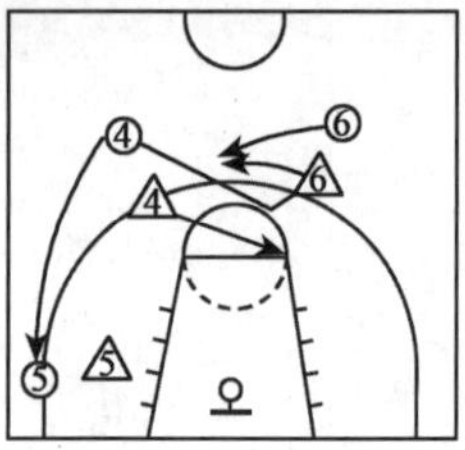

图 8-1-5

图 8-1-6

图 8-1-7

图 8-1-8

二、全队战术配合

(一) 全队进攻战术配合

1. 进攻半场人盯人

常采用内线、外线结合，积极穿插、换位，连续掩护等基本手段，制造中投或篮下投篮等各种机会。常采用的队形有：“2-1-2”（单中锋进攻法)、“1-2-2”（双中锋进攻法)、“8”字掩护进攻法、移动进攻法等。

2. 进攻区域联防

进攻区域联防的方法有很多，可根据本队的具体情况和对方联防的形式确定阵式和配合方法。其目的在于攻击对方区域联防的薄弱环节。如“1-3-1”进攻队形布局是针对“2-1-2”和“2-3”区域联防而组成的，“2-1-2”进攻队形布局是针对“1-3-1”区域联防组成的，等等。

(二) 全队防守战术配合

1. 半场人盯人防守战术配合

这种战术配合是进攻队进入防守队的后场后，防守队立即迎上积极盯住各自的对手，同时，进行集体协同防守。基本战术要求是：“以人为主，人球兼顾”和“有球紧，无球松”；针对对手的具体情况（如个人特点和离球、离篮的远近)，抢占有利位置，积极移动，进行抢、堵，控制对手的行动，破坏对方进攻配合。半场人盯人防守分松动和扩大两种形式。一般来说，对外围中投不太准而篮下攻击力量较强的对手，采用“松动”形式，反之采用“扩大”形式（图 8-1-9)。

图 8-1-9

2. 全场人盯人防守战术配合

全场人盯人防守是一种积极主动、富有攻击性的防御战术。在进攻转入防守后，立即在全场积极地阻挠对手移动、接球和投篮。这种战术不但能破坏对方有组织、有计划的战术配合，提高比赛速度，而且能促使对方失误。目前，常用的全场紧逼人盯人防守队形有“1-2-1-1”、“2-1-2”、“2-2-1”等。

3. 区域联防

区域联防是指当进攻队转入防守时，队员迅速退回到后场，每个人负责防守一定的区域，并把每个区域有机地联系在一起所组成的集体防守网。半场区域防守要求防守队员的行动随球的转移而变化，加强有球一侧的防守，兼顾远离球的一侧，做到“近离球者紧，远离球者松，松紧结合，人球兼顾”。区域联防有许多战术队形，但要根据比赛时进攻队的特点而制定防守占位队形。例如：对付内外线攻击力量较平均的队，可采用“2-1-2”区域联防队形；对付内线较强的队，且希望加强篮板球的争夺与控制，可采用“2-3”区域联防队形；对付外围投篮较准，而内线攻击较差的队，可采用“3-2”区域联防队形（图 8-1-10~图 8-1-12）。

图 8-1-10

图 8-1-11

图 8-1-12

（三）快攻、防快攻

1. 快攻

快攻是以守转入攻时，趁对方立足未稳，以最快的速度推进到前场，造成以多打少，或在人数相等以及人数少于对方的情况下，果断而合理地进行进攻的一种速决战的进攻战术。发动快攻的机会一般有：抢到后场篮板球时、掷后场界外球时、跳球得球时、抢断球后等情况。

快攻一般有长传快攻、短传快攻、运球突破快攻三种。其中长传快攻是队员在后场获得球后，立即把球传给迅速摆脱对手进行偷袭的同伴的一种配合（图 8-1-13）。短传快攻是指在防守中获球后，立即以快速的奔跑和短促的传球迫近对方篮下进行攻篮的一种配合。

运球突破快攻是指在防守中获球后，不便于传球的情况下，以快速运球推进至前场，创造或寻找配合机会，以提高快攻的速度和威力（图 8-1-14）。

快攻由发动接应、推进和结束三阶段组成。

接应阶段：是指由守转攻获球后，及时地组织第一传和接应第一传的配合。

推进阶段：是指快攻发动后，结束配合之前在中场一带的配合的方法。推进阶段有三种形式：运球推进、传球推进、传球和运球结合推进（图 8-1-15）。

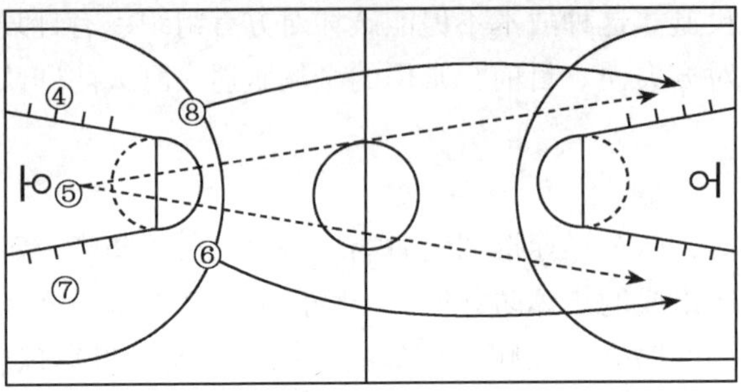

图 8-1-13

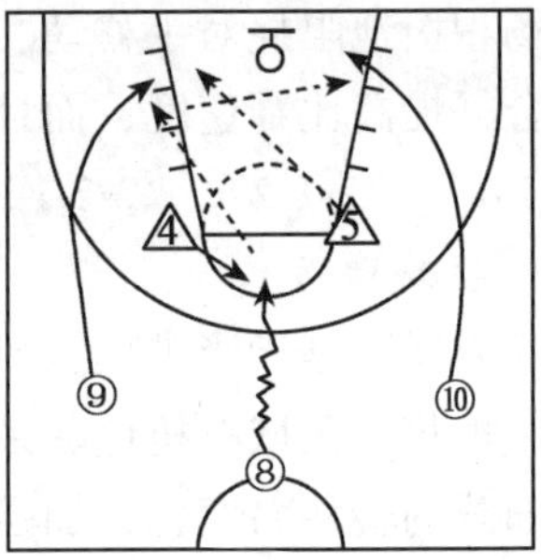

图 8-1-14

结束阶段是指快攻推进到前场进行攻击时运用的配合方法。快攻能否取得成功，取决于此阶段的配合。常遇到的有二攻一和三攻二的形式（图 8-1-16）。

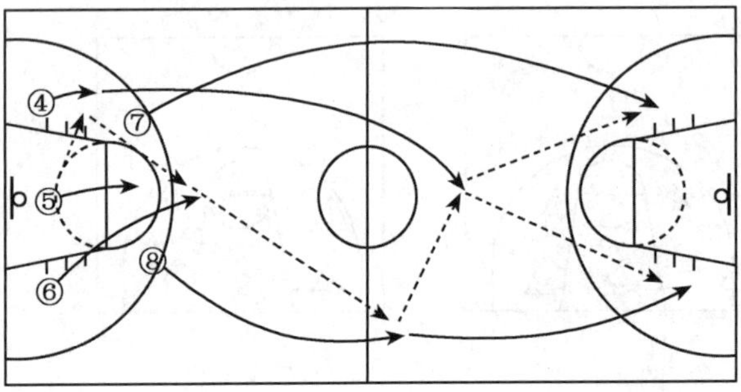

图 8-1-15

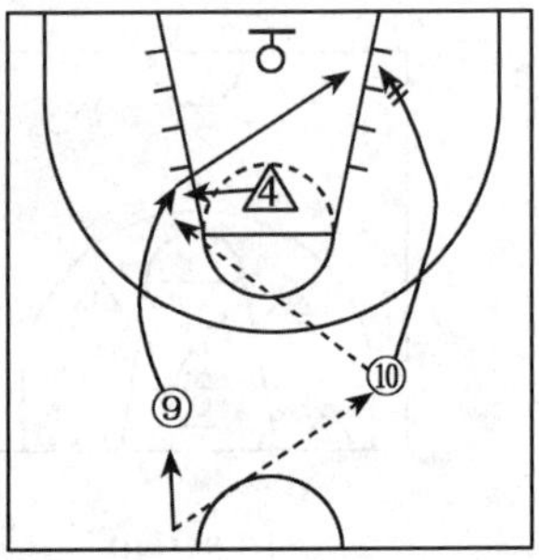

图 8-1-16

2. 防快攻

防守快攻是防守战术中的重要组成部分。其主要防守要点是封堵对方的一传和接应，这是防快攻的关键。在逐步退守中采取“堵中间、卡两边”的办法，控制对手快速推进，并切断先下队员和接应队员的联系。退守中要积极移动，始终注意占据和调整有利于兼顾的防守位置，同伴之间要紧密配合，里外兼顾，左右照应，分工明确，严控篮下。

篮球运动基本竞赛规则

一、球队

1. 球队及队员

球队是由教练员、助理教练员、球员和随队人员组成。当比赛时球员将分成队员和替补队员两部分，已发生 5 次犯规的队员将成为替补队员。当一名队员受伤后，在 1 分钟内无法继续比赛时，必须被替换。

2. 教练员

教练员是球队的唯一代表，在比赛期间只有教练员可以提出暂停的要求，并被允许保持站立，但必须在自己球队的球队席内，当他需要一次替换时，替补队员必须向记录员报告替换请求并立即做好比赛准备。

二、比赛通则

1. 时间

比赛应由 4 节组成，每节 10 分钟，第 1、2 节（第一半时）之间，第 3、4 节（第二半时）之间以及每一决胜期之前应有 2 分钟的休息时间，每个决胜期为 5 分钟，决胜期应被视为第四节比赛的延伸。在比赛开始时某一球队场上队员不足 5 人时，比赛不能开始。

2. 跳球

第一节开始时，在中圈由任何两名互为对手的队员之间进行跳球。除第一节外，所有其他节开始时，实行交替拥有的方法，即以掷球入界而不是以跳球来使球成活球。在所有跳球情况中，双方球队将交替拥有在最近发生跳球情况的地点掷球入界权。

3. 控制球

当一名队员正持着、运着或可处理一个活球时为队员控制球。当某队的队员控制一个活球时或球在同队队员之间传递时为球队控制球。

4. 队员正在做投篮动作

队员将球投、扣或拍向对方球篮已开始得分尝试时为投篮动作的开始，此动作继续到球离开队员的手为止，就腾在空中的投篮队员而言，投篮动作继续到该队员双脚落回地面并允许他（她）完成连续动作。

5. 暂停

一次暂停的时间为 1 分钟，在第一半时（1、2 节），每队可准予两次要登记的暂停；在第二半时（3、4 节），可准予三次要登记的暂停，每一决胜期可准予一次暂停，未用过的要登记的暂停不得遗留给下一个半时或决胜期。暂停的机会为球成死球且比赛计时钟停止或某队在对方队投篮得分时。

6. 替换

在替换机会期间球队可以替换队员，当球成死球，比赛计时钟停止，在第四节的最后 2 分钟或任一决胜期的最后两分钟内，投篮得分时，非得分队可提出替换。

7. 比赛因弃权或缺少队员告负

当球队在主裁判通知后拒绝比赛，它的行为阻碍比赛继续进行、迟到 15 分钟以上或不能使五名队员入场准备比赛时，该队将被判为弃权，对方球队以 20∶0 获胜；在比赛中，如果球队在球场上的队员人数少于两名，该球队将由于缺少队员告负，如对方队比分领先，应有效，如不领先，则比分应计写为 2∶0。

三、违例

1. 出界

当球触及界外的人或物、篮板支架、篮板背面以及比赛场地上方的任何物体，将判为出界，并由对方在就近的界线外掷界外球。

2. 带球走

当队员在场上持着一个活球，其一脚或双脚超出规则所述的限制向任一方向非法移动视为带球走。

3. 3 秒钟

当某队在前场上控制活球，并且比赛计时钟正在运行时，其同队队员在对方的限制区内停留持续超过 3 秒钟，将被视为 3 秒钟违例。

4. 被严密防守的队员

一名队员在球场上正持着活球，这时对方队员处于积极的防守位置，距离不超过 1 米，该队员必须在 5 秒钟内传、投或运。

5. 8 秒钟

当一名队员在他的后场获得控制活球时，他的队必须在 8 秒钟内使球进入前场。

6. 24 秒钟

当一名队员在球场获得控制活球时，他的队应在 24 秒钟内投篮，并触及篮圈或进入球篮。

7. 球回后场

球回后场应满足以下三个条件：(1) 在前场控制球。(2) 该队队员在他的前场最后触及球。(3) 该队队员在他的后场首先触及球。

四、犯规

1. 侵人犯规

队员犯规，含有与对方队员非法的身体接触，无论球是活球或死球。

(1) 阻挡：是阻碍对方队员行进的非法身体接触。

(2) 撞人：是有球或无球队员推进或移动到对方队员躯干上的身体接触。

(3) 背后非法防守：是防守队员从对方队员的背后与其发生的身体接触。

(4) 拉人：是干扰对方队员移动自由的非法身体接触。

(5) 非法掩护：是非法地试图拖拉或阻止不控制球的对方队员在球场上的移动。

(6) 非法用手：是发生在防守队员处于防守状态，并且手或手臂放置在对方队员身上并保持接触，以阻止其行进。

(7) 推人：是队员用身体的任何部位强行推动或试图移动对方队员时发生的非法身体接触。

在比赛中，队员们必须保持自己的合法位置，过分地伸展手、肘、膝或髋，并使对方队员处于不利位置的身体接触，将被判侵人犯规。在实际运用过程中，如果此种犯规未使对方队员处于不利位置，且可继续完成动作，裁判员应根据当时情况判断，视其为有利球，让比赛继续进行。

2. 双方犯规

双方犯规是两名互为对手的队员在大约同时相互发生接触犯规的情况。如果当时哪一个队员都没有控制球，也没有球权，一次跳球情况发生。

3. 技术犯规

技术犯规分为队员技术犯规和教练员技术犯规。

队员技术犯规是不包含与对方队员接触的队员犯规，此犯规将由对方获得两罚一掷。

教练员技术犯规是指教练员及球员席的其他人员在比赛期间进入球场（暂停时除外），或对裁判员和辅助裁判员有不礼貌的举止，此种犯规将使对方获得两次罚球和在中场掷球的权利。

4. 违反体育道德的犯规

根据裁判员的判断，一名队员不是在规则的精神和意图的范围内合法地试图去直接抢球，发生的接触犯规是违反体育道德的犯规，反复出现此种犯规的队员将被取消比赛资格。

五、一般犯规

1. 队员5次犯规

一名队员不论侵人犯规或技术犯规达到5次，应立即离开比赛，并在30秒钟内被替换。

2. 全队犯规处罚

在一节中，某队已发生了4次全队犯规时，该队处于全队犯规处罚状态。任一决胜期内的犯规应被认为是第四节的一部分。如果是控制球队的侵人犯规，不得判给罚球，应判对方队员掷球入界。

3. 罚球

一次罚球是给予一名队员在罚球线后的半圆内，在无争抢的情况下得1分的机会。对一起侵人犯规，应由被犯规的队员执行罚球，而一起技术犯规，可由被犯规队的任一队员执行罚球。在限制区两侧的位置区内应最多有5名队员（3名防守和2名进攻队员）占据，并不得在球离开罚球队员的手之前进入限制区；罚球队员和其余队员应在球触及球篮之后进入限制区。

六、三人篮球球赛特殊规定

（一）时间

（1）每场比赛为10分钟包干，只允许比分落后的一方请求暂停一次，时间为1分钟，不含在10分钟比赛之内。

（2）在比赛中某方控制一个活球时，该队必须在20秒钟内完成投篮，否则将被判罚违例，由对方在中线的发球区发球。

（3）当裁判员宣判某方罚球或追加一次罚球，双方队员必须在4秒钟内积极完成在分位线上的站立，裁判员从速主持罚球，不站位的队员责任自负，有意或无意错位在优势分位区抢篮板的队员，裁判有权判其违例。

（4）请求换人必须在5秒钟内完成，否则判罚违例，且计时不停表。

（二）比赛开始与争球

每场比赛为球区跳球开始，裁判员面向球篮行使跳球时的抛球，跳球队员分别在裁判员的两侧进行跳球。比赛中的所有争球均在罚球区进行，只有裁判员宣判争球的手势清楚，并从速执行跳球，不积极站位抢球的运动员责任自负。

（三）比赛胜负

比赛时间到，比分领先的一方获胜，如果比赛时间到出现平分，则场上队员依次执行一对一罚球，直至产生胜负。

（四）攻守转换

守方断球或抢得篮板球，必须将球运或传出三分线外，并且是控制球的队员必须双脚接触地面，方可组织进攻，否则判违例。每次投中或最后一次罚中球后，由对方在中线发球区内（中圈的内半圈）发球。

（五）界外球

所有犯规、违例及球出界，在就近的连线发界外球，且必须由裁判员扶球。

（六）犯规

全队累计 5 次犯规后，该队以后每次的侵人犯规均执行两次罚球。每个队员累计 3 次犯规后，该队员以后每次侵人犯规，均按违反体育道德的犯规进行处罚，即判给对方队员两次罚球和一次中线发球区发界外球的机会。

（七）半场区域分工和职责

半场区域划分的目的，在于使两个临时场裁判员分工明确和有目的地观察，有利于看清和判准。半场区域的划分，如图 8-1-17 所示，将半场划为 6 个长方形区域。

（1）追踪裁判员的职责与观察范围：当球在①、②、③区内，也就是当球在中线与罚球线之间，追踪裁判员主要观察球和球周围的比赛；当球到④区时，追踪裁判员主要观察靠近球一侧的外策应区的攻、守队员的身体接触和观察弱侧到远离球区的内策应区可能发生的犯规；当球在⑤区时，追踪裁判员除了观察球和球周围的比赛外，还要负责观察球的飞行，球是否中篮，以及攻守队员的干扰球，特别注意观察当球从球篮弹回时抢篮板球的犯规；当球在⑥区三分投篮区内，特别是在队员投篮时，追踪裁判员要观察球和球周围的比赛；当球在他的左侧边线出界后，他应指出掷界外线的方向和地点。

总之，在半场区域分工中，当球在图 8-1-18 表示的深色区域内，追踪裁判员负责观察球和球周围的比赛情况。

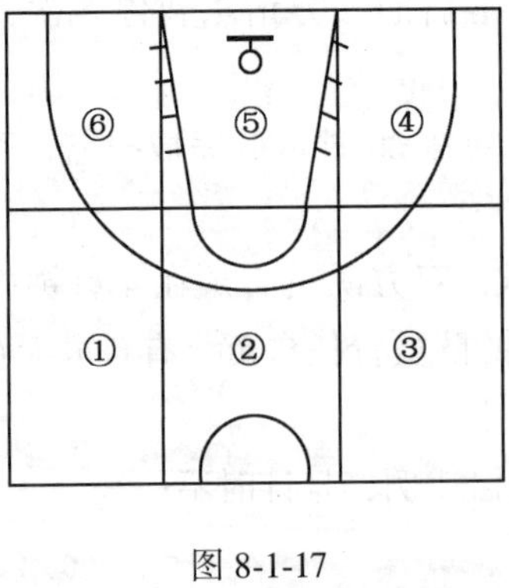

图 8-1-17

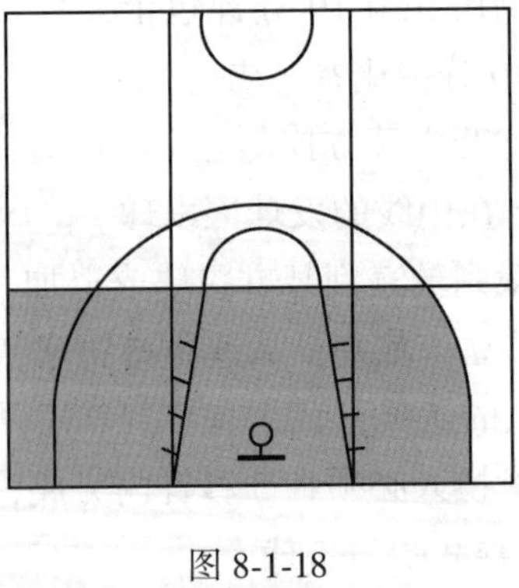

图 8-1-18

（2）前导裁判员的职责与观察范围：前导裁判应永远保持在进攻方向的最前边，移动程度比最快的队员还要快，不要落在任何队员的后边。到达端线区时，他的移动范围是由④区三分线与端线交点起至⑥三分线与限制区斜线中点止。当球运动在两侧时也不要超越上述范围。当球在①、②、③区时，前导裁判的移动选位要与球保持直线位置，主要负责视察无球区域内攻守队员的动作；当球在④区内，前导裁判员与球要保持直线位置并负责观察围绕球的攻守情况；当该区出现三分投篮时，他应立即做出三分试投手势，以告知追踪裁判员。

第二节　排　　球

排球运动概述

排球运动是一项两队对抗，每队 6 人，分两排站位，以中间球网为界，根据规则以身体任何部位击球过网而决定胜负的球类运动。

排球运动是 1895 年美国人威廉·莫根发明的，最初是在室内球网两边用篮球胆拍来拍去使球不落地的一种游戏，取名 Volleyball，意为“空中飞球”。排球运动经历了多种发展形式，最初为 16 人制排球（每排 4 人，按 4 排站位），后来演变成 12 人制（每排 4 人，分 3 排站位）和 9 人制（每排 3 人，分 3 排站位），以及至今的 6 人制排球。因为它是按排站位打球的，所以中国人称之为排球。

1947 年 4 月，国际排球联合会在法国巴黎成立，现在已成为拥有 178 个会员国的体育组织。1949 年首届世界排球锦标赛在布拉格举行。1964 年排球运动被正式列为奥运会比赛项目。目前世界性的比赛有：世界排球锦标赛、世界杯排球赛、奥运会排球赛和世界排球联赛。中国女排从 1981 年到 1985 年的世界杯排球赛，连续获得了“五连冠”。中国女排在世界性比赛中所表现出来的一往无前的气概，被人们誉为“女排精神”，激励着中国各行各业的工作人员克服困难、为国争光。新一届中国女排于 2001 年 4 月成立，在四国邀请赛、世界女排大奖赛、亚锦赛和大冠军杯赛上都有上佳表现，并在 2004 年雅典奥运会上重夺世界冠军。

排球基本技术和练习方法

排球技术有两种：一种是有球技术，包括传球、垫球、扣球、发球和拦网；另一种是无球技术，包括准备姿势、移动、起跳及各种掩护动作等。

一、准备姿势和移动

准备姿势和移动是排球运动中各项技术的基础技术。任何一项排球技术在比赛中运用的效果，在很大程度上取决于准备姿势和移动技术。

（一）准备姿势

两脚支撑的位置：两脚左右开立，略比肩宽。站左半场的队员，左脚在前（约一只脚的距离），右脚在后；站右半场的队员，右脚在前，左脚在后；站在场中央的队员，两脚平行开立比肩稍宽。

身体基本姿势：双目注视来球，两膝弯曲并内扣，膝部的垂直面超出脚尖，脚跟提起，身体重心的着力点在前脚掌拇趾根部，上体前倾，两肩的垂直面超出膝部。

手的位置：两臂自然弯曲，并置于胸腹之间，两手心相对，手指自然张开。

（二）移动

移动是接好球的重要条件。无论任何方向的来球，身体必须面对来球方向。因此，要尽快地移动取得好位置，做好接球前的准备姿势。

通常采用的几种移动步法是：滑步、交叉步、跨步、跨跳步、跑步、后退步等。

（三）练习方法

（1）学生集体做准备姿势，强调两脚的位置；

（2）原地跑或慢跑中，看教师发出的信号，迅速做准备姿势；

（3）学生在准备姿势的基础上，看教师手势做向前、后、左移动；

（4）两人一组，一人抛球一人按步法要求移动接球；

（5）各种形式的移动接力。

（四）易犯错误及纠正方法

（1）身体太直，臀部后坐，全脚掌着地，形成挺胸、塌腰姿势。纠正方法是体会要领，观察示范，练习中强调含胸、收腹和上体前倾。

（2）上体前倾，两腿弯曲不够，重心过高。这主要是腿部力量差，下蹲动作吃力造成的。纠正方法是多做低姿势移动练习，加强腿部力量。

二、发球

发球是比赛的开始，同时也是进攻的开始。现代的发球技术已越来越具有强大的攻击能力。攻击力强的发球不但可以直接得分，更主要是可以破坏对方的接发球，削弱其进攻威力，减轻我方的防守压力，取得比赛的主动权。

（一）基本技术

所有发球技术的动作结构是相同的，但根据不同的发球技术又有不同的技术特点。发球技术的动作结构可以分为准备姿势、抛球、击球手形、挥臂击球四个技术环节。

发球的种类很多，不管采用哪一种发球，要想把球发好，必须注意以下几点：

（1）抛球稳：抛球是基础，要求掌心向上平稳地把球抛起。每次抛球的高度和身体的距离应基本固定。

（2）挥臂快：手臂的挥动速度与球飞行速度成正比，手臂挥动快，则球的速度快。

（3）击球准：用力方向必须和所要发出球的方向相一致。

（4）正确的手法：击球手法不同，发出球的性能也不同。不同的发球种类应使用不同的击球方法。

1. 正面下手发球

这种发球简单易学，失误率较小。但速度慢，力量小，攻击性差，适用于初学者。

发球前，面对球网，两脚前后站立，左脚在前，右脚在后，两膝微屈，上体前倾，左手持球置于腹前，右臂自然下垂。发球时，左手将球在体前右侧抛起，离手 20~30 厘米。在抛球的同时，右臂向后摆动。击球时，右脚蹬地，身体重心前移，右臂伸直，以肩为轴，向前摆动到腹前，用虎口或掌根击球的后下部。随着击球动作重心前移，迅速入场(图 8-2-1)。

图 8-2-1

2. 侧面下手发球

（1）准备姿势：左肩对网站立，两脚左右开立，与肩同宽，两膝微屈，上体稍前倾，重心落在两脚间或稍偏右脚，左手持球置于腹前。

（2）抛球：左手将球抛至胸前，约离身体一臂之远。

（3）击球：在抛球的同时，右臂摆至右侧后下方，手指微屈而紧张，利用右脚蹬地和向左转体的力量，带动右臂向前摆动，在腹前用全掌击球的后中下部，将球击出。击球时，手臂要伸直，眼睛要看球。

3. 正面上手飘球

发球前在发球区选好位置，面对球网站立，左脚在前，右脚在后，重心落在后脚上。左手持球置于胸前，观察对方的站位布局，选定最佳落点。

发球时左手将球平稳地向右肩的前上方抛起，高度适中。在抛球的同时，右臂抬起，并屈肘后引，五指并拢，指尖朝上，手腕保持一定的紧张度。

击球时利用蹬地转体的动作带动手臂有力地向前上方挥动，重心随之移至左脚，以手掌根击球的后中下部，击球的力量要集中、迅猛，击球的作用力通过球的重心使球不旋转地向前飞行，击球结束时手臂要有突停动作。击球后，右脚随着击球动作自然前移，迅速进场（图 8-2-2）。

图 8-2-2

4. 勾手大力发球

这种发球的特点是力量大，弧度平。由于球向前旋转，从而加快了球的下落速度，容易造成对方措手不及，有较强的攻击性，但这种发球需要很好的体力，技术要求高，掌握不好容易造成发球失误。

发球前左肩对网站立，两脚开立与肩同宽，两膝微屈，重心落在脚与脚之间。双手持球于腹前。发球时，双手将球平稳地抛至头的左前上方，高约1米。在抛球的同时，右腿稍屈，重心移至右脚上，上体向右倾斜并转动，同时右臂向右后倾摆动，抬头看球。随着右腿用力蹬地，利用挺胸及转体的动作带动手臂向上挥击。

击球时迅速收胸、收腹、转体，身体的重心移至左脚上。击球的手臂要伸直，并要协调、自然地向上作弧形摆动，击球的手掌应放松，用全掌击中球的后下部，并利用手腕的推压动作使球向前旋转。球发出后，顺势迅速进场（图 8-2-3）。

图 8-2-3

（二）练习方法

（1）徒手练习。按照动作方法要领，让队员做徒手模仿练习，或做击固定球练习。

（2）抛球练习。右手持球练习向上抛起（掌心向上，平稳抛起，球不旋转）。根据发球的性能，抛球的高度和落点要合适。

（3）两人一组短距离不上网对发。

（4）抛击配合练习。近距离对墙发球，体会发球时抛球与击球的配合。

（5）上网发球。两人一组隔网对发，距离由近到远，直至发球区内。体会击球用力和动作连续性。

（6）分两组端线后发球比赛，看哪一组积分多。

（三）易犯错误及纠正方法

（1）抛球不稳，击球点太后或太低。原因是抛球动作不正确。因此，应进一步强调抛球的重要性，明确动作要领，反复多做抛球的专门练习。

（2）挥臂动作不正确。各种发球技术有不同的挥臂动作，应掌握动作要领，反复多次用固定目标做挥臂击球练习。

（3）击球部位不正确。根本原因是抛球不稳。应在抛球的基础上用正确的击球手法反复多做对墙练习。

三、垫球

垫球是排球的基本技术之一，是接对方进攻性击球的主要技术动作，是组织进攻和反攻战术的基础。因此，提高垫球技术的熟练程度和运用能力，是争取胜利的重要条件。

（一）基本技术

1. 正面双手垫球

适合接速度快、弧度平、力量大、落点低的各种来球，在接发球和后排防守时广泛采用，是各项垫球技术的基础。

（1）准备姿势：做好准备姿势，迅速判断，及时移动，正面对准来球方向。

（2）击球手形：两手掌根紧靠，两手手指重叠合掌互握，两拇指平行。两臂自然伸直，手腕下压，小臂外展靠拢，手腕关节以上的前臂形成一个垫击的平面（图 8-2-4）。

（3）击球动作：击球时，蹬腿提腰，含胸提肩，压腕抬臂等动作密切配合，手臂迅速插入球下，将球准确地垫在手腕以上 10 厘米的小臂上。垫球时，两臂保持平衡固定，身体和两臂自然地随球伴送，以便控制球的落点和方向（图 8-2-5）。

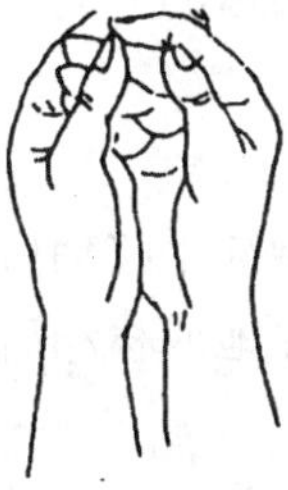

图 8-2-4

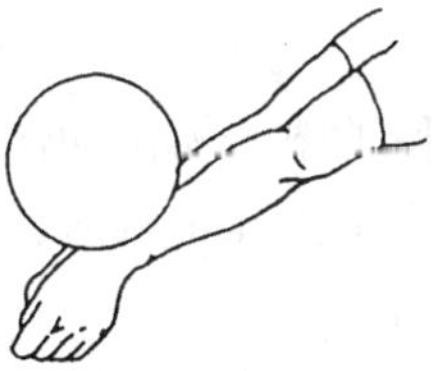

图 8-2-5

（4）手臂角度：手臂角度对控制球的方向、弧度和落点有很大影响，应根据垫球距离和入射角等于反射角的原理加以调整（图 8-2-6）。

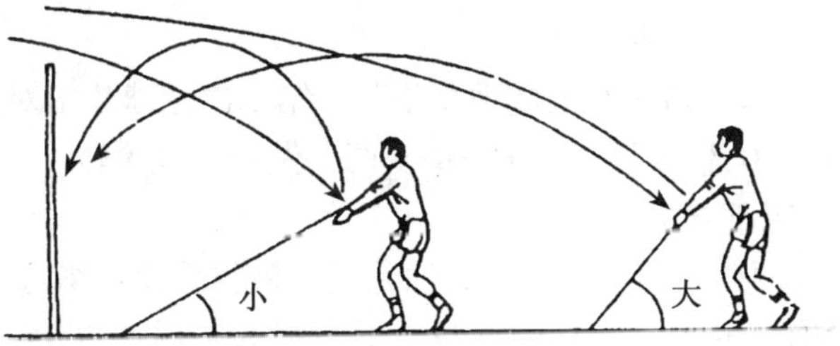

图 8-2-6

正面双手垫球应掌握插、夹、提三个动作要领。插：两臂伸直，插到球下。夹：两臂夹紧，含胸收肩，用两前臂的平面击球。提：提肩送臂，身体重心随出球方向前移。垫击过程中要做好移、蹬、跟三个环节。移：快速移动，对准来球。蹬：支撑平稳，两腿蹬起。跟：随用力方向，腰紧跟（图 8-2-7）。

图 8-2-7

2. 体侧垫球

来球飞向体侧而来不及移动对正来球时，要采用侧垫。侧垫时切忌随球伸臂，这样会造成球蹭手而向侧方飞出，应先用两臂到侧方截击来球。还应注意两臂不要弯曲，以保持击球平面，否则会因手臂不直或两臂间距离太大而垫不好球。

3. 背垫

背垫就是背向出球方向击球。背垫时，要清楚出球的方向、距离。用力时，要抬头后仰，两臂伸直向后扬臂。

（二）练习方法

（1）徒手模仿。先做原地垫击模仿动作，然后做徒手移动后垫击模仿动作。

（2）垫固定球。一人双手持球于胸前，另一人原地或移动后用垫球动作击球，体会手臂击球部位和全身协调用力。

（3）两人一组，一抛一垫。两人距离由近到远，先是一人抛，一人原地垫，然后是一人抛，一人移动垫。

（4）对墙连续自垫。对墙垫时，要求手臂角度固定，用力适当，控制球的高度，用蹬腿动作发力，注意身体协调用力。

（5）转换方向垫。三人一组成三角形，一人抛球，一人变方向垫球，另一人接球或传球给抛球者，循环往复。

（6）二人相距 7~8 米，一发一垫。

（7）二人相距 5~6 米，第一次把球垂直垫起，第二次把球垫给对方，连续进行。

（8）三人一组相隔 10 米以上，一发一垫一调，做若干次轮转。

（三）易犯错误及纠正方法

（1）击球时屈肘，两臂并不拢。纠正方法是反复做徒手模仿练习或自垫练习。

（2）击球点不正确。主要原因是手臂没有向下插入。纠正方法是对墙自垫或向上自垫，掌握好正确的击球点，控制好球。

四、传球

传球是用手指和手腕的弹力进行上手击球的技术动作，是排球的最基本最原始的击球方法。在比赛中主要用于衔接防守和进攻。可广泛用于接发球、二传等。

（一）基本技术

传球的方式很多，有正面传球，背传，侧传，跳传。其技术环节可分为：准备姿势、迎球、手形、击球用力几个部分。

1. 双手正面传球

准备姿势：正面对准来球，两脚开立，比肩宽，一脚在前，两脚尖适当内收，脚跟稍提起，两膝稍屈。两肩放松，眼睛注视来球，两手自然弯置于胸腹前。

手形：两手手指自然张开，掌心相对，手指微屈成半球状，手腕稍后仰，以拇指、食指、中指托住球的后下部，无名指和小指在两侧辅助控制传球的方向。拇指相对成一字形或八字形置于额前（图 8-2-8）。

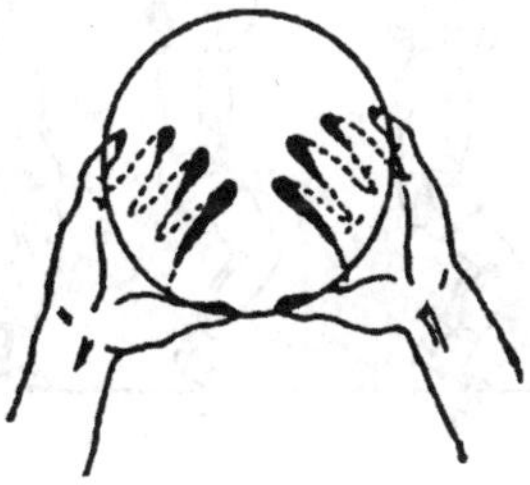

图 8-2-8

击球时的用力：传球时，利用蹬地、伸膝、展体和伸臂的动作，以拇指、食指、中指发力，无名指和小指控制住球的方向。触球的瞬间，手指和手腕应保持一定的紧张程度，用手指和手腕的弹力以及身体和手臂的协调力量将球传出，用力一定要协调一致。传球距离较近时，手指、手腕的弹力较多；传球距离较远时，必须加强蹬地展体的力量（图8-2-9）。

图 8-2-9

2. 背传

背传是传球的基本方法之一。在比赛过程中，使用背传技术能达到出其不意、迷惑对方的目的，使战术多样化。

准备姿势：上体比正面传球时稍直立，身体重心稳定在两脚之间，双手自然抬起，放松置于脸前。

迎球：双手上举，挺胸，掌心稍向上，手腕稍后仰。

击球点：保持在额上方。

手形：与正面传球相同，拇指托球的后下部。

用力：利用蹬地、上体后仰、挺胸、展腹、抬臂及手腕和手指的弹力将球向身体后上方送出（图 8-2-10）。

图 8-2-10

3. 侧传

身体不转动，主要靠双臂向侧方伸展的传球动作叫侧传。侧传有一定隐蔽性。

侧传的准备姿势、迎球动作与正面传球相同，击球点保持在脸前或稍偏于出球方向一侧。传球手势与正面传球相同，但倾向出球一侧的手臂要低一些，另一侧则要高一些。用力时，蹬地后上体要向出球方向倾斜，双臂向传出一侧用力伸展，异侧手臂动作幅度较大，伸展较快（图 8-2-11）。

图 8-2-11

4. 跳传

跳起在空中做传球动作叫跳传。跳传有原地跳、助跑跳、双足跳、单足跳等动作。

起跳最好是向上垂直起跳，不宜向前或向侧冲跳。起跳的关键是掌握好起跳时机，起跳过早或过晚都会影响传球的质量。

起跳后双臂上摆至脸前，身体在空中保持平衡。当身体上升到最高点时，靠伸臂动作和手腕、手指的弹力将球传出。

（二）练习方法

（1）徒手模仿传球动作。做好准备姿势，蹬地、伸臂，模仿传球推击动作，领悟动作过程。

（2）体会击球点与手姿。每人一球按照传球的击球点与手姿，摆在额前，然后另一人将球拿掉，看手姿是否正确，击球点位置是否合适。

（3）传球的协调用力。两人一组，持球人拿球在合适的击球点做好传球的手姿，另一人用单手压着球，持球者用传球动作向上推送球，体会全身协调用力。

（4）贴墙传球。每人一球，贴墙站立，用传球手姿拿好球，肘关节贴墙，用传球动作向墙传球，体会传球手姿、击球点和手指、手腕的传球用力。

（5）对墙传球。距离由近至远，体会传球用力。

（6）向上自传。个人进行，先原地传，后移动传；先传低球，后一高一低传。

（7）两人一组，一人抛球，另一人传球。先抛准球，让传球人原地传；后两侧抛球，让传球人移动传。

（8）两人对传。可以一固定，一移动，或自传一次，再传给对方等。

（9）跑动传球。三人或三人以上成纵队跑动传球。

（10）转换方向传球。三人一组站成三角形，一人抛球，一人变方向传球，另一人接球或传球给抛球者，循环往复。

（三）易犯错误及纠正方法

（1）手姿不正确：触球部位离身体太远，大拇指朝前。原因是对正确手姿缺乏明确的概念。纠正方法是徒手模仿练习，对墙近距离传球，自抛自传练习。

（2）手指、手腕缺乏弹击力，传球时不是用弹击动作，而是推球或拍打球。原因是手指、手腕力量不足，或手指和手腕过分紧张。纠正方法是首先加强手指、手腕力量，两人近距离传实心球、篮球，或两人做远距离平传球，也可做自抛远距离平传球练习。

五、扣球

扣球是进攻的最有效方法，是得分的重要手段。

（一）基本技术

扣球按其技术结构来讲，包括准备姿势、判断、助跑、起跳、空中击球和落地几个相互衔接的部分，整个动作必须协调一致，且有节奏。

1. 准备姿势

两脚开立，两膝微屈，眼睛观察来球，注意力高度集中，随时可向各种方向起动助跑。

2. 判断

判断是扣好球的基础。首先是对一传的判断，然后根据二传传球的方向、弧度、速度、落点选择起跳的地点和决定起跳的时间。判断贯穿在整个助跑与起跳、击球全过程中。

3. 助跑

助跑的目的不仅是为了增加弹跳高度，而且是为了选择起跳点和时间，助跑的方向、速度和步数是根据来球的方向、弧度和速度决定的。助跑的步法一般有两步、三步和多步助跑。助跑的起动时间非常重要，它对于能否发挥最好的弹跳，选择准确的起跳点和扣球路线的变化都有重要的作用。由于每个人助跑的速度不同，制动踏跳的能力不同，弹跳高度不同，因此，起动时间也略有区别。

4. 起跳

起跳的目的在于跳起后达到一定的高度，保持在正确的击球点击球。起跳时，上体前倾，两脚迅速而有力地蹬地踏跳；两臂由体后下方继续向体前上方挥摆，同时快速展腹，带动全身腾空而起。

5. 空中击球

击球是扣球技术的关键环节。起跳后，上体稍向后侧扭转，胸腹自然展出，右臂屈肘举起，肘关节指向侧方，并高于肩部，手置于头的右侧方，手指自然分开。击球时利用迅速转体收腹动作来带动手臂猛烈地挥击。前臂挥动的速度要快，有如挥鞭子的抽击动作。击球时手臂要伸直，用全手掌击球的后中部，手腕快速推压，使球向前下方旋转飞行。

6. 落地

落地时，应由前脚掌过渡到全脚掌，同时顺势屈膝、收腹，以缓冲下落的力量，同时立即准备下一个动作（图 8-2-12）。

图 8-2-12

（二）练习方法

（1）学习助跑起跳。包括原地双足起跳练习，一步助跑起跳练习，两步助跑起跳练习和上网助跑起跳练习。

（2）学习挥臂击球。包括徒手模仿练习，扣固定球练习，一抛一扣练习和自抛自扣练习。

（3）学习完整扣球。包括助跑起跳上网扣教师低喂抛球练习，上网扣抛球练习，上网扣传球练习。

（三）易犯错误及纠正方法

（1）起跳位置不准，人与球的关系保持不好，击球点太前或太后。原因是助跑起跳不熟练，判断不准确。纠正方法是练习空中击固定球或固定目标。

（2）起跑过早或过晚。原因是上步起跳时间未掌握好。纠正方法是自抛自扣，多做练习。

（3）击球时，手臂未充分伸直。原因是没用上收腹提肩的力量带动手臂挥击。纠正方法是手提小杠铃片练习挥臂扣球动作，或对墙扣平远球。

六、拦网

拦网是防守的第一道防线，也是得分的重要手段之一。有效的拦网可以遏止对方的进攻，减轻本方防守的压力，为防守反击创造有利条件。特别是每球得分制实施以来，攻击性的拦网越来越得到人们的重视。

（一）基本技术

拦网技术动作由准备姿势、移动、起跳、空中动作和落地几个部分组成。拦网时除应掌握上述技术外，还应有准确的判断能力，以便准确选择起跳地点、拦网时间和空间。

拦网分为单人拦网和集体拦网。其个人技术是相同的，只是集体拦网需要注意相互间的协作与配合。

1. 准备姿势

面对球网，密切注视着对方动向，两脚平行开立，约同肩宽，两膝稍屈，两手自然弯曲置于胸前。身材高大队员双手可上举过头，随时准备起跳或移动。

2. 移动

根据不同情况可灵活运用并步、跨步、滑步、交叉步、跑步等各种移动步法，将身体重心移动到拦网位置，准备起跳。

3. 起跳

移动后立即制动，使身体正对球网后起跳，或在起跳过程中在空中使身体转向球网。如果是原地起跳则从拦网准备姿势开始，两脚用力蹬地，两臂在体侧划小弧线用力上摆，带动身体向上垂直起跳（图 8-2-13）。

图 8-2-13

4. 空中动作

起跳后稍收腹，控制平衡。同时，两手从额前贴近网向上沿伸出，两臂伸直，两肩尽量上提。拦击时，两手尽量伸向对方上空，接近球、两手自然张开，屈指、屈腕成勺形。当手触球时，两手突然抖腕，用力捂盖球前上方。拦击时根据对方扣球线路变化，两手在空中向球变线方向伸出，外侧手掌心在拦击球时内转包球。

5. 落地

拦网后自然落回地面，落地时屈膝缓冲。落地后准备做下一个动作。

(二) 练习方法

(1) 徒手动作练习。包括网前原地起跳拦网，两人相对网前原地起跳空中拍击手掌，根据教师手势做各种步法移动后起跳拦网，两人相对网前移动，在2、3、4号位分别起跳对击拦网，一人主动、一人被动在网前移动起跳拦网。

(2) 学习拦网手法。包括原地或对墙做徒手伸臂动作（要求手形正确，手指自然张开），矮网一扣一拦（要求扣球准确，拦网不起跳），教师站在高台上双手持球，学员轮流起跳拦网（掌握正确手形包住球的动作），队员站在高40~50厘米的凳子上，做拦球动作，体会伸手和捂盖动作。

(3) 教师在高台扣固定路线球，队员移动起跳拦网。

(4) 对方扣一般球，单人轮流拦网。

(5) 对方扣一般球，双人原地起跳配合拦网。

(6) 对方扣一般球，双人移动后起跳配合拦网。

(三) 易犯错误及纠正方法

(1) 起跳过早。纠正方法是加强判断，在练习中体会拦网的正确起跳时间。

(2) 双手扑球，造成触网犯规。原因是伸臂压腕时有压肩动作。纠正方法是反复练习起跳后伸臂压腕动作。

七、技术教学的综合练习方法和手段

(1) 四人一组跑动中对垫对传（图8-2-14）。

图 8-2-14

(2) 三人三角任意传垫。

(3) 两人一组打、防、调。

(4) 两人或三人限制线前比赛。

(5) 四至五人围成圆圈，自由传、垫、扣。

(6) 教师抛球给站在4号位的学生，学生将球垫给网前做二传的学生，后撤上步扣二传传来的球，然后拦网（图8-2-15）。

（7）接发球比赛：每队派一人发 10 个球，其他五人接发球，并计分。到位 2 分，垫起 1 分（图 8-2-16）

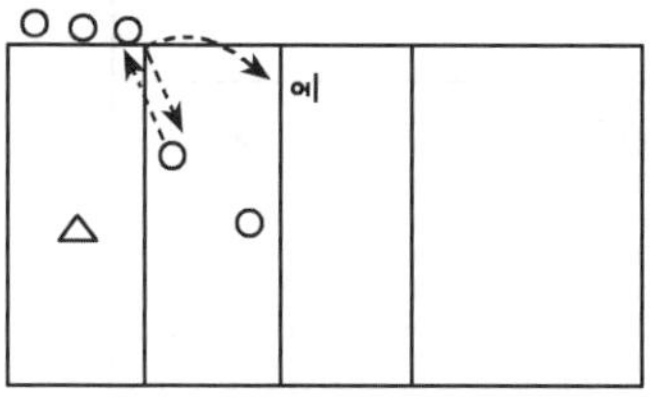

图 8-2-15

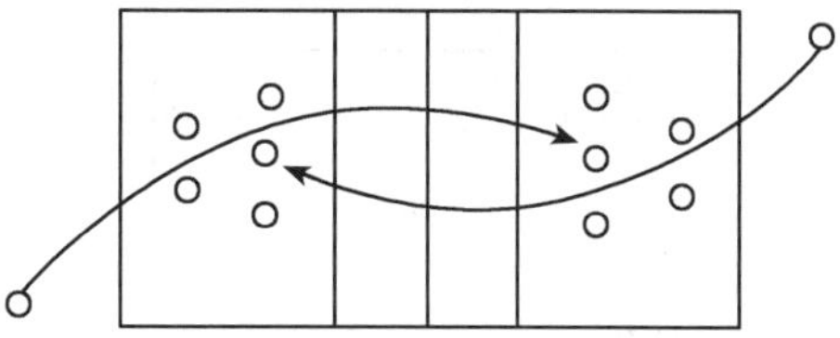

图 8-2-16

（8）组织进攻和防守：教师向一方抛球组织进攻，另一方进行防守，赢队再接教师抛球进攻，另一方防守。组织进攻者赢得一分，防守者赢得组织进攻权，不得分。谁先到 15 分算赢一局。

排球基本战术

战术是指比赛双方运用进攻与防守的对抗，并结合临场变化，合理地运用技术，有组织、有针对性的配合行动。一个队的战术水平往往反映着该队的技术水平，因为只有全面、准确、熟练地掌握了基本技术才可能形成战术。排球基本战术分为个人战术和集体战术。

一、阵容配备

阵容配备是合理地搭配本队队员的一种组织手段。阵容配备有三种形式。

“三三”配备：由三名进攻队员和三名二传队员组成，此种形式的战术形式简单，攻击力弱，适合初学者。

“四二”配备：由两名主攻队员，两名副攻队员和两名二传队员组成。队员分别对角站立。这种阵容配备便于采用“中一二”和“边一二”进攻战术。前排始终保持两名进攻队员和一名二传队员，这样能够组织多种战术配合，充分发挥本队的进攻力量（图 8-2-17）。

“五一”配备：由一名二传队员和五名进攻队员组成。这种配备形式攻击力强，能组织多种战术体系。二传队员在前排时，能组织“中一二”、“边一二”进攻战术。二传队员在后排时，可采用插上战术，保持前排三点进攻。具有一定水平的队多采用此种阵容配备（图 8-2-18）。

二、交换位置

为了解决某些轮次进攻和防守力量的搭配及阵容配备上的某些缺陷，以便有效地组织攻防战术，规则允许在发球击球后，双方队员可以在本场区内任意交换位置。交换位置的主要目的是为了充分发挥每个队员的专长，以取得扬长避短的效果。前排队员之间的换位，主要是为了便于进攻战术的实施和拦网实力的调整。前后排队员之间的换位，主要是为了保持前排三点进攻。后排队员之间换位，是为了加强后排重点部位的防守。

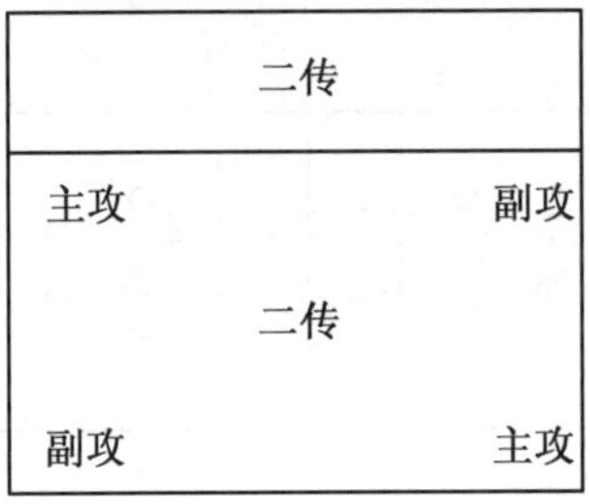

图 8-2-17

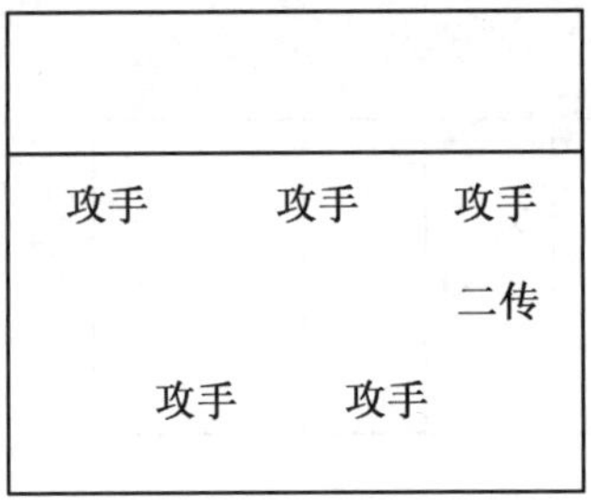

图 8-2-18

三、信号联系

排球运动是一个集体项目，在实现快速多变的进攻战术时，必须通过信号联系才能统一行动。一个队的战术信息力求简单、清晰，本队队员明了。

语言联系：使用语言直接进行联系。

手势信号：通过事先约定的各种手势，进行规定的战术配合。

落点信号：根据起球后的落点，作为发动某种进攻的信号。

综合信号：以手势信号为主，辅以落点信号、语言信号以及教练员的暗示等。

四、“自由人”运用

合理地选择并运用“自由人”是战术运用的一个方面。“自由人”专司接发球和后排防守，其上下场之间只需经过一次发球比赛过程，换人不计为正规换人次数，且次数不限。因此，选择接发球和后排防守技术高超的队员作为“自由人”，能大大提高全队的防守水平。“自由人”又可在当前排进攻、拦网队员体力下降需要休息，并轮到后排时替换上去，所以，合理地运用“自由人”能大大提高全队的进攻水平。

五、接发球阵形

在选择接发球阵形时，不仅要有利于接球，还要考虑本方所采用的进攻及对方发球的特点。

按接发球人数来分，有 5 人接发球、4 人接发球、3 人接发球等。接发球的基本要求是：正确判断、合理取位、明确职责、分工配合。即：“远飘、轻飘点分散，平快、大力一条线。”这里介绍几种 5 人接发球阵形及变化。

（一）“W”站位阵形

初学者进行比赛多采用“中、边二传”进攻阵形，一般都站成“W”形，也称“一三二”型站位。这种阵形队员分布均衡、职责分明，但队员之间的“结合部”较多（图 8-2-19）。

（二）“M”站位阵形

“M”站位，也称“一二一二”站位，队员站位分散而均匀，分工明确，适合接落点分散、弧度高、速度慢的下沉飘球。不利于接大力球和平飘球。

（三）“一”字站位阵形

采用“一”字形站位是对付跳发球、大力发球、平冲飘球的有效站位。接发球时，5名队员成“一”字形排开，左右距离较近，每人守一条线，互不干扰（图 8-2-20）。

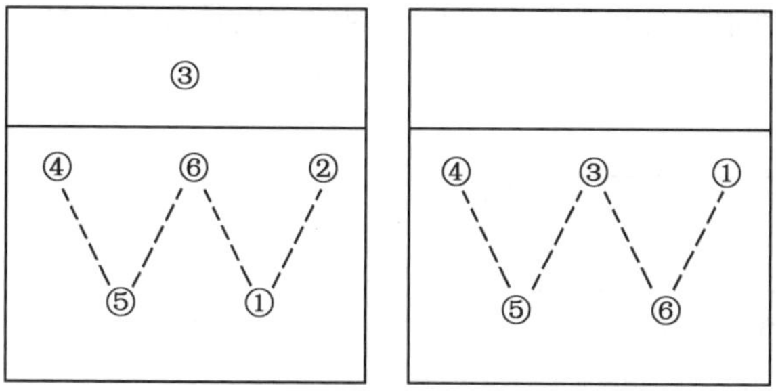

图 8-2-19

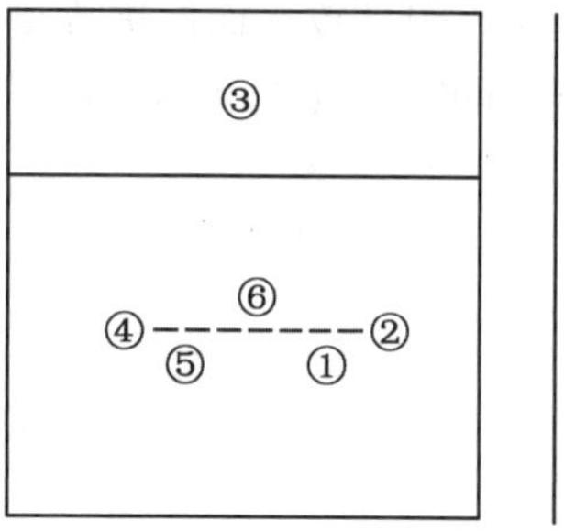

图 8-2-20

六、“中一二”进攻战术

“中一二”进攻战术是最基本、最简单的战术形式。由 3 号位队员二传，2、4 号位队员进攻。其特点是比较容易组织，初学者易掌握，但只能两点进攻，变化少，进攻意图易被对方识破（图 8-2-21）。

七、“边一二”进攻战术

“边一二”进攻战术由 2 号位队员担任二传，3、4 号位队员进攻，如由 4 号位队员担任二传，由 3、2 号位队员进攻，则称为“反边一二”进攻战术。它比“中一二”战术变化多、难度大，战术配合也较复杂。由于两名进攻队员的位置相邻，便于进行互相掩护配合，可以组织更多的战术配合，它的突然性和攻击性程度比“中一二”进攻战术高（图 8-2-22）。

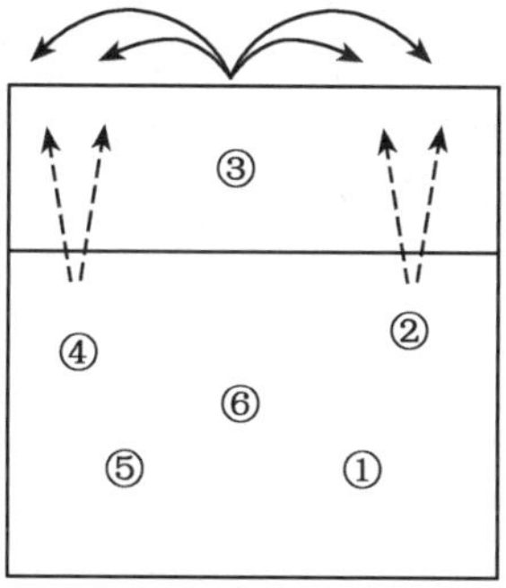

图 8-2-21

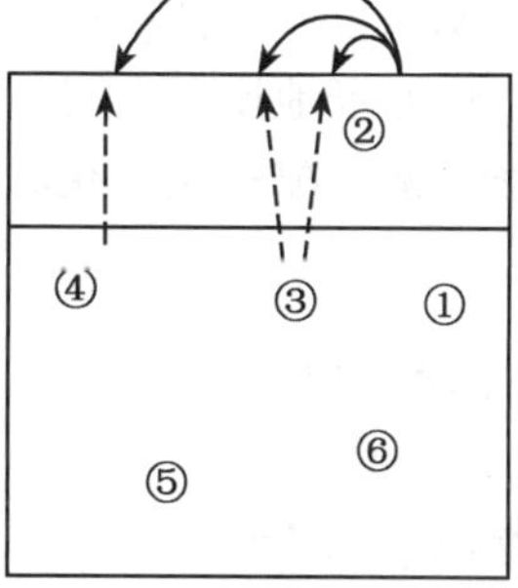

图 8-2-22

八、“后排插上”进攻战术

“后排插上”进攻战术是现代排球先进战术的主要形式，是在“中、边一二”进攻战术的基础上发展起来的。因此，“中、边一二”进攻战术中各种战术的配合，均可在“后排插上”战术中加以运用和发挥。由于此种战术有三名队员参加进攻，可充分地利用网的全长组织进攻，而使进攻点增多，战术配合更加复杂多变，因此，更具有突然性大、进攻点多的特点（图 8-2-23）。

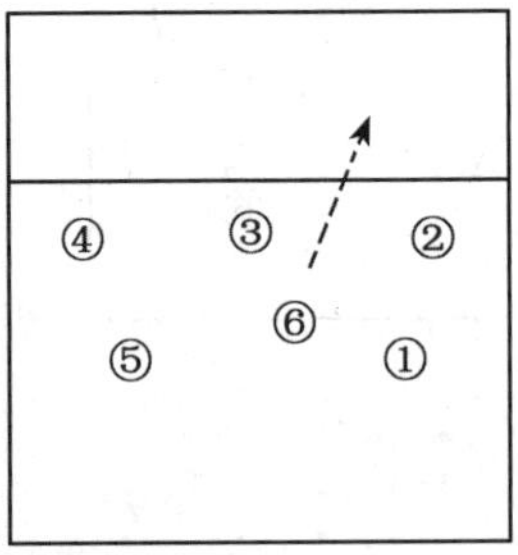

图 8-2-23

九、“边跟进”防守战术

拦网与后排防守的配合是防守成功的关键。比赛中常采用单人、双人和三人拦网，其中双人拦网是常采用的。在双人拦网情况下，此种防守方法是：前排三名队员要形成面对进攻点的弧形防守区域，并明确各自的防守区域和范围。前排两名队员组成拦网，后排 1 号或 5 号位队员跟进到进攻线附近保护。在对方攻势较强、吊球较少情况下采用该阵形。

十、“心跟进”防守战术

“心跟进”防守是比赛中常采用的一种防守形式，是由 6 号位队员跟进保护、防吊球的防守形式，适用于对方进攻力量不太强，善于打、吊结合时采用。此种防守方法是：前排不参加拦网的队员要及时后撤到限制线以后，准备防守，后排 1、5 号位队员应随着对方进攻点的不同，正确取位。此种形式的特点：网前有专人负责保护拦网，便于防吊球和接应拦网的反弹球，中心场地比较充实，有利于接应和组织反击。其不足是后排防守力量相对有所减弱，后场两侧空隙较大。在对方吊球较多的情况下采用该阵形。

排球运动基本竞赛规则

一、场地、器械、设备

比赛场区长 18 米，宽 9 米。中间为中线将球场分成两个半场，两半场离中线 3 米处各有一条限制线。场上所有的线宽 5 厘米，线的宽度均包括在场区内。发球区短线 15 厘米，与端线垂直并距端线 20 厘米，两条短线画在两条边线的延长线上。

球网为黑色，长 9.50 米，宽 1 米，网眼直径 10 厘米。标志杆长 1.80 米，分别设置在标志带的外沿，并高出球网 80 厘米。标志带宽 5 厘米，分别设置在球网两端并垂直于边线。

球网高度男子为 2.43 米，女子为 2.24 米。球网两端的高度必须相等，并不得超过规定。

二、胜一分、胜一局、胜一场

胜一分：比赛采用每球得分制，胜一球即得一分。如果是发球队获胜，则得一分并继续发球；如果是接球队获胜，则得一分同时获得发球权。如果双方队员同时犯规，则判“双方犯规”，不得分，由原发球队重新发球。

胜一局：比赛的前四局以先得 25 分、并同时超出对方 2 分为胜一局。当比分为 24：24时，比赛继续进行至某队领先 2 分为胜一局（例如 26：24，27：25）。决胜局以先得 15 分、并同时超出对方 2 分的队获胜。当比分为 14：14 时，比赛继续进行至某队领先 2 分为止（如 16：4，17：15）。

胜一场：正式比赛采用 5 局 3 胜制，最多比赛 5 局，先胜 3 局的队为胜一场。

三、界内、外球

球触及比赛场区地面包括界线为界内球。

球体完全触及界线以外地面，触及场外物体、天花板或非比赛成员，触及标志杆网绳、网柱或球网标志杆以外部分，球的整体或部分从非过网区完全越过球网的垂直面等为界外球。

四、发球犯规

发球犯规：未按照位置表所登记的发球次序发球；裁判员鸣哨后 5 秒之内未将球击出；球未抛起或没弄清楚离手时击球；击球时，脚踏及端线或踏过发球区短线。

重新发球：裁判员鸣哨前的发球；因特殊情况，裁判员认为有必要停止比赛；球被抛起或持球撤离后，未触及发球队员而落地，被认为发球失误，允许再次发球，发球队员必须在再次鸣哨后的 3 秒之内将球发出。

发球击球后犯规：球触网后落入本方场内或场外；球触及发球队队员；没有通过球网的垂直平面；发球队的队员利用掩护阻挡对方观察发球队员和球的飞行路线；球落在界外。

五、位置错误

当发球队员击球的瞬间，双方任何一名队员不在其规则规定的位置上，则构成位置错误犯规。上述规定，均以队员脚的着地部位来确定。当发球队员击球犯规与对方位置错误同时发生时，则认为发球犯规在先而判。如果是发球队员击球后的犯规，则位置错误在先，判位置错误犯规。

六、击球时的犯规

一个队连续触球四次（拦网除外）；队员在场内借助同伴或任何物体的支持进行击球；击球时必须清晰，如一名队员击球时，接触时间长，使球停滞，为“持球”犯规；在第一次击球时（拦网、腰部以上触球除外），允许身体不同部位在同一击球动作连续触球。其他情况下一名队员两次触球有先后，则判“连击”。判断后排队员进攻性击球犯规必须同时具备三个条件：后排队员在前场区，或踏及限制线及延长线，击球时整个球体高于球网上沿。

七、在球网附近的犯规

只有击球活动在进攻区时，队员触网为犯规。队员无意识、轻微、不影响比赛的触网和由于球被击入球网而造成球网触及队员则不判犯规；拦网时，允许越过球网触球，但在对方进行进攻性击球前或击球时，在对方空间触及球则判过网击球；队员的一只脚或双脚越过中线触及对方场区的同时，脚的一部分还接触中线或置于中线上空是允许的。除脚以外，队员身体的任何部分都不允许接触对方场区；队员在不妨碍对方比赛的情况下，允许在网下穿越进入对方空间，但妨碍对方比赛则判犯规。

八、拦网犯规

队员在对方进攻性击球前或击球时，在对方空间拦网触球为过网拦网犯规；后排队员靠近球网处参加集体拦网，并将手伸向高于球网处阻挡对方来球，即使本人未触球，只要集体拦网成员的任何队员触球，则判后排队员拦网犯规。拦对方发过来的球为拦发球犯规。

九、暂停与换人

第1~4局，每局有两次技术暂停，各为1分钟，每当领先队达到8分或16分时自行执行。每队每局还有一次机会请求30秒的普通暂停。决胜局无技术暂停，每队在该局可请求两次30秒普通暂停。每局每队最多可替换6人次，可以同时替换1人或多人。每局开始上场阵容的队员在同一局中可以退出比赛和再上场各一次，而且只能回到原阵容的位置上。替补队员每局只能上场一次，替补开局上场阵容的队员，而且他只能由被他替换下场的队员来替换。每换一人计为一人次。如果某一队员受伤不能继续比赛时，须进行合法替换；如果不可能进行合法替换时，可采取特殊替换；如果合法替换和特殊替换均不能进行时，则给予受伤队员3分钟恢复时间。如果仍不能进行比赛时，该队被宣布为阵容不完整，比赛结束，保留该队所得分数和局数，判该队输掉该局或该场，并给对方胜该局或该场比赛所应得的分数和局数。

十、后排队员进攻性击球犯规

后排队员在前场区或踏及进攻线，击整体高于球网上沿水平面的球，并使球的整体由过网区通过球网垂直面或触及对方拦网队员，则为后排队员进攻性击球犯规。

第三节 足 球

足球运动概述

足球起源于中国。早在公元前475～221年的战国时代，我国就有了足球运动——“蹴鞠”。汉朝时，蹴鞠已开展得较为普遍了。唐朝是蹴鞠最为盛行的时期，当时已经使用了充气球，并使用“球门”。

现代足球15世纪末起源于英国。1835年，在英国谢菲尔德成立了世界上第一个足球俱乐部。1863年10月26日，英国人在伦敦皇后大街弗里马森旅馆成立了世界第一个足球协会——英格兰足球协会。1864年，英国剑桥大学为了适应本国各学校的足球比赛而综合制定了一个简单的规则，当时称为剑桥大学规则。这也是世界足球史上第一部较为统一的足球规则。

英格兰足球协会的诞生，标志着足球运动的发展进入了一个崭新的阶段。因而，人们公认1863年10月26日，即英格兰足球协会成立之日为现代足球的诞生日。到了1885年，英格兰首创了职业足球俱乐部，此后，职业足球俱乐部在奥地利、西班牙、意大利、匈牙利等国家纷纷成立并合法化。

1904年5月21日，国际足球协会联合会（简称国际足联，英文缩写为FIFA）在法国巴黎正式成立。同年5月23日，国际足联召开了第一届全体代表大会，法国的罗伯特·盖林被推选为第一任主席。

1928年，国际足球联合会在荷兰首都阿姆斯特丹举行会议，决定每4年举行一届世界足球锦标赛（世界杯），并规定每届比赛与奥运会相间举行，决定1930年举行第一届世界足球锦标赛。两年后第一届世界足球锦标赛如期在乌拉圭首都蒙特维地亚举行。到2006年，共举行了18届，其间因第二次世界大战，世界足球锦标赛中断了12年，直到1950年才恢复举行第四届比赛。目前，按地理位置划分参加世界足球锦标赛的有欧洲、中北美洲、南美洲、非洲、亚洲和大洋洲的国际足球联合会成员国的球队。

我国的现代足球运动是19世纪末和20世纪初发展起来的。新中国成立以后，足球运动得到不断发展。1951年首次举办了全国足球比赛。1955年中国足球协会成立。从1956年起，我国足球运动实行甲、乙级联赛制度，同时，还实行运动员、裁判员等级制度。直到1993年，我国的足球竞赛体制才开始改革，实行职业联赛，原有足球队进行了职业俱乐部的重组。2002年，中国足球第一次进入了世界杯的决赛，实现了足球冲出亚洲，走向世界的美好愿望。

足球基本技术和练习方法

一、无球技术

无球技术是指比赛中运动员在不控球的情况下所采用的合理动作的总称。

无球技术的主要内容包括：起动、跑动、急停、转身、跳跃、移位和假动作。

二、有球技术

有球技术是指运动员在比赛中，为达到进攻和防守目的所采用的各种支配球的技术。

有球技术包括：踢球技术、颠球技术、接球技术、运球技术、头顶球技术、抢截球技术、掷界外球技术和守门员技术。

(一) 颠球

颠球可分为拉挑球、脚背正面颠球、脚内侧颠球、脚外侧颠球、大腿颠球、头颠球、肩颠球和胸部颠球。

1. 技术要领

拉挑球：支撑脚站在球的后方约30厘米处，膝关节微屈，身体重心在支撑脚上，拉挑球的脚前掌踩在球的上方并向后轻拉，在球开始向后滚动的同时，脚掌着地，脚尖插向球的底部，脚尖微翘向上挑起。

脚背正面颠球：支撑脚微屈，当球落至低于膝关节时，颠球脚向前甩动小腿，脚尖微翘，用脚背击球的底部，将球向上颠起。

大腿颠球：当球落至接近髋关节高度时，颠球的大腿屈膝上摆，当大腿摆到水平状态时，击球的底部，将球向上颠起。

2. 练习方法

(1) 原地颠手抛的下落球。

(2) 原地拉挑球练习。

(3) 原地拉挑球接颠球。

(4) 原地拉挑球接左右交替颠球。

(5) 多部位交替颠球。

(6) 二人对颠。

3. 易犯错误及纠正方法

(1) 直腿颠球，动作僵硬。纠正方法：提示学生膝关节放松，甩小腿。

(2) 脚尖翘起时间过长，形成“勾”脚背，使球离身体太近。纠正方法：强调踝关节在自然状态下固定。

(二) 踢球

踢球的方式有脚内侧、脚背正面、脚背内侧、脚背外侧、脚跟、脚尖。该技术由助跑、支撑脚站位、踢球腿的摆动、脚触球、踢球后的随前动作组成。

1. 动作要领

脚内侧踢球：脚内侧可以踢定位球，直接踢由各个方向来的地滚球、反弹球、空中球。用脚的内侧踢地滚球时应直线助跑，支撑脚踏在球的侧方15厘米左右，膝关节微屈，在支撑脚着地的同时踢球腿以膝关节为轴由后向前摆，在前摆过程中屈膝外展，踢球脚的脚内侧正对出球方向，小腿急速前摆，脚尖翘起，脚底与地面平行，击球的后中部，踢球脚随球前摆落地。

脚背正面踢球：脚背正面可以踢定位球、空中球、反弹球、倒钩球等。脚背正面踢地滚球时直线助跑，最后一步稍大并要积极着地，支撑脚站在球的侧方10厘米左右，脚尖正对出球方向，膝关节微屈：摆动腿要在准备做支撑的脚前跨和助跑的最后一步蹬离地面时，顺势向后摆起，小腿屈曲。在支撑脚着地的同时，以髋关节为轴，大腿带动小腿由后向前摆，当膝关节摆至接近球正上方的一刹那，小腿做爆发式前摆，以髋关节为轴，大腿带动小腿由后向前摆，脚背绷直，脚趾扣紧，以脚背正面击球的后中部，踢球腿提膝随球继续前摆。

脚背内侧踢球：脚背内侧可以踢定位球、地滚球、过顶球、弧线球和转身踢球。脚背内侧踢地滚球时，斜线助跑（助跑方向与出球方向约成45°角），支撑脚是以脚掌外沿积极着地，踏在球的侧后方20~25厘米处，膝关节微屈，脚尖指向出球方向，身体稍向支撑脚倾斜。在支撑脚着地的同时踢球腿以髋关节为轴，大腿带动小腿由后向前摆。当身体转向出球方向，膝盖摆至接近球的内侧上方时，小腿做爆发式前摆，脚尖稍外转，脚背绷直，脚趾扣紧，脚尖指向斜下方，以脚背内侧踢球的后中部（踢过顶球时，踢球的后下部）（图8-3-1）。

图 8-3-1

脚背外侧踢球：可以踢直线球、弧线球、弹拨球和蹭踢运。脚背外侧踢直线球时，助跑、支撑脚的站位和踢球腿的摆动，基本上与脚背正面踢球相同，但是踢球腿的膝盖摆至接近球正上方的一刹那，小腿做爆发式前摆，膝盖、脚尖内转，脚趾扣紧，以脚背外侧踢球的后中部，踢球腿提膝随球继续前摆（图8-3-2）。

图 8-3-2

2. 练习方法（以脚背内侧踢球为例）

（1）摆腿模仿练习。重点强调小腿的加速摆动和摆腿时的转体动作。

（2）两人一组，一人踩球，一人原地做踢固定球练习。重点强调踢球脚的脚尖斜下指，用脚背内侧踢球的后下部，把球往上“铲”起。

（3）两人一组，相距25~30米，踢定位球。要求动作协调、思想放松，按模仿练习的感觉进行练习，防止动作“走形”。

（4）学生熟练掌握脚背内侧踢固定球后，可练习踢活动球。结合停球后向两侧拨球，然后用脚背内侧将球踢出。提醒学生注意支撑脚的提前量。

（5）踢准练习。可采取踢画有标志的足球墙，按规定的距离击中目标的计算成绩。

（6）两人一组，相距20~25米，并向前跑动，进行长传球练习。

3. 易犯错误及纠正方法

（1）直腿摆动，动作僵硬。纠正方法：进行反复摆腿模仿练习。

（2）脚触球部位不正确。纠正方法：踢球前注视一下球，踢球时不要勾脚尖，支撑脚距球不要太远，踢球脚的前脚掌轻蹭一下地面。

（3）踢球腿摆动时，没有相应地转动身体，影响正确的部位触球。纠正方法：身体重心移至支撑脚，踢球的一刹那，以支撑脚的前脚掌支撑地面，身体向出球方向转动。

（三）停球

停球方式有脚内侧、脚底、脚背正面、脚背外侧、胸部和大腿停球等。

1. 动作要领

脚内侧停球：脚内侧停地滚球时，根据来球路线选择停球位置并及时移动到位。支撑脚正对来球，膝关节微屈。停球腿屈膝外展并前迎，脚尖翘起，当脚与球接触前的一刹那开始后撤，在后撤过程中用脚内侧触球，把球控制在衔接下一个动作需要的位置上。

脚内侧停反弹球时，支撑脚踏在球的落点的侧前方，膝关节微屈，上体稍前倾并向停球方向微转，同时停球脚提起，踝关节放松，脚内侧对准球的反弹路线，当球落地反弹时，用脚内侧挡压球的后中部。

脚底停球：该部位可停地滚球和反弹球。

停地滚球时面向来球，支撑脚踏在球的侧后方，膝关节微屈，脚尖正对来球，同时停球脚提起，膝关节自然弯曲，脚尖翘起高于脚跟（脚跟离地稍低于球）。踝关节放松，用脚前掌挡压球的中上部。

脚底停反弹球时，支撑脚站在球的落点的侧后方。停球腿屈膝抬起，当球落地的一刹那，脚尖上翘，小腿稍前倾，用脚掌覆盖在球的反弹路线上，触压球的后上部。

胸部停球分为挺胸和收胸两种方法：挺胸法准备停球时，稍收下颏。当球运行到与胸部接触前的一刹那，两脚蹬地上挺的同时屈膝，上体后仰，用胸大肌触球。采用收胸法准备停球时，两脚前后开立，身体重心前移，挺胸迎球。当球运行到与胸部接触前的一刹那，重心迅速后移的同时收胸、收腹挡压或拍击球。

大腿停球：大腿停高球时，停球腿屈膝抬起，以大腿中部对准落下的球，肌肉适当放松。当大腿与球接触的一刹那，快速后撤，将球挡落在体前衔接下一个动作需要的位置上。大腿停低平球时，停球腿以大腿中部对准来球，屈膝前迎，肌肉适当放松。当大腿与球接触的一刹那，快速后撤，将球挡落在衔接下一个动作需要的位置上。

脚背正面停球：停球脚提起迎球，以脚背正面对准下落的球。在脚背与球接触前的一刹那开始下撤，在下撤过程中用脚背正面触球的底部，使球落在体前适当的位置上。

2. 练习方法（以脚内侧停反弹球为例）

（1）两人一组，一人手抛或轻踢地滚球，一人做脚内侧停地滚球，主要体会停球部位。

（2）逐渐增加踢球力量，主要掌握好停球脚回撤或下切的时机。

（3）两人一组，迎面向前跑动，然后用脚内侧向内、向外或向后转身接球。

3. 易犯错误及纠正方法

（1）动作僵硬。纠正方法：强调膝、踝关节放松。身体重心放在支撑脚上。

（2）回撤或切挡的时机掌握不好。纠正方法：多做模仿动作，提高触球缓冲的灵敏反应能力。

（3）与下一动作衔接不连贯。纠正方法：养成先观察周围情况再接球的习惯。回撤停球要提起支撑脚，与转身结合起来，将球引向合理的位置。切挡停球与下一步踢球动作密切衔接，用力不可过大，停球后立即移动重心接近球。

（四）头顶球

头顶球分为前额正面顶球和前额侧面顶球，这两个部位都可以做原地、跳起和鱼跃顶球。

1. 动作要领

原地前额正面头顶球：身体正对来球，两脚前后或左右开立，膝关节微屈，上体稍后仰，重心放在后脚上，两臂微屈自然张开，眼睛注视来球。当球运行至身体垂直面前的刹那，后脚用力蹬地，身体重心由后脚移向前脚的同时，迅速向前摆体收下颏，颈部紧张，快速甩头，用前额正面顶球的后中部。

原地跳起前额正面头顶球：准备起跳时，两腿屈膝，重心下降，然后两脚同时蹬地，两臂屈肘上摆向上跳起。在跳起上升过程中挺胸展腹，两臂自然张开，眼睛注视来球。在跳起到达最高点准备顶球时，身体成背弓。当球运行到身体的垂直面前的刹那，快速收胸折体前屈并甩头，用前额正面将球顶出。顶球后两腿同时屈膝、缓冲落地。

2. 练习方法（以原地前额正面头顶球）

（1）复习头顶颠球，体会头触球部位。

（2）原地模仿头顶球动作，体会腰部的摆动，同时两臂自然张开，协助身体向前摆动。

（3）一人持球至适当高度，另一人用前额正面迎击球，体会顶球部位及摆体动作。

（4）两人一组，相距 5 米左右，互抛高球，练习头顶球。

（5）两人顶球熟练后，可连续头顶球。要求顶准，尽量不让球落地。

3. 易犯错误及纠正方法

（1）头顶球的部位不正确。纠正方法：克服惧怕心理，强调两眼注视来球，主动用前额迎击来球。

（2）不能正确运用摆体动作顶球。纠正方法：多做摆体模仿动作，强调蹬后腿，腰部发力，两臂同时协助用力，上体积极前摆。

（五）运球

运球是运动员在跑动中用脚连续推拨球，使球处于自己控制范围内的触球动作。利用运球可以变换进攻的速度，调节比赛的节奏。在对手紧逼和密集防守的情况下，利用运球和过人可以摆脱对方的阻截和围抢，扰乱对方防守阵形，造成以多打少的主动局势，为传球或射门创造有利时机。

1. 技术要领

脚背内侧运球：跑动时，身体自然放松，步幅要小，上体前倾要稍向运球方向转动；运球脚提起时，膝关节稍弯曲，脚跟提起，踝关节外展，脚尖斜下指，用脚背内侧部位推拨球前进。在比赛中，大多用在改变方向或者为了护球的情况下使用。

脚背外侧运球：跑动时，身体自然放松，上体稍前倾，两臂自然摆动，步幅不要过大；运球脚提起时，膝关节弯曲，脚跟提起，踝关节内旋，脚尖向内斜下指，用脚背外侧部位推拨球前进。在比赛中，大多在快速推进或为超越对手、前方纵深距离较大或者改变方向时使用。

脚内侧运球：运球时，支撑腿向前跨出一步，落在球的侧前方，膝关节微屈，重心落在支撑脚上，上体向带球方向前倾，用运球脚内侧推拨球后中部前进。在比赛中，主要适用于以身体掩护球时。

正脚背运球：运球时，上体前倾，步幅放大，运球脚提起时，膝关节弯屈，脚尖向下，以脚背正面推拨球前进。在比赛中，主要适用于突破对手后做较长距离的快速运球时。

运球过人：运球时要逼近防守者，距对方2米左右，身体要保护球并用远离防守者的脚控制球。过人时重心要低并落于两脚之间，有利于假动作使对方失去重心，运用拨、拉、扣、挑等技术动作，突然快速地摆脱越过对手。

（1）拨球：是运用脚背抖拨的动作，从对手的一侧越过。

（2）拉球：一般是指用脚底将球从前向后拖或用脚内侧将球由身体左侧拖至右侧。

（3）扣球：是运用转身和脚腕急转压扣的动作，以脚内侧或外侧触球，将球迅速停住或转变方向。用脚内侧扣球的动作称“里扣”，用脚外侧扣球的动作称“外扣”。

（4）挑球：是用脚尖上翘或脚背上撩的动作，使球向上改变方向，从对手身侧或头上越过。

2. 练习方法

（1）各种脚法的往返直线运球。每人一球，每组6~8人，在相距30~40米的两根标志物之间进行，练习依次进行，前后两人相距5米左右。

（2）直线穿梭运球练习。5~6人一组一球，在相距15~20米之间进行练习。

（3）蛇形推进运球练习。每人一球，每组6~8人，在相距30~40米的两根标志物之间进行。

（4）侧身左右脚交替往返变向运球练习。每人一球，每组6~8人，在相距30~40米的两根标志物之间进行。

（5）30米曲线运球绕杆（10根杆）。每隔3米插一根标志物，起点与终点以标志物代替或画一直线。练习者一人一球，依次进行。

（6）两人一组，在积极或消极的防守下，做一对一的运球过人练习。

3. 易犯错误与纠正方法

（1）低头运球过人。纠正方法：教师应时刻提醒学生抬头观察周围情况，或在学生做各种运球过人练习中，做各种手势，让学生对手势作出反应。

（2）身体僵硬。纠正方法：僵硬的主要原因是技术生疏、思想紧张。教师要不断提醒学生放松。

（3）技术动作不到位。纠正方法：提醒支撑脚要靠近球并多做髋关节灵活性练习。

（4）支撑脚距球过近或过远。纠正方法：运动中支撑脚的落地要注意提前量。

（六）抢截球

抢截球是防守中的主动行动，是转守为攻的积极手段。抢截球包括抢球和截球两个内容。

1. 动作要领

正面跨步抢球：抢球者面对对手两脚前后开立，两膝微屈，在对手运球脚触球后即将着地或刚着地时，支撑脚立即用力后蹬，抢球脚以脚内侧对着球跨出，膝关节弯曲，上体前倾，身体重心移至抢球脚上，另一脚立即前跨；如果双方脚同时触球，抢球者则要顺势向上提拉，使球从对方脚背滚过，同时身体重心要迅速跟上，把球控制好。如离球稍远可用脚尖。

侧面冲撞抢截：当与对方平行跑动争球时，身体重心要降低，两臂紧贴身体，当对方近侧脚着地时，可用肩和上臂做合理冲撞动作，使对方失去平衡，从而截获球。侧面冲撞抢截用于抢截者和运球者平行跑动时。

侧后铲球：防守人追到距运球人侧后 1 米左右，可用脚掌或脚背外侧进行铲球。当运球人将球拨动时，防守者先蹬腿，随后抢球腿跨出，以脚掌或脚掌外侧在地面滑行而将球踢出。小腿、大腿、臀部上方依次着地。侧后铲球适用于对手运球刚越过防守者时。

2. 练习方法

（1）两人并肩走步中练习冲撞，慢跑和快跑中进行冲撞，体会合理冲撞的方法。

（2）一人在慢跑中运球，另一人练习侧面用肩冲撞抢球。

（3）一对一抢截，正面抢截后相互交换，以抢到球为准。

（4）一对一抢截，正面、侧面抢截，以触到球为准，相互交换练习。

（5）原地练习铲球，一人站在固定球的后面佯做停球，一人从侧后方跑上来练习铲球倒地动作。

（6）助跑练习铲球，一人带球前进，一人在带球人身后，待球推出后铲球。

3. 易犯错误与纠正方法

（1）冲撞时，用手或肘推对手，造成犯规。纠正方法：讲解规则裁判法。

（2）侧面抢球时，合理冲撞的时机掌握不好。纠正方法：讲解规则，指出在对手同侧脚离地的一刹那，合理冲撞对手，才能使对手失去平衡，向外侧倒以便使自己抢到球。

（3）铲球时，出脚的时机掌握不准。纠正方法：应该在对手拨出球的一刹那铲球，这样才能既铲到球又避免犯规。

（4）铲球动作不连贯，容易造成自己摔伤。纠正方法：多做模仿练习，掌握自我保护的动作。

（七）假动作

1. 技术要领

（1）无球假动作。

变速假动作：先慢速诱使对手跑慢，然后突然加速，或慢、快变速跑，摆脱对手。要求步幅小、频率快，变速突然性强。

变向假动作：变向、折转等方法，要结合跑动速度的变化，加上突然、快速的变向，摆脱对手。

假抢：可先向左（右）侧，佯做抢球动作，诱使对手改变方向从右（左）侧运球，再突然向右（左）抢球。

（2）有球假动作。

踢球假动作：佯装摆腿踢球，诱使对手封堵传球路线或转身挡球，迅速突破。

停球假动作：迎面来球，对手从后方企图抢截球，可先佯做左（右）停球动作，诱使对手堵抢左（右）侧时，突然向右（左）停球并摆脱对手。

运球假动作：通过身体向左（右）晃动或佯做使球向左（右）变向，诱使对手向左（右）侧堵截时，突然向右（左）变向，摆脱对手。

2. 练习方法

（1）在慢速中做变速、变向假动作模仿练习。

（2）两人一组，一人防守，一人做无球假动作练习。假动作要逼真，动作变化要突然、快速。

（3）曲线运球练习。

（4）模仿练习。自己运球，做各种假动作。注意重心移动。

（5）两人一球，一人消极防守，一人做各种假动作，速度由慢到快。要求假动作逼真，动作连贯，突然变速。

（6）两人一球，一人积极防守，一人做各种假动作以摆脱对手。可结合射门练习。防守者抢到球后，立即变成进攻者。

3. 易犯错误及纠正方法

（1）动作不逼真，缺乏连贯性。纠正方法：根据动作多做上体的晃动练习。

（2）假动作变化突然性不强。纠正方法：提高腰、腹部力量，多练变向跨步跑和变速跑。

（3）假动作运用时机不好。纠正方法：提高分析判断能力，学会根据双方场上情况掌握控球时机和距离。

（八）守门员技术

守门员技术的高低、反应的敏捷程度和竞争意识直接影响全队的士气与最后一道门户的牢固。守门员技术可分为接球、扑接球、拳击球、托球、掷球和抛踢球。

1. 技术要领

（1）接球。

接地滚球：接地滚球分直立和单膝跪立接球两种。直立接球时，两脚要自然并拢不留空隙，脚尖对准来球，上体前屈，两臂自然下垂近地，手指自然张开，手心向前，两手接球底部，接球后两臂同时弯曲，并互相靠拢，将球提至胸前紧抱；单膝跪立接球时，两腿向侧前方开立，前腿弯曲，后腿跪立，膝关节接触地面，并靠近前脚跟，不留中空，上体前倾，两臂下垂，掌心对准来球方向，两手接球底部，接球后将球抱至胸前。

接高球：两手自然张开，拇指相对，食指与拇指成桃形，当手触球时，手腕和手指适当用力将球接住，同时屈肘、回缩并下引，顺势翻掌将球抱于胸前。要求判断球路与落点要准，跑动、起跳要准。

接平球：接球前两臂屈肘置于胸前两侧，在球接触胸前的一瞬间，两臂夹紧，收缩两手抱住球的侧上部，迅速置于胸前。

（2）扑接球。

侧地扑接低球时，先向来球跨一步，接着身体以一侧小腿、大腿、臀部、上体和小臂依次着地，同时两臂向前伸出，同侧手掌对准来球，另一侧手掌在球的上方对准来球，触球后手指、手腕用力，屈肘把球收回胸前，然后起立。

（3）拳击球。

可分为单拳击球和双拳击球。单拳击球时，屈肘、握拳于胸前，跳起快速冲拳，以拳面将球击出；双拳击球时，双臂屈肘握拳于胸前，两拳靠拢，当跳起到最高点时，双拳同时快速冲击，以拳面将球击出。

（4）托球。

起跳后身体成背弓，单臂快速上伸，手掌前部和手指用力将球向后上托出。

（5）掷球和抛踢球。

掷球有单手低手掷球和肩上掷球，抛踢球有自抛踢下落球和踢反弹球。

2. 练习方法

（1）准备姿势与移动模仿练习。

（2）手形模仿动作和手形变换练习。

（3）接手抛或脚踢的球。距离由远到近，力量由小到大，角度由小到大。

（4）倒地接球模仿练习。

（5）坐地、跪地、半蹲扑接手抛的球。

（6）在沙坑里或在垫子上扑接手抛或脚踢的球。

（7）在球门中央进行扑接球练习。

（8）结合实战的扑接球练习。

3. 易犯错误及纠正方法

（1）选位与移动不合理。纠正方法：学会寻找选位的参照物，如以点球点、球门柱、罚球区弧线等作为选位的参照物；提高判断各种来球的高度、距离、方向等能力，选准移动距离、时间和接球点；强化移动的反应能力。

（2）接球不稳。纠正方法：多练缓冲接球的模仿动作；巩固接各种来球的正确手形；强调先移动到位，在有准备的情况下接球。

（3）衔接动作不好。纠正方法：多练综合性的技术，提高衔接能力，提高制动后的起动速度；有意制造某种困难条件，去完成下一个技术动作。

（九）掷界外球

1. 技术要领

掷球时，后腿用力，上体带动两臂急速前摆。当球摆至头上时，用力甩腕。

2. 练习方法

（1）持球做原地和助跑掷界外球的模仿动作。

（2）原地或助跑掷球练习。距离由近及远，并在准确性上提出一定要求。

3. 易犯错误及纠正方法

（1）掷球违例。纠正方法：讲清掷界外球规则，分析违例原因，多练原地持球或助跑掷界外球的模仿动作。

（2）掷球不远。纠正方法：发展肩的柔韧性和腰腹肌力量，提高腿、腰、臂的协调配合能力。

足球的基本战术

足球比赛攻守过程中采取的个人行动和集体配合，称为基本战术。

足球战术可分为进攻战术和防守战术两大类。在进攻战术和防守战术中都包含着个人和集体的战术。

一、比赛阵形

比赛阵形是指比赛场上队员的基本位置排列，是本队攻守力量搭配和分工的形式。选择阵形要以本队队员的特长、体能、技术水平与对手的特点为依据。

根据队员的职责和排列的层次，阵形分为后卫线、前卫线和前锋线。阵形的人数排列原则是从后卫数向前锋的，守门员不计算在内。

目前，世界上普遍采用的阵形有“4-3-3”、“4-4-2”、“4-1-2-3”、“3-5-2”等。在以上阵形中，除“4-4-2”阵形以防守为主、反击为辅外，其他阵形均以进攻为主，尤以“3-5-2”阵形更为突出。

二、进攻基础战术

（一）个人进攻战术

个人进攻战术包括摆脱、跑位、运球过人等。这是在对方紧逼防守的情况下采取有效措施，摆脱自己的对手，跑到有利的位置，接应控制球的同伴巧妙地传球配合以达到进攻的目的。

（二）局部进攻战术

局部进攻战术指两人以上的战术配合行动。此战术可以丰富和完善全队的进攻战术，是实施全队战术的基础。一般常用的有斜传直插二过一、直传斜插二过一、踢墙式二过一和三过二进攻配合等。两人的局部配合是集体配合的基础。

（三）集体进攻战术

（1）边路进攻：它主要通过边锋或交叉到边上的中锋，直接插上的前卫、边后卫，运用个人带球突破或传球配合突破对方防线传中（外围传中、下底传中、切底迂回传中），由中锋在另一侧包抄射门。

（2）中路进攻：中路进攻能直接威胁球门，但中间防守队员密集，不易突破，因此通过中锋、内切的边锋或插上的前卫间的配合或个人运球过人等方法突破对方防线。

（3）转移进攻：当一侧进攻受阻，另一侧进攻有利时要及时、快速地转移进攻方向。此方法多是采用有效而准确的中长距离传球来实现的，以拉开对方的一边防守，达到声东击西的进攻目的。

（4）快速反击：在防御中积极拼抢，一旦得球，乘对方立足未稳时，快速传球，以多打少，达到射门得分取胜的目的。

三、防守基础战术

（一）选位与盯人

选位与盯人既是防守战术，也是重要的个人技术。选位时，防守队员一般应处于球门中心与对手之间的直线上。盯人时应采用“有球紧、无球松”和“远松近紧”的方法，即对有球的、接近球和逼近球门的对手采用紧逼的战术；对无球的、远离球和远离球门的对手采用松动盯人的战术。

（二）保护与补位

保护是补位的前提，没有保护就不可能有效地补位，队员之间适当的斜线站位是保护的选位要求和后卫防守站位的基本原则。补位是防守队员之间协同配合、相互帮助的一种方法。

补位有两种：一种是队员去补空当，如边后卫插上助攻时，就由另一队员暂时补他的位置，以防插上进攻失误后对方利用此空当进行反击；二是队员间的相互补位，即交换防守。相互补位一般应是临近的两个同伴之间的换位，这样出现漏洞的可能性就小。

（三）个人防守战术

个人防守战术是局部和集体防守的基础，包括堵（迎面堵、贴身堵）、抢（迎面抢、侧面抢、侧后铲）、断等技术在防守中的运用。

（四）集体防守战术

集体防守战术有全攻全守的全场防守、半场防守、紧逼防守、区域防守，也有盯人结合区域防守、密集防守等多种防守战术。不论采用哪种战术都要考虑到本队的特长，更要针对对方的进攻战术，采用有效的防守战术，阻止对方的进攻。

（五）造越位战术

造越位战术是防守队员主动制造对手越位的配合，以破坏对方的进攻节奏和攻势，是由守转攻的一种手段。

四、定位球战术

（一）角球进攻战术

角球进攻战术有两种：一种是直接将球踢至球门前，由头球能力强的同伴争抢头球射门；另一种是短传配合，它是在己方头球能力较差或碰到较大逆风时运用。

（二）球门球

发球门球的原则是及时、快速、准确、有效地发起进攻。发球门球时守门员与后卫做一次配合，也可踢远球给进攻的一线队员。

（三）任意球

分直接任意球和间接任意球两种。罚直接任意球可采用穿墙和弧线球直接踢入，或者采用过顶吊人传切配合；罚间接任意球时，传球次数要少，运用假动作声东击西，传球要及时，以免越位。

（四）点球

要求主罚队员沉着、机智，有高度信心及熟练的假动作技术和过硬的脚法。

足球运动基本竞赛规则

一、比赛场地

（1）足球比赛场地必须是长方形的平整场地，其长90~120米，宽45~90米。国际比赛场地长100~110米，宽64~75米。设在400米跑道的田径场内的足球场，一般以长105米，宽68米为宜。基层比赛可因地制宜，但在任何情况下，场地的长度必须大于宽度。

（2）场上各线应用熟石灰粉或白浆标画清晰，线宽不得超过12厘米，并与球门柱的宽度相等，各线不得做成“V”形凹槽。

（3）角旗：场地四角必须各竖一平顶的旗杆，杆高至少1.50米，上挂一面小旗，称角旗。

（4）中线旗：在中线两端的边线外至少1米处各竖一面与角旗相同的小旗，称中线旗。

（5）球门：球门以一横木架在垂直竖立于横线上的两根立柱的顶端制成。两柱的内沿相距7.32米，横木的下沿距离地面2.44米，立柱与横木的宽度和厚度均不得超过12厘米。球门后面装一球门网，球门网必须适当撑起，使守门员有充分活动的空间。

二、球门区、罚球区、罚球弧和中圈的作用

（一）球门区的作用

（1）球门区是执行踢球门球的区域，踢球门球时，应把球放在球门区的任何地点执行。

（2）在该区内，守门员应受到保护，当他手中无球或在空中持球时，对方队员不得向他进行冲撞。

（3）在该区内，守方被罚间接任意球或裁判员在该区内触球时，应在距犯规地点或球所在的位置最近的与球门线平行的球门区线上执行。

（二）罚球区的作用

（1）在该区内，守方的守门员允许用手触球。

（2）守方队员在本方罚球区故意违反规则第十二章第一条中的任何一款者，均被罚球（点球）。

（3）在执行罚球（点球）时，除守方守门员及主罚队员外，其他队员必须在罚球区和罚球弧外的场内。

（4）在踢球门球或守方罚任意球时，必须将球直接踢出罚球区，比赛方为开始，否则重踢。

（5）在踢球门球和罚任意球时，对方队员必须退出罚球区，并距球至少9.15米远。

（三）罚球弧的作用

在执行罚球（点球）时，除守方守门员和主罚队员外，其他队员必须站在罚球弧外。

（四）中圈的作用

当在中圈开球时，守方队员必须站在中圈以外，在比赛开始前不得进入中圈。

三、队员、替补队员

（1）每一场比赛由两队参加，每队上场的队员不得多于 11 人。其中必须有 1 名为守门员，在比赛开始或比赛进行中，某队队员人数不足 7 人时，该场比赛应认为无效。

（2）被替补出场的队员不得再上场比赛。在比赛中，队员被裁判员罚出场后，不得由其他队员替补。

（3）场上队员可以和守门员互换位置，但须事先通知裁判员，并应在比赛成死球时进行。

四、球出界和球入门

（1）球的整体在地面或空中越出边线或端线，才算球出界。

（2）球的整体从两门柱及横木下越过球门线外沿的垂直面时，判为对方胜一球。

五、越位

（一）越位的概念

当队员踢球（顶球、触球）时，同队队员在对方半场内所处的位置在球的前面，并在他与对方端线之间，对方队员不足两人时，该队员即为越位。

根据上述概念，越位是由下面两个因素构成：

时间因素——当同队队员向他传球时。

位置因素——当队员处于越位位置时，即该队员在对方半场内，在球的前面，并且对方队员不足两人时。

（二）如何判罚越位

（1）当处于越位位置的队员与同队正在踢球的队员构成传接关系时，即应判罚该队员为越位。

（2）当裁判员认为处于越位位置的队员，在其同队队员踢球的一刹那，该队员从越位位置取得利益时，应判罚该队员越位。

（3）如果队员仅仅处在越位位置时，可直接接得球门球、角球、界外球、裁判员坠球时，不判该队员越位。

六、直接任意球和点球

（1）在比赛进行中，队员故意违反判罚直接任意球的九款（规则第十二章第一条）规定中的任何一款者，应由对方队员在犯规地点罚直接任意球。

（2）如果守方队员在本方罚球区内故意违反九款中的任何一款者，不论当时球在任何位置，均应被判罚球（点球）。

七、合理冲撞

双方队员的目的是为了争得球，而球又在该队员控制范围之内，并以肩以下、肘关节以上的部位去冲撞对方的相应部位，冲撞的力量适当，冲撞时臂不得张开。

八、间接任意球

(1) 队员违犯判罚间接任意球的五款（详见规则第十二章第二条）规定中的任何一款者，由对方队员在犯规地点罚间接任意球。如果队员在对方球门区内犯规，则由对方队员在犯规所发生的半边球门区内的任何地点执行。

(2) 如果攻方队员在对方球门内踢间接任意球，应在距犯规地点最近的、与球门线平行的球门区线上执行。

九、手球判罚

如果守方队员在本方罚球区故意用手触及球，均应被判罚点球。

十、警告与罚令出场

(1) 在比赛中，根据队员犯规的事实所给予的警告和罚令出场的处罚，是对队员进行教育的一种手段，也是为了保证比赛能够顺利进行的有力措施。因此，在队员违犯了警告和罚出场的条款（规则第十二章第三、四条）中的规定时，裁判员应及时给予处罚。

(2) 在准备执行处罚时，裁判员应停止比赛，并向被罚队员出示黄牌或红牌，表示警告或罚出场。使场内外的队员、教练员、工作人员和观众等都清楚该队员所受到的处罚，同时达到教育队员的目的。

十一、守门员违例

这是指守门员在本方罚球区内违反“四步规定”、“第二次用手触球”及故意延误时间的犯规。

(1) 允许守门员行走的“四步”可连续使用或分开使用，但应累计计算。有时守门员快速跑动中跳起接球，落地后为了保持身体平衡而向后或向前走了几步，不应计算在四步之内。

(2) 当守门员用手控制球后，一旦将球置于地上或传出，即为进入比赛状态，这种情况不论出现在行走四步之前、之中或之后。当处于罚球区外的同队另一名队员触球后，守门员如接同队队员回传球，应判罚间接任意球。

第四节　网　　球

网球运动概述

网球运动的起源及演变可以用四句话来概括：网球孕育在法国，诞生在英国，开始普及和形成高潮在美国，现盛行全世界，被称为世界第二大球类运动。

网球运动起源于法国。早在 12~13 世纪，法国传教士常常在教堂的回廊里，用手掌击打一种类似小球的物体，以此来调剂刻板的教堂生活。渐渐地这种活动传入法国宫廷，并很快成为王室贵族的一种娱乐游戏。当时，他们把这种游戏叫“jeu de paume”（法语，用手掌击球的意思)，即“掌球戏”。开始，他们是在室内进行这种游戏，后来移向室外，在一块开阔的空地上，将一条绳子架在中间，两边各站一人，双方用手来回击打一种裹着头发的布球。14 世纪中叶，法国王储将这种游戏使用的球赠给英王亨利五世，于是这种游戏便传入英国。英国人将这种球叫“Tennis”(英文，网球)，并流传下来，直到现在。

1873 年，英国的温菲尔德少校改进了早期网球的打法，并将场地移向草坪地，同年出版了《草地网球》一书，提出了一套接近于现代网球的打法。1874 年，又规定了球网的大小和高低，在英国创办了简易的草地网球比赛规则后，1875 年英国板球俱乐部修订了网球比赛规则后，于 1877 年 7 月举办了第一届温布尔登草地网球锦标赛。后来这个组织又把网球场地定为 23. 77 米×8. 23 米的长方形，球网中央的高度为 99 厘米，并确定了每局 15、30、40 平分的记分方法。1884 年，英国伦敦玛丽靳本板球俱乐部把网中央高度定为 91. 4 厘米，至此，现代网球正式形成。在欧美也迅速发展成为一项深受欢迎的球类运动。

网球基本技术与练习方法

一、握拍法

网球的握拍方法基本上分为东方式、大陆式、西方式 3 种。几种不同握拍方式的区分主要是看持拍手的“V”形虎口所对拍柄各棱面的位置。

网球拍柄是八边形，球拍在垂直地面时，拍柄的八个边（棱面）分别为：上平面、下平面、左平面、右平面、左上斜面、右上斜面、左下斜面和右下斜面（图 8-4-1）。

(一) 东方式握拍法

东方式握拍法类似于与人握手，故称为“握手式”握拍法，包括正手握拍法和反手握拍法。其优点是可达到最大的用力效果并适于打任何高度的球，尤其适合反弹球；缺点是反手击球时控拍稳定性相对较差，正、反手击球需要变换握拍方向。

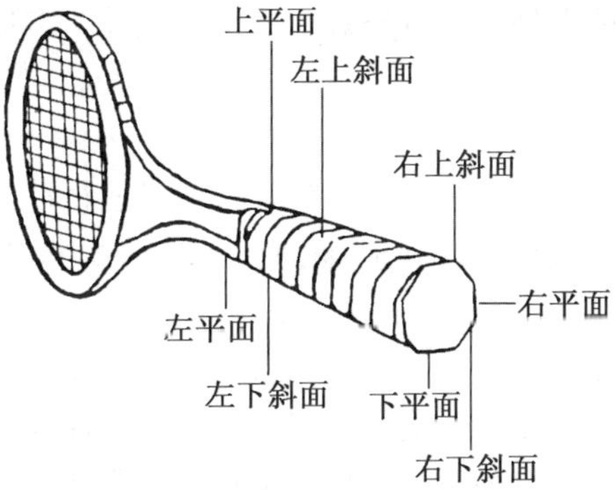

图 8-4-1

1. 正手握拍法

球拍与地面垂直，“V”形虎口对准拍柄右上斜面，食指根部关节紧贴垂直面。手掌边缘与拍柄底部齐平，掌心和手指与拍柄最大面积贴合在一起，食指与拇指略微分开。

2. 反手握拍法

将正手握拍改为反手握拍，只需将“V”形虎口向左移动，对准拍柄左上斜面的上缘，食指根部关节紧贴在右上斜面即可。

（二）大陆式握拍法

大陆式握拍法正、反手击球无需交换拍面，“V”形虎口位置介于东方式正、反手握拍法之间，大拇指与食指不分开，类似于握锤状，故称“握锤式”握拍法。其优点是无论正、反手都能以不变的握法击球，如发球、正反手击球、截击球和高压球等，尤其适合截击球；缺点是击反弹球时扭着手腕，要有相当的腕力，击球时的稳定性易受影响，同时回较高部位的球也比较困难。

（三）西方式握拍法

西方式正手握拍法，“V”形虎口对准右上斜面下缘，反手击球时无需变换握法，只需将球拍转到另一拍面击球。其优点是击高球时威力比较大；缺点是这一握拍法比较难掌握，尤其是打较低部位的球。通常为善于击强烈上旋球的球员所采用。

（四）易犯错误及纠正方法

（1）虎口离球拍柄端太远。讲解并示范正确握拍方法，用改进的握法练习击球。

（2）握拍太紧像握锤子，手指并在一起。握拍手指不要并拢太紧，手指之间应略有空隙。

（3）握拍无力，太松。适当加大握拍力量，强调在球拍触球瞬间更握紧球拍。

二、准备姿势

（一）动作要点

面对球网，双脚开立，略比肩宽，膝部放松微曲，上体稍前倾，身体重心置于两脚前脚掌之间，脚跟稍抬起。右手轻握球拍，左手扶住拍颈，球拍置于胸腹前，拍头指向前方略偏左，微上翘，高于握拍手腕，两肘轻触腰侧部，目光注视着球。重要的是身体要放松，要根据来球迅速地移动，做出正手击球还是反手击球的判断。

完整击球动作的挥拍过程是由准备姿势、后摆、前挥、击球、随挥和回到准备姿势这6个阶段组成。

（二）易犯错误及纠正方法

（1）判断差，移动慢。养成注视来球、随球方向迅速移动的习惯。

（2）球拍后摆的动作不及时。球飞行期间，及早判断来球靠转动身体来配合后摆动作。

（3）准备击球前身体没有侧向来球。强调击球前要上步，使身体侧向来球，右手持拍者正手击球，最后一步应左脚在前。反复练习上步模仿击球动作。

（4）后摆动作过大过高。肘关节与身体应保持合适距离，上臂不要抬得太高。多做模仿动作。

三、正手击球

正手击球是网球运动最基本的技术，也是比赛中得分和调动对方使其处于被动地位的重要手段。其特点是速度快、力量大，球被击出后有一定的弧线，常用于底线长抽攻击，在上网前的一击中也多使用。挥拍用力的大小、挥拍路线及利用拍面的倾斜角度是正手击球的三大要素。

(一) 动作方法

从准备姿势开始，移动到来球位置，最后一步要保持左脚在前，左肩和胯侧对来球，重心在右腿上。转肩并弧形向后充分挥拍，拍柄底端对着来球方向，拍头略高于手，手臂伸展，肘弯微屈，眼睛注视来球。向前挥拍迎球时支撑脚蹬地转体，带动手臂向前挥动，重心前移左脚。绷紧手腕，握紧球拍，由低向高挥至身体右侧前方 70~80cm 腰肩之间高度上击球。球拍触球时，拍面垂直或稍前倾，尽量用拍中心点击球中部或中上部。击球后球拍自然地随惯性挥至身体的左侧前上方。击球动作完成后迅速还原成准备姿势（图 8-4-2）。

图 8-4-2

(二) 易犯错误及纠正方法

(1) 步法错误妨碍重心移向击球方向。多做击球前正确上步练习，击球动作完成后，重心随之移向击球方向。

(2) 击球不及时或离身体太近，造成拍头垂落。可采用对墙练习或多球练习，掌握合适的击球点，特别强调球拍触球时，击球点要在前脚附近，并在体侧 70~80cm 处。

(3) 腕部力量不足，过分转动手腕。击球动作不只是靠手腕，主要是靠手臂与转体的配合来完成。可通过在底线打深度球纠正错误的动作。

(4) 抽击时膝盖过于挺直，而身体又过于弯曲。可通过对墙练习和打落地球来掌握正确的击球点。

四、反手击球

反手击球是球落在身体左侧采用的一种击球方法，是网球的基础技术之一。一般人往往是正手技术掌握好了反手，所以常常是对手攻击的一个薄弱环节。

(一) 单手反手击球

单手反手击球有进攻性和防守性两种。

1. 进攻性反手击球

进攻性反手击球是对球施加上旋，球过网后速度较快，球落地后的前冲力较大，给对方一定威胁的进攻性打法。

动作方法：当来球飞向反手方向时，应立即转换球拍的握法，移动到位的最后一步要保持右脚在前，左转体，使右肩和胯侧对来球，球拍向左后挥摆。持拍手臂的肘部保持适当翘起。在迎球过程中，挥拍手臂与向右转体动作相配合，使球拍由低向高挥动，拍与球碰撞的击球点在身体左前方 30~45cm 处的腰肩之间高度上击球。球拍触球时手腕绷紧，握紧球拍，拍面垂直或稍后仰，尽量用拍中心点击球中部或中上部。击球后球拍随势挥至身体的右侧前上方。击球动作完成后迅速还原成准备姿势（图 8-4-3）。

图 8-4-3

2. 防守性反手击球

防守性反手击球亦称下旋球，即反手削球。削球是一种产生强烈后旋球的打法，在球弹起时有较强的制动作用。削球在空中逗留的时间相对较长，是擅长上网截击的选手常用的理想打法。

动作方法：反手削球的基本动作要领与上旋球基本相同。唯一的区别是球拍从后上方带着较轻松的前冲力朝着球的侧下方挥去，球拍平缓地由上向下挥动。触球之后，球拍仍稍向下运动，然后再平缓地向击球方向运动。在击球的瞬间，拍面与地面成垂直或稍稍后倾（后倾不能超过 10°）状态，固定手腕，把球又低又平地切削过网。击球点相对打上旋球的击球点稍后些，击球动作结束时，球拍与腰平或稍高于腰的位置。

（二）双手反手击球

双手反手击球是许多运动员在端线附近抽击反手球时常用的方法。双手挥拍多靠转体配合，拍面的稳定性强，击球力量也比单手反手要大，易拉出强烈的上旋球，只是其击球点比单手反手抽球更近身一些，并且要多跑动一步才能选好合适的击球位置。

动作方法：当来球飞向反手方向时，移动到位的最后一步保持右脚在前，身体右侧朝向来球方向，双手握拍向左挥摆至腰侧，右臂伸展较大，左臂弯曲，重心在左脚上，眼睛从右肩上注视来球。在迎球过程中，挥臂与转体动作配合，使球拍由低向高挥动，拍与球碰撞的击球点较单手反手击球点略靠侧后稍近一点的位置。双手握紧球拍，拍面垂直或稍后仰，用拍的中心击球的中部位置。击球后双手随势挥至右侧头部高度或屈肘挥至右肩后上方。

（三）反手击球易犯错误及纠正方法

（1）后摆引拍、前挥击球时转肩转体跟不上。纠正时要强调早转肩，早后摆，挥拍与转体要协调配合，转体（腰部转动）带动挥拍击球。多打落地球，体会正确动作。

（2）反手击球时肘部弯曲较大。可通过打自抛的落地球或打下降球予以纠正。

（3）结束动作时球拍在身体右侧挥动的幅度不够大。可多做反手抽击模仿练习，要求结束动作时上体右转，配合向右前上方挥拍，以增大随球前送的力量。

（4）打削球时，击球点过低造成捞球的姿势，回球弧度高没有威胁。强调由上而下挥击球，球过网时要低而平。

（5）其他常见错误多同于正手击球。

（四）正、反手击球的练习方法

（1）熟悉球性练习。如用拍子拍球、掂球和抛接球，两人反弹传接球，单人对墙反弹传接球等。

（2）挥拍练习。网球是一项肌肉记忆性项目，挥拍有助于形成正确的动力定型。

（3）做好后摆引拍动作。自己或同伴抛定点球，练习正、反手击球。

（4）对墙练习。练习者站于距墙 4.5～6m 的地方练习击球，在墙上 1m 左右高度标记，每次争取将球击到标记的上沿附近。

（5）按击球前的准备姿势站好，把球抛至击球点的地面垂直弹起，做击球练习，反复进行练习。

（6）在对方半场内设置一个区域，一人喂球，一人练习将球击到设置的区域内。

（7）多球练习。练习者可固定击球位置，反复练习正、反手击球，熟练后可练习直线面球、斜线击球等不同方向的击球练习。

（8）两人场上对打。初学者可采用小场地（即发球线和球网之间）进行对打练习。先不发力，强调手上对球的控制，熟练后可加大击球力量，退至底线进行对打练习。对打时还可以根据水平的不同规定不同的击球路线，如直线或对角线练习，一点打两点或两点打一点的练习等。

五、发球和接发球

（一）发球

在现代网球运动中，发球是最重要的技术之一，是唯一能由自己掌握而不受对方影响与干扰的技术。发球不仅是比赛开始的第一个动作，更是进攻的开始。好的发球应具有攻击性，使发出的球在速度、力量、旋转和落点方面有所变化。

发球基本有三种：平击发球、上旋发球和切削发球。

平击发球几乎没有旋转，球速快，力量大，落点深，往往给对方造成很大威胁，但命中率较低，一般用于第一发球；上旋发球发出的球带有上旋，球落地反弹较高，给对手接球造成困难，但技术难度大，不易掌握。一般被高水平选手用于第二发球；切削发球带有侧旋，安全率较高，可用于第一发球或第二发球，是一般选手常用的一种发球技术，较适合初学者学习和使用。

发球时，侧身站在端线后中点和边线的假定延长线之间的区域内，发球时运动员将球抛起，在球触地前用球拍将球击向对角的发球区。

1. 发球动作方法

发球时，在端线外侧面向球网站立，双脚开立与肩宽，左脚在前对着右网柱或与端线约成45°，右脚在后与底线基本平行，身体重心置于后脚，两脚尖连线应对着目标方向。抛球时，球拍开始靠近膝关节向后下方挥动，双膝微屈，身体成“反弓形”，右肘弯曲，使球拍在背后下垂，左臂和左肩上举，掌心向上将抛起后，身体向前移动，球拍在身后做环绕动作，肘关节抬起，腿部肌肉用力，身体由屈到伸，重心移至前脚，手臂和球拍尽量向上伸展，拍头朝前，在身体右前方最高点击自上而下的球。触球瞬间，手腕向前扣击提高拍头的加速度。发球动作结束时，球拍向左下挥过身体，后脚摆过端线（图 8-4-4）。

图 8-4-4

2. 发球的练习方法

（1）抛球练习。左手持球，反复做向上抛球的动作。

（2）模仿挥拍练习。

（3）抛球和击球动作配合练习。

（4）命中目标练习。当抛球和挥拍击球的动作正确、协调地完成后，就可以进行发球练习了。为提高发球命中率，可在对面场地发球区的内角或外角设置目标，采用多球练习，提高发球的准确性和熟练性。

3. 发球易犯的错误及纠正方法

（1）抛球不稳，勉强发球。纠正方法是反复练习向上抛球动作。强调利用手臂惯性垂直上抬，在手掌走势最高点（手指撒开）将球抛出。若未能抛在最佳位置上，不要勉强击球。

（2）后摆没有下垂球拍，拍头向上直接拍球。纠正方法是先从手体会向后下方挥引球拍、拍头下垂的练习，再采用多球练习，连续发球。

（3）发球时击球点把握不准，纠正时，强调不同发球方法击球点的适宜高度，高度略低于个人手臂加拍长。可多做徒手模仿发球动作或用多球练习，重点放在选择合适的击球点上。

（4）发球时手腕过于僵硬。没有扣腕动作，球压不下来。纠正方法是发球时挥拍至最高点后手腕向前扣击，带动手臂向前下方挥动。

（二）接发球

接发球的站位，一般位于端线附近，力求在接发球时向前侧移动击球，接发球时应注意力集中，消除紧张心理，两脚左右开立，略宽于肩，屈膝重心下降，上体稍前倾，脚跟略提起，重心可在两脚间左右移动。抬头注视对手的发球动作，盯住对手抛球的位置。预先判断发球的方向和旋转。对方第一次发球时多采用大力发球。站位应偏后一些。如果对方是第二次发球，站位可略向前移，以便于采取攻击性的还击。

眼睛始终盯住球，球动人动，在对方击球的瞬间就应作好判断并开始移动。接发球与一般的击落地球的最大区别就是尽量早些向后拉拍并减少后摆幅度。击球时绷紧手腕以控制好拍面角度，握紧球拍以免拍面被震转动，同时用充分的随挥动作加长击球时间，击完球后迅速回到场地中央准备下一次击球。

接发球前观察对方行动，考虑自己的回球路线和落点，对控制对手发球后抢攻有着重要意义。

六、截击球

截击球是指在对方来球未落地之时，将球回击到对方场区，由于截击球一般都站在网前，回球距离短，速度快，使对手无法或难于应付，因而它是一种攻击性击球方法。

（一）动作方法

网前截击球正反手皆采用大陆式握拍法。截击时，身体姿势和双脚的站立与正、反手击球时基本相同，一般站在发球线与球网间的中央或稍后的位置上。截击的准备应更加积极，眼睛注视来球，身体屈膝前倾，持拍于体前，拍头要高于持拍手臂及球网。辅助手托住球拍颈部。来球时，迅速转肩，带动球拍向后，左脚向前跨出一步迎前击球。后摆球拍的幅度要小，速度要快。击球点在身体侧前方，注意击球时要保持球拍高于手腕，手腕固定，球拍握紧，球拍不能转动，重心放在前脚上，随挥动作要短，稍向前送出即可。

上网截击要十分警惕对方的破网和挑高球，因此站位的选择很重要，一般站位于对方破网的直线和斜线所形成的夹角的平分线上，并且多注意保护直线空当。

截击球除要打深落点和打斜角度外，也可以用截击打法回击短球。

（二）正反手截击的区别

正反手截击的区别在于反手截击比正手截击的击球点要靠前一些。因此，要及早跨出右脚，重心也置于右脚上，击球后右臂伸展，向前下方压送。

（三）易犯错误及纠正方法

（1）后摆过大。以转体附加后摆的动作，可防止后摆过大现象。可采用一人在网前截击，两人在底线连续抽球的方法练习，也可采用多球练习。

（2）腕力不足，难以有力地截击来球。强调在球拍与球碰撞的瞬间，手腕增大握力，同时伴以转体压球动作。在网前可通过 1 对 2 方法练习，或采用多球练习。

（3）截击球没有靠身体帮助压球，而是只靠手腕。强调截击球时多靠身体转动带动球拍压球，触球瞬间要紧握球拍。可通过个人对墙连续击空中球的练习，或多球练习纠正动作。

（四）截击球的练习方法

（1）挥拍练习：练习时可背对墙壁或挡网，以避免后摆引拍过度。

（2）多球练习：一人送（喂）球，练习者站于网前连续截击正反手球，随着击球动作熟练性和程度的提高，练习截击不同高度、不同力量的来球，有意交替应用正反手截击技术。

（3）对墙练习：离球 3 米，反复练习正反手截击球技术。

（4）两人对练：可两人同时在网前进行截击练习，也可一人在网前、一人在底线进行练习。

七、挑高球和高压球

（一）挑高球

挑高球就是指将还击的球越过网前对手的头顶落入对方场区。挑高球可以是防守性的，也可以是进攻性的。挑高球分平击挑高球、上旋挑高球和下旋挑高球等多种，一般要求落点深，动作隐蔽。

挑高球的方法是把球拍送到球下面去挑托球，要将手腕绷紧，拍面开放，击球的后下方，球拍与球的接触时间要长，随挥动作要充分。如果是进攻性上旋高球，则要求拍头低于来球，击球时抖动手腕，产生强烈摩擦，使球剧烈向前旋转，落地前冲。

（二）高压球

高压球是专门用以对付对方挑高球的。高压球多用于网前的击球动作，当自己上网时，对方挑高球，根据对方来球高度判断采用原地、跳起或后退高压球。在头顶上空用扣杀动作还击来球。对底线附近弹起很高的球有时也会采用高压球。高压球多用正拍，反拍（手）高压球的击球点要稍稍靠前。

打高压球要移动快、早侧身、高举拍和找准击球点。高压球一般以平击高压为主，也可以用切削高压打角度和落点。若对方将球挑得既高又深时，可以打落地高压球，但要快速侧身后退，眼睛不离球，步子退足后再向前做高压击球动作。

高压球和发球动作相似，主要区别在于向后引拍的动作比发球简短。打高压球时，必须迅速地移向球的下方，左肩向前。上体右转，抬头仰视球，同时使球拍垂向背后，重心在后脚，做好高压球的准备动作。当球下落到合适的高度时，重心前移，左脚蹬地起跳，在头部上方向前下方扣击，完成高压动作。

（三）易犯错误及纠正方法

（1）动作不够隐蔽，过早把球拍朝天，使对方有心理准备。要求击球前准备动作和抽击一样，拍面与地面垂直，击球时拍面突然朝天。

（2）球挑得不够高，不够深。要求将球挑到底线附近，且尽量往高处挑。

（3）未移动到来球下落处击球。要求眼睛跟住球，判断移动快。可多做连续还击高压球的多球练习，注意移动到球的下落处再打高压球。

（4）高压时上体前倾或后仰过大，完全依赖手腕用力。可用多球练习，选好击球点。强调身体的协调配合用力，上体前倾或后仰不能过度，保持好平衡。

八、放短球

（一）动作方法

放短球一般是处在网前的击球员突然回击近网短球，使活动于底线的对手来不及还击。此外，也可用来迫使不善于网前击球的对手因上网而受困。放短球时要求多用手腕动作，带有削击性质，放短球的方法是要求拍面接触球的瞬间手腕放松，拍面轻松地削击球的侧下面，使球产生侧下旋。

放短球是一种安全率较低的击球方法，通常是在对方打过来一个浅球，自己既可以选择打较深的球，又可以放短球的情况下，使用短球战术，动作要尽可能隐蔽，出其不意，且只能偶尔作为突然袭击的武器使用。

（二）易犯错误及纠正方法

（1）放短球的位置不合适。放短球强调面对端线内较浅的来球，且自己处于主动位置时使用，因短球飞行慢。若在端线外位置使用，很容易被对方赶上回击，处于被动。

（2）动作不隐蔽，球放得过高、过长，失去了突然性。强调击球前的假动作，在击球时拍面稍开放，向前下方抚摸切削球的后部和底部，使球强烈下旋，以减小球落入对方场地后的前冲和反弹高度。

九、反弹球

（一）动作方法

当对手将球打向自己脚边时，球落地后弹起瞬间用球拍借力将球推挡过网的击球方法叫击反弹球。这是一种不得已而采用的被动击球方法，通常是在发球线和端线之间的无人区内，当发球员发球后向网前跑去时，对方的回球已到脚边，既来不及后退抽击，又来不及上网截击，只好停下来打反弹球。由于来球的上升力较大，一般是利用前臂带动手腕动作把球借力推送过网，挥拍动作要求短小而快速，越接近球网，动作就越快、拍面越向上。其难点是用反弹球还击时，球拍挡球的落点判断和角度估计。击反弹球时，控制球飞行方向的主要方法是使球拍向前倾斜，两腿弯曲要大些，侧对来球，注意上体不要过于前倾、弯腰打球。要保持“球拍不低于手腕”的原则，将球向上带过网。反弹球可分为轻击反弹球、推击反弹球和抽击反弹球等。

（二）易犯错误及纠正方法

（1）找不准击球点。强调膝部弯曲作用，下降重心击球。

（2）拍面前倾角度不合适，落网较多。要培养良好的灵敏性和精确的判断能力。反弹球是具有高度技巧的组合动作，要耐心学习，反复实践。

（3）向上舀球，回球过高。强调击球时的挤压、挡送动作，随挥动作不要过大、不要上扬。

网球的基本战术

就战略战术而言，对不同水平的网球选手有不同的要求。运用战术，要从实际出发，根据双方的打法和场上的具体情况而定。另外，场地条件（如沙土地、硬地和草地）、环境条件（如风、阳光和室内室外）以及心理因素等都决定了对不同战术的要求。

一、单打的基本战术

（一）全面了解对手，争取战术主动

比赛前，要经过调查研究，对对手及自己进行全面分析，然后制定几套作战方案。如了解对手技术状况（如握拍方法、正反手击球的特点、路线、力量、站位习惯和发球威力等）、竞技状况（年龄、体力、个性和素质等）、心理素质及性格特征等；从思想上和心理上做好准备。

（二）稳定性与冒险性击球的合理选用

在网球比赛中，运动员击球的目的是打死对方或迫使对方失误。因此，在早期的网球练习中应强调稳定性为主，努力提高击球成功率，避免无故失误。当运动员的信心和技术有所提高后，应加强对击球落点的控制，鼓励他们冒险打一些角度大、速度快非常有威胁的球。

（三）积极调动对手，寻找进攻机会

在比赛中，利用打底线两角大角度调动对手，迫使对手在跑动中击球，消耗其体力，同时利用刁钻的落点（如短球、小角球等）打乱对手的步伐节奏，寻找进攻机会。

（四）攻其弱点，掌握主动

绝大部分球员的反手相对较弱，可通过反复球连续攻击对方反手，造成其心理压力，迫使对方逐步离开场区的有利位置，再突然回击直线球攻其正手，或打反复球（回头球）使其转身不及，判断失误失分。

（五）发球上网

发球是创造上网截击的最佳途径，是获取胜利的有效手段，但也绝非一发球就能上网。要根据发球的效果，创造机会迅速上网。

（六）随球上网

在底线往返抽球过程中，对方一出现短（浅）球，应立即抓住时机将球打到对方底线反手深处，随球上网，准备打截击球。

（七）接发球上网截击

当对方发球后不上网且球的力量不大、角度不刁时，接发球者应打其反手深处或后场，随即上网截击。若因二发球的落点浅、反弹高，则可用切削放短球（小球）的方法迫使对手被动回球，随即上网截击。

（八）阻止对方发球上网

当对方发球上网时，最有效的方法是把球击向对手脚部。如对手已占据网前有利位置，则应采用角度较大的两边破网战术和挑得既高又深的挑高球战术应对。

总之，在单打战术的运用上，要力争牵着对手打，使对方跟着自己的节奏变化而变化，决不能跟着对方走。要善于抓住对方弱点，用好自身长处。要根据场上情况，灵活多变，不断进行战术调整，才能使技术发挥充分，争取胜利。

二、双打的基本战术

双打是两人配合的比赛项目，队员间要能够预料和理解同伴的意图，在站位和技术上互补，才能打出好的战术配合。相对于单打战术而言，双打战术更为复杂，对技术的要求更全面，其战术体系与单打战术体系不一样。双打战术与单打战术主要有以下几点区别：

（一）第一发球的方式及命中率要求不同

一般单打第一发球的力量较大，多用平击的大力发球，因此命中率比较低。而双打要求发球上网（特别是男子双打必须发球上网），要求第一发球的命中率在90%以上，所以多采用命中率较高的切削发球或上旋发球，落点选在对手的弱点上，以利于上网。

（二）在击球的路线和落点上不同

以单打的底线战术为例，在慢速场地和女子比赛中广为流行的战术是以正、反拍抽击直线深区为基本路线和落点来组织进攻的。而双打由于两人并肩站位，有效的击球线路和落点多为中路和小斜线，球过网的高度要尽量低，以防对手截击。高水平的双打有时会拉开对方，攻中间空当，巧妙地把球打到对方的脚下，迫使对方从下向上击球，从而抓住时机上网截击。有时落点比力量更重要。

（三）战术的特点与分类不同

如果说单打战术可以简单地分为底线型、网前型和综合型，那么在高水平的双打比赛中，发球局几乎是清一色的网前型，不论在什么性能的场地上，也不论是男双、女双还是混双，两人不利用发球抢攻夺下发球局，想在接发球时反攻就比较困难了。即使这样，接发球时也要全力反扑，伺机上网，比赛中经常出现双方运动员都在网前激烈对攻、短兵相接的局面，且双打中可采用“二打一”战术，多攻较弱队员。这在单打比赛中是很少出现的。

（四）击球方式不同

双打较单打需要更加全面的技术，高水平的双打比赛几乎是发球、接发球、截击球、破网、高压球和挑高球的比赛，凌空击球的次数明显增加，随之出现了许多高难技术，如接发球破网、接发球挑高球、反弹球、截击挑高球和放轻球、追小球破网等，这都是双打战术的需要。因此，双打运动员比单打运动员要求具有更好的截击和高压球技术。

（五）双打比赛的发球局得胜率比单打比赛高

由于双打比赛发球局有一人可以抢先占据网前的进攻位置，再加上发球者的有力发球进攻，使得发球方得胜的概率明显增多。一旦一方丢失发球局，则很难挽回该盘比赛的劣势。如果在势均力敌的较量中，局数战至6平，打小分时的发球，则不可轻易丢失，不然就很难胜出。

网球运动基本竞赛规则

一、发球

1. 发球前的规定

发球者在发球前应站在端线后、中点和边线的假定延长线之间的区域里，用手将球抛向空中任何方向，在球接触地面以前，用球拍击球（仅能用一只手的运动员，可用球拍将球抛起）。球拍与球接触时，就完成球的发送。

2. 发球时的规定

发球员在整个发球动作中，不得通过行走或跑动来改变原站的位置。两脚只准站在规定位置，不得触及其他区域。

3. 发球者的位置

（1）每局开始，先从右区端线后发球，得或失一分后，应换到左区发球。

（2）发出的球应从网上越过，若到对角的对方发球区内，或过周围的线上。

4. 发球失误

未击中球；发出的球，在落地前触及固定物（球网、中心带和网边白布除外）；违反发球站位的规定。发球者第一次发球失误后，应在原发球位置进行第二次发球。

5. 发球无效

发球触网后仍然落到对方发球区内或接球者未做好接球准备均应重发球。

6. 交换发球

第一局比赛终了，接球者成为发球者，发球者成为接球者。以后每局终了，均互相交换，直至比赛结束。

二、通则

1. 交换场地

双方应在每盘的第 1、3、5 等单局结束后，以及每盘结束双方局数之和为单数时，交换场地。

2. 失分

发生下列任何一种情况，均判失分。

(1) 在球第二次着地前，未能还击过网。

(2) 还击的球触及对方场区界线以外的地面、固定物或其他物件。

(3) 还击空中球失败。

(4) 故意用球拍触球超过一次。

(5) 运动员的身体、球拍，在发球期间触及球网。

(6) 过网击球。

(7) 抛拍击球。

3. 压线球

落在线上的球都算界内球。

三、双打

1. 双打发球次序

每盘第 1 局开始时，由发球方决定由何人首先发球，对方则同样地在第 2 局开始时，决定由何人首先发球。第 3 局由第 1 局发球方的另一球员发球。第 4 局由第 2 局发球方的另一球员发球。以后各局均按此次序发球。

2. 双打接球次序

先接球的一方，应在第 1 局开始，决定何人先接发球，并在这盘单数局，继续先发球。对方同样应在第 2 局开始时，决定何人先接发球，并在这盘双数局继续先接发球。他们的同伴应在每局中轮流接发球。

3. 双打还击

接发球后，双方应轮流由其中任何一名队员还击。如运动员在其同队队员击球后，再以球拍触球，则判对方得分。

四、计分方法

1. 胜 1 局

（1）每胜 1 球得 1 分，先胜 4 分者胜 1 局。

（2）双方各得 3 分时为“平分”，平分后，净胜两分为胜一局。

2. 胜一盘

（1）一方先胜 6 局为胜 1 盘。

（2）双方各胜 5 局，一方净胜两局为胜 1 盘。

3. 决胜局计分制

为了控制比赛时间，近十几年普遍采用平局决胜制，即当局数为 6：6 时，只再打一局来决胜负。在这一局中，谁先赢得 7 分者为胜这一盘，如果在此局打成 5：5 平分，一方仍须连得 2 分才算胜此局，即胜此盘。

（1）首先发球员只发第 1 分球，对方发第 2、3 分球，然后轮流发两分球，直至比赛结束。

（2）第 1 分球在右区发，第 2 分球在左区发，第 3 分球在右区发。

（3）每 6 分球和决胜局结束都要交换场地。

第五节　乒　乓　球

乒乓球运动概述

乒乓球运动起源于 19 世纪末的英格兰，它是双方以球拍在中间隔网的球台上轮流击球的一项球类运动。其特点是球小、速度快、变化多，富于对抗性、技巧性和趣味性，且设备简单，不受年龄、性别、体质和体育基础的限制。经常参加乒乓球运动，可提高人的灵敏性和协调性，改善心血管系统的机能，达到增强体质的目的。

乒乓球运动于 19 世纪末作为娱乐游戏活动出现，经过若干年的发展，到 20 世纪初逐渐成为一项竞赛性、有规则规定的体育运动。从 1926 年第一届世界乒乓球锦标赛至今，乒乓球运动的发展可大致概括为以下几个阶段。

（一）欧洲的全盛时期

乒乓球运动是从欧洲兴起并向世界传播的。在 20 世纪 50 年代以前，欧洲人主宰了世界乒坛，特别是 1902 年英国人发明了胶皮球拍，使乒乓球技术发生了变化。由于胶皮球拍较之木制球拍，弹性和摩擦力都要大，可以制造出一些旋转的变化，因而也就创造了一些新的打法，同时促进了削球技术的发展。在这一时期举办的数届世界乒乓球锦标赛中，欧洲人夺得了大部分的冠军。

（二）日本的突破

20 世纪 50 年代初，日本人发明了海绵球拍，这种球拍弹力大，打出的球速度快，更利于进攻型打法。1952 年，日本运动员首次在世界乒乓球锦标赛上使用这种球拍，采取远台长抽结合快速移动的打法，一举夺得了第 19 届世界乒乓球锦标赛的 4 项冠军，打破了数十年来欧洲人垄断世界乒坛的局面。后来，日本队又在第 20～25 届的世乒赛上蝉联男团冠军，进入全盛阶段，同时也标志着乒乓球运动的优势开始转入亚洲。

（三）中国的崛起

大约在 1904 年，乒乓球运动由日本传入我国。20 世纪 50 年代，我国在全国范围内开展了群众性乒乓球运动，使技术水平得到了很大提高。当时，我国乒乓球队认识到速度的重要性，因而对球拍进行了改革，使用以快速为主的正贴海绵拍，站位近台，充分发挥了速度的优势。1953 年，我国首次参加了第 20 届世乒赛。1959 年，我国优秀运动员容国团第一次夺得了世乒赛男子单打冠军，标志着我国乒乓球运动在世界的崛起。1961 年在我国主办的第 26 届世乒赛上，中国队以快制转，并辅以以转破转的打法，一举夺取了男团、男单和女单 3 项冠军。从此我国乒乓球队节节胜利，走到了世界前列，并长盛不衰，成为世界公认的乒乓强国。

（四）欧亚对抗的格局

进入 20 世纪 70 年代以后，欧洲人经过多年探索，吸取了中国快攻打法和日本弧旋打法的优点，把旋转和速度融为一体，创造了以快攻为主结合弧圈球和以弧圈球为主结合快攻这两种先进的打法，其特点是积极主动，两面都能拉弧圈球，拉扣结合，站位中近台，以凶狠为主，回球威胁性大。同时，我国的近台快攻也有了新的提高和发展。欧亚之间的相互交流、相互促进使乒乓球运动的技、战术达到了新的水平，世界乒坛也呈现出“群雄争霸”的局面。

乒乓球基本技术与练习方法

一、握拍法

乒乓球的握拍法主要有两种：一是直握拍；二是横握拍。

（一）直拍握法

动作要点：拍前，以食指第二指关节和拇指第一指关节扣拍；拍后，三指弯曲贴于拍的 1/3 上端。这种握拍法，简称中钳式（图 8-5-1）。

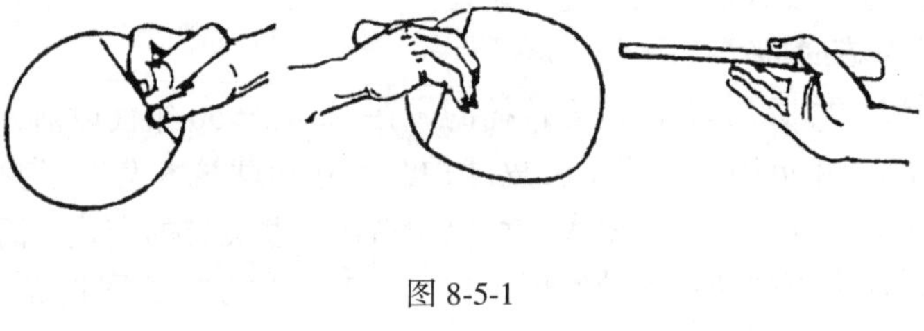

图 8-5-1

（二）横拍握法

动作要点：虎口贴拍，食指在拍前，拇指在拍后，其他三指自然握住拍柄。这种握法又称为八字式（图 8-5-2）。正手攻球时，食指稍向上移动；反手攻球时，拇指稍向上移动。

图 8-5-2

（三）握拍应注意的问题

（1）握拍方法要稳定，不要轻易改变握拍方式，以便保持相对稳定的击球动作。

（2）握拍不能过紧、过松或太深、太浅，以免影响手腕动作的灵活性和击球的力量与命中率。

（3）不论直握或横握，在准备击球时或把球击出后，手指都不要过分用力握拍，以便使拍形恢复到准备击球的状态，也可使手的各部分肌肉及时放松，避免手腕、前臂的僵硬。

二、基本站位与准备姿势

（一）基本站位

基本站位应当根据个人的不同类型打法来确定。基本站位与个人打法特点相适应，则有助于发挥其技术之所长。可以说，基本站位的适当与否，对技术特长发挥的好坏是有很大影响的。

动作要点：由于乒乓球的打法不同，击球员基本站位也会略有区别。

（1）左推右攻打法：基本站位在近台中间偏左。

（2）两面攻打法：基本站位在近台中间。

（3）弧圈球打法：基本站位在中台偏左。

（4）横拍攻削结合打法：基本站位在中台附近。

（二）准备姿势

击球员在还击每一个来球之前，应当使身体保持正确的准备姿势以便迅速起动。

动作要点：两脚平行站立，膝微屈并稍内扣，上体略向前倾，重心置于两脚之间。含胸收腹，两眼注视来球。球拍置于腹前。

三、基本步法

步法是乒乓球运动的生命。它是影响技术水平发挥的直接因素之一，没有灵活的步法，就不可能有效地回击来球，无法使用有效的手法。

（一）单步

在来球距离身体一步以内的较小范围且角度不大的情况下、台内球在还击追身球时采用此种步法。

动作要点：以一脚前脚掌内侧为轴稍转动、蹬地用力，另一脚向来球方向做前后左右移动一步。

（二）跨步（亦称滑步或换步）

两面攻打法的人从基本站位向左右移动时多采用此步法。

动作要点：一只脚向来球方向移动，另一只脚随即跟着移动一步。

(三) 侧身步

从反手推挡站位到侧身正手攻球的技术打法中多采用此种步法。

动作要点：以左脚为轴，右脚向左后方移动一步。

(四) 交叉步

在来球较远的情况下多采用此步法。

动作要点：以来球反方向左脚向来球方向交叉，并超过另一脚，然后另一脚随即向来球方向移动

步法练习应注意事项：

(1) 站位时步幅的宽度要合适，一般应略宽于肩。如过窄则重心不稳定，过宽虽重心稳定但不利于迅速起动。

(2) 重心过高或过低都会影响起动速度。要求上体稍前倾，使重心靠前，两腿微屈，膝关节保持一定的弹性。为了能够做到随时可以起动，脚跟应稍提起，两膝稍内收，两脚掌内侧着地。

(3) 为保持击球动作的稳定性，移动前后，身体重心不宜有高低的起伏。

(4) 迅速而有力的蹬地动作是加快起动速度的条件。侧向移动时，要侧蹬和侧跨。

四、发球技术

发球在比赛中对于扬己之长、攻彼之短均有着技术和战术上的意义。它是连接整个乒乓球技术、战术的重要环节。发球、接发球、发球抢攻称为前三板技术，是我国乒乓球的强项技术。

(一) 发球的基本方法

发球主要由抛球和挥拍击球两个动作组成。抛球是前提，击球部位和挥拍方向是决定发球性质的关键，用力大小和第一落点的远近是发球变化的条件。

1. 平击发球

动作要点：左脚稍前，抛球的同时转体手臂向身体右后方引拍，当球下降稍高于球网时，手臂向左前方发力，挥拍击球中上部，顺势还原。

2. 正手发下（上）旋球

动作要点：正手发下旋球时，手臂自右上方向左下方挥摆，球拍从球的中下部摩擦。发上旋球动作相似，但摩擦球的部位不同，应摩擦球中上部。

3. 反手发右侧上（下）旋球

动作要点：反手发右侧上旋球时，球拍触球瞬间，手腕向右上方转动，使球拍击球的中部，并向右上方摩擦球，击球后顺势向右上方挥拍。同时，应注意配合转体动作，使腰、臂协调用力，有利于增大发球的速度和力量，增强球的旋转。

发右侧下旋球时，动作相似，但摩擦球的部位不同，应摩擦球中下部。

4. 高抛球

动作要点：高抛发球站位一般在左半台，侧身正手高抛发球。击球的要点和低抛基本相同，发球时应注意有旋转变化，还应有长、短落点和斜、直线变化。

5. 发短球

动作要点：发球时，击球瞬间主要以手腕发力为主。摩擦球的部位与发力方向，与发左（右）侧下旋球及下旋长球相同。球的第一着台点应在本方球台靠近球网的中区附近。

（二）练习方法

（1）徒手做发球前的准备姿势，模仿抛球及发球的动作。

（2）在台前用多球进行发球练习。

（3）先练习发斜线球，后练习发直线球；先练习发不定点球，后练习发定点球。

（4）练习发各种旋转性能的球。

（5）练习用同一手法发不同旋转和落点的球。

（三）注意事项

（1）发球的关键是掌握好击球点，而击球点与抛球的准确性、稳定性，执拍手臂力、控制拍形、触球时间与部位相关联。

（2）发球要善变，应把旋转、力量和落点变化运用。发球手法应尽量相似，使对方不易判断出球的旋转性能。

（3）发球要有针对性，并结合抢攻。

（四）易犯错误和纠正方法

（1）没有将球向上抛起，造成发球犯规。可多练习几次抛球的动作。

（2）击球点过高或过低，造成球出界或下网。可做连续发球练习，体会动作要领，按适合的击球点击球，提高发球成功率。

（3）拍面击球时的前倾和后仰角度不适当，击球时向前力量过小或过大，落点离网过远或过近，造成球不过网或出界。可纠正击球时的拍形或在台面上划出第一落点的范围。

五、接发球技术

乒乓球比赛首先从发球和接发球开始。良好的接发球技术，不仅可以直接得分，也可以破坏和限制对方的抢攻，为自己的进攻创造有利条件；反之，在比赛中就会造成被动，导致心理上的紧张和畏惧，引起失误。

（一）接发球的基本方法

接发球的手段很多，既可用搓、推、摆短等方法对付，也可用点、拨、拉等方法抢攻。

1. 接正手、反手急球

因来球速度快、弧线低、落点远、冲力大、带上旋，左方大角度急球往往来不及侧身回击，故一般宜用反手推挡或反手快攻回击；右方急球可用正手快带、快攻回击。

2. 接短球

因这种球多在台内，回击时，球拍往往受台面阻碍，动作不能大，所以要充分运用前臂和手腕的力量，根据来球的旋转方向和强度，调整好拍面角度和用力方向，采用搓、推或攻、拉。

3. 接正手发左侧上（下）旋球

接正手发左侧上旋球，一般采用推、攻回击，回接时，拍面要稍前倾，并适当向左偏斜，同时，增加向前下方的用力，以防止来球触拍时向右上方反弹。

接正手发左侧下旋球，一般采用搓、削回击，回接时，拍面要稍后仰，并适当向左偏斜，适当增加向前的用力，以防止来球触拍后向左下方反弹。如用推或攻回接，应使拍面稍后仰，并向左偏斜，适当增加向上摩擦球的力量。

4. 接反手发右侧上（下）旋球

与接正手发左侧上（下）旋球的方法基本相同，只是击球时，球拍要适当向右倾斜，以抵消来球向左侧反弹的力量。

（二）练习方法

（1）开始练习接发球时，最好是固定用一种技术（如推挡、搓球等）去接对方的单一发球（可用多球练习）。

（2）练习接侧上（下）旋球的技术，以适应不同的旋转变化，提高判断旋转的能力。注意控制回球落点，以免在接球后给对方进攻机会。

（3）当接发球防御有了一定基础后，可以练习拉球和抢攻的接发球技术。

（4）通过记分比赛来提高接发球能力。

（三）注意事项

（1）选择好合适的站位。应根据发球方的站位、自己的打法特点和准备采用的接球方法来采取远近适中的站位。

（2）正确判断来球。根据对方发球时的挥拍方向、拍面角度及球拍触球瞬间的部位、摆速、力量等来判断球的旋转、方向、速度、高度和落点，以采取正确的回击方法。一般球速快、冲力大，属上旋球；球速慢、冲力小，则为下旋球。摆臂振幅大的发球，其落点会比较长，比较远；发球时，手腕抖动越厉害，其旋转越强。

（3）提高接发球能力。首先要提高基本技术水平，其次要通过比赛提高观察力、判断能力和技术运用能力。

（四）易犯错误和纠正方法

（1）判断来球性能不准确，造成接球失误。可通过技术分析，提高对来球性能的判断能力，以选择正确的回击方法。

（2）移动不到位，影响接球质量。可多练习两人一组，一人发球，一人接发球的技术。

（3）接球时紧张，心理压力大，运用技术不合理。可提高基本技术水平，增强回击球的能力。

六、推挡球技术

推挡球是推球和挡球的总称，是左推右攻型打法的主要技术之一。其特点是站位近、动作小、速度快、落点变化多。推挡球可分为平挡、快推、加力推、减力挡、推下旋、推侧旋等。

（一）推挡球的技术动作

1. 挡球（也称平挡）

动作方法：站位在球台中间或偏左，离台 40 厘米左右。两脚开立比肩稍宽，左脚略前。执拍手的上臂和肘靠近身体，前臂外旋，后撤引拍成半横状，拍形接近垂直。当球从台面弹起后，上臂带动前臂向前推，在球的上升期推击球的中部。击球的瞬间，前臂和手腕轻轻用力，主要借助来球的反弹力将球挡回（图 8-5-3）。

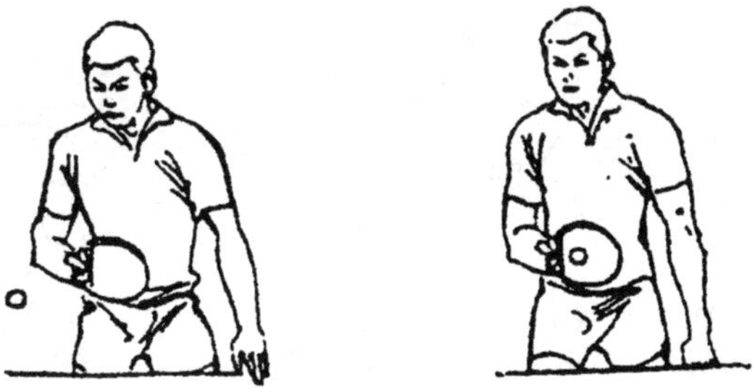

图 8-5-3

特点：力量小，球速慢，落点适中，动作简单且容易掌握，是初学者的入门技术。

2. 快推

动作方法：站位在球台中间或偏左，身体离台约 40 厘米。两脚平站或右脚略前，两膝微屈，收腹含胸，身体向前或略向左转。右上臂和肘关节靠近身体右侧。手臂自然弯曲，引拍至身前或偏左，同时，前臂外旋，使拍面稍前倾。当球从台面弹起后，前臂和手腕向前或向前兼略向上挥拍迎球，在球的上升期，以稍前倾的拍形推击球的中上部。球拍击球的瞬间，前臂和手腕自然向前或向前兼略向上发力，并主要借用来球的反弹力（即“借力”）将球快速击回。击球后，手和手臂顺势向前挥动，并迅速还原成准备姿势。动作过程中，重心放在双脚上（图 8-5-4）。

图 8-5-4

特点：动作小，球速快，落点活，稍带上旋或不转，既可积极防守，又可辅助进攻，是使用最多的一种反手推挡技术。

3. 加力推

动作方法：站位在球台中间或偏左，身体离台约 50 厘米。两脚平站或右脚略前，两膝微屈，收腹含胸，身体向前或略向左转。右上臂和肘关节靠近身体右侧。前臂外旋并向上提起，引拍至身前或偏左，与球网同高或略高，拍面稍前倾。当球飞越球网时，上臂、前臂和手腕向前，挥拍迎球，同时，腰、髋向左转动，在球的上升期或高点期，以前倾拍形推击球的中上部。击球的瞬间，上臂、前臂和手腕向前下方发力推压，腰、髋亦协助用力。击球后，手和手臂顺势向前下方挥动，并迅速还原成准备姿势。动作过程中，重心从左脚移到右脚（图 8-5-5）。

图 8-5-5

特点：球速快，力量重，落点活，稍带上旋或不转，能遏制对方进攻，迫使对方后退，以创造进攻机会，是威力最大的一种推挡技术。

（二）练习方法

（1）持拍徒手模仿推挡动作。

（2）对教学练习板墙自击练习。拍形稍后仰对墙击球，控制落点高度在 2~3 只网高处，待球反弹落台后，按推挡动作要求进行连续自击练习。

（3）两人在台上对练挡球。不限落点，只要求动作正确，并能击球过网。

（4）两人在台上先练挡中线，再练挡斜线或直线，要求逐渐加力，并体会前臂和手腕的推挡动作。

（5）反手斜线对推。

（6）反手中路直线对推。

（7）左半台不同落点对推（如一点推两点到推不同落点）。

（三）注意事项

（1）准备挡球时，不要挺胸、挺腹，两脚不要并拢，两膝不要伸直。

（2）推挡球时，肘关节应贴近身体，以便于前臂向前发力和减小左方的照顾范围。

（3）推挡球时，应食指用力，拇指放松。手臂的前推或后引动作幅度不宜太大，以免影响回收速度。

（四）易犯错误及纠正方法

（1）正手挡球时，手腕下垂，使球拍与小臂垂直，造成击球时动作僵硬、不协调。可使手腕稍向外展，使球拍拍柄稍向左。

（2）判断来球落点不准确或掌握不好节奏，造成漏接球或用力不当。应反复练习对板墙的自击练习，提高判断和反应能力，建立快节奏概念。

（3）击球时间过晚，拍形后仰，造成回球过高。应改进握拍方法，使大拇指放松，食指用力，中指顶拍背，前臂外旋，转动手腕，向前下方用力，在来球上升期，触球的中上部或中部。

（4）球落点离身体过远，造成动作不协调。应加强步法的练习，提高移动速度，使站位稍近台，并反复体验推击动作。

（5）推挡时，拍形前倾过大，击球时间过早，造成球不过网。应使迎球时间稍晚一些，球拍与球接触时离落点稍远一些。

(6) 快推时，肘关节离开身体，动作不协调。应在击球前，使上臂和肘关节靠近身体。

(7) 加力推时，手臂没有向前伸展出去，使推挡力量不大。应注意击球后，上臂和肘关节要前送，并配合上体向左转动。

七、攻球

攻球是左推右攻型和两面攻型打法的主要技术之一，也是其他类型打法不可缺少的技术。攻球力量大、速度快、落点变化多，是各种技术型运动员的主要得分手段。攻球技术种类繁多，按击球位置和站位可划分为正手攻球、反手攻球和侧身攻球；按站位的远近可划分为近台攻球、中台攻球和远点攻球；按来球性质和落点的不同可分为拉攻、攻打弧圈球、台内攻球和杀高球；按击球力量的不同可分为发力攻球和借力攻球等。

（一）攻球的技术动作

1. 正手快攻

动作方法：站位在球台中间或偏左，身体离台约 50 厘米。左脚稍前，重心放在右脚上，两膝微屈，收腹含胸，身体稍向右转。右臂自然弯曲，前臂后引，将拍引至身体右侧，略偏后，同时，前臂内旋，使拍面稍前倾。当来球从台面弹起后，在上臂的带动下，以前臂和手腕为主向左前方（来球上旋强度较大时）或左前上方（来球不转或上旋强度较小时）挥拍迎球，同时，腰、髋带动上体向左转动，在球的上升期，以前倾拍形迎击球的中上部。球拍击球的瞬间，以前臂和手腕为主向左前方或左前上方发力击球，腰部亦协助用力。击球后，手和臂顺势向左前方或左前上方挥动，并迅速还原成准备姿势。动作过程中，重心从右脚移到左脚（图 8-5-6）。

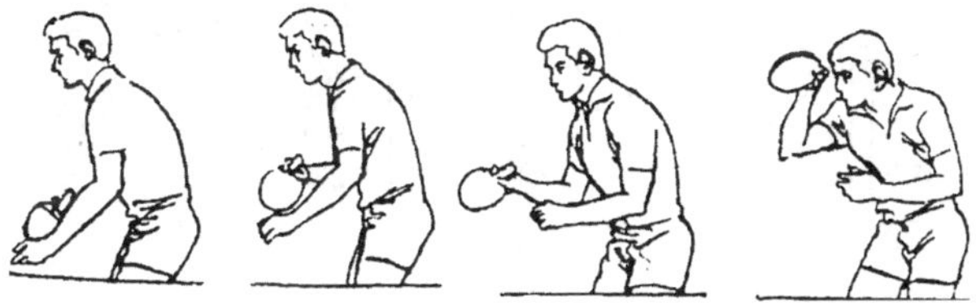

图 8-5-6

特点：站位近，动作小，速度快，线路活，带有上旋，能借用来球的反弹力提高球速，创造扣杀机会。在比赛中能以攻带守对付对方进攻，是近台快攻打法使用最多的一种攻球技术。

2. 正手中远台攻球

动作方法：身体离台 1 米左右，左脚稍前，重心放在右脚上，两膝微屈，收腹含胸，身体稍向右转。右臂自然弯曲，将拍引至身体右后方，同时，前臂内旋，使拍面接近垂直。当来球从台面弹起到高点期时，上臂带动前臂向左前方挥拍迎球，同时，腰、髋带动上体向左转动，在球的下降前期，以垂直拍形迎击球的中部，并向前上方摩擦球。球拍击球的瞬间，以上臂和前臂为主向左前上方发力击球，腰、髋亦协助用力。击球后，手臂顺势向左前上方挥动，并迅速还原成准备姿势。动作过程中，重心从右脚移到左脚

（图 8-5-7）。

图 8-5-7

特点：站位稍远，动作大，力量重，线路长，带有上旋，照顾范围大，能利用力量和落点的变化得分。在被动时，能以攻带守进行反击，为扣杀创造机会。

3. 正手拉攻

动作方法：站位在球台中间或偏左，身体离台 50~60 厘米。左脚稍前，重心放在右脚上，两膝微屈，收腹含胸，身体稍向右转。右臂自然弯曲，前臂后引并下沉，将拍引至身体右后下方，同时，前臂外旋，使拍面稍后仰。当来球从台面弹起到高点期时，在上臂带动下，以前臂为主向左前上方挥拍迎球，同时，腰、髋带动上体向左转，在球的下降期，以后仰拍形迎击球的中下部，若来球下旋强度小，可击球的中部。球拍击球的瞬间，以前臂为主向左前上方发力摩擦击球，使球上旋。击球后，手和臂顺势向左前上方挥动，并迅速还原成准备姿势。动作过程中，重心从右脚移到左脚（图 8-5-8）。

图 8-5-8

特点：站位稍远，动作小，速度快，线路活，带有上旋，主动发力击球，能创造扣杀机会，是对付下旋球，特别是对付削球最常用的进攻性技术，也是近台快攻运动员的必备技术。

4. 侧身正手攻球

动作方法：首先要迅速移动脚步到侧身位置，身体侧向球台，左脚在前，上体略向前倾并收腹。根据来球情况，在侧身位置用正手攻球的各种技术（如正手快攻、正手拉攻、正手扣杀等）击球（图 8-5-9）。

特点：遇到左半台的来球时，不用反手技术回击，而是快速移步至球台左角外，用正手攻球技术还击，从而达到在左半台位置发挥正手攻球威力的作用。它是左推右攻打法的常用技术，也是其他技术型运动员应掌握的技术。

图 8-5-9

（二）练习方法

（1）根据攻球的动作要领做徒手模仿练习，体会挥臂手法、腰部扭转和重心交换等要领。

（2）单个动作练习。一人发球，一人练习攻球，打一板球后，再重新发球。

（3）推攻练习。

①一人挡球，一人练习攻球。要求先轻打，再用中等力量打。待稍熟悉后，再练发力攻或快打。

②一人推挡，一人练习攻球。练习形式有攻斜线、攻中路、攻直线。要求推挡球的落点在规定范围内能有所变化。

③两点攻一点。要求对方把球推到攻球者两点（左、中，中、右或左、右），而攻球者在左右移动中将球击到对方一点。练习时，可先有规律地练习，角度变化小一点，再逐渐增加难度，角度变化大一点，直到无规律地练习。

④一点攻两点。攻球者从一点将球攻至对方两点。练习时，先有规律地攻两点，再逐渐变为无规律地攻两点。

（4）对攻练习。

①正手斜线、中路对攻。

②侧身正手斜线对攻。

③把以上三条对攻线路连贯起来，两人在左右连续移动中对攻。

（三）注意事项

（1）练习时，应先学正手攻球，再学反手攻球；先慢打，再快打；先轻再重；先稳再凶，由浅入深地逐步掌握。

（2）初学攻球时，推挡的一方应尽可能把球推向对方球拍所在的方位，开始时，推的力量应轻一些，等对方初步掌握攻球技术后，再逐步加大推球力量。

（3）初学者一般先练习正手斜线对攻，然后再练习正手攻直线。

（四）易犯错误及纠正方法

（1）正手抽球时，手腕下垂，使球拍与小臂垂直，造成击球时动作僵硬、不协调。可使球拍柄稍向左，并多做徒手模仿练习。

（2）正手抽球时，手腕太挺直，使球拍与小臂成一直线，造成击球时动作僵硬、不协调。应使手腕在握拍时放松些，并多做徒手模仿练习。

（3）正手抽球时，上臂和肘关节抬得过高，造成击球时动作僵硬、不协调。应使手臂放松，肘关节下垂，做近台快抽练习。

（4）判断球的落点不准确，引拍动作不到位，造成击球落空。可先做平击发球练习，再做连续推挡球练习。

八、搓球

搓球是近台和台内回击下旋球的一种比较稳健的技术，各种类型打法都不可缺少。搓球力量小、速度慢、旋转和落点变化多、线路短，球弹起后多在台内，缺乏前进力，对方不易发力进攻，故可作为过渡技术，以等待、寻找或创造进攻机会。搓球技术种类繁多，按击球位置的不同可划分为正手搓球和反手搓球；按击球时间的早晚可划分为快搓和慢搓；按球旋转强度的不同可划分为搓转和不转；按旋转方向的不同可划分为搓下旋和搓侧旋等。

（一）搓球的技术动作

1. 反手快搓

动作要领：站位稍偏左，离台约 40 厘米。右脚在前，两膝微屈，收腹含胸，身体向前或略向左转。手臂自然弯曲，前臂略内旋并向左上方提起，引拍至身体左前方，使拍面稍后仰，当球从台面弹起后，前臂和手腕向右前下方挥拍迎球，在来球的上升期击球的中下部。球拍击球的瞬间，前臂和手腕适当用力，使球拍向右前下方摩擦球，要注意利用来球的反弹力。击球后，手和臂顺势向右前下方挥动，并迅速还原成准备姿势。动作过程中，重心从左脚移到右脚（图 8-5-10）。

图 8-5-10

特点：动作小，击球节奏和球速较快，弧线低，带下旋，落球快，能缩短对方击球的准备时间，与慢搓相结合，可改变击球节奏，为进攻创造条件。

2. 正手搓侧旋

动作要领：站位稍偏左，离台约 50 厘米。左脚稍前，两膝微屈，收腹含胸，身体稍向右转。手臂自然弯曲，前臂提起并外旋，引拍至身体右侧前方，使拍面稍后仰。当球从台面弹起后，前臂和手腕向左前下方挥拍迎球，在来球的高点期或下降前期，以后仰拍形击球的中下部。球拍击球的瞬间，以前臂和手腕发力为主向左前方摩擦球。击球后，手和臂顺势向左前方挥动，并迅速还原成准备姿势。动作过程中，重心从右脚移到左脚（图 8-5-11）。

特点：球速慢，弧线低，带左侧旋，对方回击易从左侧出界或回球较高，从而给本方造成抢攻机会。

（二）练习方法

（1）徒手模仿搓球的动作。

（2）自己向球台抛球，弹起后将球搓过网。

（3）搓对搓练习。

①反手斜线对搓。
②正手斜线对搓。
③不同落点的正手或反手对搓。

图 8-5-11

（三）注意事项

（1）搓球动作不宜太大，要充分利用前臂和手腕转动的力量。

（2）对搓练习要有耐心，注意提高命中率和压低弧线。

（3）搓转球与不转球时，关键在于球拍与球接触时的动作手法。搓转球时，要使球拍从上往下摩擦球；搓不转球时，要使球拍从上往前下托球。

（四）易犯错误及纠正方法

（1）球拍没有上引，击球时，前臂由上向下动作不明显，造成球的下旋力不强。可持拍练习前臂和手腕向上后再下切的动作。

（2）击球时，拍形后仰不够，造成球出界或下网。可练习用慢搓接对方发来的下旋球，体会拍形后仰并前送的动作。

（3）击球时，球拍与球接触的部位不准，没击到球的中下部，造成球不过网。可做对搓练习，体会拍形后仰在下降期击球中下部的动作。

（4）击球后，前臂前送力量不够，造成球不过网。可二人做慢搓练习，体会击球后前臂前送的动作。

乒乓球基本战术

在乒乓球比赛中，为扬长避短以争取胜利而有目的地使用各种技术的方法叫做战术。因此，乒乓球比赛的胜负，特别是技术实力相当的对手的胜负，往往取决于战术运用是否先进或适当。

乒乓球的战术一般由两种或两种以上的单项技术结合运用而构成，故乒乓球的技术是战术的基础。只有练好各项基本技术，才能在比赛中得心应手地运用各种所需要的战术。不同的打法有不同的战术。为使战术能够更好地发挥技术特长，各种不同打法类型的运动员应采用不同的技术以组合成适合自己打法的战术。

比赛中战术的运用应坚持以自我为主，充分发挥自己的长处去攻击对方的弱点，并且要设法限制对方优点的发挥，以减少自己的被动。另外在实战中，还应随机应变，避免采取单一的打法。只有灵活地运用战术，才易于掌握比赛的主动权。乒乓球的主要战术有：

（一）推攻战术

1. 特点

推攻战术主要运用正手攻球与反手推挡的速度和力量，并结合落点和节奏变化来压制和调动对方，以争取主动或得分。推攻战术是左推右攻打法对付攻击型打法时运用的主要战术。

2. 方法

（1）左推右攻。

（2）推挡侧身攻。

（3）左推结合反手攻。

（4）左推、反手攻后，侧身攻。

3. 注意事项

（1）推、攻都要有线路、落点和节奏变化，这是推攻战术争取主动和创造扣杀机会的主要方法。

（2）推挡一般以压对方反手为主，然后突然变正手，以创造进攻机会。

（3）在推挡中可突然加力推对方中路，使对方难以用力回击，然后用正手或侧身扣杀。

（4）推攻战术要坚持近台，但不能死守近台，要学会转换近台和中台的位置，掌握对攻节奏。

（二）两面攻战术

1. 特点

两面攻战术主要利用正反手攻球的速度和力量压制对方，争取主动和创造扣杀机会。两面攻战术是两面攻打法对付攻击型打法的主要战术。

2. 方法

（1）攻左扣右（进攻对方左角，寻找机会，猛扣对方正手空当）。

（2）攻打两角，猛扣中路。

3. 注意事项

（1）正反手攻球都要有线路和落点变化，以便创造扣杀机会。

（2）要以压对方反手为主，然后攻击对方正手或中路，以创造扣杀机会。

（3）遇到机会球时，要大胆扣杀。

（4）两面攻战术在主动进攻的情况下要坚持近台，被动情况下可适当后退，在中近台或中台进行反攻。

（三）搓攻战术

1. 特点

搓攻战术主要运用“转、低、快、变”的搓球控制对方，以寻找战机，然后采用低突、快点或快拉等技术展开攻势，并进入连续攻。在搓球中遇到机会球时进行扣杀，常常带有突然性，可以直接得分。搓攻战术是乒乓球运动各种打法都不可缺少的辅助战术。

2. 方法

（1）正反手搓球，进行正反手快拉、快点、突击或扣杀。

（2）搓削结合落点变化进行反击。

3. 注意事项

（1）搓攻战术要尽可能早起板（在比赛中由搓转攻叫做起板），以便争取主动，但不能有急躁情绪，否则，起板容易失误。

（2）在搓球中，遇到机会球时要大胆扣杀，这是搓攻战术的主要得分手段。

（3）在搓球中短摆，可使对方不易抢先（或发力）进攻，故有利于给本方创造进攻机会，以便伺机用正反手或侧身进攻。

（四）发球抢攻战术

1. 特点

发球抢攻战术是以旋转、线路、落点以及速度不同的发球来增加对方回击的难度，使其出现机会球，或降低回球质量，是乒乓球运动所有打法，特别是进攻型打法的重要战术和得分手段。发球抢攻的效果取决于发球质量和进攻能力。

2. 方法

（1）急球与轻球结合落点变化进行抢攻。

（2）上旋或下旋结合落点变化进行抢攻。

（3）侧上或下旋结合落点变化进行抢攻。

（4）转与不转结合落点变化进行抢攻。

3. 注意事项

（1）发球要有线路和落点变化，以使对方在前后、左右走动中接发球。

（2）自己发什么球？对方可能以什么战术回击？要做到发球前心中有数，以做好抢攻的准备。

（3）抢攻要尽可能凶，但不能过凶，要根据来球的高度和性质决定，否则会影响命中率。

（五）接发球抢攻战术

1. 特点

接发球抢攻战术由某一单项攻球技术所形成，进攻性强，可变接发球的不利地位为主动地位，也可直接得分，是乒乓球运动各种打法，特别是进攻型打法的重要战术。

2. 方法

（1）用拉球、快攻或推挡回击，争取形成对攻的相持局面。

（2）用快搓摆短回接，使对方难以发力抢攻。

（3）用削球或搓球的旋转、落点变化来控制对方，以造成对方击球失误或形成相持局面。

（4）用快点、快攻或中等力量突击，进行接发球抢攻。

3. 注意事项

（1）由于接发球抢攻是在对方主动发球，而自己处于被动的接发球地位时所采取的进攻性打法，所以难度较大。接发球抢攻一般不可过凶，要看准来球的旋转方向、强度和高度，进而采用适当的方法进攻，例如，对方发加转下旋球，则接发球抢攻时要采用提拉手法，以免下网。同时，攻球的力量不可过大，如对方发侧上旋球，抢攻时应采用推压手法，以免攻球下网。只有来球稍高时，才可大力抢攻。

(2) 接发球抢攻动作结束后，要立即做好对攻或连续攻的准备，以便继续处于主动地位。

(3) 接发球抢攻的力量越小，越应注意球的线路和落点，一般应多打在对方反手；若对方反手强而正手弱，则可多打在对方正手。

乒乓球运动基本竞赛规则

在国内外正式的乒乓球比赛中，均采用国际乒联制定的统一竞赛规则。

(一) 合法发球

发球时，运动员必须将球放置在不执拍手上，手掌张开伸平，将球垂直向上抛起，并不得使球旋转，球离手的高度不应少于16cm，当球从最高点下落时发球员方可击球。

击球时，球和球拍应在台面的水平面上，以便让对方进行判断和让裁判员看到是否合乎发球规定。

裁判员如怀疑发球人有犯规行为时，可向其提出警告并不予判分；在同一场比赛中发球人再次受到怀疑则被判失1分；如发球人明显不按规定发球时，则无须警告而直接判其失分。

(二) 合法还击

合法还击是指对方发球或击球后，本方球员必须击球，使球直接越过或绕过，或触球网装置后，再触及对方台区的有效部位。

(三) 比赛次序

在单打比赛中，首先由发球一方合法发球，再由接发球一方合法还击，然后往复进行；在双打比赛中，同样由发球一方首先合法发球，接着由接发球员合法还击，然后由发球员的同伴接球，再由接发球员的向伴接球，每人轮换接球一次，往复进行。

(四) 计胜方法

比赛中,运动员未能合法发球、发球失误,未能合法击球、击球失误,均应被判失1分。

在比赛中,先得11分者为胜一局。但如果打到10平以后,则先多得2分者为胜一局。

如果用五局三胜制,则先胜三局者为胜一场;采用七局四胜制,则先胜四局者为胜一场。

(五) 双打的发球和接发球

在双打比赛中，可用抽签决定发球、接发球和方位的选择权，抽签获胜者可选其在双打的每一局比赛中，先发球一方确定第一发球权；在第一局的比赛中，由接发球方确定第一接发球员。

一局中首先发球的一方，在该场下一局应首先接发球。在决胜局的比赛中，当一方先得5分时，双方应交换方位。

(六) 术语定义

(1) 回合。球处于比赛状态的一段时间，叫做一个回合。

(2) 重发球。不予判分的回合叫做重发球。

(3) 得分。判分的回合叫做得分。

（4）执拍手与不执拍手。握拍手叫做“执拍手”，反之叫做“不执拍手”。

（5）击球。比赛中以球拍或执拍手手腕以下的部位触球叫做击球。

（6）发球员与接发球员。在一个回合中，首先击球的球员叫做发球员，第二次击球的球员叫做接发球员。

（七）裁判员职责

根据规则规定，每场比赛均应有 1 名裁判员和一名副裁判员参加执法工作。

裁判员职责：检查比赛场地、器材和比赛条件；决定比赛用球；控制方位和发球、接发球的次序；决定每一个回合为得分或重发球；按规定和程序报分等。

副裁判员职责：协助裁判员掌握赛前的练习时间；判定球员的发球是否符合规定；发出的球是否擦网（网球）等。

裁判员和副裁判员均可进行判决，且其他工作人员不得否决。

第六节 羽 毛 球

羽毛球运动概述

羽毛球最早出现于 14~15 世纪的日本。羽毛球运动大约于 1918 年传入我国，最早出现在上海的法国总会，随后在广州、天津、北京等城市教会办的青年会和学校开始出现。

新中国成立后的 1953 年，在天津举办了首次全国规模的羽毛球比赛。1954 年，王文教、陈福寿等四位华侨青年回国，第一次组成了国家羽毛球队，并推广了当时世界男子团体冠军马来西亚队的先进经验。第一届全运会后，我国羽毛球技术水平出现了一个划时代的飞跃，摆脱了国际羽毛球坛慢、稳、守打法的羁绊，向快与攻的方向发展。但从 1966 年下半年以后，由于十年“文革”，我国羽毛球技术水平下降，出现了青黄不接的现象。20 世纪 90 年代以来，由于老队员纷纷退役，国家羽毛球队一度落入低谷。但这种情况只持续了短短几年，在 1995 年世界羽毛球苏迪曼杯赛（男女混合团体赛）及单项比赛中中国又多次夺得冠军，使中国队重新走出了低谷，再一次在世界羽坛上称雄。

羽毛球是一项为广大群众喜爱的体育运动项目，它具有球小、速度快、变化多等特点。羽毛球运动器材设备比较简单，在室内外都可以进行运动，运动量可大可小，不同年龄、性别和身体条件的人都可以参加。因此，这项运动易于开展和普及。经常参加羽毛球运动不仅可以发展人的灵敏性和协调性，提高动作的速度和上下肢活动的能力，改善心血管系统的机能，而且有助于培养人的勇敢顽强、机智果断等品质，亦有利于更好地学习和工作。

羽毛球基本技术与练习方法

羽毛球运动是在一块长方形的平地上，画上单打和双打合用的场地线，线宽 0. 04 米，长 13. 4 米，单打场地宽 5. 18 米，双打场地宽 6. 1 米，中间悬挂球网，网两边在支柱顶端处高 1. 55 米，中间高 1. 524 米（图 8-6-1），参加活动的双方共用一只羽毛球，各备一把羽毛球拍进行的运动。双方运用发球、拉球、杀球、吊球和跨步、垫步等各种击球技术和步法，以及重复球、追身球、吊杀上网、压底线、四方球、发球、抢攻等战术，将球在网上往返对击，以把球击落在对方场区内或使对方击球失误为胜。羽毛球的基本技术包括握拍法、发球技术、击球技术和步法四大部分。

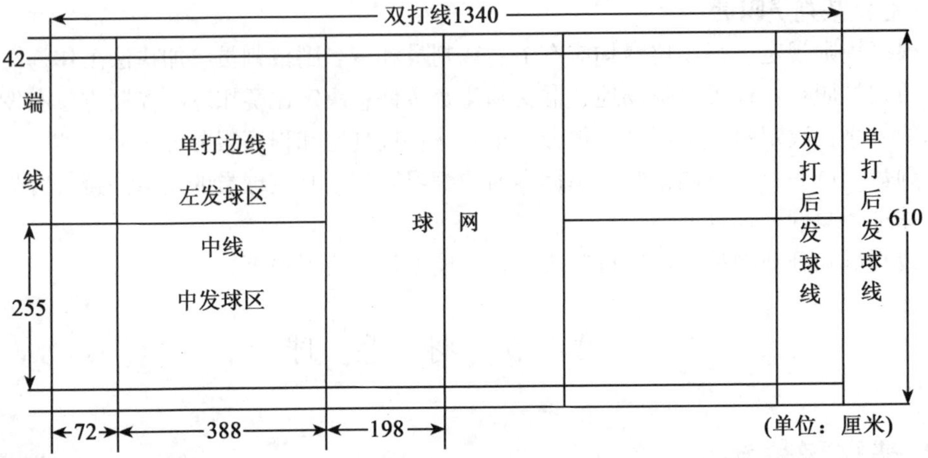

图 8-6-1

一、握拍法（本章的全部技术动作均以右手握拍为例）

握拍法可分为正手握拍法和反手握拍法。

(一) 正手握拍法

方法：握拍时，先用左手拿住拍颈，使拍面与地面垂直，再张开右手，使右手的小鱼际肌靠在拍柄底托处，虎口对准拍柄的内侧小棱边，然后小指、无名指和中指并拢握住拍柄，小指和无名指在拍柄的末端应稍紧，使球拍不脱手，食指与中指稍微分开，用食指和拇指轻松地环扣住拍柄（图 8-6-2）。

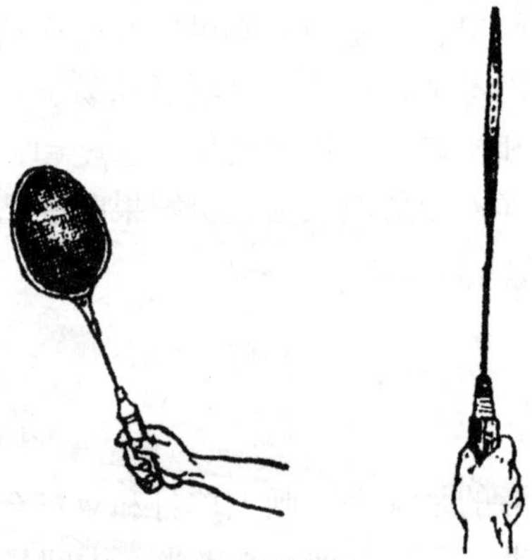

图 8-6-2

（二）反手握拍法

方法：在正手握拍法的基础上，拍柄稍向外转，食指收回，拇指第二指节顶贴在拍柄内侧的宽面上，其余四指并拢握住拍柄，手心与拍柄之间应有一个明显的空洞。

不论正手握拍法或反手握拍法，除上述的区别以外，它们共同的技术关键是：一要放松，二要灵活。

二、发球技术

（一）发球的准备姿势

发球的准备姿势可分为正手发球和反手发球两种。

1. 正手发球的准备姿势

左脚在前（脚尖对网），右脚在后（脚尖斜向侧方），两脚距离与肩同宽，上身自然伸直，重心放在右脚上，成左肩斜对球网之势。右手握拍自右后侧举起，肘部稍屈，左手用拇指、食指、中指夹持羽毛球的中间部位，举在身前，两眼注视对方准备接球的动作（图 8-6-3）。

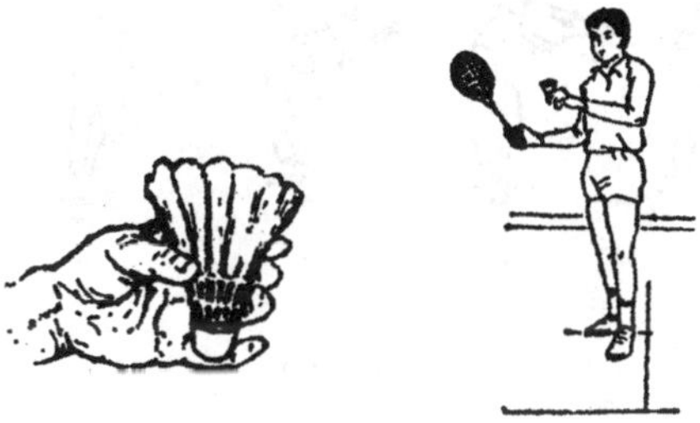

图 8-6-3

2. 反手发球的准备姿势

右脚在前，左脚在后，上身自然伸直，重心放在右脚上，面对球网，左手以拇指、食指和中指捏住羽毛球置于腹前腰下，右手反手握拍，肘部略抬起，使拍垂于左腰侧，两眼注视对方准备接球的动作。

反手发球的发力主要靠挥动前臂和伸腕闪动，动作小，力量小，但速度较快，动作一致性好。

（二）发球的基本方法

按发出的球在空中飞行的弧线不同，发球可分为发高远球、发平高球、发平快球和发网前球（图 8-6-4）。本节主要介绍正手发高远球和反手发网前球。

1. 正手发高远球

把球发得既高又远，使球近乎垂直地落在对方后发球线附近的发球区内，称为发高远球。该发球方式使接发球员难以实施威胁性大的杀球，在单打比赛中使用率较高。

方法：正手发球的准备姿势参见前述。发球时，左手撒手放球，紧接着转体，上臂挥动带动前臂，形成臂在前、球拍随后的姿势。当球拍与球快要接触前，前臂挥动速度加快，并带动手腕向前上方闪动，由原来的伸腕经前臂内旋至屈腕，造成击球瞬间的爆发力。在拍面后仰的情况下，将球向前上方击出，击球点应在右侧前下方。在球击出后，球拍随着惯性经左侧前上方挥摆。随着挥拍，重心由右脚移到左脚，脚跟稍提起，以保持身体的平衡（图 8-6-5)。

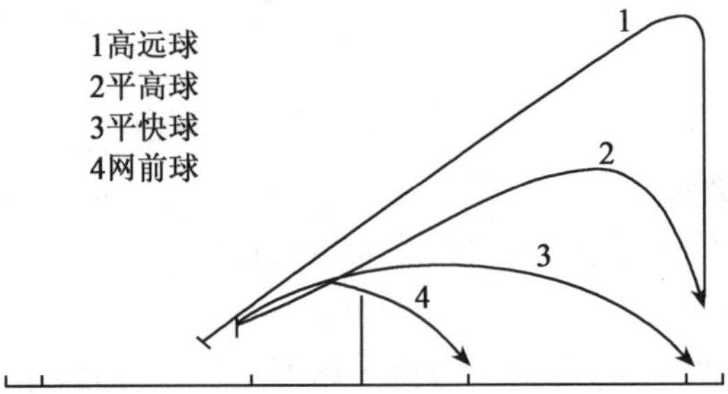

图 8-6-4

图 8-6-5

正手发高远球的关键是球拍击球的瞬间要控制好拍面的角度，由原来的伸腕经前臂内旋至屈腕时击球应有强劲的、向前上方的爆发力。

2. 反手发网前球

发出的球贴网而过，落在对方前发球线附近的发球区内，称为发网前球。该发球方式具有动作小、出球快、对方不易判断的特点，在双打中被较多地采用。

方法：反手发球的准备姿势参见前述。发球时，前臂牵动手腕使球拍从左下方向右前上方做弧形挥动，在拍将要击到球之前，左手自然地撒手放球，用球拍对球做横切推送，使球贴网而过，落在对方前发球线附近的发球区内（图 8-6-6)。

图 8-6-6

（三）发球的练习方法

（1）按不同的发球方法，反复做挥拍练习。

（2）准确性发球：在端线内的40厘米处画一条横线，要求发高远球落在这40厘米的区域内。在前发球线后约30厘米处画一横线，要求发网前球落在这30厘米的区域内。在发球区四个角上画好小方框，要求发球落在小方框内。

（3）发球动作一致性练习：用同一个准备姿势，交替发不同飞行弧线和不同落点的球。

发球、接发球对拉练习。

（四）注意事项

（1）严格控制击球力量，掌握好用力方向。

（2）击球时，球拍面略反仰，在不“过腰”、不“过手”的限度内尽可能提高击球点，使球过网时的弧线尽可能低一些。

（五）发球易犯的错误

（1）挥拍路线不正确或击球后球拍不往左上方挥动，致使发球用力不充分。

（2）挥拍手臂僵硬，用力动作不协调。

（3）放松与挥拍配合不好，造成击球不到位。

（六）发球的纠正方法

（1）多做正确挥拍路线的慢动作练习，逐渐过渡到正常速度的挥拍练习。

（2）在右侧对墙约50厘米处做高远球的挥拍动作练习，以纠正横扫球拍错误，保证挥拍路线正确。

（3）多做放松协调的发球练习，开始时不强调击球的爆发力。

（4）反复练习放准球，即落点固定在身前，保持球托朝下落。

（5）发球时，眼睛看球。

三、击球技术

（一）后场击球技术

1. 正手击直线高球和对角高球

在右后场区击球的位置上，左脚在前，右脚在后，稍屈膝，侧身对网，重心在右脚前掌上面，左手自然上举，头抬起注视来球，右手持拍于身体右侧。击球前，右臂后引、胸舒展。当球落至额前上方击球点时，上臂往右上方抬起，肘部领先，前臂自然后摆，手腕尽量后伸，前臂急速内旋往前上方挥动，手腕向前鞭打发力（握紧球拍）击球的后部，球即朝直线方向飞去；若手腕控制拍面击球托的右侧的后部，球则向对角方向飞行。击球后，手臂随惯性向左自然回收至胸前。

2. 头顶击直线高球和对角高球

基本准备姿势和动作要领与正手击高球相似，但击球前要求上体稍弓身后仰，以便更好地发力。

动作要点：由于来球是飞往左后场区，击球点应选择在头顶部位。

3. 反手击高远球

看准对方的来球落向左后场区的时候，迅速把身体转向左后方，移动到合适的击球位置，背对球网，并用反手握拍法握拍：最后一步右脚跨向左后方，球拍由身前举到左肩附近，以大臂带动前臂转动，击球时前臂由左肩上方往下绕半弧形，最后一刹那时手指紧握球拍，击球点应在右肩上方为好，以手腕往右上方或者根据还击的需要掌握好球拍的角度鞭打进行击球，把球击向后上方。击球后，转身，手臂回收至胸前。

4. 击平高球

击平高球与高远球一样，平高球也可以分别用正手、头顶或者是反手技术去击打。不论是用正手、头顶或者是反手技术击平高球，其击球前的准备动作与用正手、头顶或者是反手技术击打高远球的准备动作相似，只是在击球的一刹那，手腕是向前使劲而不是向前上方使劲。

5. 吊球

把对方击来的高球，从后场轻击或轻切、轻劈到对方的近网附近，叫做吊球。吊球从其动作方法，球的飞行弧线的不同可分为轻吊、拦吊、劈吊（其中每一项都包括正手、头顶、反手等方法）。

（1）劈吊。劈吊击球前动作和打高球、杀球相似。击球时用力较轻。带有劈切动作（落点一般离网较远），当球落到右手臂向上自然伸直的高度时，手腕快速做切削动作，使拍面与球托的右侧左侧接触而把球击出去就完成了劈吊动作。

（2）拦吊（也称拦截吊）。拦吊通常是把对方击来的平高球拦截回去（落点一般离网较近），击球时拍面正对来球，当拍面和球接触时，只要轻轻拦切或点击，球即以较平的弧线，较慢的速度越过球网垂直下落。

（3）轻吊。轻吊击球前动作和打高球相似（落点离网较近）。击球时，拍面正对来球，在接触球的一刹那，突然减速轻点或轻切来球，使球刚一过网就下落。

吊球根据出手的位置和球落向的位置又可分为：正手吊直线球、正手吊对角线球、头顶吊直线球、头顶吊对角线球、反手吊直线球、反手吊对角线球。

（4）正手吊直线球。击球前动作同正手击高球。击球的一刹那，前臂突然减速，用手腕的闪动向前下轻轻切击球托的右侧后下部。关键是用力方向向前下，使球越网后即下落。击球后，手臂随惯性自然回收到胸前。

（5）反手吊直线球。击球前的动作同反手击高球。不同点是前臂上摆，拇指内侧顶住拍柄，手腕向后“甩腕闪动”（由屈到后伸外展）轻击球托的后下部位，使球的受力向前下方，球沿直线方向落到对方网前。

（6）反手吊对角线球。击球前的动作同反手击对角线高球。击球的一刹那，前臂内旋、手腕外展后伸带动球拍由左肩稍前向右后上方切击球托，把球切至对角线网前。

6. 扣杀球

扣杀球是把高球用力向前下方重击、重切或重“点”击球。这种球速度快、力量大。比赛中，杀球可以直接得分，也可以使对方处于被动防守的地位。这一技术是羽毛球进攻中的主要技术之一。

扣杀球从击球点距身体的位置可分为：正手扣杀、头顶扣杀和反手扣杀。

（1）正手扣杀直线球。准备姿势与正手击高球相似。身体后仰成反弓后收腹用力，靠腰腹带动大臂、大臂带动前臂、前臂带动手腕，形成向下鞭打的用力，球拍正面击球托的后部，无切击，使球沿直线向前下方快速飞行。击球后立即成还原准备姿势。

(2) 头顶扣杀直线球。准备姿势同头顶击高球，不同之处是挥拍击球时，靠腰腹带动大臂、前臂、手腕的鞭打动作，全力往直线下方击球，拍面和击球用力方向与水平面的夹角小于90°。

(3) 反手扣杀球。动作方法与反手击高球相同。不同之处是击球前的挥拍用力要大，身体反弓加上手臂、手腕的鞭打用力，击球瞬间球拍与扣杀方向的水平夹角小于90°。

(二) 前场击球技术

1. 正手放网前球

正手握拍，做好放网前球准备，球拍随着前臂向右前上方斜举，击球时，前臂稍外旋，手腕由后伸至稍内收，轻击球托把球轻送过网。

2. 正手网前搓球

准备姿势同前，击球前，前臂稍外旋，手腕由后伸至稍内收闪动，击球时在正手放网前球动作的基础上，加快挥拍速度，搓切来球的右下底部，使球旋转翻滚过网。

3. 反手网前搓球

准备姿势同前。击球前主要靠前臂的前伸外旋和手腕由内收至外展的合力，撮击球的右侧后底部，使球侧旋动过网。另外还可以前臂稍伸直，手腕由外展到内收，带动球拍向前切送，击球托的后底部，使球下旋滚动过网。

4. 正手网前勾对角线球

准备姿势同前，前臂前伸的同时稍外旋，手腕稍后伸，这时的握拍法稍有变化——将拍把稍向外捻动，使拇指贴在拍柄的宽面上，而食指的第二指关节贴在拍柄的背面宽面上，拍柄不触掌心。球拍随着向右侧前挥动，拍面朝向对方右网前。击球时，靠前臂稍有内旋往左拉收，手腕由内稍后伸至内收闪腕挥拍拨击球托的右下部，使球沿网的对角线飞行。拨击球时，手腕要控制拍面角度。击球后，还原到击球前的准备姿势。

5. 反手网前勾对角线球

准备姿势同前，采用反手握拍法，随着前臂前伸球拍平举。动作要点：手腕由微屈至后伸闪腕，拇指内侧和中指把拍柄往右一拉，其他手指突然握紧拍柄，拨击球托的左后部，使球沿对角线过网。

6. 正手网前挑高球

准备动作同正手放网前球。

动作要点：击球前前臂充分外旋，手腕尽量后伸。击球时，从右下向右前方至左上方挥拍击球。

7. 反手网前挑高球

准备动作同反手放网前球动作。击球前右臂往左后拉抬肘引拍。动作要点：击球时手臂充分内旋，手腕由屈至后伸闪动挥拍击球。

(三) 中场击球技术

1. 正手挡直线网前球

该技术多用于接对方杀球。接球前用接杀球的步法移至右场边线，身体右倾，手臂右伸，前臂外旋，手腕外展。击球时前臂内旋稍翻腕带动球拍由右下向前上方推送击球，把球挡向直线网前；也可以在击球时前臂由外旋到内收，带动球拍由右向前切送挡向直线网前。击球后身体左转成正面对网然后右脚上前一步，球拍随身体向左转收至体前。

2. 正手挡对角网前球

准备姿势同前。挥拍击球时，在肘关节屈收的同时前臂稍旋内，手腕由后伸到内收闪动击球托的右侧。击球点在右侧前，手腕、手指控制拍面角度，使球向对角线网前坠落。

3. 反手挡直线网前球

同正手，也是多用于接杀球。首先用接杀球的步法移至左边场区边线，身体左转前倾，右肩对网，右肘弯曲，手腕外展，引拍至左肩前上方。击球时，借对方来球的冲力，以前臂带动球拍由左上方向左前方用拇指的顶力挥拍轻击球托，把球挡回直线网前。击球后，身体右转成正面对网，球拍随身体的移动收至体前。

4. 反手挡勾对角网前球

用反手勾对角接杀球握拍法。击球时，手腕由外展到后伸闪动挥击球托的左侧下部，使球向对角网前坠落。

5. 正手击杀挑球直线后场高球

当对方杀右边线球时，右脚向右侧跨一大步到位。随步法移动往右侧引拍，右臂稍向右后摆的同时稍带有外旋，手腕后伸到最大限度，使球拍迅速后摆，紧跟着右前臂急速向前挥动时略有外旋，手腕从后伸到伸直闪腕，这时，肘起着“支点”作用，拍面对准来球，击球托的中下部，使球向直线高远方向飞行。击球后，前臂内旋，球拍往体前上方挥动，球拍回收至体前。

6. 反手接杀挑后场高球

击球前，前臂内旋，手腕外展，引拍至左侧前。击球时，上臂支撑，前臂急速往右前方挥摆，手腕由外展至后伸闪动，握紧球拍，加上拇指的顶力，全速挥拍击球，使球向直线方向飞行。若向对角线方向挥拍，则球向对角线方向飞行。

7. 正手平抽球

两脚平行站立稍宽于肩，右脚稍向右侧迈出一小步，同时上体稍网右侧倾，右臂向右侧上摆，球拍随着上举，肘关节保持一定角度，击球前肘关节前摆，前臂稍往后带外旋，手腕稍外展至后伸，引拍至体后。击球时前臂内旋，手腕伸直闪动，手指抓紧拍柄，球拍由右后往右前方高速扫来球。

8. 反手平抽球

右脚前交叉在左侧前，重心在左脚上，右手反手握拍在左侧前。击球前肘部稍上抬，前臂内旋，手腕外展，引拍至左侧。击球时，在髋的右转带动下，前臂外旋，手腕由外展到伸直闪动，挥拍击球托的底部。击球后，球拍随身体的回动收回到右侧前。

（四）击球的练习方法

1. 高远球的练习方法

（1）定点徒手模仿，做高远击球技术的挥拍动作。

（2）用细绳把球悬挂在适当的高度上做击球练习。

（3）陪练者站在高台上将球抛下，练习者挥拍击球。

（4）陪练者以高远球发向练习者右侧，练习者回击高远球。

（5）练习者站在端线前约 2 米处，陪练者发高远球至练习者的左方或右方，练习者做并步后退回击。

（6）一对一直线定点往返击高远球。

（7）已有一定移动击球的基础后，可做起动、回动的多球练习。

（8）同上，要求击回直线和斜线的球落点要到位。

2. 扣杀球的练习方法

（1）手持羽毛球站在半场区，模仿扣杀球的方法向对方场区下压掷球。

（2）练习者站在半场区，陪练者发半场高球，练习者做扣杀练习。

（3）一攻一防：一人防守，一人扣杀。

（4）一攻二防：练习者应交替向两个陪练者杀球，以练习控制杀球路线的能力。

（5）两点杀一点：陪练者交替将球击向右后场区和左后场区，练习者应积极移动，将球杀向陪练者方位。

3. 吊球的练习方法

（1）定位劈吊对角。

（2）一点吊两点：练习者交替将球吊对角线和直线，两个陪练者将球挑高击回固定点。

（3）两点吊一点：陪练者往对方后场底线挑高球，练习者应积极移动，将球吊回对方网前固定点。

（4）待吊球练熟后，可做高、吊、杀的综合练习，以培养灵活运用这些技术的能力。

4. 网前击球技术的练习方法

（1）原地或跨一步做模仿练习。

（2）原地或跨一步做多球练习。

（3）从场区的中心位置，开始做上网步法结合击球练习。

（4）从场区的中心位置，开始做定点、定动作的上网击球的多球练习，再做不定点、不定动作的多球练习。

（5）吊上网、杀上网练习。

（6）半场、全场单打比赛。

四、步法

羽毛球比赛时，运动员在场上为了跑到适当的位置击球而采用快速、合理、准确的移动方法，称为步法。它包括起动、移动、到位配合击球和回动4个环节。

起动：对来球一有反应判断，即从中心位置上的准备姿势转为向击球位置出发。

移动：从中心位置起动后到击球位置。移动的方法有垫步、交叉步、小碎步、并步、蹬转步、蹬跨步、腾跳步等。

（1）垫步：当右（左）脚向前（后）迈出一步后，紧接着以同一脚向同一方向再迈一步。垫步一般用做调整步距。

（2）交叉步：左右脚交替向前、向侧或向后移动。经另一脚前面超越的为前交叉步，经另一脚后面超越的为后交叉步。

（3）小碎步：即小的交叉步。由于步幅小，步频快，一般在起动或回动起始时用。

（4）并步：右脚向前（或向后）移动一步时，左脚即刻向右脚跟并一步，紧接着右脚再向前（向后）移一步。

（5）蹬转步：以一脚为轴，另一脚做向后或向前蹬转迈步。

（6）蹬跨步：在移动的最后一步，左脚用力向后蹬的同时，右脚向来球方向跨出一大步。

（7）腾跳步：起跳腾空击球的步法。

到位配合击球：根据不同的击球方式，运动员应站到最适合这种击球的有利位置上，从而更好地为击球做好准备。

回动：击球后，应尽力保持或尽快恢复身体平衡，并立即向中心位置移动，以便在中心位置上作好迎击下一个来球的准备。所谓中心位置，一般是指场区的中心略靠后的位置，因为这个位置有利于向场区各个方向迎击来球。

（一）基本步法

步法主要有后退步法、两侧移动步法、上网步法。

后退步法：从中心位置移动到后场各个击球点的位置上击球。

两侧移动步法：从中心位置向左右侧移动到击球点的位置上击球。

上网步法：从中心位置移动到网前击球，由交叉步（或并步、垫步等）和蹬跨步（或蹬跳步）构成。

（二）步法的练习方法

（1）准备姿势，看手势信号做起动练习。

（2）看手势信号做蹬转步练习。

（3）逐个进行不同步法的练习。

（4）按手势指令做步法的综合练习。

（5）多球练习。

（6）进行一对一的教学比赛。

（三）步法易犯的错误

（1）反向移动，球的落点在后场，却往前场移动；球的落点在网前，却往后移动。

（2）反应慢，移动迟缓。

（3）步法与击球动作配合不好，不协调。

（4）哪里打完球就在哪里停着，缺乏回中心位置的意识。

（四）步法易犯错误的纠正方法

（1）多进行教学比赛，提高对假动作及出球路线的识别判断能力。

（2）通过多球训练，做反应起动练习。

（3）通过各种下肢力量练习，增强脚弓、踝关节和下肢的力量。

（4）要强调做到最后一步正确。

（5）依手势指令，在羽毛球场地上反复做起动、到位挥拍“击球”、回动（回中心位置）的练习。

（6）进行耐力与速度耐力的训练，以加强移动能力。

羽毛球基本战术

一、打法类型

（一）单打的打法类型

（1）压后场底线：以高球压对方后场底线，迫使对方后退，然后寻找机会用大力扣杀或吊网前空当以争取得分的打法。这种打法主要是以力量和后场的高吊、杀球进行较量。

(2) 打四方球：以高球或吊球准确地将球击到对方场区的四个场角，调动对方前后、左右跑动，打乱其阵脚，在对方来不及回中心位置或回球质量较差时，向其空当部位发动攻击。这种打法要求运动员步法灵活，防守好，有准确控制落点的能力。

(3) 快拉快吊：以平高球快压对方后场两底角，配合快吊网前两角，吸引对方上网。以网前搓球、钩对角球结合推后场底线，迫使对方疲于奔命、被动回球，从而为本方创造中后场大力扣杀或网前扑杀的机会。这是一种积极主动、快速进攻的打法。

(4) 后场下压：通过后场扣杀、吊球等技术，先发制人，然后快速上网，利用搓、推、钩、扑等技术，高点控制网前的一种打法。这是一种全攻型的打法，具有先发制人、快速凶狠等特点。

(5) 守中反攻：利用拉、吊四方球及防守中的球路变化调动对方，伺机反攻。这种打法适合本身进攻能力不强，但防守技术较好、反应较快、身体灵活且身个较矮的选手。

(二) 双打的打法类型

(1) 快攻压网：从发球、接球抢攻开始，以左、右分边站位，平抽平打快速杀球为主，压在前场进攻。这种打法要求运动员有网前意识和抽打技术。

(2) 前场打点：通过网前搓、钩对角及推半场或找空隙进攻，打乱对方站位，创造后场进攻机会。这种打法要求运动员有细腻的网前技术。

(3) 后攻前封：基本保持前后站位，后场逢高球就积极下压，当对方还球到前场或网前时，即予以致命的扑杀。这种打法要求后场运动员有连续扣杀的能力，前场运动员有较强的封网意识和网前技术。

(4) 抽打底线：以快速的平高球和长抽球压住对方底线两角，在对方扣杀球时，能以平抽反击或挑高球到两角，调动对方，伺机进攻。这种打法要求运动员有较强的防守能力和较好的底线平抽球技术。

二、战术

战术根据双方的打法和场上情况而定，是指运动员在比赛中根据双方的情况合理运用技术、有针对性地组织自己的球路以争取胜利的策略。羽毛球比赛中有单打战术和双打战术两种。

(一) 单打战术

(1) 发球战术：从发球的第一拍起，争取控制对方，以攻杀得分。这种战术，一般为发网前低球结合平快球、平高球，争取第三拍的主动进攻。

(2) 攻后场战术：通过击高球，重复压对方的底线两角，造成对方的被动，然后寻找机会进攻。

(3) 攻前场战术：对付网前技术较差的对手，可运用此战术先将其吸引到网前，然后再攻击其后场。

(4) 打四方球战术：若对手步子较慢，体力较差，技术不全面，可以快速、准确的落点攻击对方场区的四个角落，寻找机会向空当进攻。

(5) 杀、吊上网战术：当对方击来后场球时，即以杀球或吊球下压，当判断对方挡回网前球时，即刻快速上网，高点控制网前。

(6) 打对角线战术：对付身体灵活性差、转体较慢的对手，不论是进攻还是防守，均应以打对角线为主。

(二) 双打战术

双打比赛的站位有一前一后站位和两人分边站位两种。

一前一后站位：站在后场的人分管后半场的球，站在前场的人负责前半场的球。这种站位有利于进攻，但不利于防守。

分边站位：各人分管半边场地。这种站位多在防守时采用。

站位形式在比赛中随着进攻与防守之间的不断转换而变化。双打的轮转站位多在配对选手相差不大时采用。如果水平相差悬殊，则技术水平高者固定站在后场，他除了主要负责后半场的来球之外，同时还要兼顾中场附近或前场的球；而技术水平差者则固定站在网前，主要负责网前来球。

双打除了有站位以外，还要有战术，这样才能在比赛场上发挥出更好的水平。

(1) 攻人战术：集中攻击对方中有明显弱点的人，并伺机攻击另一人因疏忽露出的空当，或对此人偷袭。

(2) 攻中路战术：当对方分边站位防守时，将球攻击到对方两人的中间；当对方前后站位时，可将球下压或平推两边半场。这样可使对方防守时因互相争抢或避让而出现失误。

(3) 攻后场战术：对方后场扣杀能力差时，本方可采用平高球、推平球、接杀挑底线战术，把对方一人紧逼在底线两角移动。当对方被动还击时，则抓住机会大力扣杀。如另一对手后退支援时，即可攻网前空当。

(4) 后攻前封战术：当本方处于主动进攻前后站位时，站在后场的队员见高远球就杀或吊网前，迫使对方接球挡网前，这为本方前场队员创造了封网扑杀机会。前场队员要积极封锁前场，迫使对方被动挑高球。一旦对手挑高球达不到后场，就为本方创造了再进攻的机会。

羽毛球比赛中，只有在技术水平相当的情况下，战术才能起到决定性的作用。在正确应用战术时，要注意三点：①要知己知彼地制定战术。②比赛时，坚持赛前制定的战术。③要随机应变，根据赛场上的实际情况适时改变战术。

羽毛球运动基本竞赛规则

羽毛球竞赛规则是羽毛球比赛的法律性文件，运动员和裁判员在场上分别依据它来进行比赛和工作。掌握规则与裁判法，裁判员可提高临场裁判水准，让运动员充分发挥技战术水平，使比赛顺利进行，从而搞好羽毛球竞赛活动。下面简单介绍一下羽毛球竞赛规则。

(一) 羽毛球

正式比赛时，应使用羽毛插在软木上制成的羽毛球，球重应为 4.74~5.5 克。一名运动员站在端线外，用低手充分向前上方击球，球的飞行方向与边线平行，球能落在另一端线内 30~76 厘米之间，则应认为速度正常。

（二）计分

羽毛球比赛采用三局两胜制。2002 年国际羽联年会重新修订了计分方法，新的计分方法为：女子单打、女子双打、混合双打均 11 分为一局。当比赛出现 10 平时，先获 10 分的一方有权选择加赛 3 分或按原规定打完 11 分结束比赛。男子单打、男子双打则以 15 分为一局。当比赛双方打成 14 平时，先获 14 分的一方有权选择加赛 3 分或打完 15 分结束比赛。

（三）发球和接发球站位

单打比赛中，发球方的得分为零或双数时，必须在右发球区发球；得分为单数时，应在左发球区发球，接发球的一方必须相应地在斜对角的发球区内接球。双打比赛中，双方队员必须确定第一发球员和第二发球员。在本方得分为零或双数时，发球方第一发球员必须站在右发球区发球，第二发球员站在左发球区发球。在积分为单数时，第一发球员必须站在左发球区发球，第二发球员站在右发球区发球。换发球时，都由站在右发球区的一方发球，发球方每得一分后，同队两队员互换发球区，由原发球员继续发球，但对方不得互换位置。开局时，先发球的一方只有一次发球权，以后每队有两次发球权，发球员的同伴和接发球员的同伴站位不限，但不得阻挡对方视线。

（四）得分和换发球

发球后，发球方胜，则得一分，由原发球员换发球区继续发球。发球方输，则失去发球权，但对方不得分，如为单打比赛，则换由接发球方发球；如为双打比赛，则由第二发球员发球或换由对方发球。

（五）交换场地

每一局结束后，交换场区继续比赛。进行第三局比赛时，如一方先得 8 分（女单为 6 分），也需要交换场地。

（六）间歇

第一局结束后，运动员可以休息 90 秒。此时，教练员可以进行指导，但运动员不能离开场地。比赛时，若打成一比一平局，可休息 5 分钟，然后进行第三局决胜局比赛。此时，运动员可以离开场地并接受指导，但比赛前一分钟必须回到场地。

（七）发球违例

（1）过腰：发球时（在球和拍接触的瞬间），球的任何部分高过发球员的腰部。

（2）过手：发球时（在球和拍接触的瞬间），球拍顶端未向下，整个拍框没有明显低于握拍手的整个手部。

（3）踩线：发球时，脚踩在发球区四周的线上或线外的地面。

（4）移动：发球时（从球拍第一次向前挥动开始，如抛球在先，挥拍在后，则从抛球开始到球从拍面弹出瞬间为止），发球员的两脚或任何一脚离开地面或移动。

（5）假动作：在发球员和接球员均做好准备姿势后，发球员在发球过程中有任何破坏发球连续性的动作。

（6）违例：发球时，在击球瞬间不是首先击中羽毛球的球托。

（7）不过网：球未发过网或从网下穿过。

（8）错区：发过去的球落在非规定的一个发球区内。

(9) 短球：发过去的球落在网前与发球线之间的区域内。

(10) 长球：双打比赛时，发过去的球落在双打发球线后与端线前的区域内。

(11) 界外：发过去的球落在边线或端线以外的地区。

(八) 接发球违例

(1) 移动：接发球时（从发球员拍第一次向前挥动开始——如抛球在先，挥拍在后，即从抛球开始到球从拍面弹出瞬间为止），接发球员的两脚或任何一脚离开地面或移动。

(2) 踩线：接发球时，接发球员在或踏出发球区四周的任何线上或线外。

(九) 击球违例

(1) 连击：两次挥拍，连续击球两次，或同队两名运动员各击一次。

(2) 持球：击球时，球停滞在球拍上，紧接着又有拖带动作。

(3) 界外：球的整体落在对方边线或端线以外（球的任何部分压线为界内球）。

(4) 触网：比赛进行中，球拍或运动员的身体、衣服触及球网或球网的支撑物。

(5) 过网：击球时，球拍或球的接触点在对方场区上空（如果击球点在本方上空，球拍可随球过网）。

(6) 碰障碍：击出的球碰到障碍物。

(7) 违例：队员的身体被球击中。

(8) 妨碍：比赛进行中，运动员有妨碍对方的行为，如当对方在靠近网前上空有机会向下击球时，运动员将球拍在网前举起，企图拦截，使球反弹回去，或运动员侵入对方场区，或球拍扔进对方场区等。

(9) 不过网：击出的球落在本方场区外或从网下击入对方场区。

第七节　手　　球

手球运动概述

手球是一种起源于德国的球类运动，是综合篮球和足球特点的综合性运动。手球比赛中双方可各派7人上场，其中1人为守门员，在规定的场地内，通过集体配合，运用传、接、运、移动和封、打、断技术配以战术将在比赛中获得胜利。

手球运动最初是从11人制开始的，后移到室内，缩小场地，减少人数，出现了7人制手球。早期的7人制手球只作为一种游戏，不属于竞赛项目，到20世纪60年代后期，7人制手球的盛行取代了11人制手球竞赛。1938年，国际手球运动协会成立，并定期举行世界手球锦标赛。在第十一届奥运会上，手球被列为奥运会正式竞赛项目。

中国手球运动是20世纪50年代中期开始的，到60年代中期开始推广7人制手球。手球运动在我国开展还不十分普及，就其竞技水平而言，我国手球在亚洲与韩国、日本成鼎足之势，但与欧洲球队相比，仍有一定差距。随着我国体育事业的兴旺发达，手球运动必将得到更加迅速的发展。

手球的基本技术和练习方法

手球技术包括脚步移动技术、进攻技术、防守技术和守门员技术等。

(一) 脚步移动技术

脚步移动是改变自身身体位置、移动方向和速度所运用的各种脚步动作的总称。它包括起动、跑、急起、急停、侧身跑、变速跑以及转身、跳跃等动作。移动技术掌握的好坏对攻守技术的运用有着极其重要的作用。

1. 基本站立姿势

为了在比赛中适应场上瞬息万变的需要，而随时保持的一种准备姿势。

动作要领：两脚左右稍前后开立，同肩宽，脚尖与膝稍内扣，脚跟提起膝微屈，支撑点落在前脚掌上，重心在两脚之间，保持平衡，两臂屈肘自然置于体侧，抬头注视目标。

2. 跑

(1) 急起、急停。人体由静止状态迅速变为移动状态。在进攻中突然迅速的起动，能有效地摆脱防守队员，在防守中快速起动跑，可以抢占有利位置。

动作要领：急起时双膝微屈踵离地，蹬地摆臂快速有力，身体前倾重心前移，开始几步小而快速。急停时跨步腿落地膝弯曲，上体稍向后重心后移，两脚抵地作蹬撑，抬头前视保持平衡。

(2) 侧身跑。在比赛中，攻防队员为了利于观察场上情况和接、断来自侧后方的球。

动作要领：跑动中，脚尖和膝朝着跳动方向，上体及头部转向目标，身体重心侧前移，两臂自然摆动，随时准备接、断球。

(3) 后退跑。比赛中，防守队员为了观察进攻队情况而采取的方法。

动作要领：后退跑时前脚掌蹬地，膝微屈上体稍后仰，抬头眼睛观察场上情况，保持身体平衡。

3. 跳

为了在比赛中获得空中优势以及寻找空间射门点而采用的动作技术。

(1) 向上跳。多用于接、断空中球及外围远射。

动作要领：起跳时降低身体重心（踏跳腿屈膝），然后踏跳腿用力向上蹬伸，同时手臂协调上摆，使身体充分伸直重心升高，另一腿自然屈膝抬起。

(2) 向前跳。常用于快速切入射门和空中接球射门。

动作要领：快速跑动切入，起跳时踏跳腿前脚掌用力蹬地，屈伸膝关节，上体前倾，腾空后使身体充分伸展，身体重心前移并超越支撑点，同时抬头，眼睛注视目标。

(3) 向侧跳。多用于抢断球，守门员的防守以及为避开防守队员进行射门。

动作要领：起跳时双脚或单脚向侧用力蹬地，身体重心向起跳方向移动，身体在空中充分伸展，同时手臂向侧斜上举伸。

练习方法：

(1) 徒手练习基本站立姿势。

（2）根据教师的口令作不同方向的基本站立姿势。

（3）原地站立，听口令做急起、急停、侧身跑、后腿跑的练习。

（4）徒手进行向上、向前、向侧的各种跳跃练习。

（5）持球进行向上、向前、向侧的各种跳跃练习。

（二）传、接球技术

传、接球技术是手球比赛中队员之间有目的地转移球的方法，是进攻队员在场上相互联系、组织进攻、实现战术配合的基本技术。

1. 持球

持球是进攻的开始，它是进攻中有球技术的基础，手球运动中一般可分为单手持球和双手持球。

（1）单手持球。单手持球是手球比赛中使用最多的持球方法。它灵活机动，活动范围大，挥动速率快、威胁大。

动作要领：单手五指自然张开，用手指部位力量触球、控球，掌心空出，同时手腕肘及肩关节放松。

（2）双手持球。双手持球一般在接球时运用，它便于控制球，但持球活动范围小，灵活性差。

动作要领：双手手指自然张开，两手拇指相对呈“八”字，两手手指部位触球，掌心空出，持球的侧后部。

2. 传球

（1）单手肩上传球。单手肩上传球是比赛中最常用的传球方法之一。其特点是动作简单、易控制、传球准确。适合于短、中、长距离传球，并能结合射门动作，有着很强的攻击性（图 8-7-1）。

动作要领：以右手为例。两脚前后开立，右手持球于肩上并举球后引，肘关节高于肩关节，左肩略向右转。传球时右脚蹬地，同时腰腹部用力，躯干向左转，身体重心前移，以肩关节带动肘关节对准方向，屈腕拨指将球传出。

（2）单手体侧传球。单手体侧传球是持球于体侧向自己体侧方转移球时运用的一种方法。其特点是，出手迅速且动作幅度小而隐蔽，准确性较高，适合于短距离传球（图 8-7-2）。

动作要领：以右手为例。两脚前后或左右开立，膝微屈，身体重心在两腿之间，右手持球于体前，传球时以上臂带动前臂由左向右挥摆，手腕外旋对准传球方向甩动将球传出。

图 8-7-1　单手肩上传球

图 8-7-2　单手体侧传球

3. 接球

（1）单手接球。单手接球在比赛中较少运用，其特点是接球范围大；缺点是接球不稳，不易控制。

动作要领：接球时，根据不同方向的来球，主动伸手迎球，五指自然张开，当手触球后顺势后撤缓冲，另一手迅速上去护球。

（2）双手接球。

①接胸部以上高度的球：比赛中最常用的接球动作（图 8-7-3）。

动作要领：接球时，手指自然张开略向上，两手拇指及食指相对呈“八”字，两手形同半球状，接球时，两臂主动伸出引球，在手指触球的瞬间，手指用力握住球，两臂快速后缩缓解冲力，并将球持于胸腹之间。

图 8-7-3　双手接胸部以上高度的球

②接低于腰部高度的球：该接球动作在比赛中较少运用（图 8-7-4）。

动作要领：接球时，手指自然张开，双手小拇指相对呈倒“八”字，双手成半球状，接球时上体前屈，两臂弯曲向前下伸，在触球时手指紧张并迅速后引缓冲，接球后上体直起将球持于胸腹之间。

图 8-7-4　双手接低于腰部的球

练习方法：

（1）加强手指力量的各种辅助练习。

（2）对墙传接球练习。

（3）迎面传接球练习：排成一路纵队，接教师传来的球，并回传给教师，传后排到排尾，并按教师要求进行不同形式和距离的传、接球练习。

（4）两人或三人之间的快速推进。

（5）三角或四角传、接球（练习过程中可加球练习）。

（三）射门技术

射门是进攻队员为将球射入对方球门而采取的各种专门动作的总称，它是得分的唯一手段。

1. 支撑射门

（1）原地肩上射门。

动作要领：以右手射门为例。两脚左前右后，上体侧对球门，身体重心落在右脚上，前膝稍屈，右手持球于肩上，射门时，右脚疾速蹬地，以肩带动腰腹向左转动，重心前移，同时上臂及肘向前挥动，最后用手腕、手指的力量将球射出，并顺势向前跨步。

（2）跑动支撑射门（图 8-7-5）。

动作要领：以右手跑动射门为例。接球后跨左脚，右手持球引至肩上，随后右脚向前跨步的同时上体向右转动，当身体由右脚支撑时，右脚奋力蹬地，上体收腹并左转前屈，带动手臂向前挥摆，最后用手腕、手指的力量将球射出。左脚顺势迈步，随后惯性跑动。

图 8-7-5　跑动支撑射门

2. 跳起射门

（1）向前跳起射门（图 8-7-6）。

动作要领：以右手向前跳起射门为例。接球后，利用助跑，左脚前脚掌积极用力向前蹬地跳起，使身体重心前移超越支撑点，左肩侧对球门，同时右手持球于肩上，抬头展体，右腿屈膝外展，眼睛注视球门，当身体上升到接近最高点或取得最佳射门时机时，上体向左转动，以肩带动手臂向前挥摆将球射出。

图 8-7-6　向前跳起射门

（2）向上跳起射门（图 8-7-7）。

动作要领：以右手跳起射门为例。接球后，迅速助跑，当最后一步左脚落地时全力蹬地向上跳起，两膝自然屈膝，持球右手由下向后划弧引球至右肩上方，同时上体向右转动，左肩侧对球门，当身体跳起近最高点时，以右肩带动向左转体，同时收腹，右臂用力挥动，屈膝将球射出。

图 8-7-7　向上跳起射门

练习方法：

（1）持球进行各种射门的技术动作练习（可对墙）。

（2）接教师传球做各种射门的技术练习。

（3）运球后做各种射门的技术练习。

（4）二对二或三对三进行战术配合后的射门练习。

（四）防守技术

防守技术是队员合理地运用脚步移动，抢占有利位置，利用身体躯干部分以及手来阻挠和封堵破坏对方的进攻。

1. 防守的基本姿势

防守的基本姿势是使防守队员处于一种既稳定又灵活机动的站立姿势。

动作要领：两脚平行或斜向开立，与肩同宽，膝微屈体稍前倾，身体重心在两脚之间，抬头目视对方，两臂伸开或举垂，随时准备做出移动和防守动作。

2. 防持球队员

动作要领：当所对应的对方队员接球时，应快速移动，主动的“顶”上去，正对持球队员，用斜步站立的方法，与对方持球手同侧的脚在前，另一脚在后；与前脚同侧的手臂上举，干扰和影响持球队员的行动，另一手屈肘于腰腹之间，以防冲击。当进攻队员持球进行远射时，应伸展两臂积极地进行封堵。如内线进攻队员拿球而防守队员在其背后时，可运用“卡压”对方的持球手，使其不能抬手射门。

3. 防无球队员

动作要领：当所对应的对方队员无球时，应与其保持适当距离，用平步和斜步站立的方法，靠有球一侧的手前上举，另一手自然屈于体侧，抬头注视有球队员和无球队员，并根据场上情况，不断调整站位，做到人球兼顾，并随时准备抢断及协防。

练习方法：

(1) 防守基本姿势练习。

(2) 一对一或二对二的徒手防守练习。

(3) 一对一或二对二的有球攻防练习。

(五) 守门员技术

守门员是全队的最后一道防线，其主要任务是不让球射入球门。守门员技术包括准备姿势、位置选择、脚步移动、封挡球、传球五种。下面主要介绍封挡球技术。

1. 手挡球

有单手挡球和双手挡球之分。

(1) 单手挡球。单手挡球一般用于封挡身体两侧不同高度的来球。

动作要领：根据来球方向单手伸出，五指自然张开，掌心对准来球，在掌与球接触的一刹那，手指、手腕紧张，并迎球下压，将球挡于身体附近。同时也可用单手托球、打球等方法将球托、打出去。

(2) 双手挡球。双手挡球一般用于追身球或头顶上方的来球。

动作要领：两手臂并拢，双掌手指自然张开，掌心对准来球，在掌与球接触的一刹那，手腕下压，将球挡落于身体附近。

2. 臂封挡球

(1) 单臂封挡球。单臂封挡球主要用于守门员向前出击防守或封挡近身体两侧的来球。

动作要领：根据来球方向伸出单臂，手臂肌肉和肘关节保持紧张，在手臂触及球时顺势稍后引，以缓解射门力量，同时手臂内旋将球挡于近体。

(2) 双臂封挡球。双臂封挡球一般用于守门员封挡头上方来球，比赛中多出现于边锋小角度射向球门近上角的球。

动作要领：双臂并拢伸直上举，掌心向前封住头上空当，当手臂触及球时，迅速下压，将球挡落于近身。

(3) 腿、脚封挡球。主要用于封挡低于腰部以下的射门。

动作要领：以右腿、脚封挡球为例。左脚向侧用力蹬地，使身体重心移向右侧，右腿关节外展并向来球方向伸出，对准来球，用腿的内侧或足弓封挡球。

(4) 手、脚并用封挡球。主要用于封挡胸部以下的射门。

动作要领：当射门球的高度在腰部位置时，身体重心向来球移动，同时近球一侧手、脚靠拢，通过伸臂、抬腿的动作将球封挡。当迎球而上进行封挡时，躯干和四肢充分伸展，似老鹰扑食，封挡来球。

练习方法：

(1) 各种柔韧素质练习，发展肩、腰腹、下肢等的柔韧练习。

(2) 不同方向的移动练习。

(3) 灵敏、反应练习。

(4) 守各种形式的射门，运用各种封挡技术。

（5）固定和移动的短、中、长传球练习。

手球基本战术

手球运动的基本战术有进攻战术、防守战术和攻防战术。

1. 进攻战术

进攻战术又分为：传切、突分、交叉换位等。

（1）传切战术。它又分为直切、斜切等。

斜切配合（图 8-7-8）：③持球，横传给④后做变向跑摆脱❷的防守，切入空位，此时④接球后做正面佯功，吸引正面❺防守后，及时传球给③，③接球射门。

直切配合（图 8-7-9）：③持球，传给④，④接球后直接向❷与❺之间空当切入，当❺补防时，③快速从❺身旁空当直切，此时④及时将球传出，③接球后进攻射门。

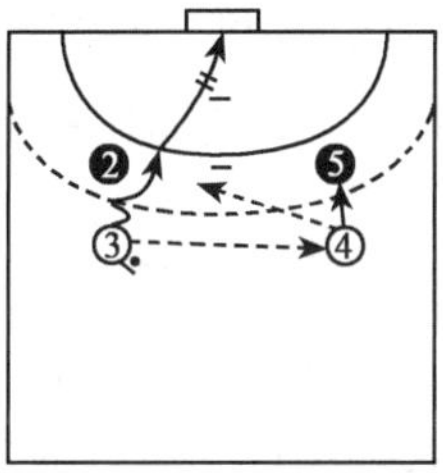

图 8-7-8　斜切配合

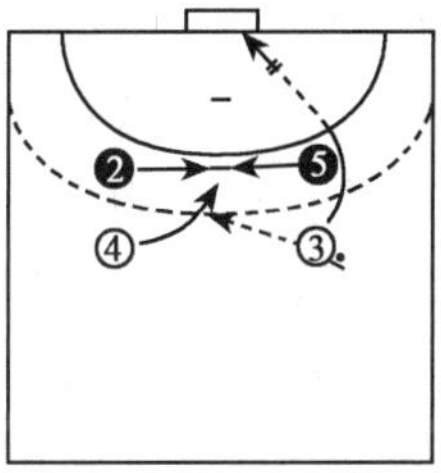

图 8-7-9　直切配合

动作要领：进攻队员将球传出后以身体假动作摆脱对手，用变向、变速跑，快速直切向球门区，接同伴及时回传来球进行进攻。

要点：配合时两人之间拉开间隔距离，这样能使防守队员之间失去相互支援的可能，以便能扩大切入与传球的空当。

（2）突分战术。持球队员突破吸引防守队员，给同伴创造进攻机会，并将球及时传给同伴射门的一种简单配合。如果一次突分不成功接着进行第二、第三次连续地突分配合，以打乱对方的防守步伐，取得无人防守，达到射门得分的目的，这种连续的突分配合又叫连切配合。

突分战术配合方法一（图 8-7-10）：④持球做个人突破，从两名防守队员之间持球切入，迫使❷、❺靠拢，此时③利用❷移动出现的空当直切；④及时将球传给③，③接球后射门。

方法二（图 8-7-11）：③持球变向向当中突破，吸引❺防守，利用❺身后的空当，将球传给⑤，⑤接球后转身射门。③向中路突破时，④向旁边移动，吸引❹防守，为③中路突破拉开空当。

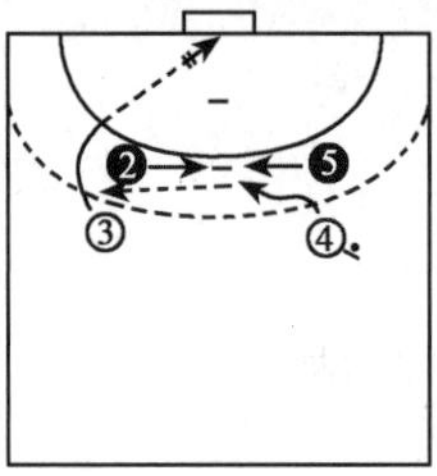

图 8-7-10　突分战术配合一

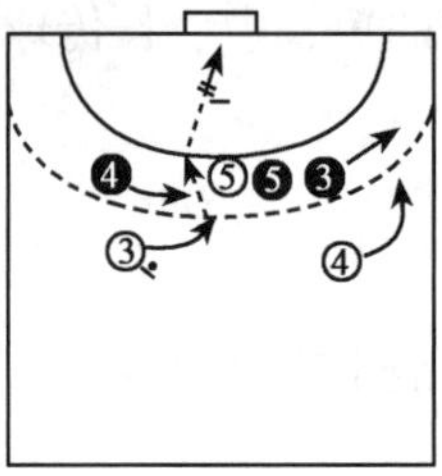

图 8-7-11　突分战术配合二

(3) 交叉换位战术配合。在手球比赛中，交叉换位配合应用最多。交叉换位就是靠近的两个队员向防线做交叉跑动互换位置，借以摆脱防守获得突破攻击的机会。

动作要领：交叉换位时要对对方防线有冲击力，迫使防守一方不停地调整防守位置，造成对方在防守上产生错觉或移动不及。交叉换位时第一人斜线移动时，要有突破攻击动作，以便带动对手跟防，拉空位置，给同伴创造攻击机会。无球队员在交叉换位时要随时准备接球进攻。交叉换位配合的传球最好采用托抛球或甩传球的分球方法。

交叉换位战术配合（两人一次换位，图 8-7-12）：④将球传给斜切的③后，向中间斜切接③回传球，完成交叉换位后的切入射门。

三人二次换位配合（图 8-7-13）：④持球，③斜插跑至❹前，④传球给斜插的③后，跑动与③做一次交叉换位，跑动中④接③的回传球，继续跑动斜插向❷与❸之间，并将球传给②，②接球后与④再做一次交叉换位，并跳起外围远射，这种连续交叉换位能有效地压制防守，为外围射门创造机会。

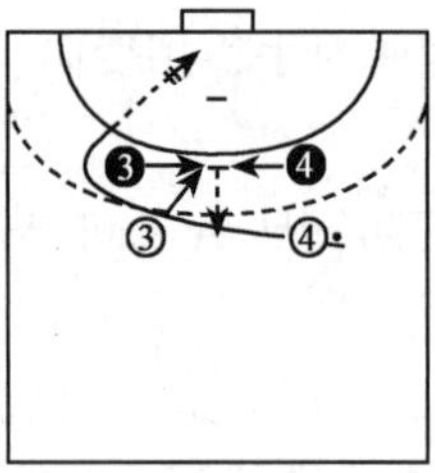

图 8-7-12　交叉换位战术配合

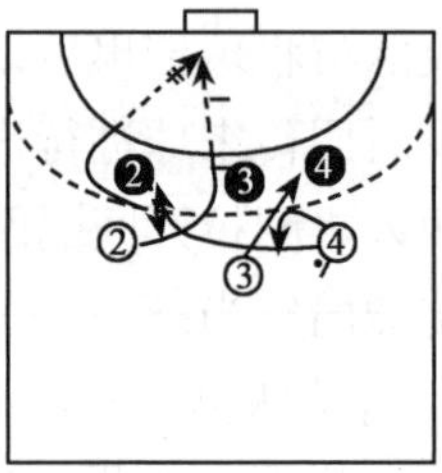

图 8-7-13　三人二次换位配合

2. 防守战术

防守战术配合主要有：换防、关门、补防等配合。防守战术运用的好坏，主要取决于个人防守能力和协同防守的意识。

(1) 换防配合。

动作要领：换防是指防守队员之间相互交换自己所防守对象的一种配合方法（图 8-7-14）。

要点：注意观察进攻队员的行动，换防时要主动积极、果断、相互呼应、动作一致。调整自己位置，堵住进攻队员的移动路线。

防守队员❹、❺盯随自己的对手，当发现进攻队员④、⑤进行交叉换位，并挡住了防守❹的移动路线而无法继续看守自己的对手时，应迅速及时与❺换防。

（2）关门配合。关门配合是临近的两个防守队员协同防守突破队员的一种配合方法。

动作要领：当进攻队员突破对方的防守队员时，邻近突破一侧的防守队员必须迅速滑步向同伴靠拢，像两扇门一样关起来，堵住突破队员的前进路线。协同配合的两个防守队员的腿部要靠近，肩部要尽量靠拢，以免突破队员从中挤过，关门时手臂不要有附加动作。

要点：配合要协调默契，动作要快速及时。关堵时双臂抬起或举起以防对方射门。

关门配合方法（图 8-7-15）：进攻队员②接球突破，防守队员③、④积极滑步靠拢阻截，两个平行站立、贴近共同堵死②的突破防线。

（3）补防配合。当某防守队员出击盯防持球的进攻队员而被对方突破时，靠后的邻近防守队员就应积极补位防守，以弥补本方的防线缺口。

动作要领：当对方持球队员已突破同伴时，邻近的防守队员要积极补防，反应要快，动作要迅速、果断。当补防时，其他防守队员要注意观察突破队员的分球意图，并及时抢占有利位置。

要点：补防动作要快，要遵循先堵内线再封外线，先堵中间再防两边的原则，相互协调作战，形成默契。

补防配合方法（图 8-7-16）：当防守队员❸被进攻队员③突破，邻近防守队员②及时补防。此时，防守队员。要迅速移动回防线内补位。

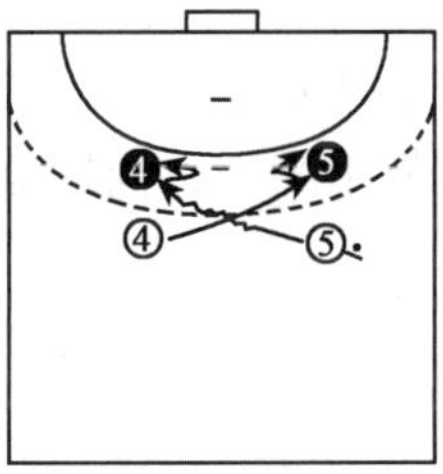

图 8-7-14　换防配合

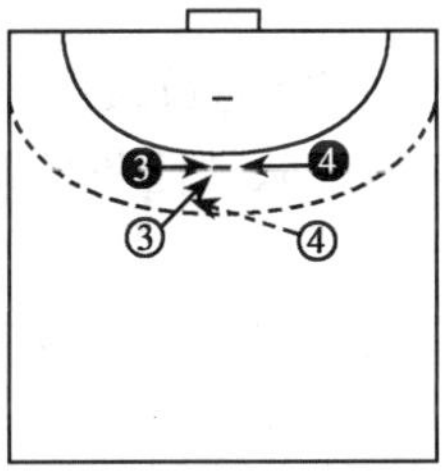

图 8-7-15　关门配合

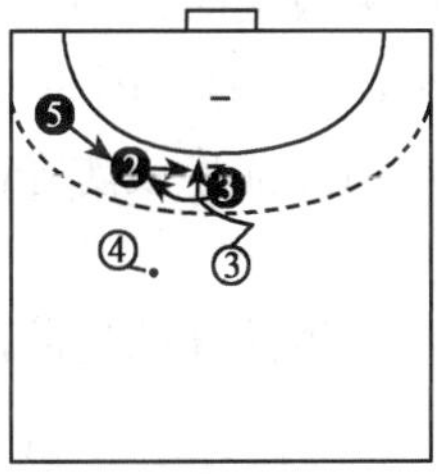

图 8-7-16　补防配合

3. 攻防阵形

手球比赛中攻防转换快，每个队在进攻、防守时应根据本队及对方队的特点采用不同进攻、防守阵形，目前手球比赛常用的阵地进攻、防守的主要方式有“6-0”阵形、“5-1”阵形、“4-2”阵形等。

（1）进攻阵形。

①“6-0”进攻阵形。6 名队员成一线排列，面向球门区站位在任意线外，两边锋可站在场角的位置上（图 8-7-17）。

②“5-1”进攻阵形。1 名队员在对方球门区前站立，背向球门，其他五名队员在任意球线外分开站立，中间三名队员的站位距离可稍远些（图 8-7-18）。

③“4-2”进攻阵形。2 名队员站于对方球门区前沿，四名队员在任意线外分开站立（图 8-7-19）。

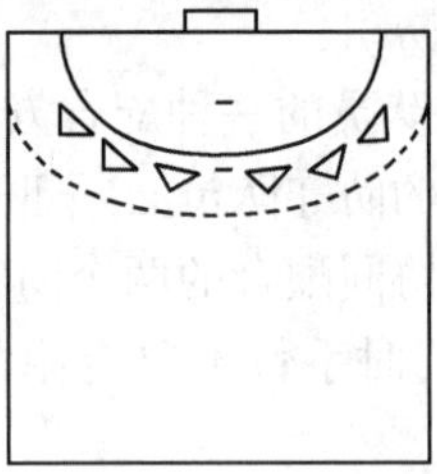

图 8-7-17 "6-0"进攻阵形

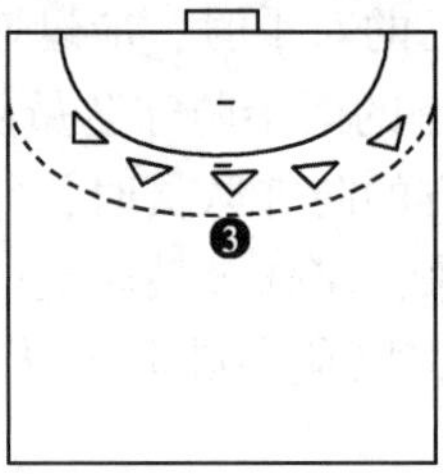

图 8-7-18 "5-1"进攻阵形

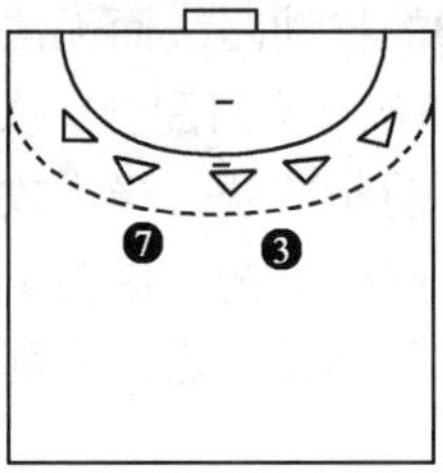

图 8-7-19 "4-2"进攻阵形

阵地进攻的原则是快速传球转移，积极交叉换位，迫使对方防守移动造成空隙，以切入射门。总之进攻阵形要根据本队特点、战术需要和防守队的弱点进行针对性安排，避实击虚，攻其弱点。

（2）防守阵形。

①"6-0"阵形（图 8-7-20）。6 名防守队员站在球门区前，形成一道密集的防线，通常把身体高大、防守技术较好的队员安排在中间，因为中间对球门威胁较大。

方法：每个防守队员要对着本区正面的进攻队员，如果进攻队员有一名站在内线时，靠近他的防守队员要紧贴进攻队员，封锁他的接球线路，做到有球紧无球松，当中紧，两边松，随球移，两手张。

特点：这种阵形队员之间距离近，防线密集大，当对方缺乏远射威力但突破能力强，两侧边锋威胁较大时运用。

②"5-1"阵形（图 8-7-21）。1 名防守队员突前位于任意球附近，其他五名队员成一线分布在球门区前形成防守队形，突前的队员任务是破坏对方战术配合，伺机抢断，阻止正面远射。

特点：两侧防守队形防区大，有纵深，能有效破坏对方战术配合，并能限制对方正面远射。

③"4-2"阵形（图 8-7-22）。前面两名防守队员分别位于任意线前约与球门 45°角的位置，其他四名队员站成一线分成在球门区前形成两线防守阵形。前面两位应是脚步灵活，移动快的队员。他们主要是紧随对方后方限制其正面远射并积极移动，切断对方正面联系。

特点：这种防守阵形对于以外围进攻为主的两个后卫，远射能力较强的队应用较为有效。

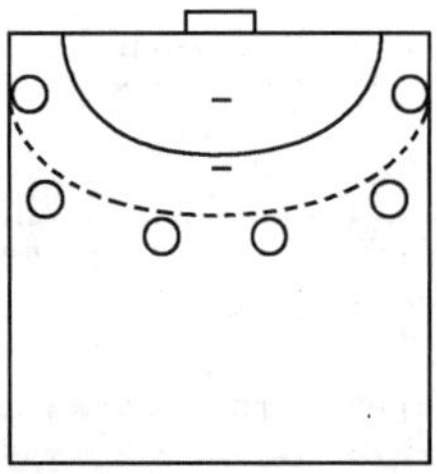

图 8-7-20"6-0"阵形

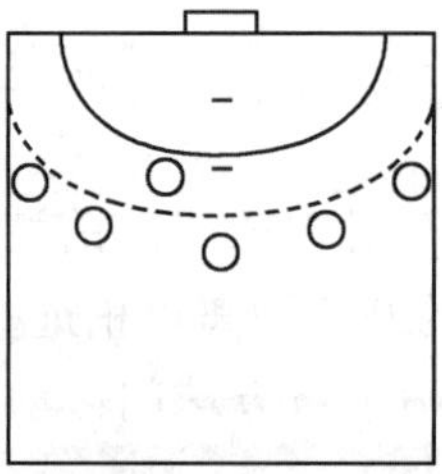

图 8-7-21"5-1"阵形

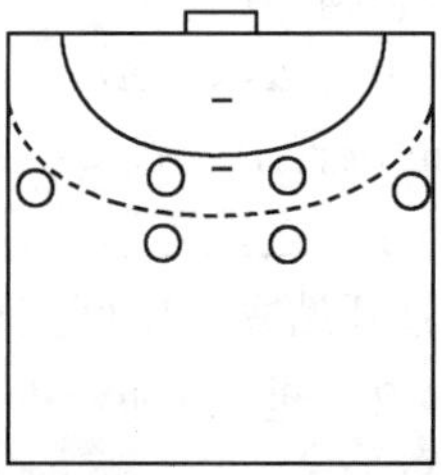

图 8-7-22"4-2"阵形

手球基本竞赛规则

1. 场地

标准场地为长方形，边线长 40m，球门线长 20m（Pb 球门线加内球门线）。平行于球门线的中线将场地分成两个半场和两个球门区。场地大小和地面不得以任何方式加以改变而使一方从中得利（图 8-7-23）。

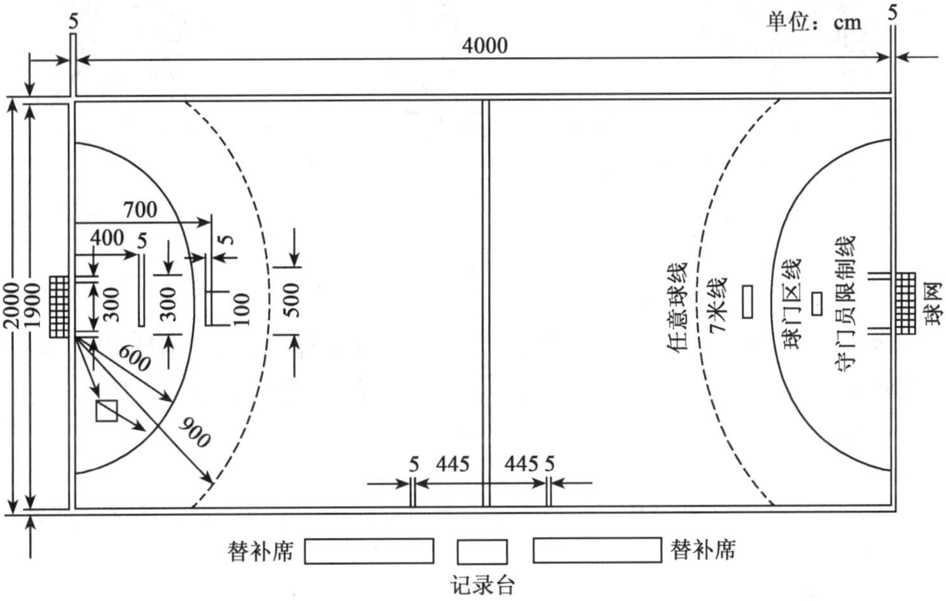

图 8-7-23　手球场地

注：场地应有一定的安全区，离边线至少 1m，离球门线至少 2m。

2. 球门

每个球门必须位于各自球门线的中央，球门高 2m，宽 3m（从内侧量起），见图 8-7-24（a）。

球门柱应稳固地置于地面，并由一根水平横木连接，球门柱的后沿应与球门线的外沿齐平。球门柱和横木的横断面为 8cm×8cm，它们必须用相同的材料（例如木料、轻金属或化学合成材料）构成，四面必须漆成与背景有明显对比的相间色带。球门柱和横木连接处应漆成长 28cm 的同色的色带，所有其他长方形色带均为 20cm，见图 8-7-24（b）。球门应缚挂一张使掷入球门的球不会立即弹回的网。

3. 队员人数

每队上场比赛队员 7 人，其中有一名守门员。比赛中可以随时换人无须告知裁判员，但必须在规定的换人区域进行换人，并须遵循先下后上的原则。

4. 比赛时间

比赛为 60 分钟，平均分为上下两个半场，每半场 30 分钟，中间休息 10 分钟。在比赛时除暂停外不停表。

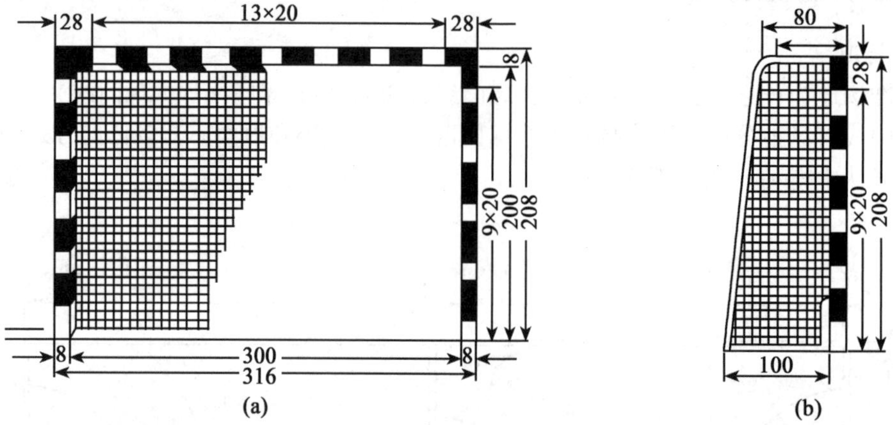

图 8-7-24　球门

5. 侵人犯规

比赛中场上队员的推、拉、抢、撞等行为都属犯规，对一般犯规不计次数，而对严重犯规、粗野及危险动作以及有违体育道德的言行，将给予警告，并小罚出场 2 分钟，严重者可处取消比赛资格。

6. 七米球

当进攻队员持球突破射门时，防守队员出现犯规行为或进入球门区防守，则要判罚点球——七米球。

7. 持球与封挡

比赛中进攻队员可持球走或跑三步，防守队员可用身体躯干阻挡对方的移动，守门员对进攻队员射来的球可用手脚进行封挡，阻止球进球门。

第八节　棒　垒　球

棒垒球运动概述

现代棒球运动脱胎于英国的板球运动，创始人窦布戴伊于 1839 年在美国纽约创立了该项运动。1845 年，美国人亚历山大·卡特赖特制定了第一部棒球竞赛规则，并正式起用了棒球（baseball）这一名称。1938 年在英国举行了第一届世界业余棒球锦标赛。国际业余棒球联合会成立于 1976 年。从第 25 届奥运会起，棒球被列为正式比赛项目。

垒球运动是在 1887 年从室内棒球逐步演变发展形成的一个独立比赛项目。1933 年制定了第一部统一的比赛规则，并取名为垒球（softball）。1952 年国际垒球联合会宣告成立。在国际垒联的积极努力下，从 1996 年第 26 届奥运会起，垒球被列为正式比赛项目。

棒垒球虽在 20 世纪初就传入我国，但是其普及程度远不及其他运动项目。经过棒垒球工作者多年的努力，特别是我国女子垒球的发展呈现出了良好的态势。自从 1976 年我国加入国际垒联后，涌现出了一批又一批世界级的优秀垒球运动员，在国际赛场上，多次获得世界锦标赛亚军、世界青年锦标赛冠亚军。在第 26 届奥运会上，我国女垒健儿勇夺亚军，翻开了我国垒球运动发展的新篇章。

棒球和垒球的技术、战术和比赛方法基本相同，只是场地大小，球和棒的尺寸、重量以及投球和离垒的方法不同。而且棒垒球比赛方法与其他球类有非常大的差别，即攻守截然分开。

棒垒球基本技术与练习方法

棒垒球技术包括防守技术（接球、传球和投球）、进攻技术（击球和跑垒）。它是构成各种战术的基础。

一、防守技术

（一）接平直球

1. 技术要点

正面对传球者站立，两脚分开同肩宽，双膝微屈，双肘屈，合手置于胸前，双眼正视传球者。戴手套不能太深，也不能太浅。太深则使用不灵活，太浅则容易被传球打落。不论高低、左右的传球，都要用手套的掌心对着来球接，使手套正面成一平面，与传球成为垂直面。绝不可用手套的手指对着来球接。传球在腰部以上，手指朝上；传球在腰部以下，手指朝下；传球偏右，如果来得及移动身体，则用正面双手接，仍按腰部上下传球的要求；如果来不及，则手指朝右，单手接球。传球偏左，手指朝左；传球偏右下侧时，可用正手接，也可用反手接。但不论正手、反手，手指都要朝右。手套的接球位置在虎口与掌心之间，球进手套后双手合拢后引，右手伸入手套拿球。

2. 练习方法

（1）徒手变换接上、下、左、右、上左、上右、下左和下右八个方向来球的手套位置。

（2）近距离接抛球。

（二）接地滚球

1. 技术要点

面对来球，两脚分开比肩稍宽，前导脚稍前，轴心脚稍后，屈膝，上身前俯，重心置于双脚前掌，双手自然放在双膝之前，双眼正视来球。正面迎球，双手前伸靠拢，手套张开，掌心向前上方，贴地，传球手放在手套上，调正步法，在地滚球弹跳到最高点或刚着地时，用双手接球（图 8-8-1）。球进入手套后，传球手覆盖手套，并将手套稍后引，以免球从手套弹出。同时，传球手把手套里的球抓住，准备垫步，再将传球臂后摆，做传球准备。

接地滚球时，除非来球很迅猛而来不及上前接，其他情况则只能上前接，而不能等着接，更不能退后接。特别是接球速不快的地滚球时，必须起步向前，在距来球 1~2 米时下蹲接球。接左前方或右前方的地滚球时，起动路线不能与来球路线交叉，不能等球到跟前才下蹲接球，而应留有余地，采取弧形跑动路线，然后在距来球 1~2 米时下蹲接球。

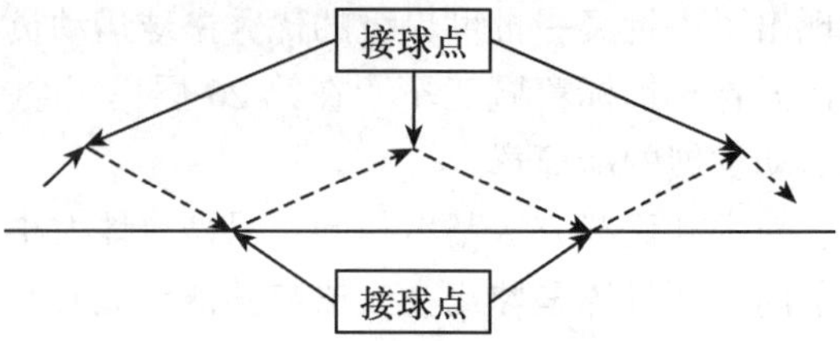

图 8-8-1

2. 练习方法

（1）徒手下蹲做双手正面接地滚球练习。

（2）练习接近距离抛来或传来的地滚球。

（3）练习接教练击出的地滚球。

（4）结合内外场练习接地滚球。

（三）接高飞球

1. 技术要点

面对前方，两脚分开比肩稍宽，左脚稍前，两膝微屈，上体前倾，双手自然放在双膝前或胸腹前，两眼正视前方，注意力集中。接高飞球时，先判断其落点，迅速起动到落点附近。

正对来球，自然站立，双臂屈肘，上举到头部前上方，手套手指朝上，掌心向前上方张开，传球手放在手套旁，双眼从手套上沿看来球，球进入手套时，传球手将球覆盖，用双手牢牢把球接住，同时顺势后引，准备传球。在移动中，不要将手套放在头上。接身后高飞球时，应采用侧身跑或侧身跑后再接侧身跑的方法。

2. 练习方法

（1）近距离原地接抛来的小高飞球。

（2）步伐练习：侧身跑与后转身组合练习。

（3）接教练击出的高飞球，并结合内外场练习接高飞球。

（四）传球技术

1. 握球方法

棒球的握球方法：把球放在食指和中指的指根，这两指放在球体的上部，两指分开约一指宽，两指的第一指节前部要压在球缝处，拇指和无名指扶持球体下部两侧，拇指第一指节也要压球缝，形成三点压球缝，两点在上，一点在下正中。不要把球握在掌心，也不要把球完全贴在虎口，球与虎口之间要留有空隙。不要把球握得太紧或太死，要放松些。

垒球的握球方法：食指、中指、无名指自然分开，指根以上部位放在球体上方，大拇指放在球体下方，小指放在球体外侧。手型较大或手指较长者，也可以采用棒球的握法。

2. 传球技术

传球姿势由于出球位置的不同而分为肩上、体侧和肩下传球三种。

这三种传球姿势中，以肩上传球姿势最为合理，此种传球有力而准确，且不易伤及肩臂。因此要以肩上传球姿势为主。只有在特定情况下，才用体侧和肩下传球姿势。

肩上传球的动作要领：正面对着传球目标站立，两脚分开同肩宽，双膝微屈，左脚稍前，双眼正视接球队员的胸前，两手持球置于身前。身体向传球臂方向转动约90°，右臂摆向身后，左脚向传球方向前移，准备伸踏。这时，以右脚或双脚支撑整个身体，使之保持稳定，两臂前后分展，球在掌下。随左脚向传球方向伸踏落地，身体左转，左臂屈肘，向左肩后收，带动右臂从身后向身体右上方（体侧3/4部位）前送。待通过体侧线时，用力甩臂扣腕，将球在身体前上方传出。双眼始终盯准接球者。右臂从身后前送时，要使手背在下，球在上，肘平肩屈成90°左右，肘关节不低于肩关节，腕不低于右耳，但不能过于靠近右耳。甩臂扣腕要由上向下用力，借助转髋力量，要有爆发力。球出手时，食指和中指第一指节压球缝部分要有拨指动作，使传出的球做由下向上的旋转，加速球体向前运动的冲力（图8-8-2）。

传球出手后，右臂继续向身体左下方摆动，上身自然下压，右脚前移，成接球的准备姿势。

图8-8-2

3. 练习方法

（1）连续往自己手套里传球、拿球，体会握球的要领。

（2）肩上传球姿势：连续抽毛巾练习。

（3）两人间由近到远、由远到近传接球练习和垒间传球练习。

（4）结合内外场练习传球。

（五）棒球投球技术（以右投为例）

投球有正面投球和侧身投球两种姿势，投手可随时选择其中一种姿势投球。正面投球就是投手正面向着击球员站立投球；侧身投球就是投手侧身向着击球员站立投球。它们之间的区别在于前者便于投球，后者便于传牵制球，这是因为棒球比赛中跑垒员不受离垒限制。因此，在垒上没有跑垒员时，不论右投还是左投，投手都采取正面投球姿势。但垒上有跑垒员时，则采取侧身投球姿势。

无论正面还是侧身投球，根据投球出手时投球臂的角度和出球点的高低，有三种投球方法：上投法、侧投法、下投法。其中上投法是最基本的投球技术。

1. 正面投球技术要点

准备姿势：右脚踏在投手板上，左脚放在投手板两侧以外的任何地方，正面对着接手，右手调整握球的位置，将食指、中指的指尖压在球的线缝上。保持握球的隐蔽性和身体的稳定性。

投球预摆：双臂向上摆动并合手，转体提膝，重心置于右脚，双眼注视接手。尽可能提高提膝的高度，但不能破坏身体平衡。

投球出手：右膝微屈蹬地，左髋前送，左脚伸踏，根据腿部力量决定伸踏幅度。上体左转，重心前移，左臂屈肘后收，右臂前挥，手腕下压，手指拨球出手。

投球臂随挥：其技术动作与肩上传球相似（图 8-8-3）。

图 8-8-3

练习方法：

（1）两脚前后站立成投球姿势，进行徒手和对网投球练习。

（2）完整动作的徒手和对网投球练习。

（3）配接手的投球练习。

（4）击球员击投手球时的投球练习。

2. 侧身投球技术要点

侧身投球的技术动作和正面投球基本相似，但也有一些差异，主要体现在以下几方面：

准备姿势：身体侧对接手，两脚左右开立，左脚在前，右脚踏在投手板上，并保持身体静止。

投球预摆：侧身投球无须预摆。提膝高度视投手的动作速率和投球速度而定。

投球出手：投球出手和投球臂随挥的技术动作与正面投球相似。

练习方法：与正面投球基本相似。

（六）垒球投球技术（以右投为例）

垒球投球方法有后摆式和绕环式两种。目前，国际上普遍采用绕环式投球方法。一般，初学者往往从学习后摆式投球入手，因该方法较易掌握且准确性也易控制。现将该方法介绍如下。

1. 技术要点

握球：握球方法与传球的握法相同，最好是食指和中指握在球的线缝上，借以加强对球的控制力量和球的旋转。

踏板位置：两脚站在投手板上，可平行站立，或右脚稍在前，触踏在板的前沿，脚尖稍偏向三垒，左脚在后，触踏投手板，两脚之间距离略小于肩宽，重心落在右脚上，身体自然放松，两肩与一、三垒平行，面对击球员。

投球动作：投球前，双手握球置于身前。静止后，两手分开，开始做向后摆臂动作。右手握球，右臂直臂经体侧由下向后上摆。在后摆的同时，上体前倾并向右转，左腿屈膝提踵向右转。当摆臂至后上方最高点时（约与地面垂直），左脚向正前方迈出一大步，成弓箭步，利用身体前倾（重心前移）、腰部扭转、髋关节前送和右脚的用力蹬地，加快手臂下摆速度。最后加上手腕和手指的力量，将球经体侧向前投出。球出手后，右臂继续前摆，右脚顺势跨出一步，与左脚平行，两膝微屈，上体前倾，做好防守准备。

2. 练习方法

与棒球练习方法基本类似。

二、进攻技术

进攻技术包括击球技术（挥击球、触击球）和跑垒技术。击球技术是棒垒球运动中进攻的基本技术，也是最重要的技术。跑垒是进攻技术的一部分，它包括跑一个垒、连续进垒和离垒。

（一）挥击球（以右打为例）

1. 技术要点

握棒：双手握棒，左手在下，右手在上，两手并拢，不留空隙。把棒放在右手指第三指节根部、左手指第三指节上，然后合手拧紧（图 8-8-4）。

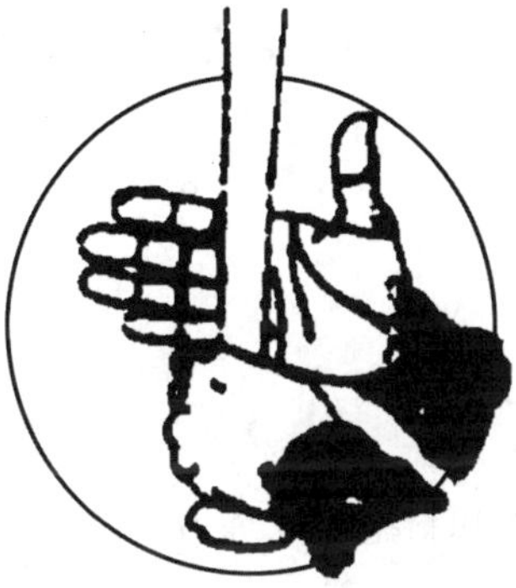

图 8-8-4

准备姿势：击球员的站姿有平行式、开放式、封闭式三种（图 8-8-5）。

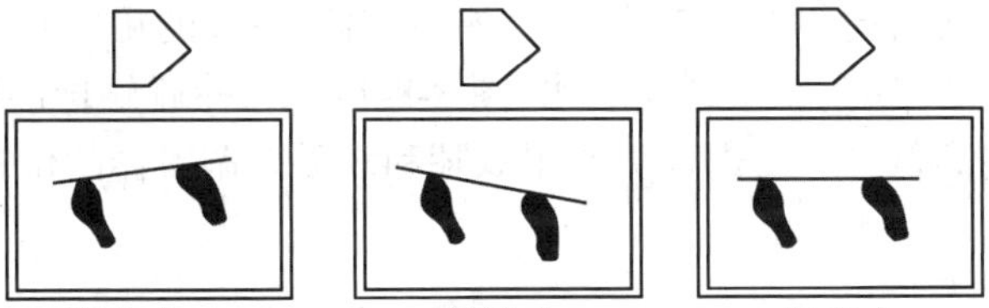

图 8-8-5

平行站姿对初学者较为适宜。当击球员进入击球区后，应正对本垒板站立，两脚分开同肩宽，两膝微屈，双手握棒，像持雨伞那样将棒立于右肩前，左臂横放胸前，离胸部约一拳，头部转向投手，注视投手投球动作，全身放松。

挥棒与击球：在投手开始摆臂时，击球员应将重心移在右脚上。当投手投球出手的一刹那，击球员即将左脚向前伸踏一小步，重心随即落在两脚上，双膝微屈，右脚以前脚掌为轴，向内转动，髋关节主动左转前移，带动腰及上体向前转动，同时，握棒的双手以腕领棒，加速前挥。当挥棒的两臂伸直时，也就是挥棒速度最快、力量都集中在棒头的时候，以棒的粗端在本垒板前上空把球击出。在触球的一刹那，手腕要向前用力顶一下，以增加击球力量。击中球后，棒要继续挥动，不得停顿。右手要向上翻腕，同时随势屈肘，当双手贴近左肩时才算完成整个挥棒动作。击中球时，重心应在两腿之间，左脚伸直，右脚屈膝，脚步稳定，支撑有力。在整个挥棒击球过程中，两眼要始终注视来球，特别是击中球的一刹那。挥棒速度由慢至快，挥棒方向基本上与来球保持同一水平方向。根据来球的内外、高低，随时改变棒的挥动轨迹和击球点（图 8-8-6）。

图 8-8-6

2. 练习方法

（1）转髋和伸踏的徒手练习。

（2）挥空棒练习。

（3）击立柱球、垂直抛击球和斜抛击球练习。

（4）轻击球和击投手球练习。

（二）触击球（以右打为例）

1. 技术要点

击球前的准备姿势与挥击球相似。当投手投球出手后,击球员向左转体,重心前移,两膝弯曲,右脚提踵,收腹含胸,上体前倾,左手斜握棒柄,右手采用拇指在上、四指弯曲在棒下或五指朝上的握棒方法滑向棒的 1/2 处,双臂屈肘前伸,使棒的粗端略高,并在 1/3 处触球,眼睛与球棒的触球位置平齐,以便盯住来球(图 8-8-7)。在棒碰触球的瞬间,小臂和手腕要有缓冲。根据来球的高低、内外,击球员要用双膝和双手来调整棒的位置。

图 8-8-7

2. 练习方法

(1) 触击动作练习。

(2) 抛(投)球触击练习。

(三) 跑、离垒

1. 跑垒的技术要点

在跑一个垒时，应直线跑进，而跑两个或两个以上垒时，应先向外绕弧线，然后身体向里倾斜，并用脚踏垒包的内角（图 8-8-8)。但无论怎样跑垒，只要跑垒员在到达垒位之前有被杀的可能（除击跑员跑向一垒)，就应滑垒或扑垒。

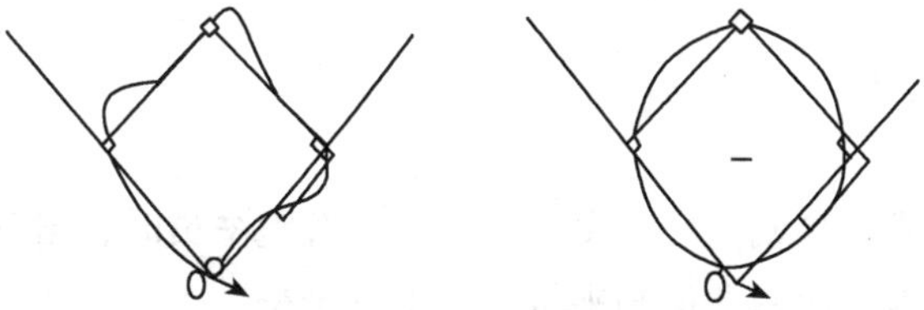

图 8-8-8

2. 离垒的技术要点

(1) 棒球的离垒。

当投手踏上投手板并合手后，跑垒员后交叉步离垒 2~3 米，面向场内，两脚分开，屈膝弯体，重心置于左脚，两臂体前自然下垂，注意观察投手动作。当投手开始投球时，跑垒员可以直接跑向下一个垒，或向前起动，根据击球员击球与否和击球情况再做出跑垒和返垒的决定。当投手向垒上传牵制球时，跑垒员应立即返垒（二垒跑垒员在二垒手或游击手进二垒时，也应返垒)，返垒可以是扑垒，也可以是跑垒。

(2) 垒球的离垒。

当投手踏上投手板并合手后，跑垒员的一脚踏在垒上，然后屈膝弯体，重心置于前脚，身体正对下一个垒位，双眼注视投手。球出手后的离垒与棒球相似。

3. 跑、离垒的练习方法

(1) 起动、急停、转身练习。

(2) 挥棒起动跑一垒练习。

(3) 各垒位的起动连续跑垒练习。

(4) 高飞球时的离垒和跑垒练习。

(5) 实战练习中的跑垒及偷垒练习。

跑垒时，应注意按规则要求跑。后位跑垒员的跑垒应视前位跑垒员的跑垒情况而定。棒球离垒时，特别要注意看清投手的动作，以免被牵制出局。

棒垒球基本战术

棒垒球比赛的战术是在特定场合下所采取的打法。它带有一定的局限性，但在关键时刻，也能起到决定性的作用。

一、进攻战术

（一）单偷垒

1. 技术要点

当一垒或二垒或一、二垒跑垒员在投手投球开始时（棒球）或投球出手时（垒球），快速向下一个垒跑进，击球员则采用挥空棒或假触击的方法给予掩护。

2. 练习方法

在投手、接手的配合下练习。棒球跑垒时，要注意观察投手的投球动作。对垒球，应注意离垒过早。

（二）牺牲触击技术

1. 技术要点

两出局前，一垒或二垒或一、二垒或一、三垒有跑垒员时，击球员采用触击的方法将投手投来的球击进场内，而跑垒员则乘机跑向下一个垒。

2. 练习方法

结合防守进行练习。击球员只触击好球，而放弃坏球。触击腾空球时，跑垒员要等到球落地后，才能向下一个垒跑进。击球员只有在完成触击任务后，才能跑向一垒。

（三）抢分触击技术

1. 技术要点

两出局前，三垒或二、三垒或一、三垒有跑垒员时，击球员采用触击的方法将投手投来的球击进场内，而三垒跑垒员则采用单偷垒的方法冲向本垒。

2. 练习方法

结合防守进行练习。好坏球都要触击。若遇击球员触击未成，或触击成腾空球时，跑垒员应急停返垒。

二、防守战术

进攻与防守是互为矛盾的，根据进攻战术采取针锋相对的打法，这就是防守战术。

（一）防单偷垒战术

1. 技术要点

投手利用传牵制球来控制跑垒员的离垒距离（棒球），有偷垒可能时，投手投偏外的球，二垒手或游击手向所要偷的垒位靠近二三步。

2. 练习方法

接手接投手球后传各垒位的练习和单偷垒战术组合练习。注意二垒手移动要迅速，接手动作要快，传球要准。

（二）防牺牲触击战术

1. 技术要点

一、三垒手采取紧迫防守的站位，投手投本垒板两侧偏高或偏低的好球。守场员接球后，争取传杀前位跑垒员，若不行，则往一垒传杀击球员。

2. 练习方法

垒上无跑垒员或有跑垒员的情况下，防教练棒击出的触击球。结合攻队牺牲触击战术进行练习。注意防守队员起动要快，补位要迅速。

（三）防抢分触击战术

1. 技术要点

投手投偏外的坏球，一、三垒手采取紧迫防守的站位，见触击动作就起动，赶在三垒跑垒员前将球传至本垒。

2. 练习方法

结合抢分触击战术进行练习。注意防守队员起动要快，传球要准，接手持球要牢固。

棒垒球比赛方法与基本竞赛规则

一、比赛方法

棒垒球比赛是在一块直角扇形的场地上进行（图 8-8-9），每队有 9 名队员上场参加比赛。比赛开始时，9 名防守队员按防守位置站列，攻队则按照赛前教练员排定的击球次序轮流击球。击球员的目的是将投手投来的球击出，然后通过跑垒争取安全上一垒、安全上二垒、安全上三垒，最后安全返回本垒得分。而守队则是通过投手的投球和其他队员的防守，来抑制击球员的击球和跑垒员的跑垒，争取将他们杀出局。如果守队在防守中累计将三名攻队队员杀出局，则双方攻守交换。一个队攻、守各一次为一局。棒球比赛为 9 局，垒球比赛为 7 局，最后根据得分多少决定胜负。一般情况下，棒垒球比赛无平局，须通过增加局数决胜负。

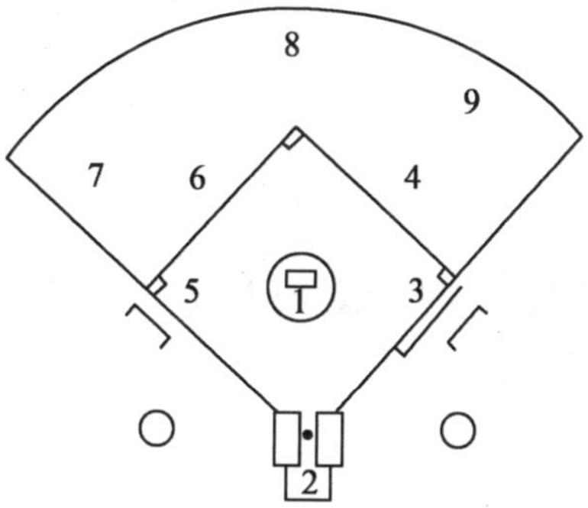

1. 投手　2. 接手　3. 一垒手　4. 二垒手　5. 三垒手
6. 游击手　7. 左外野手　8. 中外野手　9. 右外野手

图 8-8-9

二、规则简介

(一) 比赛人数

每队必须有 9 名上场队员才可以开始或继续比赛，否则判弃权。

(二) 三击不中

投手投出的球通过本垒板上空，高度在击球员自然击球时的腋下、膝上为好球，判一击；否则为坏球，判一球。此外，击球员挥（触）击未中，也判一击。如果击球员被判三击，则出局。

(三) 界内球

击出的地滚球或腾空球在一、三垒垒包前（包括垒包），未碰到任何障碍物而进入垒线以内，或击出的腾空球第一落点在一、三垒垒包后的垒线以内（包括垒线），为界内球，否则为界外球。若击出的腾空球从界内地区上空直接越过本垒打围网时，为本垒打。击球员在二击前，击一个界外球，判一击，二击以后不再判击，但二击后触击成界外球时，则判击球员出局。

(四) 申诉

守队可以在投手投出下一个球前对攻队的击球次序错误、漏踏垒或高飞球离垒过早向裁判提出申诉，裁判员则根据规则给予安全或出局的判罚。

(五) 妨碍

若跑垒员在跑垒过程中与正在接球的防守队员发生冲撞，或被击出的球击中，则判跑垒员出局，其他跑垒员返回原垒。

(六) 投球离垒过早

垒球比赛中，若跑垒员在投手投球出手前离开垒位，则判跑垒员出局。

第九节　球类运动的竞赛方法与组织编排

球类运动无论是大球还是小球都是大学生非常喜爱的体育活动。但是一遇到正式的比赛，组织者往往对竞赛方法与组织编排束手无策。本章用简介的方法介绍一下这方面的内容与常识，供组织竞赛活动者参考。

球类运动的竞赛方法

组织者根据比赛的项目设置、参赛队数或人数、比赛安排的时间、场地设备等各方面因素，可选用不同的竞赛方法。

一、循环法

循环法也可称为循环制。所有参加比赛的队或人均互相比赛一次称为单循环比赛；轮流比赛二个循环称为双循环比赛；分成几个组进行循环比赛称为分组循环比赛。比赛以后按照各队或人在全部比赛中胜负的场数、得分的多少来计算名次。一般在篮、排、足等大球类比赛中采用循环制，而小球的单项比赛中多采用淘汰法。

(一) 单循环赛、双循环赛

所有参赛的队之间都进行一次比赛。这种方法一般在参加比赛的队或人不多，比赛时间充足，场地较多时采用。

单循环场数和轮数的计算：在循环赛中各队或各人普遍出场比赛一次，称为一轮。二队或二人比赛一次称为一场。如果参赛队数是单数时，轮数等于队数。如果是双数时，轮数等于队数减一。场数计算的公式是：参加人数×（参加人数-1）/2。例如有 8 个队参加比赛，则轮数为 7 轮，比赛的场数是 8×（8-1）/2=28。也就是要进行 7 轮 28 场比赛。

单循环顺序的确定：确定单循环赛的比赛顺序，要考虑比赛场次进度的一致，避免连续进行比赛。如果可能的话要使强队或水平相近的队在最后一轮相遇。从而使比赛逐步形成高潮。经常采用的方法是“逆时针轮转法”。

以六个队参加比赛的排法为例：

第一轮	第二轮	第三轮	第四轮	第五轮
1-6	1-5	1-4	1-3	1-2
2-5	6-4	5-3	4-2	3-6
3-4	2-3	6-2	5-6	4-5

如队数是单数时则补“0”成双数。凡与 0 相遇的队，即为轮空，比赛前各队要先进行抽签，按抽签的号码依次将各队的队名或人名填入轮次表。接着就可以按照比赛的总时间排定比赛日程。在参赛队或人数较少，时间、场地器材又充裕的情况下，为了增加参赛者相互比赛的机会，可采用双循环制。双循环的编排方法与单循环基本相同，只是每两队之间比赛两次，比赛的轮次和场数都比单循环赛增加 1 倍。

（二）分组循环赛

能正确地排定所有参加比赛各队的名次，在参加队数很多的情况下，为了不过多增加比赛次数和延长比赛日期，又能合理地排定各队的名次，经常采用分组循环赛的办法，比赛可分为预赛和决赛二个阶段，在预赛阶段把参赛各队均匀地分在各组中。在抽签分组中要尽量注意强弱的分配。一般要设立种子队，待种子队抽进各组后，其他各队再依次抽进各组。决赛阶段，根据预赛各组需要决出的名次，可采用同名次分组循环进行决赛。如预赛组数较少时每组可多出线 1～2 个名次，在分组循环时预赛同在一组的队可计算预赛成绩或者重赛。

（三）分组循环赛后再淘汰赛

此种比赛方法是先将参赛的各队按照分组循环赛的方法进行第一阶段的预赛。在第二阶段的决赛中采用淘汰制的方法，决出所有名次。

二、淘汰法

淘汰法往往用于人数多、时间短、场地少的情况下的比赛。运动员按事先抽签后编排的次序进行比赛，胜者进入下一轮，负者被淘汰。这种方法可使比赛逐步形成高潮，越往后越激烈、越精彩。但这种方法大部分运动员比赛的场次较少，互相锻炼学习的机会相对减少。在小球类和单项比赛中常采用淘汰的比赛方法。

（一）单淘汰法选择号码位置数

采用单淘汰法的比赛办法时应先根据报名人数选择最接近的。2 的乘方数（即 2 自乘若干次数的积数）作为号码位置数。比赛中常用的号码位置数是：$2^4=16$；$2^5=32$；$2^6=64$。如果报名人数少于最接近的 2 的乘方数时，则需要安排轮空，使参加第二轮比赛的运动员人数正好是 2 的乘方，而没有轮空。

轮空数：号码位置数-运动员人数

如果参加比赛的人数稍大于 2 的乘方数时，若安排轮空则轮空人数太多，表格也要画得很大，这时可用抢号的方法解决。即以最接近的较小的 2 的乘方数作为号码位置数，其中一部分运动员进行“抢号”。抢号就是两个运动员在第一轮比赛前先用一个号码进行一场比赛，胜者进入该号参与位置进行第一轮比赛。

（二）单淘汰法轮数和场数的计算

单淘汰法所选用的号码位置数（2 的乘方），其指数（自乘的次数）即为轮数；2 的几次方即为几轮。例如：16 个号码位置：$2^4=4$ 轮。32 个号码位置：$2^5=5$ 轮。64 个号码位置：$2^6=6$ 轮。单淘汰法的场数：人数-1。例如有 16 个人参加单淘汰比赛，比赛场数为 16-1=15，即比赛 15 场。

（三）单淘汰法的竞赛表格如图 8-8-10（13 人参赛）：

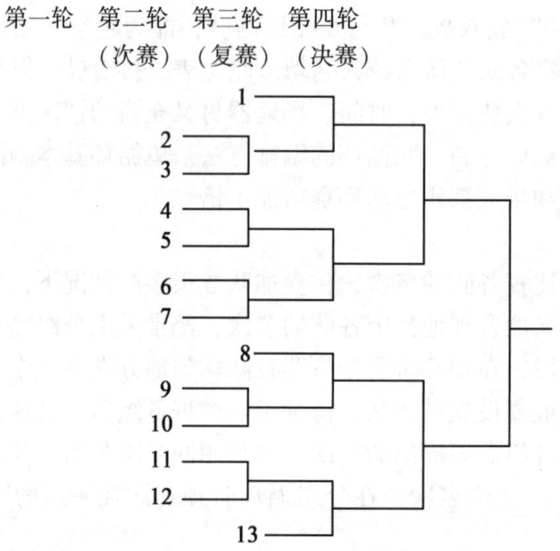

图 8-8-10

（四）附加赛

单淘汰法打完最后一轮只能确定冠亚军。用附加赛的办法可进一步排出前 8 名的顺序。进入前 8 名的运动员，每一轮的胜者与胜者，负者与负者之间进行比赛，直到排出全部前 8 名的名次。前 8 名运动员进行附加赛的比赛顺序排法如图 8-8-11：

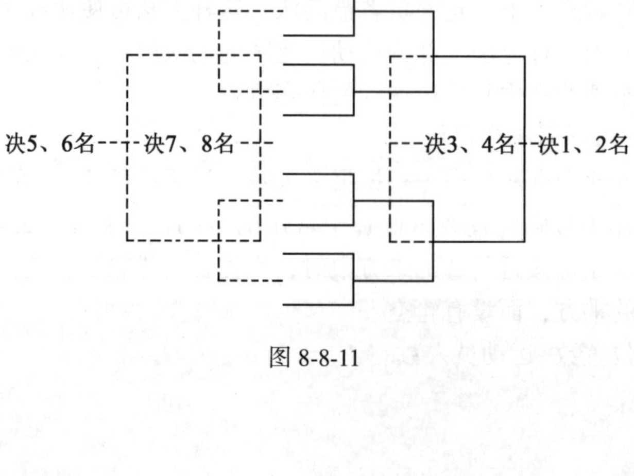

图 8-8-11

球类运动竞赛的组织方法

大学生的球类竞赛活动是高校体育工作的一个重要组成部分，要组织好比赛，保证竞赛活动的顺利进行，必须事先进行周密仔细的工作。各项球类组织的积极分子，应对组织方法有一个全面的了解，才能使各项比赛有计划、有秩序地顺利进行。

一、制定竞赛规程

竞赛规程一般由比赛主办者根据组织比赛的目的、性质、规模、时间和场地情况而制定。在赛前应尽早地发给各参赛单位，以便做好准备。竞赛规程的内容包括：竞赛名称、目的、日期、地点、比赛项目、比赛办法、报名人数、报名截止日期、录取名次、采用的竞赛规则以及其他特殊规定等。规程制定好后，下发时应一同发报名表和参加项目表；要求在截止报名的规定时间内送交主办单位。

二、检查报名表

报名表是竞赛编排工作的重要依据。报名表内容填写的正确与否直接关系到抽签和编排工作的进度和质量。主办单位收到报名表后，应逐项审核是否合乎规程和填表要求，如有问题；必须立即与有关单位联系解决。报名表应反复审核；确保准确无误。

三、抽签工作

球类运动由于参赛队数（人数）多，一般都采用先分组循环赛，再采用单淘汰的方法决出全部名次。但参赛各队（人）在比赛过程中只能与较少的队（人）相遇，因此各队（人）在比赛中所分的组或所处的号码位置，不宜人为指定，而宜采用抽签的办法。抽签工作必须保证两点：一是把种子运动队或运动员合理分开，使他们最后相遇；二是把同一单位运动员合理分开，并使他们如取胜的话在决赛阶段相遇。

四、编排比赛次序册

抽签所需要的各项比赛的参加队数、人数确定以后，应立即转入比赛日期、时间、场地的编排工作。在编排工作中，对各队要不论强弱一视同仁，做到机会均等。要有助于运动员发挥水平、提高技术，并得到合理的休息。在场地选择、日程安排、决赛时机、场地分布等方面要有利于观众观看比赛。时间和场地要留有余地，以应付各种变更和临时出现的问题。次序册编排好后应反复检查，尽量减少错误。

次序册的主要内容有：①本次比赛的规程与有关规定；②赛会的组织机构和办事机构；③裁判员名单；④各代表队名单及号码；⑤整个赛会的活动日程；⑥具体的竞赛日程与安排；⑦竞赛的分组名单等。球类项目比赛要附上比赛成绩表；田径项目要附上有关最高纪录等；还有其他内容可根据比赛的规模和需要决定是否进入次序册。在编写次序册中主要抓住竞赛的具体日程和整个赛会的活动安排这一主要内容。

五、记录和公布成绩

在比赛一开始就应设立记录组。该组的任务是：负责审核每场比赛记分表、成绩表，迅速准确地公布比赛成绩和记录比赛结果。记分表、成绩表是反映竞赛成绩的原始依据，迅速准确地公布比赛成绩是保证竞赛工作的重要条件之一。记录和公布成绩，必须认真负责，细致踏实，并须主动和裁判员加强联系，密切配合。

第九章 游 泳

第一节 游泳运动概述

游泳是凭借自我支撑力和推进力在水中游动的一项水上运动。现在正式列入奥运会的比赛项目包括男、女 100 米和 200 米的蛙泳、仰泳、蝶泳，男、女 50 米、100 米、200 米、400 米和女子 800 米、男子 1500 米的自由泳，男、女 200 米和 400 米个人混合泳，男、女 4×100 米自由泳接力和混合泳接力及男子 4×200 米自由泳接力共 31 项，仅次于田径运动。

我们伟大的祖国幅员辽阔，海岸线很长，江河纵横，湖泊水库星罗棋布，为开展群众性游泳活动提供了有利的条件。

游泳是水浴、空气浴、日光浴三者结合的运动，它不仅是广大青少年喜爱的运动项目，而且也是适合男女老幼进行锻炼，简单易行的一项体育活动。

一、游泳对增强体质的意义

坚持游泳锻炼，不但能使神经、呼吸和血液循环等系统的机能得到改善，而且还能提高肌肉力量、运动速度、耐力和关节灵活性，使身体得到协调发展。

游泳还是对聋哑、伤残人极为有益的一项体育活动，对于身体瘦弱和许多慢性病患者来说，是一种有效的体育医疗手段。

游泳被誉为 21 世纪人们最喜爱的体育娱乐活动之一，对于丰富人们的精神文化生活有积极作用。

二、游泳的实用价值

游泳在生产建设上有很高的实用价值，许多水上作业，如水利建设、防洪抢险、渔业等，都需要掌握游泳技能，才能克服水的障碍，更好地完成生产建设任务。应该指出，学会游泳对于广大群众落水自救和拯救溺水者尤其具有现实意义。

在国防建设上，游泳是军事训练项目之一，也是民兵训练的主要内容。经常进行游泳训练，能锻炼意志，加强组织纪律性，培养勇敢顽强和吃苦耐劳的精神，广大军民掌握过硬的游泳本领以利战时杀敌，保卫祖国。

三、游泳竞赛的意义

游泳是我国重点发展的体育运动项目。就其地位和作用来看，不仅与田径、举重一道被列为奥运会的三大基础项目，而且在奥运会中拥有 31 个比赛项目，项目之多，仅次于田径。

游泳也是进行国际文化交流，增进与各国人民的相互了解和友谊的有效手段。把游泳作为奥运会战略重点项目大力开展，加速提高运动技术水平，对促进我国走向体育强国具有重要的意义。

第二节　游泳基本技术与练习方法

一、熟悉水性的教学

熟悉水性是初学游泳的一个重要环节，是初学者必须经历的阶段。其目的是让初学者体会与了解水的特性，逐步适应水的环境，消除怕水心理，掌握游泳的一些最基本的动作，如呼吸、浮体、滑行和站立等动作，为学习和掌握各种竞技游泳姿势打下基础。

在熟悉水性教学时，宜在齐腰深的水里进行。

(一) 水中行走练习

目的是体会水的阻力和浮力，初步掌握身体在水中维持平衡的能力，消除怕水心理。

练习方法与步骤：

(1) 扶池边向前、向后、向两边行走。

(2) 集体手拉手向前、向后、向两侧行走。

(3) 用两手保持平衡，做变换方向的行走。

(4) 各种方向的走、跑、转身、跃起、下沉等。

(二) 呼吸练习

目的是初步掌握游泳的呼吸方法、呼吸过程、呼吸节奏，适应头浸入水的刺激，消除怕水心理。

练习方法：

(1) 扶池槽或在同伴帮助下，用口吸气后闭气，慢慢下蹲将头浸入水中，停留片刻后起立，口鼻出水后，先呼气后吸气（图 9-2-1）。

(2) 同上练习，要求头浸入水中停留片刻后，用鼻慢慢将气呼完，然后起立在水面上用口吸气（图 9-2-2）。

(3) 同上练习，头浸入水中稍闭气后，用口鼻开始呼气，随着缓慢地起立而逐渐加大呼气量，口接近水面时加速将气呼完，紧接着用口在水面上快而深地吸气。多次重复练习。

(4) 两脚左右开立，上体前俯将脸浸入水中，做同上练习。但不同的是随头逐渐向前上抬（或向侧转）时开始加大呼气量。

(三) 浮体练习

目的是体会水的浮力，控制身体平衡和水中站立的方法，进一步消除怕水心理。

练习方法：

(1) 抱膝浮体练习：原地站立，深吸气后闭气，下蹲低头抱膝团身，用前脚掌轻轻蹬离池底，自然漂浮于水中。站立时，松手，两臂前伸下压抬头，同时两腿下伸，脚触池底站立，然后两臂侧分拨水维持平衡（图 9-2-3）。

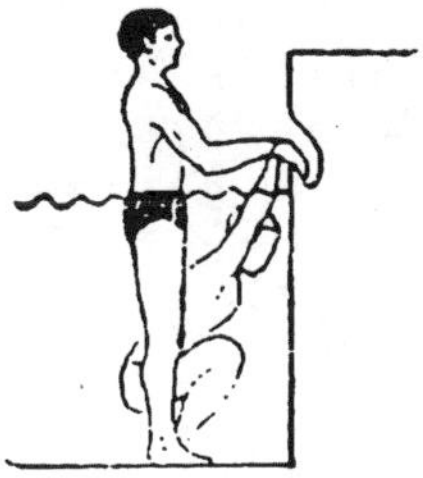
图 9-2-1

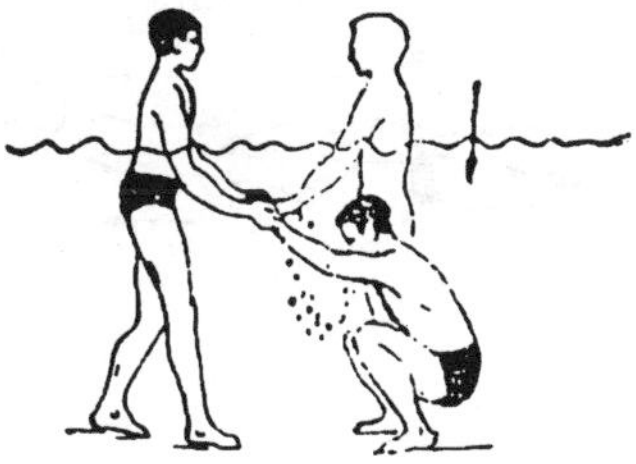
图 9-2-2

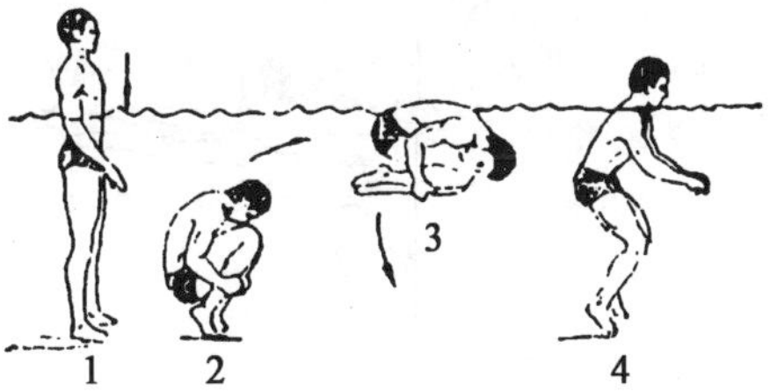

图 9-2-3

（2）展体浮体练习：在抱膝浮体的基础上，闭气、松手，两臂两腿自然伸直，成较好的流线型。站立时，收腹、屈膝、收腿，两臂向下压抬头，两腿向下伸，脚触池底站立（图 9-2-4）。

图 9-2-4

（四）滑行练习

目的是进一步体会水的浮力，掌握水中的平衡和身体的滑行姿势。

练习方法：

（1）蹬池底滑行练习：两脚前后开立，两臂前伸，两手并拢。深吸气后屈膝，重心前移，当头和肩浸入水中时，前脚掌轻轻蹬池底，随后两腿并拢伸直，使身体呈流线型向前滑行（图 9-2-5）。

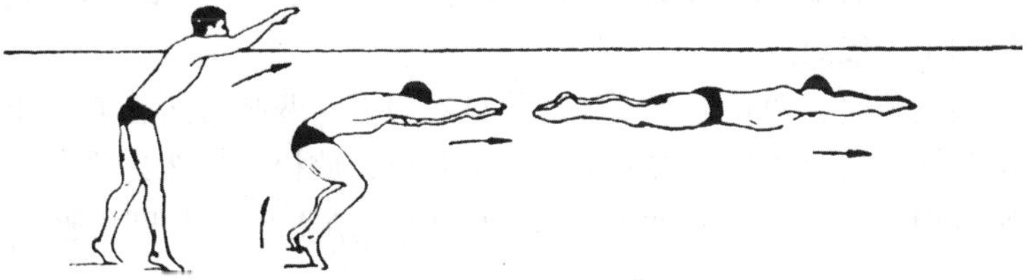
图 9-2-5

（2）蹬池壁滑行练习：背对池壁，一手拉池槽，一臂前伸，同时一脚站立，一脚紧贴池壁，深吸气后低头，上体在水中前倾成俯卧姿势，然后上收支撑腿，两脚贴住池壁，臀部靠向池壁，随即两臂前伸并拢，头夹于两臂之间，两脚用力蹬壁，使身体呈流线型向前滑行（图 9-2-6）。

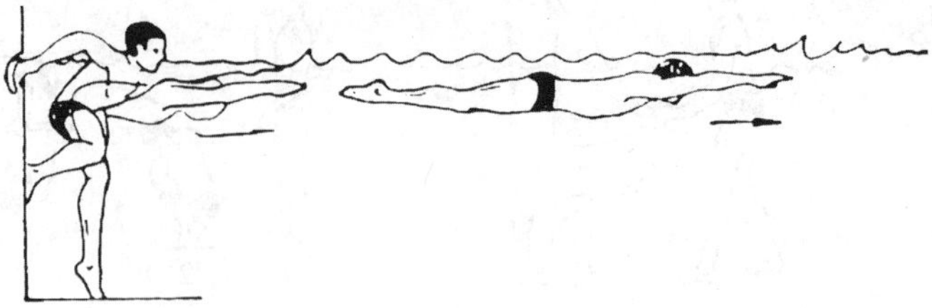

图 9-2-6

二、蛙泳

蛙泳是模仿青蛙游泳动作的一种姿势，早在 2000—4000 年前，中国、罗马、埃及就有类似最古老的蛙泳姿势。蛙泳比其他竞技游泳姿势速度慢，但动作平稳，呼吸便利，适于长距离游泳，又便于观察和掌握方向，实用价值很大，是救护、潜泳和泅渡江河湖泊的常用姿势。

游泳的竞赛规则规定：蛙泳比赛时，身体必须呈俯卧姿势，两肩须与水面平行，两腿要同时在同一水平面上弯曲，向外翻脚及做蹬腿动作。两手应在水面下收回，并需从胸前伸出。整个游程中，头的一部分要在水平面之上，不得做潜泳动作。

现代蛙泳的技术特点是：肩部高拉高起，蹬腿时借助冲力上身呈“冲潜式”，全身伸直滑行。

（一）蛙泳技术动作

（1）身体姿势：蛙泳在游进中，身体必须保持较好的流线型姿势，充分发挥手臂和腿的推进作用。当完成臂和腿的有效动作后，身体几乎是水平地俯卧在水面上滑行。此时两臂向前伸直，稍低头，脸的下部浸入水中，两腿向后伸直，腹部稍紧张，两眼俯视前下方，身体纵轴与水平成 5°~10°角（图 9-2-7）。

吸气时，下颏露出水面，肩部升起，这时身体与水平面的角度较大，约 15°角。

（2）腿部动作：蛙泳腿部动作是推动身体前进的主要动力。腿部动作是由收腿、翻脚、蹬腿、滑行四个阶段组成。

①收腿：开始收腿时，两腿随着吸气动作自然向下，两膝自然逐渐分开，小腿向前回收，脚跟向臀部靠拢，边收边分。收腿时，力量要小，放松，自然，两脚和小腿回收时要收在大腿的投影截面内，以减小回收时的阻力。收腿结束后，大腿和躯干成 110°~140°角，两膝内侧与髋关节同宽（图 9-2-8）。

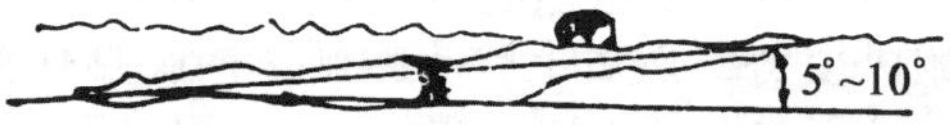

图 9-2-7

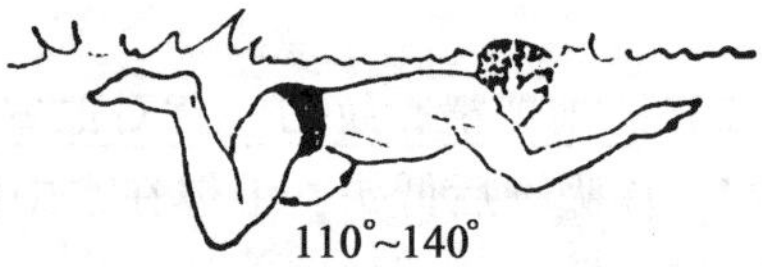

图 9-2-8

②翻脚：收腿结束时，脚仍向臀部靠拢，这时膝关节稍向里扣，同时两膝向外侧翻开，使脚和小腿内侧对着蹬水方向，加大了对水面积，并为大腿发挥更大力量做好积极准备（图 9-2-9）。

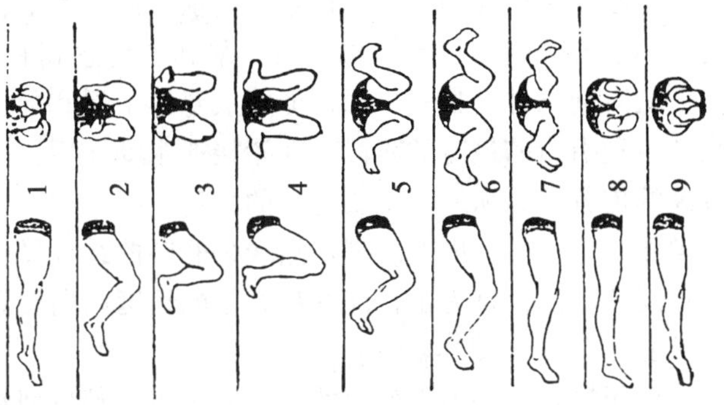

图 9-2-9

③蹬腿：蹬水动作实际包含有夹水动作，由于蹬水较窄，在两腿并拢时，腿有向下压的动作。既可以使身体升起，又有利于向前滑行。

蹬水动作效果的好坏，主要取决于以下三个因素：

第一，腿部关节移动路线和方向。当向后蹬水时，蹬水方向尽量使人体产生向前的作用力（图 9-2-10）。

蹬腿时应以大腿发力，先伸髋关节，其次是伸膝、伸踝关节，使蹬水的方向尽量向后（图 9-2-11）。

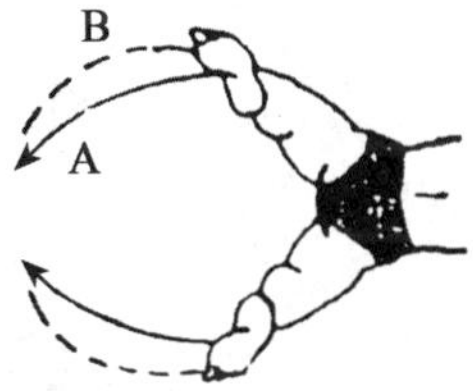

图 9-2-10

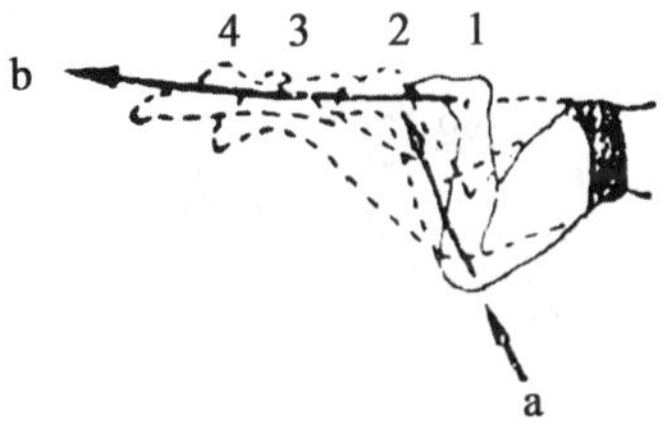

图 9-2-11

第二，蹬水时对水面积的大小。蹬水面积大，则能造成较大的推进力，脚掌外翻，以及小腿尽量处于垂直部位，是造成增大蹬水面积的重要条件。

第三，腿的蹬水速度：由于阻力与速度的平方成正比，蹬水动作速度越快，所产生的推进力也越大，游速也越快。所以蹬腿时，要充分发挥腿部肌肉的力量，同时要加速鞭水动作，使之更有力。

第四，滑行：蹬腿结束后，腿处于略低的部位，脚距离水面 30～40 厘米左右，这时人体应随着蹬水效果向前滑行，使腿保持较高的位置，减小阻力。

（3）臂部动作：现代蛙泳技术，强调充分发挥臂划水的作用。因此，掌握合理的臂划水技术，是提高运动成绩的重要条件。臂部动作由开始姿势、抓水、划水、收手和向前伸臂五个阶段组成。

①开始姿势：两臂自然向前伸直，并与水平面平行，掌心向下，手指自然并拢，使身体成一直线，形成较好的流线型（图 9-2-12）。

②抓水：从开始姿势起，手臂先前伸，并使重心向前，两臂和上臂立即内旋，掌心向外斜下方并稍勾手腕，两手分开向侧斜方压水，当手掌和前臂感到有压力时，开始划水。抓水一方面能给划水创造有利条件，另一方面还能造成身体上浮和前进的作用。

③划水：划水是产生牵引力的最有效阶段，在紧接抓水动作后，加速向后划水，整个划水过程保持肘部较高的位置，蛙泳划水主要是拉的力量。

蛙泳划水方向是向侧、下、后、内方。划水路线是椭圆曲线（图 9-2-13）。

划水时肘部保持较高的部位，是为了臂能在最有效的角度内向后划水，因此蛙泳的划臂在任何部位，都要求肘比手高（图 9-2-14）。

划水中，前臂和上臂屈的角度是不断变化的。一般优秀运动员划水主要阶段，肘关节都屈成接近 90°角（图 9-2-15）。因为这个角度能发挥最大的力量，同时能很好地利用胸大肌、背阔肌等大肌肉群的力量。手臂划至两臂夹角约 120°角时，即应连续过渡到向里做收手动作，划水和收手时，手走的路线应在肩的前下方。

④收手：收手是划水阶段的继续，收手过程也能产生较大的推进力和上升力。动作是

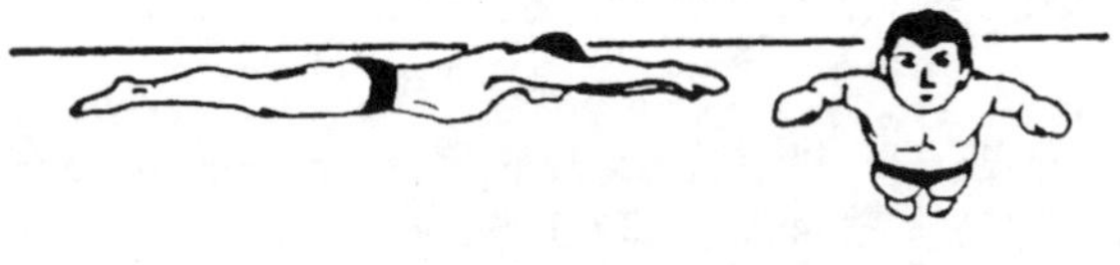

图 9-2-12

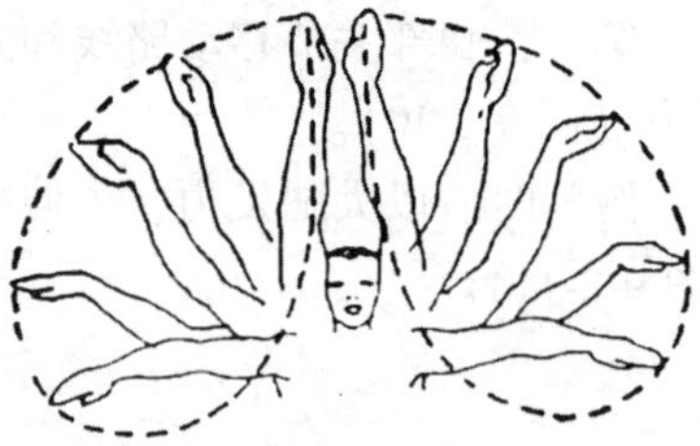

图 9-2-13

图 9-2-14

图 9-2-15

手掌由内向上收缩到头的前下方，继而成两手掌相对，最后掌心向下并拢前伸，收手动作应当有利于做快速前伸手动作（图 9-2-16），在整个收手动作过程中，手的动作应积极地、快速地、圆滑地来完成，收手结束时，肘关节低于手，大小臂成锐角（图 9-2-17）。

⑤伸臂：伸臂动作是由伸直肘关节，肩关节来完成，掌心由朝上逐渐向下方。同时，向前伸出。

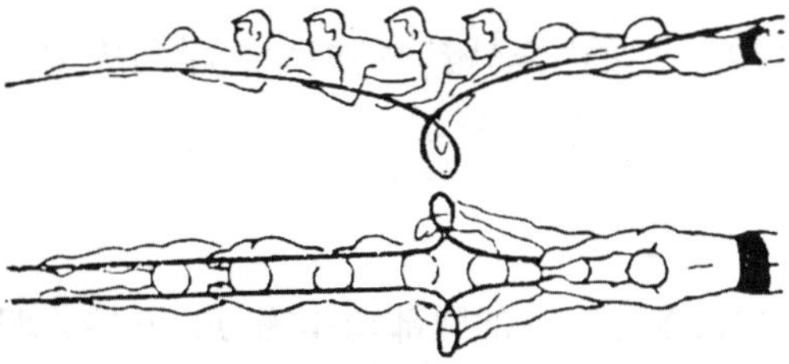

图 9-2-16

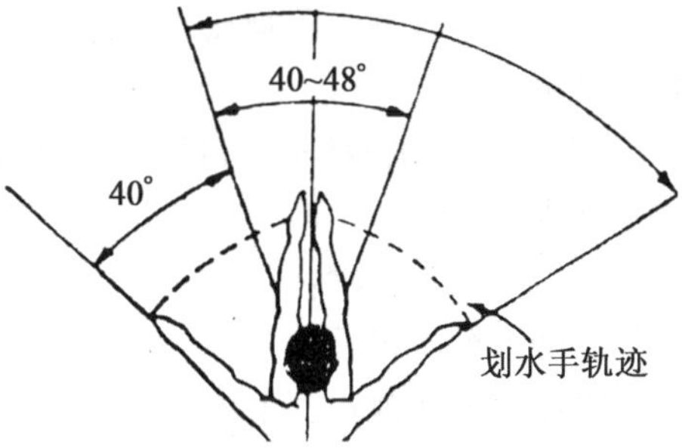

图 9-2-17

现代蛙泳臂的技术特点是：快速伸臂动作，它紧密配合腿的动作。因此，在伸臂的同时，肩要向前伸，不能有停顿现象。

蛙泳臂划水动作是一个完整的动作，划水轨迹是向侧→下→后→内→前方向移动，划水力量是由小到大，划水速度是由慢到快。目前强调高肘划水，在划水过程的前部分，注意以肘关节为支点，发挥前臂屈肌的作用，在划水最有效部分，应注意以肩关节为支点，动作方向是两臂向后拉，并内收。要发挥肩带肌肉的作用，配合紧张有力的蹬水，使动作连贯而不间断地产生向前的牵引力。

（4）呼吸动作和呼吸、腿、臂动作的完整配合：蛙泳的呼吸是和手臂划水动作紧密配合的呼吸方法，它是用口吸气，用口或鼻和口呼气，当前在蛙泳呼吸技术中，有早吸气和晚吸气两种类型：早吸气是两臂划水开始时，头和口露出水面，这时运动员将气最后吐完，并迅速做深吸气动作。继而随伸臂低头闭气，当两臂开始滑下时逐渐呼气。晚吸气是随着臂的有力划水动作，头和肩上升时吸气。

对初学者来说，采用“早吸气”技术较为有利，优秀运动员则适合采用“晚吸气”的技术。在比赛中，一般都是一个动作周期呼吸一次。臂腿配合技术是：臂划水时，腿保持放松或自然伸直姿势（图 9-2-18 之 3、4）。臂内划时同时收腿（图 9-2-18 之 5），臂将伸直时开始蹬夹腿（图 9-2-18 之 7、8）。

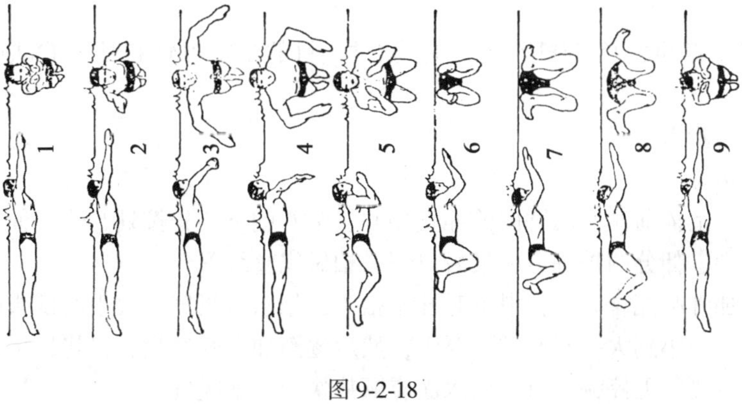

图 9-2-18

（二）蛙泳的教学

蛙泳的教学顺序同爬泳、仰泳一样也是先学腿，后学臂（和呼吸），再学臂、腿配合和完整配合。

（1）腿部动作教学：目的是建立蛙泳腿的“收”、“翻”、“蹬”的概念，学习腿部的完整技术。

练习方法与步骤：

①陆上模仿练习。

坐在岸上或池边，上体稍后仰，两手后撑，按口令做蛙泳的腿部动作练习，开始分四拍做，体会收、翻、蹬夹、停的动作，再过渡到两拍，最后是一拍的完整练习。注意翻脚动作（图 9-2-19）。

俯卧凳上或出发台上，做蛙泳腿的模仿练习。先由同伴帮而自己被动做，再自己主动做由同伴控制做，最后由自己独立做。先做分解动作练习，逐渐过渡到完整动作练习（图 9-2-20）。注意收腿角度、动作路线和节奏。

②水中练习。

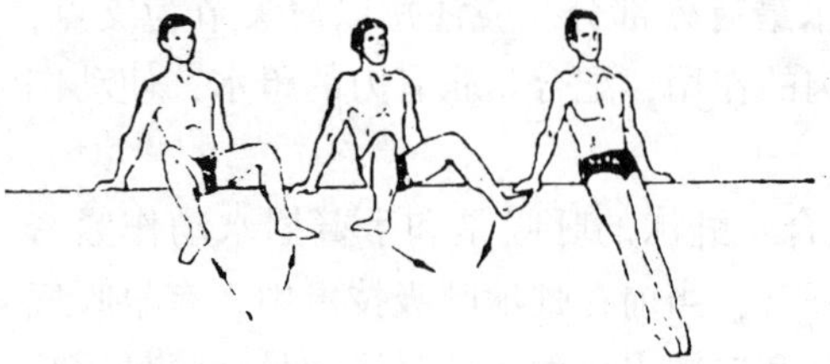

图 9-2-19

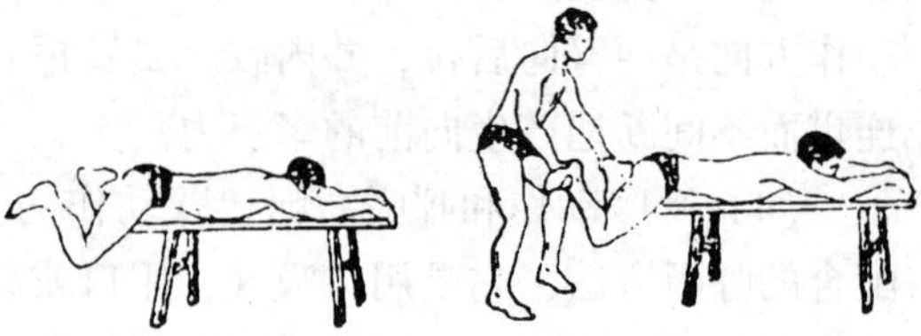

图 9-2-20

一手抓池槽，一手反撑池壁成俯卧姿势，由同伴帮助做同陆上练习。内容如图 9-2-21。重点体会翻脚和弧形蹬夹水动作。

两手扶浮板中后部，两臂向前伸直。由同伴帮助做同上练习。注意边收边分，翻脚及时，蹬夹连贯，用力恰当。

扶板蹬腿练习，逐渐加长游距，改进和提高腿的动作。注意动作节奏和放松（特别是踝关节放松）。

（2）手臂动作和手臂与呼吸配合动作教学：目的是学习臂和呼吸的动作技术，提高划水效果。

练习方法与步骤：

①陆上模仿练习。

两脚开立，上体前倾，两臂向前伸直相并，掌心朝下。先按划、收、伸分三拍做蛙泳臂动作，再按划、伸分两拍练习，最后只用一拍做完整练习。

同上练习加呼吸配合。强调滑下时开始抬头，划水时吸气，收手时低头闭气，伸臂时呼气。整个呼气由小到大，开始呼气要小，然后逐渐加大呼气量，口将出水进一步加速将气呼出。呼与吸之间无停顿，口一出水面应顺势快而深地吸气。

②水中练习。

站立齐腰深的水中，做同陆上练习①的连贯动作。划水不要用力，着重体会划水时的方向路线，收臂时动作不停，臂伸直稍停（图 9-2-22）。

同陆上练习②内容。

走动中做同上练习内容。

由同伴抱住腿或大腿夹浮板做臂与呼吸的配合练习。

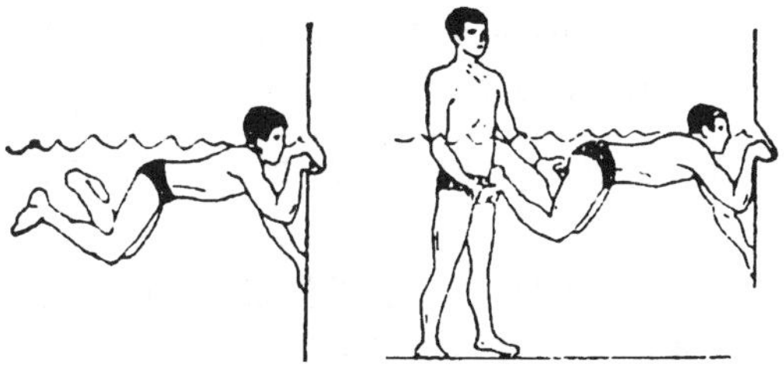

图 9-2-21

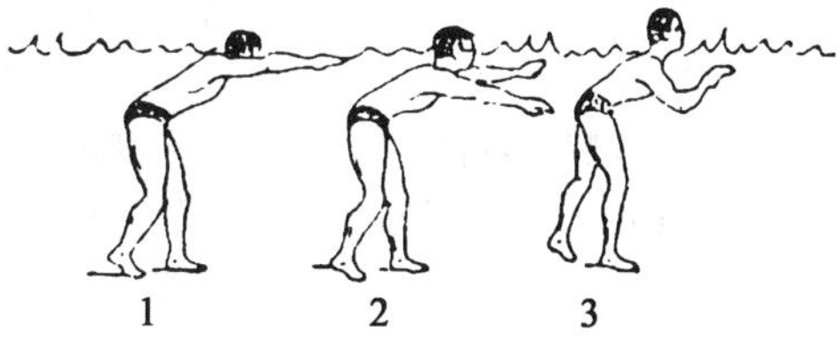

图 9-2-22

（3）完整配合动作教学：目的是学习正确的臂与呼吸及腿的配合技术，手、腿依次用力的相互关系。

练习方法与步骤：

①陆上模仿练习。

站立，两臂向上伸直并拢。一腿支撑，一腿做模仿练习。第一，两臂向两侧划水。第二，收手同时收腿，收腿即将结束开始翻脚。第三，臂将伸直时蹬腿。第四，臂、腿伸直稍停。然后逐渐连贯做（图 9-2-23）。

同上练习加呼吸。

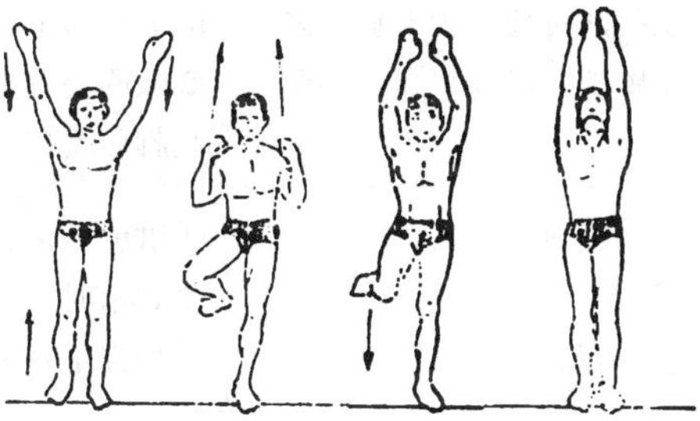

图 9-2-23

②水中练习。

滑行后闭气做臂、腿配合的分解练习。即划一次臂后，蹬一次腿，臂腿依次交替做。

闭气滑行，做划臂腿伸直、收手又收腿、臂将伸再蹬腿、臂腿伸直后滑行的配合练习。

同上练习加呼吸配合。由多次蹬腿一次划臂逐渐过渡到一次臂、一次腿、一次呼吸的完整配合。

逐渐增加游距，改进技术。

（4）蛙泳教学中常见错误动作与纠正方法（表 9-2-1）。

表 9-2-1　**蛙泳教学中常见错误动作与纠正方法**

部位	常见错误	原因	纠正方法
腿	蹬水时没有翻脚或一脚翻、一脚绷直剪水	①动作概念不清。②小腿肌肉对翻脚动作未建立感觉或体会。③绷脚尖形成动作定型	①讲解示范，明确要领。②多在水上做翻的强制性练习。③强调蹬水时保持脚翻、钩（钩脚大拇指和脚尖）状态
	平收腿、蹬得过宽，先蹬后夹或只蹬不夹	①动作概念不清。②收腿时两膝外张。③旧的动作定型影响	①讲解示范，明确要领，陆上模仿加深体会。②用矫枉过正方法，要求收蹬，用绳固定两膝距离，限制其外张
	收腿时脚的部位太低	①头和上体抬得太高。②收大腿太多，蹬水后髋关节没伸展。③腰部肌肉过于放松	①低头提臀，腰部肌肉适度紧张，使身体平卧水面。②凭重力收腿，收小腿速度快于收大腿，控制大腿与躯干夹角，整个收的过程应慢，不用力过猛。③蹬水时，大腿发力，大腿带动腿加速蹬夹水，顺势将髋关节伸展开
	收腿蹬腿时臀部上下起伏	①收腿时头肩过低。收腹提臀，收大腿过猛过多。②蹬腿时挺腹	①头肩稍抬起，腰腹肌适度紧张，使身体平卧水上，慢收腿，不主动收大腿。②蹬腿时腹肌稍紧张，大腿用力，髋关节展直
	收腿时游速突减，蹬水时不走	①收腿过快，收大腿过多。②蹬腿时脚与小腿不协调	①强调慢收腿，成跪收，控制大腿与躯干的夹角为 130°左右。②强调慢收到位小腿约与水面垂直。注意翻脚后蹬腿，并相对地快些
臂	划水时手摸水（划不到水）	①动作概念不清。②划水时拖肘。③手臂力量差	①讲解示范，明确要领。②划水时，高抬肘，屈臂划水幅度小些。③加强手臂力量训练
	划水路线太后，超过肩的延长线	①划水过晚或过晚加速。②急于用力划水，推动身体前进，收手过晚。③抬头吸气时间过长或吸气时抬头过晚	①伸肩滑下抓水，保持高肘提前划水。②屈臂小划水，或用水线限制划水过肩。③强调滑下时开始抬头，划水时快而深地吸气，收手时低头闭气
	手臂前伸时边伸边划	①动作概念不清。②急于用手划水前进或急于抬头吸气	①讲解示范，明确要领。②要求有明显的滑行和滑下动作，滑下时开始抬头，划水时吸气

续表

部位	常见错误	原因	纠正方法
配合	蹬腿的同时划臂	①概念不清。 ②配合节奏紊乱，急于划臂	①讲解示范，明确要领。 ②强调先伸臂后蹬腿，臂腿伸直有滑行或两臂前伸，蹬两次腿，划一次臂。然后再做一次腿一次臂配合
	蹬腿的同时伸臂	①收腿过早过急。 ②臂划水结束后没有及时转入收手和伸臂而停留胸前	①强调收手时收腿，适当地慢。 ②划、收、伸衔接应紧密连贯，强调臂先伸直，再蹬腿
	吸不到气	①吸气前未呼气或呼气过早过猛，使呼与吸之间停顿。 ②抬头太慢，吸气时间太短。 ③用鼻吸气，呛水	①臂前伸时开始呼气，注意呼气节奏。呼与吸衔接。口将出水加速呼气，口一出水顺势吸气。 ②滑下时开始抬头，划水时吸气。 ③用口、鼻呼气，用口吸气

三、爬泳

爬泳，俗称“自由泳”，由于两臂划水动作像爬行故称爬泳。它是四种竞技游泳中速度最快的一种姿势，按规则要求，自由泳比赛中，可采用任何一种姿势游进。但由于爬泳时，身体俯卧在水中，身体几乎与水面平行，有较好的流线型；两腿不停地做上下打水，两臂依次轮流向后划水，因此推进力均匀，动作结构简单，划水效果好；动作配合协调，既省力又能发挥最大的速度。所以在自由泳比赛中，人们都采用爬泳技术。

在游泳竞赛中，自由泳比赛项目最多（共 14 项，占 43%），通常衡量一个国家的游泳水平，往往以该国自由泳水平高低为标准。

在游泳教学和训练中，爬泳是基础项目，是四种竞技游泳的技术基础，学会了爬泳对掌握仰泳、蛙泳、蝶泳都是有利的。因此普及和提高爬泳技术有很重要意义。

现代爬泳技术的特点是：运动员身体姿势高平，采用高肘、屈臂、曲线、加速划水和晚呼吸配合技术。

（一）爬泳技术动作

1. 身体姿势

游爬泳时，身体应伸直成流线型，几乎水平地俯卧在水面。稍收腹，脸部和前额浸入水中，臀部接近于水面，身体纵轴与水面构成 $3°\sim5°$ 角，头与身体的纵轴成 $20°\sim30°$ 角，视线应向斜前方（图 9-2-24），身体可围绕纵轴有节奏地转动，这种转动一般在 $35°\sim45°$ 角（图 9-2-25）。

游进时的身体转动是由于划臂，转头吸气形成的自然动作，其优点是：便于手臂出水和空中向前移臂；缩短移臂的转动半径；有利于臂的抱水，划水和维持身体平衡；有利于

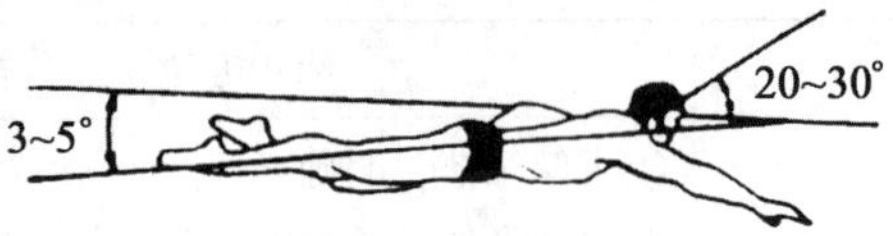

图 9-2-24

图 9-2-25

转头吸气。身体转动的大小取决于运动员的技术、个人特点和游泳速度，转动幅度约两肩横轴与水平面构成 35°~45°角。

2. 腿部动作

爬泳腿的动作，主要是起维持身体平衡作用，使下肢抬高，保持身体流线型，以及协调两臂有力的划水动作；并能起一定的推进作用。

爬泳打水的技术要领是：两腿自然伸直，两脚稍向内扣，以增大打水面积，踝关节放松，髋关节先发力，以大腿带动小腿做鞭状上下交替打水，打腿幅度以两脚跟的垂直距离 30~40 厘米为宜，脚不要打出水面，但可溅起一点浪花，打水效果取决于鞭状发力和踝关节的灵活性（图 9-2-26）。

向下打水时，大腿发力开始向下，由于惯性作用，此时小腿和脚仍继续向上移动，膝关节弯曲成 160°角（图 9-2-27）。这时大腿还继续带动小腿，使小腿和脚背向后下方打水，这时产生了两个力量，一个是水平分力推动身体向前进，一个是上升力，使身体上浮。当大腿开始向上打水时，小腿继续向下，直到伸直膝关节，这两个力量继续作用。开始做向上打水的动作，这时大腿带动小腿向上移，髋关节逐渐展开，腿自然伸直，脚跟接近水面完成向上打水，由于腿受到水的反作用力，也产生一部分推动身体前进的力（图 9-2-28 中 b′），但也有一个下沉力（图 9-2-28 中 oc′），所以向上打水时，用较小的力量来完成，而向下打水时要用较大的力量和较快的速度来完成，以便产生较大的推进力和上浮力。

腿从上向下完成打水动作的过程称之为“下鞭动作”。从上向下打水时，踝关节的灵活性对前进的作用很大，从图 9-2-29 之 1 中可以看到，向下打水时，除产生上升力（oc）外，还可以产生向前的分力（oa）。但是在图 9-2-29 之 2 中，由于踝关节灵活性差，打水只产生向上的分力（ob），而无向前的推进力。

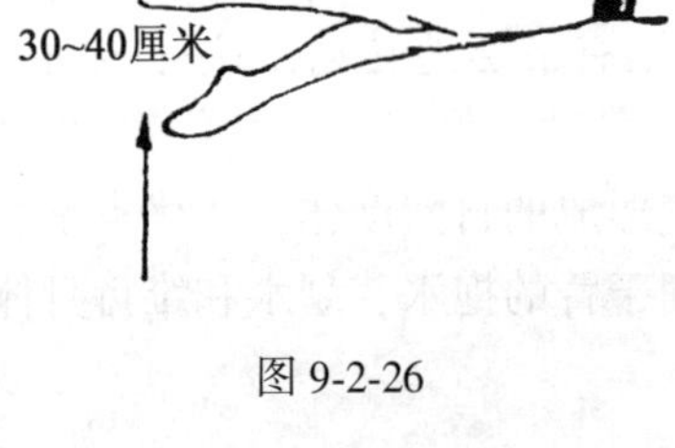

图 9-2-26

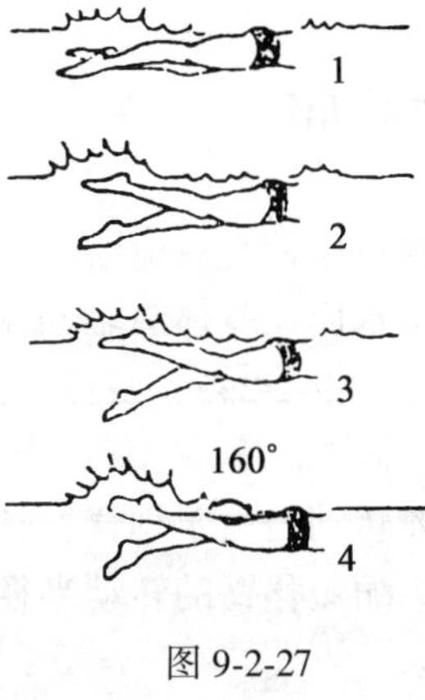

图 9-2-27

爬泳的两腿配合是随着运动员的个人特点，臂腿配合技术，两臂划水效果和游泳距离的长短而有所不同。

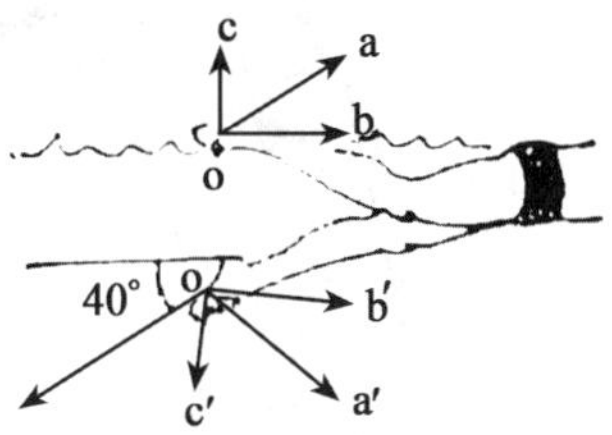

图 9-2-28

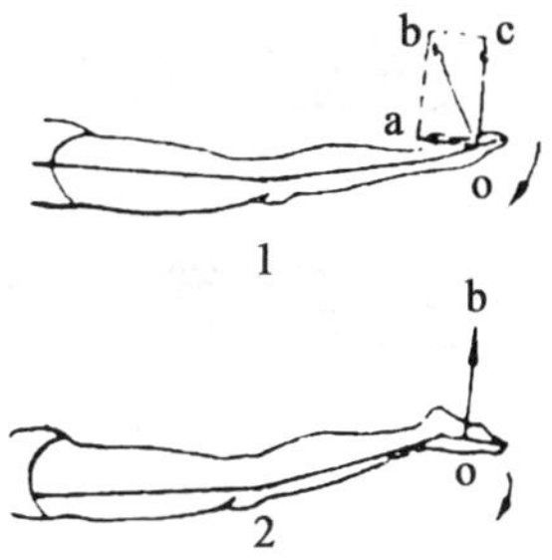

图 9-2-29

3. 臂的动作

游爬泳时，划臂是推动身体前进的主要力量。臂的动作是由入水、抱水、划水、出水、空中移臂五个阶段组成：

（1）入水：臂入水时，肘关节略屈并高于手，手指自然伸直并拢，手指向斜下方切插入水或掌心稍向外侧切入水中，动作要自然放松。

臂的入水点应在肩的延长线上或在身体中线和肩延长线中间（图 9-2-30）。当身体转动时，正好臂屈到身体下面，使划水更加有力，臂入水的顺序是手→前臂→上臂。

（2）抱水：臂入水后，积极插向前下方，并逐渐开始屈腕，屈肘对水，肘关节通过肩关节的内转而稍向外转，保持高肘。到划水开始，手臂与水平面成 40°角时，手和前臂已经接近垂直对水，肘关节屈至 150°角左右，整个手臂像抱一个大圆球一样，使肩带肌群充分拉开，给划水创造有利条件（图 9-2-31）。

（3）划水：划水是指手臂与水平面成 40°角起，向后划至与水面成 15°～20°角止的这一动作过程，是获得推进力的主要阶段，这阶段又分两部分，从整个臂部划至肩下方与水平面垂直之前称“拉水”，过垂直面后称为“推水”。

拉水是直臂到屈臂的过程，抱水结束时，屈肘为 150°左右，拉水时前臂的速度快于上臂，继续屈肘，当臂划至肩下方时，手在体下靠近身体中线，屈肘约为 90°～120°角（图 9-2-32）。整个拉水应保持高肘姿势，使手和前臂能更好地向后划水。

从拉水到推水，应是连贯地加速完成，中间没有停顿，特别是经过肩下垂直线时，不要失掉手对水的支撑感觉，要使上臂与前臂同时向后划动，同时肩部后移，以加长有效的划水路线。

图 9-2-30

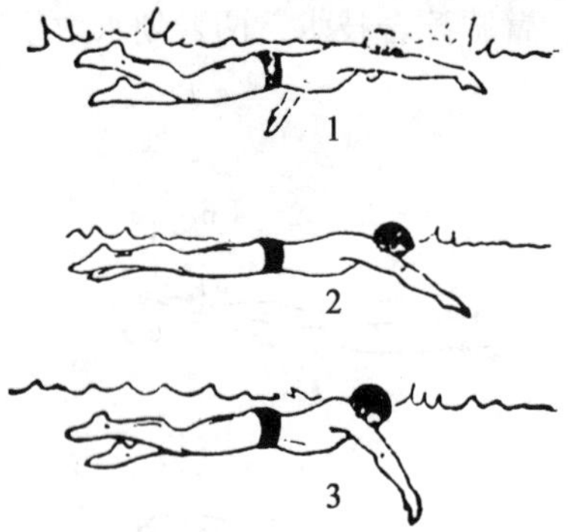

图 9-2-31

图 9-2-32

向后推水是通过屈臂到伸臂来完成的。为了使前臂、手掌能以最大的面积推水，在推水中肘关节要向上，向体侧靠近（图 9-2-33）。

在推水过程中，为了使手掌始终与水平面保持垂直，推水时要逐渐放松腕关节，使手伸展开，与前臂构成一个约为 200°～220°角（图 9-2-34）。整个划水动作，手的轨迹是向下→向后→向上。划水路线呈“S”形。

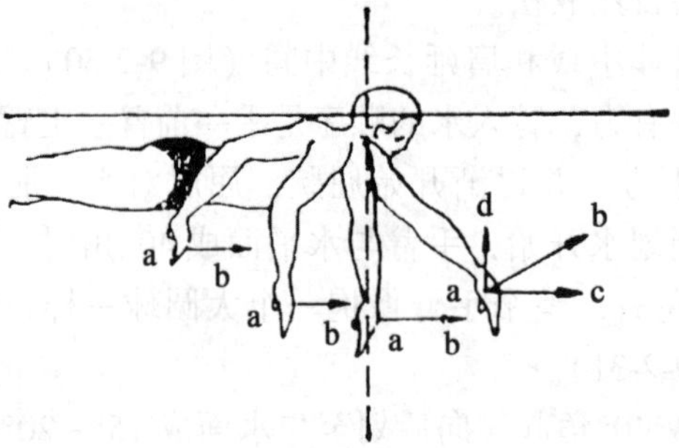

图 9-2-33

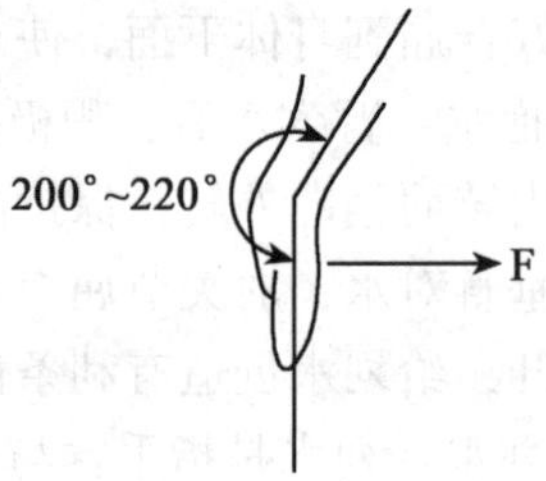

图 9-2-34

（4）出水：在划水结束后，臂由于惯性的作用而很快地靠近水面，运动员立即借助三角肌的收缩将臂提出水面（图 9-2-35 之 1）。出水时，肩部和上臂几乎同时出水，但肩部稍微早一些，掌心朝后上方（图 9-2-35 之 2）。手臂出水动作必须迅速而不停顿，同时应柔和，前臂和手掌应尽量放松。

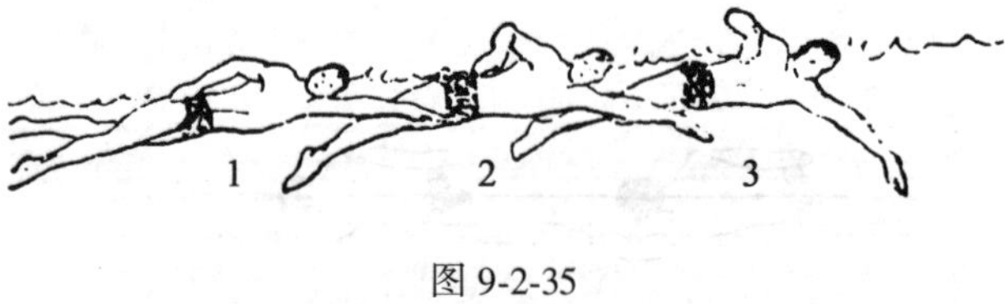

图 9-2-35

（5）空中移臂：臂在空中前移的动作是手臂出水的继续，不能停顿，移臂时动作应放松自如，尽量不破坏身体的流线型，要和另一臂的划水动作协调一致。

在手臂提出水面前移的前半部分，前臂和手的动作较慢，落后于前移的肘关节（图9-2-36之1），移臂完成一半时，肘部继续弯曲（图9-2-36之2）。

图 9-2-36

屈肘程度取决于运动员肩关节灵活性和身体绕纵轴转动的程度。

臂移至肩部时，手和前臂赶上肘部，并逐渐向前伸出，掌心也从后上方转向前下方。接着做入水准备动作，在整个移臂过程中，肘部应始终保持比肩部高的位置。

在爬泳划臂的整个周期中，动作是不停顿的，划水动作内部循环是有节奏的，随着阶段的不同，各部分所用的力量也不同，动作速度也有所区别（图9-2-37）。

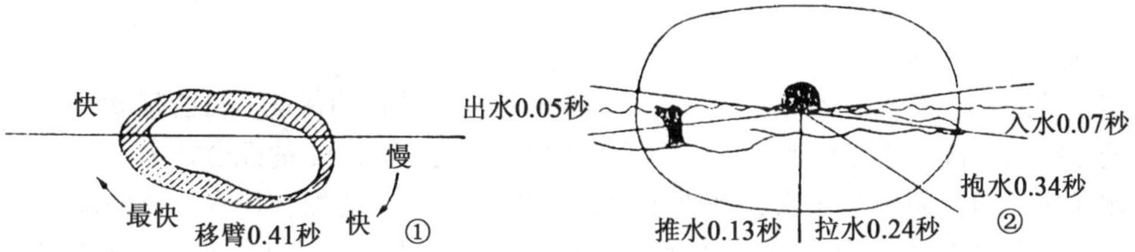

图 9-2-37

4. 两臂的配合技术

爬泳两臂的正确配合是前进速度均匀性的最重要条件之一，划水时，依照两臂所处的位置不同，可以分为三种交叉形式：即前交叉、中交叉、后交叉。

（1）前交叉配合：一臂入水时，另一臂处于肩前方，与水平面构成30°角左右（图9-2-38）。

（2）中交叉配合：当一臂入水时，另一臂处于肩下垂直部位，与水平面构成90°角左右（图9-2-39）。

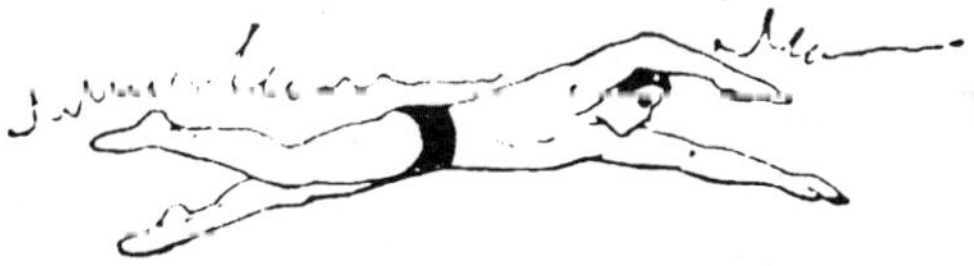

图 9-2-38

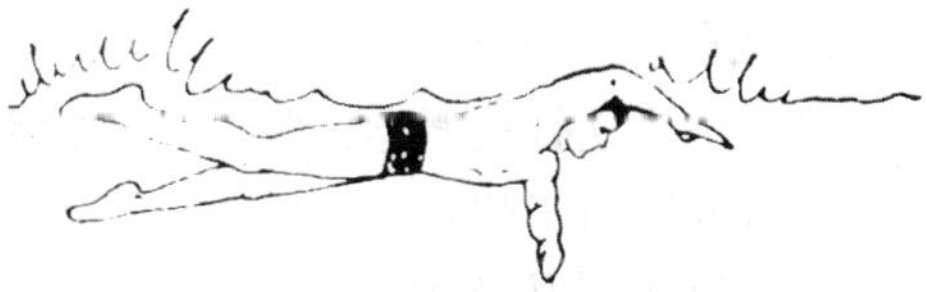

图 9-2-39

（3）后交叉配合：当一臂入水时，另一臂划水至腹部下方，与水平面构成150°角左右（图9-2-40）。

以上三种配合形式都有其各自的特点，对初学者来说，可以采用第一种形式，以便掌握爬泳动作和呼吸动作。采用第二种和第三种形式，有利于发挥两臂力量和提高动作频率，加快速度，保持连续的推进力。

5. 呼吸与臂的配合

游爬泳时，呼吸动作应有节奏地进行，一般是在两臂各划一次做一次呼吸。以右臂动作为例，右手入水后，口鼻开始逐渐呼气，在水中呼气的结束部分，呼气速度加快。同时逐渐向右转头，右臂划水结束提肘出水，嘴出水时，把剩余的气快速呼出。这样能把嘴唇边的水吹开，以便立即吸气（图 9-2-41）。右臂出水前移至肩前时吸气结束，然后闭气并将头转正，右臂随之前移入水。

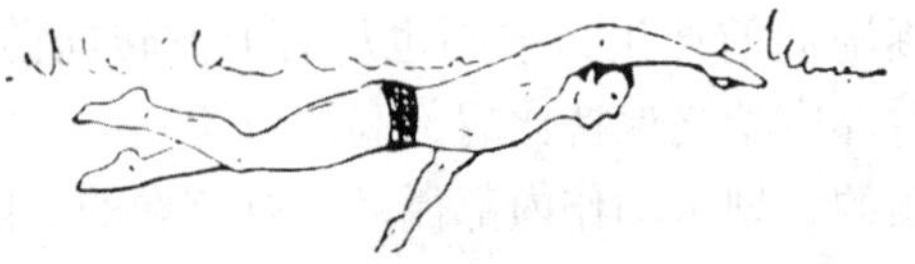

图 9-2-40

图 9-2-41

6. 腿、臂和呼吸完整动作配合

完整的配合技术，是运动员匀速地、不间断地向前游进的保证。目前爬泳的配合动作中有两腿打水 6 次，两臂划水各 1 次，呼吸 1 次，简称 6：2：1 的配合技术；另一种是两腿打水 4 次，两臂划水各 1 次、呼吸 1 次，简称 4：2：1 的配合技术；及两腿各打水 1 次，两臂各划水 1 次，呼吸 1 次，简称 2：2：1 的配合技术。另外还有采用不规则打水，交叉打水等多种形式的配合技术。

爬泳的各种配合方法各有其优缺点。6 次打腿配合技术，能保证配合的稳定性，保持臂腿协调配合和保持身体的平衡，适用于短距离项目；4 次打腿的配合可以减少腿的负担量，2 次打腿配合技术有利于发挥两臂作用，加快臂的动作频率。4 次打腿和 2 次打腿技术在中长距离项目中多见。

（二）爬泳的教学

爬泳动作形象接近人们在陆上的行走动作，臂、腿动作较简单易学。掌握爬泳后，可为学习仰泳、蝶泳打下基础。所以往往先教爬泳。爬泳的教学一般采用分解教学法，先教腿后教臂（和呼吸），再教配合动作。两腿鞭状动作是基础，两臂划水是主要动力，呼吸动作是关键。

1. 腿部动作教学

目的是建立打腿概念，学习、体会动作过程。

练习方法与步骤：

（1）陆上模仿练习。

①坐池边或岸边，两手后撑，眼看稍内旋的两腿的动作，做直腿打水练习（图 9-2-42）。

②俯卧池边或岸边，做两髋展开、大腿带动小腿的打水动作练习（图 9-2-43）。

（2）水中练习。

①手握池槽或撑池底。成俯卧水平姿势，做直腿打水练习（图 9-2-44）。

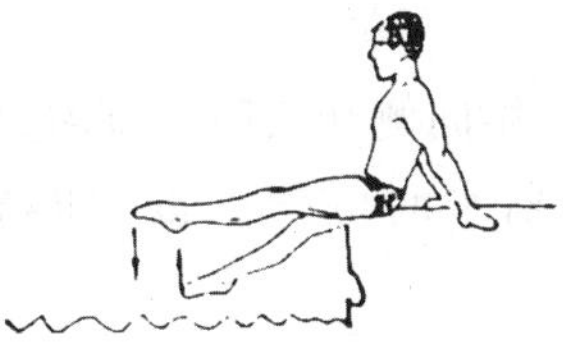

图 9-2-42

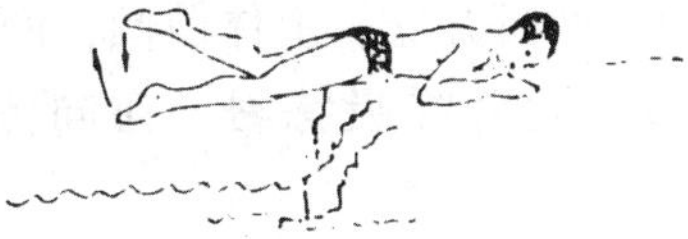

图 9-2-43

图 9-2-44

②蹬边滑行，先直腿打水，再逐步过渡到膝、踝关节适度放松弯曲的鞭状打水（图9-2-45）。

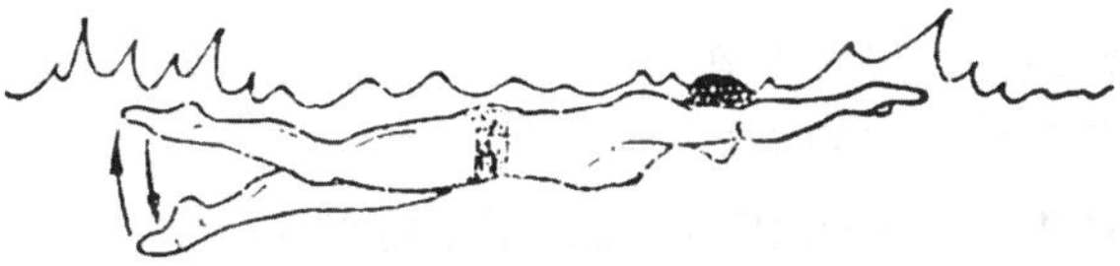

图 9-2-45

2. 手臂动作和手臂与呼吸配合动作的教学

目的是学习体会动作过程，建立划水（抱水、拉水、推水）、移臂的正确概念。

练习方法与步骤：

（1）陆上模仿练习。

①原地两脚开立，上体前倾做直臂划水模仿练习。重点体会空中移臂动作和臂入水动作，先单臂练，后两臂交替练习（图 9-2-46）。

图 9-2-46

②同上练习，要求屈臂划水，着重体会划水路线。除划水阶段用力外，其他动作放松。移臂时肘高于手。

③呼吸练习。两脚开立，上体前倾，两手扶膝。做向侧转头吸气练习（图9-2-47）。

④同练习②，配合呼吸练习，在同侧臂开始划水时呼气，推水时转头吸气（图9-2-48）。

（2）水中练习。

①站立浅水中，做同陆上练习①的内容。

②站立浅水中，做同陆上练习④的内容。向侧转头吸气时，头不要抬高。

③同上练习，由原地过渡到走动做。要求划水适当用力,手掌对水,推水时掌心向后。

④蹬边滑行，做两臂配合的划水动作可下肢夹板，帮助身体平衡。先闭气，然后逐步增加呼吸次数。

3. 完整配合动作教学

目的是学习、体会完整配合的节奏、时机及要求。

练习方法与步骤：

（1）陆上模仿练习。

①俯卧凳上做臂、腿配合模仿练习。

②同上练习，加呼吸动作配合。

（2）水中练习。

①滑行打腿，一臂前伸，另一臂划水。

②滑行打腿，配合两臂分解划水练习。

③滑行打腿，两臂用前交叉或中交叉配合轮流划水练习。

④同上练习，由划臂数次，呼吸一次，逐渐过渡到两臂各划一次，呼吸一次练习（图 9-2-49）。

图 9-2-47

图 9-2-48

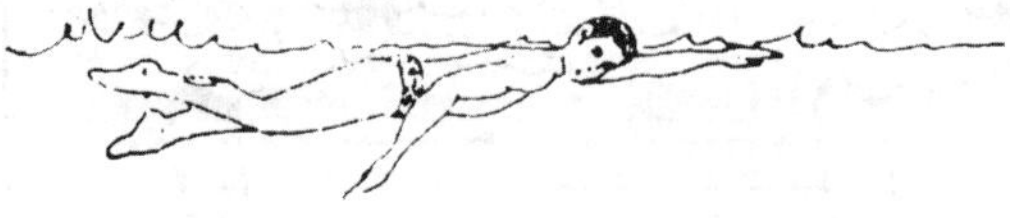

图 9-2-49

⑤逐渐加长游距，在练习中改进动作。

4. 爬泳教学中常见错误动作及纠正方法（表 9-2-2）

表 9-2-2 **爬泳教学中常见错误动作及纠正方法**

部位	常见错误	原 因	纠正方法
腿	小腿打水。(屈膝过大)	动作概念不清或小腿过于紧张	①讲解示范，明确要领。②直腿打水练习，体会大腿带动小腿的动作
	屈髋打水	躯干未充分展开或收腹	①陆上俯卧凳上，做直腿打腿练习，注意上抬大腿的动作，膝不触凳。②水中练习时，注意大腿上摆
	钩脚尖打水（锄头脚）	动作过分紧张或踝关节灵活性差	①绷直脚尖打水。②多做踝关节灵活性练习
	臂入水后向下压水	直臂入水和过早用力划水	臂入水时，以手指领先入水，入水后不要马上用力划水，而要抓到水后才用力划水
	划水时摸水	①动作概念不清。②沉肘划水。③手臂力量差	①讲解示范，明确动作要领。②划水时屈臂，肘高抬，掌心向后。③加强手臂力量的锻炼
臂	手沿纵轴外倾时划水和划水路线短	①动作概念不清。②臂入点偏外或臂入水后过分向外侧抓水和划水。③没有推水动作	①讲解示范，明确要领。②划水时强调屈臂，沿身体中线作 S 形划水，划水结束手触大腿。③可用矫枉过正法，改进入水点偏外的错误，要求手在中线入水
	划水结束时身体下沉和手出水困难	划水结束前掌心向上，没有向后推水	划水后程以掌心向后推水，利用惯性提肘带动臂出水前移
	直臂移臂	①动作概念不清。②肩臂紧张。③旧的动作定型影响	①讲解示范，明确动作要领。②多进行模仿练习，加强动作概念及肌肉感觉。③强调移臂放松，高肘移臂，移臂前段要求用拇指触及身体
配合	配合不协调，游不远	①动作过分紧张。②游得少，呼吸无节奏或吸气动作不好	①放松慢游，注意技术，逐步加长距离。②多练呼吸动作
	抬头吸气	①动作概念不清。②怕呛水或用鼻吸气。③呼气或转头过晚	①讲解示范，明确要领。②强调绕纵轴转头，用口吸气。③强调呼吸和呼吸动作跟划臂配合
	吸不进气	①吸气不充分。②吸气方法不对	①反复练习呼气方法，体会呼吸节奏。②呼气与吸气之间不要停顿，注意呼气后顺势张口吸气

四、仰泳

仰泳是身体成仰卧姿势的游泳。其动作结构和爬泳基本相似。它包括反蛙泳和爬式仰泳。

（一）身体姿势

身体平直仰卧水中，自然伸展，头肩略高于臀，腰和腿保持水平部位，后脑浸入水中，颈部肌肉放松，脸部露出水面，眼看后上方。

（二）腿部动作

腿部动作是保证身体水平姿势和维持身体平衡的主要因素，正确的踢水动作能产生较大的推进力。两腿的动作是：以髋关节为轴，大腿发力，带动小腿和脚，形成鞭打有力的向后踢水动作。

（三）臂部动作

臂部动作是产生推进力的主要因素。臂的一个动作周期可分为入水、抱水、划水、出水、空中移臂五个阶段。

入水：借助移臂的惯性，臂部自然伸直，小指领先入水，入水点在身体纵轴延长线与肩的延长线之间，或肩的外长线上。其顺序是：上臂先入水，再前臂和手几乎同时入水。入水动作自然、放松，不要用手拍击水面，以避免带入气泡。

抱水：手臂入水后，臂下滑到一定深度时直臂向内深水处积极抓水，并转腕和肩带内旋，同时开始屈臂，使整个臂处于最有利的划水部位。完成抱水动作时臂与身体纵轴构成约 40°角，肘关节开始弯曲，手掌距水面约 30 厘米。

划水：划水动作是推进身体前进的主要动力。动作包括拉水和推水两个部分。整个动作是由屈臂抱水开始，以肩为中心，划至大腿侧下方为止。整个划水手掌走的路线从侧面看是先向下，再向上，再向下，成 S 形（图 9-2-50）。

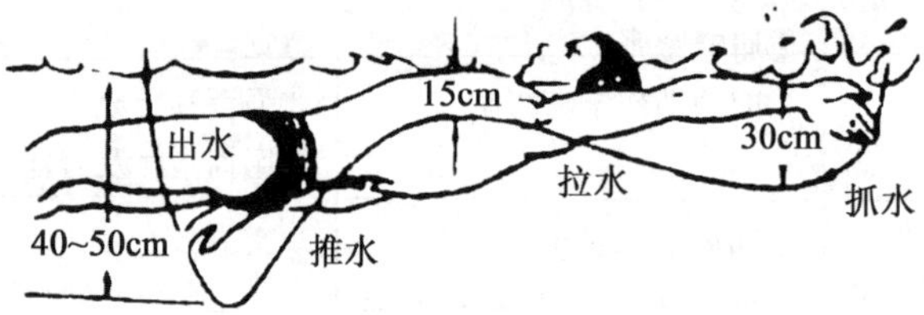

图 9-2-50

出水：借助手臂内旋下压推压水的反作用力和三角肌的收缩力，手臂自然出水。出水动作是臂先压水后提肩，由肩带动上臂、前臂和手依次出水。

空中移臂：提臂出水后，手臂应迅速沿着肩的垂直面向肩前移动，手臂要自然、放松、伸直，移臂的后段肩关节要充分伸展，手垂直向头后移臂，速度要快。

（四）两臂配合

应采用当一臂划水结束，另一臂已入水并开始划水；一臂处于移臂一半，另一臂处于划水的中部，两臂几乎处在完全相反的位置。

（五）呼吸与臂、腿配合技术

现代仰泳技术采用6：2：1的配合技术。即6次打腿，2次划臂，1次呼吸。呼吸要有严格的节奏，不能用鼻子呼吸，要用口呼吸。

现代仰泳的技术特点是：身体在水中保持流线型位置；手臂垂直向头后移臂；手掌入水点远，滑水深，高肘划水；两臂交替划水，肩左右转动较大，肩横轴与水平面约成45°夹角；6次踢腿，踢水很有力。

（六）练习方法与步骤

（1）陆地仰卧池边或出发台上做两腿打水模仿动作。

（2）在水中，深吸气后，头和上体慢慢后仰，在同伴的帮助下，或两手反握池槽，或两手后撑池底，做漂浮踢水练习。

（3）蹬池滑行后，做仰卧漂浮练习。

（4）在水中仰踢水的基础上，配合两臂做划水动作，再配合有节奏的呼吸。

五、蝶泳

蝶泳又称海豚泳。它是由蛙泳演变而成的一种泳姿，游进时因两臂动作形似蝴蝶展翅而得名。后来，匈牙利运动员董贝克模仿海豚的躯干波浪动作，创造了海豚泳姿势，使游进速度有了很大的提高，从此产生了海豚式蝶泳。

（一）动作结构与技术要领

蝶泳的动作结构较复杂，身体俯卧在水中，躯干和腿联合而有节奏地做上下鞭打动作，游进时两臂和两腿的动作对称，即两腿上下同时打水两次，两臂同时划水一次，并且打腿和划臂应同时进行。躯干和腿的波浪动作是蝶泳的基础。其动作要领是，腰部发力，大腿带动小腿做鞭状上下打水，推动身体前进。臂的技术类似爬泳，两臂同时对称经空中前摆，头入水后，两臂同时沿身体两侧经腹下做曲线向后划水。应充分利用推水的惯性力，配合低头动作，完成转肩移臂。吸气时新学者和少儿多采用早吸气技术，即向后用力划水时，顺势抬头吸气，臂出水和开始向前移臂时闭气，臂入水时呼气。当前运动员采用的是2：1：1的配合技术，即两次打腿，一次划臂，一次呼吸。

现代蝶泳的技术特征是：移臂趋于低、平、直；划水的发力点提前，划水路线呈钥匙洞形；上体起伏小，上下肢动作配合连贯；两臂将入水时第一次打腿，在腹下加速推水时第二次打腿，打腿幅度趋于适中，节奏鲜明有力。

（二）练习方法与步骤

（1）陆地上，原地站立，两臂上举，做腰腹前后摆动练习。

（2）水中蹬边滑行后，两腿并拢，同时做上下打水练习。

（3）手扶泳板做蝶泳打水练习。

（4）水中站立，上体前倾，做蝶泳两臂划水的模仿练习。

（5）同练习4，配合呼吸练习。

（6）做两次打腿，一次划水，一次呼吸的完整配合练习。

第三节 游泳的安全与救护常识

一、遵守规定，确保安全

游泳是一项非常有益的运动，是我国群众基础最广泛的运动项目之一。可以说，在所有体育项目中，任何一项都比不上参加游泳运动的人多，从刚出生几个月的婴儿，到七八十岁的老人，都能到水中泡一泡，游一游，尤其是少年儿童特别喜爱游泳。但是，如果组织不当，游泳也容易出现不幸事故。因此，在教学、训练和群众性的游泳活动中，游泳的安全应放在首要地位，防止发生意外事故。下面介绍有关的安全常识。

（一）加强安全教育

加强安全教育，使学生明确和遵守安全规则，树立安全观念，把安全教育贯彻于整个游泳教学的始终。

（二）选好游泳场所

在天然水域游泳，必须先做好调查工作，要查清水质、水深、流速、水底、水中生物等情况。凡有污泥、乱石、暗礁、急流、漩涡、枯枝、树桩和杂草的水域，来往船只多或靠近码头的地方，有工业废水污染和有血吸虫的水域，都不能作为游泳场所。在海滨选择游泳场所要注意海浪和涨潮、落潮情况，还要注意有无伤害人的鱼类。最理想的天然游泳场所是流速缓慢、坡度小的沙底水域。

场地选好后，用鲜明的标志划分深水区和浅水区。初学者严格禁止到深水区游泳。

（三）搞好安全组织

（1）指派救生人员，成立安全小组。每次上课前应指派两人以上责任心强、水性好的学生担任救生员，组成安全小组。准备好救生器材，注意清点人数，在岸上进行观察，做到既注意全面，又照顾重点。如发现情况，立即发出呼救信号和使用救生器材进行救护。

（2）编排游泳小组。上第一堂课应对每个学生进行摸底测验，了解学生的游泳技术水平。按技术水平的高低，分成几个游泳小组，再分为 2 人一队，互相帮助。如发现情况，立即呼救。

（四）落实安全措施

（1）严格遵守规章制度，加强组织纪律性。群众性游泳场所应有严格的规章制度。如游泳须知（或守则），说明游泳时应注意的事项，介绍游泳的卫生、安全常识，规定游泳者应遵守的制度和纪律等，做到有章可循，有令则行，有禁则止。

（2）经常清点人数。每次上课前后都必须清点人数，绝不允许擅自离队。在课中大约每隔 15 分钟检查一次人数（由安全小组检查报告），如有怀疑，必须令全体人员上岸清点。

（3）认真做好准备活动。准备活动可以提高神经系统的兴奋性，调节身体各器官系统的状况，增强身体对游泳活动的适应能力，同时还是预防肌肉痉挛和拉伤的有效手段。

（4）准备好安全救护工具。如救生圈、竹竿、浮板、绳索、必需的药品、担架和人工呼吸用具等。

（五）注意卫生常识

（1）进行健康检查。为了预防疾病，保护自身健康，凡有严重皮肤病、红眼病、中耳炎、腹泻、肝炎、肺结核、高血压、心脏病、精神病、癫痫病等，一律不能参加游泳。女生月经期不宜游泳。

（2）饭后、酒后或激烈运动之后不要立即下水游泳。

（3）出现冷颤、头晕、呕吐等异常情况，应及时出水。

（4）注意公共卫生，游泳池应及时消毒和净化，不应在水中吐痰或小便。

二、预防、自救与救护

（一）预防、保护与自救

要防止溺水事故，就应了解发生事故的原因，掌握自救的方法。现将常见的几种事故以及预防、保护和自救的方法介绍如下：

（1）溺水事故大多数都是由于技术不好、惊慌、呛水等原因引起的，预防溺水事故，首先要学会呼吸和放松，呛水时不要紧张，可用踩水等姿势排除呛水。

（2）对一些容易出现突发性休克的疾病，如严重的癫痫病、心脏病，不能游泳。

（3）随意潜水是造成不幸事故的隐患。即使是水性好的人，也会因潜水时间过长，脑部缺氧而突然休克。因此，在人多的游泳场合，不宜潜水。在教学中，做潜水练习时，应互相照顾和保护。

（4）游泳时，因疲劳、寒冷和过度紧张都会引起肌肉痉挛（抽筋）。出现抽筋，首先应克服紧张害怕心理，尽量使抽筋部位伸展。如严重的抽筋应立即呼救。

（5）游泳时过度疲劳，容易出现事故。这时，应借助别人的帮助，放松游出危险区。

（6）在游泳时，有时会因跳水或其他原因碰撞而发生事故，因此，规定不要在游泳场所跳水或互相追逐打闹。发生碰撞，必须停下来，观察情况，如有问题，立即采取应急措施。

（7）游泳时，由于水情不熟，落入危险水域，首先要沉着、冷静，想办法脱离险区。如落入漩涡中，应持平卧姿势，增大身体半径，逆漩涡而游出险区。

（二）水上救护

为了保证游泳安全，不仅要加强安全教育，采取有效的安全措施，而且还要掌握游泳的救护知识与方法。如发现溺水事故后，应根据情况当机立断，采取有效措施、沉着、勇敢、迅速进行救护。

由于水域的不同，出现事故的情况也不一样，所以对不同的情况要采取相应的救护方法。水上救护分间接救护和直接救护。

1. 间接救护技术

间接救护技术是救护人员利用救生器材的一种救护方法。这种方法适用于溺水者神志较清醒的情况。使用的器材有竹竿、绳索、泳板、救生圈、救生衣、浮球等。救护应根据现场情况，使用相应的救生器材，可在岸上或船上使用，也可携带入水，游近溺水者时使用。在江河中用救生圈、浮球等浮物救护较清醒的溺水者，应向溺水者的上游准确地掷去，就能使溺水者稳当而快速地脱险。

2. 直接救护技术

直接救护技术是救护者不用任何救护器材、徒手对溺水者施救的一种技术。当溺水者神志不清或救护者没有救生器材的情况下，要果断、迅速地采用直接救护。直接救护技术可分为观察、入水、游近溺水者、解脱、拖运、上岸、抢救等过程。

（1）观察：为了以最快的时间和最短的距离尽快地游近溺水者，救护者在入水前应快速观察周围的环境。如溺水者落水地点、水流的方向和流速等情况，迅速选好入水地点，脱去衣服、外裤和鞋袜。

（2）入水：入水要快，目标要准。对熟悉的水域可采用头先入水的出发动作，入水后出水动作要快。不熟悉的水域或距溺水者较近时，可采用跨跳式入水动作（图 9-3-1）。入水后，两腿向下夹水，手臂迅速压水。使身体处于较高位置，以便观察目标。

（3）游近溺水者：入水后，一般用抬头爬泳迅速游近溺水者。当游近溺水者 2~3 米时，深吸一口气，再接近溺水者。接近时应用突然果断的动作拉住溺水者的手腕（图 9-3-2）用力向右（或左）边一拉，使溺水者背向自己，再进行拖运。

图 9-3-1

图 9-3-2

（4）拖运：拖运时，一般采用侧泳或反蛙泳技术。采用反蛙泳拖运法可用单手或双手托住溺水者的后脑或肩、腋部位，用反蛙泳蹬腿前进（图 9-3-3）。

图 9-3-3

采用侧泳拖运法可托溺水者后脑或同侧肩腋部（图 9-3-4），或穿过一腋扶其下颌腋下，侧泳游进（图 9-3-5）。

无论采用哪种方法拖运都要时刻注意让溺水者的脸部露出水面。

（5）出水上岸：如果溺水者处于昏迷状态，那么他全身是松弛的，这时救护人员就不能采取往上托的办法，而应采用由下往上拉的办法为好（图 9-3-6）。

（6）抢救：上岸后，应先排除气管、胃内积水和口、鼻内的杂物。方法是：救护者单腿跪地，将溺水者腹部放在自己屈膝的大腿上，使其足高头低，用手捶拍溺水者背部，加速排水。若溺水者牙关紧闭，可采用两手大拇指顶住溺水者下颌骨，使其张$\frac{1}{3}$处。若溺水者已清醒，应穿好衣服休息；若昏迷不醒，应立即进行人工呼吸。

图 9-3-4

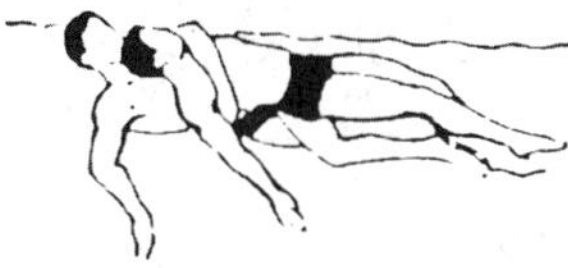
图 9-3-5

图 9-3-6

实践证明，口对口吹气的方法效果好。操作方法是使溺水者仰卧，一手捏住其鼻子，另一手托其下颏，救护者深呼吸后嘴对嘴将气吹入溺水者肺部，接着松开捏住鼻子的手，嘴离开，并用手压一下溺水者的胸部，帮助呼吸，如此反复进行，每分钟做 14~20 次。

（7）解脱：救护者如被溺水者抓住或抱住，应立即解脱，解脱时利用反关节和杠杆的原理，动作要迅速、突然。解脱的方法依被抓或抱住的情况不同而异。一般有虎口解脱法、扳指解脱法、推扭解脱法、托肘解脱法。

①虎口解脱法：两臂或两手被溺水者抓住时，救护者两手握拳，用力由里向外扭转，同时用力下压，即可从虎口解脱（图 9-3-7）。

②扳指解脱法：溺水者从背后抱（抓）住救护者，但两臂未被束缚时，可分别用左右手抓住溺水者的左右手中的一指，反向扳开，即可解脱（图 9-3-8）。

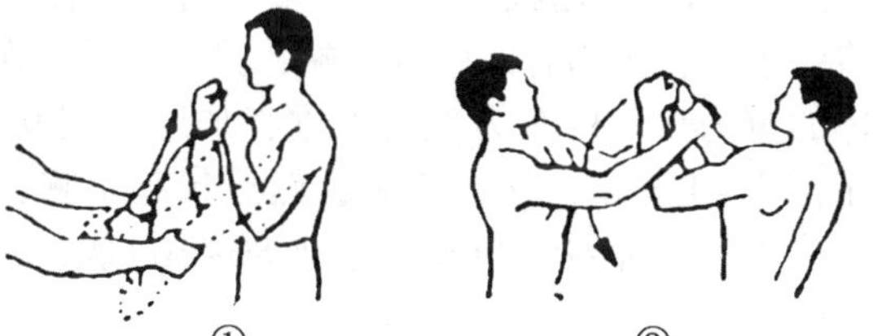
①　②

图 9-3-7

图 9-3-8

③推扭解脱法：若溺水者从前面抱住腰、背等部位，但两臂未被束缚，可一手按住溺水者的后脑，另一手托其下颌向外扭转溺水者的颈部，使之解脱（图 9-3-9）。

④托肘解脱法：凡是被溺水者从前面或后面把身体和两臂都抱（抓）住时，可采用将溺水者的肘部上托的方法解脱（图 9-3-10、图 9-3-11、图 9-3-12）。

3. 心脏按压

当溺水者失去知觉时，将心脏按压和人工呼吸同时进行很重要。心脏按压法包括：俯卧压背法、仰卧举臂压胸法、侧卧压胸法和胸外压放心脏法。这里介绍常用的仰卧举臂压胸法和胸外压放心脏法两种。

（1）仰卧举臂压胸法：此法特点是既可做人工呼吸又能起到压心脏的作用，因此遇

图 9-3-9

图 9-3-10

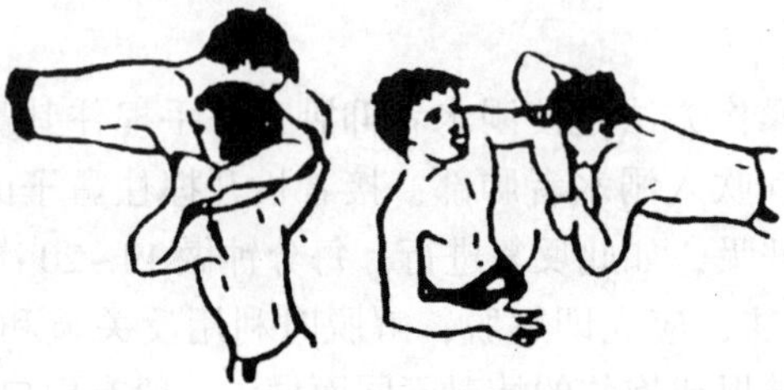

图 9-3-11

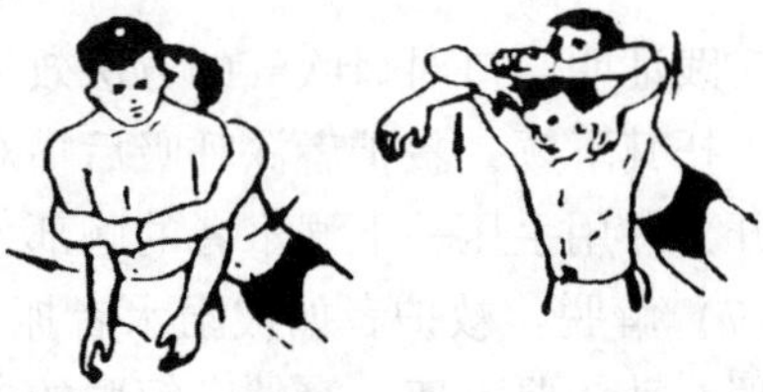

图 9-3-12

溺水者呼吸、心脏均停止时可采取此法。方法是：溺水者仰卧，肩下垫毛巾或衣服，头稍后仰，救护者跪于溺水者头部上方，握其两手腕。操作呼气动作时，救护者上体前倾，增加压力，将溺水者的双臂弯曲，用其两前臂压迫双肋处，逼出肺部空气（图 9-3-13）；操作吸气动作时，将溺水者双手提起，向左右两侧做伸展动作，此时胸腔扩展，空气便会进入肺里（图 9-3-14）。这样再继续将溺水者的两臂经头上，回复到呼气的手势。

（2）胸外压放心脏法：此法使用于溺水者无心跳或心跳极微弱时。具体方法：溺水者仰卧，救护者跪在溺水者身旁，将一手掌置于溺者的胸骨下端，另一手掌覆在上，两手掌重叠在一起，两臂伸直，借助身体的重力，稳健有力地向下垂直加压（图 9-3-15），压力集中在手掌根部，使溺水者胸骨下陷 3～4 厘米，压缩心脏，然后抬起手腕，使胸廓扩张，心脏舒张。这样有节奏地进行，成人每分钟 60～80 次，小孩 80～100 次，直至心脏再跳动或确已死亡为止。

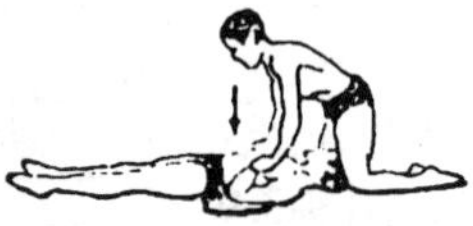

图 9-3-13

图 9-3-14

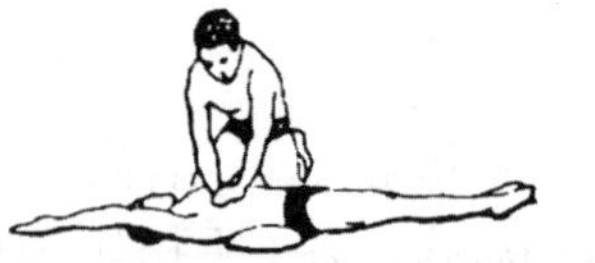

图 9-3-15

做人工呼吸和心脏按压，应先在 3～4 秒内做 2 次人工呼吸，然后做 15 次连续的心脏按压，这样反复进行。另外，做心脏按压的同时，应注意观察两点：切颈动脉查脉搏；观察瞳孔。当呼吸停止和心脏停止跳动时，瞳孔就会扩大，反之，瞳孔缩小。

第十章　武　　术

第一节　武术运动概述

武术是以技击动作为主要内容，以套路和格斗为运动形式，注重内外皆修的中国传统体育项目。它具有悠久的历史和广泛的群众基础，是中华民族在长期的实践中逐步积累和丰富起来的一项宝贵的文化遗产。

武术的内容丰富多彩，按其运动形式可分为两大类：套路运动和格斗运动。

（一）套路运动

套路运动是武术动作以攻守进退、动静疾徐、刚柔虚实等矛盾运动的规律编成的整套练习形式。主要内容包括拳术、器械、对练、集体表演。

（1）拳术。是徒手练习的套路运动。它的种类很多，主要有长拳、太极拳、南拳、行意拳、八卦掌、通背拳、象形拳等。

（2）器械。器械的种类很多，分为长器械、短器械、双器械、软器械。刀、枪、剑、棍是长短器械的代表。目前在武术竞赛中，刀、枪、剑、棍也是重点竞赛项目。

（3）对练。是在单练基础上，两人或两人以上，在预定的条件下进行的攻防的假设性实战练习。其中包括徒手对练、器械对练、徒手与器械的对练。

（4）集体表演。是六人以上的徒手或器械集体演练，可变换队形与图案，可采用音乐伴奏，要求队形整齐，动作协调一致。

（二）格斗运动

格斗运动是两人在一定条件下按照一定的规则进行斗智较力的对抗练习形式。有散手、推手、短兵三项，目前正在开展的有散手、推手两项。

（1）散手。是两人按照一定的规则使用踢、打、摔、拿等方法制胜对方的竞技项目。

（2）推手。是两人遵照一定的规则，使用挤、按、踩、扳、靠等手法，双方粘贴黏随，通过肌肉的感觉来判断对方的用劲，然后借力发力将对方推出，以此决定胜负的竞技项目。

（3）短兵。是两人手持一种用藤、皮、棉制作的短棒似的器械，在533cm直径的圆形场地内，按照一定的规则，使用劈、砍、刺、崩、点、斩等方法决胜负的竞技项目。

第二节　初级长拳（第三路）

一、初级长拳的基本特点

长拳是一种姿势舒展大方，动作灵活快速，蹿蹦跳跃、闪展腾挪、起伏转折、勇猛有力、节奏鲜明、动作流畅、一气呵成的武术套路。长拳的种类不同，又各有其不同的技术特点和运动风格，如初级长拳第三路，不仅动作幅度、关节的活动范围较大，内容结构较为复杂，有利于发展和提高肌肉的弹性、收缩力和关节的灵活性、柔韧性；而且有利于促进、发展和提高心、肺系统和中枢神经系统等各器官系统的机能，全面发展身体素质。长拳第三路以踢打基本技击动作为中心，一招一式都含有攻防的意义，如第1节中的两次"弓步冲拳"，均有格挡的配合，"大跃步前穿"接"弓步击掌"中有挂、铲、搂、击的配合，第2节中的"马步击掌"、"马步盘肘"与搂手的配合等，均有攻有防，攻防结合。第3、4节从"弓步劈拳"接"换跳步马步冲拳"，直到"虚步挑拳"、"弓步顶肘"等一系列"拳打、脚踢"的技击方法更为紧凑、鲜明，武术特点尤为突出，有利于培养人们勇敢顽强、坚韧不拔的意志品质和良好的攻防意识。

二、动作名称

（一）预备动作

1. 预备势　2. 虚步亮掌　3. 并步对拳

（二）第一段

1. 弓步冲拳　2. 弹腿冲拳　3. 马步冲拳　4. 弓步冲拳
5. 弹腿冲拳　6. 大跃步前穿　7. 弓步击掌　8. 马步架掌

（三）第二段

1. 虚步栽拳　2. 提膝穿掌　3. 仆步穿掌　4. 虚步挑掌
5. 马步击掌　6. 叉步双摆掌　7. 弓步击掌　8. 转身踢腿马步盘肘

（四）第三段

1. 歇步抡砸拳　2. 仆步亮掌　3. 弓步劈拳　4. 换跳步弓步冲拳
5. 马步冲拳　6. 弓步下冲拳　7. 叉步亮掌侧踹腿　8. 虚步挑拳

（五）第四段

1. 弓步顶肘　2. 转身左拍脚　3. 右拍脚　4. 腾空飞脚
5. 歇步下冲拳　6. 仆步抡劈拳　7. 提膝挑掌　8. 提膝劈掌弓步冲拳

（六）结束动作

1. 虚步亮掌　2. 并步对拳　3. 还原

三、动作说明及图解

（一）预备动作

1. 预备势

两脚并步站立,两臂垂于身体两侧,五指并拢贴靠腿外侧。眼向前平视(图10-2-1)。

要点：头要端正，颏微收，挺胸，塌腰，收腹。

2. 虚步亮掌

（1）右脚向右后方撤步成左弓步。右掌向右、向上、向前划弧，掌心向上；左臂屈肘，左掌提至腰侧，掌心向上。目视右掌（图10-2-2）。

（2）右腿微屈，重心后移。左掌经胸前从右臂上向前穿出伸直；右臂屈肘，右掌收至腰侧，掌心向上。目视左掌（图10-2-3）。

（3）重心继续后移，左脚稍向右移，脚尖点地，成左虚步。左臂内旋向左、向后划弧成勾手，勾尖向上；右手继续向后、向右、向前上划弧，屈肘抖腕，在头前上方成亮掌（即横掌），掌心向前，掌指向左。目视左方（图 10-2-4）。

图 10-2-1

图 10-2-2

图 10-2-3

图 10-2-4

要点：三个动作必须连贯。成虚步时，重心落于右腿上，右大腿与地面平行。左腿微屈，脚尖点地，勾手、亮掌、甩头三者同时完成。

3. 并步对拳

（1）右腿蹬直，左腿提膝，脚尖里扣，上肢姿势不变（图 10-2-5）。

（2）左脚向前落步，重心前移。左臂屈肘，左勾手变掌经左侧前伸；右臂外旋向前下落于左掌右侧，两掌同高，掌心均向上（图 10-2-6）。

（3）右脚向前上一步，两臂下垂后摆（图 10-2-7）。

（4）左脚向右脚并步，两臂向外向上经胸前屈肘下按，两掌变拳，拳心向下，停于小腹前。目视左侧（图 10-2-8）。

要点：并步后挺胸、塌腰。对拳、并步、转头要同时完成。

图 10-2-5

图 10-2-6

图 10-2-7

图 10-2-8

（二）第一段

1. 弓步冲拳

（1）左脚向左上一步，脚尖向斜前方；右腿微屈，成半马步。左臂向上向左格打。拳眼向后，拳与肩同高；右拳收至腰侧，拳心向上。目视左拳（图 10-2-9）。

（2）右腿蹬直成左弓步。左拳收至腰侧。拳心向上；右拳向前冲出。高与肩平，拳眼向上。目视右拳（图 10-2-10）。

要点：成弓步时，右腿充分蹬直，脚跟不要离地。冲拳时，尽量转腰顺肩。

2. 弹腿冲拳

重心前移至左腿，右腿屈膝提起，脚面绷直，猛力向前弹出伸直，高与腰平。右拳收至腰侧；左拳向前冲出。目视前方（图 10-2-11）。

要点：支撑腿可微屈，弹出的腿要用爆发力，力点达于脚尖。

3. 马步冲拳

右脚向前落步。脚尖里扣，上体左转。左拳收至腰侧，两腿下蹲成马步；右拳向前冲出。目视右拳（图 10-2-12）。

图 10-2-9

图 10-2-10

图 10-2-11

图 10-2-12

要点：成马步时，大腿要平，拳心向下，两眼平视，脚跟外蹬，挺胸、塌腰。

4. 弓步冲拳

（1）上体右转 90°，右脚尖外展向右前方，成半马步。右臂屈肘向右格打，拳眼斜向后。目视右拳（图 10-2-13）。

（2）左腿蹬直成右弓步。右拳收至腰侧；左拳向前冲出。目视左拳（图 10-2-14）。

要点：与本段的弓步冲拳相同，唯左右相反。

5. 弹腿冲拳

重心前移至右脚，左腿屈膝提起，脚面绷直，猛力向前弹出伸直，高与腰平。左拳收至腰侧，右拳向前冲出。目视前方（图 10-2-15）。

要点：与本段的弹腿冲拳相同。

图 10-2-13

图 10-2-14

图 10-2-15

6. 大跃步前穿

（1）左腿屈膝。右拳变掌内旋，以手背向下挂至左膝外侧，上体前倾。目视右手

（图 10-2-16）。

（2）左脚向前落步，两腿微屈。右掌继续向后挂，左拳变掌，向后向下伸直。目视右掌（图 10-2-17）。

（3）右腿屈膝向前提起，左腿立即猛力踏地向前跃出。两掌向前向上划弧摆起。目视左掌（图 10-2-18）。

（4）右腿落地全蹲，左腿随即落地向前铲出成仆步。右掌变拳抱于腰侧，左掌由上向右向下划弧成立掌，停于右胸前。目视左脚（图 10-2-19）。

要点：跃步要远，落地要轻，落地后立即接做下一个动作。

图 10-2-16　图 10-2-17　图 10-2-18　图 10-2-19

7. 弓步击掌

右腿猛力蹬直成左弓步。左掌经左脚面向后划弧至身后成勾手，左臂伸直，勾尖向上；右拳由腰侧变掌向前推出，掌指向上，掌外侧向前，目视右掌（图 10-2-20）。

8. 马步架掌

（1）重心移至两腿中间，左脚脚尖里扣成马步，上体右转。右臂向左侧平摆，稍屈肘；同时左勾手变掌由后经左腰侧从右臂内向前上穿出，掌心均朝上。目视左手（图 10-2-21）。

（2）右掌立于左胸前，左臂向左上屈肘抖腕亮掌于头部左上方，掌心向前。目右转视（图10-2-22）。

要点：马步同前。

图 10-2-20　图 10-2-21　图 10-2-22

（三）第二段

1. 虚步栽拳

（1）右脚蹬地，屈膝提起；左腿伸直，以前脚掌为轴向右后转体 180°。右掌由左胸前向下经右腿外侧向后划弧成勾手；左臂随体转动并外旋，使掌心朝右。目视右手（图10-2-23）。

（2）右脚向右落地，重心移至右腿上，下蹲成左虚步。左掌变拳下落于左膝上，拳眼向里，拳心向后；右勾手变拳，屈肘向上架于头右上方，拳心向前。目视左方（图10-2-24）。

2. 提膝穿掌

（1）右腿稍伸直。右拳变掌收至腰侧、掌心向上；左拳变掌由下向左向上划弧盖压于头上方，掌心向前（图10-2-25）。

（2）右腿蹬直，左腿屈膝提起，脚尖内扣。右掌从腰侧经左臂内向右前上方穿出，掌心向上；左掌收至右胸前成立掌。目视右掌（图10-2-26）。

要点：支撑腿与右臂充分伸直。

图10-2-23　图10-2-24　图10-2-25　图10-2-26

3. 仆步穿掌

右腿全蹲，左腿向左后方铲出成左仆步。右臂不动，左掌由右胸前向下经左腿内侧，向左脚面穿出。目随左掌转视（图10-2-27）。

4. 虚步挑掌

（1）右腿蹬直，重心前移至左腿，成左弓步。右掌稍下降，左掌随重心前移向前挑起（图10-2-28）。

（2）右脚向左前方上步，左腿半蹲，成右虚步。身体随上步左转180°。在右脚上步的同时，左掌由前向上向后划弧成立掌，右掌由后向下向前上挑起成立掌，指尖与眼平。目视右掌（图10-2-29）。

要点：上步要快，虚步要稳，左掌略高于右掌。

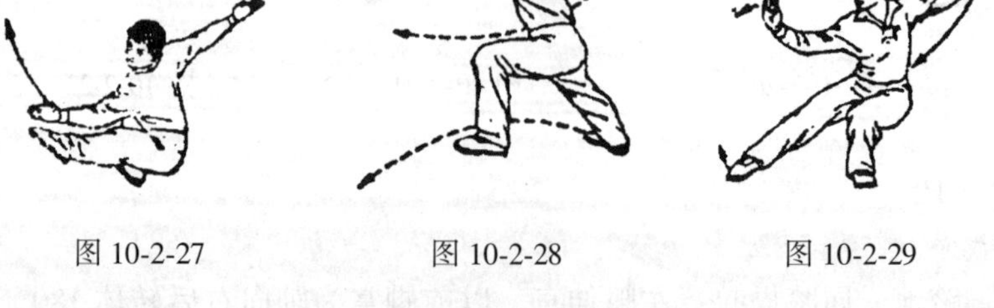

图10-2-27　图10-2-28　图10-2-29

5. 马步击掌

(1) 右脚落实，脚尖外撇，重心稍升高并右移，左掌变拳收至腰侧；右掌俯掌向外掳手（图 10-2-30）。

(2) 左脚向前上一步，以右脚为轴向右后转体 180°，两腿下蹲成马步。左拳从右臂上成立掌向左侧击出；右掌变拳收至腰侧，目视左掌（图 10-2-31）。

要点：右手做掳手时，先使臂稍内旋、腕伸直，手掌向下向外转，接着臂外旋，掌心经下向上翻转，同时抓握成拳。收拳和击掌动作要同时进行。

6. 叉步双摆掌

(1) 重心稍右移，同时两掌向下向右摆，掌指均向上。目视右掌（图 10-2-32）。

(2) 右脚向左腿后插步，前脚掌着地。两臂继续由右向上向左摆，停于身体左侧，均成立掌，右掌停于在肘窝处。目随双掌转视（图 10-2-33）。

要点：两臂要划立圆，幅度要大，摆掌与后插步配合一致。

图 10-2-30

图 10-2-31

图 10-2-32

图 10-2-33

7. 弓步击掌

(1) 两腿不动。左掌收至腰侧，掌心向上。右掌向上向右划弧，掌心向下（图 10-2-34）。

(2) 左腿后撤一步，成右弓步。右掌向下向后伸直摆动，成勾手，勾尖向上；左掌成立掌向前推出。目视左掌（图 10-2-35）。

8. 转身踢腿马步盘肘

(1) 两脚以前脚掌为轴向左后转体 180°。在转体同时，左臂向上向前划半立圆，右臂向下向后划半立圆（图 10-2-36）。

图 10-2-34

图 10-2-35

图 10-2-36

（2）上动不停，两脚不动，右臂由后向上向前划半立圆，左臂由前向下向后划半立圆（图 10-2-37）。

（3）上动不停，右臂向下成反臂勾手，勾尖向上。左臂向上成亮掌，掌心向前上方。右腿伸直，脚尖勾起，向额前踢（图 10-2-38）。

（4）右脚向前落地，脚尖里扣。右手不动，左臂屈肘下落至胸前，左掌心向下。目视左掌（图 10-2-39）。

（5）上体左转 90°，两腿下蹲成马步。同时左掌向前向左平掳变拳收至腰侧，右勾手变拳，右臂伸直，由体后向右向前平摆，至体前时屈肘，肘尖向前，高与肩平，拳心向下。目视肘尖（图 10-2-40）。

要点：两臂抡动时要划立圆，动作连贯。盘肘时要快速有力，右肩前倾。

图 10-2-37

图 10-2-38

图 10-2-39

图 10-2-40

（四）第三段

1. *歇步抡砸拳*

（1）重心稍升高，右脚尖外撇。右臂由胸前向上向右抡直；左拳向下向左，使臂抡直。目视右拳（图 10-2-41）。

（2）上动不停，两脚以前脚掌为轴，向右后转体 180°。右臂向下向后抡摆，左臂向上向前随身体转动（图 10-2-42）。

（3）紧接上动，两腿全蹲成歇步。左臂随身体下蹲向下平砸，拳心向上，肘部微屈；右臂伸直向上举起。目视左拳（图 10-2-43）。

要点：抡臂动作要连贯完成，划成立圆。歇步要两腿交叉全蹲。左腿大、小腿靠紧，臀部贴于左小腿外侧，膝关节在右小腿外侧，脚跟提起；右脚尖外撇，全脚着地。

图 10-2-41

图 10-2-42

图 10-2-43

2. 仆步亮拳

（1）左脚由右腿后抽出前上一步，左腿蹬直，右腿半蹲，成右弓步。上体微向右转。左拳收至腰侧，右拳变掌向下经胸前向右横击掌。目视右掌（图 10-2-44）。

（2）右脚蹬地屈膝提起，上体右转。左拳变掌从右掌上向前穿出，掌心向上；右掌平收至左肘下（图 10-2-45）。

（3）右脚向右落步，屈膝全蹲，左腿伸直，成仆步。左掌向下向后划弧成勾手，勾尖向上；右掌向右向上划弧微屈，抖腕成亮掌，掌心向前。头随右手转动，至亮掌时，目视左方（图 10-2-46）。

要点：仆步时，左腿充分伸直，脚尖里扣，右腿全蹲，两脚脚掌全部着地。上体挺胸塌腰，稍左转。

图 10-2-44

图 10-2-45

图 10-2-46

3. 弓步劈拳

（1）右腿蹬地立起；左腿收回并向左前方上步。右掌变拳收至腰侧。左勾手变掌由下向前上经胸前向左做掳手（图 10-2-47）。

（2）右腿经左腿前方向左前上一步，左腿蹬直成右弓步。左手向左平掳后再向前挥摆，虎口朝前（图 10-2-48）。

（3）在左手平掳的同时，右拳向后平摆，然后再向前向上做抡劈拳，拳高与耳平，拳心向上，左掌外旋接扶右前臂。目视右拳（图 10-2-49）。

要点：左右脚上步稍带弧形。

图 10-2-47

图 10-2-48

图 10-2-49

4. 换跳步弓步冲拳

（1）重心后移，右脚稍向后移动。右拳变掌臂内旋以掌背向下划弧挂至右膝内侧；

左掌背贴靠右肘外侧，掌指向前。目视右掌（图 10-2-50）。

（2）右腿自然上抬，上体稍向左扭转。右掌挂至体左侧，左掌伸向右腋下。目随右掌转视（图 10-2-51）。

（3）右脚以全脚掌用力向下震跺，与此同时，左脚急速离地抬起。右手由左向上向前掳盖，而后变拳收至腰侧；左掌伸直向下、向上、向前屈肘下按，掌心向下。上体右转，目视左掌（图 10-2-52）。

（4）左脚向前落步，右腿蹬直成左弓步。右拳向前冲出，拳高与肩平；左掌藏于右腋下，掌背贴靠腋窝、目视右拳（图 10-2-53）。

图 10-2-50

图 10-2-51

图 10-2-52

图 10-2-53

要点：换跳步动作要连贯、协调。震脚时腿要弯曲，全脚掌着地，左脚离地不要高。

5. 马步冲拳

上体右转 90°，重心移至两腿中间，成马步。右拳收至腰侧，左掌变拳向左冲出，拳眼向上。目视左拳（图 10-2-54）。

6. 弓步下冲拳

右脚蹬直，左腿弯曲，上体稍向左转，成左弓步。左拳变掌向下经体前向上架于头左上方，掌心向上，右拳自腰侧向左前斜下方冲出。目视右拳（图 10-2-55）。

图 10-2-54

图 10-2-55

7. 叉步亮掌侧踹腿

（1）上体稍右转。左掌由头上下落于右手腕上，右拳变掌，两手交叉成十字。目视双手（图 10-2-56）。

（2）右脚踏地并向左腿后插步，以前脚掌着地。左掌由体前向下向后划弧成钩手，钩尖向上；右掌由前向右向上划弧抖腕亮掌，掌心向前。目视左侧（图 10-2-57）。

（3）重心移至右腿，左腿屈膝提起，向左上方猛力蹬出。上肢姿势不变，目视左侧（图 10-2-58）。

要点：插步时上体稍向右倾斜，腿、臂的动作要一致。侧踹高度不能低于腰，大腿内旋，着力点在脚跟。

图 10-2-56

图 10-2-57

图 10-2-58

8. 虚步挑拳

（1）左脚在左侧落地。右掌变拳稍后移，左勾手变拳由体后向左上挑，拳背向上（图 10-2-59）。

（2）上体左转 180°。微合胸前俯。左拳继续向前向上划弧上挑。右拳向下向前划弧挂至右膝外侧，同时右膝提起。目视右拳（图 10-2-60）。

（3）右脚向左前方上步，脚尖点地，重心落于左脚。左腿下蹲成右虚步。左拳向后划弧收至腰侧。拳心向上；右拳向前屈臂挑出，拳眼斜向上，拳与肩同高。目视右拳（图 10-2-61）。

（五）第四段

1. 弓步顶肘

（1）重心升高，右脚踏实。右臂内旋向下直臂划弧以拳背下挂至右膝内侧，左拳不变。目视前下方（图 10-2-62）。

图 10-2-59

图 10-2-60

图 10-2-61

图 10-2-62

（2）左腿蹬直，右腿屈膝上抬。左拳变掌，右拳不变。两臂向前向上划弧摆起。目随右拳转视（图 10-2-63）。

（3）左脚蹬地起跳，身体腾空，两臂继续划弧至头上方（图 10-2-64）。

（4）右脚先落地，右腿屈膝，左脚向前落步，以前脚掌着地。同时两臂向右向下屈肘停于右胸前，右拳变掌，左掌变拳。右掌心贴靠左拳面（图 10-2-65）。

（5）左脚向左上一步，左腿屈膝，右腿蹬直成左弓步，右掌推左拳，以左肘尖向左顶出，高与肩平。目视前方（图 10-2-66）。

要点：交换步时不要过高，但要快。两臂抡摆时要成圆弧。

图 10-2-63

图 10-2-64

图 10-2-65

图 10-2-66

2. 转身左拍脚

（1）以两脚前脚掌为轴向右后转体 180°。随着转体，右臂向上、向右向下划弧抡摆，同时左拳变掌向下向后向前上抡摆（图 10-2-67）。

（2）左腿伸直向前上踢起，脚面绷平，左掌变拳收至腰侧，右掌由体后向上向前拍击左脚面（图 10-2-68）。

要点：右掌拍脚时手掌稍横过来，拍脚要准而响亮。

3. 右拍脚

（1）左脚向前落地，左拳变掌向下向后摆，右掌变拳收至腰侧（图 10-2-69）。

（2）右腿伸直向前上踢起，脚面绷平。左拳变掌由后向上向前拍击右脚面（图 10-2-70）。

要点：与本段的转身左拍脚相同。

图 10-2-67

图 10-2-68

图 10-2-69

图 10-2-70

4. 腾空飞脚

（1）右脚落地（图 10-2-71）。

（2）左脚向前摆起，右脚猛力蹬地跳起，左腿屈膝继续前上摆。同时右拳变掌向前向上摆起，左掌先上摆而后下降拍击右掌背（图 10-2-72）。

（3）右腿继续上摆，脚面绷平。右手拍击右脚面，左掌由体前向后上举（图 10-2-73）。

要点：蹬地要向上，不要太向前冲，左膝尽量上提。击响要在腾空时完成，右臂伸直成水平。

图 10-2-71

图 10-2-72

图 10-2-73

5. 歇步下冲拳

（1）左、右脚先后相继落地。左掌变拳收至腰侧（图 10-2-74）。

（2）身体右转 90°，两腿全蹲成歇步。右掌抓握、外旋变拳收至腰侧；左拳由腰侧向前下方冲出，拳心向下。目视左拳（图 10-2-75）。

图 10-2-74

图 10-2-75

6. 仆步抡劈拳

（1）重心升高，右臂由腰侧向体后伸直，左臂随身体重心升高向上摆起（图 10-2-76）。

（2）以右脚前脚掌为轴，左腿屈膝提起，上体左转 270°。左拳由前向后下划立圆一周；右拳由后向下向前上划立圆一周（图 10-2-77）。

（3）左腿向后落一步，屈膝全蹲，右腿伸直，脚尖里扣成右仆步。右拳由上向下抡劈，拳眼向上；左拳后上举，拳眼向上。目视右拳（图 10-2-78）。

图 10-2-76　　图 10-2-77　　图 10-2-78

要点：抡臂时一定要划立圆。

7. 提膝挑掌

（1）重心前移成右弓步。同时右拳变掌由下向上抡摆，左拳变掌稍下落，右掌心向左，左掌心向右（图 10-2-79）。

（2）左、右臂在垂直面上由前向后各划立圆一周。右臂伸直停于头上，掌心向左，掌指向上；左臂伸直停于身后成反钩手。同时右腿屈膝提起，左腿挺膝伸直独立。目视前方（图 10-2-80）。

要点：抡臂时要划立圆。

图 10-2-79　　图 10-2-80

8. 提膝劈掌弓步冲拳

（1）下肢不动。右掌由上向下猛劈伸直，停于右小腿内侧，用力点在小指一侧，左钩手变掌，屈臂向前停于右上臂内侧，掌心向左。目视右掌（图 10-2-81）。

（2）右脚向右后落地，身体右转 90°。同时左掌变拳收至腰侧，右臂内旋向右划弧做劈掌（图 10-2-82）。

图 10-2-81　　图 10-2-82　　图 10-2-83

（3）上动不停，左腿蹬直成右弓步。右手抓握变拳收至腰侧，左举由腰侧向左前方冲出。目视左拳（图 10-2-83）。

（六）结束动作

1. 虚步亮掌

右脚扣于左膝后，两拳变掌，两臂右上左下屈肘交叉于体左前。目视右掌（图 10-2-84）。

（1）右脚向右后落步，重心后移，右腿半蹲，上体稍右转。同时右掌向上、向右、向下划弧停于左腋下；左掌向左、向上划弧停于右臂上与左胸前。两掌心左下右上。目视左掌（图 10-2-85）。

（2）左脚尖稍向右移，右腿下蹲成左虚步。左臂伸直向左、向后划弧成反钩手；右臂伸直向下、向右、向上划弧抖腕亮掌，掌心向前。目视左方（图 10-2-86）。

图 10-2-84

图 10-2-85

图 10-2-86

2. 并步对拳

（1）左腿后撤一步，同时两掌从两腰侧向前穿出伸直，掌心向上（图 10-2-87）。

（2）右腿后撤一步，同时两臂分别向体后下摆（图 10-2-88）。

（3）左脚后退半步向右脚并拢。两臂由后向上经体前屈臂下按，两掌变拳，停于腹前，拳心向下，拳面相对。目视左方（图 10-2-89）。

3. 还原

两臂自然下垂，目视正前方（图 10-2-90）。

图 10-2-87

图 10-2-88

图 10-2-89

图 10-2-90

第三节　太极拳（二十四式）

一、套路简介

简化太极拳是在杨氏太极拳的基础上，删去了繁难和重复的动作，加以简化、改编的太极拳普及套路。

这套拳分为8组，包括“起势”、“收势”共24个动作，又称“二十四式”。动作结构和整个套路安排符合由简至繁、先易后难的原则。全套动作易学易懂，易于掌握，既不复杂，又能充分体现太极拳动作的柔和、缓慢、圆活、连贯的特点。练习者可进行整套练习，也可根据身体情况选择单式或分组练习。

练习太极拳时要求做到：全神贯注，上下相随，虚实分明，连贯圆活，速度均匀，动作运行路线处处带有弧形，如行云流水，连绵不断。

二、动作名称

第一组

1. 起势　2. 左右野马分鬃　3. 白鹤亮翅

第二组

1. 左右搂膝拗步　2. 手挥琵琶　3. 左右倒卷肱

第三组

1. 左揽雀尾　2. 右揽雀尾　3. 单鞭　4. 云手　5. 单鞭

第四组

1. 高探马　2. 右蹬脚　3. 双峰贯耳

第五组

1. 转身左蹬脚　2. 左下势独立　3. 右下势独立

第六组

1. 左右穿梭　2. 海底针　3. 闪通臂

第七组

1. 转身搬拦捶　2. 如封似闭　3. 十字手　4. 收势

三、动作说明

（一）第一组

1. 起势

动作要领：

（1）身体自然直立，两脚开立，与肩同宽，脚尖向前；两臂自然下垂，两手放在大腿外侧；眼向前平看（图10-3-1）。

要点：头颈正直，下颏微收，不要故意挺胸或收腹。精神要集中。

（2）两臂慢慢向前平举，两手高与肩平，与肩同宽，手心向下（图10-3-2、图10-3-3）。

（3）两腿屈膝下蹲，上体保持正直；同时两掌轻轻下按，两肘下垂与两膝相对。眼平看前方（图 10-3-4）。

要点：两肩下沉，两肘松垂，手指自然微屈；屈膝松腰，臀部不可凸出，身体重心落于两腿中间。

2. *左右野马分鬃*

（1）身体重心移至右腿上；同时右臂收在胸前平屈，手心向下，左手经体前向右下划弧放在右手下，手心向上，两手心相对成抱球状；左脚随即收到右脚内侧，脚尖点地。眼看右手（图 10-3-5、图 10-3-6）。

图 10-3-1

图 10-3-2

图 10-3-3

图 10-3-4

图 10-3-5

图 10-3-6

（2）上体微向左转，左脚向左前方迈出，右脚跟后蹬，右腿自然伸直，成左弓步。同时上体继续向左转，左、右手随转体慢慢分别向左上右下分开，左手高与眼平，手心斜向上；右手落在右胯旁，肘微屈，手心向下，指尖向前。眼看左手（图 10-3-7、图 10-3-8、图 10-3-9）。

（3）左脚蹬地左腿伸膝，上体慢慢后坐，身体重心移至右腿，左脚尖翘起，微向外撇（约 45°~60°）；随后脚掌慢慢踏实，左腿慢慢前弓，身体左转，重心再移至左腿。同时左手翻转向下，左臂收至胸前平屈，右手向左上划弧放在左手下，两手心相对成抱球状；右脚随即收到左脚内侧，脚尖点地。眼看左手（图 10-3-10、图 10-3-11、图 10-3-12）。

图 10-3-7

图 10-3-8

图 10-3-9

图 10-3-10

图 10-3-11

图 10-3-12

（4）右脚向右前方迈出，左腿自然伸进，成右弓步。同时上体右转，左、右手随转体分别慢慢向下右上分开，右手高与眼平，手心斜向上；左手落在左胯旁，肘微屈，手心向下，指尖向前。眼看右手（图 10-3-13、图 10-3-14）。

（5）与（4）同，只是左右相反（图 10-3-15、图 10-3-16、图 10-3-17）。

图 10-3-13

图 10-3-14

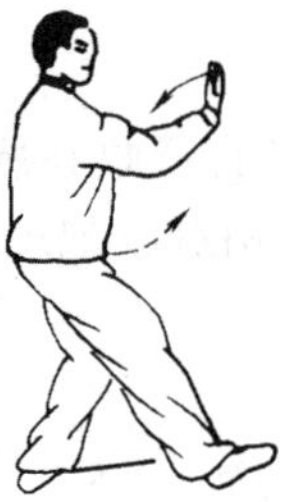
图 10-3-15

图 10-3-16

图 10-3-17

（6）与（4）同，只是左右相反（图 10-3-18、图 10-3-19）。

要点：上体不可前俯后仰，胸部必须放松、舒展。两臂分开时要保持弧形。身体转动时要以腰为轴，弓步动作与分手的速度要均匀一致。做弓步时，迈出的脚先是脚跟着地，然后脚掌慢慢踏实，脚尖向前，膝盖不要超过脚尖；后腿自然伸直，前、后脚尖夹角约成 45°~60°（需要时后脚跟可以后蹬调整）。野马分鬃式弓步时，前后脚的脚跟要分在中轴线两侧，它们之间的横向距离应该保持在 10~30 厘米左右。

3. 白鹤亮翅

（1）上体微向左转，左手翻掌向下，左臂平屈胸前，右手向左上划弧，手心转向上，与左手成抱球状。眼看左手（图 10-3-20）。

（2）右脚跟进半步，上体后坐，身体重心移至右腿，上体先向右转，面向右前方，眼看右手；然后左脚稍向前移，脚尖点地，成左虚步。同时上体再微向左转，面向前方，两手随身体慢慢向右上左下分开，右手上提于右额前，手心向左后方；左手落于左胯前，手心向下，指尖向前。眼平看前方（图 10-3-21、图 10-3-22）。

图 10-3-18

图 10-3-19

图 10-3-20

图 10-3-21

图 10-3-22

要点：定势胸部不要挺出，两臂上下都要保持半圆形，左膝要微屈。身体重心后移和右手上提，左手下按要协调一致。

（二）第二组

1. *左右搂膝拗步*

（1）右手从体前下落，由下向后上方划弧至右肩外侧，手与耳同高，手心斜向上；左手由左下向上、向右下方划弧至右胸前，手心斜向下。同时上体先微向左再向右转，左脚收至右脚内侧，脚尖点地。眼看右手（图 10-3-23、图 10-3-24、图 10-3-25）。

（2）上体左转，左脚向前（偏左）迈出成左弓步。同时右手屈回经耳侧向前推出，高与鼻尖平；左手向下由左膝前搂过落于左胯旁，指尖向前。眼看右手手指（图 10-3-26、图 10-3-27）。

图 10-3-23

图 10-3-24

图 10-3-25

图 10-3-26

图 10-3-27

（3）右腿慢慢屈膝，上体后坐，身体重心移至右腿；左脚尖翘起微向外撇，随后脚掌慢慢踏实，左腿前弓，身体左转，身体重心移至左腿，右腿收到左脚内侧，脚尖点地。同时左手向外，掌由左后向上划弧至左肩外侧，肘微屈，手与耳同高，手心斜向上；右手随转体向上、向左下划弧落于左胸前，手心斜向上。眼看左手（图 10-3-28、图 10-3-29、图 10-3-30）。

（4）与（2）同，只是左右相反（图 10-3-31、图 10-3-32）。

图 10-3-28

图 10-3-29

图 10-3-30

图 10-3-31

图 10-3-32

（5）与（3）同，只是左右相反（图 10-3-33、图 10-3-34、图 10-3-35）。

（6）与（2）同（图 10-3-36、图 10-3-37）。

要点：前手推出时，身体不可前俯后仰，要松腰、松胯。推掌时要沉肩垂肘、坐腕舒掌，同时须与松腰、弓腿上下协调一致。搂膝拗步成弓步时，两脚跟的横向距离保持在 30 厘米左右。

图 10-3-33

图 10-3-34

图 10-3-35

图 10-3-36

图 10-3-37

2. 手挥琵琶

右脚跟进半步，上体后坐，身体重心转至右腿上；上体半面向右转，左脚略提起稍向前移，脚跟着地，脚尖翘起，膝部微屈，成左虚步。同时左手由左下向上挑举，高与鼻尖平，掌心向右，肘微向右屈；右手收回放在左臂肘部里侧，掌心向左。眼看左手食指（图 10-3-38、图 10-3-39、图 10-3-40）。

要点：身体要平稳自然，沉肩垂肘，胸部放松。左手上起时不要直向上挑，要由左向上、向前，微带弧形。右脚跟进时，脚掌先着地，再全脚踏实。身体重心后移和左手上起、右手回收要协调一致。

3. 左右倒卷肱

（1）上体右转，右手翻掌（手心向上）经腹前由下向后上方划弧平举，肘微屈，左手随即翻掌向上；眼的视线随着向右转体先向右看，再转向前方看左手（图 10-3-41、图 10-3-42）。

图 10-3-38

图 10-3-39

图 10-3-40

图 10-3-41

图 10-3-42

（2）右臂屈肘折向前，右手经耳侧向前推出，手心向前；左臂屈肘后撤，手心向上，撤至左肋外侧。同时左腿轻轻提起向后（偏左）退一步，脚掌先着地，然后全脚慢慢踏实，身体重心移到左腿上，成右虚步；右脚随转体以脚掌为轴扭正。眼看右手（图 10-3-43、图 10-3-44）。

（3）上体微向左转，同时左手随转体向后上方划弧平举，手心向上，右手随即翻掌，掌心向上；眼随转体先向左看，再转向前方看右手（图 10-3-45）。

（4）与（2）同，只是左右相反（图 10-3-46、图 10-3-47）。

图 10-3-43

图 10-3-44

图 10-3-45

图 10-3-46

图 10-3-47

（5）与（3）同，只是左右相反（图 10-3-48）。

（6）与（2）同（图 10-3-49、图 10-3-50）。

（7）与（3）同（图 10-3-51）。

（8）与（2）同，只是左右相反（图 10-3-52、图 10-3-53）。

图 10-3-48

图 10-3-49

图 10-3-50

图 10-3-51

图 10-3-52

图 10-3-53

要点：前推的手臂不要伸直，后撤的手臂也不可直向回抽，随转体仍走弧线。前推时，要转腰松胯，两手的速度要一致，避免僵硬。退步时，脚掌先着地，再慢慢全脚踏实，同时，前脚随转体以脚掌为轴扭正。退左脚略向左斜后，退右脚略向右斜后，避免使两脚落在一条直线上。后退时，眼神随转体动作先向左、右手看，然后再转看前手，最后退右脚时，脚尖外撇的角度略大些，便于接做“左揽雀尾”的动作。

（三）第三组

1. 左揽雀尾

（1）上体微向右转，同时右手随转体向后上方划弧平举，手心向上，左手放松，手心向下。眼看左手（图 10-3-54）。

（2）上体继续右转，左手自然下落逐渐翻掌经腹前划弧至右肋前，手心向上，右臂屈肘，手心转向下，收至右胸前，两手相对成抱球状；同时身体重心落在右腿上，左腿收到右脚内侧，腿尖点地。眼看右手（图 10-3-55、图 10-3-56）。

（3）上体微向左转，左脚向左前方迈出，上体继续向左转，右腿自然蹬直，左腿屈膝，成左弓步。同时左臂向左前方掤出（即左臂平屈成弓形，用前外侧和手背向前方推出），高与肩平，手心向后；右手向右下落放于胯旁，手心向下，指尖向前。眼看左前臂（图 10-3-57、图 10-3-58）。

要点：捧出时，两臂前后均保持弧形，分手、松腰、弓腿三者必须协调一致；下捋时，下体不可前倾，臀下捋须随腰旋转，仍走弧线，左脚全脚掌着地。

图 10-3-54

图 10-3-55

图 10-3-56

图 10-3-57

图 10-3-58

（4）身体微向左转，左手随即前伸翻掌向下；右手翻掌向上，经腹向下，经腹前向上、向前伸至左前臂下方；然后两手下捋，即上体向右转，两手经腹前向右后上方划弧，直至右手手心向上，高与肩齐，左臂平屈于胸前，手心向后；同时身体重心移至右腿；眼看右手（图 10-3-59、图 10-3-60）。

（5）上体微向左转，右臂屈肘折回，右手扶于左手腕里侧（相距约 5 厘米）；上体继续向左转，双手及左前臂同时向前慢慢挤出，右手心向后，左手心向前，左前臂要保持半圆；同时身体重心逐渐前移变成左弓步；眼看左手腕部（图 10-3-61、图 10-3-62）。

要点：向前挤时，上体要正直。挤的动作要与松腰、弓腿相一致。

（6）左手翻掌，手心向下，右手经左腕上方向前、向右伸出，高与左手齐，手心向下，两手左右分开，宽与肩同；然后右腿屈膝，上体慢慢后坐，身体重心移至右腿上，左脚向上翘起；同时两手屈肘回收至腹前，手心均向前下方，眼向前平看（图 10-3-63、图 10-3-64、图 10-3-65）。

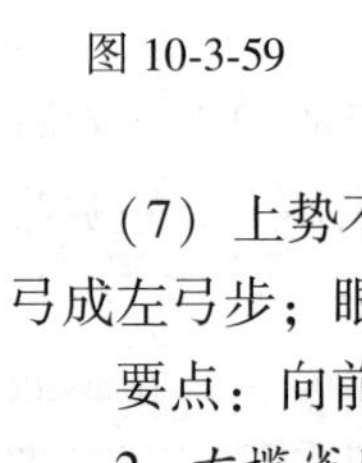
图 10-3-59

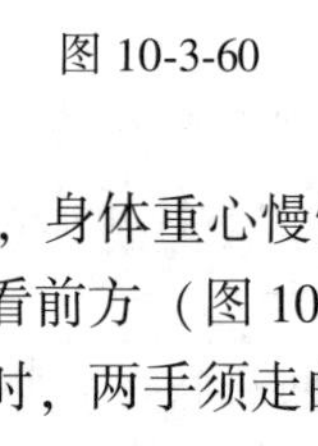
图 10-3-60

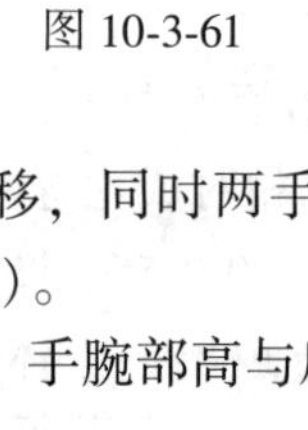
图 10-3-61

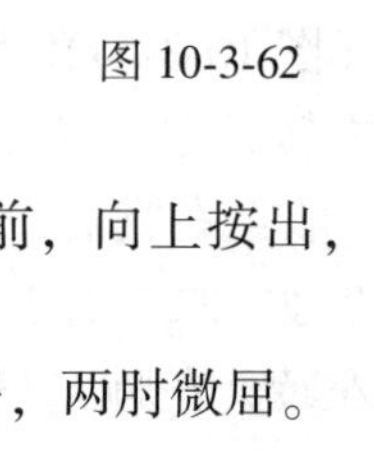
图 10-3-62

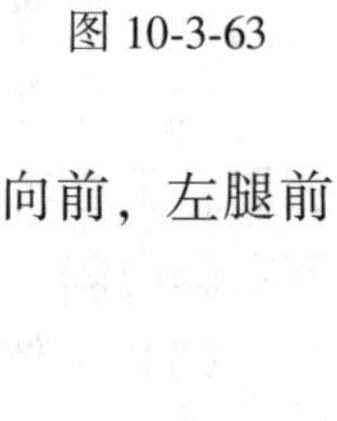
图 10-3-63

（7）上势不停，身体重心慢慢前移，同时两手向前，向上按出，掌心向前，左腿前弓成左弓步；眼平看前方（图 10-3-66）。

要点：向前按时，两手须走曲线，手腕部高与肩平，两肘微屈。

2. *右揽雀尾*

（1）上体后坐并向右转，身体重心移至右腿，左脚尖里扣。右手向右平行划弧至右侧，然后由右下经腹前向左上划弧至左肋前，手心向上；左臂平屈胸前，左手掌向下与右手成抱球状；同时身体重心再移至左脚内侧，脚尖点地。眼看左手（图 10-3-67、图 10-3-68、图 10-3-69、图 10-3-70）。

图 10-3-64

图 10-3-65

图 10-3-66

图 10-3-67

图 10-3-68

（2）同“左揽雀尾”（3），只是左右相反（图 10-3-71、图 10-3-72）。

（3）同“左揽雀尾”（4），只是左右相反（图 10-3-73、图 10-3-74）。

图 10-3-69

图 10-3-70

图 10-3-71

图 10-3-72

图 10-3-73

（4）同“左揽雀尾”（5），只是左右相反（图 10-3-75、图 10-3-76）。

（5）同“左揽雀尾”（6），只是左右相反（图 10-3-77、图 10-3-78、图 10-3-79）。

图 10-3-74

图 10-3-75

图 10-3-76

图 10-3-77

图 10-3-78

（6）同“左揽雀尾”（7），只是左右相反（图 10-3-80）。

要点：均与“左揽雀尾”相同，只是左右相反。

3. 单鞭

（1）上体后坐，身体重心逐渐移至左腿上，右脚尖里扣；同时上体左转，两手（左高右低）向左划弧，直至右臂平举，伸于身体左侧，手心向左，右手经腹前运至左肋前，手心斜向后上方。眼看左手（图 10-3-81、图 10-3-82）。

（2）身体重心再渐渐移至右腿上，上体右转，左腿向右腿靠拢，脚尖点地；同时右手向右上方划弧（手心由里转向外），至右斜前方时变勾手，略高于肩；左手向下经腹前向右上划弧停于右肩前，手心向里。眼看左手（图 10-3-83、图 10-3-84）。

图 10-3-79

图 10-3-80

图 10-3-81

图 10-3-82

图 10-3-83

（3）上体微向上转，左脚向左前侧方迈出，右脚跟后蹬，成左弓步。在身体重心移向左腿的同时，左掌随上体的继续左转慢慢翻转向前推出，手心向前，手指与眼齐平，肘微屈。眼看左手（图 10-3-85、图 10-3-86）。

要点：上体保持正直、松腰。定势时，右肘稍下垂，左肘与左膝上下相对，两肩下沉。左手向外翻掌推时，要随转体边翻边推出，不要翻掌太快或最后突然翻掌。

4. 云手

（1）身体重心移至右腿上，身体渐向右转，左脚尖里扣；左手经腹前向右上划弧至右肩前，手心斜向后，同时右手变掌，手心向右前。眼看左手（图 10-3-87、图 10-3-88、图 10-3-89）。

图 10-3-84

图 10-3-85

图 10-3-86

图 10-3-87

图 10-3-88

（2）上体慢慢左转，身体重心随之逐渐左移；左手由脸前向左划弧，手心转向左下方；右手由右下经腹前向左上划弧，至左肩前，手心斜向后；同时进右脚靠近左脚，成小开立步，两脚距离约 10~20 厘米（图 10-3-90、图 10-3-91）。

（3）右手向右划弧，手心翻转向右；随之左腿向左横跨一步；上体再向左转，同时左手经腹前向上划弧至右肩前，手心斜向后。眼看左手（图 10-3-92、图 10-3-93、图 10-3-94）。

图 10-3-89

图 10-3-90

图 10-3-91

图 10-3-92

图 10-3-93

（4）同（2）（图 10-3-95、图 10-3-96）。

（5）同（3）（图 10-3-97、图 10-3-98、图 10-3-99）。

图 10-3-94

图 10-3-95

图 10-3-96

图 10-3-97

图 10-3-98

（6）同（2）（图 10-3-100、图 10-3-101）。

要点：身体转动要以腰脊为轴，松腰、松胯，身体重心不可忽高忽低。两臂随腰的转动而运动，要自然圆活，速度要缓慢均匀。移动时，脚掌先着地再踏实，脚尖向前，眼的视线随云手而移动。第三个“云手”右脚跟最后跟进时，脚尖微向里扣，便于接“单鞭”动作。

5. 单鞭

（1）上体向右转，右手随之向右划弧，至右斜前方时变成勾手；左手经腹前向左上划弧至右肩前，手心向内。身体重心落在右腿上，左脚尖点地。眼看左手（图 10-3-102、图 10-3-103、图 10-3-104）。

图 10-3-99

图 10-3-100

图 10-3-101

图 10-3-102

图 10-3-103

（2）上体微向左转，左腿向上前侧方迈出，右脚跟后蹬，成左弓步；在身体重心移向左腿的同时，上体继续左转，左掌慢慢翻转向前推出，成“单鞭”式（图 10-3-105、图 10-3-106）。

要点：与前单鞭式相同。

（四）第四组

1. 高探马

（1）右脚跟进半步，身体重心逐渐后移至右腿上；右勾手变掌，两手转向上，两肘微屈；同时身体微向右转，左转跟渐渐离地。眼看左前方（图 10-3-107）。

（2）上体微向左转，面向前方，右掌经右耳旁向前推出，手心向前，手指与眼同高；左手收至左侧腰前，手心向上，同时左脚微向前移，脚尖点地，成左虚步，眼看左手（图 10-3-108）。

图 10-3-104　　图 10-3-105　　图 10-3-106　　图 10-3-107　　图 10-3-108

要点：上体自然正直，双肩要下沉，右肘微下垂。跟步移换重心时，身体上下要有起伏。

2. *右蹬脚*

（1）左手前伸至右手腕背面，手心向上，两手相互交叉，随即向两侧分开交向下划弧，手心斜向下，同时左脚提起向左斜方进步（脚尖略外撇）；身体重心前移，右腿自然蹬直，成左弓步。眼看前方（图 10-3-109、图 10-3-110、图 10-3-111）。

（2）两手继续向下划弧交向外翻转，至腹前交叉，右手在外，手心均向后，接着，两手同时上托于胸前；同时右脚向左脚靠拢，脚尖点地。眼平看右前方（图 10-3-112）。

（3）两臂左右划弧分开平举，肘微屈，手心均向外；同时左腿屈膝提起，右脚向右前方慢慢蹬出。眼看右手（图 10-3-113、图 10-3-114）。

图 10-3-109　　图 10-3-110　　图 10-3-111　　图 10-3-112　　图 10-3-113

要点：身体要稳定，上体不可前俯后仰。两手分开时，腕部与肩齐平，右臂和右腿上下相对。蹬腿时，右腿尖回勾，劲使腿跟。分手和蹬脚须协调一致。如面向南起势，蹬脚方向应为正东偏南（约 30°）。

3. 双峰贯耳

（1）右腿收回，屈膝平举，左手由后向上、向前下落至体前，两手心均翻转向上；两手同时向下划弧分落于右膝盖两侧。眼看前方（图 10-3-115、图 10-3-116）。

（2）右脚向右前方落步，身体重心渐渐前移，成右弓步，面向右前方；同时两手下落，慢慢变拳，分别从两侧向上、向前划弧至前方，两拳拳峰相对，距离略窄于肩，高与耳齐。眼看右拳（图 10-3-117、图 10-3-118）。

图 10-3-114

图 10-3-115

图 10-3-116

图 10-3-117

图 10-3-118

要点：定势时，头颈正直，松胯，两拳松握，沉肩垂肘，两臂均保持弧形。双峰贯耳式的弓步和身体方向与右蹬脚方向相同。弓步的两脚跟横向距离同“揽雀尾”式。

（五）第五组

1. 转身左蹬脚

（1）左腿屈膝后坐，身体重心移至左腿，上体左转，右脚尖里扣；同时两拳变掌，由上向左右划弧分开平举，手心向前。眼看左手（图 10-3-119、图 10-3-120）。

（2）身体重心再移至右腿，左脚收到右脚内侧，脚尖点地；同时两手由外腹前向里划弧合抱于胸前，左手在外，手心均向后。眼平看左方（图 10-3-121、图 10-3-122）。

（3）两臂经上左右划弧分开平举，肘微屈，手心均向外；同时左腿屈膝提起，左脚向左前方慢慢蹬出。眼看左手（图 10-3-123、图 10-3-124）。

图 10-3-119

图 10-3-120

图 10-3-121

图 10-3-122

图 10-3-123

要点：与右蹬脚式相同，只是左右相反，左蹲脚方向与左蹬脚成 180°（即正面偏北约30°）。

2. 左下势独立

（1）左腿屈膝平举，上体右转，右掌变成勾手，左掌向上，向右划弧下落，立于右肩前，掌心斜向后。眼看右手（图 10-3-125、图 10-3-126）。

（2）右腿慢慢屈膝下蹲，左腿由内向左侧（偏后）伸直，成左仆步，左手下落，并沿左腿内侧向前穿出。眼看左手（图 10-3-127、图 10-3-128）。

图 10-3-124　图 10-3-125　图 10-3-126　图 10-3-127　图 10-3-128

要点：右腿全蹲时，上体不可过于前倾，右腿伸直，左脚伸直，左脚尖须向里扣，两脚脚掌全部着地，左脚尖与右脚跟踏在一条直线上。

（3）身体重心前移，左脚尖尽量向外撇，左腿前弓，右腿后蹬成左弓步，右脚尖里扣，上体微向左转变向前抬起；同时左臂继续向前伸出（立掌），掌心向右，右勾手下落，勾尖向上，眼看左手（图 10-3-129）。

（4）右腿慢慢屈膝提起，成左独立式；同时右勾手变掌，并由后下方顺右腿外侧向前弧形摆起，屈臂立于右脚上方，肘与膝相对，手心落于左胯旁，手心向下，指尖向前。眼看右手（图 10-3-130、图 10-3-131）。

要点：上体要正直，支撑腿膝要微屈，提膝时脚尖自然下垂。

3. 右下势独立

（1）右脚下落于左脚前，脚掌着地，然后以左脚前脚掌为轴脚跟转动，身体随之左转；同时左手向后平举变成勾手，右掌随着转体向左侧划弧，立于左肩前，掌心斜向后。眼看左手（图 10-3-132、图 10-3-133）。

图 10-3-129　图 10-3-130　图 10-3-131　图 10-3-132　图 10-3-133

（2）同“左下势独立”（2）解，只是左右相反（图 10-3-134、图 10-3-135）。

（3）同“左下势独立”（3）解，只是左右相反（图 10-3-136）。

（4）同“左下势独立”（4）解，只是左右相反（图 10-3-137、图 10-3-138）。

图 10-3-134　图 10-3-135　图 10-3-136　图 10-3-137　图 10-3-138

要点：右脚尖触地后必须稍微提起，然后再向下仆腿。其他均与“左下势独立”相同，只是左右相反。

（六）第六组

1. *左右穿梭*

（1）身体微向左转，左脚向前落地，脚尖外撇，右脚跟离地，两腿屈膝成半坐盘式；同时两手在左胸前成抱球状（左上右下）：然后右脚收到左脚的内侧，脚尖点地。眼看前臂（图 10-3-139、图 10-3-140、图 10-3-141）。

（2）身体右转，右脚向右前方迈出，屈膝弓腿，成右弓步；同时右手由脸前向上翻掌停在右额前，手心斜向上；左手先向后向下再经体前向前推出，高与鼻尖平，手心向前。眼看左手（图 10-3-142、图 10-3-143、图 10-3-144）。

图 10-3-139　图 10-3-140　图 10-3-141　图 10-3-142　图 10-3-143

（3）身体重心略向后移，右脚尖稍向外撇，随即身体重心再移至右腿，左脚跟进，停于右脚内侧，脚尖点地；同时两手在右胸前成抱球状（右上左下）。眼看右前臂（图 10-3-145、图 10-3-146）。

（4）同（2），只是左右相反（图 10-3-147、图 10-3-148、图 10-3-149）。

要点：完成姿势面向斜前方（面向南起势，左右穿梭方向分别为正西偏北和正西偏南，均约 30°）。手推出后，上体不可前俯。手向上举时，防止引肩上耸。一手上举，一手前推要与弓腿、松腰上下协调一致。做弓步时，两脚跟的横向距离同搂膝拗步式，保持在 30 厘米。

图 10-3-144　图 10-3-145　图 10-3-146　图 10-3-147　图 10-3-148

2. 海底针

右脚向前跟进半步，身体重心移至右腿，左腿稍向前移，脚尖点地，成左虚步；同时身体稍向右转，右手下落经体前向后、向上提至肩上耳旁，再随身体左转，由右耳旁斜向前下方插出。掌心向左、指尖斜向下；与此同时，左手向前，向下划弧落于左胯旁，手心向下，指尖向前。眼看前下方（图 10-3-150、图 10-3-151）。

要点：右手前下插时，上体不可过于前倾，要松腰胯，收腹敛臀。

3. 闪通臂

上体稍向右转，左脚向前迈出，屈膝成左弓步；同时右手由体前上提，屈臂上举，停于右额前上方，掌心翻转斜向上，拇指朝下；左手上提经胸前向前推出，高与鼻尖平，手心向前。眼看左手（图 10-3-152、图 10-3-153、图 10-3-154）。

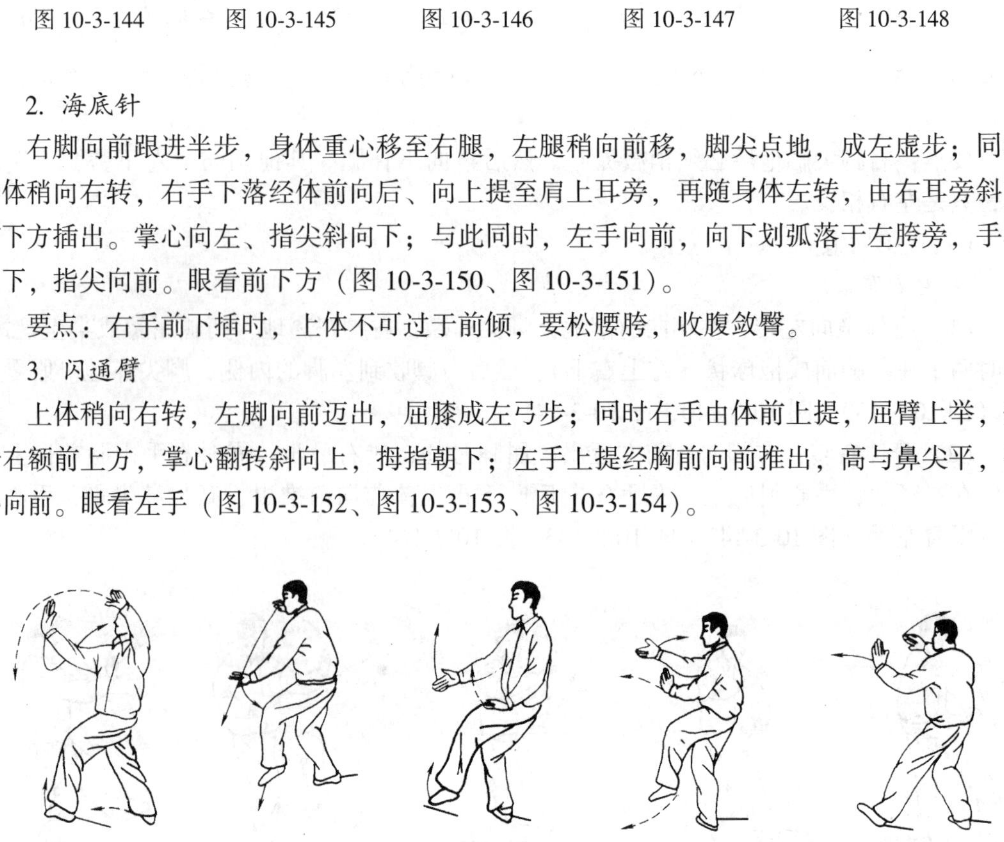

图 10-3-149　图 10-3-150　图 10-3-151　图 10-3-152　图 10-3-153

要点：定势时，上体不可过于侧倾，推掌架臂均保持微屈。

（七）第七组

1. 转身搬拦捶

（1）上体后坐，身体重心移至右腿上，左脚尖里扣，身体向右后转，然后身体重心再移到左腿上；与此同时，右掌变拳随转体向左、向下经腹前划弧至左肋旁，拳心向下；左掌上举于额前，掌心斜向上。眼看前方（图 10-3-155、图 10-3-156）。

（2）上体右转，左掌在胸前下按至腹前，掌心向下，掌指向右，同时右拳经胸前向前翻转搬盖，拳心向上；与此同时，右脚回收经左脚内侧向前迈出，脚尖外撇。眼看右拳

（图 10-3-157、图 10-3-158）。

图 10-3-154

图 10-3-155

图 10-3-156

图 10-3-157

图 10-3-158

（3）全身重心移至右腿上，左脚向前迈一步；左手经左侧向前上划弧拦出，掌心向右，同时右拳向右划弧收到右腰旁，拳心向上。眼看左手（图 10-3-159）。

（4）左腿前弓成左弓步，同时右拳向前打击，拳眼向上，高与胸平，左手扶于右前臂里侧。眼看右拳（图 10-3-160）。

要点："搬"应先按后搬并与右腿伸落相配合。"拦"应以腰带臂平行绕动向前平拦。"捶"应与成线形步配合。整个动作过程均要上体自然，上、下肢协调一致。

2. 如封似闭

（1）右拳变掌，两手手心逐渐翻转向上，左手由右腕下向前伸出，然后左右分开并屈肘回收；同时身体后坐，身体重心移至右腿，左脚尖翘起。眼看前方（图 10-3-161、图 10-3-162、图 10-3-163）。

图 10-3-159

图 10-3-160

图 10-3-161

图 10-3-162

图 10-3-163

（2）两手在胸前向内翻转，向下经腹前再向上、向前推出，腕部与肩平，手心向前；同时左腿屈膝成左弓步。眼看前方（图 10-3-164、图 10-3-165、图 10-3-166）。

要点：身体后坐后，避免后仰，臀部不可凸出。两臂随身体回收时，肩、肘部略向外松开，不要直着抽回。两手推出宽度不要超过两肩。

3. 十字手

（1）屈膝后坐，身体重心移向右腿，左脚尖里扣，上体右转，右手随着转体向右平摆划弧，与左手成两臂侧平举、掌心向前，肘部微屈；同时右脚尖随着转体向外撇，成左横裆步。眼看右手（图 10-3-167、图 10-3-168）。

图 10-3-164

图 10-3-165

图 10-3-166

图 10-3-167

图 10-3-168

（2）身体重心慢慢移至左腿，右脚尖里扣，随即向左收回，两脚距离与肩同宽，两腿逐渐蹬直，成开立步：同时两手向下经腹前向上划弧，腕部交叉合抱于胸前，两臂撑圆，腕高与肩平，右手在外，成十字手，手心均向后。眼看前方（图 10-3-169、图 10-3-170）。

要点：两手分开合抱时，上体不要前俯。站起后，身体自然正直，头要微向上顶，下颏稍向后收。两臂抱时须圆满舒适，沉肩垂肘。

4. 收势

两手向外翻掌，手心向下，两臂慢慢下落，停于身体两侧；眼看前方（图 10-3-171、图 10-3-172、图 10-3-173）。

要点：两手左右分开下落时，要注意全身放松，同时气也徐徐下沉（呼气略加长）。呼吸平稳后，把左脚收到右脚旁，再走动休息。

图 10-3-169

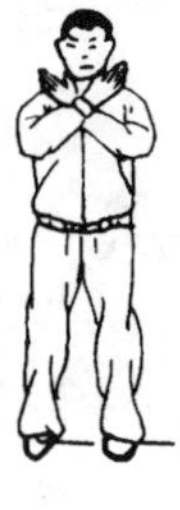
图 10-3-170

图 10-3-171

图 10-3-172

图 10-3-173

第四节　初级剑

一、初级剑术的基本特点

剑是武术短器械中的一种，剑术以刺、点、崩、挑、削、截、撩、劈、挂、架等技法，配合左手剑指和各种步形、步法、腿法、平衡、跳跃、旋转等动作构成套路。演练时，动作轻快，身法敏捷，富于韵律感。初级剑术是剑术的基础套路，内容丰富，结构严密，动作优美，简明易学，有利于促进内脏器官机能的改善，提高中枢神经系统的机能，使身体得到全面、协调的发展。而且初级剑术与初级长拳一样，其内容结构也是以技击动作为中心的，如第一段以刺、劈、抹、撩、斩、架为中心；第二段以劈、点、截、刺、崩为中心；第三段以挑、刺、劈、截为中心；第四段以劈、撩、崩、削为中心。这些技击方法配合步形、步法和身法的变化，组成单个动作、段和套。因此，经常进行初级剑套路的练习，既可增强体质，增进健康、陶冶情操，发展个性，又能提高攻防意识，并为练习其他剑术套路打下基础。

二、动作名称

（一）预备式

（二）第一段

1. 弓步直刺
2. 回身后劈
3. 弓步平抹
4. 弓步左撩
5. 提膝平斩
6. 回身下刺
7. 挂剑直刺
8. 虚步架剑

（三）第二段

1. 虚步平劈
2. 弓步下劈
3. 带剑前点
4. 提膝下截
5. 提膝直刺
6. 回身平崩
7. 歇步下劈
8. 提膝下点

（四）第三段

1. 并步直刺
2. 弓步上挑
3. 歇步下劈
4. 右截腕
5. 左截腕
6. 跃步上挑
7. 仆步下压
8. 提膝直刺

（五）第四段

1. 弓步平劈
2. 回身后撩
3. 歇步上崩
4. 弓步斜削
5. 进步左撩
6. 进步右撩
7. 坐盘反撩
8. 转身云剑

（六）结束动作

三、动作说明及图解

（一）预备式

身体正直，并步站立。左手持剑：以拇指为一侧，中指、无名指和小指为另一侧，分握护手盘与剑柄的分界处，掌心贴在护手盘下部，手背朝前，食指贴于剑柄，剑身贴于前臂（即小臂）后侧。右手握成剑指：食指和中指伸直并拢，无名指和小指屈向手心，拇指压在无名指的指甲上，手腕反屈，手背朝上，食、中指内扣指向左下侧。两臂在体侧下垂，两肘微上提。目向左平视（图 10-4-1）。

要点：持剑时，前臂与剑身要紧贴并垂直于地面。两肩松沉，上身微挺胸、收腹，两膝挺直。

第一步：

（1）上身半面向右转，右脚向右上一步，屈膝；左脚前脚掌碾地，脚跟外展，膝盖挺直，成右弓步。在右脚上步的同时，右手剑指从身体右侧经胸前屈肘上举，至左肩后向右前方平伸指出，拇指一侧在上。目视剑指（图 10-4-2）。

（2）上身右转。左手持剑由左侧直臂上举，经头部前上方向右侧划弧，至身前时，拇指一侧朝下作反臂平举；同时，右手剑指屈肘收于右腰侧，手心朝上（图 10-4-3）。

（3）左脚向右脚并步。左手持剑随之下落，垂于身体左侧；同时，右手剑指向右侧平伸指出，拇指一侧在上。目视剑指（图 10-4-4）。

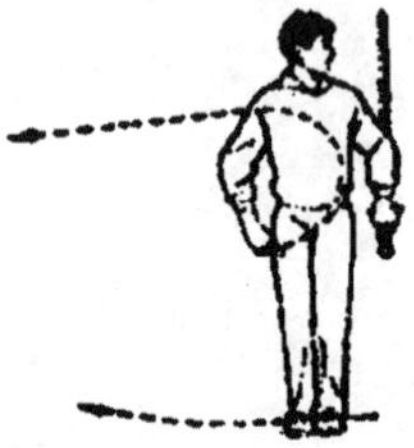

图 10-4-1

图 10-4-2

图 10-4-3

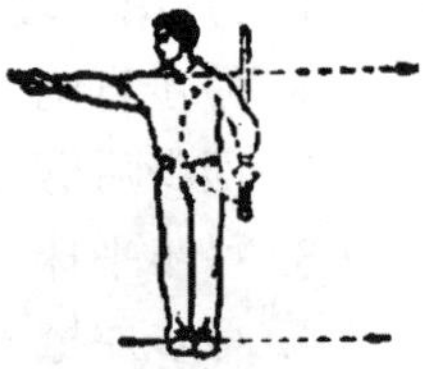

图 10-4-4

要点：(1）上述的上步剑指平伸、转体持剑向右侧划弧和并步剑指平伸三个分解动作，必须连贯起来做。

（2）动作过程中，两肩必须放松。

（3）持剑转体向右侧划弧时，左臂直臂上举，腰向右拧转，两脚不可移动。

（4）左臂向右侧划弧至与肩同高时，肘略屈，使右手剑指从左手背上穿出成立剑指。左手持剑继而下落于身体左侧，剑身垂直于地面。

第二步：

（1）左脚向左上一步、屈膝；右脚前脚掌碾地使脚跟外展，膝部挺直，成左弓步。上身随之向左转。在左脚上步的同时，左手持剑屈肘经胸前向上、向前弧形绕环，平举于身体左侧，拇指一侧在下（图 10-4-5）。

（2）左腿伸直站立，右脚向前并步。左手持剑随之从身前下落，垂于身体左侧；同时，右手剑指屈肘沿右耳侧向前平伸指出，拇指一侧在上。目视剑指（图 10-4-6）。

图 10-4-5

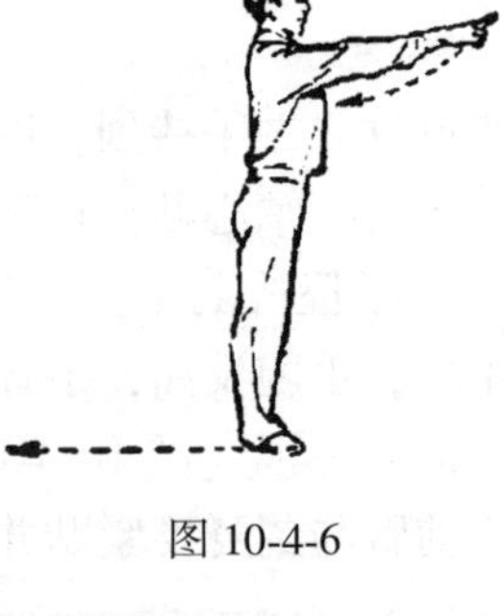

图 10-4-6

要点：右手剑指向前指出时，肘要伸直，剑指尖稍高过肩。

第三步：

（1）左手持剑由右手剑指上面向前平伸穿出，拇指一侧在下；右手剑指顺左臂下面屈肘收于左肩前，并且屈腕使手指朝上。上身右转；右脚向右侧跨步、屈膝；左脚脚尖随之里扣，膝盖挺直，成右弓步。目向左平视（图 10-4-7）。

（2）上身右转，右手剑指经身前向右侧平伸指出，拇指一侧在上。目视剑指（图 10-4-8）。

要点：成右弓步时，左腿要挺直，两脚的全脚掌均着地。上身略向前倾，挺胸、塌腰。左手持剑伸平，左肩放松。

第四步：

右脚的前脚掌里扣，上身左转，重心落于右腿；左脚随之也移回半步、屈膝，并以前脚掌虚着地面，成左虚步。在左脚移步的同时，左手持剑向胸前屈肘，手心朝外；右手剑指也向胸前屈肘，手心朝里，准备握左手之剑，目视剑尖（图 10-4-9）。

要点：做左虚步时，右实左虚要分明，右脚跟不要掀起。上身要挺胸、塌腰，并稍前倾。两肘要平，剑尖要稍高于左肘。

图 10-4-7

图 10-4-8

图 10-4-9

（二）第一段

1. 弓步直刺

右手接握左手之剑，左手握成剑指。左脚向前上半步、屈膝；右脚前脚掌碾地，脚跟外展，膝部挺直，成左弓步。同时，上身左转，右手持剑向身前平伸直刺，拇指一侧在上；左手剑指随之伸向身后平举，拇指一侧在上。目视剑尖（图 10-4-10）。

要点：做弓步时，前腿屈膝蹲平，两脚的全脚掌全部着地。上身稍向前倾，腰要向左拧转、下塌，臀部不要凸起。两肩松沉，右肩前倾，左肩后引，剑尖稍高于肩（图 10-4-11）。

图 10-4-10

图 10-4-11

2. 回身后劈

左脚不动，膝部伸直；右脚向前上一步，膝略屈，上身右转。同时，右手持剑经上向后劈，剑高与肩平，拇指一侧在上；左手剑指随之由下向前上弧形绕环，在头顶上方屈肘侧举，拇指一侧在下，目视剑尖（图 10-4-12）。

要点：上步、转身、平劈和剑指向上侧举必须协调一致。转身后，腰要向右拧转，左脚不要移动。剑身和持剑臂必须成直线。

3. 弓步平抹

左脚向左前方上一步、屈膝；右腿在后，膝部挺直，脚尖里扣，成左弓步。同时，左手剑指由胸前下降，经左下向上弧形绕环，在头顶上方屈肘侧举，拇指一侧在下，右手持剑（手心转向上）随之向前平抹，剑尖稍向右斜。目视前方（图 10-4-13）。

图 10-4-12

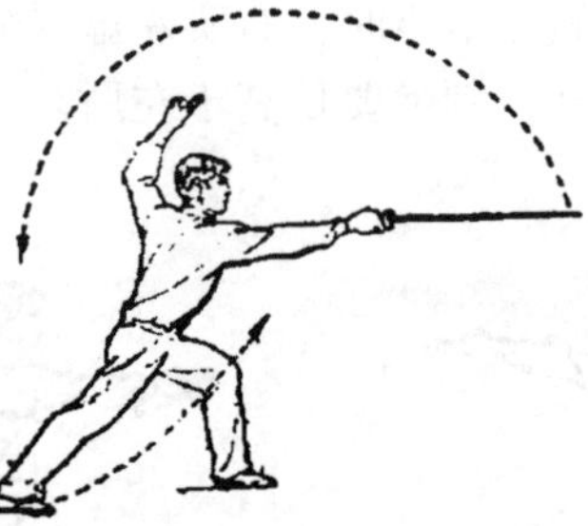
图 10-4-13

要点：抹剑时，手腕用力须柔和。

4. 弓步左撩

（1）上身左转，右腿屈膝在身前提起，脚尖下垂，脚背绷直。同时，右手持剑臂外旋使剑由前向上、向后划弧，至后方时，屈肘使手腕、前臂贴靠腹部，手心朝里；左手剑指随之由头顶上方下落，附于右手腕部（手心朝下）。目视剑身（图 10-4-14）。

（2）右腿继续向右前方落步、屈膝；左腿在后蹬直，脚尖里扣，成右弓步。同时，右手持剑由后向下、向前反手撩起，小指一侧在上；左手剑指随右手运动，仍附于右手腕处。目视剑尖（图 10-4-15）。

要点：剑由前向后和由后向前弧形撩起时，必须与提膝和向前落步的动作协调一致，握剑不可太紧。形成弓步后，上身略向前倾，直背、收臀，剑尖稍低于剑指。

图 10-4-14

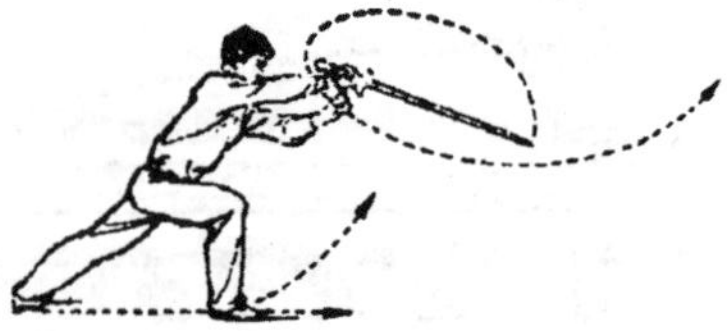
图 10-4-15

5. 提膝平斩

左脚向前上一步，右手手腕向左上翻转、屈肘，使剑向左平绕至头部前上方，右脚随之由后向身前屈膝提起。右手继续翻转手腕。使剑向右平绕至右方后（手心朝上），再用力向前平斩，左手剑指由下向左、向上弧形绕环，屈肘横举于头部左上方。目视前方（图 10-4-16）。

要点：剑从左向后平绕时，上身必须后仰，使剑从脸部上方平绕而过，不可从头顶绕行。提膝时，左腿必须挺膝伸直站稳，右腿屈膝尽量上提，右脚贴护裆前，上身稍向前倾，挺胸、收腹。

6. 回身下刺

右脚向前落步，脚尖外撇，膝略屈，上身右转。同时，右手持剑手腕反屈，使剑尖下垂，随之向后下方直刺，剑尖低于膝，拇指一侧在上；左手剑指先向身前的右手靠拢，然后在刺剑的同时，向前上方伸直，拇指一侧在上。目视剑尖（图 10-4-17）。

图 10-4-16

图 10-4-17

要点：右手持剑要先屈肘收于身前，在右脚向前落步和上身右转的同时，使剑用力刺出。左腿伸直，右腿稍屈，腰向右拧转，剑指、两臂和剑身须成一直线。

7. 挂剑直刺

（1）左脚向前上一步，屈膝略蹲，右臂内旋先使拇指一侧朝下成反手，然后翘腕、摆臂，使剑尖向左、向上抄挂，当持剑手抄至左肩时，再屈肘使剑平落于胸前，手心朝里；此时左腿伸直站立，右腿随之在身前屈膝提起，左手剑指屈肘附于右手腕处（图 10-4-18）。

（2）接着，以左脚前脚掌碾地，上身右转，右手持剑使剑向下插，左手剑指仍附于右手腕处。目视剑尖（图 10-4-19）。

图 10-4-18

图 10-4-19

图 10-4-20

（3）上动不停，仍以左脚前脚掌为轴碾地，右脚向身后跨一大步、屈膝，上身从右向后转；左腿在后蹬直，脚尖里扣，成右弓步。同时，右手持剑向前直刺，剑尖与肩同高，拇指一侧在上；左手剑指随之向后平伸，拇指一侧在上。目视剑尖（图 10-4-20）。

要点：挂剑、下插、直刺三个分解动作必须连贯，它们与跨步、提膝、转身、弓步的动作要协调一致。弓步直刺后，两脚全脚掌均着地，上身稍向前倾，挺胸、塌腰。

8. 虚步架剑

（1）右手持剑先将剑尖由左向右搅一小圈，臂内旋使持剑手的拇指一侧朝下。同时，以左脚跟和左脚前脚掌为轴碾地，右脚尖外撇，上身从右向后转，左脚向前收拢半步，两膝均略屈成交叉步。在转身的同时，右手持剑反手向后立方屈肘上架；左手剑指屈肘经左肩前附于右手腕处。目向左平视（图 10-4-21）。

（2）右腿屈膝不动。左脚向前进一步，膝盖稍屈，前脚掌虚着地面，重心落于右腿，成左虚步。在右手持剑略向后牵引的同时，左手剑指向前平伸指出，手心朝下。目视剑指（图 10-4-22）。

要点：虚步必须虚实分明，右肘略屈使剑身成立剑架于额前上方，左臂伸直，剑指稍高过肩。

（三）第二段

1. 虚步平劈

左脚脚跟外展，上身右转，重心移于左腿，右脚跟随之离地，成为前脚掌虚着地面的右虚步。在转身的同时，右手持剑向下平劈，拇指一侧在上；左手剑指即向上屈肘，手心向左上方。目视剑尖（图 10-4-23）。

要点：虚步必须虚实分明，劈剑时手腕要挺直。

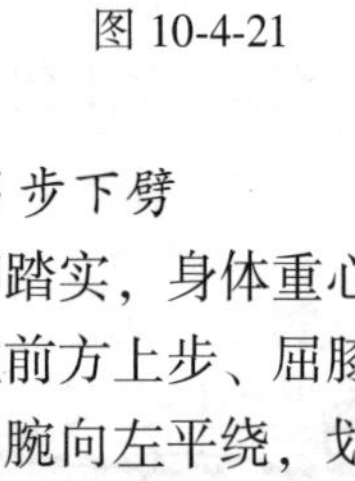

图 10-4-21

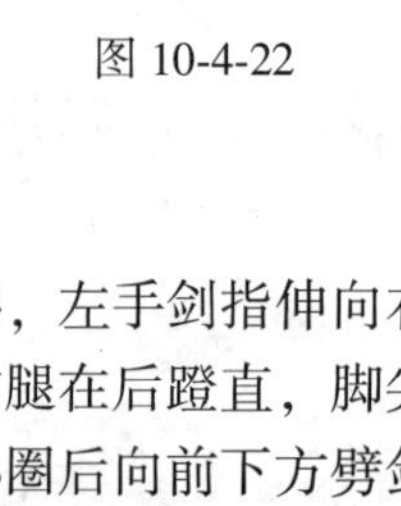

图 10-4-22

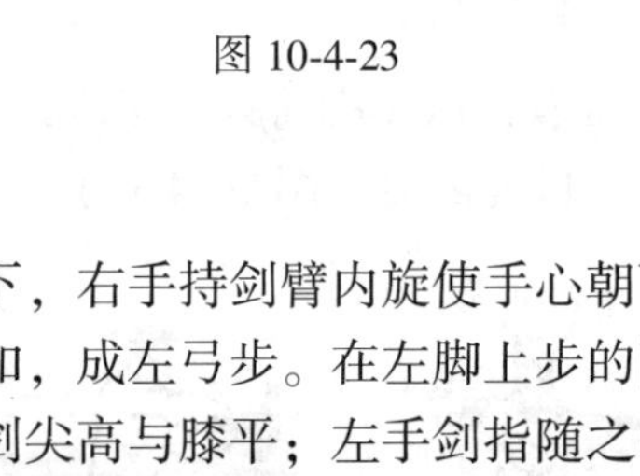

图 10-4-23

2. 弓步下劈

右脚踏实，身体重心前移，左手剑指伸向右腋下，右手持剑臂内旋使手心朝下。左脚随即向左前方上步、屈膝；右腿在后蹬直，脚尖里扣，成左弓步。在左脚上步的同时，右手持剑屈腕向左平绕，划一小圈后向前下方劈剑，剑尖高与膝平；左手剑指随之由右腋下面向左、向上绕环，在头顶上方屈肘侧举，上身略前俯。目视剑尖（图 10-4-24）。

要点：劈剑时，右肩前顺，左肩后引，剑尖与手、肩成一直线。

3. 带剑前点

（1）右脚向左脚靠拢，以前脚掌虚着地面，两腿均屈膝略蹲。右手持剑向上屈腕，使剑向右耳际带回。肘微屈；左手剑指随之由前下落，附于右手腕处。目向右前方平视

（图 10-4-25）。

（2）上动不停，右脚向右前方跃一步，落地后即屈膝半蹲，全脚着地；左脚随之跟进，向右脚并步屈膝，以脚尖点地，成丁步。同时，右手持剑向前点击，拇指一侧在上；左手剑指即屈肘向头顶上方侧举，手心朝上。目视剑尖（图 10-4-26）。

图 10-4-24

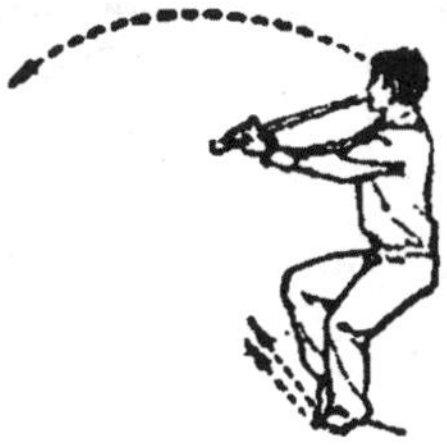

图 10-4-25

图 10-4-26

要点：向前点击时，右臂前伸、屈腕，力点在剑尖，手腕稍高于肩。剑尖略比手低。成丁步后，右腿大腿尽量蹲平，左脚脚背绷直，脚尖点在右脚脚弓处，两腿必须并拢。上身稍前倾，挺胸、直背、塌腰。

4. 提膝下截

（1）右腿伸直，左腿退步后屈膝，上身后仰。右臂外旋手心朝上。使剑向右、向后上方弧形绕环；左手剑指不动（图 10-4-27）。

（2）上动不停，右臂内旋使手心朝下，继续使剑向左、向前下方划弧下截，同时上身向前探倾，左腿屈膝提起。目视剑尖（图 10-4-28）。

要点：剑从右向左的圆形划弧下截是一个完整动作，必须连贯起来做。左膝尽量高提，脚背绷直；右腿膝部挺直，站立要稳。右臂和剑身成一直线，剑身斜平。

图 10-4-27

图 10-4-28

5. 提膝直刺

（1）右腿略屈膝；左脚向前落步，脚尖外撇。右臂外旋使手心朝上，并在左脚落步的同时向上屈肘，将剑柄收抱于胸前，手心朝里，剑尖高与肩平，左手剑指随之下落，屈肘按于剑柄上。此时两腿成为交叉步，目视剑尖（图 10-4-29）。

（2）右腿向身前屈膝提起，左腿伸直站立。右手持剑向前平直刺出，拇指一侧在上；

同时左手剑指向后平伸指出，手心朝下。目视剑尖（图 10-4-30）。

要点：抱剑与落步，直刺与提膝，必须协调一致。

6. 回身平崩

图 10-4-29

图 10-4-30

（1）右脚向前落步，脚尖外撇；左脚前脚掌碾地使脚跟外转，屈膝略蹲，同时上身向右后转，成交叉步。右手持剑臂外旋使手心朝上，屈肘向胸前收回，剑身与右前臂成水平直线；左手剑指随之直臂上举，经左耳侧屈肘前落，附于右手心上面。目视剑尖（图 10-4-31）。

（2）上身稍向右转，左腿挺膝伸直，右腿略屈膝。同时，右手持剑使剑的前端用力向右平崩，手心仍朝上；左手剑指屈肘向额部左上方侧举。目视剑尖（图 10-4-32）。

要点：收剑和平崩两个动作必须连贯起来做。平崩时，用力点在剑的前端；平崩后，上身向右拧转，但左脚不得移动。

7. 歇步下劈

右脚蹬地起跳，左脚向左跃步横跨一步，落地后，右腿即向左腿后侧插步，继而两腿屈膝全蹲，成歇步。在跃步的同时，右手持剑向上举起，并在形成歇步时向左下劈，拇指一侧在上，剑尖与踝关节同高；左手剑指随着下劈动作，下按于右手腕上面。目视剑身（图 10-4-33）。

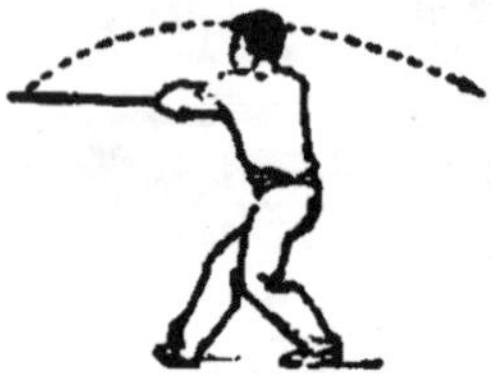

图 10-4-31

图 10-4-32

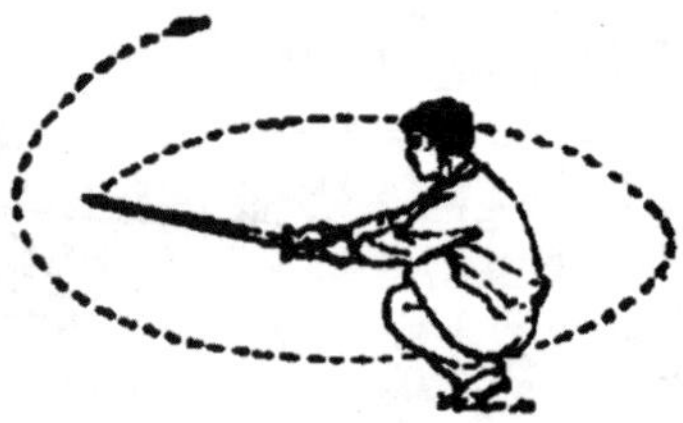

图 10-4-33

8. 提膝下点

（1）右手持剑先使手心朝下成平剑，然后以两脚的前脚掌碾地。上身经右、向后转动，两腿边转边站立起来，右手持剑平绕一周。当剑绕至上身右侧时，上身稍向左后仰，同时剑身继续向外、向上弧形绕环，剑尖接近右耳侧；此时左手剑指离开右手腕向上屈肘侧举。目视前下方（图 10-4-34）。

（2）上动不停，右腿伸直站立，左腿屈膝提起，上身向右侧下探俯，同时右手持剑向前下点击，拇指一侧在上。目视剑尖（图 10-4-35）。

要点：仰身外绕剑与提膝下点两个动作必须连贯、同时完成。右腿独立时，膝部要挺直，左膝尽量上提。点剑时，右手腕要下屈，剑身、右臂、左臂和剑指要在同一个垂直面内。

图 10-4-34

图 10-4-35

（四）第三段

1. 并步直刺

（1）以右脚前脚掌为轴碾地，使上身向左后转。在转身的同时，右臂内旋并向拇指一侧屈腕，使剑尖指向转身后的身前；左手剑指随之由上经右肩前、腹前绕环，向正前方指出，手心朝下。目视剑指（图 10-4-36）。

（2）左脚向前落步，右脚随之跟进并步，两腿均屈膝半蹲。同时，右手持剑向前平伸直刺，拇指一侧在上；左手剑指顺势附于右手腕处。目视剑尖（图 10-4-37）。

要点：两腿半蹲时大腿要蹲平，两膝、两脚均须紧靠并拢。上身前倾，直背、落臀。两臂伸直，剑尖与肩相平。

图 10-4-36

图 10-4-37

2. 弓步上挑

右脚上步屈膝，同时左脚脚跟稍内转，左腿挺膝伸直，成右弓步。右手持剑直臂向上挑举，剑尖向上，手心朝左；左手剑指仍向前平伸指出，手心朝下。上身稍微前倾，目视剑指（图 10-4-38）。

要点：左臂伸直，左肩前顺，剑指路高过肩；右臂直上举，剑刃朝前后。上身挺胸、直背、塌腰。

3. 歇步下劈

右腿伸直，左脚向前上步，脚尖外撇，随之两腿交叉屈膝全蹲，成歇步。同时，右手持剑向前下劈，拇指一侧在上，剑尖与踝关节同高；左手剑指屈肘附于右手腕里侧。上身稍前俯，目视剑身（图 10-4-39）。

要点：成歇步时，左大腿盖压在右大腿上面，左脚全掌着地，右脚脚跟离地，臀部坐在右小腿上。劈剑时，右臂尽量向前下方伸直，剑身与地面平行。劈剑与跃步成歇步动作须同时完成。

4. 右截腕

两脚以前脚掌碾地，并且两腿稍伸直立起，使上身右转，右腿屈膝半蹲，左腿稍屈膝，左脚前脚掌虚着地面，成左虚步。右臂内旋使拇指一侧朝下，用剑的前端下刃向前上方划弧翻转，随着上身起立成虚步，右手持剑再向右后上方托起，左手剑指仍附于右手腕，两肘均微屈。目视剑的前端（图 10-4-40）。

要点：两腿虚实必须分明，上身稍向前倾，剑身平横于右额前上方，剑尖稍高于剑柄。

5. 左截腕

左脚向前上半步，并以前脚掌碾地使上身向左后转，右脚随之向前上一步，前脚掌着地，两腿均屈膝，成左实右虚之右虚步。在右脚进步的同时，右臂外旋，使剑身的前端向左前上方划弧翻转。手心朝上，剑身与地面平行；左手剑指随之离开右手腕，屈肘向上侧举。目视剑的前端（图 10-4-41）。

图 10-4-38

图 10-4-39

图 10-4-40

图 10-4-41

要点：同上述右截腕。

6. 跃步上挑

（1）左脚经身前向前上一步，右脚随之在身后离地，小腿后弯。同时，右臂外旋手心朝里，使剑由右向上、向左屈肘划弧，剑至上身左侧时，右手靠近左胯旁，拇指一侧在上并向上屈腕；左手剑指在右手向左下落时附于右手腕上。目视剑尖（图 10-4-42）。

（2）左脚蹬地，右脚向右侧跃步，落地后屈膝略低左脚随之离地屈膝从身后伸向右侧方，形成望月式平衡。上身向左侧倾俯。在右脚跃步的同时。右手持剑由左胯旁向下、向右划弧，当剑到达右侧方时，臂外旋并向拇指一侧屈腕，使剑向上挑击；左手剑指即向左上方屈肘横举，拇指一侧在下。目视右侧方（图 10-4-43）。

要点：跃步和上挑动作必须协调一致，迅速进行。挑剑时，腕部要猛然用力上屈。形成平衡动作后，右腿略屈膝站稳，左小腿尽量向上抬起。上身向右拧转，剑身斜举于右侧上方，持剑手略松，便于手腕上屈。

7. 仆步下压

（1）右手持剑使剑尖从头上经过，继而自身后、向右弧形平绕，当剑绕到右侧时，即屈肘将剑柄收抱于胸部前下方，手心朝上。同时，右膝伸直。上身立起，左腿屈膝提于身前，左手剑指仍横举于左额前上方（图 10-4-44）。

图 10-4-42

图 10-4-43

图 10-4-44

（2）上动不停，左手剑指经身前下落，按在右手腕上。左脚随之向左侧落步，屈膝全蹲；右腿在右侧平铺伸直，脚尖里扣，成右仆步。同时，右手持剑用剑身平面向下带压，剑尖斜向右上方。上身前探，目向右平视（图 10-4-45）。

要点：做仆步时，左腿要全蹲，臀部紧靠脚跟，不要凸起，两脚全脚掌均着地。上身前探时要挺胸，两肘略屈环抱于身前。

8. 提膝直刺

两腿直立站起，左腿屈膝提于身前，右腿挺直站立。同时，右手持剑向身前平伸直刺，拇指一侧在上；左手剑指屈肘在左侧上举，拇指一侧在下。目视剑尖（图 10-4-46）。

要点：右腿独立须挺膝站稳，左膝尽量上提，脚背绷直，脚尖下垂。上身稍右倾，右肩、右臂和剑身要成一直线，左臂屈成半圆形。

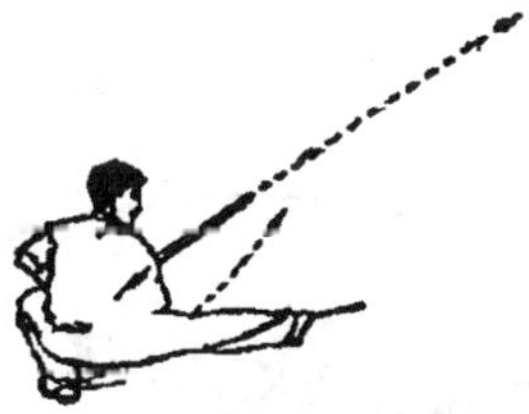

图 10-4-45

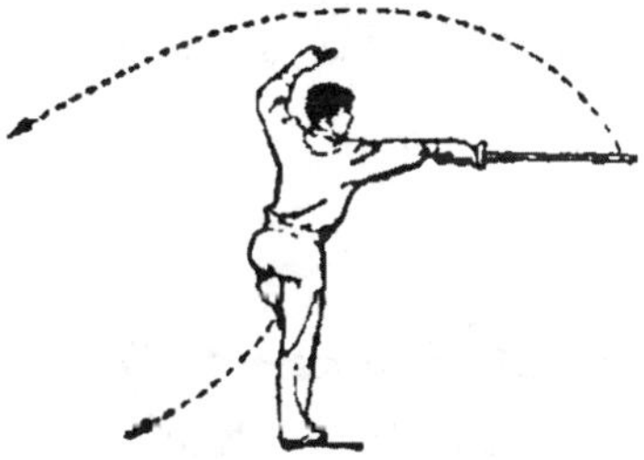

图 10-4-46

（五）第四段

1. 弓步平劈

右臂外旋，先使手心朝向背后、剑的下刃转翻向上，继而上身左转，同时左脚向左后侧落一大步、屈膝；右脚以前脚掌为轴碾地，脚跟稍外转，右腿挺膝伸直，成左弓步。左手剑指随着持剑臂的运行而向右、向下、向左、向上圆形绕环，仍屈肘举于头部左侧上方；同时，右手持剑向身前平劈，拇指一侧在上，臂要伸直，剑尖略高于肩。目视剑尖（图 10-4-47）。

要点：向前劈剑和剑指绕环这两个动作必须协调一致、同时完成，两肩要放松。

2. 回身后撩

右脚向前上一步，膝微屈；左脚随之离地，小腿向上弯曲；上身前俯，腰向右拧转。右手持剑随右脚上步而向后反撩，剑尖斜向下方，拇指一侧在下；左手剑指前伸成侧上举，拇指一侧在下。目视剑尖（图 10-4-48）。

要点：右脚站立要稳，左脚脚背绷直，上身挺胸，两肩放松。

图 10-4-47

图 10-4-48

3. 歇步上崩

（1）右脚蹬地，左脚向前跃步，上身随之向右后转；左脚落地，脚尖稍外撇，右腿摆向身后。在上身转动的同时，右臂外旋，使拇指一侧朝上；左手剑指在身后平伸，手心朝下。目视剑尖（图 10-4-49）。

（2）上动不停，右脚在身后落步，两腿均屈膝全蹲，左大腿盖压在右大腿上，臀部坐在右小腿上，成歇步。同时，右手持剑直臂下压，手腕向拇指一侧上屈，使剑尖上崩；左手剑指随之屈肘在头部左上方侧举，拇指一侧在下。目视剑身（图 10-4-50）。

要点：向前跃步、歇步和剑尖上崩三个动作要连贯协调。跃步要远，落地要轻（前脚掌先着地）。上崩时腕部要猛然用力上屈，剑尖高与眉平。歇步时上身前俯，胸须内含。

图 10-4-49

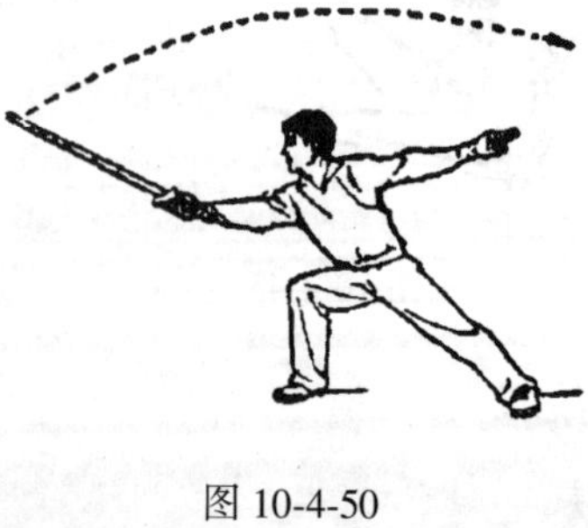
图 10-4-50

4. 弓步斜削

(1) 左脚脚尖里扣，上身右转，右脚随之向前上步、屈膝，左腿在身后挺膝伸直，成右弓步。右手持剑臂外旋使手心朝上，在转身的同时。屈肘向左肋前收回，左手剑指随之从身前下落，按在剑柄上。上身向右前倾，目视前方（图 10-4-51）。

(2) 上动不停，右手持剑由后向前，上方斜面弧形上削，手心斜向上方。手腕稍向掌心一侧弯曲；同时，左手剑指伸向后方，拇指一侧在上。目视剑尖（图 10-4-52）。

要点：斜削时，右臂稍低于肩，剑尖斜向脸前右上方，略高于头；左臂在身后侧平举，剑指指尖略高于肩部。

图 10-4-51

图 10-4-52

5. 进步左撩

(1) 右腿伸直，上身向左转，左腿稍屈膝。同时，右手持剑使手心，朝里经脸前边转身边向左划弧，剑至体前时，左手剑指附于右手腕里侧。目视剑尖（图 10-4-53）。

(2) 以右脚跟为轴碾地，脚尖外撇，上身向右后转；左脚随之向前上步，以前脚掌虚着地面。同时，右手持剑反手向下、向前、向上继续划弧撩起，剑至前上方时，肘部略屈，拇指一侧在下。剑尖高与肩平；左手剑指随右手动作，仍附于右手腕上。目视剑尖（图 10-4-54）。

图 10-4-53

图 10-4-54

要点：上述两个剑身的划弧动作，必须连贯成一个完整的绕环动作。撩剑后，右腿微屈，左腿伸直，身体重心落于右腿，剑尖稍微朝下。

6. 进步右撩

(1) 右手持剑直臂向上、向右后方划弧，左手剑指随势收于右肩前，手心朝右。目视剑尖（图 10-4-55）。

（2）左脚踏实后以脚跟为轴碾地，脚尖外撇，右脚随之向左脚前上一步，前脚掌虚着地面。同时，右手持剑由右向下、向前划弧抡臂撩起，剑至前方时，肘微屈，手心朝上，剑尖高与头平；左手剑指随之由右肩前向下、向前、向后上方绕环，屈肘侧举于头部左上方，目视剑尖（图 10-4-56）。

要点：同上述进步左撩，惟左右相反。

7. 坐盘反撩

右脚踏实后向前上一小步，随即左脚从右腿后向右侧插一步，两腿屈膝下坐，成坐盘式。在左脚插步的同时，右手持剑向上、向左、向下、再向右上方反手绕环斜上撩，剑尖高过头顶；左手剑指随之经体前向下、向后上方划弧，屈肘横举于左耳侧，拇指一侧在下。上身向左前倾俯，目视剑尖（图 10-4-57）。

图 10-4-55

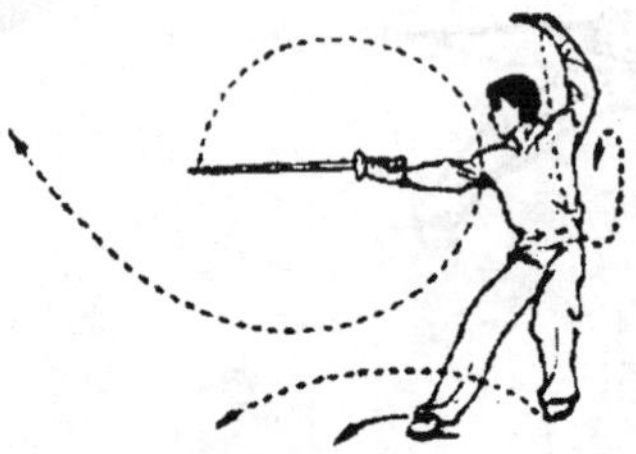
图 10-4-56

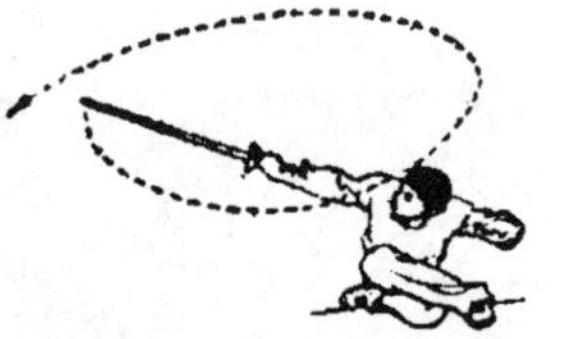
图 10-4-57

要点：坐盘必须与反撩剑动作协调进行。坐盘时，左腿盘坐地面，左脚背外侧着地；右腿盘落于左腿上，全脚掌着地，脚尖朝身前。上身倾俯时胸要内含，剑尖与右臂、左肘、左肩成一直线。

8. 转身云剑

（1）右脚蹬地，两腿伸直站起，并以两脚的前脚掌碾地，使上身向左后转；转身之后，右腿屈膝略蹲：右脚踏实，左膝微屈，前脚掌虚着地面，身体重心落于右腿。同时，右手持剑随身体转动一周后屈肘使剑平举，拇指一侧在下；此时左手剑指附于右手腕处。目视剑尖（图 10-4-58）。

（2）上动不停，上身后仰，右手持剑向左、向后、向右、向前圆形云绕一周，剑至身前时，右手手心朝上、松把，使剑尖下垂；左手剑指放开，拇指一侧朝上，准备接握右手之剑。此时重心前移，左脚踏实，右腿伸直，上身前倾。目视左手（图 10-4-59）。

要点：转身和云剑动作必须连贯，云剑要平、要快，腕关节放松使之灵活。

（六）结束动作

右手将剑柄交于左手后即握成剑指，左手接剑后反握住剑柄向身体左侧下垂。此时右脚向右前方上步，脚尖里扣，屈膝略蹲，上身随之左转；左脚随之向前移步，以前脚掌虚着地面，膝微屈。在上身左转的同时，右手剑指随之由身后向上屈肘侧举于头部右上方，手心朝上。目向左平视（图 10-4-60）。

要点：重心落于右腿，上身前倾，挺胸、塌腰，两肩松沉，左肘略上提，剑身紧贴前臂后侧，并与地面垂直。

右腿伸直，右脚向左脚靠拢，并步站立。右手剑指下落于身体右侧、手心朝下，恢复成预备式。目向正前方平视（图 10-4-61）。

要点：同预备式。

图 10-4-58

图 10-4-59

图 10-4-60

图 10-4-61

第五节　散　　手

散手是武术的重要组成部分，是一项斗智、较技的对抗性竞赛项目。散手以不伤害对方为原则，其竞赛规则严格规定了后脑、颈部、裆部等为禁击部位。散手具有增强体质、健体防身、磨炼意志、培养品德的作用。

一、基本技术

（一）手型、实战姿势和拳法技术

1. 手型

拳：五指内屈握紧，拇指第一指骨压在食指和中指的第二指骨上，拳心朝下为平拳，拳眼朝上为立拳。

2. 实战姿势

准备姿势是以尽量缩小被打击面积，有利于灵活快速的出击为基本原则。

基本实战姿势为，两脚前后开立，略比肩宽，两脚尖内扣，两膝微屈，重心在两腿之间，前、后脚开立角度约 45°（一般正架左脚在前，反架右脚在前，可根据个人习惯选择）；两手握拳，左前右后，拳眼朝上，左手臂弯曲，肘关节夹角在 90°~120°之间，左拳与鼻同高，右手臂弯曲，肘关节夹角要小；含胸拔背，收腹，双肘保护两软肋部，方向向下，身体站立，下颏微收，闭嘴含齿，面向对手，两脚尽量脚前掌着地，便于移动（图 10-5-1）。

图 10-5-1　实战姿势

3. 拳法

（1）冲拳

①左冲拳实战姿势（一般为正架，左手在前），左脚微蹬地，左膝微向内转动，带动胯、腰直至肩部将转动力变为向前的推力，传达到大臂至小臂，最后力达拳面。左冲拳的路线是一条向前的直线，然后迅速还原成实战姿势。

要领：姿势灵活放松，不可僵化，以便于随时移动变化；重心不可太低，膝关节不得小于90°，两手紧护躯体，暴露给对手打击的有效部位尽量小；冲拳时，上体不可前倾，膜略向右侧平转，出拳路线要直，快出快收，迅速回到准备姿势。

左冲拳的用法：击打对手头部；重心下降击打对手腹部。

②右冲拳实战姿势，右脚蹬地并向内扣转动，脚带动胯部、腰部将力传送至肩，顺肩推动大臂、小臂，最后力达拳面。右冲拳的路线是一条直线。此时，左拳变掌回收到右肩内侧，保护头部。

要领：出拳时要将自脚至身体之力，经过发力过程顺利到达拳面，所以动作要协调。

右冲拳的用法：在双方对峙时，左冲拳刺开对方破绽，右冲拳充分利用蹬腿、转腰的力量加大冲拳力度，直击对方要害部位，如头部；当对手左掼拳向头部攻击时，俯身下躲，同时右冲拳击对手中盘腹部；当对手右冲拳进攻中盘时，先以左手拍压其拳，继而右冲拳反击其头部（图10-5-2）。

图 10-5-2　右冲拳

（2）掼拳

①左掼拳：由实战姿势开始，上体微向右转，幅度不能过大，带动肩部、臂部直至拳面。

左掼拳是一种横向型进攻动作。出拳时，肘部微翻至水平面，横向用力，肘的角度约120°；左拳向前、向里横掼，拳心向下，力达拳面，右拳护于右腮。

左掼拳的用法：双方对峙时，对方出左冲拳，突然向右闪，左掼拳反击其头部；对方右掼拳时，俯身不躲闪，向左侧倾，立身反击对手右侧下腮部；对手左抄拳向胸腹部进攻时，左掩肘防守后，左掼拳反击其头部。

②右掼拳：右掼拳的特点是能充分借助右脚蹬地转腰的力量，力度较大，但因进攻路线长，动作幅度大，一般在连击或防守反击时较多用。由实战姿势开始，右脚蹬地向内扣转，合胯向左转腰，顺肩，肘部微屈；由下至水平抬起，右拳再由外至里横掼，弧度不能太大，力达拳面；左拳变掌，屈臂回收至左腮前做保护。

要领：右掼拳从发力时肋部动作跟上，由下至水平面快速出拳，当收拳时，肘部要随身体迅速回收保护软肋部。

右掼拳的用法：双方对峙时，俯身以左拳虚晃，佯攻其腹部，继而起身右掼拳攻其头部；对手右掼拳进攻腹部，左手向里掩肘防守，右掼拳反击其头部；双方相峙时，突然左向上步。攻对方左肋处（图 10-5-3）。

图 10-5-3 右掼拳

（3）抄拳

抄拳属于上下进攻型动作，由于击打距离短，适用于近距离实战。双方接触时，正面攻击对手的胸、腹或下颏。由实战姿势开始，重心下沉。脚蹬地拧转，左、右转动腰，再由腰带动大臂、小臂，两臂的肘部屈 90°～110°角。拳心朝里，由下向前上方勾起，力达拳面。动作要连贯、顺达，用力由下至上。抄拳时，臂应微内旋，拳呈螺旋形运行。

要领：抄拳要借助脚蹬地、扣膝、合胯、转腰的力量，发力由下至上，协调顺达，重心下沉是为了更好地利用脚蹬地拧转的反作用力，加大抄拳力量。

抄拳的用法：对手左抄拳进攻胸部、腹部时，沉身做转右掩肘后，以左抄拳反击躯干部位；对手右掼拳进攻上盘右侧时，左手挂挡右抄拳反击其躯干以上正面部位（图10-5-4）。

图 10-5-4 抄拳

（二）散手中的基本步法与腿法技术

1. 步法

步法是散手技术中的重要内容。实战时，双方保持着一定的距离，只有通过步法的移动才能抢占有利的位置、发动进攻或转换防守。距离不合适，有效的进攻和防守就是一句空话。武术谚语云："步慢则拳脚慢，手到步到方之为动。"步法的总体要求是"疾、准、活"。"疾"是指步法移动要迅速；"准"是指移动的步幅要准确；"活"是指步法移动要灵活多变，不僵不滞，富有弹性。散手实战中表现出来的步法要综合使用，其中基本步法包括进步、退步、撤步、插步、跨步、闪步、换步、盖步、纵步、垫步、跃步等。下面简单介绍几种步法。

（1）进步

由实战姿势开始，前脚（左脚）先向前进半步，后脚再跟进半步，进步步幅不宜过大，后脚跟进后的身体姿势不变，衔接进步与跟步时越快越好。

（2）退步

后脚先后退半步，前脚再退回半步。

（3）插步

后脚向左横移一步，脚跟离地，两脚略呈交叉。插步时身体不要转动，左侧面仍与对手相对。插步后要及时还原成实战姿势。

（4）跨步

左脚（右脚）向左（向右）侧跨半步，右脚略向左脚靠近，两膝弯曲。同时右拳向斜下方伸出，左拳收至左胯旁。此步法主要用于侧闪防守，跨步后身体重心下降，以利于反击。两腿要一虚一实，两臂分别防守上、下，形成较大防守面。

（5）闪步

左（右）脚向左（右）侧移半步，右（左）脚随之向左（右）滑步，同时身体转动90°，步法轻盈，转体闪躲灵活、敏捷。

（6）换步

左脚与右脚同时蹬地并前后交换，同时两拳也前后交换成反架姿势。转换时要以髋关节带动两腿，身体不能明显向上腾空。

2. 腿法

腿法是散手技术中非常重要的一项技术。古谚道："手是两扇门，全靠腿打人"。

（1）蹬腿

①左蹬腿实战姿势站立，面向对手，右腿直立或稍屈，左腿提膝抬起。勾脚，先向前蹬出，力达脚跟；也可送髋，脚掌下压，力达脚前掌。

②右蹬腿实战姿势，身体重心前移，左腿直立或稍屈支撑身体，右腿提膝前抬。勾脚，出脚时应稍送髋，身体轻微前压，以脚跟领先向前蹬出，力达脚跟，脚掌下压，力达脚前掌（图10-5-5）。

要领：支撑直立或稍屈，另一脚由屈到伸，脚尖勾起用脚跟猛力蹬出，快速连贯，高不过胸，低不过腰，出腿时一定要注意蹬腿的路线是直线，不要做成弹腿。

图10-5-5　蹬腿

用法：散手中的蹬腿，除与套路中的要求相同外，还吸取了前点腿的优点，力达脚跟。当击中对方时，脚踝发力，前脚掌下压，这样击后容易将对方蹬开或使其倒地。例如，当双方移动，与对手正面相对时，蹬腿击其躯干，是为主动蹬腿；当与对手距离较远时，垫步接近对方，同时蹬腿击其躯干，是为垫步蹬腿；当对方上步，用拳法进攻时，迎面抢先用蹬腿击其躯干，是为迎面蹬腿。

（2）踹腿

①左踹腿实战姿势，右腿直立或稍屈支撑；左腿屈膝抬起，小腿外摆，脚尖勾起，脚掌正对攻击目标，展胯、挺膝向前踹出，力达脚掌，上体也可倾斜。

②右踹腿左腿直立或稍屈支撑，身体向左转 180°，同时右腿屈膝前抬，小腿外摆，脚尖勾起，脚掌正对攻击目标，用力向前踹出，力达脚掌（图 10-5-6）。

图 10-5-6 踹腿

实战范例：以左侧踢踹腿，假装攻击对方下肢，随即用右踹腿实攻对方上肢；左侧弹腿假装攻对方下肢，然后转身踹腿攻击对方上肢。

用法：踹腿是比赛中使用频率较高的腿法之一，配合步法运用，变化多，宜于在不同距离上使用。例如，当对方向前进步时，退步，左踹腿反击对方下肢，是为退步踹腿；当对方进步时先用踹腿击其下肢，若对方提膝躲闪，可当其落地时，二次踹腿击其胸部，是为连续踹腿；先用前踹腿击对方，对方后撤躲闪，前腿落地，继续以后腿踹击对方头部，是为转换踹腿。

（3）横摆踢腿

①左横摆踢腿上体稍左转并侧倾，同时带动左腿收髋、扣膝，直腿向右上方横摆打腿，踝关节屈紧，力达脚背至小腿下端。

②右横摆踢腿实战姿势开始，左膝外展，上体左转，收腹，带动右腿收髋、扣膝，直腿向左上方横摆打腿，踝关节屈紧，力达脚背至小腿下端。

用法：以身带腿，速度快，力量大，运用得好能起到重创对手的作用；但因其弧形横摆，路线长，幅度大，较易被对手察觉和防守，实战中应注意动作快速及把握好时机。

（4）转身横扫腿

①左转身横扫腿右脚向左脚前上步，微屈独立支撑，左后转身 360°；随转体上体稍侧倾，左腿经左后向前横扫，脚面绷平，力达脚掌；目视左脚。

②右转身横扫腿身体右后转 360°，随转体右腿直腿由后向前横扫，脚背绷紧，力达脚掌；目视右脚。

实战范例：当对方用右侧弹腿攻击上肢时，拍挡防守后随即用右后横扫腿攻击敌上肢。

用法：横扫腿是横向型的进攻动作，虽动作路线长，但在直线动作难以进攻时，突然改变路线，亦能使对手防不胜防。运用时往往以假动作做掩护，动作要果断、敏捷、快速。此动作适合提高班学习。

（5）后扫腿

左腿屈膝全蹲，脚前掌为轴；两手扶地向右后方弧线擦地，直腿后扫，脚掌内扣前勾紧，力达脚后跟至小腿下端背面。

实战范例：当对方以左弹腿攻击我上肢时，拍挡防守后，随即用后扫腿攻击对方支撑腿。

用法：交战中，突然下蹲，没有经验的对手都会产生瞬间的迟疑，容易被扫倒。此动作适合提高班学习。

（三）摔法技术

1. 夹颈过背

双方由实战姿势开始，甲以左直拳击乙头部，乙用前臂挡甲臂，左臂由甲左肩上穿过后，屈肩夹甲颈部，同时两腿屈膝，身体右转，以左侧髋部紧贴甲前身，继而两脚蹬伸，向下弓腰、低头，将甲背起，向后摔倒（图 10-5-7）。

图 10-5-7

2. 抱腿过胸

甲用右冲拳击乙头部，乙立即上右步，屈膝，弓腰，两手抱甲双腿，随即向前上右步，蹬腿，挺身将甲抱起后，向后弓腰，仰头，后倒。

要点：上步下潜快，抱腿紧，仰头后倒大胆，空中翻身及时。

3. 抱腿前顶

甲出拳击乙头部时，乙上左步，下潜躲闪，两手抱甲腿，屈肘，两手用力回拉，同时用左肩前顶甲大腿或腹部，将甲摔倒。

4. 接腿勾腿摔

当对方用右侧弹腿踢击时，左手抄抱其小腿，右手由对方右肩上穿过，下压其颈部，同时左手上抬，右脚向前上方踢其支撑腿将对方摔倒。

5. 接腿侧摔

当对方用右侧弹腿踢击时，双手抓握对方右脚，并向左拉，随即向下、向右上方成弧形摆荡将其摔出。

6. 接腿上托摔

当对方用右正蹬腿踢击时，两手抓握其小腿下端，随即屈臂上抬，两手挟托其脚后，同时上右步，向前上方推展将其摔倒。

（四）防守技术

拳经说“功中能守守不丢，守中善攻练家愁，严守只为攻必进，能攻才能好防守”。防守是积极主动的，其目的是为了更好地进攻。防守方法有以下几种。

（1）拍挡正架预备姿势开始，左手（右手）以拳心或掌心为力点向里横向拍挡。

要点：前臂尽量呈垂直状，拍挡幅度小，用力短促。切勿向前迎拨，否则幅度过大。

（2）拍压左手（右手）变掌，掌心或掌根的力点由上向前拍压。

要点：臂要弯曲，手腕和掌指要紧张用力，臂内旋，虎口、指尖均朝右（左）。

（3）阻挡两脚蹬地，身体前移，以肩部或手心阻挡对方直线拳法的进攻，以臂部阻挡对方直线的进攻。

要点：身体紧张，含缩，闭气，尽量缩小被击面，两手保护要严密。

（4）挂挡左手屈臂向同侧头部或肩部挂挡。

要点：大小臂叠紧并贴于头侧，要含胸侧身，暴露面小。

（5）外抄左手臂外旋弯曲，上臂紧贴肋部，前臂水平，手心朝上，同时右手屈臂紧贴腹部，立掌，手心朝外，手指朝上。

要点：上臂紧护躯干，两手成钳子状，抱脚时两手相合锁扣。

（6）里抄左臂外旋，微屈，紧贴腹前，手心朝上，同时右手臂紧贴胸前，虎口朝上，掌心朝外。

要点：与外抄相同。

（7）撤步前脚由前向后收步，接近后脚时脚前掌着地，重心落于后腿。

要点：前脚回收迅速，虚点地面，上体正直，支撑要稳。

（8）提膝后膝微屈独立支撑，前腿屈膝提起。

要点：重心后移，提腿迅速，根据对方腿法进攻的路线、方位，膝盖分别有里合、外摆或垂直向外的变化。

二、基本战术

散手的战术方式是指为了完成战术意图而由各种动作组成的具体方法。散手以它丰富的技术内容和相生相克、互相制约、相互转换的技术规律，为散手多彩多姿的战术形式提供了先决条件。散手的战术方式有以下三种。

（一）直攻战术

直攻战术是指在没有虚晃假动作的掩护下，所使用的攻击对方的方法。运用直攻战术须具备以下条件：

（1）当对方的反应速度、动作速度、位移速度没有自己快时；

（2）当对方的攻防动作不够熟练时；

（3）当对方的体力不足时；

（4）当对方的防守姿势出现空隙时；

（5）当与对方的距离能有效地使用进攻动作时。

(二) 强攻战术

强攻战术是指硬性突破对方的防守后发出的攻击。运用强攻战术须具备以下条件:

(1) 力量、速度、耐力素质比较好, 但技术不如对方时;

(2) 身体素质好, 技术比较全面, 但比赛经验不如对方时;

(3) 对方的近战能力比较差时;

(4) 对方的耐力比较差时;

(5) 对方的心理素质比较差时。

采用强攻战术, 以扰乱和破坏对手的心理平衡、战术准备和距离感, 从而乱中取胜。猛冲猛打并不是盲目蛮干, 而是通过强攻这一战术手段, 扬己所长, 实现打击对方的目的。

(三) 佯攻战术

佯攻战术是有目的地造成对方的错觉, 把对方引入歧途, 实现真实进攻。在散打比赛中, 佯攻是最为常见的战术形式之一。随着战术水平的普遍提高, 特别是当对手反应快、防范能力强时, 直接进攻容易被防守、截击或反击。采用左右、前后、上下虚晃动作, 和指上打下、指下打上、指左打右、指右打左等假动作, 可以转移对方的注意力, 促使对方对自己的虚假动作产生某种反应, 而改变正确的防守姿势, 然后加以利用, 使自己的进攻机会得以出现, 可以提高进攻效率。

三、综合练习

(一) 绝对力量的练习

发展运动员的绝对力量基本采用本人最大力量60%~70%的负荷重量来练习, 重复次数为8~12次, 组数以不降低重复次数为原则, 组间间歇时间为2~5分钟。

训练中, 经常采用的具体方法有如下几种:

(1) 杠铃屈臂两脚左。右开立, 两手反握杠铃, 提杠铃至腹前, 以肘关节为轴做两臂屈伸动作。

(2) 仰卧在长凳上, 做卧推杠铃动作。

(3) 负重仰卧起坐将两脚固定, 或请同伴扶按两脚, 两手持杠铃片置于脑后, 做仰卧起坐动作。

(4) 负重仰卧体后屈俯卧, 两脚固定, 两手持杠铃片置于脑后, 做身体抬起动作。

(5) 负重深蹲肩负杠铃, 深蹲起。

(二) 速度力量的练习

发展运动员的速度力量应采用小重量的负荷或不加外负荷, 练习时动作速度要快而连贯。训练中, 经常与基本动作结合, 主要方法有下面几种。

(1) 马步推砖 (哑铃) 两脚并立, 屈膝半蹲成马步; 两手持砖 (哑铃), 屈肘置于胸前, 手心向内, 然后左右手依次向前推出。推砖时, 借助腰力, 转腰顺肩, 旋臂伸肘, 爆发用力。

(2) 蹲跳冲拳半蹲或全蹲, 两手握拳, 屈肘抱于胸前, 当右脚上步时, 冲左拳; 左脚上步时, 冲右拳, 并收回左拳。

(3) 腿负重练习腿系沙袋做蹬、踹、弹等各种腿法练习。

（三）力量耐力的训练

在散手训练中的力量，首先是爆发力，其次是力量耐力。发展运动员的力量耐力多采用小重量负荷，重复次数多，直至极限的重复次数。采用的动作方法如下。

（1）推小车同伴帮助将两腿抬起，做两臂支撑向前爬行动作。

（2）肋木举腿背靠肋木，两手抓握横木（或能支撑一定重量的横杆）悬垂，做收腹举腿动作。

（3）蹲步换跳一腿屈膝全蹲，另一腿前伸，跳步交换。

（4）匀速跑、越野跑心率控制在150次/分钟左右，负荷时间保持在30分钟以上。

（5）打沙包进行拳法或腿法以及组合动作的计时练习，一般3~5分钟，练习3组，每组间休息1~3分钟。要求以最快速度完成，全力使用力量。

（四）柔韧素质训练

武术对柔韧素质有着较高的要求，特别是腿部的柔韧练习。其方法如下。

（1）压腿分正压腿、侧压腿、后压腿。

（2）“吻靴”并步站立，右腿屈膝略蹲，左腿伸向身前，膝部挺直，脚尖翘起，脚跟着地；上身前俯，右手握住左脚内侧，左手握在脚尖外侧，两臂屈肘，两手用劲向后拉，上身前俯用下额触及脚尖。略停片刻，上身直起，两臂伸直，接着做下一次。

（3）仆步压腿两脚左右开立，右腿屈膝全蹲，全脚着地，左脚挺膝伸直，脚尖里扣；然后两手分别抓握两脚外侧，成左仆步。练习时，左右仆步交替进行。

第十一章 跆拳道

第一节 跆拳道运动概述

跆拳道起源于朝鲜半岛，是一项古老而又有创新的竞技体育运动。远古朝鲜民族为了狩猎获取食物，抗击外来入侵，在生活中采用一些格斗和锻炼身体的方法，到近代这些方法受到高丽人民的喜好，逐步形成了“手搏”“跆跟”。

目前跆拳道在世界上开展得非常普及，跆拳道协会有150个会员国，并在第27届悉尼奥运会上成为正式项目，我国开展此项运动才十余年时间，发展很快，深受青少年们的喜爱，跆拳道运动的特点是以腿法为主，拳脚并用，发力快而硬，并辅以发声助威，给自己增强斗志，因此跆拳道有很高的竞技性和观赏价值。跆拳道突出一个“礼”字，任何练习者在不同的场合都要行礼鞠躬，强调“以礼始、以礼终”的武道精神。练习跆拳道能增强人的各种力量，使身体素质全面发展，培养无畏坚毅的意志品质。

为了正确评价跆拳道的技术、人格、耐性、勇气、诚实性和精神，跆拳道分为十级和九段。初级选手从最低级10级开始依次往上到1级；高级选手从最低段开始依次往上到九段。一段到三段为学习阶段，四段到六段为步入行家阶段，从七段开始为精通技术和精神阶段。

区别跆拳道选手的级别主要从腰带上来看：

10级和9级为白带：表示空白，根本没有跆拳道知识，意味着入门阶段。

8级和7级为黄带：表示大地，草木在大地生根发芽，意味着学习基础阶段。

6级和5级为绿带：表示草木，成长中的绿色草木，意味着技术的进步阶段。

4级和3级为蓝带：表示蓝天，草木向着蓝天茁壮成长，意味着进度达到相当高的阶段。

2级和1级为红带：表示危险，已具备相当的威力，意味着克己和警告对手不要接近。

黑带：表示白色的对立，相对于白色技术已经熟练，意味着黑暗中也能发挥自身能力。

区别跆拳道的段位还要看道服和肩章：一段至三段的道服衣边有黑色带条，四段以上道服的衣袖和裤腿两边有黑色带条。根据道服上的肩章和腰带上的罗马数字i到ix可区别段位和级别。

第二节 跆拳道基本技术

一、基本步型和步法

1. 基本步型

（1）准备姿势。两脚开立与肩同宽，身体自然直立，两脚尖略外展，两手握拳置于腹前。

（2）开立步。两脚开立与肩同宽，身体自然直立，两膝微屈，两脚尖正对前方，两手握拳置于体侧。

（3）马步。两脚开立，较肩宽，两脚尖平行或略内扣，挺胸直背，两腿屈膝半蹲，重心落在两脚之间。

（4）弓步。又称前屈立。前后脚分立，两脚相距一步半，前腿屈膝，后腿伸直，前腿膝关节与脚尖垂直，重心大部分落在前脚上，左脚在前称左弓步，右脚在前称右弓步。

（5）前探步。又称高前屈立。如走路姿势，两脚之间距离小于弓步，上体略前倾，前腿膝关节略屈，重心大部分落在前脚上。左脚在前称左前探步，右脚在前称右前探步。

（6）虚步。前脚掌点地，脚跟提起，重心落在后脚。左脚在前称右虚步，右脚在前称左虚步。

（7）交叉步。一脚向另一脚的前侧（前交叉步）或后侧（后交叉步）落步，脚尖着地，两腿屈膝交叉。

（8）并步。两腿直立，两脚跟并拢，脚内侧相靠，两臂握拳自然垂于体侧。

2. 步法

（1）前进步。前进步主要包括前滑步和前跃步，是主动进攻时常常采用的步法，也常运用于假动作过程中的战术配合。标准实战姿势开始，两脚呈斜马步，两手握拳置于胸前。前进时，后脚蹬地，前脚先向前方滑出一步，后脚迅速跟上一步，称为前滑步；后脚蹬地，前脚向前跳跃称为前跃步。在做跃步和滑步时候，重心不要起伏过大，尽量保持身体重心的平稳移动。

（2）后退步。后退步包括后跃步和后滑步。由标准实战姿势开始，前脚掌用力蹬地，两脚向后跃起退后一步，称为后跃步。若前脚掌蹬地后，后脚后移一步，前脚随即向后移动一步，两脚以及身体仍保持原来姿势，叫做后滑步。应用此步法可以拉开与对手的距离，避开对方的进攻或准备反击。

（3）后撤步。标准实战姿势开始，以后脚前脚掌为轴，前脚抬起向后经后脚内侧向后撤一步，形成和原来相反的实战姿势。后撤步可根据实战需要左右变化，调整与对方的相对距离，准备进行攻击或反击。

（4）侧移步。由标准实战姿势开始．两脚前脚掌同时向左（右）侧蹬地，使身体向右（左）侧移动，离开原来的位置。向左移称为左移步，向右移称为右移步。侧移步的作用是避开对方有力攻击，移动到对方的侧面，准备进行反击。

（5）跳换步。由标准实战姿势开始，两脚同时蹬地使身体腾空，空中两脚前后交换，同时转体；落地时身体姿势成另一侧的准备姿势。跳换步的腾空不宜高，略离地即可；换步时要拧腰转髋，迅速敏捷，其目的是干扰对方的攻防思路，选择适宜自己进攻的方位和转换自己身体的得分部位使对方不能得分，同时争取反击的空间和时间，马上转入进攻。

（6）弧形步。由标准实战姿势开始，前脚的前脚掌原地蹬碾地面，后脚同时向左（右）蹬地后右（左）跨移一脚，成为与原来准备姿势不同方向的准备姿势。向左跨为左弧形步（或左环绕步），向右跨步为右弧形步（右环绕步）。

（7）上步。上步是为了调整与对方的距离，为准备进攻和反击做准备。左势站立，以左脚前脚掌为轴，右腿上前一步，成为右势实战姿势。

（8）垫步。垫步主要有两种，即前垫步和后垫步。垫步的动作要求快捷、连贯，迅速接近或远离对手。

①前垫步：由基本姿势开始，右脚蹬离地面向左脚的脚跟方向移动一步，左脚随即迅速前移一步，保持实战姿势，主要运用于主动进攻时接近对方。

②后垫步：由基本姿势开始，左脚掌蹬离地面向后快速移动一步落于右脚前，右脚随即迅速后移一步，保持实战姿势不变。后垫步主要运用于防守和防守反击。

（9）组合步。指各种步法之间的不同组合。实际上，跆拳道技术在实战运用的过程中，无不通过各种步法的运用和变化而得到实施，而且使用的步法都是有意或无意地组合起来综合运用的。运用步法的目的是为了调整距离，使自己的动作更加快速灵活，进而达到进退自如、控制节奏、有效攻击和有效防守的目的。步法的组合应根据实际情况的变化而改变，把攻击和反击的技术与步法紧密结合起来，做到在移动中进攻，在移动中防守，在移动中反击，使步法的运用和拳法、腿法融为一体，成为进攻、防守、反击的有机连接技术，从而达到取得实战胜利的目的。

二、基本进攻技术

跆拳道实战的基本进攻技术主要包括拳法、掌法、肘法、膝法和脚踢法，这些技法组成了跆拳道实战的基本形式。只有练好基本进攻技术，才能为以后掌握更高难的动作打好基础，才有可能成为优秀的跆拳道选手和跆拳道实战家。所以，必须认真学习基本进攻技术，体会其动作含义，揣摩研究基本进攻技术的实际运用规律，打下扎实的功底，为今后的提高打下坚实的基础。

1. 拳的基本进攻技术

拳法是跆拳道实战中最基本而又非常重要的技术。运用拳法时，拳必须握紧，动作发力要迅猛短促，完成击打动作后要立即收回，拳击出的过程中要手臂内旋，拳击至最远端时手臂伸直，拳向下，击打目标后放松收回。下面介绍几种主要的拳法。

（1）冲拳（图 11-2-1、图 11-2-2）

①两脚开立，与肩同宽，两手握拳收于腰间，拳心朝上。

②左脚向前上步成左弓步；同时，右拳从腰间由屈到伸，臂内旋向前平冲。用拳面击打对手的身体。除前冲拳外，还有侧冲拳、后冲拳。

③此拳通常用于对面部及下颚作上盘攻击；对胸部及腹部做中盘攻击；对下腹部、下肋部及阴部做下盘攻击。此外，除了向对方攻来的部位施以防御性的自卫外，还可主动击打对方手及脚部的肌肉、关节等，使其无法活动自如，抑制对手的攻势。

图 11-2-1

图 11-2-2

（2）弹拳（图 11-2-3、图 11-2-4）

①两脚开立，身体右转；两手握拳，两臂屈肘置于腹前，右拳在外，左拳在内，两拳心均朝下，体左转，同时左臂屈肘提至胸前，以肘关节为轴使左拳由下颚向前弹击，力达拳背。

②此拳通常用于攻击人的上唇、人中穴或面部。

图 11-2-3

图 11-2-4

（3）鞭拳（图 11-2-5，图 11-2-6）

①两脚前后开立；左手握拳，左臂屈肘上提至肩高，左拳置于右肩前方，拳心向内；右手握拳收于腰间。

②左臂以肘关节为轴，由里向外用拳背鞭打对手的面部或胸部。

③此拳通常用于攻击人的面部或胸部。

图 11-2-5

图 11-2-6

（4）劈拳（图 11-2-7）

①两脚开立；同时左手握拳置于腹前，拳心朝内，右手握拳收于腰间。

②两脚不动：左臂由下向上向左直臂抡劈，用拳轮劈击对手的头部、颈部或胸部。

图 11-2-7

（5）截拳（图 11-2-8，图 11-2-9）

①两脚开立，身体微右转；同时左手握拳，左臂屈肘上提，左拳置于右肩上方，拳心朝内；右手握拳收于腰间。

②左脚向前上步呈左弓步；同时，左臂以肘关节为轴，臂内旋向前，用拳轮横击对方的面部、胸部或肋部。

图 11-2-8

图 11-2-9

2. 掌的基本进攻技术

掌法在跆拳道实战中是非常多见的。虽然正式的跆拳道比赛不准使用掌法，但是，掌法在跆拳道品势练习、实战格斗以及防身自卫中，具有非同寻常的攻击效果，轻者致伤，重者致残致命。因此练好掌法对增强实战格斗和防身自卫能力有着重大的意义。

（1）砍掌（手刀砍）（图 11-2-10、图 11-2-11）

①两脚开立，右臂屈肘上举，右掌提至右耳旁，随即边伸臂边用右手刀向前横砍，掌心朝上。

②右脚向前上步成右弓步；同时右臂由屈到伸向前横砍，用手刀砍击对手的颈动脉处，掌心朝上。

③砍掌分仰掌砍击、俯掌砍击。

图 11-2-10

图 11-2-11

（2）插掌（贯手）（图 11-2-12 及图 11-2-13）

①两脚开立；握拳收于腰间掌心朝上。

②右脚向前上步呈右弓步；同时右拳变掌，掌指朝前，从腰间由屈到伸向前插击，用掌指末端插击对手的腹腔神经丛。

③插掌可分为立插掌和平插掌。

图 11-2-12

图 11-2-13

（3）掌根推击（图 11-2-14，图 11-2-15）

①两脚开立；两手握拳收于腰间拳心朝上。

②右脚向前上步，同时右手呈“熊掌”（四指并拢，第二指节卷屈、拇指扣于虎口处）屈腕向前推出，力达掌根，从腰间向前推击，用掌跟击打对手的面部。

图 11-2-14

图 11-2-15

3. 肘的基本进攻技术

肘关节由于骨结构本身的特点，使用肘的骨尖部，其击打的力度和威胁都很大。尤其是在贴身的近距离攻击中，肘的威力能更充分发挥，给对方以强有力的打击。因为肘关节前后左右都可以使用，所以肘的进攻动作可以向多个不同方向击出。

（1）项肘（图 11-2-16，图 11-2-17）

①左脚开立侧向；左手握拳，左臂屈肘置于右胸前，拳心朝下；右臂屈肘，右掌贴附左拳拳面。

②准备姿势开始，左脚向前迈出一步呈左弓步，同时左臂屈肘上提至胸前，左拳置于脚前，拳心向下；右拳变掌提到胸前，用右手掌推动左拳，以左肩关节为轴，左肘关节尖领先，将左肘向前顶击。

③攻击的主要部位是头面部、胸部、腹部和肋部。

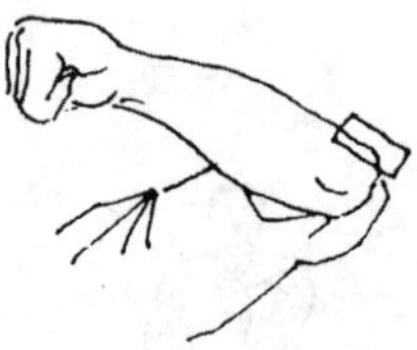

图 11-2-16

图 11-2-17

（2）挑肘（图 11-2-18，图 11-2-19）

①两脚开立；两手握拳收于腰间，左拳拳心朝上；右掌拳心朝下。

②准备姿势开始，左脚向前迈一步呈左弓步，同时右拳自腰间上举，右肘关节屈曲收紧，肘尖自下向上挑起。挑时动作可用左右肘完成，只是方向相反。

③攻击的主要部位有下颚和腹部。挑肘时要拧腰顺肩，以增加挑肘的距离和力量。

图 11-2-18

图 11-2-19

（3）击肘（图 11-2-20，图 11-2-21）

①两脚开立；右手握拳，右臂屈肘置于右腹前；左手附于右拳面。

②右脚向前上步呈右弓步；同时，右臂以肘尖领先由外向里弧形摆动，用肘部横击对手的腹腔神经丛。

③击肘时要尽量将身体重量作用于肘部，增加击肘的力量。

图 11-2-20

图 11-2-21

4. 膝的基本进攻技术

膝关节在跆拳道实战格斗中是近距离攻击对方的主要武器之一，因为膝关节是人体关节武器化中最具力量的一种，而且使用简单，一旦击中会致敌败北。膝关节的主要使用技术是顶膝和撞膝技术。

（1）顶膝（图 11-2-22，图 11-2-23）

①准备姿势开始，左脚上前迈半步成左弓步，同时双手自腰间前举，由拳变掌抓对方的肩部或衣襟；随即双手用力向下压拉对方的肩部或衣襟，同时提右膝向上顶击。

②顶膝的主要部位有腹部、裆部、头面部。顶膝时两手的下压、下拉用力和提膝上顶的力量协调进行，形成合力顶击对方。

图 11-2-22

图 11-2-23

（2）撞膝（图 11-2-24，图 11-2-25）

①准备姿势开始，左脚掌为轴碾地，身体左转，同时右腿屈膝上提，自右下向左上侧用膝部撞膝，两拳抱于腹前。

②左脚上步成左弓步；同时，双手抓住对手的双肩，使其身体前倾；右腿屈膝上提，用膝部冲撞对手的头部或腹腔神经丛。

③撞膝的主要部位是腹腔神经丛和两软肋部。做动作时提膝、转体、撞膝的动作连续协调，形成加速撞钟式的动作，以提高杀伤力。

5. 脚踢的基本进攻技术

跆拳道实战中脚踢进攻时一般使用的部位包括脚前掌、脚趾、脚背、足刀、脚后跟、脚后掌（脚跟底部）。利用这些部位可以进行站立踢、跳动踢、助跑踢、转身踢和飞踢等不同形式的踢法进攻，每种踢法踢击的部位各有不同。实战过程中，要根据具体情况，如对方所处位置、暴露的部位、防守的姿势以及双方的距离，选择不同的踢法。

图 11-2-24

图 11-2-25

（1）前踢（图 11-2-26）

①实战姿势的基本姿势开始，右脚蹬地，髋关节向左旋转，双手握拳置于体侧；同时，右腿以髋关节为轴屈膝上提。

②当大腿抬至水平或稍高时，髋关节向前送，将要踢的那只腿弯曲举起，并把膝盖抬到胸前，待脚的位置与目标成一直线后，再用弹性力从膝盖发力去踢，另外还可将脚趾向后弯曲，用脚底去踢对方。

③膝关节夹紧，小腿放松，要有弹性；髋往前送，高踢时髋往上送；小腿回收与前踢的速度一样快。主要攻击部位有面部、下颚、腹部、裆部。前踢亦可用于防守。

图 11-2-26

（2）侧踢（图 11-2-27）

①实战的基本姿势开始；右脚蹬地，右腿以膝关节为轴屈膝提起，两手捏拳置于体侧，身体侧向对方站立。

②左脚以前脚掌为轴外旋 180°，髋关节向左旋转，右腿以膝关节为轴向前蹬伸，右脚快速向右前上方直线踢出，力点在脚跟，发力后沿起腿路线收腿、放松，重心落下(原处或向前均可)，再次回到实战姿势。

③起腿时大小腿、膝关节夹紧；踢出发力时头、肩、腰、髋、膝、腿和踝成一直线；大小腿直线踢出，原路线收回。侧踢动作的主要攻击部位有膝部、腹部、肋部、胸部和头面部。

图 11-2-27

三、组合技术

组合技术，就是根据比赛中攻防情况的变化，将两个以上的动作组合在一起的连接技术。由于跆拳道比赛日趋激烈，运动员的技术水平越来越接近，可能运动员在进攻的同时就要防守，或是在防守的同时就要反击。使用单个的技术，往往会被有经验的选手化解或反击。为了战胜对手，就必须在熟练掌握单个基本技术的基础上，掌握一些组合技术，使对手在短时间内很难适应。当然这些组合技术也不是一成不变的，运动员在比赛中要根据场上的具体情况，灵活多变地运用组合技术，使得对手摸不清自己技术动作的规律，以达到出奇制胜的目的。

1. 左冲拳两次连击

预备势站立（图 11-2-28）。第一次冲拳轻击（图 11-2-29），一击即弹回；第二次击打要送肩转髋（图 11-2-30）。

图 11-2-28

图 11-2-29

图 11-2-30

2. 左冲拳——左侧拳

预备势站立。出左拳时，右拳护住右颚（图 11-2-31）；左拳伸直后即屈肘，左臂成勾，左脚跟外转，左膝内扣，身体右转带左拳向右横击（图 11-2-32，图 11-2-33）。

3. 左右侧拳

预备势站立。左脚蹬地，后跟提起，左膝内扣身体右转，同时左臂屈成 135° 左右，左拳拳心向下，随转体向右横击（图 11-2-34，图 11-2-35）；上动不停，右脚蹬地，身体左转打右侧拳（图 11-2-36）。

图 11-2-31

图 11-2-32

图 11-2-33

图 11-2-34

图 11-2-35

图 11-2-36

4. 四连击

预备势站立。左脚向前一步，同时左冲拳头（图 11-2-37），右脚跟上半步，重心下降，转腰送肩右冲拳击胸（图 11-2-38）；上动不停，向右转身，重心上升的同时左侧拳向右横击（图 11-2-39）；上动不停，腰微下沉，右拳向前上钩，拳心朝里（图 11-2-40）。

图 11-2-37

图 11-2-38

图 11-2-39

图 11-2-40

5. 上段左右冲拳

预备势站立。原地出左直拳（图 11-2-41）；左拳收回同时出右拳，出右拳要蹬腿转腿送肩，体重 70%压在左腿上（图 11-2-42）。

图 11-2-41

图 11-2-42

第三节 跆拳道基本战术

运动员在比赛中，根据自己和对手的情况，充分发挥己方特长，限制对方特长，为战胜对手而采取的计策和方法，即为战术。

跆拳道战术的实质在于使运动员能在跆拳道比赛中依据各种可能发生的情况，运用自己平时训练中所练就的各项技能，最有效地发挥自己的优势去战胜对手。在运用战术的过程中，要树立正确的战术思想，体现以我为主、快速灵活的方针，要遵循跆拳道的技术发展变化规律，使战术训练有明确的目的性。

（一）跆拳道比赛的战术原则

跆拳道比赛的战术原则，是制定战术计划、实施战术方案必须遵循的准则。主要的战术原则有以下几种：

1. 根据跆拳道比赛技术特点的功能设计战术

技术，是实现战术的基础，战术又是通过一定的技术动作实现的，不同技术动作的组合，表达了不同的战术意识。因此，根据跆拳道比赛技术动作的特点和功能设计战术是合理、有效的发挥技术的战术原则之一。它能使我们从跆拳道技术的整体性、相对独立性、相关性、动态性、有序性和互变规律性的系统观点出发，正确地制定战术，而不是孤立地、片面地只考虑某一个战术环节和某一个战术动作的技术因素，产生单一的战术方案。跆拳道比赛的技术以踢法为主，制定战术时根据踢法的不同形式、方位、远近、高低以及动作之间的连接规律，按照不同动作的不同作用，充分运用竞赛规则允许的条件，制定不同的战术方案。

2. 攻防兼顾的战术原则

跆拳道的比赛紧张、激烈、刺激，如果比赛中只一味讲究进攻或单纯防守，就会攻防失调、顾此失彼。因此，比赛中一定要遵循攻防兼顾的原则，在瞬息万变的激烈对抗中临战不惧，临危不乱，保持合理的攻防节奏和效果。攻防兼顾原则的运用是根据比赛时的具体情况灵活应用的，比赛时如果你面对的是强于自己的对手，你就要加强防守，运用防守反击战术与对手对抗；如果你面对的是弱于自己的对手，你就要采取主动进攻战术，争取主动战胜对方。如果两人功力相当时，要攻防兼顾，充分发挥你的智能，运用适当的战术，做到有序进攻，稳妥防守，抓住战机，猛烈进攻。

3. 利用控制与反控制原则

在跆拳道比赛中，经常会遇到这样的情况，就是一名运动员虽然具有较好的专项身体素质和较高的技战术水平，但比赛中被对方控制得不能有效发挥，他的一举一动都被对方有效控制，因而导致比赛的失败。这种控制就是运用技、战术扼制对方进攻的有效方法。如果你的控制能力好，运用技战术合理，你就会占据比赛的主动和优势；相反，你就会处于劣势和被动。但如果你具有更强的反控制技战术，你就会变被动为主动。

4. 灵活多变原则

跆拳道赛场上的局势是千变万化的，比赛时如果利用为数不多的战术，甚至采用固定的战术，容易被对方摸到规律，使自己陷入被动挨打的局面。因此，在设计战术和进行战术训练时，要根据比赛中可能发生的情况，多考虑几种战术组合及其相互之间的衔接配合和变化运用。利用多种技战术方法，最大限度地体现不同的进攻方向和进攻点。利用比赛场上的时间、空间、角度、方向和位置，以及真假动作的交替变化，即利用一切可以利用的条件和规则允许，设计和练习灵活多变、多种形式的战术组合、战术意图。而且，这些战术一定要有针对性和实效性，否则，只有华而不实的技术战术动作组合，形式再多，动作再漂亮，也不可能取得最终的胜利。

5. 根据对方的实际情况设计战术

《孙子兵法》曰："知己知彼，百战不殆。"即只有正确地认识自己，清楚地了解对方的实际情况，才能百战百胜。跆拳道比赛中同样需要运用这一策略。要想战胜对方，就要了解对方的具体实力和各种优缺点，然后针对这些具体情况考虑设计相应的战术，实现运筹帷幄，决胜于比赛之中的战略战术意图。因此，在双方交战前一定要全面了解对手的具体情况。

（二）跆拳道比赛的战术种类

跆拳道比赛的战术种类是指运动员在临场复杂多变的比赛中，根据比赛的规律和各方面的情况随机应变，有判断、有目的、有预见地决定自己对付对手的策略思维活动。符合自己特点的战术容易掌握和运用，并可以达到有效使用的目的，而要切实提高战术的质量，则战术要先进，要充分了解战术本身的优点和缺点及对方的适应情况，挖掘发展潜力大的战术，不断地创造新战术。

（1）技术战术

利用技术全面、熟练、有效果的特点，变化运用各种技术，发挥自己的得意技术，掌握比赛的主动权，抑制对手，达到取胜对手的目的。

（2）假动作或假象战术

用逼真的假动作或假象欺骗对手，引其上当，分散其注意力，使其露出破绽，利用这个机会猛烈攻击而得分。

（3）心理战术

比赛开始前，利用情绪、动作和表情等威慑对手，比赛中用气势压倒对手，或利用规则允许和基本允许的各种手段，干扰对方情绪，给对方造成心理负担，使对手技能战术发挥失常，挫伤对方的锐气，发挥自己的优势，在气势上战胜对方。

（4）破坏战术

使用黑招重招使对手先受伤，失去正常比赛的能力，或用技术破坏对手技术，控制其动作发挥，使对方进攻无效并且消耗体力，丧失信心，导致比赛的失败。

（5）防守反击战术

利用防守好的特点，在防守的基础上利用反击技术打击对方。

（6）体力战术

对于耐力好的运动员来说，要充分发挥体力比对方要好的优势，让对手和自己一直处于运动之中，与对方比拼体力，耗掉对方的体力而战胜对手。

（7）规则战术

在竞赛中，有对攻击部位和攻击方法的限制，但也有规则限制模糊的地方，可以利用规则允许或基本允许使用的各种制胜办法攻击对手，也可以利用规则的漏洞。

（8）步法战术

利用自己步法灵活和动作敏捷的优势，围绕对手游斗，引对手上当或扰乱其情绪；待对方反击时又迅速撤退或靠近对手，扰乱对手的情绪和攻防意图，破坏对手进攻而战胜对手。

（9）优势战术

在比赛平分的情况下，利用规则上允许的技术，靠主动进攻次数或使用高难技术而取胜。规则中规定，在比赛平分的情况下，裁判员根据双方主动进攻的次数和使用高难技术的多少进行判定，进攻次数或使用高难技术多的一方为胜方。

（10）特长发挥战术

利用自己的特长、优势技术不断得分的战术。

（11）空间战术

充分利用赛场的空间，攻击对手不同的得分部位或同一部位，或故意露出某一部位引诱对手进攻，实行反击。

（12）语言战术

教练员和运动员达成默契的配合，用语言引诱对手上当受骗；但要注意语言的隐蔽性和合理性，即能够使对方上当，又不要触犯规则。

第四节　跆拳道运动基本竞赛规则

一、比赛场地

比赛场地是 12m×12m 水平的、无障碍物、正方形场地。比赛场地应有弹性的垫子，必要时比赛场地可根据实际情况高出地面 50～60cm，为了安全，比赛台的支撑装置与地面的夹角要小于 30°。比赛区域的划分：

（1）12m×12m 的比赛场地，中央 8m×8m 的区域为比赛区，其余部分为警戒区。

（2）比赛区与警戒区的表面用两种不同颜色划分，同色时要用 5cm 宽的白线区分。

（3）划分比赛区和警戒区的线称为警戒线，比赛场地最外边的线称为边界线。

二、运动员

（1）参加比赛的运动员必须戴中国跆协认可的道服和保护用具。

（2）比赛选手应戴好护身、头盔、护裆、护臂、护腿后进入比赛区，护裆、护臂、护腿应戴在道服里面。

三、体重级别

奥运会体重级别如表 11-4-1 所示：

表 11-4-1　　奥运会体重级别对照表

男子		女子	
58kg 以下	蝇量级	49kg 以下	蝇量级
58～68kg	鳍量级	49～57kg	鳍量级
68～80kg	中量级	57～67kg	中量级
80kg 以上	重量级	67kg 以上	重量级

四、比赛时间

每场比赛分 3 局，每局比赛的时间为 3min，局间休息 lmin。青年锦标赛每场比赛为 3 局，每局比赛为 2min，局间休息 1min。

五、称重体重

（1）参加当日比赛的运动员在首场比赛开始前 1h 必须称重完毕。

（2）称重时，男运动员着内裤，女运动员着内裤、胸罩，如运动员要求，也允许裸体称重。

（3）第一次称重不合格时，在规定称重时间内，可以再给一次称重机会。

（4）为了避免称重不合格，组委会要准备一个与正式体重秤相同的体重秤，放在运动员驻地或附近供测试。

六、允许的技术和攻击的部位

（一）允许的技术

（1）拳的技术使用：拳的技术必须紧握拳，用拳正面的食指和中指部分击打。

（2）脚的技术使用：脚的技术必须用踝关节以下脚的前部击打。

（二）允许攻击的部位

（1）躯干。可用拳或脚的技术攻击髋骨以上至锁骨以下及两肋部，但背部没有被护具保护的部位禁止攻击。

（2）面部。从两耳向前的头颈的前部，只允许用脚的技术攻击。

（三）有效得分

（1）联单有效得分部位：

①躯干，包括腹部和两肋部。

②面部，面部允许被攻击的部位。

（2）得分是使用允许的技术，准确有力地击中有效得分部位。但使用允许的技术，攻击被保护的非有效得分部位，击倒对方时，按得分计。

（3）得分一次累加 1 分（+1）。
（4）比分为三局比赛得分总计。
（5）下列情况不计分：
①攻击后故意倒地。
②攻击后有犯规行为。
③使用任何犯规动作进攻。

七、犯规行为

（1）任何犯规行为将由主裁判判罚。
（2）如属于多重犯规时，选择最严重的一项处罚。
（3）处罚分为警告和扣分。
（4）警告两次扣 1 分（-1），警告次数为奇数时，最后一次不计。
（5）扣分一次扣 1 分（-1）。
（6）判罚警告的犯规行为：
①接触行为：抓住对手；搂抱对手；推对手；用躯干贴靠对手。
②消极行为：故意越出警戒线；转身背向对手逃避进攻；故意倒地；伪装受伤。
③攻击行为：用膝部顶撞对手；故意攻击对手裆部；故意蹬踏对手的腿部和脚；用掌或拳击打对手面部。
④不当行为：教练员或运动员示意得分或扣分；教练员或运动员有不文明语言或不得体行为；比赛中教练员离开规定位置。
（7）判罚扣分的犯规行为：
①接触行为：攻击倒地的对手；抓住对手进攻的脚故意将其摔倒。
②消极行为：越出边界线；故意拖延比赛时间。
③攻击行为：攻击倒地的对手；故意击打对手后脑或后背；用手重击对手面部。
④不当行为：教练员或运动员有严重的过激表示或行为。
（8）运动员违背竞赛规则和故意不服从裁判员时，主裁判有权直接判其“犯规败”。
（9）犯规累计扣 3 分（-3 分）者，判其“犯规败”。
（10）警告和扣分按 3 局累计。

八、优势判定

（1）因扣分造成同分时，3 局中得分多者获胜。
（2）除第一种情况外出现同分，即双方得分和（或）扣分相同时，主裁判根据 3 局的比赛情况判定占优者获胜。
（3）比赛中表现出的积极主动行为是优势判定的依据。

九、获胜方式

（1）击倒胜（KO 胜）。
（2）主裁判终止比赛胜（胜）。
（3）比分或优势胜（判定胜）。

（4）对方弃权胜（弃权胜）。

（5）对方失去资格胜（失格胜）。

（6）主裁判判罚犯规胜（犯规胜）。

十、击倒

（1）被攻击后，除脚以外的身体任何部位着地。

（2）身体重心晃动，丧失继续比赛的能力或意识。

（3）主裁判判定其受到强烈击打而不能继续比赛时。

十一、击倒后的处理程序

运动员受到合法攻击被击倒时，主裁判将采取以下处理程序：

（1）主裁判发出“Kal—yeo”（分开）口令暂停比赛，并将进攻者置于远处。

（2）裁判大声向被击倒的运动员从“1”到“10”读秒，每间隔一秒读一次，同时用手势显示。

（3）即使运动员在读秒过程中表示再战，主裁判也必须读到“8”，使运动员获得休息，并确认运动员是否恢复，如已恢复就发出“Key—sok“（继续）口令继续比赛。

（4）主裁判读到“9”时，被击倒的运动员仍无再战表示，则宣布另一方“KO 胜”。即使一局或整场比赛时间到，主裁判也要继续读秒。

（5）双方运动员同时被击倒，如有任何一方尚未恢复，主裁判将继续读秒。

（6）双方运动员同时被击倒，主裁判读到“10”后双方都不能再战，应按当时得分情况判定胜负。

（7）主裁判判定被击倒的一方不能继续比赛，可以不读秒或在读秒过程中直接判另一方获胜。

十二、比赛结束后的处理

因被击中头部 KO 的运动员在 30 天内不得参加比赛。30 天后须经有资格的医生证明其已恢复参赛能力，方可参赛。

十三、比赛中断的处理程序

在一方或双方选手受伤时，主裁判可中断比赛，并采取以下处理程序：

（1）主裁判发出“Kal—yeo”（分开）口令暂停比赛并发出“Kye—shi”（计时）口令，令计时员暂停比赛时间。

（2）允许运动员在 1 分钟内进行治疗。

（3）即使只受轻伤，1 分钟后仍不示意再战，就判其负。

（4）由扣分犯规行为造成另一方受伤，1 分钟后不能恢复比赛，判犯规者负。

（5）双方同时被击倒受伤，1 分钟后都不能进行比赛时，按受伤前双方得分情况判定胜负。

（6）裁判判定一方明显神志不清并处于危险状态时，应立即中断比赛，安排急救。如果受伤害事故是由扣分犯规行为造成的，就判犯规者负；如果不是扣分犯规行为造成的，按当时双方犯规情况判定胜负。

第十二章　户外运动

第一节　登山与攀岩

登山运动概述

一、登山运动概况

（一）登山运动的产生与发展

现代登山运动诞生于18世纪欧洲西部的阿尔卑斯山区。法国科学家德·索修尔在考察阿尔卑斯山区时，对其主峰勃朗峰巨大的冰川和高山植物产生了浓厚的兴趣，并重奖悬赏登顶者。1786年一个乡村医生巴卡罗揭榜，并与当地石匠巴尔玛结伴于当年8月8日成功登上了勃朗峰的顶峰。因此，1786年被定为现代登山运动的诞生年，德·索修尔被称为现代登山运动的创始人。

现代登山运动诞生后，阿尔卑斯山区的登山运动发展极为迅速。1857年，世界上第一个国家性的登山组织——英国登山俱乐部成立。各国运动员不断研制和改进登山装备和工具，不断向从未有人攀登过的、更为难攀、更为艰险的路线去攀登世界上所有的高峰。从1950年起至1964年，包括珠穆朗玛峰在内的地球上14座海拔在8 000m以上的高峰已全部被人类征服。

（二）我国登山运动概况

我国是一个多山国家，登山历史悠久。早在汉代司马迁的《史记》中就有了登山探险的记载。自西汉开始，我国就有九月九日重阳节登高的习俗，这一习俗直到今天还广为流传。到了明代，我国著名旅行家、地理学家徐霞客从20岁起就开始了其长达30多年的登山旅行生涯。游历于名山大川，写了详尽的名山游记《徐霞客游记》，为后人留下了宝贵的古代登山活动史料及高山科学考察资料。与欧洲早期登山活动相比，在时间及高度上，我国都处于领先地位，但作为现代登山运动，我国起步却较晚。

1958年国家体委将登山列为正式的体育运动项目。1960年5月25日，我国登山队首次从北坡成功地登上了世界第一高峰——珠穆朗玛峰，从此跻身世界登山运动的先进国行列。中国登山队已成功登上世界上所有8 000m以上的高峰和七大洲所有的最高峰。

二、登山运动的锻炼价值

登山是我们亲近大自然的体育项目，作为一项户外运动，它为人们提供了重塑人际关系，使自身创造力得以释放和尽情享受自然风光的各种机会。它使人们抛开都市喧嚣和烦恼，获得身心极度舒放的愉快。目前，登山与攀岩已成为世界各地人们用以度过闲暇时间的最喜欢的活动之一。经常登山能锻炼体魄，提高对自然环境的适应能力，陶冶性情，净化灵魂，培养团结协作的精神。它是那些追求刺激、挑战、冒险的人们最好的休闲活动，使之在登山过程中体会奋斗的快乐，领悟人生的真谛，培养机智勇敢和拼搏的精神。登山对于某些登山爱好者而言，还将为他们提供一种目的感，一种不断的挑战感，尤其是在征服那些一般人难以攀登的山峰后体会到在其他地方很难体会到的激情。

三、登山运动分类

根据登山的难度、高度及是否使用登山装备，通常将登山运动分为高山探险登山、竞技登山运动、攀岩运动和普通登山活动四大类。

（一）高山探险登山

高山探险登山是登山者在各种登山技术装备的辅助下，经受各种恶劣自然条件的考验，以攀登高峰峰顶为目的的登山活动。高山探险登山对登山者要求较高，通常是训练有素的专业登山运动员。

（二）竞技登山运动

它是一种运用熟练的攀登技术和各种技术装备，专门攀登悬崖峭壁或冰壁的竞技性登山运动。

（三）攀岩运动

攀岩运动是一项不用攀登工具，仅依靠手脚和身体的平衡攀登峭壁或人工岩墙的竞技性运动项目。根据竞赛规程，攀岩比赛可分为“难度攀岩”和“速度攀岩”。

（四）普通登山活动

普通登山活动分为旅游登山和定向登山比赛。

1. 旅游登山

旅游登山是一项旅游与登山相结合的活动，历史悠久。在我国，素有“九九重阳登高”的历史。由于中国登山队的成就及登山运动本身又能锻炼人的身体和意志，因此群众性的大型登山活动也随之逐步开展起来，一些大专院校先后成立了登山协会。这些协会主要利用假期组织青少年登山夏令营，并普及登山基本知识和技术。每年重阳节登泰山、新年登长城、秋季登香山已成为国际著名的群众性登山项目之一。

2. 定向登山比赛

定向登山比赛。通常要事先选定一座山峰，攀登难度不宜太大，以登顶为目标，将参加比赛的登山者分为若干个结组，从一个出发点同时出发，按事先规定的路线越过草坡、山涧河流或小溪，选择宿营地点，攀登岩石峭壁，登上顶峰后下山返回指定地点。

四、登山装备

登山装备是指登山过程中为顺利完成登山活动所需的装置和设备，是直接与登山活动有关的最必需的基本装备。登山装备要适应登山运动的环境条件，在设计、选材、用料、制作上要尽量使用轻便易携，坚固耐用，便于拆卸，能一物多用，并能保暖防水的装备。

按登山装备使用范围的不同可分为以下几类：

1. 个人装备

个人装备指登山运动员必备的服装及防护用具。竞技登山的个人装备包括登山帽、岩石衣裤、岩石鞋和普通登山鞋等。探险登山的个人装备还需要有御寒服装、风雨衣、高山靴、手套、帆布背囊、防护眼镜、手电筒等。

2. 技术装备

技术装备指攀登时需使用的器材，主要包括登山绳、登山铁锁、登山安全吊带、挂梯、升降器、冰镐、冰爪、雪崩飘带、钢锥、铁锤及雪铲等。

3. 宿营装备

宿营装备主要包括帐篷、睡袋、食品、炊具及燃料等。

4. 保障装备

保障装备是为了应付各种意外情况和其他目的而备用的一些器材用具。如氧气装备、通信器材、摄影器材、自卫武器、交通工具、观察仪器、医药救护器材等。

登山技术

登山技术是指登山运动中为克服地形上遇到的各种困难而采取的科学的操作方法。在登山时会遇到各种困难的地形，它是运动员行动的威胁和障碍。登山过程，也就是运动员不断排除这种威胁和障碍的过程。在同一客观困难面前，是战胜它去夺取胜利，还是坠入险境而酿成事故，一般来说与每个登山运动员的技术状况、集体配合有很大关系。因而登山技术对于实现登山各种战术要求具有重要意义。

登山技术分为结绳、保护、攀登、下降、渡河搭桥等技术。

一、结绳技术

绳索之间、绳索与其他装备之间的连接，称为结绳技术（或称结绳方法）。

（一）结绳技术在登山中的应用

结绳技术是登山运动员必须掌握的基本技术之一。在登山途中，运动员互相保护，越过障碍，攀登岩石或冰雪陡壁，渡过山涧急流，都离不开绳索。绳索是登山技术中所使用的最重要装备。

（二）结绳类型及用途

结绳依其用途不同可分为：固定和操作用的绳结、接绳用的绳结、保护用的绳结三种类型。

（1）固定和操作用的绳结：即将绳索一端直接固定于自然物体上，固定时多采用下列绳结：

①织布结（布林结）：通常用于绳索一端与自然物体的固定，如上方固定保护时将绳拴在自然物体上，有时在没有安全带的情况下，可将此结打于胸部，以作胸绳用（图12-1-1）。

②牵引结：为了拉紧绳子，将一端在树干上缠绕固定，利用绳子和树干的一定缠绕摩擦就可将绳拉得很紧很结实，一般用于渡河搭桥时用（图12-1-2）。

③通过结：用于和铁锁的连接或挂于铁锁中作固定用。此结有通过结和8字通过结

(图 12-1-3)。

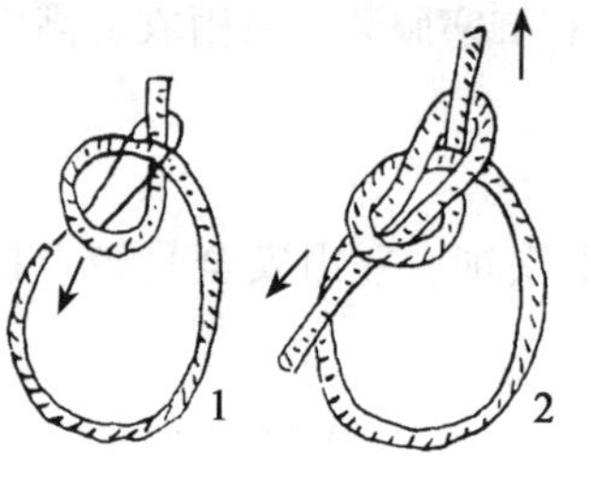

图 12-1-1

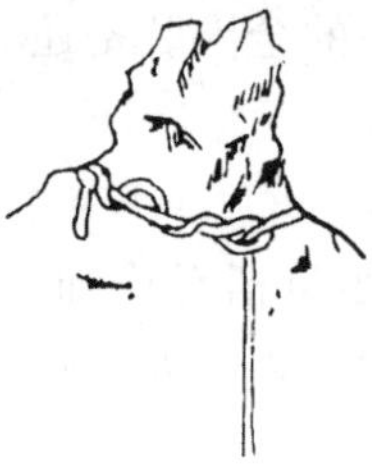

图 12-1-2

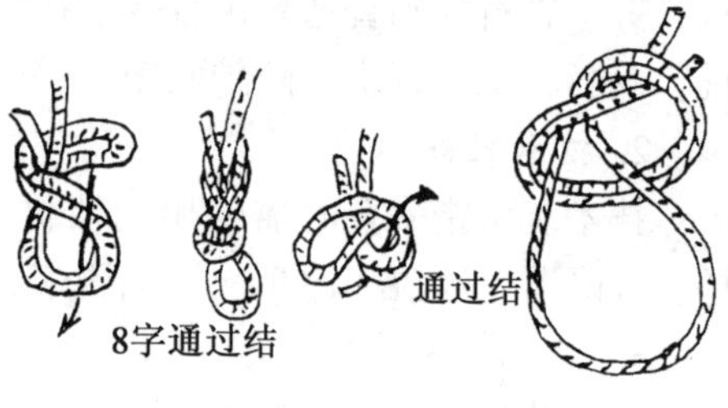

图 12-1-3

(2) 接绳用的绳结：将短绳接成长绳使用的绳结。

①平结：用于直径相同绳索之间的连接（图 12-1-4）。

②交织结：用于直径相同绳索之间的连接（图 12-1-5）。可分为单交织结和双交织结。

③混合结：用于两根不同直径绳索之间的连接（图 12-1-6）。

图 12-1-4

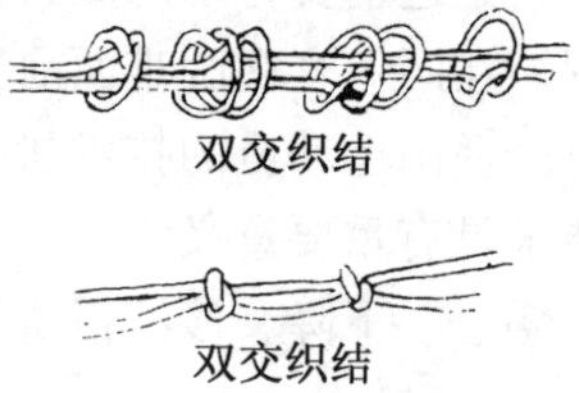

图 12-1-5

图 12-1-6

(3) 保护用的绳结：保护用的绳结是使绳索之间或绳索与铁锁之间能够产生摩擦和滑动的连接方法。

①单环结：用于沿主绳下降时的速度控制（图 12-1-7）。将绳索在铁锁上缠绕，增加摩擦力而控制下降时的速度。常用于岩壁上坐式下降时用。

②抓结：用于行进中的自我保护。利用细绳在粗绳上的缠绕，使之摩擦阻力加大，从而起到暂时固定和自我保护的作用（图 12-1-8）。抓结有单抓结（即利用单根绳打结）和双抓结（即套绳打结）两种方法。

结绳注意事项：

(1) 在用结绳组合各种技术装置时，对绳索的装、收要有条理，不要乱拉乱放而造成交织缠绕，影响技术操作。

(2) 在行进或攀登路线上装置绳索，要避开岩缝和尖石等障碍物，排除自然物对绳索拉力的干扰。

(3) 行进或休息时，切忌踩踏绳索，特别是脚下绑有冰爪时更要注意，否则有可能对绳索造成损伤而酿成各种事故。

(4) 结好绳后，一定要检查是否正确，否则要重新结好，千万不能马虎。

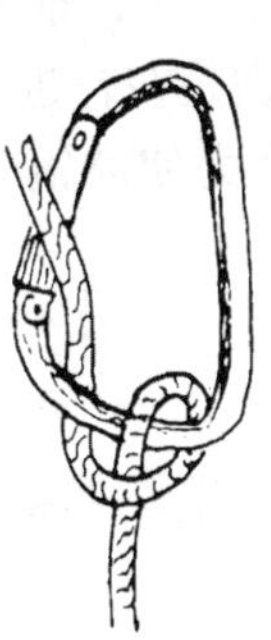

图 12-1-17

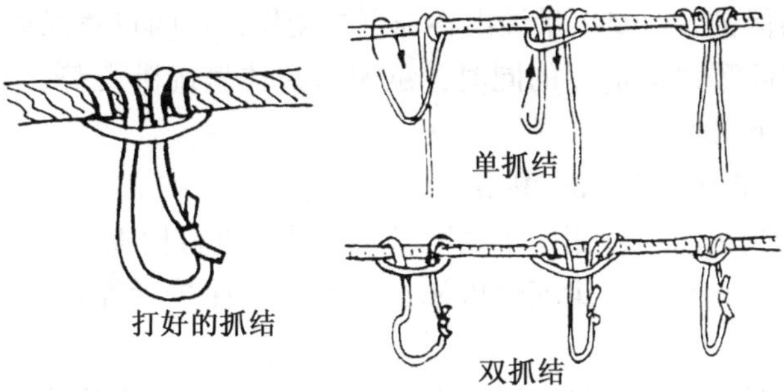

图 12-1-8

二、保护技术

为了防止在登山过程中因动作失误而引起的意外险情所进行的各种操作，称保护技术。

（一）保护技术和方法

保护技术分为固定保护、行进保护和自我保护三种。

（1）固定保护：固定保护是对行进者或攀登者预设的专门保护。保护者将主绳进行某种固定，选择有利位置专门负责保护。在攀登岩石峭壁、冰峭壁等技术操作复杂、危险性大的路段时多被采用。固定保护又可分为交替、上方和下方三种保护方式。

交替固定保护：登山过程中，结组通过较陡峭危险的地段如冰坡时，多采用这种保护。保护方法：结组内只能有一个人行进，其他人停止行进，将冰雪锥或冰镐打入坡面，作为牢固支点，并将主绳在它上面按特定的要求缠绕。做好保护后，可根据行进者的速度做收、放绳动作。行进的队员在走完主绳间隔那一段距离后，停下来改做保护者（做法同上）。第二人开始行进依次反复进行，逐级攀登。

上方固定保护：固定保护者处于被保护者上方而得名，多用于攀登岩石峭壁的保护。保护者在峭壁顶部利用钢锥或自然物将主绳一端牢牢固定，然后，将自己身体也牢结于主绳的相应位置，成自我保护装置，防止攀登者失误摔落时被牵动。最后将主绳另一端抛给峭壁底部的攀登者。攀登者将绳端牢固结于自己身上，通知上方后，便可以行动。保护者随攀登者的行进，要不断做收绳动作。

下方固定保护：第一人攀登峭壁时，因上方无人，只能采用下方固定保护，即保护者的位置在攀登者的下方。其保护装置也是将主绳一端在保护者附近固定，另一端交攀登者系牢在身上。攀登者在行动过程中，要不断把主绳挂到自己打入峭壁的新支点上。保护者要随着攀登者的上升，不断做放绳动作。在攀登者失误脱落时，因牵动保护者的拉力来自上方，对保护者构不成威胁，故一般情况下，下方可不设自我保护装置。

（2）行进中保护：行进中保护指行进中不需要预设专人保护，只是在出现险情后依靠保护装置而采取的一种应急保护技术。最普遍而简便的方法是用主绳将 2~5 名运动员的身体连接而构成一个结组。在结组行进中，一旦有人失误滚坠，同组其他人都要立刻以最方便的姿势和最快的动作，将冰镐全力插入冰雪、碎石或裂缝中，以期通过固定自己的身体而拉住滚坠者。

（3）自我保护：不管是行进中保护还是固定保护，攀登者一旦失误，都不能消极地依赖别人的保护，而要尽量做出各种自救动作，这叫自我保护。特别是在行进中，失误滑坠，就要在高呼“保护”的同时，迅速将身体呈俯卧姿势，并用全力使冰镐尖与坡面摩擦，以减低下滑速度。

（二）保护中应注意的事项

（1）保护前对所使用的工具装备，要认真进行检查。

（2）保护地点要尽量安全可靠，要有利于保护者操作。禁止在雪崩、冰崩、滚石区做保护。

（3）保护者首先要做好自我保护装置，戴上手套和安全帽。

（4）在攀登岩石峭壁的保护中，一定要随时观察绳索是否有磨损，若有，一定要妥善处理。在被保护者没有到达安全地点前，保护者一定要注意力集中，以高度负责的态度，克服一切困难完成保护任务。

（5）在攀登岩石作业中，要保持安静，听从指挥，杜绝一切事故的发生。

三、下降技术

下降技术是登山运动的基本技术之一，这里只介绍几种陡坡和峭壁下降的技术。

（一）器械下降

器械下降是最常用的一种方法，原理是利用主绳同连接于身体上的一定器械之间的摩擦，减缓控制下滑速度达到下降目的。

（1）下降器下降：将主绳一端在峭壁顶部固定，另一端抛至下方。下降者在腰部系好安全带，腹前挂好铁锁，然后将主绳按 8 字缠绕于下降器上，再将下降器的铁锁连接，左手握主绳上端，右手则在胯后紧握从下降器穿绕出来的主绳。面向岩壁，两腿分开约成 80°角，蹬住崖棱，身体后坐，使躯干与下肢约成 100°角，将左手上方主绳搭于崖棱上之后，可开始下降。

动作要领：下降时两腿上下分开向下逐渐移步，身体向右手方向倾斜，随身体重量的下沉，右手逐渐放（松）绳，两脚也随之向下移步，身体便不断下降。为了消除初学者的恐惧心理，可增加抓结装置，一旦操作紧张将下端的右手松开时，抓结就可起到保护作用。

（2）单环结下降：这种下降方法是在没有下降器的情况下，以铁锁和单环结的连接，代替下降器下降（图 12-1-9）。

准备动作和下降方法同下降器下降法，必须注意的是单环结要打得正确，铁锁一定要拧紧螺扣。

（二）坐绳下降

坐绳下降是利用绳索与下降者的身体相缠绕而产生摩擦，控制下降速度。它是下降的一种简单易行、不需要很多装备器材就可实现下降目的的一种方法。

准备动作：面向固定绳端，两腿夹住上方固定好的主绳，将身后主绳沿右（左）大腿根部从外侧绕至前面，经腹、胸，左（右）肩至背后，用右（左）手在胯后将其握住（图 12-1-10）。采用这种方法下降，应穿着较厚的耐磨衣服，并要掌握好动作要领，维持好身体平衡，经过大腿根部的主绳不能移位或脱离，下降速度不宜过快，否则很容易擦伤身体。

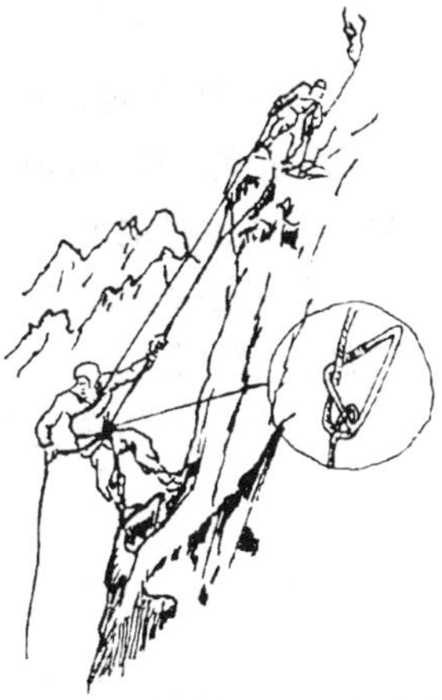
图 12-1-9

图 12-1-10

（三）缘绳下降

坡度在 75°以下，可采用此法。这种方法不需要过多的装备，只要有主绳即可。

准备动作：在主绳上打好抓结，双手握主绳，两腿分开退至崖棱时，拉紧主绳，开始下降。

下降方法：双手沿主绳依次向下倒手，并在倒手的同时将抓结捋下，两脚交替下移，用前脚掌蹬住岩壁，上体和下肢约成 150°角，一旦失手，抓结可起保护作用，也可利用双主绳，一绳保护，另一绳下降。

四、渡河搭桥技术

在野外进行地质考察或在登山探险途中经常会遇到山涧河流，这就必须熟练地掌握渡过山涧河流的技术和方法。现将最主要的渡河搭桥技术介绍如下：

（1）涉水渡河：对水位较浅、流速不大的河流可采用涉水过河的办法，但应注意，山涧河流的水温低，水流急，而且河底布满石块，涉水通过时不宜脱掉鞋袜，渡河地点要选在河面较窄而河水较浅的地段。

（2）绳索渡河：即利用连接两岸的空中绳索渡河，根据绳索装置方法的不同分以下三种：

牵引渡河：牵引渡河是借助固定于两岸的单根主绳横渡河流，适用于河面较宽、河水较深的河流。选会游泳的运动员，携带着主绳的一端先渡河，并把主绳固定于对岸的树木、岩石等物上。待两岸绳端拉紧固定后，渡河者可用滑轮牵引或缘绳的办法渡河。

抛地锚渡河：在对岸条件允许、河面不太宽的情况下，将主绳一端绑一铁锚（或用冰爪代替），抛向对岸，并使其在岩石缝等处卡牢。其他操作与牵引渡河方法相同。

搭吊桥渡河：先用绳索装置成简易吊桥，再步行通过。此方法适用于河面较宽、河水较深，又有较多人员和物资重复通过河流时。此法是将 3 根主绳固定于两岸，其中 2 根主绳平行固定在上面；一根固定在两根主绳的下面，各间隔 1 米，拉成底朝上的等边三角形，然后用辅助绳从两侧找一定间隔将3条主绳交织连接，以使其同时受力。这样下面的1根主绳便成了步行的“桥板”，上面的2根绳索做“桥栏”。通过时应依次单人行进，并设保护装置。

（3）架独木桥渡河：渡过河面不宽，但水深流急的河流时，可选用较粗的木棍或树干等作桥面渡河。先将选好的长度适中的木棍细端用主绳的中间部位打双套结，另一端固定在岸边，然后将木棍竖起，拉紧主绳两端，再向对岸缓缓地放下，搭于对岸的岸边上。选一队员先利用还未固定好的主绳作扶手，稳步渡过去之后。将系独木桥的主绳解脱固定于对岸的岩石或树木上拉紧。这样后面的人就可以安全渡过。

（4）其他渡河方法：主要有骑马或牦牛渡河或利用皮筏和橡皮船渡河等。

攀岩技术

在攀登岩石、峭壁过程中所需要的特殊技术称为攀岩技术。攀岩现已发展成为一项独立的运动，即攀岩运动。由于攀岩运动是一项很好的健身运动，其特有的惊险性、技巧性、刺激性、竞争性和趣味性，吸引着越来越多的人参加这项运动。目前，在欧、美国家除了建有专门的攀岩场地外，在很多公园和游乐场所，也都建有攀岩场地。有的国家还把攀岩项目引入中小学作为教学课程。

根据攀登者在攀岩过程中运用的技术装备和攀登特点，可将攀岩技术分为徒手攀登法、利用器械攀登法、缘绳攀登法、结组攀登法、攀登裂缝法及棱脊攀登法等。

1. 徒手攀登法

由于在攀岩过程中，攀登者通常是结组进行，因此徒手攀岩的难度，主要体现在第一人的攀登过程中。其基本方法是利用自然支点和人为支点进行徒手攀登，用双手和双脚构成人的四个支撑点。攀登的技术要领就是“三点固定”，在双手抓牢和双脚蹬牢三个支点的条件下才能移动第四个支点。虽是徒手攀登，但也必须在特设的固定保护装置下进行。第一人设下方保护，结组的其他人设上方保护。

攀登时的身体姿势：面向岩壁，攀登时四肢握或蹬牢四个支撑点，站立在岩壁上，身体自然放松，并与岩壁保持一定的距离。眼睛注意观察路段，寻找支点。两脚要支撑身体重量。双手紧握支点维持身体平衡，在三点固定好的情况下，移动第四点，此时，身体重心也要随着身体的移动而迅速转换，上下肢要协调配合，有节奏地进行攀登。

2. 利用器械攀登法

根据攀岩所使用的器械，可分为以下三种：

（1）上升器攀登法第一人登顶后，在上方将主绳一端固定，将另一端扔至下方，下方固定拉紧。后继攀登者双手各握一只与脚相连的上升器，卡于主绳上，沿主绳上攀。

（2）抓结攀登法：攀登陡峭的岩石壁，在没有支点可抓握的情况下，采用双主绳方法，即在主绳上用辅助绳打上抓结（手握处），抓结的另一头（接脚的部位）打上双套结，然后脚踩双套结（如马蹬），手推抓结向上攀登。

攀登动作：将上方固定的两条主绳扔至下方固定好后，双手各握与脚相连接在上端主绳上的抓结，一腿上抬，使连接抓结的绳索松弛并迅速沿主绳将抓结向上推进，身体重心迅速跟上并伸直腿站立。另一腿同样上抬，同样向上推移抓结，然后腿蹬直站立，如此反复交替操作。攀登时注意提腿、推抓结和身体重心移动、下蹬伸直腿的动作要一气呵成，身体始终靠近岩壁，切勿后仰，抬腿时脚可借助蹬踏岩壁的力量向上推移抓结和维持身体平衡。

（3）挂梯攀登法：遇上特别陡峭或如屋檐状的岩壁必须攀登时，可采用挂挂梯的办法向上攀登。就是将准备好的小挂梯交替向上挂于相应的人为支点上（人工打入岩壁的钢锥），攀登者利用挂梯做支点向上攀登。

3. 缘绳攀登法

当攀登的岩面坡度小于90°时，后继攀登者双手抓紧第一攀登者放下的主绳，两脚蹬踏岩壁，手脚配合，缘绳向上攀登。

4. 双人结组攀登法

若攀登路段过长，可采取两人结伴交替保护的攀登方法。

5. 攀登岩面裂缝的技术

攀登岩面裂缝技术仅适用于宽度不超过1米的裂缝。根据裂缝的宽度应分别采取立式攀登、剪式攀登、坐式攀登和跪式攀登等不同的攀登方法（图12-1-11）。

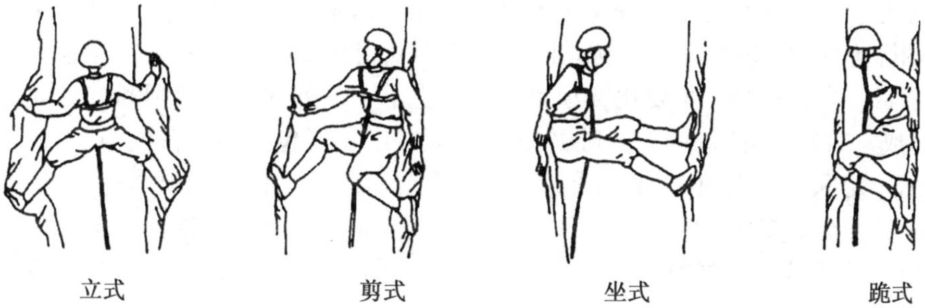

图 12-1-11

有些过窄的裂缝只能将手或脚插入裂缝，可用双手交叉，掌心向外推，手脚交替向上攀登。当裂缝稍宽、刚好能挤进身体时，可将身体的一半塞进裂缝，利用身体和岩面的摩擦力，逐渐向上攀登。

6. 攀登棱脊的技术

攀登棱脊的方法通常是脚蹬岩面抓握棱脊进行攀登。如棱脊无法用力抓握时，就只能骑在岩脊上，充分利用双手向里挤压的力量和双脚脚底或脚内侧与岩面的摩擦力向上攀登。

第二节　定向越野

定向越野概述

19世纪末20世纪初，欧洲北部斯堪的纳维亚半岛广阔而崎岖不平的土地上覆盖着一望无际的森林，散布着无数的湖泊。城镇、村庄稀疏散落，人们的交通主要是依靠那些隐现在林中弯弯曲曲的小路。在这样的地理环境中生活，理所当然地要比别的地方更需要地图和指北针，否则，要想穿越那莽莽林海是十分困难的。正因为如此，那些最经常在斯堪的纳维亚半岛山林中行动的军队，便成了开展定向越野的先驱。他们深知，如果不具备在山林中辨别方向、选择道路和越野行进的能力，就不能完成保卫国家的重任。

开展定向越野的基本器材——地图，原本为保障军队的行动而测制的。军人利用它进行体育竞赛的雏形最早在瑞典（1888 年）和挪威（1895 年）出现。1897 年 10 月 31 日，第一次面向民众的比赛在挪威组织了起来，其后在挪威还举行了一些小规模的比赛。到了 20 世纪初，定向越野在挪威销声匿迹，但在瑞典却得到逐步重视。1919 年 3 月 25 日，一次影响深远的定向比赛在斯德哥尔摩南部 Nacka 的林中举行，它的组织模式与规格标志着定向运动作为一个独立的体育项目，结束了它在准备时期的长期探索。因此，时任瑞典斯德哥尔摩体育联合会主席的吉兰特便被人们视做现代“定向运动之父”。

由于定向比赛适应的人群广泛，既能提高野外辨别方向的能力，又能促进使用地图的学习，培养和锻炼人的勇敢顽强拼搏精神，场地和器材的花费也不高，并且娱乐性与实用性兼备，因此人们对它的兴趣就如星火燎原一样，迅速地传开了。定向运动也由初期单一的一种比赛形式逐步演变为包括各种各样的比赛或娱乐项目在内的体育运动。为使定向运动得到更好、更健康的发展，1961 年 5 月，十几个国家的定向运动积极分子在哥本哈根成立了国际定向运动联合会（简称国际“定联”），科学地划分、确定了全世界统一的正式专业项目、主要赛事、主要比赛项目，并制定了一系列的比赛规则和技术规范。国际“定联”成立时有成员国 10 个，到 2002 年年底，已发展包括中国在内的 62 个国家和地区。国际“定联”早在 1977 年就成为国际奥委会承认的“世界单项体育组织”，并长期得到国际奥委会的支持。国际“定联”还是“国际世界越野会协会”、“国际单项体育联合会总会”的成员。在 2001 年，定向运动成为“世界运动会”的正式比赛项目。

定向越野的比赛方法与基本竞赛规则

定向越野的比赛方法就是运动员手持地图和指北针独立按顺序到访地图上所指示的各个点标，以最短时间到达所有点标者为胜。一条标准的定向路线，包括一个起点（用三角形表示），一个终点（用双圆形表示），每一个要找的点标（用单圆形表示）图示为：

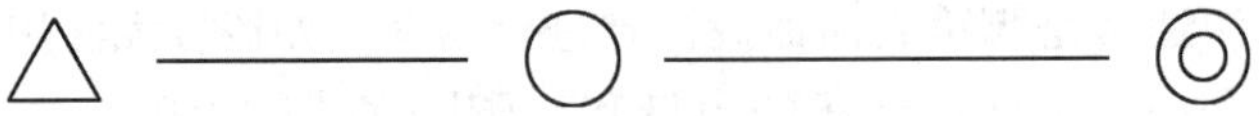

这些点标已在地图上用数字标明，按顺序连线。点标与点标之间的路线并不是指定或固定的，相反运动员应该自己作出选择。

竞赛主要规则是指参赛者在比赛中必须遵守的规定，以确保成绩有效。运动员在起点处领取地图、指卡，在途中必须按顺序到访路线上的所有点标，每个点必须要打卡，在终点处必须将指卡和地图交回，并领取成绩单。

定向越野的器材和分类

一、器材

（一）地图

地图是定向越野最重要的器材，它的质量的好坏直接关系到比赛过程是否安全、结果是否公正。为了方便使用者比较、辨别地面的障碍程度，同时保持地图在越野中的清晰易读，定向地图应尽可能多地表示出各种地物、地貌的特征，特别是植被状况的情况下，应使用较多的鲜艳色彩来表现图中的内容。

（1）比赛路线：由赛事组织者印刷或手绘在地图上，与比赛地图一齐发给比赛人员使用。

（2）地图比例尺：比例尺是地图上最重要的参数之一，要想学会、识别、使用地图，首先应该懂得比例尺。

（3）地图符号：地图符号是地图与用图者对话的语言，是我们获取现地地形信号的唯一来源，因此完整、准确地识别符号是正确使用地图的前提。

（4）地貌-等高线的识别：地貌是地表的高低起伏状态。

（二）指北针（图 12-2-1）

用于越野中辨别和保持方向，它是定向越野可借助的唯一合法器材，指北针的红色指针永远指向北方，要使红色指针永远与地图上标明北方的红色箭头或地图顶部红色横线保持方向一致，这样就不会迷失方向，知道自己身在何处。

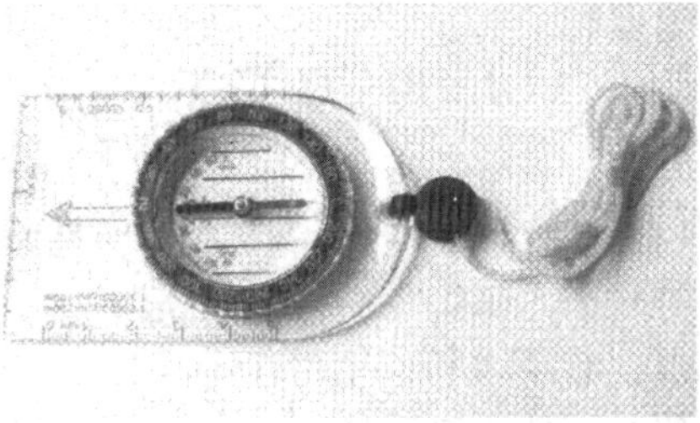

图 12-2-1

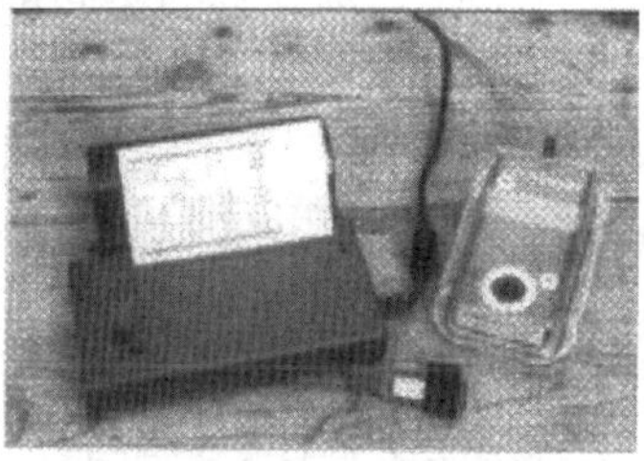

图 12-2-2

（二）电子指卡、点鉴器和打印机（图 12-2-2）

为了证明每个人找到并到访了各个检查点，赛前组织者每人发一个基于电子点鉴系统的成绩验证装置——电子指卡。越野员使用它时，把指卡头往点鉴器的打卡区域轻轻一靠，听到“哗哗”声或打卡器上的红灯闪烁，便可确信到访及到访时间已被记录，然后通过便携式热敏打印机就可以在越野员到达终点后立即打印出到达各个点标的时间、点与点之间的用时以及跑完全程的用时。

（四）点标

是设在各检查点的标志，用三面标志旗围成的“三角形灯笼”（图 12-2-3），每个面的标志旗呈正方形，沿对角线分开，左上方为白色，右下方为橙红色，尺寸为30cm×30cm。每个点标上有一个编号，供运动员辨别是否要找的点标。

（五）号码布（图12-2-4）

当比赛的级别较高、运动员较多时，这是用来识别队员的必需品，保证裁判工作的正常进行。

图12-2-3

图12-2-4

图12-2-5

（六）检查点说明表（图12-2-5）

检查点说明表是在越野员出发时，以表格的形式发给他们的一套世界统一的符号（和文字）系统。它可以使你在进入图上的检查点圆圈之后，不必再为寻找点标的位置而东奔西跑。

二、分类

（1）定向越野按运动工具的不同可分为两种：

①徒步走向：如传统定向越野跑、接力定向、积分定向、夜间定向、五日定向、校园定向、公园定向等。

②工具走向：如滑雪定向、山地自行车定向、摩托车定向等。

（2）定向越野按性别的不同可分为男子组和女子组。

（3）定向越野按年龄的不同可分为青年组、老年组和少年组。

（4）定向越野按技术水平的不同可分为初级组（体验组和家庭组）、高级组和精英组。

（5）定向越野按参加人数的不同可分为个人单项、个人双项和集体项。

定向越野基本技术

一、地图正置及拇指辅行法

（一）动作要领

先将地图正置，把拇指放在地图上自己的位置。这样你要前进的方向便在地图前面，使你清楚观察四周的环境及地理特征。当前进时，拇指随着移动；当改变前进方向时，地图也要随着转移，即保持地图北向正北方。那样在任何时候你都能立即指出自己在图中的位置，可省不少时间和精力。

（二）练习方法

（1）明确自己的站立点、比赛路线、到达的目标（图 12-2-6）。

（2）转动地图，使地图与现地的方向一致（图 12-2-7）。

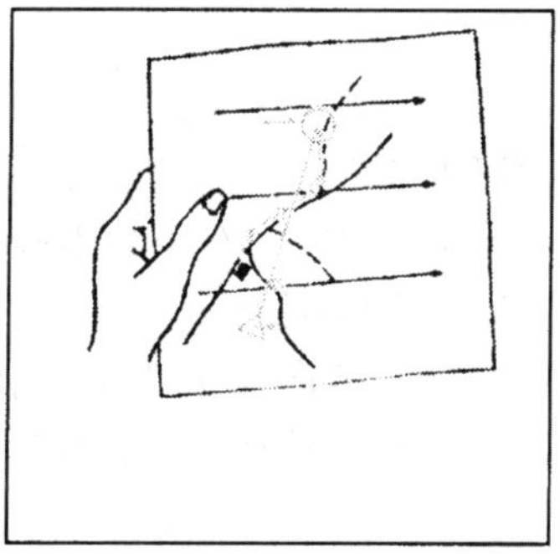

图 12-2-6

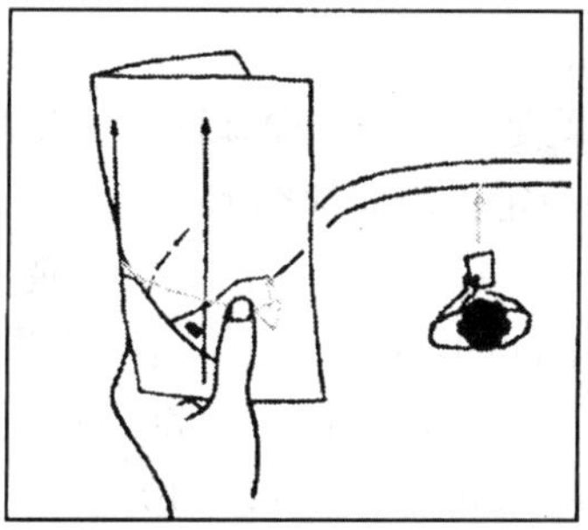

图 12-2-7

（3）以左手拇指压于站立点上（此时要把拇指想象为你自己）（图 12-2-8）。

（4）开始行进（图 12-2-9）。

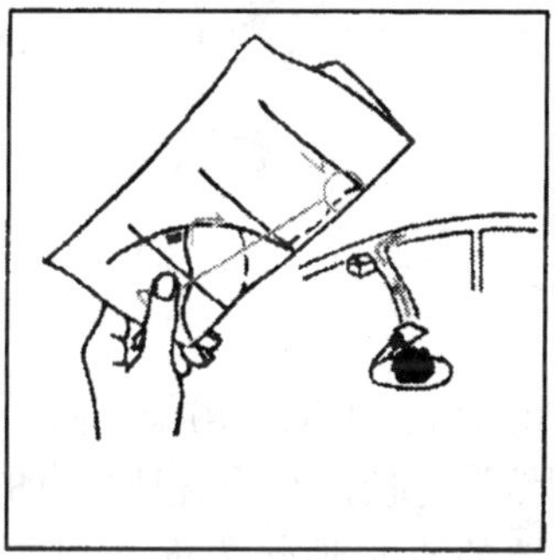

图 12-2-8

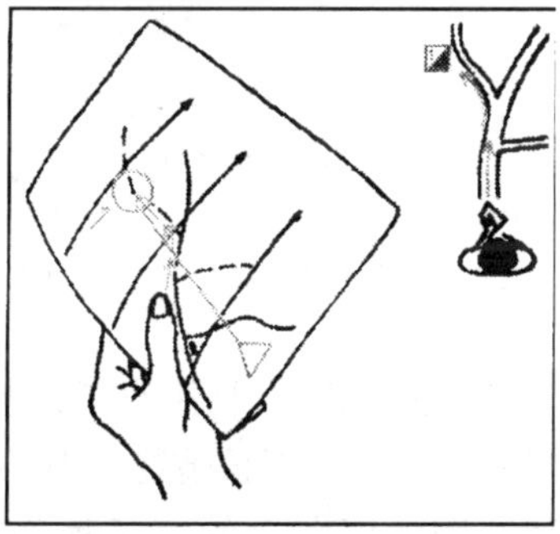

图 12-2-9

（三）易犯错误与纠正方法（表 12-2-1）

表 12-2-1

易犯错误	纠正方法
人在实地行走，拇指在地图上不移动； 实地行进转变方向时，拇指忘记改变方向。	人在实地行走，拇指在地图上也要移动； 实地行进转变方向时，拇指也要改变方向。

二、指北针与地图结合使用法

（一）动作要领

利用指北针与地图，准确地找出目标的方向，每次前往目标前，可先观察目标周围的地势，加深印象，务求快速及准确地到达目的地。

（二）练习方法

1. 标定地图

标定地图就是为了使定向地图的方位与现地的方向相一致。

（1）概略标定：定向地图的方位是，上北、下南、左西、右东，当我们现地正确地辨别了方向之后，只要将地图的上方对现地的北方，地图即已标定。

（2）利用磁北线标定：先使透明式指北针圆盒内的定向箭头"↑"朝向地图上方，并使箭头的平行线与地图上的磁北线重合（或平行），然后转动地图，使磁针北端对正磁北方向，地图即已标定（图 12-2-10）。

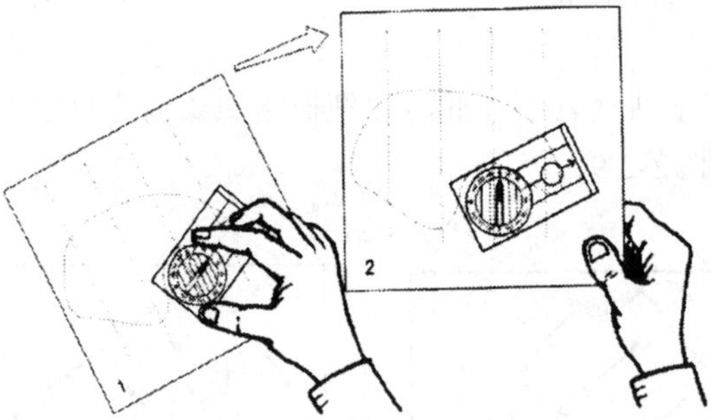

图 12-2-10

（3）利用直长地物标定：利用直长地物（如道路、土垣、沟渠、高压线等）标定地图，首先应在图上找到这段直长地物，对照两侧地形，使图与现各地形点的关系位置概略相符，然后转动地图，使图上的直长地物与现地的直长地物方向一致，地图即已标定（图 12-2-11）。

（4）利用明显地形点标定地图：当你位于明显地形点上，并已从图上找到该地形点的位置（即自己所在的站立点）时，可以利用明显地形点标定地图。方法是：先选择一个图上与现地都有的远方明显地形点（目标），然后转动地图，使图上的站立点至目标的连线与现地的站立点至目标的连线相重合，此时地图即已标定，见图 12-2-12（利用明显地形标定地图）。

2. 对照地形

就是要通过仔细的观察，使图上和现地的各种地物、地貌一一"对号入座"，即相互对应。对照地形在定向越野比赛中的作用主要有两个：一是在站立点尚未确定时——只有正确地对照地形，才能在图上找出正确的站立点位置；二是在站立点已经确定，需要变换行进方向时——只有通过对照地形，才能在现地找到已选定的最佳行进路线。对照地形一般应先标定地图，然后根据不同的需要采用不同的对照方法：

图 12-2-11

图 12-2-12

（1）在站立点尚未确定前：首先应概略地标定地图，然后迅速地观察一下周围，记清最大或最有特征的地物、地貌的大概方位与距离，并从图上找到它们，此时站立点的位置即可概略地确定。若想较精确地确定，则需按下面所介绍的方法去做。

（2）在站立点已经确定之后：同样首先应概略地标定地图，然后从图上查明自己选定的越野路线上近前方两侧的特征物，同时记清它们的大概方位与距离，并将它们在现地辨别出来，然后再前进。如果因为地形太复杂，如山丘重叠、形状相似等，不易进行对照，可以先采用较精确的方法标定地图，然后用带刻度尺的指北针的长边切站立点和特征物，并沿这条直长边向前瞄准，则特征物一定在此方向线上。如此方法还不能解决问题，应变换对照位置，或者登高观察和对照。在这里需要特别强调的是，无论在什么情况下进行现地对照地形，都必须特别注意观察和对照地形的顺序与步骤问题。现地对照地形的顺序一般是：先对照大而明显的地形，后对照一般地形；由近及远，由左至右；由点及线，由线及面；逐段分片，有规律地进行对照。在步骤方面，首要的、也是必不可少的是要保持地图方位与现地方位的一致，然后再根据不同需要进行下面的步骤。

3. 确立站立点

熟练地掌握在图上确定站立点的各种方法是学习使用地图的关键。对于这些方法，除了要记住它们各自的步骤、要领，尤其重要的是要学会根据不同情况，对他们进行选择使用和结合使用。

（1）直接确定：当自己所处位置是在明显地形点上时，只要从图上找出该地形点，站立点即可确定。这是一种在行进中，特别是奔跑中最常用的方法。但是，采用直接确定法的困难在于：在紧张的进程中，怎样才能很快地发现可供利用的明显地形点？当同一种明显的地形点互相靠近的时候，怎样才能够正确地区别它们，防止“张冠李戴”？可以称得上是明显地形点的地物主要有：

——单个的地物；

——现状地物的拐弯点、交叉点（呈“卜”字形）、交会点（呈“丁”字形）（图 12-2-13），直接确定利用道路交会点）和端点；

——面状地物的中心或者有特征的边缘。

可以称得上是明显地形点的地貌主要有：

——山地、鞍部、洼地；

——特殊的地貌形态：陡崖、冲沟等；
——谷地的拐弯、交叉和交会点；
——山脊、山背线上的转折点、坡度变换点。

图 12-2-13

（2）利用位置关系确定站立点（图 12-2-14）。当站立点位于明显地形点附近时，可以采用位置关系法。利用位置关系法确定站立点主要是依据两个要素：一是站立点至明显点的方向，二是站立点至明显点的距离。在地形起伏明显的地方，还可以结合高度差情况进行判定。

（3）利用“交会法”确定：当站立点附近无明显地形点时，可以利用“交会法”确定站立点。按不同情况，它又可以具体分为 90°法、截线法、后方交会法和磁方位角交会法。这些方法的优点是：不需要判断或测量距离也能确定出较为准确的站立点位置，这对于初学者学习、巩固使用定向地图的训练是很有意义的。但是，它们中的一些方法，要么只能在某些特定的条件下才能运用，要么就是步骤繁琐，费时费力，因此在定向越野比赛中一般较少使用。

①90°法：当待测点位于线状地形（包括道路、沟渠、山背线、谷底线、坡度变换线等）上时，如果在与越野方向相垂直的方向上能够找出一个明显地形点，那么确定站立点就简单得多：线状地形符号与垂直方向线的交点即为站立点。截线法：当待测点位于线状地形上，但在其与越野方向相垂直的方向上没有明显地形点，可以采用此法。其步骤是：标定地图；在线状地形的侧方选择一个图上与现地都有的明显地形点；利用指北针的直长边缘（也可用三棱尺、铅笔等）切于图上明显地形点的定位点上（为便于操作可插一细针），然后转动指北针，使其直长边照准该地形点；沿指北针的直长边向后画方向线，该方向线与线状地形符号的交点，就是站立点在图上的位置，见图 12-2-15（利用 90°法确定站立点）。

②连线法：当待测点位于线状地形上，同时待测的位置恰好是在某两个明显地形点的连线上，可以利用这种方法确定站立点，见图 12-2-16（连线法确立站立点）。

③后方交会法、磁方位角交会法：这两种方法只在下述情况下使用，即在待测点上无线状地形可利用，而且地图与现地相应地都有两个以上的明显地形点。后方交会法通常要求地形较开阔，通视良好。其工作步骤如下：在图上找到选定的方位物之后，标定地图；然后按照截线法的步骤分别向各个方位物瞄准并画方向线，见图 12-2-17（后方交会法确

定站立点）。

图 12-2-14

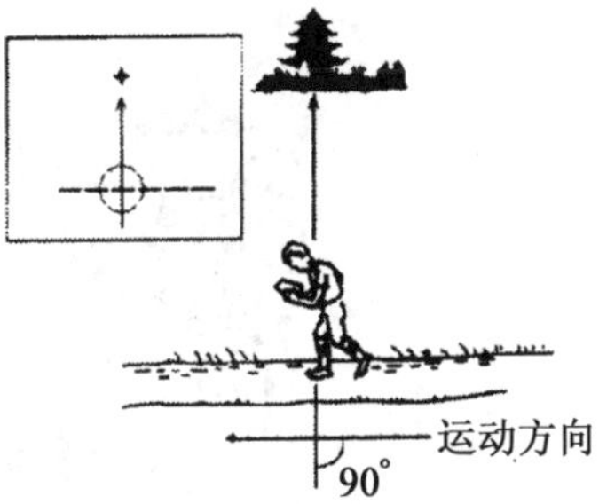

图 12-2-15

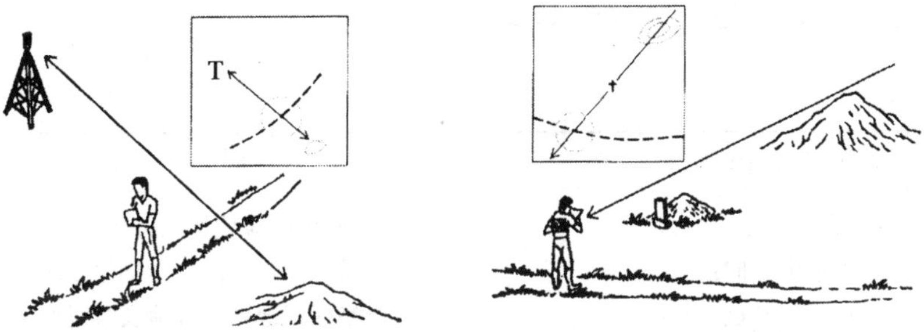

(a) 位于两地形点之间的连线上

(b) 位于两地形点之间连线的外端

图 12-2-16

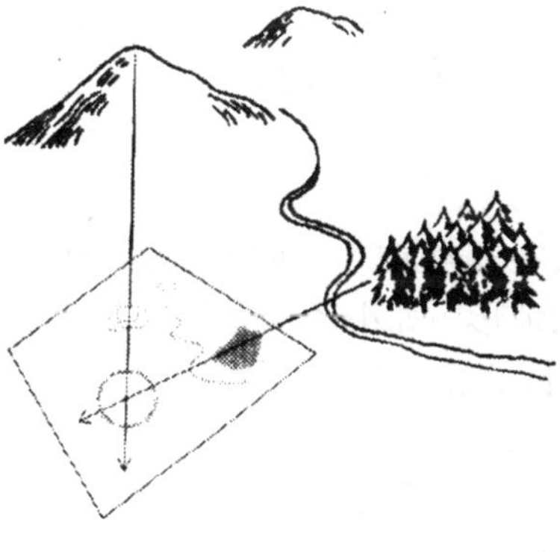

图 12-2-17

④磁方位角交会法：既可以在地形开阔时使用，也可以在丛林中使用。但是，在丛林中需要攀爬到便于向远方观察的树上或其他物体上进行。其步骤如下：

——选择图上和现地都有的两个明显地形点，并用指北针分别测出至该两地形点的磁方位角；

——标定地图。将所测磁方位角图解在地图上。图解磁方位角时，要先转动指北针的分度盘，让指标分别对正所测的方位角值，再将指北针的直长边分别切于图上被照准的两个地形点符号并转动指北针；待磁针与定向箭头重合后分别沿直长边描画方向线。两方向线的交点，就是站立点在图上的位置，见图 12-2-18（磁方位角交会法确定站立点）。

图 12-2-18

（三）易犯错误与纠正方法（表 12-2-2）

表 12-2-2

易犯错误	纠正方法
使用指北针方法不当； 野外迷失方向； 无法确定站点。	使用时应使指北针保持水平； 随时标定地图，尽早停止越野； 概略标定地图，现地及时对照地形。

三、扶手法

（一）动作要领

利用明显地理或人做特征作引导，使前进时更具信心。如小径、围栅、小溪涧、山嘴等，皆是有用的扶手。

（二）练习方法

当检查点位于线状地形或在其附近时，可用“借线法”。越野员在行进时要先明确站立点，然后利用易辨认的线状地形，如小径、围栅、高压线、小溪涧、山嘴等，作为行进的“引导”，使自己越野时更具信心，见图 12-2-19（借线法行进图）。

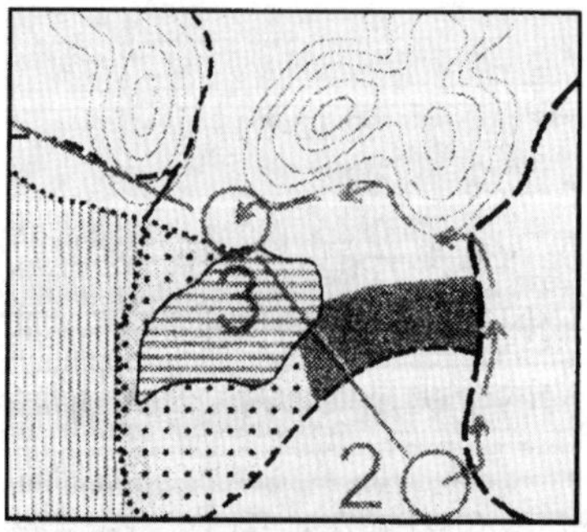

图 12-2-19

（三）易犯错误与纠正方法（表 12-2-3）

表 12-2-3

易犯错误	纠正方法
无法确立站立点； 前进时忽视利用小径、围栅、小溪等线状地形。	概略标定地图，现地及时对照地形； 重视线状地形，沿线状地形前进。

四、搜集途中所遇特征

（一）动作要领

辨别前往控制点途中所遇到的地理特征，确保前进方向及路线正确。切勿将相似的特征误认。

（二）练习方法

当站立点距离检查点较远，途中地形又很复杂时，可用“导线法”（图 12-2-20）。行进过程中，要多次利用各个明显地形点，确保前进方向与路线的正确性。但须注意：切勿将相似的地形点认错。

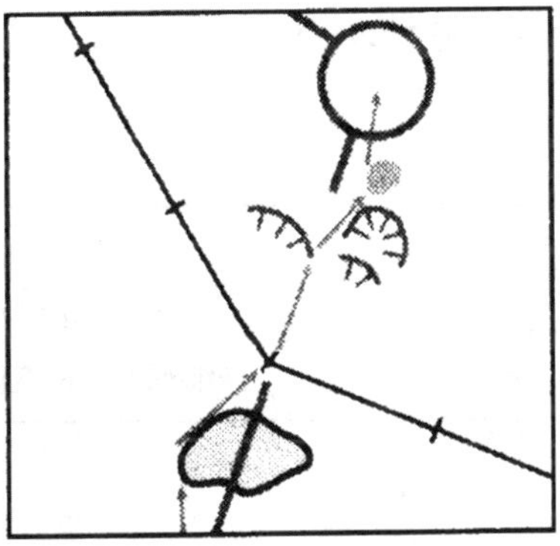

图 12-2-20

（三）易犯错误与纠正方法（表 12-2-4）

表 12-2-4

易犯错误	纠正方法
前进时忽视利用明显地形； 容易将相似地形混淆。	重视明显地形，利用明显地形； 细心对照现地地形。

五、攻击点

（一）动作要领

先找出控制点附近特别明显的特征，然后利用指北针，从攻击点准确而迅速地前往控制点。攻击点必须容易辨认，如电塔架，小路交点等。

（二）练习方法

当检查点附近有高大、明显的地形点时，可用“借点法”（图 12-2-21）。行进前，要先将目标辨认清楚（亦可用其他物体佐证），然后用最快的速度前往检查点。

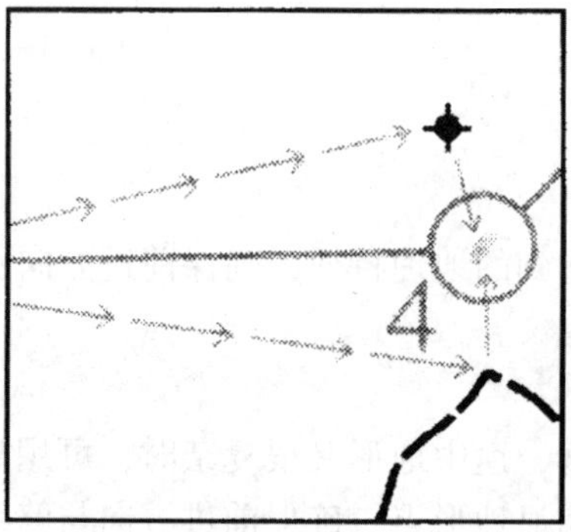

图 12-2-21

（三）易犯错误与纠正方法（表 12-2-5）

表 12-2-5

易犯错误	纠正方法
前进时忽视利用明显地形； 视野不够开阔。	重视明显地形，利用明显地形； 仔细观察、检查附近有无高大、明显地形。

六、数步测距

（一）动作要领

先在地图上量度两点间的距离，然后利用我们的步幅准确地测量要走的路程。

（二）练习方法

站立点（或辅助点）与检查点在同一高度，或站立点（或辅助点）与检查点之间的可通行或无其他不利奔跑的障碍物时，可用“水平位依法”沿着等高线走。先量度 100 米我们所需步行的步数（设 120 步），当我们在地图上发觉由起点到第一点的距离是 200 米，便可计算出应走 240 步。为了减少步数，我们利用“双步数”，只数右脚落地的一步，便可把步数减半。上面的例子双步数为 120 步，见图 12-2-22（借复步法行进）。

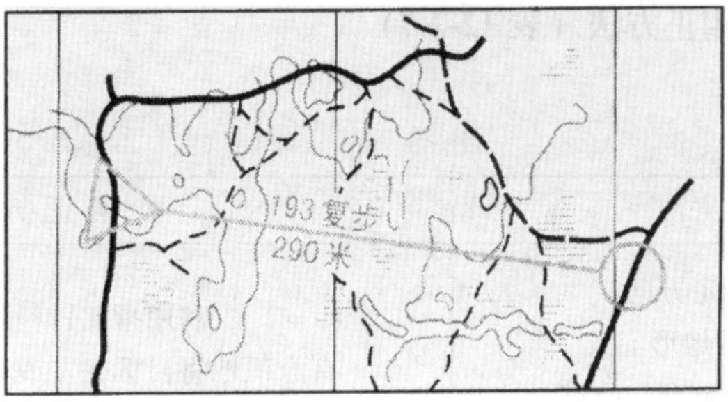

图 12-2-22

（三）易犯错误与纠正方法（表 12-2-6）

表 12-2-6

易犯错误	纠正方法
盲目越野、选择线路； 跑进时忘记数复步。	仔细观察站立点与检查点是否在同一高度； 站立点与检查点之间是否有不利奔跑的障碍物； 从图上量好距离后，仔细数好自己的复步。

七、目标偏测

（一）动作要领

利用指北针前进，把目标偏移，当到达目标的上面或下面时，才沿“扶手”进入目标。

（二）练习方法

当检查点位于线状地形上或其附近时，所处的位置因与其相对而不是顺延，此时如果我们直接瞄准它前进，途中多种因素造成的偏移一定会使越野员在到达该线状地形后，不知检查点在何方（应该向左找还是向右找）相反，假如一开始我们就有意识地将目标方向往左或往右偏移一定的角度，则在到达线状地形后就非常明确检查点所在的位置了，见图 12-2-23（借偏向瞄准法行进）。

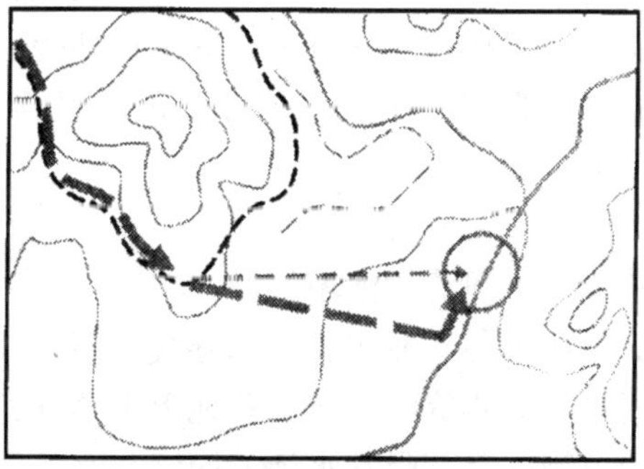

图 12-2-23

（三）易犯错误与纠正方法（表12-2-7）

表12-2-7

易犯错误	纠正方法
不喜欢用指北针定方向； 当检查点位于线状地形上或其附近时，喜欢直接瞄准它前进。	利用指北针精确定方向； 有意识地将目标往左或往右偏移一定角度。

第三节　野外生存

“野外生存”是指在远离居民点的山区、丛林、荒漠、高原、孤岛等复杂地形的区域，在没有外部提供生命所赖以维持的物质条件下，个人或小集体靠自己的努力，在不太长的一段时间内，保存和维持生命的基本手段和方法。

一、野外生存常识

参加野外生存活动，不仅是一种智力、体力的锻炼，更是一种培养大学生综合素质的有益运动和手段。

那么，去野外需要做些什么准备，具备哪些知识，才能趋利避害，保持身心的健康愉快呢？下面简单谈谈野外生活的一些基本常识。

（一）准备

这是进入野外生活前的重要工作。要根据地形特点、季节以及预定生活的时间进行准备，主要包括食用品、炊具、净水和燃料、取火用具、防潮保暖的衣物、帐篷（吊床），以及用来防治感冒、腹泻、中暑和驱赶蚊蝇、治疗虫蛇叮咬的药品和用具。另外，对自己身体状况和适应能力也应作出恰当的估计。

（二）食用品

根据自己具备的知识和能力，可以捕获、采集一些野生动植物与携带的食物配合着吃，这样不仅可以增加野外生活的情趣，又可减少食品的携带量。食用野生动物、植物，一般应充分清洗、熟制。加工食物时也可以利用野外的就便材料，如竹筒、芭蕉叶等。

在野外就餐时必须注意：不得在禁猎区打猎，更不得捕捉国家规定的保护动物；自觉维护果农和菜农的经济利益；谨防食用有毒的野生植物；注意防止山林火灾。野炊完毕后，必须将未燃尽的柴草完全熄灭。

获得饮用水解决的办法很多，主要有：

——寻找未经污染的井、泉、河流、池塘等；

——到山上的合水线部分如山谷、冲沟、凹部寻找水源；

——挖坑收集雨水或用塑料薄膜等收集露水和地下水蒸气；

——砍、摘某些富水的植物的茎部吸其水汁，摘食富水的野果。

如果处境对寻水不利或者在干燥的季节、气候里，要惜水如金，有重点、有计划地用水。如果在长距离跋涉中断了水，可以在口中含一块干净、光滑的卵石，以减轻口、喉部位的干燥程度，或者在潮湿的土地中挖一小坑，借湿气浸润。

（三）宿营

应选择干燥、避风但又方便用水和其他生活需要的地点，如岩洞、石缝、大树下、林间空地等。宿营的方法主要有三种：住帐篷，睡吊床，睡袋，住用树枝、干草搭成的窝铺。无论用哪种方法，都需要注意防备虫、蚊、蝇、蚂蟥、蜈蚣、蚂蚁、毒蛇或其他动物的侵袭。

（四）防病

山岳丛林地易患感冒、腹泻、中暑等疾病。因此有条件的应服预防药或打预防针。在野外要讲究适量的衣着与充足、卫生而营养丰富的饮食，并要保证休息，以便维持体力，抗御病患。当发生疾病时，除了要及时利用携带的药品治疗外，还可以利用自己所熟悉的中草药或其他野生植物（如野蒜、野姜）治疗和帮助减轻病症。

野外也有某些植物对人的皮肤、眼睛等有害。如漆树（部分人对它过敏）、某些豆科攀缘植物（如荷包豆）和生长在沼泽与海边的白椤树等。对于这类植物，首先应避免与其直接接触，如不慎中毒（皮肤接触），可用水或稀醋酸、高锰酸钾溶液洗涤，或敷硼酸软膏、口服苯海拉明片、异内嗪片等。

二、野外生存的技能

（一）野外辨别方向

1. 利用地物特征判定

下述地物可以帮助我们辨别方向：

房屋：房屋一般门朝南开，在我国北方尤其如此。

庙宇：庙宇通常朝南向设门，尤其是庙宇群中的主要殿堂。

树木：树木通常朝南的一侧枝叶茂盛，色泽鲜艳，树皮光滑；向北的一侧则相反。同时，朝北一侧的树干上还可能生有青苔。再如植物特征，一般阴坡，即北侧山坡，低矮的蕨类和藤本植物比阳面发育得更好；一般单个植物（不是植物之间层叠）的向阳面枝叶较茂盛，向北的阴面则矮小。

凸出地物：例如墙、地埂、石块等，其向北一侧的基部较潮湿，并可能生长苔类植物。

凹入地物：例如河流、水塘、坑等，其向北一侧的边缘（岸、边）的情况与凸出地物相同。

2. 利用太阳手表判定

上午9时至下午4时之间按下面这句话去做，就能较快地辨别出概略的方向：“时数折半对太阳，‘12’指的是北方”。如在上午9时，应以4时30分的位置对向太阳；如在下午2时40分（即14时40分），则应以7时20分的位置对向太阳，此时“12”指的方向即为北方。为提高判定的准确性，可在“时数折半”的位置上竖一细针或草棍，并使其阴影通过表盘中心（图12-3-1）。

需要注意的是：

（1）“时数”是按一日24小时而言，例如下午1时，就是13时；

（2）在判定方向时，时表应平置（表面向上）；

（3）此方法在南、北纬度20°30′之间的地区的中午前后不宜使用；

（4）要注意时差的问题。即要采用“以标准时的经线为准，每向东15°加1小时，每向西15°减1小时”的方法将标准时间换算为当地时间。

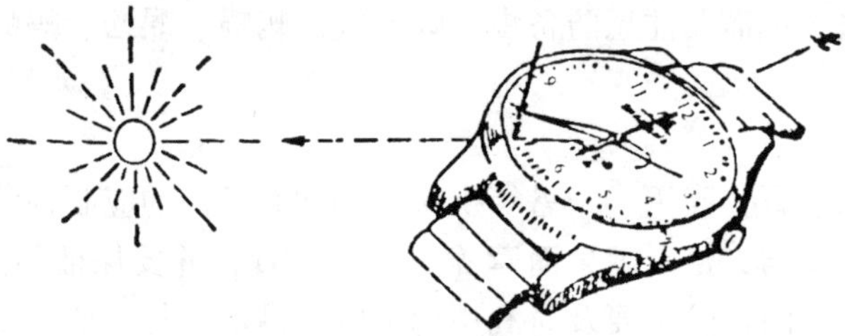

图12-3-1

3. 利用指北针

当指北针的磁针静止后，其N端（通常都有标志）所指的方向即为北方。

利用指北针辨别方向是十分简便快捷的，但是需要注意：

（1）尽量保持指北针水平；

（2）不要距离铁、磁性物质太近；

（3）不要错将磁针的S端当做北方，造成180°的方向误判。

4. 夜间利用星体

（1）利用北极星：北极星位于正北天空，观察时，其距离地平面的高度约相当于当地的纬度。寻找时，通常要根据北斗七星（即大熊星座）或W星（即仙后星座）确定。北斗七星是七颗比较亮的星，形状像一把勺子，将勺头甲乙两星连一直线向勺口方向延长，约为甲乙两星间隔的五倍处，有一颗略暗的星，即北极星（图12-3-2）。

当地球自转，看不到北斗七星时，则可利用W星寻找。W星由五颗较亮的星组成，形状像个“W”字母，向W字缺口方向延伸约为缺口宽度的两倍处，就是北极星。

（2）利用南十字星：在北纬20°30′以南的地区，夜间有时可以看到南十字星，它也可以用于辨别方向。南十字星由四颗较亮的星组成，形同“十”字。在南十字星的右下方，沿甲乙两星的连线向下延长约该两星的四倍半处（无可见的星），就是正南方（图12-3-3）。

（二）气象知识

在野外活动最令人担心的就是天气的变化。因此，在准备野外生存活动前最好从电视、报纸、收音机里搜集最新的天气状况信息，尤其是收音机，可随身携带，随时收听天气预报。但天气预报通常只能报出大范围内的天气变化趋势，对于局部地区的小气候的变化无法预报，尤其是山区的小气候往往是一日多变。因此，利用观察自然界的变化，通过观察天空中云的颜色、种类、风向等来预测天气。

在我国民间有很多观察自然变化来预测天气变化的方法。如远山可见，表示天晴；近山模糊，表示天有雨。另外，天快下雨时，由于气压会降低，空气的湿度增加，有些敏感的动物就会做出一些反应，如鱼跃出水面、青蛙鸣叫不停、燕子低飞等。

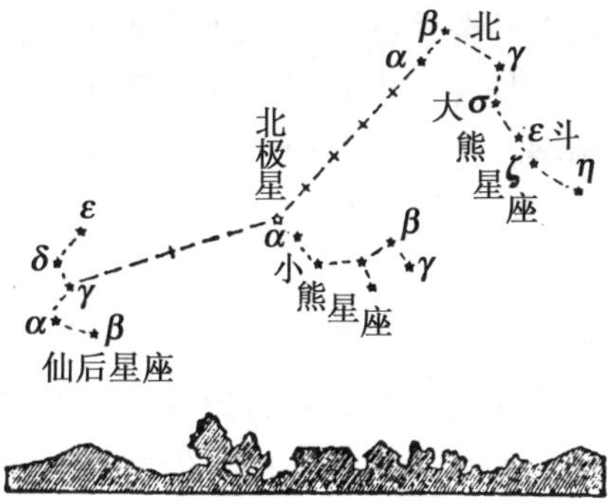

图 12-3-2

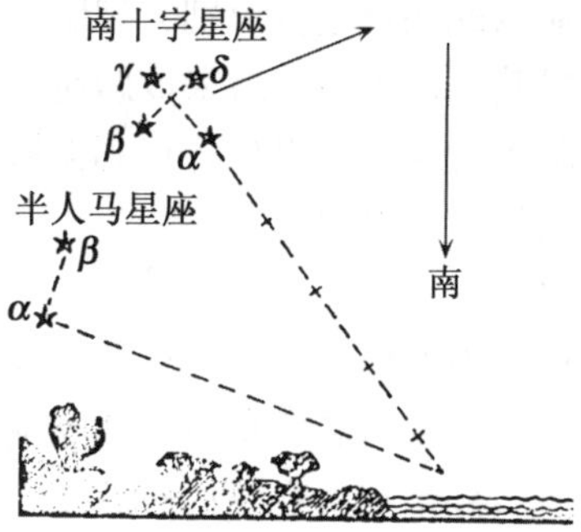

图 12-3-3

在野外活动时，如夜晚气温降低将预示第二天是好天气，相反，如夜间闷热，第二天可能会变天。如果在野外活动时带有气压高度计，则可从其显示的高度数来预测天气，高度增加说明气压低，高度降低说明天气将变好。

另外，我们还可由云的形状、高低来预测天气的变化。

（三）山间危险的防护

1. 雪崩

雪崩是雪山地区经常发生的一种自然现象，它对高山探险的登山运动员具有极大的危害。雪崩多发生在大雪以后的 2~3 天内，在一天中，多发生于上午 10 时至下午 2 时之间。防范雪崩应注意以下几点：

（1）下雪期间或下雪后的第 2 天，不要靠近陡斜的坡面和雪堆，因为这时容易发生雪崩，大部分雪崩遇难都是在这样的情况下发生的，特别是大雪后尤为危险。

（2）在行进时的具体路线选择上，要尽量避开雪崩区。如必须经过，则要做好充分准备，通过的时间要避开雪崩多发期，通过雪崩区时每人要系上雪崩飘带，人与人之间的距离应缩短，组与组之间的距离应拉长，后面的人要踏着开路者的足迹轻步快速通过。

（3）遭遇雪崩时，不要惊慌失措，首先要尽快甩脱背包，再将冰镐插入坡面并尽量握牢，以防止身体滚坠。

（4）在行进时，遇上恶劣天气，应视作雪崩警报。

2. 滚石

经风化破碎的石块，在重力、风力等作用下，从山上滚落下来，称为滚石。滚石区的下部有大量堆积物，堆积物上部有滚石通过的痕迹。因此可根据下部堆积石块状况辨别滚石发生时间的远近。如堆积石块的表面经风化后比较浑圆或长有低等植物时，说明该处已有较长时间没发生滚石，是较稳定而安全的老滚石区。若堆积物棱角锐利，表面新鲜，则为比较危险的新滚石区。滚石多发生在没有植物覆盖的坡度较陡的地方，而且多发生于高温季节和每天的高温时间内。防范滚石的措施与防范雪崩类似。一旦遇上滚石，切忌乱跑，应沉着镇静，面向上方，注意滚石动向，待滚石靠近时再迅速躲闪，或利用附近的巨大石块躲避，如是体积小、散碎性的滚石，也可将背包举到头上进行防护。

3. 冰河裂缝

冰河裂缝有显式冰河裂缝和隐式冰河裂缝。隐式冰河裂缝不宜被人识别。通过冰河裂缝区时，野外生存者必须结组行进，并由有经验的运动员在前面开路。开路者要根据隐式冰河裂缝显示的特点进行识别，把隐式冰河裂缝上的覆盖物去掉，使其显露成显式冰河裂缝，或设置其他标志。然后采取跨越、绕行并架设挂梯等措施通过。一旦有人陷入隐式冰河裂缝，陷入者应尽量甩掉背包和摆脱绳索的缠绕，结组的其他队员要采取行进中保护的方法，迅速保护和抢救。

4. 泥石流

在地球引力的作用下，高山湖或冰川湖的湖岸有时会塌方或造成湖底泄漏，此时湖水就会夹杂着大量泥沙和石块呈泥浆状流泻下来，形成泥石流。泥石流的来势不像雪崩那样迅猛，因此野外生存者在登山过程中遇到泥石流时要躲避它并不难。但由于人在睡眠或休息时警惕性不高，要切忌将宿营位置选在泥石流的通道上。

5. 雷电

雷电是高山区阴雨时常见的自然现象，它会给登山活动带来一定的危险。发生雷电时，可根据闪电和雷声传到的时间间隔和当时的风向，判断产生雷电云层的距离和动向，并依此采取防范措施。应尽可能在雷电赶到之前，把能导电的装备、器材放置到离人较远的地方。附近有雷电时，要停止使用通信器材。而野外生存者最好进入帐篷内或较安全的地点躲避。

6. 蚊虫叮、蛇咬

在热带丛林中露营和行进时，应注意防止蚊虫和蚂蟥叮咬，尤其要防止蛇咬。

除了眼镜王蛇外，其他蛇一般不主动攻击人。蛇的感觉灵敏，对栖息处的地面或树枝的振动极为敏感，一遇到响动便会逃之夭夭。因此，在行进时，可手拿木棍“打草惊蛇”。通常蛇在遇到人又不及躲避时，便蜷曲成一团，并将头弯在中央警惕地注视着发出声响或敌害晃动的方向。此时，人如果不注意而未发现它，或无意踩及或触及它，毒蛇会冲出来咬人。因此，在毒蛇出没的地区行进时应随时注意，以减少被咬的可能性。被蛇咬的部位70%以上是在足部，如穿长裤、高腰登山鞋，即使被咬也不会伤及肉体中毒。在野外露营时，在住地周围适当撒一些石灰粉，以防毒蛇侵入。睡前检查床铺，压好蚊帐，早晨起来检查鞋子，这样一般可确保无事。

人一旦被蛇咬伤，首先应分清是无毒蛇还是有毒蛇咬的，这可从皮肤上的伤痕辨别（图 12-3-4），前 5 种均为毒蛇咬痕，最后 1 种为非毒蛇咬痕。

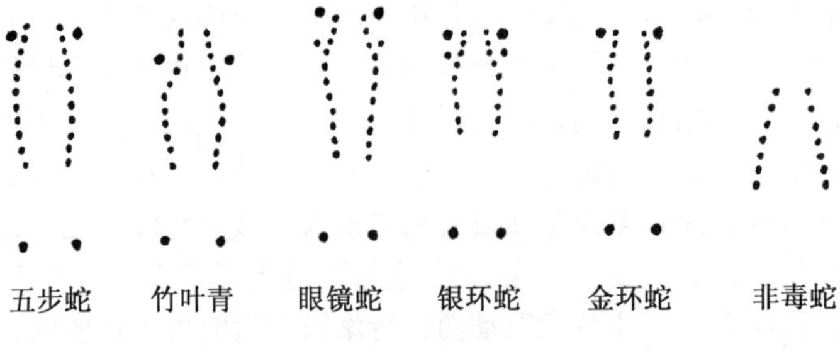

图 12-3-4

通过查看咬痕或观察被咬者在 15 分钟内没有什么反应，可基本确定是无毒蛇咬伤，这种情况下则可按一般外伤处理。若无法判断，则应按毒蛇咬伤处理。被毒蛇咬伤后，应将伤口部位尽量放到最低位置，保持局部相对固定，以减缓蛇毒在人体内的扩散和被人体吸收。并立即用柔软的绳子、布条或者就近拾取适用的植物茎、叶，在伤口上方 2~10 厘米处结扎（图 12-3-5），结扎的松紧程度以能阻断淋巴和静脉血的回流，但又不影响动脉血流为宜。结扎的动作要迅速，最好在受伤后 3~5 分钟内完成。以后每隔 15~20 分钟放松 1~2 分钟，以免被扎肢体因缺血而坏死。结扎后，可用清水、冷开水加盐或肥皂水冲洗伤口。经过冲洗处理后，再用锐利的小刀挑破伤口，或挑破两个毒牙痕间的皮肤，同时在伤口周围的皮肤上用小刀挑开如米粒大小破口数处。这样可使毒液外流，并防止创口闭塞，但注意不能刺得太深，否则会伤及血管。还可直接用嘴吸吮伤口排毒，边吸边吐，每次须用清水漱口，若口腔内有黏膜破溃等情况就绝不能用口吸，以免中毒。在施用有效的蛇药 30 分钟之后，可去掉结扎。如无蛇药片，可就地采用几种清热解毒的草药，如半边莲、芙蓉叶以及鱼腥草等，将其洗净后，加少许食盐捣烂外敷。敷时不可封住伤口，以免妨碍毒液流出，并要保持药料新鲜，以防感染。

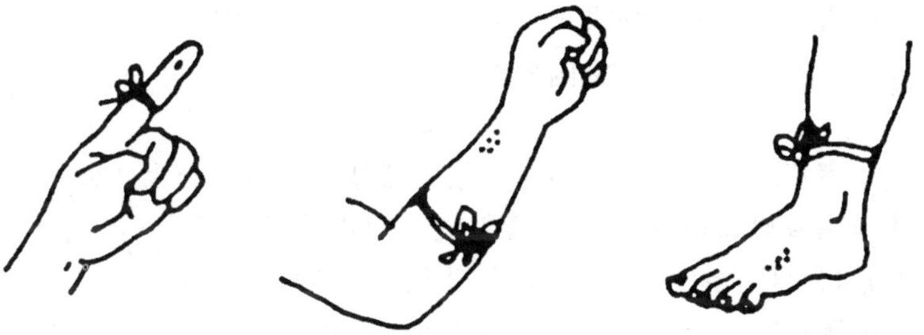

图 12-3-5

（四）宿营地的选择

选定营地，应以安全、避风、近水、平坦为基本原则。

1. 安全

在选择宿营地时，要首先考虑安全因素。建营前必须对所处的环境仔细观察，营地应远离雪崩、冰崩、裂缝、滚石、山洪等山间威胁。当你或多或少感到有某种危险时，绝对不要在此露营。有些地方貌似安全，其实有极大的隐患。

2. 避风

野外的强风可将帐篷吹跑、扯破，因此，宿营地最好选在自然屏障的避风处，如山丘或巨石的背后。

3. 近水

营地是活动人员过夜、生活的临时场所，接近水源会带来许多方便，但若在河流两岸设营，必须充分考虑水流的涨落，以免涨水淹没帐篷。若在河流拐弯处建营，则应选在内湾侧（沉积侧），不在外湾侧（冲刷侧）。

4. 平坦

宿营的主要功能是保证睡眠，因此，营地建在平坦的地面或雪面上要比凹凸不平的碎石堆上舒服得多，而软土则更是理想的建营场所，若地面有碎石和荆棘应予以清除。若在高山地区的冰碛物地形上建营，应把地面铺平，把有棱角的石块搬掉，最好铺上一层包装箱或包装布。在冰雪地上建营，首先将浮雪铲平，然后将雪踏平踩实之后再行搭帐篷。冰雪地如遇暴风雪，必须轮流值班，以防大雪掩埋帐篷造成人员的缺氧窒息。

（五）帐篷等的使用及选择

当我们选择好营地，准备宿营时，应首先在营地的下风处搭好炊事帐篷，建好炉灶，烧上一锅水，然后再依次向上搭建用于存放公用装备的仓库帐篷和各自的宿营帐篷。当整个营地的帐篷搭建好时，烧的水已开锅，可以马上饮用并开始做饭。另外，还要在下风处，远离水源的地方搭上一个简易厕所。

1. 帐篷

帐篷是野外活动的“家”，为自己选择一个安全舒适的居所，对于喜欢野外生活的人是很重要的。

选择帐篷应考虑其用途、季节、环境等因素，根据自己的实际需要来选择合适的帐篷。一般来说，春、秋两季野营以“人”字形或蒙古包形旅游帐篷为最佳；冬季从防寒的角度考虑，经济条件允许的话，可购置一个质地上乘的高山帐篷；夏季出游，一顶带凉棚的屋式帐篷可谓最佳的选择。如果只想买一顶帐篷，不妨选一顶双层蒙古包形旅游帐篷，天热的时候，可以除去外罩，将内帐的通风窗打开，也能散出一些暑气。

2. 吊床

在炎热的夏季宿营时，还可使用吊床。吊床依其制作材料分为两种：布式吊床和网式吊床。布式吊床是用薄帆布或尼龙绸布缝制的；网式吊床则是用棉绳或尼龙绳编织而成的。在野外，通常将吊床拴在树干较粗的大树上，拴的位置通常在离地约高 1 米的地方，以便于上下。用吊床在野外临时休息时，吊床不必绑得太紧，如是用吊床宿营，由于人体的重量，人在吊床上睡久了，吊床会产生较大程度的下坠，这样人的腰和颈部会感到不适，因此一定要将吊床尽量拉直拴紧，以减少吊床的弯曲程度。在使用吊床时需准备一个吊床专用帐篷及一块比吊床略长、较宽的塑料布，以防蚊虫叮咬和防雨。

3. 窝棚与树屋

在森林野营日久，还可就地取材，利用伸手可及的枝条和随处可见的大树搭建窝棚与树屋。最常见的窝棚是单坡窝棚。在两棵树之间系一条绳子或拴一根杆子，用枯树枝捆绑搭建窝棚的框架，然后用带有茂密树叶的树枝覆盖框架，最后在上面盖上一块编织布或塑料布，将布的下边缘用石头压好固定即可。还可搭建三角形窝棚，选一棵易弯的小树，在其顶部系一根绳子，调整好所需高度后将绳子的另一端斜拉固定在地上，这样就搭好了三角形窝棚的支架。然后剪去顶部和里面的树枝，用它们搭在绳的两侧，多一点的树叶可增强其保暖和抗风性。外面再盖上一层雨布，就可风雨无忧了。

4. 雪洞和雪屋

在高山地区采用雪洞和雪屋宿营，可以减轻攀登者的装备，从而加快登山活动的进度。雪洞和雪屋的保暖性能也比帐篷好，有利于攀登者的休息。在严寒区积雪厚的地区可以掏筑雪洞以避风寒，洞容量的大小根据需要而定。

5. 冬季露营时睡袋的使用

在严寒区露营时，夜间最好不要睡觉，应利用白天中午太阳光强时睡 1~2 小时。雪地宿营时睡袋不能直接放在有冰雪的地面上，可把松树枝和外衣铺在睡袋下面，以免人体使冰雪融化而发冷。在使用睡袋前应使其充分蓬松，这样保湿效果更好。睡袋必须经常保持干燥，晴天时应将其晒干。每次使用后，要把袋内的暖空气放掉，以免暖空气遇冷后水汽凝结弄湿睡袋。进睡袋时衣服不可穿得过多，穿多了会使人出汗，致使睡袋潮湿而隔热性能降低。

为了在睡袋中使身体产生热量，可侧躺在睡袋一边，模仿骑自行车的动作，用力摆手和腿，直到四肢温暖。靠着这个温度，可睡1~2个小时。整夜这样反复，可保不致冻僵冻死。

（六）野炊

野营中最大的乐趣是在风景秀丽的山坡上或小溪边，在欣赏风景的同时，品尝着自己用山里的水、山里的柴、山间的动植物烧烤出来的美味。然而要在山间做出一顿能让人饱食的野餐来，从搭建野炊灶，就近取水、取火到准备山间的特色小吃，同样是需要一定的知识和技能的。

1. 搭建野炊灶

搭建野炊灶是野营中很重要的一种技能，是野炊的基础和必备条件。通常搭建野炊灶时，要充分利用当地的地形、地物及所能寻找到的燃料来进行修建。现在，野营时人们还可携带汽油炉、煤气炉等现代化设备。但在不具备这些条件时，需搭建简易、实用的炉灶，用以烧水、煮饭、烧烤等。

2. 取水的方法

水的来源很广，只要留心观察。在一些山区，在离山溪或瀑布近时，可听到“哗哗”的流水声。另外，还要仔细观察，在一些较为潮湿的山区，如在有洼地、竹丛的地方，常常是在落水洞的附近。这些落水洞的洞口有的直接可看到水，有的看不到水，但只要深入下去，往往便能找到地下水。另外，在地下水较浅的地方，泥土潮湿，蚂蚁、蜗牛、螃蟹等会在此做窝；在夏天的傍晚，蚊虫会在此成柱状盘旋飞绕；在冬天，青蛙、蛇类动物喜欢在此冬眠。

在野外，通常雨水是可饮用的。下雨时，可将塑料布系在几棵邻近的树上以大量收集雨水，也可将空罐头盒、杯子等容器放在干净的石头上（不要放在地上，以免地面上的泥溅到容器中）接雨水。另外，在野外，还可饮用断崖裂缝或岩石中流出的清水，最好不要饮用从杂草中流出的水。对于湖泊或河流中的水，最好也不要直接饮用，可在离水边一二米的地方挖一个小坑，坑里渗出的水要比从河湖中直接提取的水清洁。

3. 采摘野生植物

野生植物的营养价值很高，含有多种维生素。可食的野生植物包括野果和野菜。其中野果主要有：山葡萄、沙棘、火把果、野栗子、椰子、木瓜等；野菜主要有：苦菜、蒲公英、马齿苋、小蓟草、荠菜、野苋菜、扫帚菜等。另外，较好吃的野生植物还有蘑菇（香菇、草菇、口蘑、猴头菇等）。采摘野生植物时应由有采摘经验的人带领进行采摘，以便有效地鉴别有毒或无毒。通常鉴别野生植物有毒或无毒的方法主要有：

（1）根据有关部门编制的可食野生植物的图谱进行认真鉴别。这是较可靠的一种办法。

（2）将采集到的植物割开一个口子，放进一小匙盐，然后仔细观察这个口子是否改变原来的颜色，通常变色的植物是不能食用的。

(3) 将采摘的植物的幼嫩部分取一点，在嘴里用前齿嚼碎后，用舌尖尝一下是否有苦涩，辛辣及其他异味，如异味很浓则有可能有毒，应立即吐掉并漱口。

(4) 将野生植物下锅煮，煮后的汤水加入浓茶，若有大量沉淀，或将煮后的汤水摇荡后产生大量泡沫，则不可食用。

(5) 在缺乏以上一切鉴别工具及手段时，可进行少量的试尝，若 8~12 小时内身体无头晕、恶心、头痛、腹泻等中毒症状时，则可大量食用。

(七) 野外烧烤

烧烤是在参加野外活动中充满情趣也是容易掌握的野炊方法之一，烧烤的方法不仅适用于肉、禽、鱼等动物性原料，还可适用于植物性原料（采摘的野菜及蘑菇等）及米、面等原料，在野外时，通常可采用的烧烤方式有以下几种：

1. 明烤

明烤是一种将要烤制的食物用调味品腌渍后，放于敞口灶篝火的铁架、铁栅上烤制成熟的一种方法。使用明烤时，由于火力较为集中，烤制的食物要经常翻动，使之均匀受热，还要掌握好食物与火的距离，保证食物内外成熟一致。

2. 泥烤

将鱼、鸡、鸭等原料用调味品腌渍后，用荷叶等包好，再用黄泥将其裹紧密封，放在火中烤制的一种方法。烤制时火不能太大，且要经常翻动，翻动时如发现裂缝要马上用黄泥封好，防止烧及里面的食物，造成表皮焦枯。

3. 竹烤（或筒烤）

竹烤又叫筒烤，将要烤制的原料，如切成小块的肉、菜和米等放进竹筒里，密封后将竹筒放在火上烧烤至原料成熟。

(八) 篝火的搭法

篝火给人们带来温暖，带来光明，还可驱走野兽。因此，掌握搭建篝火的方法是十分重要的。

1. 框架式篝火

将木柴交互成 90°角搭成“井”字形框架，层层上叠，然后从底部点燃。这种形式的篝火火焰旺盛、均匀，适于做饭取暖。

2. 窝棚式篝火

把一根较大的木柴一端用木柴或石块垫高，在其左右呈“人”字形放置较小的木柴和树枝，在背风面点燃。这种篝火燃烧面积宽，可产生较多的木炭，可供几个人在其周围取暖宿营。

3. 放射式篝火

将木柴或树枝以某点为圆心呈放射状排放，从中心点燃，随着木柴的燃烧，逐渐将木柴往中心推送，这种篝火燃烧时间长，可在周围宿营。

在野外点燃篝火时，一定要小心以防失火，烧火前要清除周围的易燃杂草、枯枝、落叶等，宿营后离开前一定要把篝火完全熄灭。

(九) 野营救护

野营时带一些常用和应急药品的小药盒，是必不可少的。小药盒所准备的常用药见登山装备中的日用装备部分所列。

野营时如遇到下列突发伤病，应做如下处理：

1. 昏厥

野外造成昏厥的原因多是由于摔伤、疲劳过度、饥饿过度等造成。主要表现为脸色突然苍白，脉搏微弱而缓慢，失去知觉。遇到这种情况，不必惊慌，一般过一会儿便会苏醒。醒来后，应喝些热水并休息。

2. 中毒

其症状是恶心、呕吐、腹泻、胃疼、心脏衰弱等。遇到这种情况，首先要洗胃，快速喝大量的水，用手指触及咽部引起呕吐，然后吃蓖麻油等泻药清肠，再吃药用炭等解毒药及其他镇静药，多喝水以加速排泄，为保证心脏正常搏动，应喝些糖水、浓茶，并立即送往医院救治。

3. 冻伤

如发现皮肤有发红、发白、发硬等现象，应用手或干燥的绒布摩擦伤处，促进血液循环，减轻冻伤。轻度冻伤用辣椒泡酒擦便可见效。如发生身体冻僵的情况，不要立即将伤者抬进温暖的室内，应先摩擦伤者肢体，做人工呼吸，待伤者恢复知觉后再移动至较温暖的地方抢救。

4. 中暑

其症状是突然头晕、恶心、昏迷、无汗或湿冷，瞳孔放大，发高烧。发病前，常感口渴头晕，浑身无力，眼前阵阵发黑。此时应立即在阴凉通风处平躺，解开衣裤带，使全身放松，再服十滴水、仁丹等药。发烧时，可用凉水擦头面部，或冷敷散热。如昏迷不醒，可掐人中穴、合谷穴，促其苏醒。

总之，“野外生存”作为一门体育学科的新兴课程，它涵盖了登山与攀岩的基本技能，只有在掌握这些基本技能的基础上，才能迅速地适应和把握“野外生存”的生活技能与常识，才能在野外遇到任何情况时，运用这些技能来自食其力，生存下去。

第十三章 休闲球类

第一节 台 球

台球运动概述

世界上第一张台球桌出现在1400年，当时球桌上没有袋，只有拱门或门柱。在台球桌出现以前，人们是在户外的地上玩一种被称为滚球的游戏。后来这种游戏被人移到室内的台桌上，于是滚球游戏变成了户内的桌上游戏。不久桌面上被人们开了几个洞，于是这种室内桌上游戏的趣味性大增。在英国的维多利亚女王时代，台球作为一项正式的娱乐项目，进入了英国上流社会。1510年，法国也开始了台球的娱乐活动，并深受法国人喜爱。在路易十四时期，台球活动蔚然成风，一些社会名流将它作为一项高尚的娱乐活动来推崇。

20世纪初，台球游戏开始逐渐变成了竞技运动项目。作为标志之一，就在世界不同国家和地区相继成立了台球竞赛管理的机构。比如，1919年，英国成立了该国最高台球组织机构——英国台球联合会。1940年，世界台球联盟成立，它负责国际性台球比赛活动，总部设在比利时的布鲁塞尔，行政中心在西班牙的巴塞罗那。1948年，美国成立了美国台球协会，机构设在芝加哥。这些机构的成立，促进了台球竞技运动的开展。

早期的台球是用黄铜材料制成的，之后改用象牙，一只象牙平均只能做5个球。制好的象牙还需挑选重量和大小，使每一组球相同，因此价格十分昂贵。这会使当时的台球运动仅仅成为王室和富有之家的娱乐活动，只有少数人参加台球运动。

后来，被称为美国塑料工业之父的海亚特，研制出了一种用硝化纤维素、樟脑、酒精等化工原料混合制成的台球，它大大降低了台球的成本。1920年，又出现了一种苯酚酯铸成的台球。这又一次使台球的费用降低。由此，台球在娱乐行业中，真正成为了大众消费的对象。

台球基本技术与练习

一、握杆和身体姿势

（一）握杆方法

拇指和食指在虎口处用轻力握住球杆，其余3个手指要虚握（图13-1-1）。这样握杆的优点在于保证手指手腕和整个手臂适度放松，便于肌肉能更协调地工作。另外，手指、手腕和整个手臂的适度放松，有利于手指、手腕和整个手臂在运杆时的流畅，充分地感觉出杆触击球一刹那间杆头与球撞击效果，给手指、手腕以及手臂肌肉本体感觉器官更丰富信号，便于正确学习掌握技术动作以及及时发现和纠正训练过程出现的动作错误。

握杆时手腕要自然垂下，既不要外翻，也不要内收。

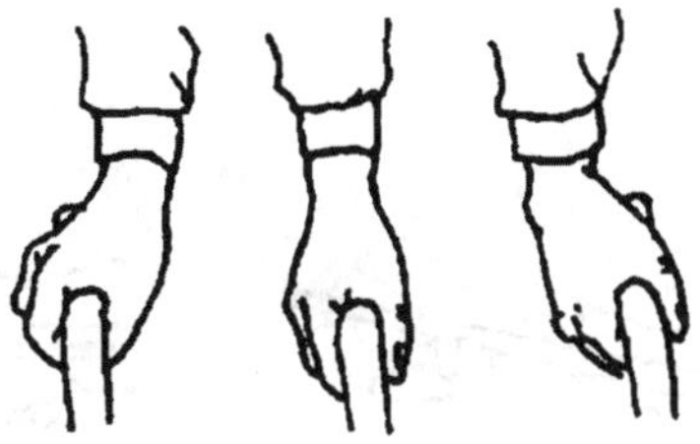

图 13-1-1　握杆方法

（二）身体姿势

握好球杆后，面向球台向用主球击打目标球的方向直立，球杆指向主球，握杆手置于体侧，同时对击打目标球的下球点和主球将要走的位置进行确定。

当身体位置确定后，握杆的手保持在体侧不动，左脚向左侧前方迈出一小步，与左脚距离大约与肩同宽。左腿稍微弯曲。右腿保持自然直立。上体姿势站好位置后，上体向右侧转并向下弯身，使肩部拉起，上体前倾，与台面接近，头微微抬起，下颏正中部位与手或球杆相靠，双眼顺球杆方向平视。尽量使球杆保持在额头中轴线上，双眼保持水平前视，使面部之中线与球杆和后臂处在一个较为垂直的平面上（图 13-1-2）。

图 13-1-2　面部位置

二、击球动作结构

台球运动的动作结构是由架杆、运杆、杆触球、跟进、停止等部分构成的。

（一）架杆

架杆就是用手给球杆一个稳定支撑和对杆头在主球的台球点进行调节的姿势。架杆是打好台球很重要的环节。

1. 基本架杆方法

基本架杆方法有两种，一种是先将整个手掌放在台面上，将拇指以外的四指分开，手背稍微弓起，拇指翘起和食指的根部相贴形成一个“V”形的夹角，球杆放在“V”形夹角内（图 13-1-3、图 13-1-4）。需要注意的是，架杆手的掌根、小拇指、食指以及拇指处的大鱼际部位要充分地贴住台面，切勿使架杆向左侧或右侧翻起，以确保架杆的稳定。另一种是左手手指张开，指尖微向内弯曲，用拇指和食指扣成一个指环，并与球杆成直角，掌根和中指、无名指、小指构成稳定支撑（图 13-1-5）。

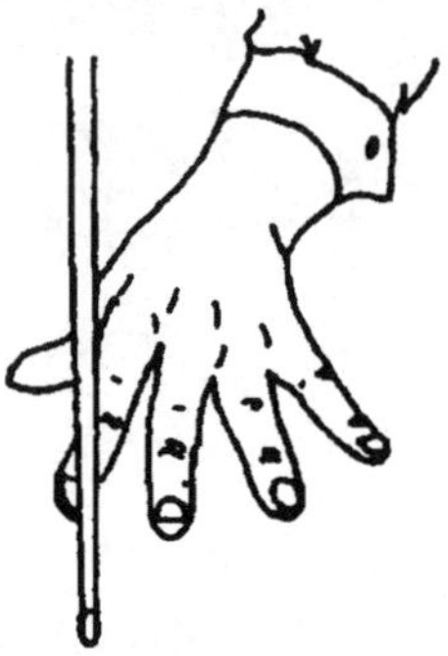

图 13-1-3

图 13-1-4

图 13-1-5

2. 特殊架杆方法

台球比赛中，主球的位置是千变万化的，当主球靠近库边以及主球后面有球时，都需要运用特殊的架杆方法。

（1）当主球贴台边时，架杆手需用四指压在台边上（图 13-1-6）。

（2）当主球和台边有一定的距离时，架杆手可以用四指紧抓住台边（图 13-1-7）。

（3）当主球后有一其他球时，架杆上手需将四指立起来，避免球杆碰到球（图 13-1-8）。

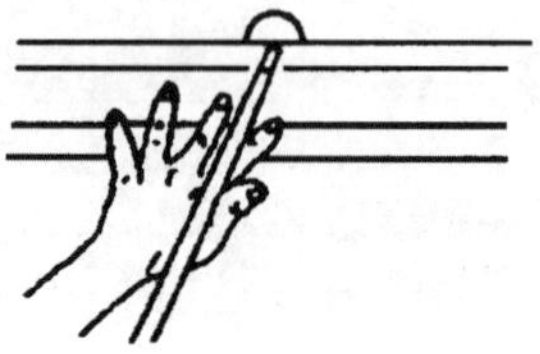

图 13-1-6

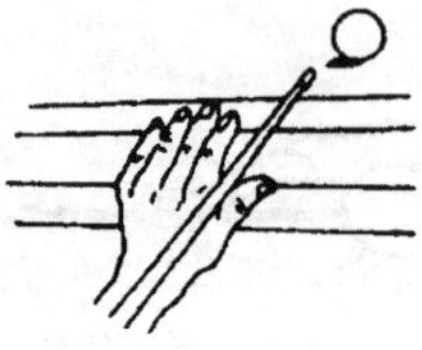

图 13-1-7

图 13-1-8

3. 杆架的使用

杆架运用的方法，是身体适度前倾，手持球杆的尾部，拇指在下，食指、中指在上夹住球杆，无名指、小指自然弯曲，另一手将杆架置于适当位置，将杆架整体放在台面上，用手按住以防运杆、出杆时杆架晃动。

杆架有长、中、短之分，一般杆架的十字铜头有两种架杆高度供你使用选择。另外，还有几种高脚杆架，当遇主球后有球阻挡时选用（图 13-1-9）。

4. 架杆时应注意的几个问题

（1）架杆距离：一般架杆手的中指尖距主球约 15~20 厘米远，可根据主球在球台的具体情况和对出杆力量不同要求，做适当调整。

（2）架杆的稳定性：在运杆时要注意架杆手不要随之微动，尤其对于练习时间不太长的台球爱好者。

图 13-1-9

(3) 架杆的手臂位置：尽可能使肘关节也贴在台面上，并要适当放松，注意肩不要耸起来。

(4) 架杆手的重点着台部位：一般情况下，掌根、拇指侧的大鱼际、小拇指及小鱼际、食指是手桥的着力点。不要由于手向两侧倾斜或掌根上抬，导致手桥着力点中某一点离开台面，从而影响出杆的稳定性。

(二) 运杆

在进行击打主球之前，台球选手都会有一个运杆的过程，我们可以把这个过程分解为三个部分：运杆、后摆、暂停。

1. 运杆

在确定未打主球的部位后，便开始做运杆动作。运杆时，要求身体保持稳定，持杆手的手臂进行前后运杆。运杆时应尽可能使球杆运摆得平直。

运杆的目的是为了获得击球的准确性。运杆的次数不宜太多，但运杆的节奏要均匀。

2. 后摆

后摆幅度大小取决于所需要的击球力量，在肌肉用力相同时，后接幅度大，球杆击球的力量也大。后摆动作要做到“稳”和“慢”，以保证出杆的平直。

3. 暂停

暂停是在出杆前一个短暂的停顿，以此保证平稳出杆。

(三) 出杆击球

正确的握杆、身体姿势、架杆以及运杆，是进行有效击球的极为重要的准备工作，而出杆触击球则是台球击球动作结构中的最关键环节，它最终决定着台球的效果。

出杆击球是以肘关节为轴，前臂向前送出。打触击球瞬间，根据击球的要求，注意对手腕力量使用的控制，避免由于过分抖动手腕造成击球的不准确。出杆时，肩部和身体不要用力，出杆动作要果断、清晰。

(四) 随势跟进

击球后的球杆跟进动作，是为了保证击球的力量充分作用在主球上和击球动作的协调连贯。适当的跟进动作对击球动作的完成起着重要的作用。如果跟进太多，杆头出得过长，会使肩、肘下沉，破坏击球动作的正确性，影响台球质量。如果跟进太少，则会使台球动作发紧，力量不能有效作用于主球，也不能保持好出杆击球的稳定性。

三、击球方法

（一）主球的击球点

主球的击球点是球杆撞击主球某一部位的点，主球的击球点最基本的有五个点，即正中点、中下点、中上点、中左点和中右点。另外，还有四个常用的台球点，即左上、左下、右上和右下（图 13-1-10）。

在撞击主球上的击球点时，初学者在打主球中上点、中下点或中左点、中右点时往往会出现球杆在击球时打滑的现象。出现这种现象的原因是打击主球时，台球点超出了安全击球区。所谓安全击球区就是以主球的正中点为中心，以球直径的 6/10 为半径画圆，在这个范围内击打主球，不会出现打滑现象。随着对击球点掌握程度的提高，这个 6/10 半径的同心圆亦可以相应扩大（图 13-1-10）。

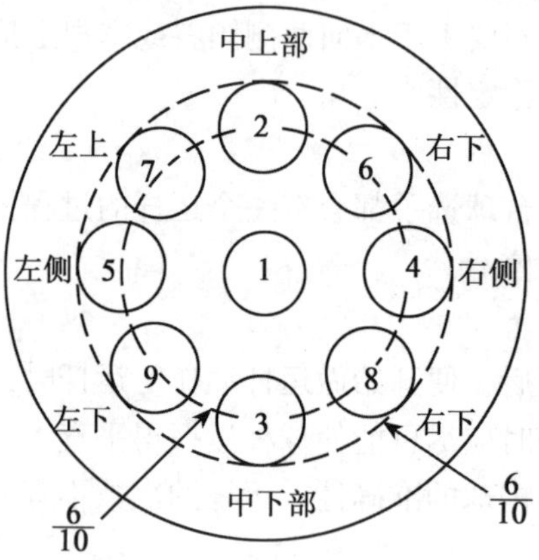

图 13-1-10

（二）主球的运动方向及特征

1. 向前的直线方向

当球杆撞击主球的中上点、正中点和中下点时，主球运动方向均如此，但主球的运动特征略有差别。正是这些特征的差异，才使球手随心所欲地去运用主球进行走位控制（图 13-1-11A）。

这种情况下主球运动特征可从以下三个方面来分析：

（1）速度特征。主球依其击球点（中上、正中、中下）的不同，在用同一力度撞击主球时，其速度特征表现为：中上点的球速较快，正中点次之，中下点较慢。

（2）旋转特征。当球杆撞击主球的中上点时，主球随即以正上旋形式向前方运动，当球杆撞击主球的正中点时，主球开始是无旋转形式向前滑行，然后便以正上旋转形式向前运动，当球杆撞击主球的中下点时，主球开始以无旋转形式向前做瞬间滑行后便以反下旋形式向前运动。经过一段距离后，主球仍然以正上旋形式向前运动（图 13-1-12）。

（3）力量特征。当用同一力度撞击主球的中上点、正中点和中下点时，由于击球点的不同，主球的速度和旋转形式不同，使主球运动时受到台呢的摩擦阻力影响程度也不同，当主球碰撞目标球时，便反映出主球撞击目标球的力量大小差别。撞击主球中上点时力量较大，撞击主球正中点时次之，撞击主球中下点时力量较小。

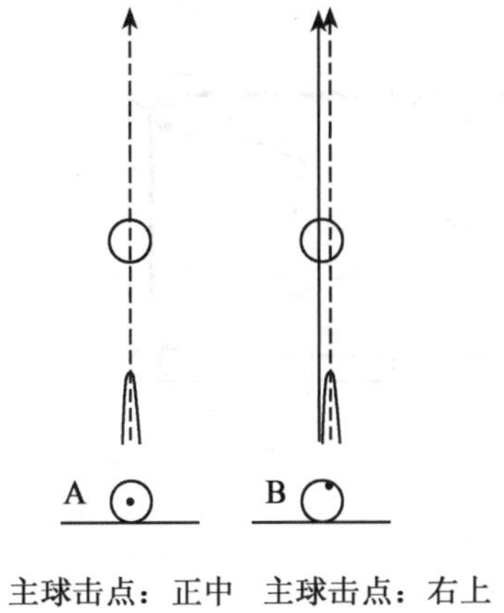

图 13-1-11

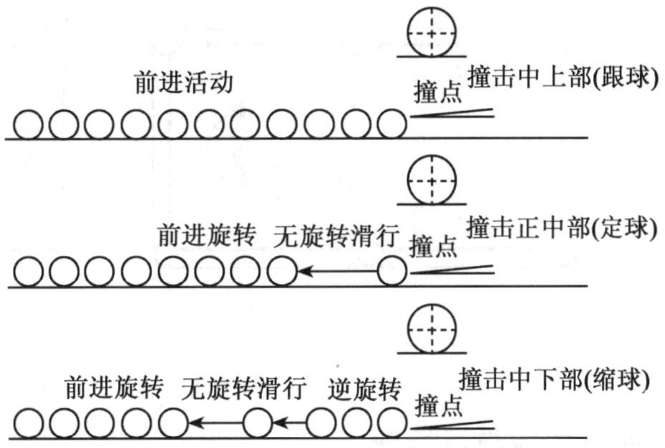

图 13-1-12

2. 与球杆中轴线并行的方向

当球杆沿水平方向撞击主球正中点两侧的击球点时，便会如此。这种情况下主球运动特征表现为一种既有自转又向前运动的混合运动形式。当球杆保持水平出杆击球的右中部或左中部时，主球开始做短暂滑行后便开始右自转或左自转，同时也向前行进（图 13-1-11B）。

（三）练习方法

1. 主球碰岸练习

（1）将主球置于 O 形区黄球点处，做好台球准备，击主球中心点，使主球沿开球线直线前进，碰岸后又直线返回使球的中心点回碰杆头，反复进行练习（图 13-1-13）。

（2）将主球置于短岸一侧的开球区棕球点上，做好击球准备，用杆水平撞击主球中心点，使其沿蓝球点、粉球点、黑球点上直线穿过，碰岸后又从黑球点、粉球点、蓝球点返回并使主球中心点回碰杆头，反复进行练习（图 13-1-14）。

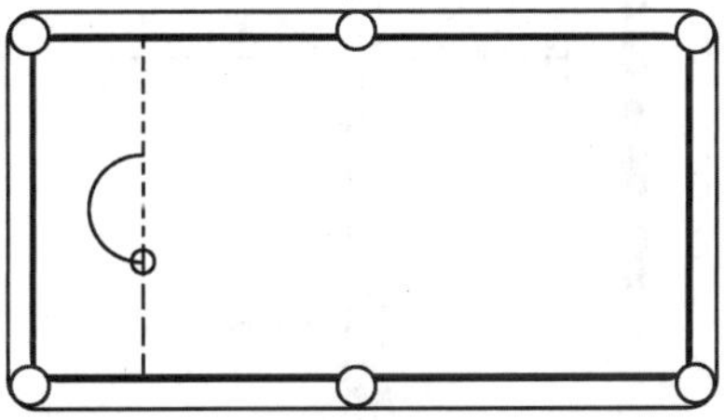

图 13-1-13

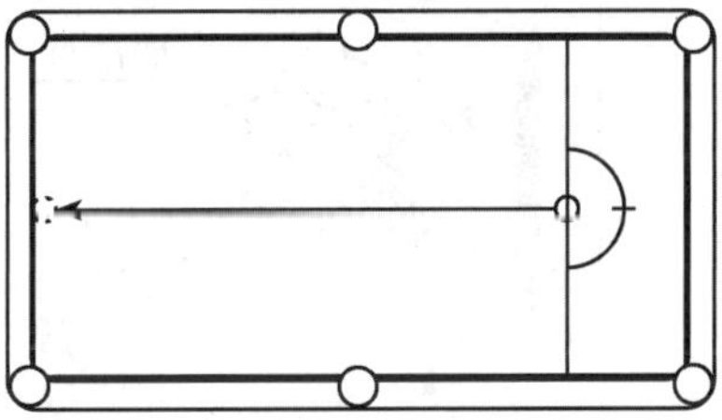

图 13-1-14

2. 击主球入袋练习

（1）将球置于开球线上，做好击球准备，击球入中袋和顶袋，反复进行练习（图

13-1-15)。

(2)将球置于开球区并在顶袋边各放置一个球，以减少顶袋的宽度，做好开球准备，击主球入顶袋，反复进行练习（图 13-1-16)。

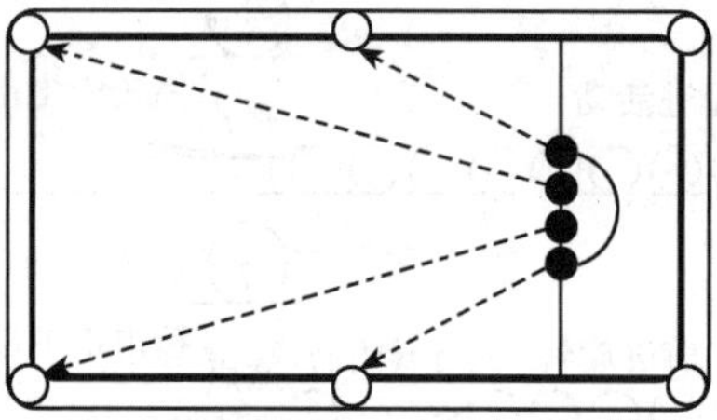

图 13-1-15

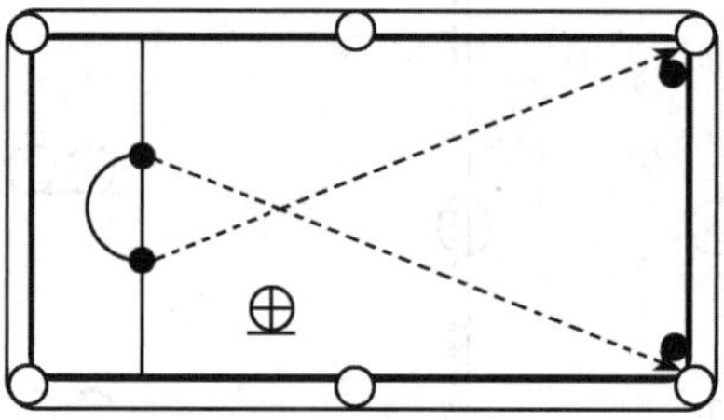

图 13-1-16

四、主球与目标球

(一) 直线球

直线球是台球（落袋）击球入袋的最基本的形式之一。当主球的中心击球点、目标球的撞点和袋口的中心点在一条直线上时，当主球中心点受到球杆的撞击，并撞击目标球的中心撞击点时，目标球便会直落球袋（图 13-1-17)。

(二) 偏球

所谓偏球，是指主球撞击目标球的侧面。由于主球撞击目标球侧面的程度不同，又可分为厚球、薄球。

厚球、薄球是台球运动中经常使用的一种击球技术。所谓厚球，是指主球撞击目标球的撞击点在目标球球体 1/2 以上。所谓薄球，是指主球撞击目标球的撞击点在目标球球体 1/2 以下（图 13-1-18)。

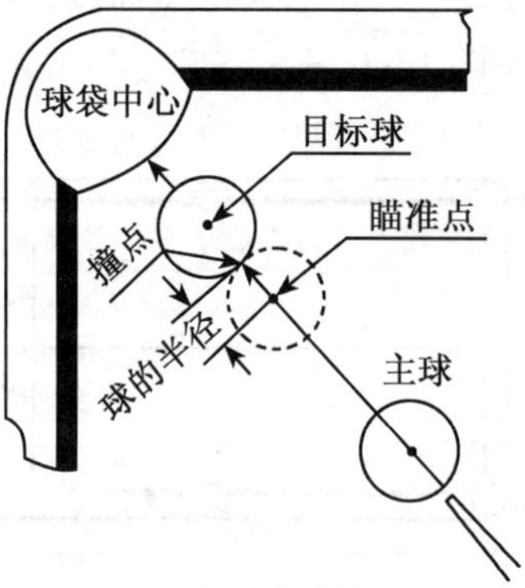

图 13-1-17

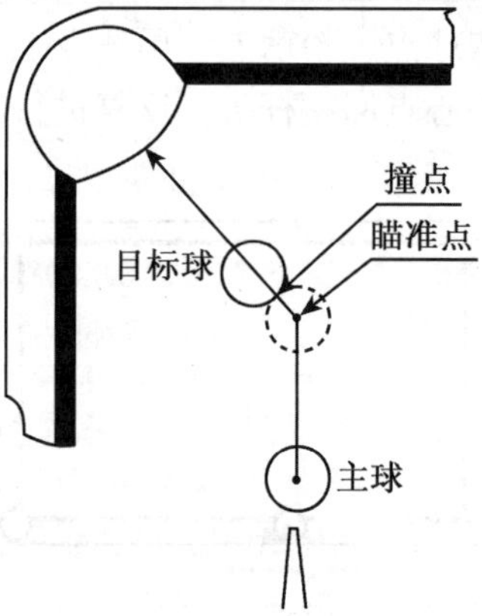

图 13-1-18

偏球的厚薄可分成五种类型，即：1/2、1/3、2/3、1/4、3/4（图 13-1-19)。

在打目标球的厚薄时，其瞄准点是目标球台球点向外一个球半径处与主球中心点纵向运动方向延长线的交点（图 13-1-20）。

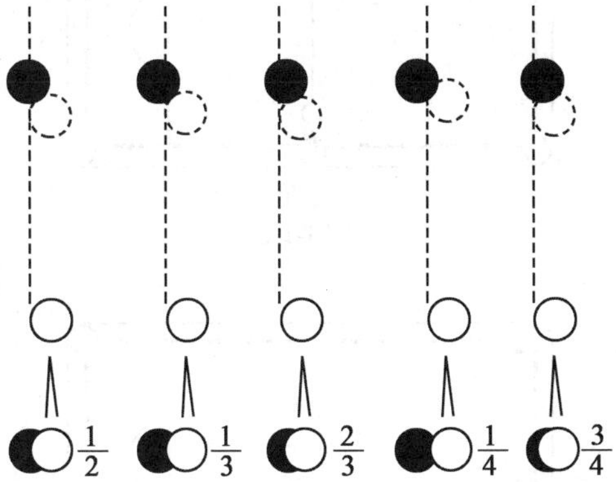

图 13-1-19

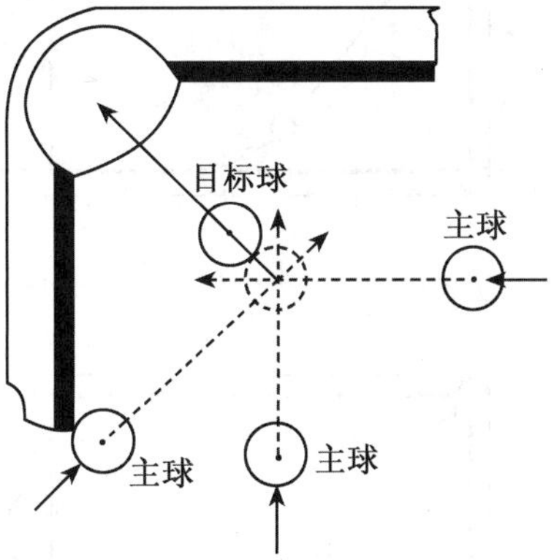

图 13-1-20

（三）练习方法

1. 直线球练习

（1）近袋近距练习

就是将目标球放置在距袋口约 10 厘米处，主球摆放在目标球后约 50 厘米处，并使主球中心点、目标球中心点和袋口中心点形成一条直线。以中等力度为主，结合中上点与中下点，并使主球将目标球撞入袋中。可以反复进行练习（图 13-1-21）。

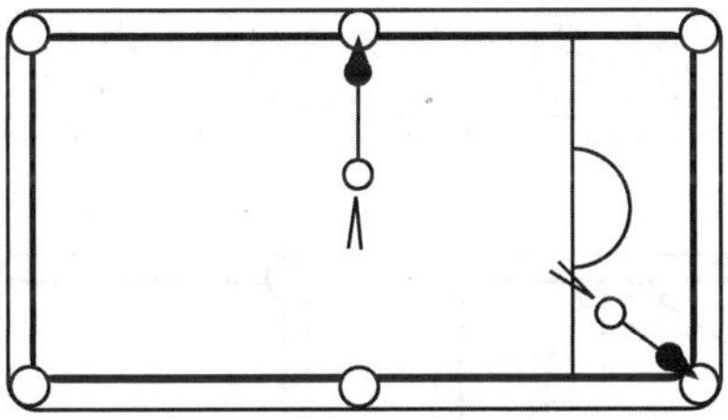

图 13-1-21

（2）近袋中、远距离练习

目标球放置位置同上。随着练习次数的增加，对台球动作掌握程度的提高，可以逐步增加练习的难度。近袋中距离练习的概念是，目标球不动，只将主球从原来近距离的点适当向后移约 50 厘米进行练习。近袋远距离的练习概念是，目标球不动，主球再由中距离点向后移动约 50 厘米以上进行练习（图 13-1-22、图 13-1-23）。

（3）远袋近距离练习

就是将目标球放置在距袋口较远处，主球摆放在目标球后约 30 厘米处，使袋口中心点、目标球中心点以及主球中心点构成一条直线，击主球中心点为主，结合击主球的中上、中下、中左、中右点，撞击目标球入袋（图 13-1-24、图 13-1-25）。

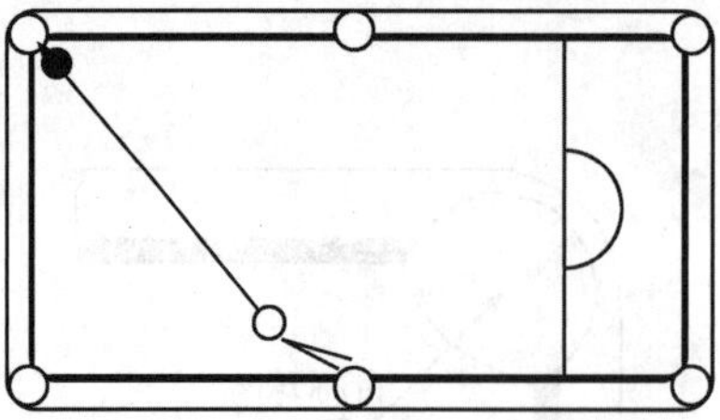

图 13-1-22

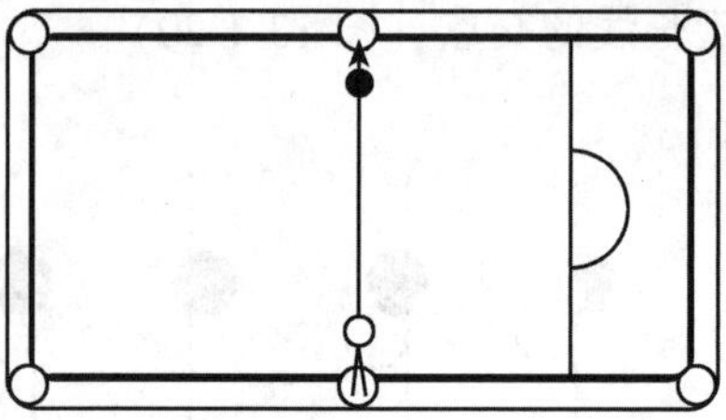

图 13-1-23

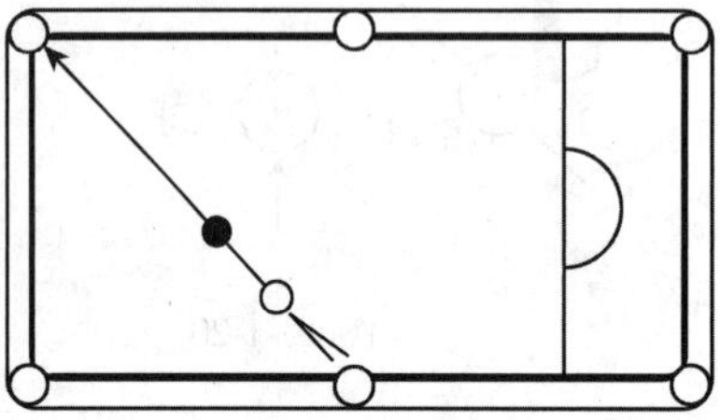

图 13-1-24

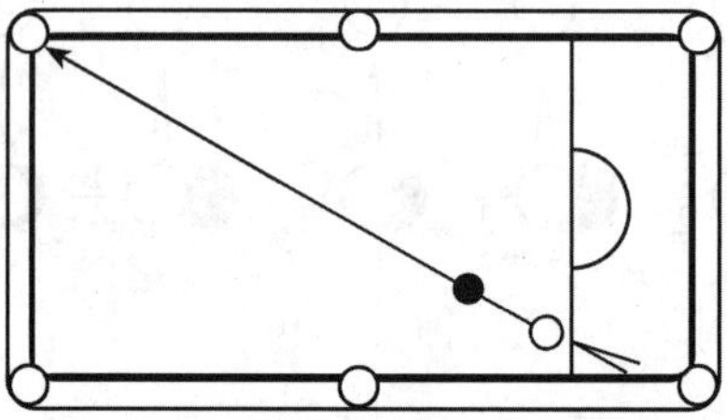

图 13-1-25

（4）远袋远距练习

在远袋近距离练习基础上，逐步过渡到将主球再向后移约 25 厘米，进行练习（图 13-1-26）。

（5）五分点直线球练习

练习时将目标球放在五分点上，主球放在开球区开球线附近，根据练习实际水平，可以将主球放在稍靠近目标球或稍远离目标球的位置上。并与目标球、袋口形成直线球。击主球中心点为主，结合中高、中低杆，撞击目标球入袋（图 13-1-27）。

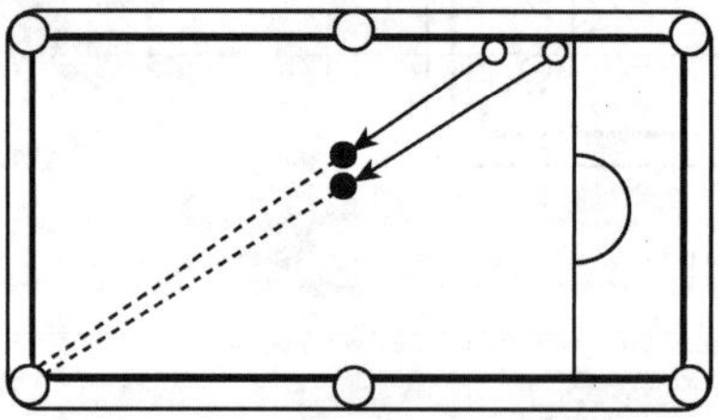

图 13-1-26

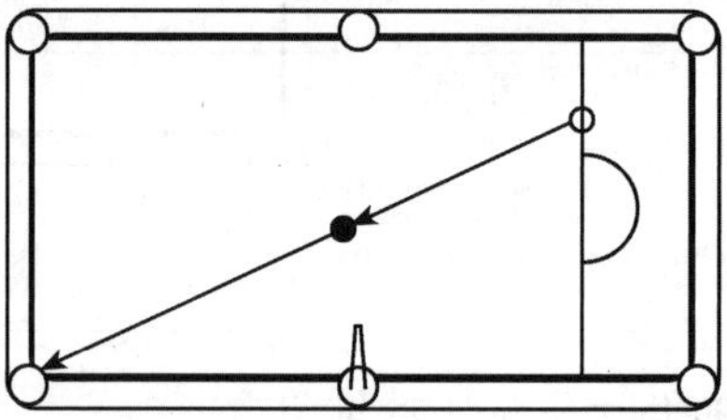

图 13-1-27

（6）库边直线球练习

目标球放置在离库边约半个球位的点上，主球置于其后 60～80 厘米以外，中杆击球入袋（图 13-1-28）。

（7）贴库直线球练习

目标球置于库边，主球也置于库边，中杆击球或用左偏杆击球入袋练习（图 13-1-29）。

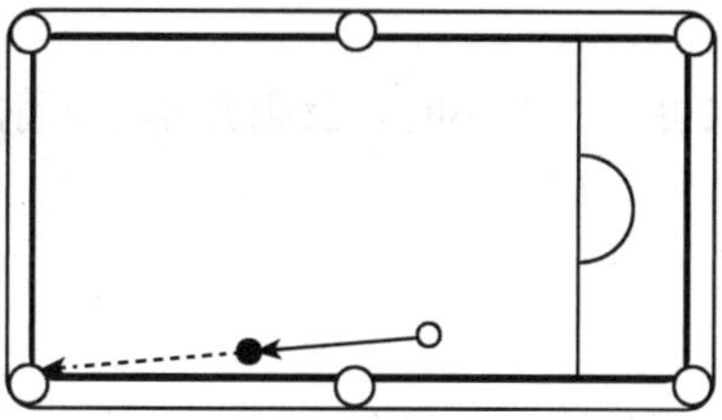

图 13-1-28

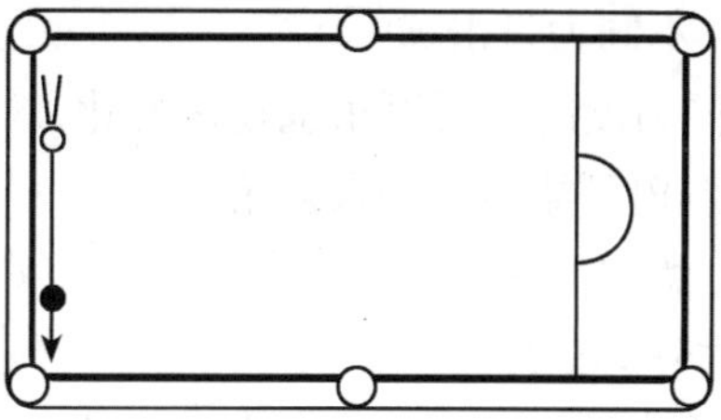

图 13-1-29

2. 偏球练习

（1）1/2 偏球练习。

练习时将目标球置于距脚袋 50 厘米处，将主球摆放在离目标球 50 厘米处并与目标球形成一定的角度。这个角度以主球击目标球 1/2 部位即可入袋为宜。当这一角度确定后，即可进行练习。必须击主球中心点，这时杆头与主球中心点构成的延长线正好与目标球体边缘点相交。可以此作为瞄准的参照点来调整，反复进行练习（图 13-1-30）。

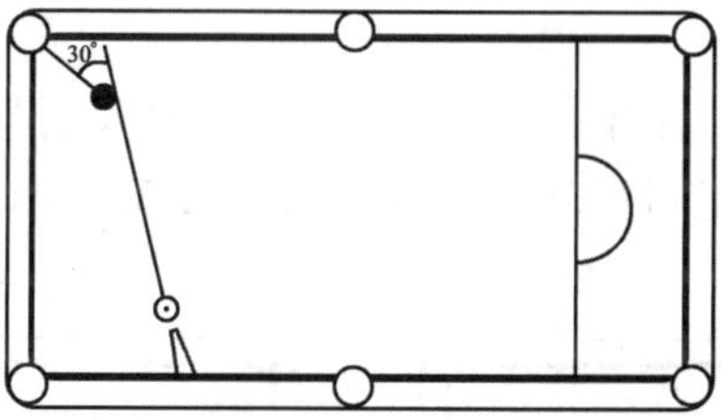

图 13-1-30

（2）1/4 偏球练习。

内容同上，只是将主球放置的位置与目标球构成大于 1/2 厚度的点上，进行稍加一点难度的练习。

五、球与台边

（一）击主球中心点

击主球中心点时，主球的入射角与反射角是相等的。这一原理是理解球与台边关系，提高击球有效性的前提。入射角等于反射角这一原理成立的条件是球杆必须击打主球的中心点。如果击打主球的其他部位，球的入射角与反射角就不等了。当然，在实战中，有时要利用这种不同来创造胜机。

（二）击主球中下点

当击主球的中下点时，反射角一般大于入射角。

（三）击主球左右侧

击主球的左、右侧时，反射角也是不相同的。左旋球碰台边后反射角小于入射角；右旋球碰台边后的反射角则大于入射角。

（四）不同力量击球

用不同力度时，反射角也随之变化。一般来讲，力度小时，反射角小于入射角；力度大时，反射角可能稍大于入射角。

（五）练习方法

1. 倒顶球练习

倒顶球练习的形式多种多样，但其原理是入射角等于反射角。练习时首先将主球放在腰袋侧上方处，用中杆击主球碰台边后的反射撞目标球入角袋（图 13-1-31）。

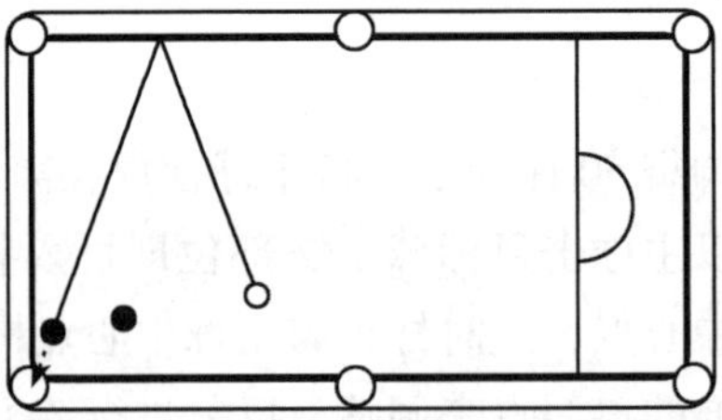

图 13-1-31

或放在开球区黄球点处，用中杆击主球，碰台边后反射目标球入腰袋。还可将主球置放在台边，纵向台主球倒顶碰目标球入角袋（图 13-1-32、图 13-1-33）。

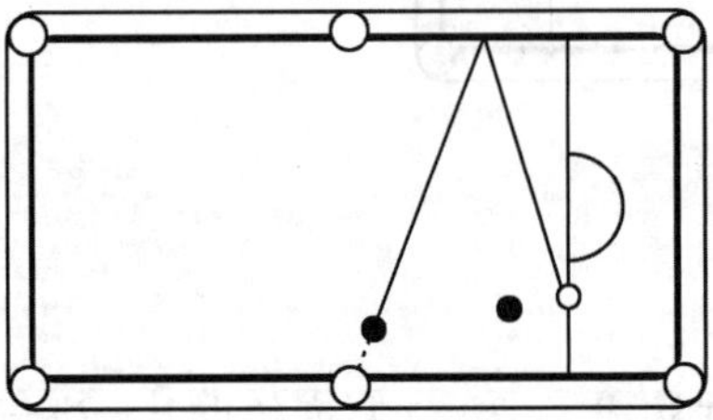

图 13-1-32

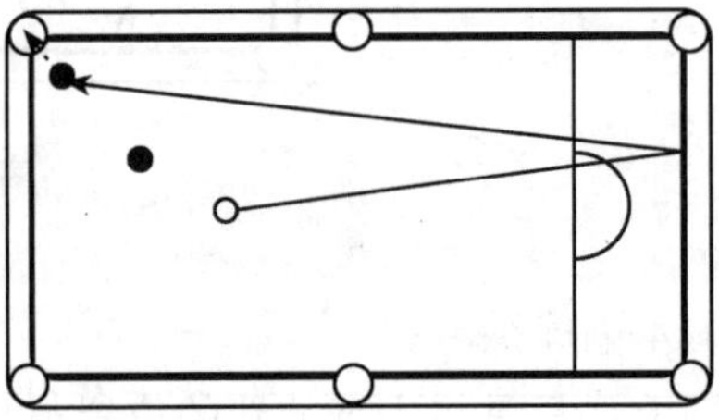

图 13-1-33

2. 直线反弹球练习

练习时可以将主球放在台中，用中杆击主球去撞击离台边约 15 厘米的目标球进中袋（图 13-1-34）。

也可以将目标球贴台边，用中杆击主球去撞击目标球反射入角袋（图 13-1-35）。

也可以将目标球放在顶岸贴边，用中杆击开球区附近的主球，并去撞击目标球反射入角袋（图 13-1-36）。

将目标球放在台边，主球距目标球约 50 厘米处并稍离台边一些，用中杆打主球，找好目标球的击球点。这时目标球要击得偏左侧一些，以保证入射角度能与反射角一致，保证目标球入袋（图 13-1-37）。

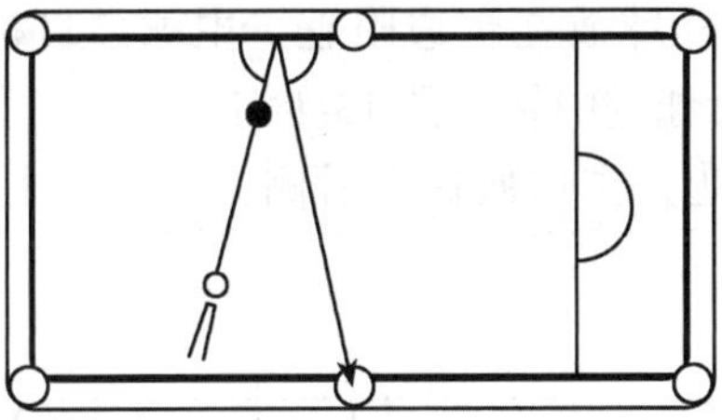

图 13-1-34

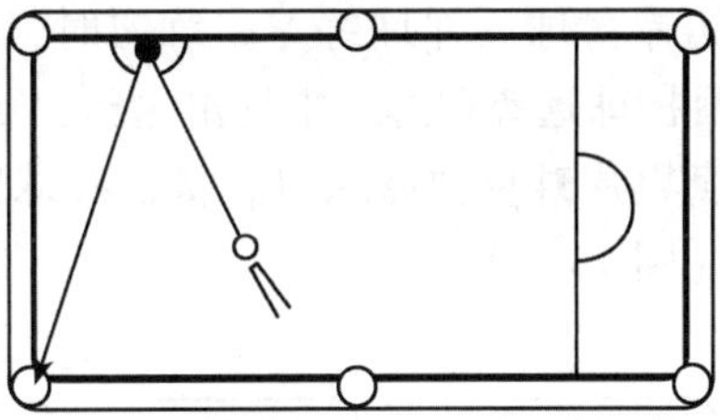

图 13-1-35

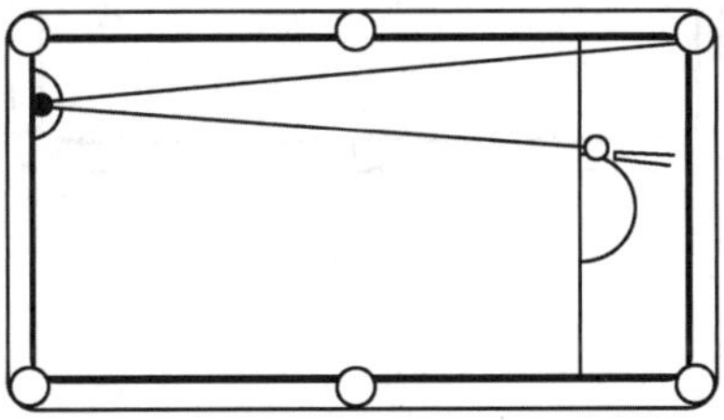

图 13-1-36

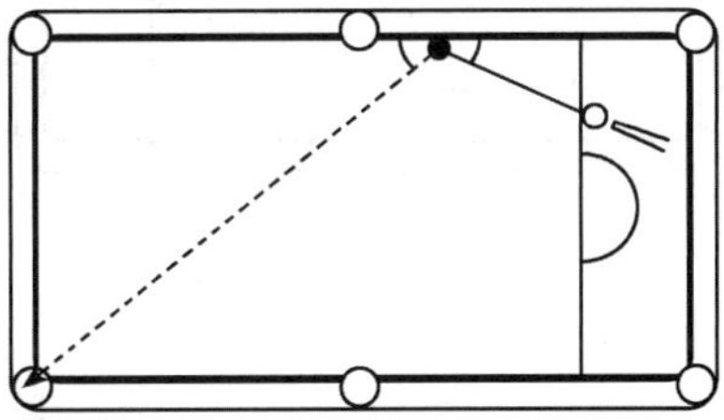

图 13-1-37

3. 非直线反弹球练习

（1）短岸小角度外直线反弹练习。练习时，将目标球置于离台边 15 厘米处，主球放在目标球后方偏内侧的约 50 厘米处，将目标球反弹入中袋（图 13-1-38、图 13-1-39）。

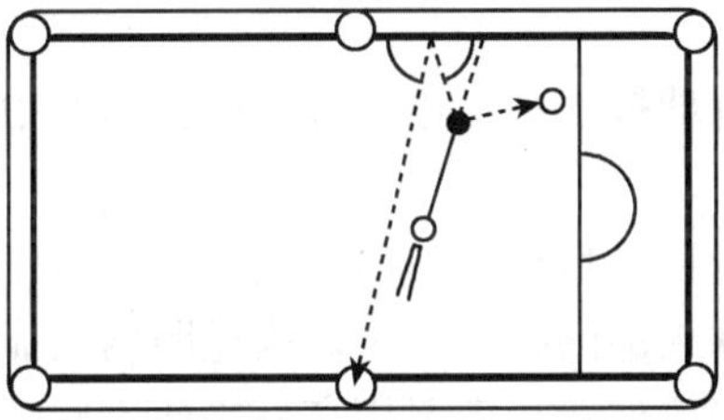

图 13-1-38

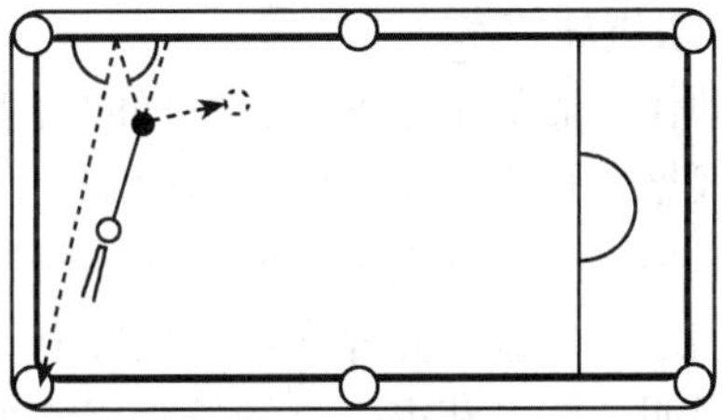

图 13-1-39

（2）长岸小角度反弹球练习。练习时，将目标球置于顶岸离台边约 15 厘米处，主球放在开球区附近，并与目标球近于平行，用中杆击主球，撞击目标球一侧，使目标球入射角与目标球入袋的反射角相同（图 13-1-40）。

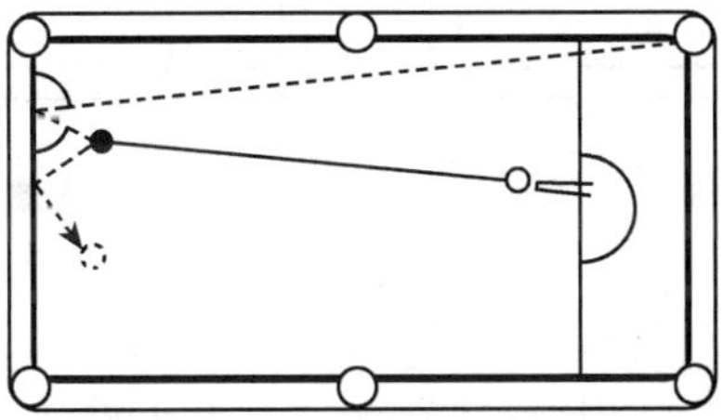

图 13-1-40

（3）近岸薄球反弹球练习。练习时，将目标球放在台边附近，主球离目标球 70 厘米，稍比目标球远离台边。中杆击主球，薄目标球进中袋（图 13-1-41）。

（4）薄贴岸球反弹球练习。将目标球贴台边，主球放在外后侧，中杆击主球薄目标球入中袋（图 13-1-42）。

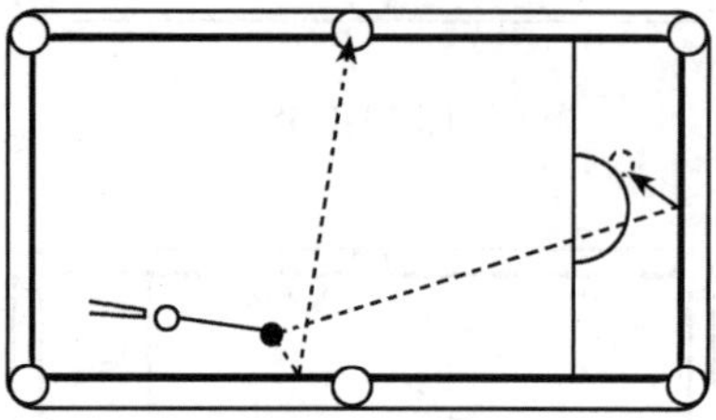

图 13-1-41

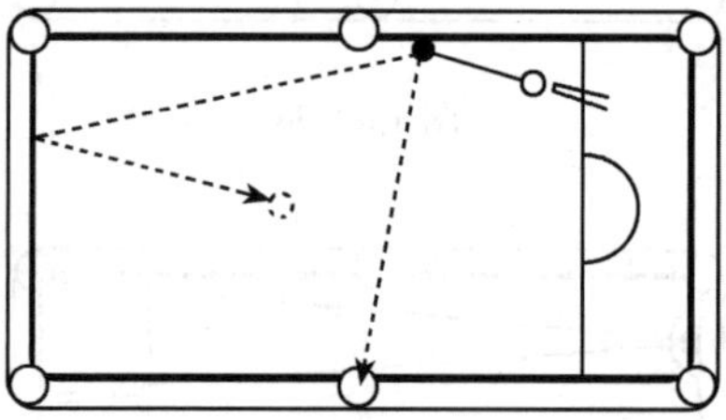

图 13-1-42

六、基本杆法及其运用

（一）推进球技术

技术动作：做好击球准备，后手握杆保持球杆水平，台球的中心点，力量不可太大太猛。

使用说明：为了使主球走到下一个目标球最好的下球位置，使若干个球构成一个清晰的便于击打走位的路线网，可能需要用一个推进球来确保走位的准确（图 13-1-43）。

（二）跟进球技术

技术动作：做好击球准备，握杆的后手保持球杆水平；用球杆击打主球的中上点；出杆的力量根据主球走位距离的长短而定。

技术效果：当主球以上旋的形式撞击目标球后，目标球向前行进，主球由于自身的上旋作继续随之向前进，并停在某一位置上。主球跟进的距离与主球推进距离明显要长。

使用说明：为了获得一个较长距离的主球走位位置，需要用高杆来使主球随击球方向跟进（图 13-1-44）。

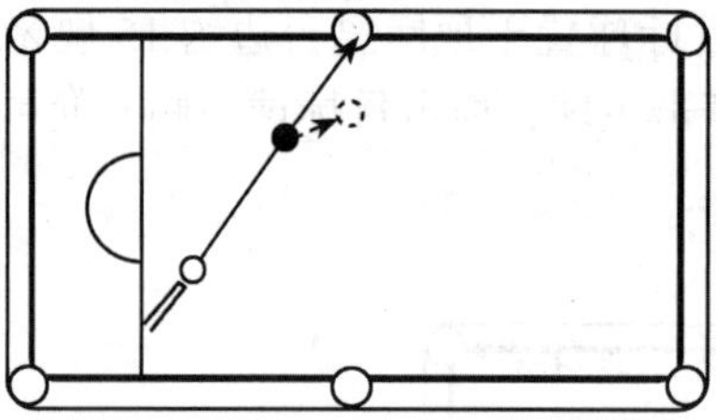

图 13-1-43

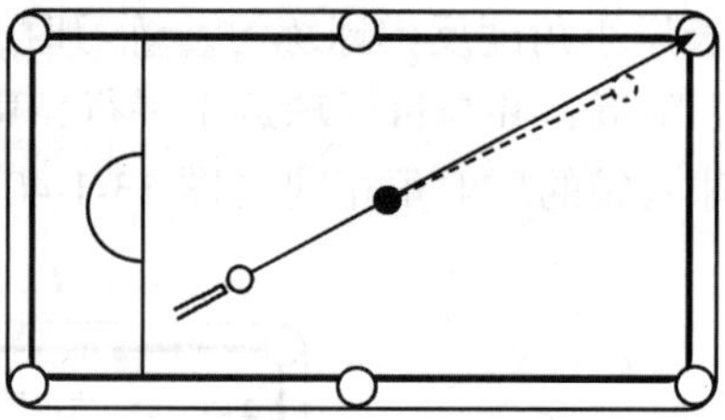

图 13-1-44

（三）定位球技术

技术动作：做好击球准备，球杆保持水平，击主球的中心点，出杆时要迅速有力，干净利落。对距离较远的目标球，可击主球的中心点稍偏下方，以确保主球的定位。

技术效果：中杆击主球，撞击目标球后，目标球向前运动，主球停在目标球原来的位置上。

使用说明：在实战中，有时需要使主球停在所击目标球的位置上，以便于击下一个目标球（图 13-1-45）。

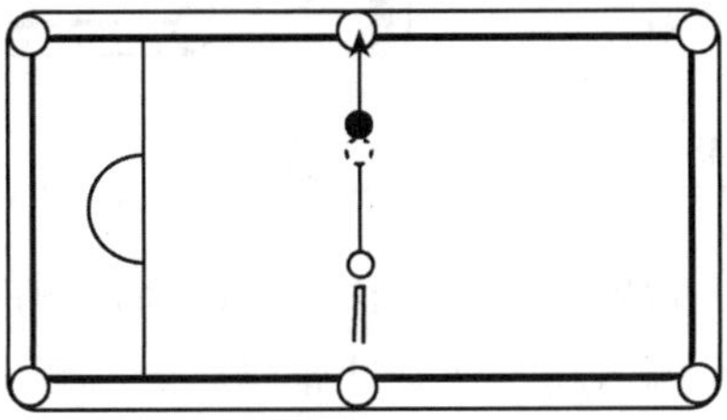

图 13-1-45

（四）缩杆球技术

技术动作：做好击球准备，架杆手尽量放低平些，球杆保持水平，击主球的中下点，出杆时要果断迅速，动作连贯协调。

技术效果：当用低杆击打主球时，主球便会随之产生急速的下旋，当与目标球相撞时，目标球向前运动，主球则借助其旋转向后运动。在同一力度下，由于主球和目标的距离不同，缩杆的效果也有所不同（图 13-1-46）。

使用说明：为了在击红球后，能有一个有利于连续击球的位置，以便使下球变得更简单，可以用一个低杆将主球缩回来（图 13-1-47）。

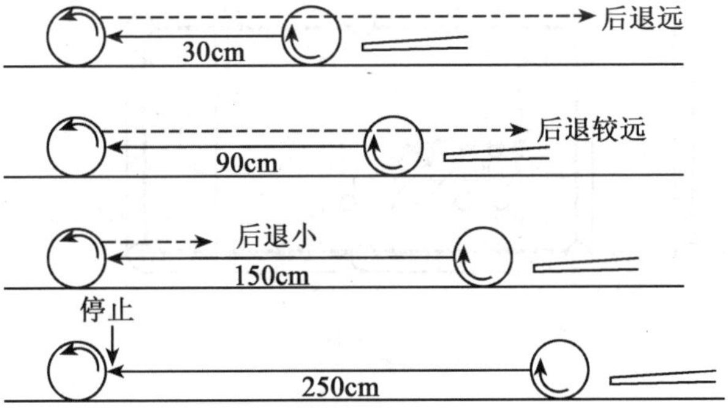

图 13-1-46

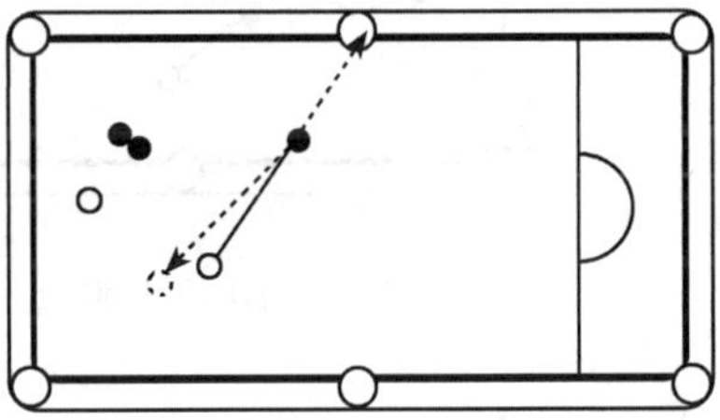

图 13-1-47

（五）侧旋球技术

技术动作：侧旋球就是球杆撞击主球的左侧或右侧使主球旋转并向前进。如果要使击出的主球直线前进，必须保持出杆时球杆前后基本是水平位置（图 13-1-48）。如果后手握杆较高，主球前进的路线成弧线状，并随后手抬高的程度使前进线路的弧度增加（图 13-1-49）。

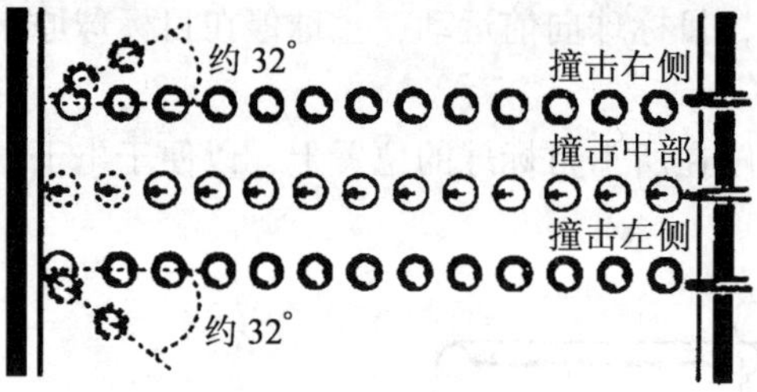

图 13-1-48

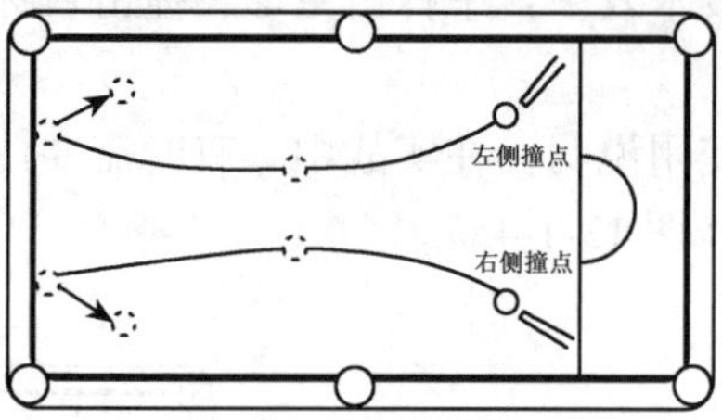

图 13-1-49

技术效果：侧旋球有左、右侧旋之分。撞击主球的左侧形成顺旋；撞击主球的右侧形成逆旋。顺旋球在碰岸后向左侧运动，逆旋球碰岸后向右侧运动。

另外侧旋球不仅是主球自身产生的效果，它还会将它的旋转效果传递给被它撞击的目标球，引起目标球的反旋转。

使用说明：台球击球技术所要达到的目的有两个，一是将目标球击入球袋；二是使主球行进到对下一次击球有利的位置上。

（六）基本杆法的练习方法

1. 推进球技术练习

（1）全球推进球练习。

在台面一侧，放三个目标球，用中杆轻推主球，依次将三个目标球撞击入袋。练习时可以有两种要求：一是每推进一个球，可以用手将主球重新放在下一个目标球的合适位置上，二是力求使主球都能走到准确的位置上，保证用全球推进目标球（图 13-1-50、图 13-1-51）。

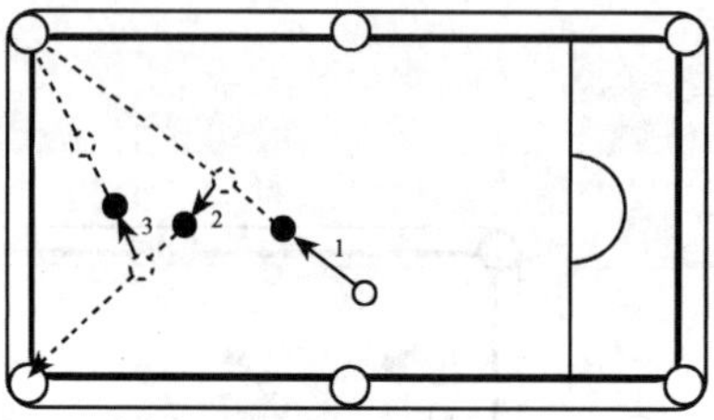

图 13-1-50

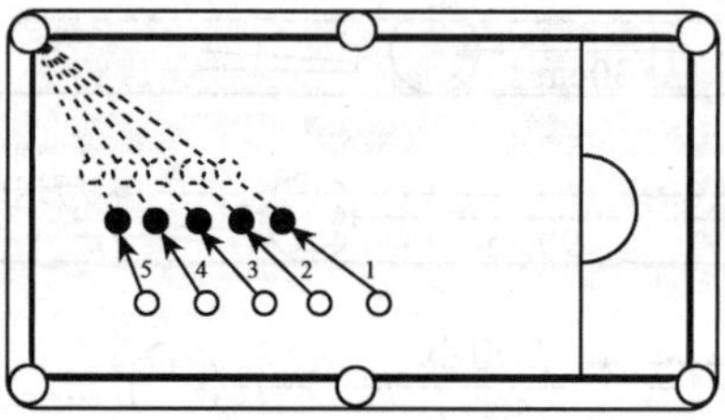

图 13-1-51

（2）偏球推进球练习。

练习时，先将目标球在球台一侧成不规则三角形分布。用中杆击主球撞击目标球约 3/4 处，力度要轻，找好下一个目标球所必需的偏球角度，使主球有走位的角度（图 13-1-52）。

2. 跟进球技术练习

（1）全球跟进练习。

目标球放在开球线前，主球在目标球后约 35 厘米处，直线对准球袋，另一目标球在中袋附近。中高杆击主球，撞目标球入角袋，并跟进至位置 2，再用中高杆打主球撞击第二个目标球，如此反复练习（图 13-1-53）。

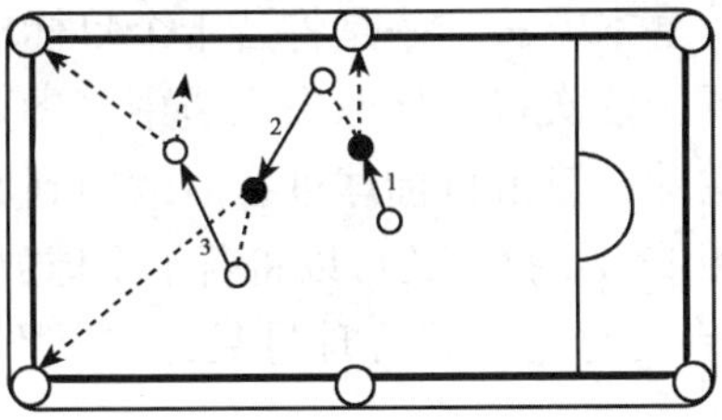

图 13-1-52

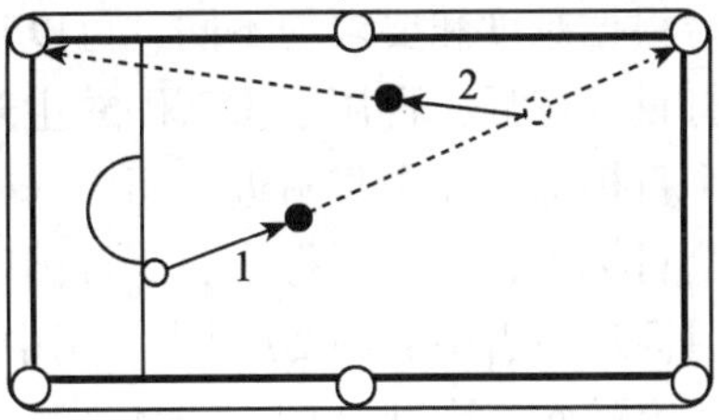

图 13-1-53

（2）偏球跟进球练习。

目标球位置基本同上，主球位置稍偏左一点，用中高杆击主球撞击目标球 3/4 处，使目标球入袋，主球稍向右侧分离并向右侧前方跟进。然后再用 3/4 偏球击打第二个目标球，如此反复练习（图 13-1-54）。

目标球、主球位置见图 13-1-55，用中高杆击目标球，主球停止的位置在 1 点上；加大些力度，主球的停止点在 2 点上；再加大些力度，主球则停止在 3 点的位置。可以通过这个练习来学习和掌握偏球跟进时，不同力度对走位的影响。

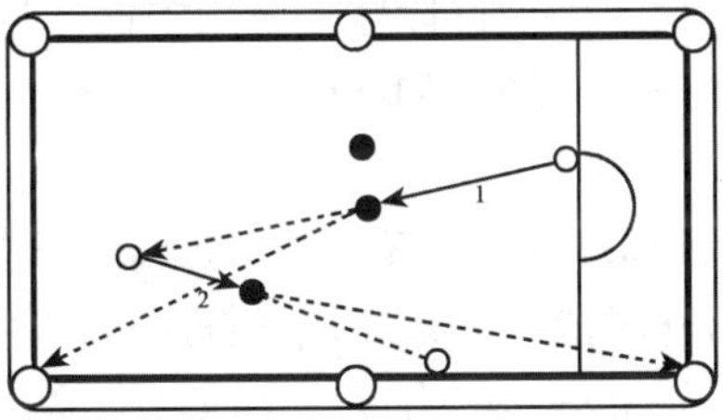

图 13-1-54

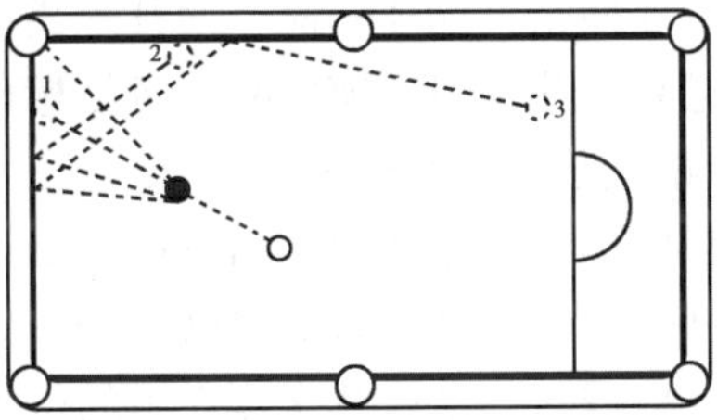

图 13-1-55

3. 定位球技术练习

以全球撞碰的方式用中杆击主球。练习方法可采用将目标球排一排，每台一次目标球，用手重新码放主球在下一个目标球合适位置上，依次进行（图 13-1-56）。还可采用 4 个目标球交错排列成两行，由中袋打起到角袋结束，如此反复练习（图 13-1-57）。

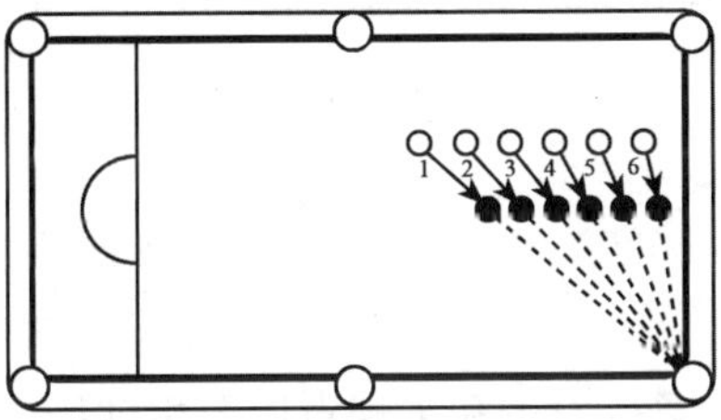

图 13-1-56

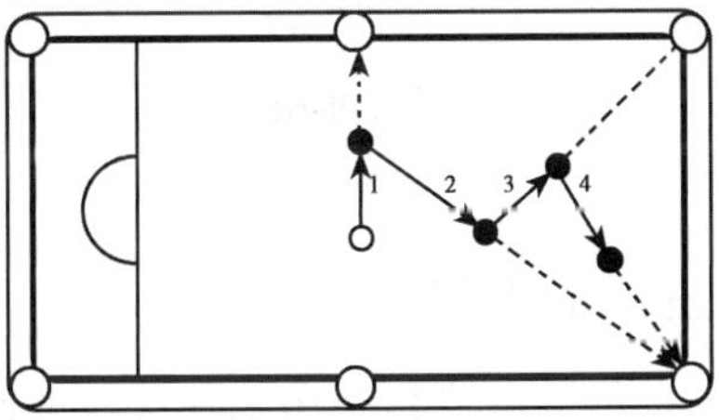

图 13-1-57

4. 缩球技术练习

（1）全球缩球技术练习。

练习时根据难度和要求的不同，可以有两种基本方法。一是将若干个目标球排一排，用主球击打目标球后，再用手重新码放主球位置，依次将目标球击入袋中（图 13-1-58）。二是将三个目标球放在中袋附近，用中低杆击主球，撞击目标球进袋后缩回到原置球位，再打第二个目标球，然后再打第三个目标球（图 13-1-59）。还可以将若干个球放在台中袋的一侧，目标球对着中袋约 20 厘米，用中低杆台主球撞击目标球进袋，并以不同力度来找准排在边上的每一个球（图 13-1-60）。

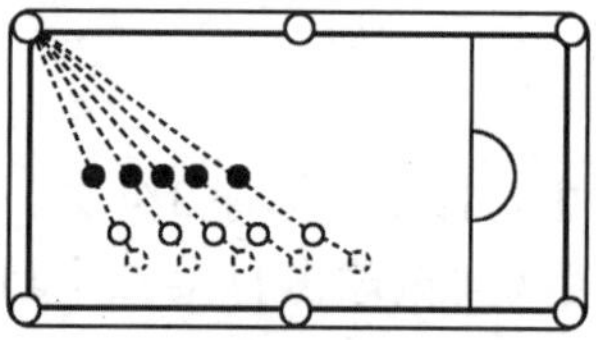

图 13-1-58

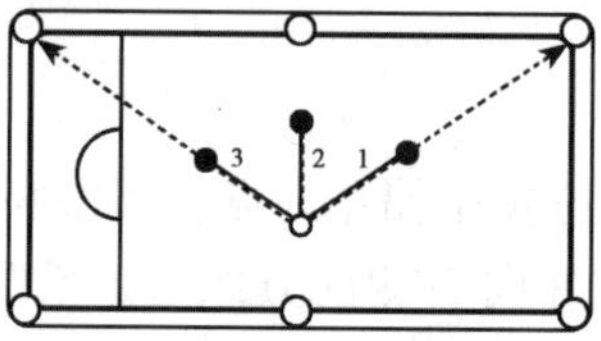

图 13-1-59

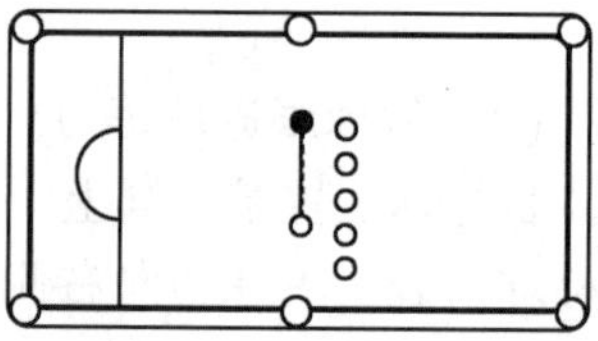

图 13-1-60

（2）偏球缩球技术练习。

练习偏球缩球技术时，可将三个目标球在两个中袋中间处码成有一定间隔的一排。用中低杆击主球撞击目标球一侧，使其入袋后走位至下一个目标球，再用中低杆打，直至全部目标球进袋。注意偏球缩球时，打目标球要厚一些（图 13-1-61）。

（3）缩球技术综合练习。

放置目标球和主球如图 13-1-62 所示。这时目标球和主球有一定的角度。这个角度是为了用缩杆时，主球能从右侧稍微绕开，以便出杆时能充分地完成球杆跟进。用中低杆中等力度击目标球后，主球就会停在 1 的位置上；如果再加些力度，主球就会停止在 2 号位和 3 号位上。

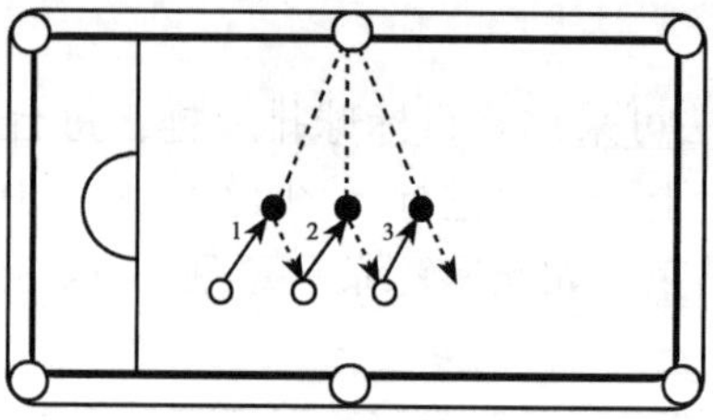

图 13-1-61

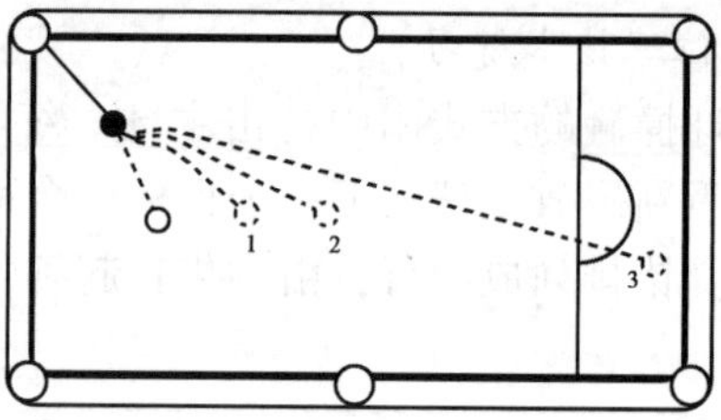

图 13-1-62

七、主球的控制

主球的控制，就是指运用某种技法击球时，通过力量和击球点以及主球撞击目标球的厚薄，来达到预想的行进路线和主球将停止的位置，以赢得更多的胜机。

（一）力量控制

力量控制的方法，主要是通过以下途径来实现：

（1）根据打击主球不同力量的要求，主要在拉杆上做出相应的调整。轻力击打主球，拉杆可以短一些；大力击打主球，则拉杆可以长一些。这是以拉杆距离进行调节为主的一种力量调节途径。

（2）可以用增加肌肉发力，即不明显增加拉杆距离，只通过在相对固定的拉杆距离内明显加强出杆力量来调整击打主球的力量。

（3）第三种途径则为混合式的。既有相应的拉杆变化，也有相应的出杆力量变化，来对击球力量进行控制。

（二）位置控制

位置控制是指在击打全球撞击目标球时，通过杆头击打主球的不同击球点，撞击目标球不同部位，以及使用不同的力度，来实现对主球行进路线和走位的控制。

决定主球走位的好坏有三个因素：

（1）主球的击点；

（2）目标球的撞击部位；

（3）出杆的力度。

（三）走位练习方法

1. 主球走位线路练习

这个练习的主要方法是用高杆、中低杆和低杆击主球，撞击目标球入中袋（图 13-1-63）。可以用这个方法反复练习，熟悉不同杆法对主球走位路线的影响。

2. 主球走位练习

练习时将主球、第一目标球和预备走位各点上放置若干目标球，如（图 13-1-64）所示。用中高杆击主球，撞击目标球后，主球走位至 A；通过加大击球的力度方式，使主球走位至 B、C、D 的位置上，如此反复进行练习（图 13-1-65）。

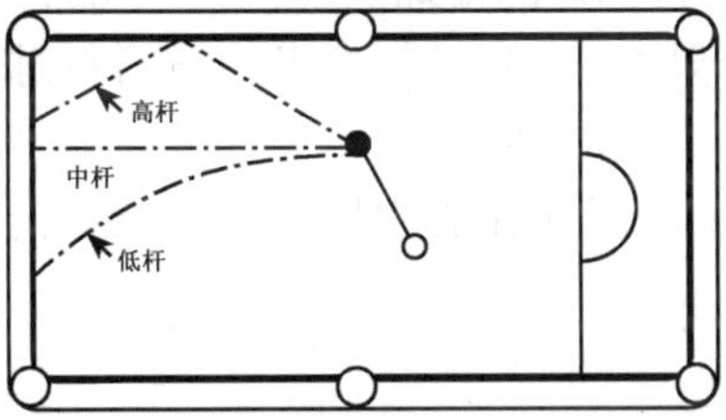

图 13-1-63

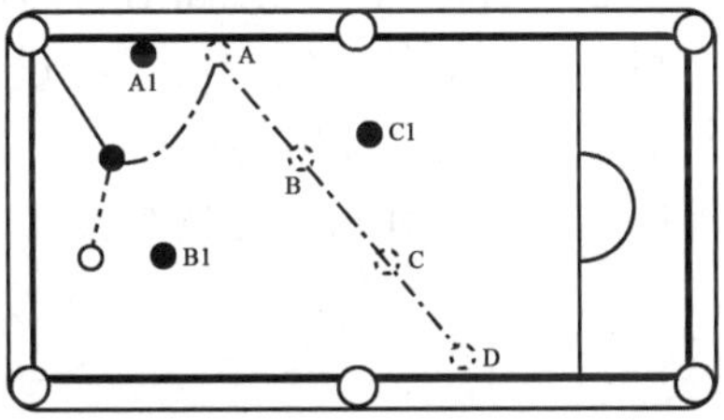

图 13-1-64

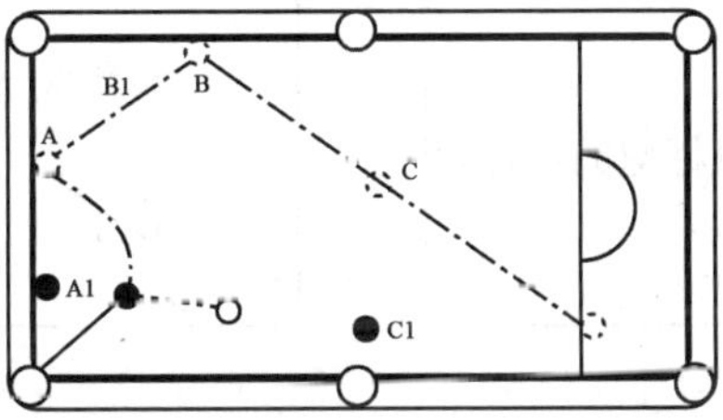

图 13-1-65

八、瞄准方法

我们提出的瞄准方法，是包括了台球中围绕着使目标球落袋的一切瞄准工作。一般来讲，在击球前首先要做的事是走到目标球附近，看着目标球的下球行进路线，再看一下目标球的下一球击点，并确定瞄准点，最后需要做的就是去击打主球，来完成击目标球落袋的要求。

（一）目标球线路的确定

（1）确定目标球进哪个袋更为有利。

（2）确定目标球的中心点和袋口中心呈一条直线，并没有其他球影响整个球体顺利进袋（图 13-1-66、图 13-1-67）。

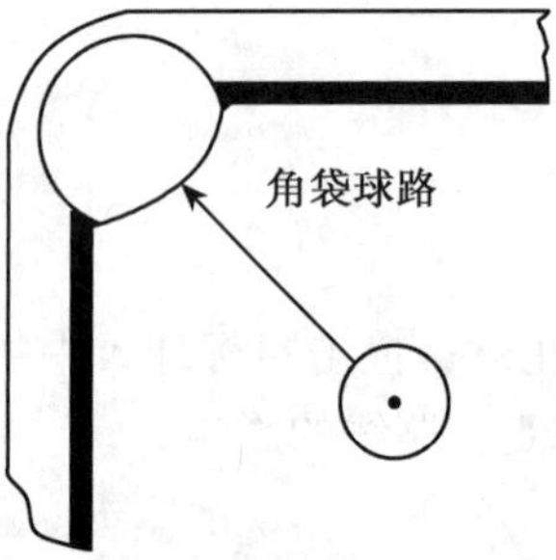

图 13-1-66

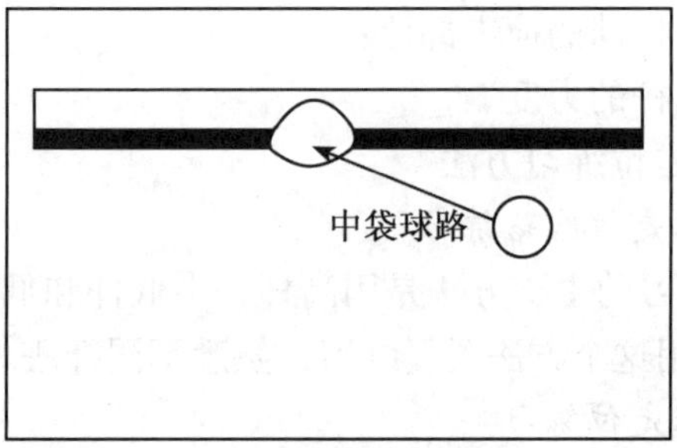

图 13-1-67

（二）目标球击点的确定

（1）在确定了目标球下球线路后．即可确定目标球的击球点（图 13-1-68）。

（2）由目标球所对的球袋中心，经过目标球中心点延长，这条线与目标球球体外线相交，这个相交点便是目标球的台球点。

（3）可以先用球杆在目标球的台点上瞄一下，以便在心中留下一个清晰的目标球台点的印象。

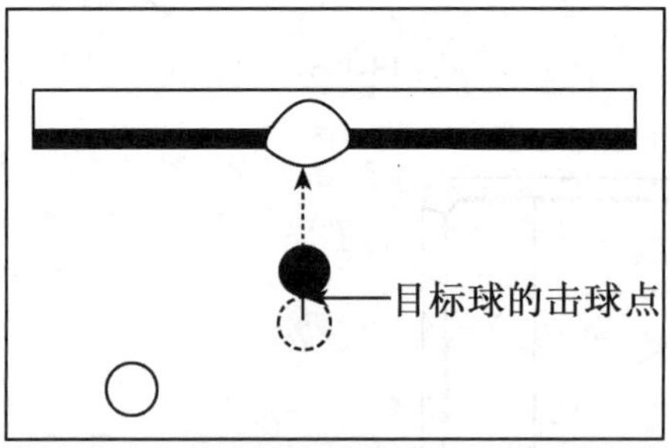

图 13-1-68

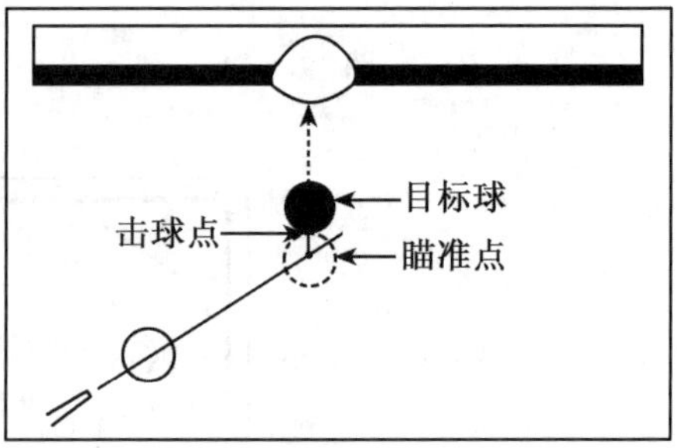

图 13-1-69

（三）瞄准点的确定

（1）目标球上的击点确定后，接下来便是要确定目标球的瞄准点。

（2）从目标球的击点向后再量出一段与球体半径相等的长度，这个半径长度的最远点，就是瞄准点（图 13-1-69）。

（3）主球的位置在目标球中心与袋口中心点直线的延长线左、右两侧的 90°范围内。只要瞄准点不变，在此范围都能将目标球击入球袋。

（四）撞击目标球

在准备击目标球入袋前，眼睛可在主球和目标球之间瞄视，以确定预想好的下球点，在最后出杆时眼睛应看着目标球。

开始练习时，可以使主球和目标球之间的距离近一些，以便目标球的击球点和瞄准点能看得更准确。开始练习时，尽量打较厚的偏球，如 1/2 厚或 3/4 厚的偏球。另外，可以把目标球上的击球点用粉笔做一个记号，把目标球在台面上的瞄准点也用白粉笔做一个记号，以便于加深印象，提高练习效果（图 13-1-70、图 13-1-71）。

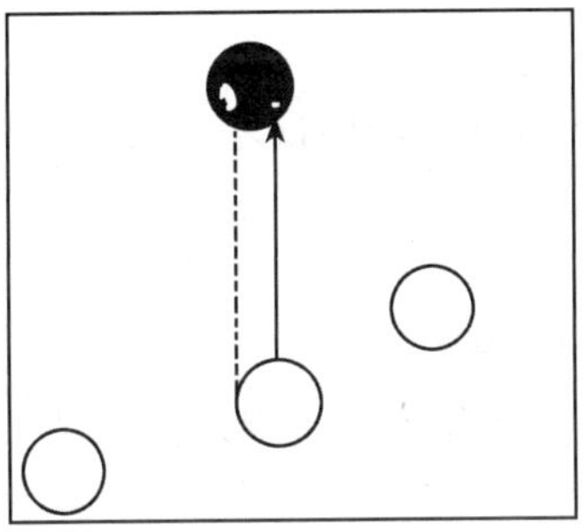

图 13-1-70

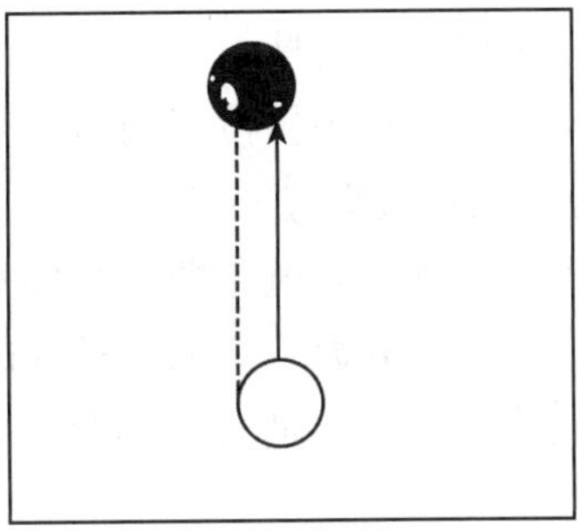

图 13-1-71

台球基本竞赛规则

斯诺克台球竞赛规则简介

（一）斯诺克台球标志

1. 开球线和开球区

平行于底岸，距底岸内沿 70 厘米，相交于两边岸的一条平行直线为开球线。并以开球线中心点为圆心，以 29. 2 厘米为半径，向底岸方向画出的与开球线组成的半圆形区域为开球区。

2. 置球点

台面上共有 6 个置球点。

黄球点（2 分点），位于开球区与开球线的右交点上。

绿球点（3 分点），位于开球区与开球线的左交点上。

棕球点（4 分点），位于开球区半圆的圆心点。

蓝球点（5 分点），球台两条对角线的交点。

粉球点（6 分点），两腰袋和两顶袋组成的对角线的交点。

黑球点（7 分点），台面的纵向中轴线上距顶岸的垂直距离为 31. 8 厘米处的点。

3. 红球区

位于粉球点和黑球点之间，顶角和粉球接近而不相贴的一个正三角区域。

（二）球的位置

白色球为主球；

红色球 15 个，每个球分值为 1 分；

黄色球 1 个，分值为 2 分；

绿色球 1 个，分值为 3 分；

棕色球 1 个，分值为 4 分；

蓝色球 1 个，分值为 5 分；

粉色球 1 个，分值为 6 分；

黑色球 1 个，分值为 7 分。

（三）开球

开球必须使主球击中红球。

开球如发生违例，犯规，按规则罚分，由对方获得击球权。

（四）计分方法和最高分

选手按规则击进球的分值，即为所得的分数。

选手因犯规被罚的分数，应加在对方选手的成绩上。

选手中局认输，对方球是已有的分数应再加上台面上所剩球的分值（每个红球按 8 分计算）。

斯诺克一杆最高得分为 147 分。

（五）比赛方法

主球必须先击活球，且本球不得落袋。

非活球不得落袋。

活球是所有红球在全部离开台面之前，均为活球。击入袋中的红球不取出。当红球全部击入袋中后，台面上的活球按分值大小排定，依次为黄色球、绿色球、棕色球、蓝色球、粉色球和黑色球。此时未入袋中的彩色球不再取出。

击一红球后，选手可任选一彩球为活动球。彩球一经指定不得更改。击落的彩球在下一台之前应由裁判员取出放回置球点。

当台面只剩下黑球时，击球入袋或犯规受罚都会使比赛结束。

这时如双方比分相等，则：

重新放置黑球，进行决胜局比赛；

双方选手以掷币方式决定比赛顺序；

开球应从开球区内击出主球；

无论谁台球入袋或犯规受罚，都使比赛结束。

选手解障碍球时，要有明显的合理的救球趋势，否则，在被判犯规罚分的同时，对方选手可以要求将主球放回原来的位置，让犯规方重打。

台面上的球被击出界或者球落袋的同时犯规，主球将手中球放回开球区，红球不再取出，彩色球一律放回置球点。

（六）手中球

主球被击出界或自落，应判手中球，由对方获击球权。

手中球只能摆放在开球区内的任一点上，并击任何方向的活球。

（七）跳球

将主球击成跳球时，应判犯规。当主球有跳动而没有越过任何球体，先击目标球后，再跳过其他球体时，不算犯规。

（八）自由球

一方犯规后主球变成“死角球”或造成障碍球时，应判为“自由球”。

非犯规球员上场击球时，可以指定任何一个球作为目标球，击落自由球，按活球分值计算，并将自由球取出放回置球点。非犯规方也可让犯规方继续击球。

（九）犯规及处罚

击球者发生以下情况之一者均被判为犯规，应罚活球的分值，小于4分的按4分罚，大于4分的按分值罚：

球未停稳即开杆击球；

击球时杆头触台主球两次以上；

击球时双脚离地；

击球时推杆；

击成空杆或主球自落；

用自由球作障碍球；

手中球未放在开球区内开球。

下述犯规者，应判罚活球和有关球中的最高分值（小于4分罚4分，大于4分罚自身分值）：

使非活球被击中或落袋；

选手在击球时服饰、身体、球杆等触动球；

未成跳球或击球出台；

主球同时撞击两个球（同时击两个红色球或一个自由球和一个活球除外）。

下列犯规行为，一律罚7分：

击红球入袋后，尚未指定彩球就犯规了；

使用台内的球达到一定目的；

连续两次都未打红球；

用非主球作主球。

第二节 保 龄 球

保龄球运动概述

保龄球，也叫地滚球，Eh英语“Bowling”的半音半意翻译而来。球体形状如排球。打保龄球是一种在专用的球道上滚球撞击前方木瓶柱的室内运动，也是一种室内游戏。

古代保龄球最初起源于宗教而不是运动。据传，在中世纪前期欧洲的一些地方，天主教在教堂的走廊安放木柱，象征异教徒和邪恶，当他们认为遭遇不幸时，就用石球滚击木柱，只要击倒木柱就可以驱除邪恶，赎罪消灾。它后来逐渐发展为运动项目和游戏形式，从教堂传到民间，先在欧洲流行，以后又传入美国和亚洲。那时作为撞击目标的瓶柱，采用的是九瓶制。到 18 世纪，美国人在九瓶的基础上增加一个瓶，形成了今天世界公认的十瓶制，打保龄球也被列为体育运动的比赛项目。

保龄球运动有很强的趣味性和吸引力。它的整套动作，文明高雅，注重礼仪，体耗少，很安全，既锻炼身体，又有利于社交。从普及的角度看，它的最大优点是不受年龄和性别的限制，社会各层面的“保龄”爱好者都可以参与。特别是从事脑力劳动的人，长时间工作之后，打几局保龄球，自娱自乐，舒展身心，达到一种更为放松休闲的境界，对恢复精力、消除疲劳、提高工作效率，很有好处。

保龄球在我国是一个新兴的运动项目。近几年，一些沿海开放城市和内地大城市都相继建起了保龄球馆，每天向国内外保龄球爱好者开放，深受欢迎。但由于场地有限，常常满足不了众多保龄球爱好者的需要。目前，有不少青少年深深迷上了这项运动，发展势头很好。为了推动这项运动的开展，1984 年国家体委决定把保龄球列为全国比赛项目，1985 年 5 月，成立了中国保龄球协会，将保龄球运动纳入了正轨。

保龄球基本技术

打保龄球的一般要领比较容易学，但真正打得好，出球全中，可就不那么简单了。从握球、推球、摆球、滑步出球直至出球后的延伸动作，都有一套科学严谨的方法，一个环节把握不好，整局球就打不出水平。因此，初学者必须从打球的基本方法开始学起。

一、握球方法

击球前，首先要选一个适合自己的球，主要是重量和指孔，中指和无名指先放入孔内，然后，大拇指再放入拇指孔内，掌心尽量贴住球面，拇指的孔以能自如地转动为适宜。

根据不同的打法，有三种不同的握球方法。

1. 两节握法

中指、无名指孔与拇指孔的距离相对短一些，三个手指插入孔中，手掌与球面贴住后，中指和无名指与两个指孔正好扣在手指的第二关节。

2. 一节半握法

握球后，中指、无名指入孔为第一关节与第二关节的一半。

3. 一节握法

握球后，只将中指、无名指的第一节插入孔中。这种握法适合有一定球龄及经验的球员采用（图 13-2-1）。

不同的握球方法，击出的球会产生不同的运行轨迹。特别是第三种，应在专业人员的辅导下练习。

二、站位

助跑有三步、四步和五步的助跑法。一般采用四步助跑法。助跑前应先找到助跑的起点。确定起跑点的方法是：练习者站在第 15 或第 17 块板上，离犯规线 7 厘米外，面向底线，向前走四个自然步，再加上半步（滑步），然后转身 180°，面向球道，经反复练习，此处就是四步助跑的起点。

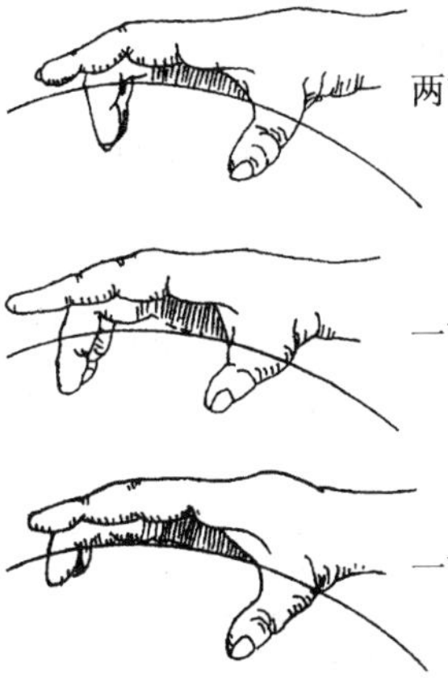

图 13-2-1

确定站位后，站在起步点上，两脚稍分开，左脚稍前，右脚稍后，脚尖向前，排除杂念，全神贯注，准备投球。

三、助跑

现以四步投球法为例，阐述步法技术。

第一步：右脚向前迈出一步，步幅稍小，速度稍慢。

第二步：左脚迅速跟上一步，步幅比前一步稍大些，速度也稍快些。

第三步：右脚迈出，步幅稍大，速度稍快。

第四步：左脚迈出，速度加快，并随着左脚冲力，向前自然滑动约 20～30 厘米，至越界线 7 厘米左右处制动。此时，左脚内侧必须仍在第 17 块木板边线上。

助跑时，身体稍前倾，脚步要稳定，保持身体平衡。特别指出的是要使每一步的脚尖都对准标示点。

四、摆荡——握球摆臂

进行时，两手同时把球向前下方（45°）推出，至手臂伸直。随后右手在球的重力作用下向下摆动（这时左手已离球），接着后摆至肩平，继而向前回摆。这是一个连续的摆动运动。

摆臂是保龄球运动中一个十分重要的技术，进行时，必须遵循以下原则：

（1）必须以肩为支点，手臂伸直。

（2）振摆运动要以“球带臂”，切不可强制性用力。

（3）振摆时，手臂的运动必须在地面的垂直面上进行。

（4）振摆速度必须与自然步相配合，并使之达到高度的协调。

五、放球技术

球回摆时，手臂和手腕不做任何人为的转动，当球回摆至左脚内侧时，拇指退出，中指和无名指向上钩提后脱出，将球推出离手而去（图 13-2-2）。

六、综合性练习：四步投球法

根据寻求起步点的方法，站在起步点上，做好心理和生理上的准备。

（一）第一步：向前推球

1. 技术要求

身体稍前倾，重心移至左脚，两手向前推出，同时右脚向前迈出一步，步幅宜小，速度稍慢。此时，在重力作用下，球向前下方摆出。手臂力求自然，手腕伸直，并有弹性，身体保持平衡（图 13-2-3）。

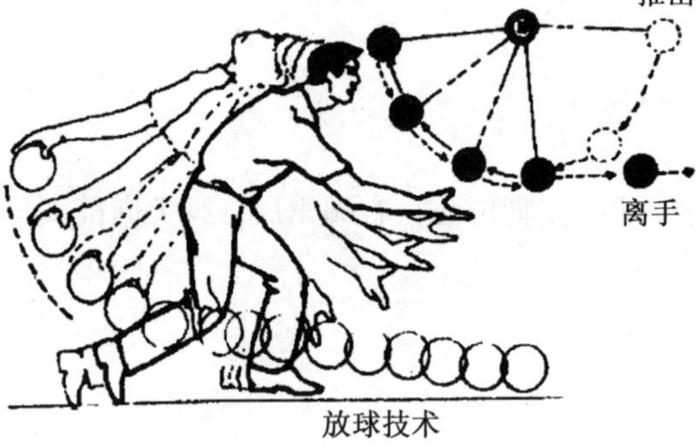

图 13-2-2

图 13-2-3

2. 练习方法

（1）徒手练习；

（2）持球、在身体前相应处放一标志物，进行练习；

（3）对着镜子（或侧向镜子）练习。

（二）第二步：垂直下摆

1. 技术要求

当球推出后，右手在球的重力作用下自然下摆，同时左脚迈出一步，步幅比第一步稍大，左臂自然外展，右臂下摆到与肩部成垂直部位时，完成第二步（图 13-2-4）。

2. 练习方法

（1）身体侧向靠近墙壁，做摆臂练习；

（2）正面或侧面对着镜子练习。

（三）第三步：后摆

1. 技术要求

在惯性作用下，球由下摆转为后摆，后摆高度不超过肩平。此时，右脚以稍大幅度迈出，速度加快，并使右肩、球、右脚几乎在同一垂直面上。左臂继续顺势外展，以保持身体平衡（图 13-2-5）。

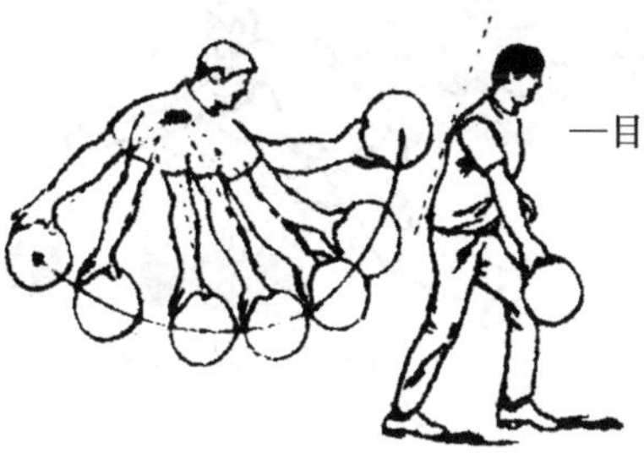

图 13-2-4

图 13-2-5

2. 练习方法

（1）同第二步练习方法；

（2）练习者后面放一标志物，要求后摆时将球击到标志，或站一人予以暗示。

（四）第四步：向前垂直回摆——放球

1. 技术要求

球在重力作用下向前回摆，身体自然前倾，同时迈出左脚，速度加快，并使左脚以惯性力向前滑行半步，至离犯规线 7 厘米处，以脚跟着地制动；左膝深屈，形成屈俯状；此时球已回摆至左脚内侧，所有力量积蓄达到最大瞬间，以爆发力将球推出。球推出时，手腕不做任何转动动作。大拇指先行脱出指孔，中指、无名指紧接着向上钩提后脱出指孔（图 13-2-6）。

球出手后，右臂顺势向前上方摆起，右手像和对方握手一样，左臂同时继续外展（图 13-2-7）。

与此同时，还必须做到“一保持”和“四看清”。“一保持”即保持投球后手臂延伸姿势。“四看清”即看清球是否通过“△”号目标箭头，看清球的运动路线，看清球是否进入①~③号瓶位的角度，以及检查左脚所处的位置。

2. 练习方法

（1）两人面对面相距 5~8 米，单膝跪撑，按摆臂要求，做放球练习。

（2）侧向与墙壁平行站立（左臂在外），右臂在条件作业下进行摆臂放球练习。

第四步：前摆放球

图 13-2-6

“四步助跑法”整体图解

图 13-2-7

七、学练投球四步曲

（一）第一步：熟练直线球

投直线球时，球员站在第 27 块木板的边线上，与犯规线成 90°角投球，球应当落在第 20 块木板上，通过“△”号目标箭头，直射①号瓶（图 13-2-8）。进行时，要求做到助跑平衡，球落点准确，球路直。这样可将①号瓶击中。但是球在运行中，还会受到多种因素的影响，如果球偏右，即能进入①～③瓶袋，偏左则进入①～②瓶袋，因而有可能发生连锁反应，将瓶全部击倒。

（二）第二步：掌握斜线球

所谓斜线球，它相对于直线球只有一个角度的关系，实际上是有角度的直线球。

投斜线球，是沿左脚内侧线站立在第 21 块木板边线上，把第 5 引导标点作为球的落点，以△号目标箭头为基准，这样就形成了一个“入射角”，使球有可能进入①～③瓶而获得全中机会。它在理论上和实践上比直线球前进了一步（图 13-2-9）。

（三）第三步：学练钩球

钩球技术相对比较难，所以只有当前面两种手法学会以后，才可学习钩球。钩球是由于球在出手时，手指的提钩动作所引起球的曲线走向。其中包括自然曲线走向和短曲线走向两种。

（1）自然曲线走向：即当球进入球道，运行到距瓶台 10～15 米处；拐弯成钩形路线，使球进入瓶袋。

（2）短曲线走向：球在球道上大部分行程是直线，运行到离①号瓶 5～10 米处，产生急转弯，形成钩形路线，使球进入瓶袋（图 13-2-10）。

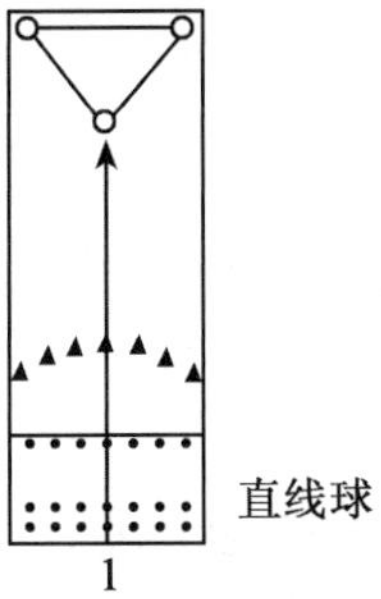

图 13-2-8

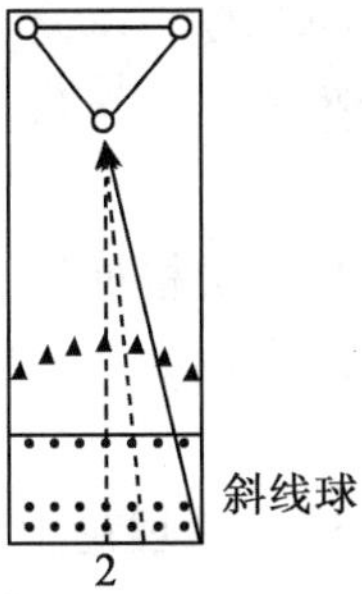

图 13-2-9

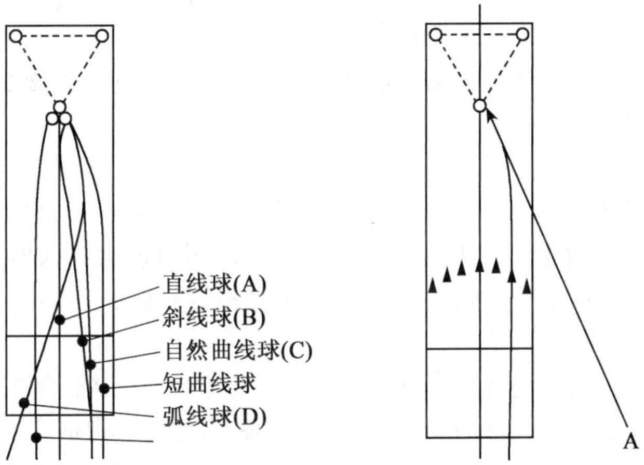

钩球(自然线球和短曲线球)

图 13-2-10

（四）学习弧形球

弧形球的投法和钩球基本相同，但球所走的路线不同。弧线球运行的路线横向跨越几块木板，形成弧形进入瓶袋，而钩球走的是直线到转折处拐弯钩进瓶袋的，路上横向跨越的木板较少。

投弧形球能有效地增大入射角和加深入射角，球击中①号瓶厚③号瓶薄，因而对瓶的杀伤力强。但是技术难度较大，这是因为球横经木板多，遇到球道上的不利因素多，所以难以控制（图 13-2-10）。

八、投全中球

（一）投全中球的基本要素

投全中球必须具备如下四个要素，即：

（1）球必须击中瓶袋；

（2）球进入瓶袋的入射角要深；

（3）球入袋以后的作用力要正确，并具有足够的潜力，从而产生击倒瓶的连锁反应；

（4）球入袋的速度足以维持贯穿整个瓶台。如作用力过小，速度过慢，不足以渗透到整个瓶台，反之也常常适得其反。

（二）投全中球的技术要求

1. 掌握角度线瞄准法

所谓角度线瞄准法，是指球员根据某一球道的特性，确定站位，并使落球点、目标箭头、瓶袋三者之间构成一个瞄准用的“全中角度线”。

2. 适宜的速度

投全中球必须掌握住球速。从理论上讲，从犯规线到①号瓶中心线为 1828. 8 厘米，而球的圆周为 68. 5 厘米，因此，球在球道上应滚动 26 圈才能到达①号瓶。但由于球的滚动滑行，事实上只有 15 圈左右，球速过快或过慢都会造成不良后果。速度过快会增加滑溜距离，并使球进入瓶袋时来不及形成足够的旋转圈数，也使击倒的瓶不能产生横向撞击，甚至出现瓶垂直飞向沟底。球速过慢造成撞击力不足，不能有效地贯穿瓶台等。

正确的球速，一般是当球投出从落点到击中①号瓶的速度时间 2. 2s±0. 2s，以中速为好。

3. 取得有效的入射角

所谓入射角是球转向①~⑧号瓶位时的路线与①号瓶中心线之间的夹角。欲求投全中球，必须增大和加深入射角。入射角愈大，撞击的破坏力愈大；入射角越深，杀伤力越强。所以优秀运动员一般都采用弧线球、自然曲线球等投球法。

4. 正确的作用力

这里指的作用力，就是使球贯穿整个瓶台，并使木瓶被依次击倒的能量。

作用力包括手臂的提力、球的旋转力、指力和钩力等。其中最主要的是放球时拇指和无名指、中指施加在球上的力。另外，还有球道，球速、瓶重等因素。作用力过大和过小，都会造成这样或那样的偏差。

由于影响球作用力的因素很多，进行时应当作全面考虑，只有在反复练习中琢磨其内在规律，才能使投出的球达到最佳的效果。

保龄球比赛方法和基本竞赛规则

一、球

保龄球一般用木料制成，近几年采用尤丁纤维等有特性的材料制成，球的重量为 6~16 磅，共计有 11 种规格。球的直径为 21. 8 厘米，圆周不大于 68. 5 厘米。

保龄球分通用球和专用球两种。一般场馆中用的都是通用球，通用球又叫娱乐用球，球上标有重量。专用球是根据球员的体重、体力、握力和臂力等各种因素决定的最适合该球员使用的球。

二、球道

球道长 1996 厘米，宽 104~107 厘米，发球区和竖瓶区用加拿大枫木板条拼接而成，其余用松木板条拼成。这些木板条的数目是有规定的，常见的球道都是由 39 块木板条拼接而成的，也有由 41 块木板条拼接而成的。竖瓶区（瓶台）从①号木瓶中心线到底部的距离为 86. 83 厘米，由 10 个瓶位间隔各为 30. 48 厘米，成正三角形排列，发球区犯规线距跑道底线为 457 厘米。球道和助跑道（图 13-2-11、图 13-2-12）。

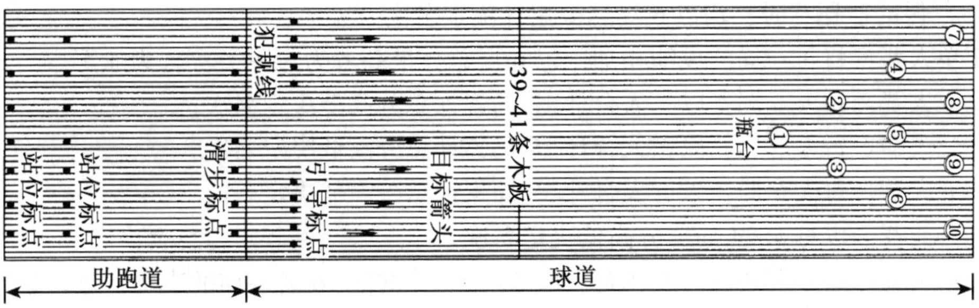

图 13-2-11

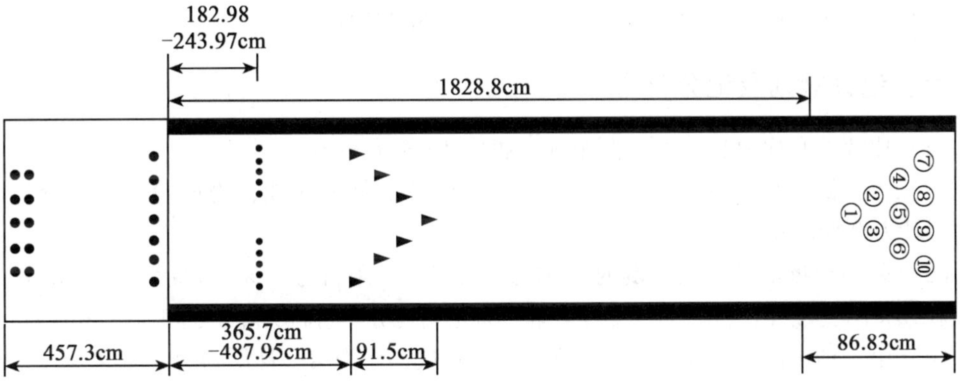

图 13-2-12

三、木瓶

木瓶是以枫木为主要材料黏合而成，表面呈极为圆滑的曲线。瓶重 1. 26 ~ 1. 46 千克。正式比赛用 10 个木瓶，在放瓶区内成倒三角形排列，10 个瓶位间隔距离各为 38. 48 厘米。

四、自动化送瓶装置

其中包括由程序控制箱控制的扫瓶、送瓶、竖瓶、夹瓶、升瓶、回瓶、瓶位信号显示和犯规仪等装置。

五、比赛方法

（1）保龄球是以局为单位，以击倒球瓶数的多少来计分并决定胜负的。一局分为 10 轮，每轮有两次投球机会。如果在一轮中，第一次投球就把 10 个球瓶全部击倒，即全中，就不能再投第二次。唯有第10轮不同，第一次投球如果投得全中，仍要继续投完最后一球，结束全局。值得强调的是，如果两次投球没有将10个瓶全部击倒，那么第三次机会就会被自动取消。

（2）比赛以抽签的方式决定道次。每局在相邻的一对球道上进行比赛，每轮互换球道，直至全局结束。

（3）保龄球比赛时，均以6局总分累计决定名次。

①单人赛：将每一局的成绩相加，以6局总分最高者为冠军，次者为亚军。

②双人赛：每人6局，以二人合计12局累计总分高低决定名次。

③三人赛：每人6局，以三人合计18局累计总分高低决定名次。

④五人赛：每人6局，以五人合计30局累计总分高低决定名次。

⑤全能赛：以每人24局总分高低决定名次。

⑥精英赛：通过上述前四项比赛，取24局总分的前16名参加准决赛，进行单循环后共打完15局，取15局总分的前4名参加挑战赛：第四名对第三名，是第一次挑战；胜者对第二名是第二次挑战；胜者对第一名的比赛称为决赛。连胜两局者为冠军，连负二局者为亚军，一胜一负的情况下两局总分高的为冠军，总分低的为亚军。如果两局总分相同，就要看双方第九轮与第十轮的成绩了，分数高的夺得冠军。

六、记分规则及记分符号

（1）比赛按顺序每轮允许投两个球，投完10轮为一局。

（2）每击倒一个木瓶得一分。投完一轮将两球所得分相加，为该轮的应得分，10轮依次累计为全局的总分。

（3）第一球将全部木瓶击倒时，称为“全中”，用符号“×”表示，该轮得分为10分。第二球不再投。但按规定应奖励下一轮两球的所得分。它们所得分之和为该轮的应得分。

（4）第一球未能“全中”，记下被击倒木瓶数，作为第一球所得分。如果第二球将剩余木瓶全部击倒，则称为“补中”，用符号“/”表示，该轮所得分亦为10分，并奖励下一轮第一球的所得分。它们所得分之和为该轮的应得分。

（5）第10轮全中时，应在同一条球道上继续投完最后一个球结束全局。这两个球的所得分应累计在该局总分内。

（6）第10轮为补中时，应在同一条球道上继续投完最后一个球结束全局。这个球的所得分应累计在该局总分内。

（7）第一球击倒部分木瓶（1号瓶必须被击倒），和第二球未能补中记分均用符号“0”把数字圈起来表示。

（8）如果第一球落入边沟，即为“失误球”，用字母“G”表示，该球得分为零。当第二球将10个瓶全部击倒，应视为补中，该球得分为10分，该轮应得分按（4）所述计算。凡是第二球失误（落入边沟或击中任何一个球），用符号“-”表示，该球得分应为零。

（9）第一球、第二球犯规均用符号“F”表示，该球得分为零。

（10）如果第10轮第一球犯规，同样用符号“F”表示，该球得分为零。第二球击倒全部10个瓶应视为补中，该球得分为10分，并允许投完最后一个球，并把最后一个球所得分累计在该局总分内。

（11）如果从第一轮第一球开始到第 10 轮，连续 12 个球全中，按规则每个全中球应奖励下一轮两个球的所得分，即每轮以 30 分计“最高局分”将达到 300 分。

（12）比赛结束出现同分时，应从第九轮开始决胜负。

七、保龄球运动的基本礼仪

（1）进投球区时，必须更换保龄球专用鞋；

（2）只使用自己选定的保龄球；

（3）等到瓶完全置完之后再投球；

（4）不要进入旁边的投球区；

（5）不可以随意进入投球区；

（6）先让给已经准备好投球姿势的人投球；

（7）同时进到投球动作的情况时，由右边的人先投球；

（8）在投球区，不可以持投球的预备姿势太久；

（9）投球动作结束后，不可以长久地站在投球区；

（10）不可批评和嘲笑别人的缺点；

（11）不可打扰正在投球人的注意力；

（12）不可以在投球区挥动保龄球，不可投出高球；

（13）成绩不好时，不要怪球道情况不良；

（14）不可穿汗背心和短裤练习或比赛；

（15）不可把水洒落在投球区上。

第三节 高尔夫球

高尔夫球运动概述

高尔夫球是由英文绿色、氧气、阳光和步履的第一个字母缩写而组成，寓意着在明媚的阳光下，踩着绿色的草地，呼吸着新鲜的空气，在大自然的怀抱里散步、打球、聊天。高尔夫球是一项古老的贵族运动，它起源于 15 世纪的苏格兰，当时叫“GOFF”和“GOLF”。17 世纪，高尔夫球运动被欧洲人带到了美洲，19 世纪 20 年代又传进了亚洲。现在，高尔夫球运动迅速发展，目前世界各地高尔夫球竞赛繁多，主要的高尔夫球组织和赛事有：美国高尔夫球协会、美国高尔夫球公开赛、美国业余女子高尔夫球锦标赛；英国职业高尔夫球协会、英国高尔夫球公开赛、英国业余高尔夫球锦标赛；世界业余高尔夫球理事会、世界杯高尔夫球比赛等。

1896 年，中国上海高尔夫球俱乐部成立，标志着这项已有几百年历史的运动进入了中国。1985 年 5 月，中国高尔夫球协会在北京成立。近年来，北京、深圳等城市建造了 30 多个高标准的高尔夫球场，并在北京、天津、广州等地办起了各种类型的培训班。随着中国社会的发展和人们生活水平的不断提高，中国的高尔夫球运动必定会迅速发展。

高尔夫球基本技术

一、握杆、准备姿势和瞄准

正确的挥杆动作从握杆开始。在学习握杆之前有两项准备工作：第一，先学会用杆面瞄准目标，用右手握住球杆调整杆面的方向；第二，注意站立姿势，臀部后翘，两臂自然下垂。

1. *左手握杆方法*

左手自然下垂，手指指向地面，然后很自然地以手握住球杆，球杆放在左手掌对角线上；食指第一指节的位置略低于拇指的指尖；缩拇指可使后面牢固握杆，便于用力。

左手正确地握住球杆之后，左手背应正对目标，拇指和食指所合成的直线指向右眼或右耳，由上往下只能看到前两个指节。

左手握好球杆后，将球杆举到胸前，体会一下手指的用力。

2. *右手握杆方法*

高尔夫球挥杆最讲究的就是一致性，握杆时左右手的一致性是其基础。

（1）叠式握法（瓦顿式握法）。先将右手置于杆身右侧，右手指顺着握把向下伸出，右手小指扣住左手食指的指节，右手食指成扣扳机状扣住球杆，并与中指明显分开；中指、无名指握住球杆；右手拇指握住位于握把左侧的中央，以便和食指相互平衡。

“强式”握法是指左手过度偏球杆上方，而右手偏球杆下方。“强式”握法不见得是好的握杆法，它容易打出弹道低的左曲球。

“弱式”握法是指左手几乎向左转至球杆下方，而右手则位于球杆上方，双手的虎口都指向下巴的左侧。这种握法常见的结果是击球时杆面向右开，打出右曲球。

（2）互镇式握法。握杆时，右手的小指插入左手食指与中指之间，镇住食指。这种握法主要用于小指短的人，或力量较差的女性。

（3）拳式握法。像握棒球棒一样，左右两手分开，用食指握住球杆，右手的小指与左手的食指相贴。这种握法多为力量差者、高龄者及女性使用。

选择适合自己的握杆方法，要以松弛、自然的姿势站立，按握杆要领握杆后将杆头轻轻着地，这时两手拇指与食指所形成的倒置“V”字形应指向右肩方向。两手握杆的力量要适度，不可太紧，也不可太松。

二、准备击球姿势与瞄准

虽然高尔夫球运动是击打静态的球，但是它和任何一种动态的球类运动一样，需要良好的平衡感。因此，正确的准备击球姿势与瞄球方法是至关重要的。

1. *身体姿势*

（1）双脚和双腿。采用一般站姿，双脚间距应等于或略大于肩宽（以 5 号铁杆为例），右脚只能比垂直目标线略微向外展开一点点，左脚向外张开的幅度略大，约 10°。双腿微屈，膝关节微向内缩。

两脚站位的方法分为：①正脚位：指两脚尖连线与准备击球路线平行的站法；②开脚

位：指左脚稍微后撤的站法；③闭脚位：指右脚稍向后撤的站法。初学者应从正脚位开始学习。

（2）臀部与上身。臀部应后翘，而不应下沉。上体自然前倾，后背不可过分挺直，使上身和双臂悬在球的上方，后翘的臀部正好稳定住向前倾的上身。

（3）双臂、双手和肩膀。双臂放松下垂，双手位于球的前方。由于右手握杆的位置比左手低，所以右肩的位置自然会比左肩低。左臂自然伸直，右大臂贴近身体。

（4）头部。只是脸部对着球，而不是整个头俯在球上，而且不用抬头即可看到正前方。

初学者要注意纠正不正确的姿势，对照不正确的姿势，也许会使你更了解正确的姿势。不正确的姿势包括腰部或背部（而非臂部）俯身、驼背、肩膀耸起、双臂耸起，双臂不但非笔直下垂，而且向前伸出。

2. 球位

（1）球与身体的前后距离。面对球，左肩对准击打方向。握好球杆，双臂自然下垂，大臂贴近胸部，杆头自然贴进球。

（2）球与双脚的距离。一般双脚间的距离以不超过双肩宽为原则。初学者使用 5 号铁杆练习，将球置于双脚正前方中间，这样较易掌握击球点。

以左脚跟为基准，使用 1 号木杆，把球放在左脚跟的延长线上，两脚开立大于肩宽。球杆愈短，球位越向右脚方向移。

3. 瞄准

瞄准的方向极为重要。脚趾、膝盖、臂部、肩膀和双眼都要与目标线平行。

臂部和肩的位置最重要，由于右手握杆位置较低，所以很容易会将右肩或右臂向前拉。右肩和臂部一定要与目标线平行，这样才能正确地做出一杆动作。

三、推杆技术

1. 推杆在高尔夫球比赛中的作用

推杆是高尔夫球比赛中使用的各种球杆中最重要的球杆之一。

在标准杆 72 杆中，推杆的杆数占一半，所以说，推杆技术的好坏直接影响打球的成绩。

在一般情况下，每一洞都由推杆击球入洞，人们形容推杆是画龙点睛之笔。很多高尔夫球专家学者认为，学习高尔夫球技术应从推杆技术开始练习。

2. 推杆的握杆法

推杆的握法很多，初学者可以根据自己的爱好和习惯进行选择，也可以创造新的握法。

（1）棒球式握法（也叫拳式握法）。如棒球手握棒的方法，但由于这种握法两手的手指没有交叉或重叠，两手没有成为一体，所以左右手的用力不易平衡。

（2）叠式握法。与普通球杆叠式握法基本相同。用左手握把的后端，右手掌锁住左手拇指，右手小指叠搭于左手食指与中指中间。

（3）反叠式握法。这种握法最普通，大体与叠式握法相同，不同之处是左手的食指搭在右手的小指与无名指之间，或伸直斜搭在右手的小指、无名指和中指上。

（4）右手在上的握法。与反叠式或叠式握法相同，只是两手的位置正好相反，也就是用右手握住握把的后端。采用这种握法推球时，左臂和左腕基本固定，主要依靠右臂的伸推动作来完成。

3. 推杆的站姿

使用推杆时的站姿因人而异，一般站位时两脚基本保持与推击线平行，两脚宽度以身体不左右晃动，能够保持身体平衡且又感到舒适为宜。

两脚取好站位后，两手握杆，两膝稍弯曲，上体全倾，背部形成弓形，头位于球的上方。球的位置应该在左脚正前方线与推击线的交叉点上，球在左眼正下方，两眼连线与推击线平行。两肩放松，两肘弯曲贴近两侧肋部。

4. 推杆动作过程

做好击球准备之后，两眼注视球，两臂保持与肩构成的五角形以及与球杆形成的一体结构；两手手腕保持固定，推击杆的杆面正对推击路线方向；头部保持稳定；以脊柱为固定转动轴，球杆、两臂和两肩形成一个“钟摆”，保持杆面正对推击线方向；向球的正后方直线引球杆，进行后摆杆（后摆杆的幅度因击球的需要而不同）；到达后摆杆的最高点后，仍然按照原路线向推击线方向返回；杆头触击球后以直线向推击方向送出，进入顺势动作。

在推击球的全过程中，头部要保持固定，两臂与两肩构成的五角形结构也不能破坏，两手腕保持固定，不能有任何屈伸动作。击球后前送时，不要过多主动发力和用力，这是能否正确推击球的最关键一点。

在推击球时也可用手腕驱动球杆将球敲击出去的方法，但这种方法较为独特，不易掌握。

5. 推杆动作要点

（1）认真观察，根据球洞区情况确定推击球的路线。

（2）选择稳定并具有良好平衡感的站位，体重分配均匀，球的位置要在左脚跟正前方、左眼正前方。

（3）开始反摆时，肩与臂保持构成的五角形结构，手腕固定，两手的手掌方向始终保持不变。

（4）摆到最高点后，以同样的路线、同样的反向动力做推击球后，进入顺势动力，以完美的“钟摆”动作击球。

（5）头部保持固定，两眼不要过早跟踪球的方向。

（6）进行长距离推击时，以使球进入球洞周围 1 米范围内为第一目标；进行中、短距离推击时，以球能滚过洞 20~30 厘米为最佳。

四、练习方法

1. 目标练习法

每次所有练习球数的 1/5 练 P 杆、3/5 练目标杆、1/5 练发球杆，球量 2~5 盒之间，不必多。一天练好一枝目标杆，一个星期练好 7 枝杆，加上 P 杆、发球杆共 9 枝杆。

2. 测距练习法

换一套新球杆或是新动作时，往往不知道自己的距离。可以在练球场以 10 球为一个单位，最远及最近 2 个球不计，以中间 8 个球的平均距离就是此球杆的距离。而该距离是以球落点加上 10 码，就是实际下场距离。

3. 临场练习法

上场前的练习要依个人体力而定，不要练多。练习的目的有二：

（1）暖身。

（2）得知当日球路方向与距离。此时不能改动，而必须按当日球路，作出击球策略。练球顺序是由短到长，也就是先练推杆，进而铁杆、木杆。在练习场不要有球就打，先空挥一杆再打球，打一个球有两个球的效果，并且可以培养出临场节奏感。

高尔夫球基本竞赛规则

很多打高尔夫球的人都说，高尔夫球规则很难掌握，其实只要你遵循以下两条原则，高尔夫球的规则就很容易理解：第一，要保持球的现状来打球，也就是从发球台把球打出后，一直到球被打上果岭以前，不能用手去摸球（即使球的落点很不理想，也要在原位打球）；第二，比赛要在公平的条件下进行，不要只考虑对自己有利的情况。

1. 礼貌规范

（1）安全。挥杆和打球时都要注意安全，防止伤害事故发生。

（2）为他人着想。要礼让谦虚，不影响别人打球，不拖延时间；当球击入洞后，要立即离开果岭。

（3）按顺序击球。如无特定规则时，两人组比三人组或四人组有优先权，并可超越前组。若一个组的比赛进行得太慢，并落后前面一组一洞以上，则应让后面一组超越。

（4）比赛场地的维护。运动员离开沙坑前，应仔细地把所有的洞痕和被踏出的脚印填平。在通道区，运动员应保证将被削起或刮开的草皮移回原地并压平。对于钉鞋对果岭所造成的痕迹，在打完一洞后，应予以认真地修复。在拿旗杆或从球洞中取球时，要注意爱护旗杆和球洞。

2. 球台规则

如果你迟到了但不足 5 分钟，要加罚两杆。若超过了 5 分钟，就要被判为失格，也就是没有资格参赛了。

出发顺序可以按委员规定的顺序，也可抽签、猜拳或按年龄大小决定由谁先发球。

沙坑、旗杆的位置等是可以问的，但若你问同伴使用的是几号杆，则要被判罚两杆；同伴若回答了，同样也要被罚。

球从球座上掉下，或是在准备击球时杆头碰到球使球落下，可以把球重新放在球座上。但是如果你正式挥杆击球了，而没打到球，应算做一杆。若空挥时使球从球座上落下，也只能在原位打第二杆了。如果你要把打落的球重新放在球座上，那么再打就是第三杆了。你如果怀疑打的球出界了，必须向同组竞技者说明，再打一个暂定球。要重新打时，应待大家都打完之后再打。若第一次打的球真的出界了，那么补打的这一杆，就是第三杆了。

3. 球道规则

在球道上，应由距离球洞较远的人先打。

若你错打了别人的球，要被罚两杆。

在确认自己的球时，发现球坏了，可以向同伴说明换球；如果没有说明就换球或偷偷地换球，则要罚两杆。

球停在道路上或修理地上时，可以在远离球洞的方向，在一杆以内的位置抛球，而不受罚。

球打到长草区时，为了确认是不是自己的球，去摸草是可以的，若移动了球，则罚一杆。

在5分钟内找不到球，则视为球遗失。重新打一个球时，要回到打击位去打，且加罚一杆。

在打球时折断树枝或空挥时弄断树枝，都要罚两杆。

球打在自己的推车或球袋上，要罚两杆。

球杆在击球时，两次碰到球，即为连击，应算两杆。

4. 障碍区规则

“障碍区”是指任何沙坑或水障碍区。

在沙坑中，不可以清除球旁的树枝或树叶。如果犯规的话，要罚两杆。

在沙坑中，准备打球时，球杆碰到了沙子要罚两杆。

球进入水障碍中，要罚一杆。当然如果你认为在水中可以打，是不受罚的。

5. 球洞区（果岭）规则

球打上球洞区，可以把球拿起来擦。但拿起球之前，必须做好标记。如果没有做标记，要罚一杆。

别人推的球还在动，而你就做动作打自己的球，算犯规，要罚两杆。

在正规比赛中，每一洞都必须击球入洞（即使同伴已经承认你下一杆一定能将球击入洞内），否则即失去了参赛资格。

从果岭外面打球上果岭时，碰上了本来就停在果岭上的球，要把被碰到的球放回原位，但若两个人的球都在果岭上，打到球的人要罚两杆。

参 考 文 献

［1］易勤，郭晶等．大学体育教程［M］．武汉：武汉大学出版社，2005

［2］孙麒麟．体育实践教程［M］．大连：大连理工大学出版社，2002

［3］史绍蓉，等．大学运动健康（理论）［M］．北京：高等教育出版社，2006

［4］丛群，等．大学体育［M］．上海：上海交通大学出版社，2006

［5］左从现，等．高校体育教程［M］．武汉：武汉大学出版社，2006

［6］游春栋，等．体育与健康［M］．北京：清华大学出版社，2006

［7］贾冠军，等．大学体育健康实用教程［M］．长春：吉林文史出版社，2005

［8］颜雪珍主编．普通大学体育教程［M］．厦门：厦门大学出版社，2006

［9］邓树勋，等．现代大学体育理论教程［M］．广州：广东高等教育出版社，2006

［10］金其荣．体育与健康实践教程［M］．北京：北京大学出版社，2006

［11］王良民．体育与健康［M］．北京：科学出版社，2006

［12］王方椽．高校体育选修课理论教程（全新版）［M］．上海：复旦大学出版社，2005

［13］孙洪涛．体育教程［M］．长沙：湖南师范大学出版社，2006

［14］许砚田，等．大学体育教程［M］．天津：天津大学出版社，2004

［15］何永超．体育理论教程［M］．北京：北京体育大学出版社，2004

［16］凌月红．体育健康教育与运动处方［M］．北京：北京体育大学出版社，2005

［17］金元浦．大学奥林匹克文化教程［M］．北京：高等教育出版社，2006

［18］梁丽娟译．萨马兰奇与奥林匹克运动［M］．北京：人民体育出版社，1993

［19］邹继豪．全国普通高等学校体育与健康课程理论教材［M］．大连：大连理工大学出版社，2001

［20］林春茂．体育知识百科全书［M］．延吉：延边人民出版社，2000

［21］曹勇．怎样欣赏体育比赛［M］．北京：军事科学出版社，1996

［22］邓树勋．大学体育［M］．广州：中山大学出版社，2003

［23］杨忠伟．体育运动与健康促进［M］．北京：高等教育出版社，2004

［24］杨文轩．当代大学体育［M］．北京：人民体育出版社，2005

［25］陈吉隶．运动营养学［M］．北京：北京医科大学出版社，2002

［26］Dianne Hales 著．现代健康指导手册［M］．孙云霞，等译．北京：中国轻工业出版社，2000

［27］邓树勋，等主编．运动生理学［M］．北京：高等教育出版社，2005

［28］季成叶著．体质自我评价和运动健康处方［M］．北京：北京体育大学出版社，2002

[29] 兰荣，等．体育领域中“体适能”概念的产生及其影响［J］．广州体育学院学报，2004，24（1）
[30] 张健平．美国最佳体适能教育计划及其对我国体育课程改革的启示［J］．体育与科学，2001，22（1）
[31] 王润平．体育锻炼与心理健康［M］．桂林：广西师范大学出版社，2005
[32] 朱学雷，等．锻炼心理学研究综述［J］．上海体育科研，2003（6）
[33] 季浏．锻炼心理学学科思想的沿革［J］．上海体育学院学报，2004（3）
[34] 顾德明，等．健美训练［M］．北京：人民体育出版社，2004
[35] 纪斯超．网球［M］．北京：北京体育大学出版社，1998
[36] 蒋立．乒乓球［M］．北京：人民体育出版社，1997
[37] 孔庆鹏．教你练健美操［M］．南京：江苏科学技术出版社，1999
[38] 李春文．体育舞蹈教程［M］．沈阳：辽宁人民出版社，2000
[39] 马振洪．篮球［M］．北京：人民体育出版社，1998
[40] 彭美丽．羽毛球技巧图解［M］．北京：人民体育出版社，2003
[41] 邱丕相．武术［M］．北京：人民体育出版社，1995
[42] 王崇喜．球类运动——足球［M］．北京：高等教育出版社，2000
[43] 施达生．排球教学训练指导［M］．北京：人民体育出版社，1995
[44] 苏丕仁．乒乓球教学与训练［M］．北京：人民体育出版社，1995
[45] 陶志翔．网球［M］．北京：北京体育大学出版社，2000
[46] 腾栋梁，等．大学体育教材［M］．长春：吉林人民出版社，1996
[47] 王庆跃．健美操入门［M］．成都：四川科学技术出版社，1998
[48] 王双忠．道馆式跆拳道［M］．北京：北京体育大学出版社，2004
[49] 虞重干．排球运动［M］．北京：人民体育出版社，1999
[50] 张清澍．体育舞蹈［M］．北京：北京体育大学出版社，1997